Horizonte II

Geschichte für die Sekundarstufe II in Hessen

Von der Französischen Revolution bis zum Nationalsozialismus

Herausgegeben von
Frank Bahr

Erarbeitet von
Frank Bahr, Adalbert Banzhaf und Leonhard Rumpf

westermann

Unter www.westermann.de/geschichte-linkliste finden Sie interessante Links zu den in diesem Buch behandelten Themen.

Druck A[1] / Jahr 2010
Alle Drucke der Serie A sind im Unterricht parallel verwendbar.

Redaktion: Christoph Meyer, Dorle Bennöhr, Lisa Mros
Typografie: Thomas Schröder
Herstellung: Udo Sauter
Satz: PixelParc GmbH Mediendesign, Büro Landau
Druck und Bindung: westermann druck GmbH, Braunschweig

ISBN 978-3-14-**111001**-2

Inhalt

Inhalt

Inhalt

1. Die Vereinigten Staaten von Amerika

Die Freiheit kann auf verschiedene Weise symbolisiert werden. Im antiken Rom erhielten freigelassene Sklaven eine Mütze, die in der Französischen Revolution als Jakobinermütze populär wurde. Eine andere Form, die Idee der Freiheit darzustellen, war der Freiheitsbaum. Während in Europa meist Eichen als Freiheitsbaum dienten, griff man in Nordamerika auf Fichten (pine trees) zurück. So kämpften zum Beispiel die amerikanischen Kolonisten unter der „Liberty Tree Flag" gegen die englischen Truppen. In der zweiten Hälfte des 19. Jahrhunderts wurde die Freiheitssymbolik durch eine brennende Fackel erweitert (mit der Nebenbedeutung von Fortschritt). Das berühmteste Beispiel des Fackelsymbols befindet sich an der Freiheitsstatue im New Yorker Hafen. Diese wurde 1886 als Geschenk Frankreichs errichtet, um an den gemeinsamen Kampf der Franzosen und Amerikaner im amerikanischen Unabhängigkeitskrieg zu erinnern.

Die Freiheitsstatue stellt wie kein anderes Bauwerk das nationale Symbol Amerikas dar. Sie empfing die Einwanderer, wenn sie sich New York mit dem Schiff näherten. Die Statue symbolisierte für sie die Hoffnung auf ein besseres Leben und drückte andererseits das Selbstverständnis der amerikanischen Gesellschaft als Hort der Freiheit aus.

„Amerika, du hast es besser", schrieb einstmals Goethe und gab damit eine weit verbreitete Ansicht wieder. Die Vereinigten Staaten waren und sind das klassische Einwanderungsland. Sie wirkten wie ein Magnet auf sehr viele Menschen. Waren es im 18. und 19. Jahrhundert überwiegend Europäer, die in der Neuen Welt buchstäblich ihr Glück suchten, so hat sich am Ende des 20. Jahrhundert das Bild gewandelt. Nunmehr sind es Latinos und Asiaten, die die Mehrzahl der Immigranten ausmachen. Kein anderes Land dieser Welt hat das Streben nach Glück, wie es in den „Bill of Rights" festgehalten wird, als Verfassungsrecht abgesegnet.

Die Sozialwissenschaftler unterscheiden bei Migrationsbewegungen zwischen Pull- und Push-Faktoren, also den Gründen für die Attraktivität eines bestimmten Ortes und Motive für das Verlassen der Heimat. Seit ungefähr 400 Jahren haben religiöse Dissidenten, politisch Verfolgte und Wirtschaftsflüchtlinge den Weg in die USA gesucht. Darunter waren viele, die von der Verheißung des Glücks angezogen wurden. Geht man von der Zahl der Immigranten aus, so drängt sich die Erkenntnis auf, dass kein anderes Land auf dieser Welt die Ideale der Freiheit, des Individualismus, der Volkssouveränität und des gesellschaftlichen Aufstiegs so sehr vermittelt wie die USA. Hier war der Glaube an den Fortschritt schon früher ausgeprägt als sonst irgendwo auf der Welt. Das menschliche Bedürfnis nach Utopie, also wörtlich nach dem nicht-existenten Ort, wurde in diesem Land eher befriedigt als zum Beispiel im kriegsgeschüttelten Europa. Die USA können auf eine 200 Jahre andauernde, ununterbrochene Verfassungstradition zurückblicken. Sie besitzen damit eine politische Kontinuität wie kein anderes Land dieser Welt, sieht man von Großbritannien ab, das keine eigentliche Verfassung besitzt.

1.1 Die Unabhängigkeit

Die vorrevolutionäre Kolonialgesellschaft

Die Ursprünge der zuerst englischen Besiedlung Nordamerikas reichen bis ins 16. Jahrhundert zurück. Sie erfolgte im Zusammenspiel von Siedlern und privaten Handelsgesellschaften, die im Auftrage der Krone tätig wurden und mit so genannten Charters (königlichen Ermächtigungen) ausgestattet waren.

Die Krone sah in den Kolonien eine Einkommensquelle, die sie von der parlamentarischen Steuerbewilligung unabhängiger machte. Vor allem in der Anfangsphase der Kolonisierung wurde auf das Vorkommen von Gold und Silber spekuliert. Aber auch die machtpolitische Konkurrenz Englands, insbesondere zu Spanien und Frankreich, spielte eine Rolle bei den Besiedlungsaktivitäten.

Frühe Besiedlung

Die englische Regierung nutzte ihre Kolonien in Amerika, um „unliebsames Volk" (zum Beispiel Bettler, Nichtsesshafte, verwaiste Kinder) dorthin abzuschieben. Bis 1776 wurden zudem etwa 40 000 Sträflinge nach Amerika deportiert.

Abgesehen von den zwangsweise verschickten Menschen, kehrten englische Emigranten ihrem Land aus verschiedenen Gründen den Rücken. Zur Abenteuerlust gesellten sich politische, wirtschaftliche, aber auch religiöse Motive. Armut gilt nur als ein Motiv, bedeutsamer erscheint den Historikern die religiöse Intoleranz. Die in Opposition zur anglikanischen Staatskirche stehenden Puritaner, wie die Anhänger des Genfer Reformators Calvin (1509–1564) genannt werden, spielten bei der frühen Besiedlung Nordamerikas eine herausragende Rolle. Puritanische Ideale wie die Selbstverwaltung der Gemeinde, die Respektierung körperlicher Arbeit sowie die Hochachtung vor dem materiellen Erfolg stellen wichtige Komponenten des amerikanischen Selbstverständnisses dar. Die bis in die Gegenwart stark ausgeprägte Tendenz, Erfolg mit materiellem Erfolg gleichzusetzen, hat im Puritanismus ihren Ursprung.

Wiege der Demokratie

Nordamerika erscheint aus heutiger Perspektive als Wiege der modernen Demokratie. Das hat wiederholt die Frage aufgeworfen, wie demokratisch es in den Kolonien zuging. Unbeschadet von Unterschieden in den einzelnen Kolonien kann von einem demokratischen Charakter der kolonialen Gesellschaft nur mit großen Vorbehalten gesprochen werden. Denn die politische Mitbestimmung war an Kirchenmitgliedschaft und Besitz gebunden. Zudem musste der vollwertige Bürger den Status eines „freeman" besitzen, das heißt er durfte in keinem Dienstverhältnis stehen.

Diese Bedingungen wurden in den einzelnen Kolonien von der Mehrheit der weißen Männer erfüllt. Schwarze (Sklaven), Indianer – aber auch Frauen allgemein – blieben grundsätzlich von der Teilnahme an politischen Entscheidungen ausgeschlossen. Im Gegensatz zu vielen Idealisierungen der kolonialen Gesellschaft als einer von Gleichheit geprägten betonen manche Historiker die sozialen Unter-

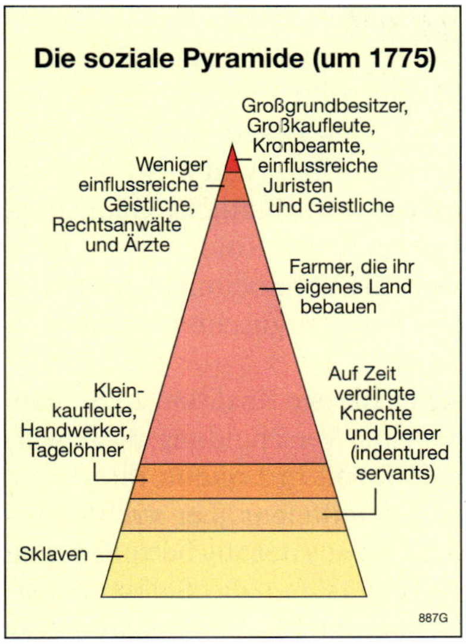

M 1

schiede. Weit verbreitete calvinistische Einstellungen legitimierten gesellschaftliche Unterschiede und interpretierten diese als im Einklang mit der göttlichen Ordnung stehend. Allerdings kannte die britisch-amerikanische Kolonialgesellschaft keine erbliche Standeszugehörigkeit und die damit verbundene rechtliche Ungleichheit. Eine privilegierte Aristokratie spielte in Nordamerika keine Rolle. Die gesellschaftliche Mobilität stieß folglich auch nicht auf Standesschranken, die in Europa zum Teil erst im 20. Jahrhundert abgebaut wurden. Abgesehen von den schwarzen Sklaven schienen die sozialen Gegensätze zwischen Arm und Reich tendenziell geringer als im Mutterland zu sein. Unabhängige Kleinfarmer bildeten eine breite Mittelschicht der etwa 2,5 Millionen Bewohner der Kolonien (1775). Das Land bot offenkundig so vielfältige Möglichkeiten des Broterwerbs, dass Massenarmut kein dauerhaftes soziales Phänomen war. Diese gesellschaftlichen Ausgangsbedingungen begünstigten die Entstehung von Gleichheit und Individualismus, die für die Vereinigten Staaten von Amerika bis heute konstitutiv sind.

Der Konflikt mit dem Mutterland

Der Konflikt zwischen den amerikanischen Kolonien und dem englischen Mutterland entzündete sich an wirtschaftlichen Interessenunterschieden. London war bestrebt, im Rahmen seiner merkantilistischen Wirtschaftspolitik den Handel mit den Kolonien entsprechend den eigenen Vorteilen zu regeln. Handels- und Zollgesetze wiesen den Kolonien eine zweifache wirtschaftliche Funktion zu: als Absatzgebiet für verarbeitete britische Manufakturwaren und als Lieferant von Roh-

M 2

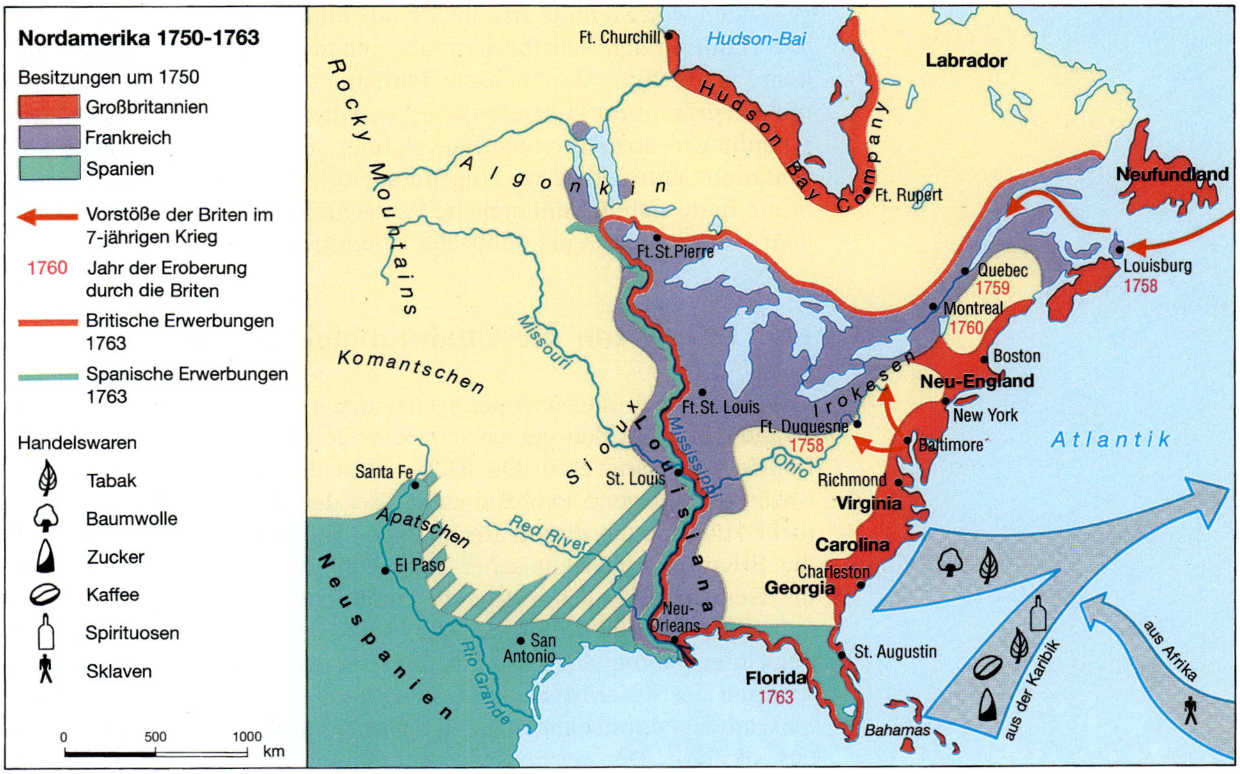

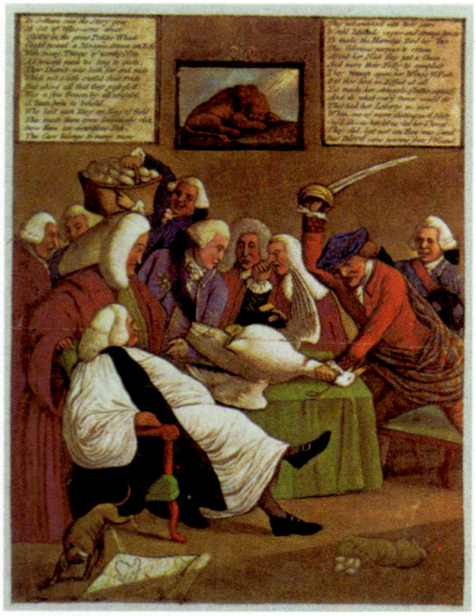

M 3 Auch in England gab es Kritik an den strengen Regierungsmaßnahmen gegen die Kolonien. Die britischen Minister schlachten die Gans, die goldene Eier legt (gemeint sind die amerikanischen Kolonien), zeitgenössische englische Karikatur.

stoffen (zum Beispiel Zucker, Tabak, Baumwolle, Felle). Der Transport der Waren hatte gemäß der „Navigation Acts“ von 1651 ausschließlich auf englischen Schiffen zu erfolgen. Damit sollte die billigere holländische Konkurrenz ausgeschaltet werden. Weil zudem die Kolonisten ihre Waren nur nach England exportieren durften (und nicht dorthin, wo sie am meisten einbrachten), stieß diese wirtschaftliche Gängelung zunehmend auf Widerstand. Die Auflagen, die den Kolonien von London diktiert wurden, gingen sogar so weit, die Verarbeitung von Roheisen zu verbieten, wodurch der Export teurer englischer Eisenwaren gefördert werden sollte.

Die Politik Englands brachte eine ungleichartige Koalition zu Stande: Plantagenbesitzer des Südens litten unter einer Verschuldung, die in willkürlich niedrigen Preisfestsetzungen für Tabak in London ihre Ursache hatte. Händler und Gewerbetreibende, mittelbar aber auch Lohnarbeiter, waren von der Handelspolitik Englands negativ betroffen. Die Mittelschicht, geführt von Juristen, fürchtete um die Selbstverwaltungsgarantien. Und den Menschen, die an der Grenze siedelten, war durch ein königliches Dekret die Westwanderung verboten worden.

Eine Zuspitzung erfuhr der Wirtschaftskonflikt durch die englische Steuerpolitik. Krone und Regierung in London beabsichtigten einen Teil der finanziellen Belastungen, verursacht durch den Siebenjährigen Krieg mit Frankreich (1756–1763), auf die Kolonien abzuwälzen. Neue Zölle auf Waren (zum Beispiel Tee) und Steuern auf Dokumente („Stempelsteuern“) stießen auf den Widerstand der Siedlergesellschaft, in der sich die Idee der Selbstverwaltung verankert hatte. Obgleich die Steuern und Zölle keineswegs übermäßig hoch waren, wurde ihnen aus grundsätzlichen Erwägungen Widerstand entgegen gebracht. Die Körperschaften der Siedler besaßen bereits einen tendenziell demokratischen Charakter, zumal die Teilnahme (nur) an Grundbesitz gebunden war. So hatte sich im 18. Jahrhundert bereits eine freiheitliche Tradition der Selbstbestimmung gebildet. Da aber die Kolonisten kein Wahlrecht für das englische Parlament besaßen, also in ihm auch nicht repräsentiert (vertreten) waren, weigerten sie sich, dessen Entscheidungen anzuerkennen. Die Parole „no taxation without representation“ entwickelte im Folgenden eine revolutionäre Sprengkraft. Somit hatte sich der anfängliche Wirtschafts- und Finanzkonflikt mit dem Mutterland um die politische Dimension erweitert.

Der Kampf um die Unabhängigkeit

1774 trafen sich die Vertreter von (zunächst) 12 der 13 Kolonien in Philadephia, um den gemeinsamen Widerstand gegen die englische Politik zu organisieren. Die Delegierten des Kontinentalkongresses waren überwiegend Rechtsanwälte. Bei den Verhandlungen standen nicht zuletzt auch darum Rechtsfragen im Mittelpunkt. Es ging um die Erhaltung amerikanischer Freiheiten. Man war sich einig, dass die Gesetzgebung des britischen Parlaments in London nicht mehr automatisch für die Kolonien gelten sollte. Ein erster Plan sah vor, bei der Gesetzgebung ein Zusammenwirken der Krone mit den Körperschaften der Kolonisten („assemblies“) zu erwirken. Das Verbot der „assemblies“ durch die königlichen Gouverneure führte zur Eskalation des Konflikts. Der zweite Kontinentalkongress proklamierte 1776 die

Unabhängigkeit von der englischen Krone. Ein Jahr zuvor hatte der Unabhängigkeitskrieg begonnen, in dem sich wenige Tausend schlecht gerüsteter amerikanischer Milizionäre und eine hoch gerüstete englische Söldnerarmee gegenüberstanden. Unter der Führung George Washingtons (1732–1799) entwickelte sich ein jahrelanger Abnutzungskrieg, der letztlich ohne die Unterstützung durch Frankreich und (in geringerem Maße) durch Holland nicht gewonnen worden wäre.

Im Frieden von Paris (1783) erkannte das Mutterland die 13 vereinigten Staaten als frei, unabhängig und souverän an. Eine Minderheit von knapp 100 000 (von insgesamt etwa 2,5 Millionen) Bewohnern – wegen ihrer Treue zur englischen Krone Loyalisten genannt – verließ die Kolonien in Richtung England oder Kanada.

Die amerikanische Unabhängigkeit stellte das Ergebnis einer Entwicklung dar, das zu Beginn des Konfliktes zwischen den Kolonien und dem Mutterland keineswegs abzusehen war. Amerikanisches Selbstbewusstsein und Nationalgefühl wuchsen erst im Konflikt. Britische Strafaktionen sowie der Krieg, der von englischer Seite in erheblichem Umfang mit deutschen – von ihren Fürsten verkauften – Söldnern geführt wurde, bewirkten eine Solidarisierung, die ohne den gemeinsamen Gegner nicht wahrscheinlich gewesen wäre.

Chronologie

1584	Sir Walter Raleigh gründet eine Niederlassung im späteren Virginia, die bald zugrunde geht.
1606	Die London Company gründet Jamestown, die erste dauerhafte Siedlung in Virginia.
1629	Gründung der Massachusetts Bay Colony durch Puritaner
1681	William Penn wird Eigentümer einer Quäker-Kolonie mit Religionsfreiheit.
1763	Der Friede von Paris beendet den Siebenjährigen Krieg. Frankreich muss die Gebiete östlich des Mississippi sowie Kanada an England abtreten.
ab 1763	England versucht, einen Teil der Kriegsfolgekosten auf die Kolonien abzuwälzen. Die Kolonien reagieren u. a. mit einem Boykott englischer Waren.
1773	„Boston Tea Party“ – Protestaktion gegen die Zahlung von Tee-Zoll. Als Indianer verkleidete Kolonisten werfen eine Schiffsladung unverzollten Tee über Bord.
1774	Erster Kontinentalkongress in Philadephia
1775	Der englische König erklärt die amerikanischen Kolonisten zu Rebellen. Der 2. Kontinentalkongress ernennt George Washington zum Oberbefehlshaber der amerikanischen Truppen.
1775 – 1781	Unabhängigkeitskrieg
1776	Virginia Bill of Rights.Unabhängigkeitserklärung der 13 Vereinigten Staaten von Amerika (Verfasser: Thomas Jefferson) – Der 4. Juli ist Amerikas Nationalfeiertag.
1778	Kriegsentscheidendes Bündnis der USA mit Frankreich
1781	Kapitulation der englischen Armee
1783	Friede von Paris (Versailles): Anerkennung der amerikanischen Unabhängigkeit durch das Mutterland

M 4 Puritanismus und Obrigkeit

Von dem geistigen Gründer Connecticuts, dem Prediger Thomas Hooker, ist das Musterbeispiel einer Puritanerpredigt erhalten (1638):

Text: 5. Mose I, 13: Schaffet her weise, verständige und erfahrene Leute unter euren Stämmen, die will ich über euch zu Häuptern setzen.[…]

Lehre: I. Dass die Wahl der öffentlichen Beamten dem Volk zusteht, durch Gottes eigene Verfügung. II. Das Vorrecht der Wahl, das dem Volk zusteht, soll daher nicht seiner Laune, sondern dem heiligen Willen und Gesetz Gottes entsprechend ausgeübt werden. III. Wer die Macht hat, Beamte und Obrigkeit zu bestellen, in dessen Macht liegt es auch, Grenzen und Einschränkungen der Macht und des Amts zu setzen, in die er jene beruft.

Begründung: 1. Weil die Grundlage der Amtsgewalt erstlich in der freien Zustimmung des Volkes beruht. 2. Weil durch eine freie Wahl die Herzen des Volkes den Gewählten um so mehr zugetan und zum Gehorsam um so bereitwilliger sein werden. 3. Weil es Pflicht und Verpflichtung des Volkes ist.

Zit.nach: F. Wagner, USA, Geburt und Aufstieg der neuen Welt, Geschichte in Zeitdokumenten 1607–1865, München 1947, S. 22.

M 5 Calvins Prädestinationslehre

Der große deutsche Soziologe Max Weber (1864–1920) analysierte in seinem Werk „Die protestantische Ethik und der Geist des Kapitalismus“ die weltlichen Auswirkungen des Calvinismus:

Das Grunddogma des strikten Calvinismus: Die Prädestinationslehre schließt es prinzipiell aus, dass die Kirche der Calvinisten eine Spenderin von Gütern sei, deren Empfang für das ewige Heil des Empfängers irgendwelche Bedeutung hat. Die Unerforschlichkeit und Unerkennbarkeit der Prädestination zur Seligkeit oder zur Verdammnis waren dem Gläubigen naturgemäß unerträglich, er suchte nach der „certitudo salutis“ [Heilsgewissheit], nach einem Symptom also dafür, dass er zu den Prädestinierten gehöre, und konnte es, da die außerweltliche Askese verworfen war, einerseits in dem Bewusstsein finden, streng rechtlich und vernunftgemäß, unter Unterdrückung aller kreatürlichen Triebe zu handeln, andererseits darin, dass Gott seine Arbeit sichtbar segne. […]

Und da der Erfolg der Arbeit das sicherste Symptom ihrer Gottwohlgefälligkeit ist, so ist der kapitalistische Gewinn einer der wichtigsten Erkenntnisgründe, dass der Segen Gottes auf dem Geschäftsbetrieb geruht hat. Es ist klar, dass sich dieser Lebensstil mit der für die „bürgerliche“ Erwerbsarbeit als solche möglichen und üblichen Form der Selbstrechtfertigung – Geldgewinn und Besitz nicht als Selbstzweck, sondern als Maßstab der eigenen Tüchtigkeit – am intimsten berührt und geradezu deckt: die Einheit des religiösen Postulats [Forderung] mit dem für den Kapitalismus günstigen bürgerlichen Lebensstil ist erreicht.

M. Weber, Die protestantische Ethik I, hrsg. von J. Winckelmann, München und Hamburg 1969, S. 331 ff.

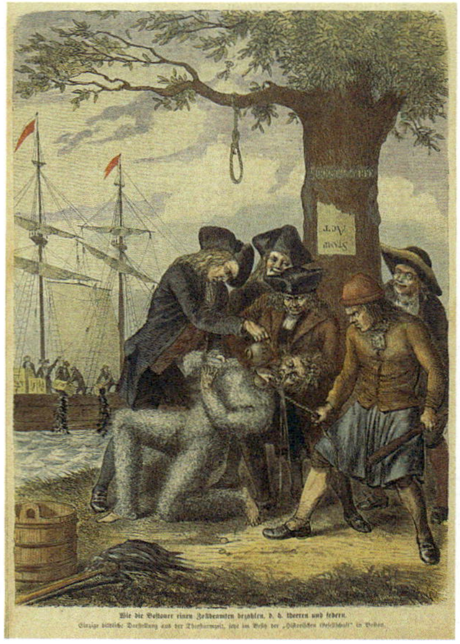

M 6 Unterm Freiheitsbaum

Widerstand gegen die Tee- und Stempelsteuer: Ein britischer Zöllner wird geteert und gefedert, Zeitgenössische amerikanische Karikatur.

M 7 Der Finanz- und Steuerstreit

In seiner „Geschichte der USA“ beschreibt der Historiker Hans Rudolf Guggisberg den Finanz- und Steuerstreit:

Der zweite Konfliktpunkt[1] muss etwas eingehender betrachtet werden, weil er mehr direkte und sichtbare Konsequenzen nach sich zog. Der Finanz- und Steuerstreit ergab sich aus dem an sich durchaus harmlosen und auch verständlichen Wunsche Englands, die Kolonien sollten zur Deckung der Kosten, die der Siebenjährige Krieg verursacht hatte, einen angemessenen Beitrag leisten. Viele Engländer waren der Meinung, der Krieg sei (jedenfalls in Nordamerika) in erster Linie zum Schutze der Kolonien geführt worden, und es sei daher nur recht und billig, dass diese sich nun an der Sanierung des Staatshaushaltes beteiligten. Zum Allermindesten sollten sie die Versorgung der

Truppen mittragen helfen, die die englische Regierung zur Bewachung und eventuellen Verteidigung der eroberten Gebiete in Amerika belassen hatte. In diesem Sinne stimmte das Parlament 1764 einem Gesetz zu, das die Zollsätze für verschiedene Einfuhrartikel der Kolonien revidierte und gleichzeitig schärfere Vorschriften für die Eintreibung der Zölle enthielt. Das Gesetz wurde als „Revenue Act" oder „Sugar Act" bezeichnet. Eine seiner wichtigsten Bestimmungen setzte den Einfuhrzoll auf Melasse (ein Grundprodukt für die in Neuengland blühende Rumdestillerie!) von 6 auf 3 Pence pro Gallone herab. Diese Maßnahme sah aus wie eine Lockerung, aber sie sollte sich in entgegengesetzter Richtung auswirken. Der frühere Zoll war so hoch gewesen, dass die amerikanischen Importeure ihn durch Schmuggel und Bestechung systematisch umgangen hatten. Durch die Neuregelung war der Schmuggel nun zugleich weniger lohnend und viel riskanter geworden [...]. Das Ziel des Gesetzes bestand nach dem Wortlaut seiner Präambel ganz eindeutig in der Erhöhung der fiskalischen Einkünfte aus den Kolonien. Dass hierzu die Belastung durch Zölle oder Steuern ein berechtigtes Mittel sei, wurde in Westminster nicht bezweifelt. Der Schöpfer der „Revenue Act" war der Schatzkanzler Georg Grenville. Er brachte schon im folgenden Jahr eine weitere Maßnahme durch das Parlament, nämlich das Stempelsteuergesetz („Stamp Act"). Sein Inhalt war simpel: Für alle in Amerika ausgefertigten Rechtsurkunden sowie für Druckerzeugnisse wie Bücher, Kalender, Zeitungen, Flugblätter, Spielkarten, Formulare usw. mussten Stempelgebühren in Gebührenmarken entrichtet werden.

1 neben der Einschränkung der Expansion nach Westen durch den englischen König

H. R. Guggisberg, Geschichte der USA I, Stuttgart 1975, S. 34 f.

M 8 Britannia, ihrer Kolonien beraubt

Das Spruchband bedeutet so viel wie: „Gebt dem armen Belisario einen Groschen". Anspielung auf einen byzantinischen General des 6. Jahrhunderts, der nach der Eroberung Italiens von Kaiser Justinian entlassen wurde und angeblich anschließend betteln gehen musste, Abbildung des amerikanischen Politikers Benjamin Franklin (1706–1790) aus dem Jahre 1767.

M 9 Der Erste Kontinentalkongress

Beschluss des Ersten Kontinentalkongresses, zu dem sich Delegierte von zwölf Kolonien in Philadelphia versammelt hatten (14. Oktober 1774):

[...] Die Volksvertreter [...] erklären zuvörderst nach dem alten Brauch von Engländern, ihren Vorfahren, in ähnlichen Fällen, zur Sicherung und Verteidigung ihrer Rechte und Freiheiten: Dass die Bewohner der englischen Kolonien in Nordamerika kraft der unveränderlichen Gesetze der Natur, kraft der Grundbegriffe der englischen Verfassung und kraft der einzelnen Freibriefe und Verträge die folgenden Rechte besitzen: Es wird einstimmig beschlossen: I. Sie sind berechtigt zu Leben, Freiheit und Eigentum, und sie haben niemals irgendeiner fremden Macht ein Recht darauf abgetreten, ohne ihre Zustimmung über eines dieser drei Güter zu verfügen. II. Unsere Vorfahren, die Gründer dieser Kolonien, waren zurzeit ihrer Auswanderung aus dem Mutterland zu allen Rechten, Freiheiten und Vorrechten freier und geborener Untertanen innerhalb des Reiches England berechtigt. [...] IV. Die Grundlage der englischen Freiheit sowie aller freien Regierungen ist ein dem Volk innewohnendes Recht, an der gesetzgebenden Ratsversammlung teilzuhaben; und da die englischen Kolonisten im britischen Parlament nicht vertreten sind und aus räumlichen Gründen und anderen Umständen nicht angemessen darin vertreten sein können, so sind sie zu freier und ausschließlicher gesetzgebender Gewalt in ihren verschiedenen Provinzkörperschaften berechtigt, wo ihr Recht auf Vertretung allein bewahrt werden kann, und zwar in allen Fällen von Besteuerung und innerer Verwaltung, wobei sie allein dem Veto ihres Souveräns in der Weise unterworfen sind, wie es bisher Anwendung fand und Brauch war. Jedoch willigen wir angesichts der sachlichen Notwendigkeit und aus Rücksicht auf den wechselseitigen Vorteil beider Länder gerne ein, dass Akte des britischen Parlaments, soweit sie bona fide [guten Glaubens] sich auf die Regelung unseres Außenhandels beschränken, in Wirkung treten zwecks Sicherung der Handelsvorteile des Gesamtreiches für das Mutterland sowie der Handelserträge der Einzelglieder; jeder Gedanke an innere oder äußere Besteuerung zwecks Erhebung einer Einkommensteuer von den Untertanen in Amerika ohne deren Zustimmung bleibt jedoch ausgeschlossen. [...]

Zit. nach: F. Wagner, USA, Geburt und Aufstieg der neuen Welt, Geschichte in Zeitdokumenten 1607–1865, München 1947, S. 22.

M 10 Plädoyer gegen die Monarchie (1776)

Thomas Paine gab mit seiner Flugschrift „Common Sense" (Gesunder Menschenverstand) einen entscheidenden Impuls zur Revolution. Die Kleine Schrift von 47 Seiten hatte mit 120 000 Exemplaren einen beispiellosen Erfolg:

Aber, werden einige fragen, wo ist der König von Amerika? Ich will es Euch sagen, Freunde: Dort oben regiert Er und richtet keine Verheerung unter der Menschheit an, wie das königliche Untier von Großbritannien. [...]
Denn so wie in absoluten Regierungen der König das Gesetz ist, so sollte in freien Ländern das Gesetz König sein, und nichts sonst. Damit aber hernach kein Missbrauch damit getrieben werden kann, soll die Krone am Ende der Zeremonie zerschlagen und sollen die Stücke unter das Volk geworfen werden, dessen Recht dies ist. [...]
Oh, Ihr Freunde der Menschheit! Ihr, die Ihr es wagt, Euch nicht nur der Tyrannei, sondern auch dem Tyrannen zu widersetzen, tretet hervor! Jeder Fleck der Alten Welt ist von Unterdrückung bedeckt. Die Freiheit ist um den ganzen Erdball gejagt worden. Asien und Afrika haben sie längst ausgestoßen. Europa betrachtet sie als Fremdling, und England hat ihr zu verstehen gegeben, sie solle sich fortmachen. Oh! Empfangt den Flüchtling und bereitet der Menschheit rechtzeitig ein Asyl. [...]
Nichts kann unsere Sache so schnell in Ordnung bringen wie eine offene und entschlossene Unabhängigkeitserklärung.
[...] England zu Europa, Amerika zu sich selbst.

Zit. nach: W. P. und A. Meurer Adams (Hg.), Die Amerikanische Revolution in Augenzeugenberichten, München 1976, S. 231.

M 11 Gesichter der Revolution

George Washington (1732–1799),
konservativer Gutsbesitzer, Oberbefehlshaber der amerikanischen Milizsoldaten, als Vaterfigur der amerikanischen Revolution zum ersten Präsidenten gewählt (1789–1797).

Thomas Jefferson (1743 – 1826),
überzeugter Demokrat, konzipierte die Unabhängigkeitserklärung, zentrale Figur des radikalen Flügels der Revolution, dritter Präsident der USA (1801–1809).

Benjamin Franklin (1706 – 1790),
Mitunterzeichner der amerikanischen Unabhängigkeitserklärung und Mitarbeiter an der Verfassung, Diplomat seines Landes in Frankreich, wo er 1783 den Friedensvertrag mit Großbritannien unterschrieb.

M 12 **Fünf Delegierte überreichen den Entwurf der Unabhängigkeitserklärung,** der im Wesentlichen aus der Feder von Thomas Jefferson stammt, dem Präsidenten des Kongresses John Hancock: John Adams (Präsident der USA von 1797–1801), Roger Sherman, Robert Livingston, Thomas Jefferson (Präsident von 1801–1809) und Benjamin Franklin (Philosoph, Erfinder und Vertreter seines Landes in Frankreich), Gemälde von John Trumbull.

M 13 Unabhängigkeitserklärung der Vereinigten Staaten

Die Unabhängigkeitserklärung wird am 4. Juli 1776 von den Kolonien angenommen. In ihr werden die Gründe dargelegt, die die Trennung veranlasst haben. Dieser Tag wird als amerikanischer Nationalfeiertag begangen:

[…] Folgende Wahrheiten erachten wir als selbstverständlich: dass alle Menschen gleich geschaffen sind; dass sie von ihrem Schöpfer mit gewissen unveräußerlichen Rechten ausgestattet sind; dass dazu Leben, Freiheit und das Streben nach Glück gehören; dass zur Sicherung dieser Rechte Regierungen unter den Menschen eingesetzt werden, die ihre rechtmäßige Macht aus der Zustimmung der Regierten herleiten; dass, wenn immer irgendeine Regierungsform sich als diesen Zielen abträglich erweist, es Recht des Volkes ist, sie zu ändern oder abzuschaffen und eine neue Regierung einzusetzen und diese auf solchen Grundsätzen aufzubauen und ihre Gewalten in der Form zu organisieren, wie es ihm zur Gewährleistung seiner Sicherheit und seines Glückes geboten zu sein scheint. Gewiss gebietet die Weisheit, dass von alters her bestehende Regierungen nicht aus geringfügigen und vorübergehenden Anlässen geändert werden sollten; und demgemäß hat jede Erfahrung gezeigt, dass die Menschen eher geneigt sind, zu dulden, solange die Missstände noch erträglich sind, als sich unter Beseitigung altgewohnter Formen Recht zu verschaffen. Aber wenn eine lange Reihe von Missständen und Übergriffen, die stets das gleiche Ziel verfolgen, die Absicht erkennen lässt, sie absolutem Despotismus zu unterwerfen, so ist es ihr Recht und ihre Pflicht, eine solche Regierung zu beseitigen und neue Wächter für ihre künftige Sicherheit zu bestellen.

So haben diese Kolonien geduldig ausgeharrt, und so stehen sie jetzt vor der zwingenden Notwendigkeit, ihre bisherige Regierungsform zu ändern. Die Regierungszeit des gegenwärtigen Königs von Großbritannien ist von unentwegtem Unrecht und ständigen Übergriffen gekennzeichnet, die alle auf die Errichtung einer absoluten Tyrannei über diese Staaten abzielen. […]

Zit. nach: M. Jonas, Die Unabhängigkeitserklärung der Vereinigten Staaten, Hannover 1964, S. 39 f.

M 14 **Virginia Bill of Rights (1776)**

Zum ersten Mal in der Geschichte werden die Grund- bzw. Menschenrechte verfassungsmäßig garantiert:

Erklärung der Menschenrechte

Abschnitt 1: Alle Menschen sind von Natur gleichmäßig frei und unabhängig und haben gewisse angeborene Rechte, die sie bei ihrem Eintritt in einen Zustand geselliger Vereinigung ihren Nachkommen weder rauben noch vorenthalten können, nämlich den Genuss von Leben und Freiheit zugleich mit der Befähigung, Eigentum zu erwerben und zu besitzen sowie Glück und Sicherheit zu erstreben und zu erlangen.

Abschnitt 2: Alle Gewalt ruht im Volk und ist folglich von ihm abzuleiten, die Behörden sind seine Vertrauensmänner und Diener und ihm jederzeit verantwortlich.

Abschnitt 3: Die Regierung wird und soll für den gemeinsamen Nutzen, den Schutz und die Sicherheit des Volkes, der Nation oder der Gemeinschaft eingesetzt werden. Von all den verschiedenen Regierungsarten ist die die Beste, die imstande ist, den höchsten Grad von Sicherheit und Glück herbeizuführen und am wirksamsten vor der Gefahr einer schlechten Verwaltung zu schützen vermag. Findet sich, dass eine Regierung diesen Zwecken nicht entspricht oder ihnen entgegengesetzt ist, so hat die Mehrheit der Gemeinschaft ein unzweifelhaftes, unveräußerliches und unaufhebbares Recht, sie zu reformieren, zu verändern oder abzuschaffen, so wie es für das allgemeine Wohl am nützlichsten gehalten wird.

Abschnitt 4: Weder ein einzelner noch eine Klasse von Menschen hat Anspruch an die Gemeinschaft auf ausschließliche oder besondere Begünstigung oder Privilegien, es sei denn in Anerkennung öffentlicher Dienste; da diese nicht übertragbar sind, so sollen auch die Ämter der Regierung, des Gesetzgebers oder Richters nicht erblich sein.

Abschnitt 5: Die gesetzgebende und die ausübende Gewalt des Staates sollen getrennt und von der richterlichen Gewalt geschieden werden. […]

Abschnitt 6: Die Wahlen der Abgeordneten, die als Volksvertreter in der Versammlung sitzen, sollen frei sein; und jeder, der ausreichenden Nachweis für andauernde Teilnahme und Anhänglichkeit am Gemeinwesen erbringt, hat das Wahlrecht und kann nicht besteuert oder seines Eigentums öffentlicher Zwecke halber entäußert werden ohne seine Zustimmung oder die seiner erwählten Vertreter. Niemand kann durch irgendein Gesetz, dem er nicht in gleicher Weise für das allgemeine Wohl zugestimmt hat, verpflichtet werden. […]

M 15

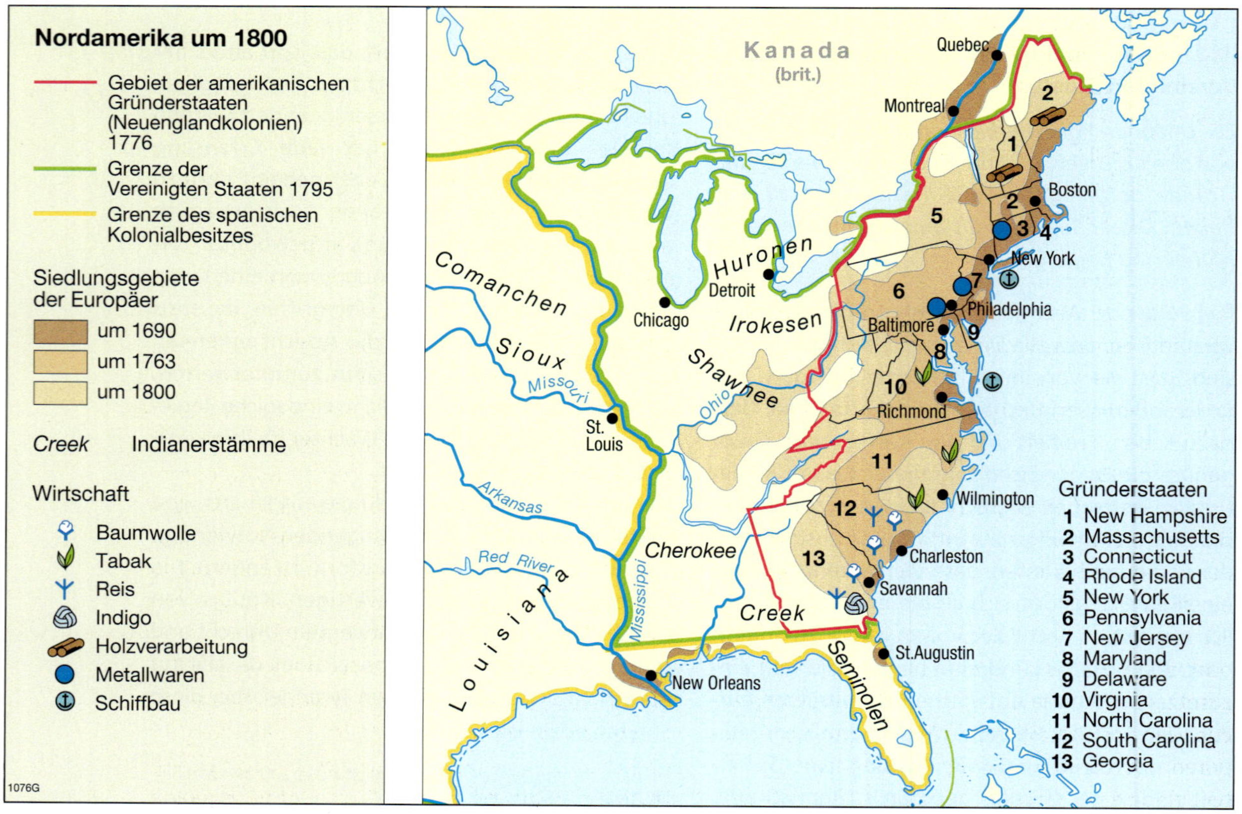

Abschnitt 12: Die Pressefreiheit ist eines der großen Bollwerke der Freiheit und kann nur durch despotische Regierungen eingeschränkt werden. [...]
Abschnitt 16: Religion, oder die Verpflichtung, die wir unserem Schöpfer schulden, und die Art, wie wir uns ihrer entledigen, kann nur durch Vernunft und Überzeugung bestimmt werden, nicht aber durch Zwang oder Gewalt. Daher sind alle Menschen gleichermaßen zur freien Ausübung ihres Glaubens berechtigt. [...]

Zit. nach: F. Wagner, a. a. O., S. 66 ff.

M 17 „Wir sind keiner Krone eine Verpflichtung schuldig."
Transparent für die Feiern zum 4. Juli aus dem 19. Jahrhundert

M 16 Amerikanische Ideologie

Der Politikwissenschaftler Peter Lösche fasst die Ideen des amerikanischen Selbstverständnisses folgendermaßen zusammen:

Die Frage drängt sich auf: Was hält diese vielfarbige und vielgestaltige Gesellschaft, zergliedert in Zehntausende von Nachbarschaftsinseln, was hält den Staat, was die Nation überhaupt zusammen? Was verbindet die Amerikaner untereinander, so dass sie sich als Amerikaner gegenseitig erkennen und erfahren – und sich eben nicht nur als Kalifornier oder New Yorker, als Neuengländer oder Südstaatler, als Bewohner ihrer Gemeinde oder ihrer Nachbarschaft erleben? Was also hält Amerika im Innersten – und auch äußerlich – zusammen? Die Antwort mag überraschen: Es ist die amerikanische Ideologie, die die 270 Millionen Einwohner der Vereinigten Staaten zu Amerikanern macht und die die amerikanische Nation begründet. So paradox dies klingen mag: Dem amerikanischen Volk ist eine Art weltlicher Religion (civil religion) gemeinsam, die auf bestimmten Glaubenssätzen, auf Ritualen und Symbolen beruht. [...] Wie das gemeint ist, soll [...] an einem Beispiel erläutert werden. Jeden Morgen versammeln sich in allen amerikanischen Schulklassen die Schüler zu einer kurzen Besinnung, sie legen ihre rechte Hand auf das Herz, wenden sich dem Sternenbanner zu und geloben Treue. [...]
Zu den Prinzipien der amerikanischen Ideologie gehören:
1. Demokratie, nämlich eine Verbindung von repräsentativen Elementen, wie sie sich in den Parlamenten der Einzelstaaten und im Kongress sowie in der Wahl von Mitgliedern der Exekutive und des Präsidenten zeigen, und von plebiszitären Elementen, die sich u. a. im Lokalismus amerikanischer Politik, in der direkten Wahl und (in einigen Staaten) Abwahlmöglichkeit von Richtern, Sheriffs oder Bürgermeistern zeigen. Demokratie heißt dann auch Herrschaft der Gesetze im Rahmen der Verfassung, also Rechtsstaatlichkeit. Gemeint ist zudem die republikanische Staatsform, für die man sich in der Revolution bewusst in Abgrenzung von den europäisch-monarchischen [Staatsformen] entschieden hatte.
2. Freiheit, nämlich „liberty" und „freedom", zwei Begriffe, die als Symbole ideologisch wohl am stärksten von allen zentralen Elementen der weltlichen Religion überhöht worden sind. Zunächst bedeutete „liberty" recht konkret die Trennung vom Mutterland und damit zugleich die Abgrenzung von absolutistischen Herrschaftsformen der Alten Welt. Der Begriff schließt dann aber auch die Freiheit des Einzelnen gegenüber dem Staat, frei sein von staatlicher Reglementierung, ein und ist dadurch mit dem Widerstandsrecht verbunden, sich nämlich bewusst staatlicher Kontrolle – und sei es in einem Akt der Rebellion – zu entziehen.
3. Damit ist die fundamentale Skepsis, ja Opposition gegen jede Art der Machtanhäufung angesprochen, ein weiteres Prinzip amerikanischer Ideologie, das sich aus dem Freiheitsverständnis und den plebiszitären Elementen des Demokratiebegriffs sowie historisch aus der Ablehnung absolutistischer Tyrannei im alten Europa ergibt. [...]
4. Individualismus [...] Die einzelne Persönlichkeit konstituiert sich überhaupt erst dadurch, dass zu ihr Eigentum gehört. Eigentum wird als Teil der persönlichen Sphäre angesehen und ist dadurch vor Übergriffen eigens geschützt, ja wird nachgerade

heilig gesprochen. Konkret: Nach wie vor gelten in einigen Staaten des Mittleren Westens und des Westens Gesetze, dass, wer Privatgrundstücke trotz entsprechender Warntafeln betritt, auch mit Waffengewalt vom Eigentümer vertrieben, ja selbst erschossen werden darf. Die calvinistische Komponente zeigt sich dann darin, dass in diesem Verständnis derjenige von Gott ausersehen ist, der Reichtümer besitzt. Die an den europäischen Besucher gestellte Frage „How much are you worth?" mag diesen schockieren, bedeutet aber nichts anderes, als dass der Fragesteller wissen will, mit welcher Art von Persönlichkeit, zu der auch sein Eigentum direkt gehört, er es zu tun hat. Anders als bei uns gibt es in den Vereinigten Staaten daher auch kaum Hemmungen, jemandem zu erzählen, wie viel man verdient, wie viel „man macht", eben wie viel „man wert ist". [...]

5. Schließlich gehört ein ungebrochener, ja uns Europäer zuweilen naiv anmutender Fortschrittsglaube zu den Prinzipien amerikanischer Ideologie, der nämlich in einem Missionarismus gipfeln kann, nach dem in dem von Gott ausersehenen Land, in Amerika, das „Neue Jerusalem", das Reich Gottes auf Erden errichtet werden wird. Amerikanischer Imperialismus und Expansionismus (sowohl auf dem eigenen Kontinent wie in der ganzen Welt) haben hier ihre ideologische Legitimation erhalten. Der Fortschrittsglaube hat sich im 19. Jahrhundert in eigenartiger Weise mit dem Frontier-Mythos verbunden. Der Ausruf „Go West, young man", „Schmiede Dein Glück, indem Du nach Westen ziehst", berief sich auf die konkrete Erfahrung großer geografischer Mobilität und suggerierte zugleich doch auch sozialen Aufstieg, eben den amerikanischen Traum des Aufstiegs vom Tellerwäscher zum Millionär. [...]

Aus dem Verständnis amerikanischer Geschichte als Heilsgeschichte entspringt und legitimiert sich auch das, was den amerikanischen Missionarismus ausmacht. [...]

Besonders in der Aufklärung und in der Romantik galt Amerika als das Land, das die Menschen nach ihren Vorstellungen und nach Gottes Plan bewusst gestalten können, also eine Gesellschaft, in der man frei leben konnte, in der schließlich religiöse Toleranz galt, aus der heraus man aber auch das Reich Gottes auf Erden zu schaffen vermochte. Der Begriff „Providence", göttliche Vorsehung, taucht als Ortsname in allen Landesteilen und in allen historischen Epochen auf. [...]

P. Lösche, Amerika in Perspektive, Darmstadt 1989, S. 271 ff.

Aufgaben

1. „Herzöge wandern nicht aus". Welche Konsequenzen hat diese Spruchweisheit für den Aufbau der amerikanischen Gesellschaft? Erläutern Sie die soziale Zusammensetzung der Kolonialgesellschaft.
   → Text, M1
2. Analysieren Sie die Puritanerpredigt im Hinblick auf demokratische Ideale.
   → M4
3. Welcher Zusammenhang besteht zwischen Calvins Prädestinationslehre und der Hochschätzung des materiellen Erfolgs?
   → M5
4. Analysieren Sie die merkantilistische Wirtschaftspolitik im Hinblick auf die Bedeutung der Kolonien für das Mutterland.
   → Text
5. Beschreiben Sie die Ursache des Finanzstreits zwischen England und den amerikanischen Kolonien.
   → Text, M3, M6, M7
6. Halten Sie jene wegweisenden Rechtsprinzipien fest, die von den amerikanischen Volksvertretern im Einzelnen formuliert wurden.
   → Text, M9, M10–M14
7. Auf welche Staatsform zielt die Unabhängigkeitserklärung?
   → M13
8. Untersuchen Sie, warum die amerikanische Gesellschaft eine „civil religion" hervorbrachte.
   → Text, M16
9. Erläutern Sie die Elemente dieses „amerikanischen Glaubens". Versuchen Sie, die einzelnen Aspekte aus der Geschichte heraus zu erklären.
   → Text, M16

1.2 Verfassung und politisches System

Zunächst handelte es sich bei den 13 Kolonien um selbstständige Staaten. Nachdem aber die Loslösung vom Mutterland vollzogen war, machte sich das Fehlen einer nationalen Regierung zusehends nachteilig bemerkbar. Die Ausgestaltung eines einheitlichen Binnenmarktes sowie die militärische Vertretung nach außen erforderten eine zentrale Gewalt. Erst die Verabschiedung der Verfassung (1787) machte aus dem Staatenbund einen Bundesstaat.

Drei Problemfelder ließen aber das Ergebnis der verfassunggebenden Versammlung lange Zeit ungewiss erscheinen:

- Wie sollte ein Interessenausgleich zwischen den bevölkerungsreichen und den bevölkerungsarmen Staaten aussehen?
- Wie sollte der Konflikt zwischen den Anhängern einer starken Zentralgewalt (missverständlicherweise Föderalisten genannt) und den Befürwortern einer weitgehend einzelstaatlichen Autonomie beigelegt werden?
- Wie konnte ein Übergriff der neuen Regierung auf die Rechte des Einzelnen vermieden werden?

Gewaltenteilung

Bei den Debatten standen sich zwei Fraktionen gegenüber: Föderalisten („federalists“) und die Republikaner. In den „Federalist Papers“ (1787/88) stritten Alexander Hamilton und James Madison (der vierte US-Präsident) für die Unionsverfassung mit einer starken Bundesregierung. Die Republikaner mit Thomas Jefferson (dritter Präsident der USA) traten für einen dezentral strukturierten Staat ein.

M 1

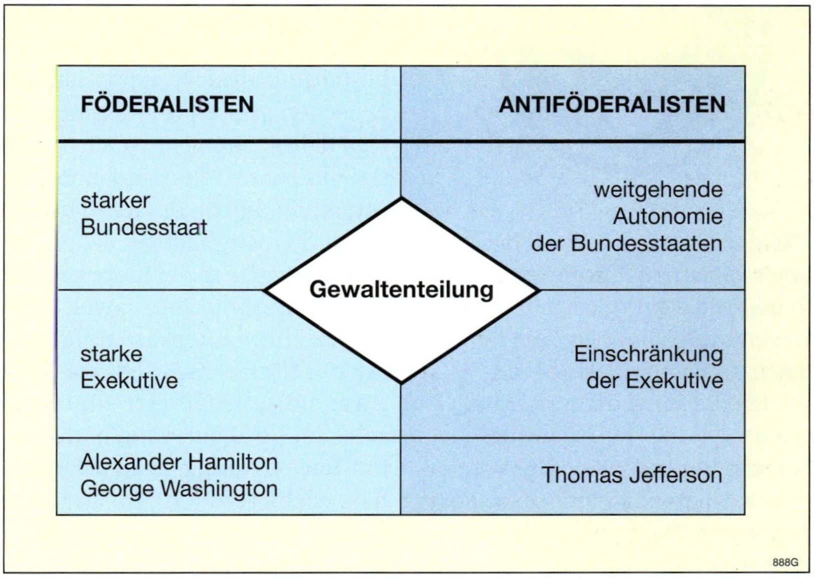

Die Verfassung weist folgende Gesetzgebungsbereiche der bundesstaatlichen Kompetenz zu: Wirtschaft, Währung, Handel und Verteidigung. Abweichend vom deutschen Verständnis des Begriffs „föderal“ hat das englische „federal“ die Bedeutung von „zentral“.

Die „Verfassungsväter" konstruierten eine Verfassung, die auf der Lehre von John Locke (1632–1704) basiert. Ihre leitenden Prinzipien sind:

- die Souveränität des Volkes,
- die Besetzung der politischen Ämter durch Wahlen,
- das Repräsentativsystem,
- die strikte Teilung der Gewalten,
- die Wahrung der Grundrechte.

Wahlrecht

Im Zuge der Gestaltung der politischen Verhältnisse wurde auch die Frage, wem das Wahlrecht zustehe, kontrovers diskutiert. In der Anfangsphase der neuen Republik war das Wahlrecht an eine Qualifikation (Steuern beziehungsweise Grundbesitz) gebunden. Frauen, Schwarze und Indianer blieben zunächst von der politischen Teilhabe ausgeschlossen. Zwischen 1840 und 1850 wurde das Wahlrecht auf alle weißen Männer ausgedehnt. Nach dem Bürgerkrieg zwischen den Nord- und Südstaaten (1861–1865) fielen die rassischen Beschränkungen weg. Das 15. Amendment (Zusatzartikel) zur Verfassung (1870) erhob das Stimmrecht für Schwarze und das Verbot ihrer Diskriminierung zum Grundrecht.

Frauen erhielten das union-weite Wahlrecht 1920, nachdem es zuvor schon in verschiedenen Einzelstaaten eingeführt worden war. 1924 erreichten auch die Indianer ihre rechtliche Anerkennung als Staatsbürger.

Regierungssystem

Das amerikanische Regierungssystem beruht auf zwei Säulen: der strikten Unabhängigkeit der drei Gewalten Exekutive, Legislative und Judikative sowie der Hervorhebung des Präsidenten als politische Führungsinstanz. Die einzelnen Gewalten unterliegen verschiedenartigen Wahlverfahren und Amtszeiten.

Der amerikanische Präsident, der für vier Jahre gewählt wird (mit einmaliger Möglichkeit der Wiederwahl), geht aus einer direkten Wahl durch die Wahlmänner des Volkes hervor. Ihm steht der Kongress (Legislative) als Gegenspieler und Partner gegenüber. Der Kongress besteht aus zwei Häusern: Senat und Repräsentantenhaus. Der Konflikt zwischen großen und kleinen Staaten wurde von den Gründungsvätern dahingehend entschärft, dass die einzelnen Bundesstaaten unterschiedlich vertreten sind: im Senat mit je zwei Senatoren pro Einzelstaat (unabhängig von dessen Größe) und im Repräsentantenhaus mit seinen 435 Mitgliedern proportional zur Einwohnerzahl. Während Senatoren für sechs Jahre gewählt werden, beträgt die Amtsdauer der Repräsentanten nur zwei Jahre. Der zweijährige Wahlrhythmus unterzieht die Repräsentanten einem permanenten Wahlkampf, was ihr politisches Gewicht im Vergleich zu den Senatoren verringert. Zwar müssen Gesetze von beiden Häusern des Kongresses verabschiedet (und anschließend vom Präsidenten unterzeichnet) werden, um Rechtsgültigkeit zu erlangen, aber insgesamt muss der Senat als das wichtigere Organ angesehen werden. Seine Vorrangstellung resultiert zum einen aus dem Recht, außenpolitische Verträge (mit Zweidrittel-Mehrheit) zu ratifizieren, zum anderen aus seinem Einfluss auf die Personalpolitik. Alle wichtigen Ernennungen und Berufungen des Präsidenten (zum Beispiel Minister, Oberste Richter) bedürfen der Zustimmung durch den Senat. Im (seltenen) Fall einer Anklage gegen den Präsidenten (impeachment) fungiert der Senat als Gerichtshof.

M 2 Das amtliche Siegel des amerikanischen Präsidenten
In der Mitte ein Adler mit einem Olivenzweig (Sinnbild des Friedens) und einem Bündel von Pfeilen (Bereitschaft zur Verteidigung). Darüber in lateinischer Sprache der Leitspruch der Vereinigten Staaten: E pluribus unum = Aus vielen (Nationen) eine. Die dreizehn Sterne über dem Kopf des Adlers stehen für die 13 Gründerstaaten. Rings um den Adler sind 50 Sterne angeordnet, einer für jeden Bundesstaat.

Funktionsweisen des präsidentiellen Regierungssystems

Die amerikanischen Verfassungskonstrukteure haben sich für ein Regierungssystem entschieden, das sich substanziell vom parlamentarischen Regierungssystem, das zum Beispiel in Deutschland in Kraft ist, unterscheidet.

Im parlamentarischen System geht die Regierung aus der Parlamentsmehrheit hervor. Eine fehlende Mehrheit führt in der Regel zu ihrem Rücktritt. Im amerikanischen Regierungssystem gehen Kongress und Regierung (Präsident) aus unterschiedlichen Wahlen – mit je eigener Legitimation – hervor. Folglich kann die Regierung auch nicht vom Parlament abgewählt werden, wie das beim parlamentarischen Misstrauensvotum der Fall ist. Nur im präsidentiellen System ist es daher möglich, dass die Regierung und die Parlamentsmehrheit unterschiedlichen Parteien angehören, was aber potenziell die Gefahr der politischen Lähmung mit sich bringt. Der Präsident kann mithilfe seines Vetos die Beschlüsse des Kongresses blockieren. Zwar hat der Kongress dann die Möglichkeit, das Veto wirkungslos zu machen („override"), aber dazu ist eine Zweidrittel-Mehrheit in beiden Häusern notwendig, die naturgemäß nur in seltenen Fällen erreicht wird.

M 3

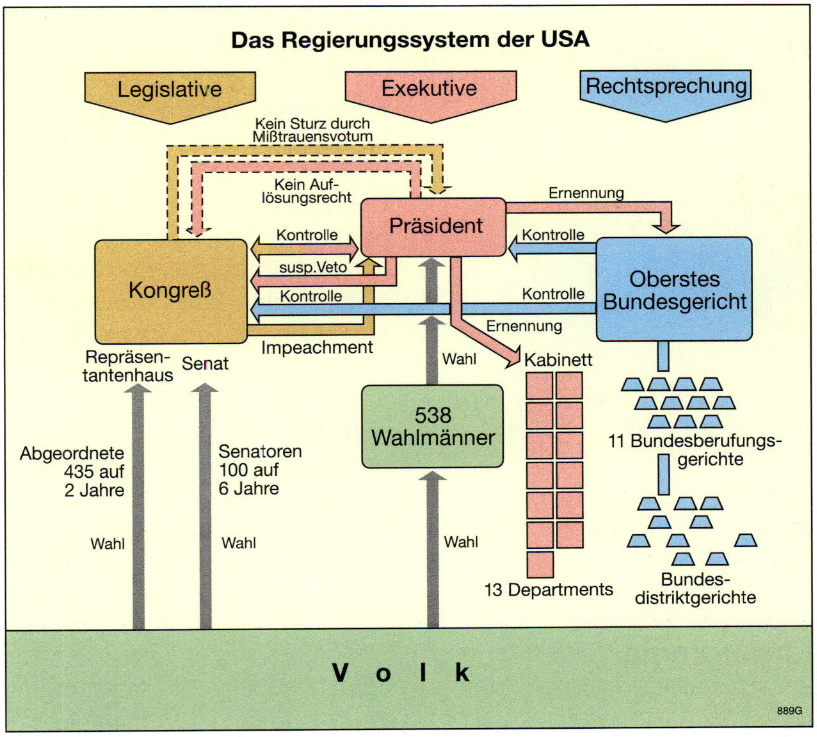

„Checks and balances"

Die Konstruktion des politischen Systems der USA wurde von der Absicht diktiert, eine Konzentration der Macht und deren möglichen Missbrauch zu verhindern. Das so entstandene Politikmuster bezeichnet man auch mit den Begriffen „checks und balances" (Kontrollen und Ausgleich). In einem komplizierten Verfahren wurden die Teilgewalten so aufeinander bezogen, dass deren Kooperation unerlässlich ist, wenn der politische Prozess nicht in Stagnation und die Beteiligten nicht in Handlungsunfähigkeit verfallen sollen. Die offenkundige Gewaltenteilung erweist sich bei näherer Betrachtung als funktionale Gewaltenverschränkung. Der Gesetzgebungsprozess verläuft also in vielen Fällen komplizierter und langsamer, als das in parlamentarischen Demokratien der Fall ist.

Parteien

Die zwei großen amerikanischen Parteien – Demokraten und Republikaner – stellten bislang ohne Ausnahme den Präsidenten. Ihre Vorherrschaft konnte von dritten Parteien noch nie ernsthaft gefährdet werden. Letztlich kann die Form der amerikanischen Demokratie nur funktionieren, weil die beiden großen Parteien keine festgefügten Einheiten mit scharf umrissener Parteiideologie sind. In den Grundfragen der Politik gab und gibt es – trotz unterschiedlicher Parteiprofile – einen bemerkenswerten Konsens zwischen den beiden großen staatstragenden Parteien. Die Demokraten gelten als liberaler, während man die Republikaner im Allgemeinen mehr dem konservativen politischen Milieu zuordnet. Das politische System als solches wurde von keiner Seite in Frage gestellt. Weil die ideologischen Barrieren nicht so hoch sind, kann es immer wieder zu kooperativen Bündnissen und sachlichen Lösungen von Konflikten kommen. Das ist besonders dann notwendig, wenn der Präsident einer anderen Partei angehört als die Kongress-Mehrheit.

Amerikanische Parteien sind relativ lockere Organisationen, die sich primär als Wahlbündnisse von Gruppen und örtlichen Komitees zur Erringung der Präsidentschaft verstehen. Formelle Parteimitgliedschaften sind relativ selten. In Wahlkampfzeiten pflegen sich zeitweilig Gruppen zu bilden, die einen Kandidaten unterstützen.

Wahlen

Charakteristisch für das amerikanische Wahlsystem ist das Mehrheitsprinzip (im Unterschied zum Verhältniswahlrecht). In jedem Wahlkreis entscheidet die relative Mehrheit. Folglich gibt es nur einen Sieger („The winner takes it all."). Dieses Wahlverfahren hat zweifellos die Herausbildung des Zweiparteiensystems begünstigt. Es gibt also keine Parteilistenwahl, daher fühlen sich die Gewählten in erster Linie auch ihren Wählern verantwortlich (und weniger der Partei). Die sehr unterschiedlichen lokalen, regionalen und bundesstaatlichen Interessen müssen daher jeweils zu einem Zweckbündnis zusammgengefasst werden, wenn mit Aussicht auf Erfolg die Präsidentenschaftswahlen angegangen werden sollen. Die organisatorisch schwachen amerikanischen Parteien spielen also in der praktischen Politik eine geringere Rolle als die straffer organisierten europäischen Parteien.

Chronologie

1787 Fertigstellung der Verfassung

1789 Inkrafttreten der Verfassung nach Ratifizierung durch die Einzelstaaten; George Washington wird zum ersten Präsidenten der USA gewählt.

1791 Auf Drängen der Einzelstaaten wird die „Bill of Rights" als Zusatzartikel (amendments) I–X zur Verfassung angenommen.

1870 Verabschiedung des 15. Zusatzartikels der Verfassung: Keine Beschränkung des Wahlrechts wegen der Hautfarbe

1920 Verabschiedung des 19. Zusatzartikels der Verfassung: Allgemeines Frauenwahlrecht

M 4 Zusatzartikel der Verfassung

Der Grundrechtskatalog lehnte sich stark an die „Virginia Bill of Rights" von 1776 an und trat 1791 als Verfassungsrecht in Kraft:

Zusatzartikel I: Der Kongress darf kein Gesetz erlassen, das die Einführung einer Staatsreligion zum Gegenstand hat, die freie Religionsausübung verbietet, die Rede- oder Pressefreiheit oder das Recht des Volkes einschränkt, sich friedlich zu versammeln und die Regierung durch Petition um Abstellung von Missständen zu ersuchen.

Zusatzartikel II: Da eine gut ausgebildete Miliz für die Sicherheit eines freien Staates erforderlich ist, darf das Recht des Volkes, Waffen zu besitzen und zu tragen, nicht beeinträchtigt werden. [...]

Zusatzartikel IV: Das Recht des Volkes auf Sicherheit der Person und der Wohnung, der Urkunden und des Eigentums, vor willkürlicher Durchsuchung, Verhaftung und Beschlagnahme darf nicht verletzt werden. [...]

Zusatzartikel VI: In allen Strafverfahren hat der Angeklagte Anspruch auf einen unverzüglichen und öffentlichen Prozess vor einem unparteiischen Geschworenengericht desjenigen Staates [...], in welchem die Straftat begangen wurde. [...]

Zit. nach: E. Helms, USA–Staat und Gesellschaft, Hannover, S. 155 f.

M 5 Das präsidentielle Regierungssystem

Die Politikwissenschaft unterscheidet zwischen parlamentarischen und präsidentiellen Regierungssystemen:

Demokratische Regierungssysteme westlicher Prägung lassen sich nach der Art der Beziehungen zwischen Legislative, Exekutive und Justiz in parlamentarische oder präsidentielle Systeme unterteilen. Zu den ersteren zählen England und die Bundesrepublik Deutschland, während die USA als Modell der zweiten Kategorie gelten. [...] Nach dem Prinzip der Gewaltentrennung ist im amerikanischen präsidentiellen System die Regierungsgewalt zwischen der nationalen Exekutive, der Legislative und der Justiz so verteilt, dass – zumindest theoretisch – kein Organ zu stark oder von den anderen abhängig werden kann. Zu diesem Zweck wurde die Verfassung als ein sorgfältig ausgearbeitetes System von Gegengewichten und Handlungssperren, den so genannten checks and balances, konstruiert. Vom parlamentarischen System unterscheidet sich das präsidentielle durch die Direktwahl des Staats- und Regierungschefs durch die Wahlmänner des Volkes sowie durch den Zusammenschluss beider Funktionen – also etwa der des Kanzlers und der des Bundespräsidenten – im Amt des Präsidenten.

M 6

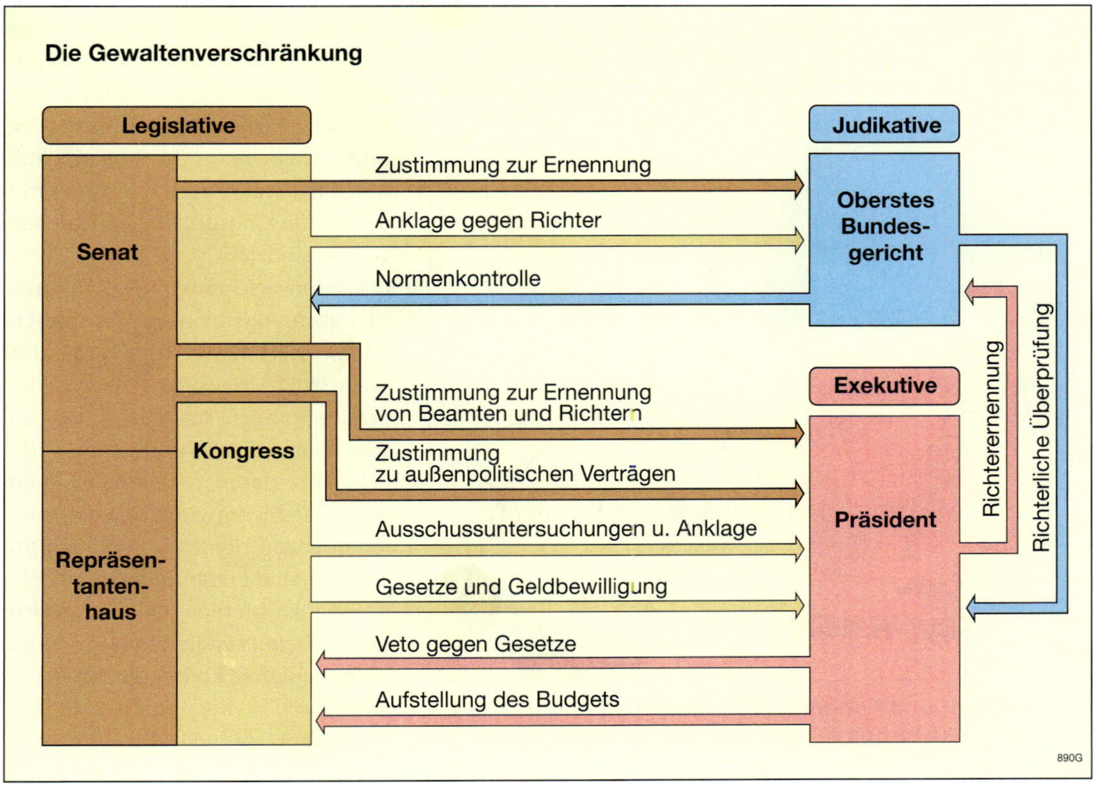

Im Gegensatz zu der für das amerikanische präsidentielle System typischen strikten Trennung von Exekutive und Legislative stehen diese in parlamentarischen Systemen im engen Verhältnis zueinander, wobei die Exekutive das Vertrauen der Mehrheit des Parlamentes besitzen muss. Wenn dies nicht länger der Fall ist, hat das Parlament das Recht, die Regierung abzulösen. Der Kongress kann demgegenüber den Präsidenten nur im Fall von Rechtsverletzungen in einem gerichtsförmigen Verfahren, dem so genannten Impeachment-Verfahren, seines Amtes entheben. Umgekehrt hat der Präsident nicht das Recht, den Kongress aufzulösen, während in parlamentarischen Systemen das Staatsoberhaupt oder der Regierungschef das Recht der Parlamentauflösung regelmäßig in irgendeiner Form besitzt. Als Vorteil des präsidentiellen Systems gilt die periodische Direktwahl des Präsidenten; die Exekutive hängt in ihrem Bestand nicht vom Parlament ab. Seine Schwäche ist die permanente Gefahr der Handlungsunfähigkeit der Regierung, besonders im Fall des Konfliktes zwischen Exekutive und Legislative oder vor anstehenden Wahlen.
Ein anderes Merkmal der Präsidentialdemokratie ist die hochgradige Personalisierung der Politik. In den USA steht nicht die Regierung, die keine einheitliche Institution darstellt, im Mittelpunkt des politischen Interesses, sondern die Person des Präsidenten.

P. H. Merkl, D. Raabe, Politische Soziologie der USA, Wiesbaden 1977, S. 122.

M 7 Wenn sich Präsident und Kongress nicht einigen können.
Links: US-Präsident Bush (1989–1993), Karikatur aus: Hannoversche Allgemeine Zeitung, 18.10.1990

M 8 Die Funktion des Präsidenten

Der Politikwissenschaftler Peter Lösche zeigt auf, wie das politische System der USA auf den Präsidenten zugeschnitten ist:

Folgt man der Verfassung, so sind im Amt des Präsidenten politische Funktionen konzentriert und zusammengefasst, die in anderen politischen Systemen – z. B. in den westeuropäisch-parlamentarischen, einschließlich dem der Bundesrepublik – auf mehrere Institutionen verteilt sind:
Der Präsident [ist] der Chef der Exekutive und [verkörpert] die ausführende Gewalt. Ihm unterstehen formal also alle Bundesbehörden. [...] Im Unterschied zu den Vereinigten Staaten stehen in der Bundesrepublik an der Spitze der verschiedenen Ministerien die zuständigen Ressortminister, und nur über seine Richtlinienkompetenz und durch das Kabinettskollegium kann der Chef der Exekutive, also der Kanzler, in die einzelnen Behörden „hineinregieren".
Der Präsident ist sodann Oberbefehlshaber der Streitkräfte, eine Aufgabe, die nach dem Grundgesetz nur im Verteidigungsfall vom Bundeskanzler, im Übrigen aber vom Verteidigungsminister wahrgenommen wird.
Ferner wird der Präsident als erster Diplomat des Landes bezeichnet, denn ihm steht das Recht zu, Verträge abzuschließen, die allerdings der Zustimmung durch eine Zweidrittelmehrheit des Senats bedürfen, um rechtswirksam zu werden. Ähnlich wie bei uns sind also in den Vereinigten Staaten Exekutive und Legislative an der Außenpolitik beteiligt, wenn auch die Gewichte der Verfassungsorgane verschieden verteilt sind. [...]
Gewaltenverschränkung gilt in Amerika auch allgemein für das Gesetzgebungsverfahren: Trotz vergleichsweise strikter Gewaltenteilung ist der Präsident auch formal – ganz zu schweigen von der Verfassungswirklichkeit – daran beteiligt. Er kann gegen Gesetzentwürfe sein Veto einlegen sowie dem Kongress in Botschaften und Erklärungen seine politischen Empfehlungen zukommen lassen. Dem Präsidenten stehen also auch legislative Kompetenzen zu.
Schließlich ist der Präsident Staatsoberhaupt, er vollzieht also jene repräsentativen und diplomatischen

Zeremonien wie in konstitutionellen Monarchien der König oder bei uns der Bundespräsident. Er empfängt das Diplomatische Korps, nimmt die Beglaubigungsschreiben der Botschafter entgegen und unterzeichnet die Gesetze vor ihrem Inkrafttreten. Aufgrund von Tradition gilt der Präsident dann auch als Führer seiner Partei, ein Titel, der für europäische Ohren großartig klingt, in Wirklichkeit aber vergleichsweise wirkungslos ist.

P. Lösche, Amerika in Perspektive, Darmstadt 1989, S. 113 f.

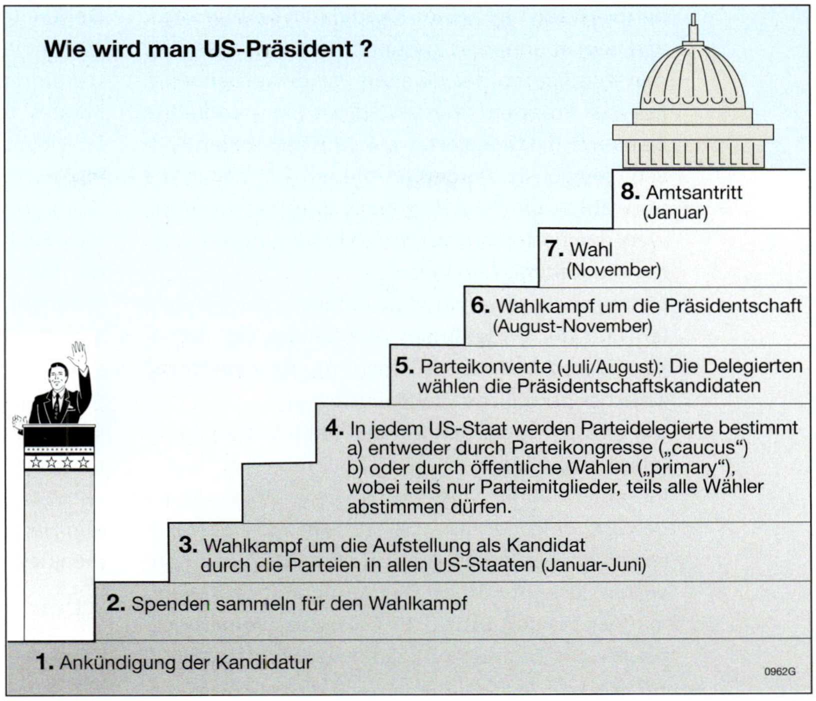

M 10

M 9 Präsidentschaftswahlen

Das Wahlverfahren zum Präsidenten stellt der Landeskundler Helmut Riege dar:

Die amerikanischen Parteien sind völlig anders organisiert als etwa die westdeutschen. Sie kennen keine feste, ständige Organisation. Es gibt keine Mitglieder und keine Beiträge. Die Parteien existieren nur während der Wahlkämpfe. Infolge dieser losen Organisation der Parteien gibt es keine klare Trennung zwischen Parteifunktionären und Bürgern. Die Grenzen sind offen, und jedem Bürger steht es frei, sich während des Wahlkampfes für die Partei seiner Wahl zu engagieren.

Bis 1924 wurden die Präsidentschaftskandidaten durch die Kongressfraktionen (caucus) aufgestellt. Dann wurde das System der Wahlversammlungen (convention) auf allen Ebenen: in der „Grafschaft" (county), dem Einzelstaat (state) und der ganzen Union (nation) eingeführt. Zu den Konventen werden Delegierte entsandt, die diskutieren, über das Wahlprogramm abstimmen und die Kandidaten nominieren. Um das Wahlverfahren weiter zu demokratisieren, wurde in den Vereinigten Staaten eine Einrichtung eingeführt, die bei uns völlig unbekannt ist: nämlich die Vorwahlen (primaries). In der Bundesrepublik Deutschland ist es (wie auch ursprünglich in Amerika) so, dass den Parteien die Auswahl der Kandidaten völlig überlassen wird. Das demokratische Prinzip wird nur innerhalb der Partei angewendet, indem (in zunehmendem Maße) auch die „Basis" der Parteimitglieder an der Auswahl beteiligt wird; der außenstehende Bürger hingegen muss die Kandidaten hinnehmen, die ihm von den Parteien vorgesetzt werden. Bei den Vorwahlen dagegen greift der Staat von vornherein in die Auswahl schon der Kandidaten ein. Es bleibt nicht mehr den Parteiorganisationen überlassen, wen sie aufstellen wollen, sondern die Wähler selbst entscheiden darüber.

Bei den Vorwahlen wählt der Wähler also nicht zwischen den Kandidaten verschiedener Parteien, sondern nur zwischen Kandidaten innerhalb einer Partei. Man unterscheidet nun zwischen geschlossenen Vorwahlen (closed primaries) und offenen Vorwahlen (open primaries).

Bei den geschlossenen Wahlen muss der Wähler angeben, bei welcher Partei er an der Auswahl der Kandidaten mitwirken will: er muss sich für eine Partei „registrieren" lassen (register to vote). Diese Nötigung, sich in den Vorwahlen zu einer Partei öffentlich zu „bekennen", wirkt auf den ersten Blick befremdend. Sie wird aber aus zwei Gründen nicht als Verletzung des Wahlgeheimnisses angesehen: einmal, weil die Wahl des Parteikandidaten selber ja geheim bleibt, und zum andern, weil diese Registrierung gar nicht bindend für die spätere Hauptwahl zwischen den Parteien ist.

Bei den offenen Wahlen nun braucht der Wähler sich nicht registrieren zu lassen, sondern kann am Vorwahltag in der Liste einer der Parteien die Kandidaten auswählen. Bei dem System der Vorwahlen lässt es sich selbstverständlich nicht vermeiden, dass ein Anhänger einer Partei bei der gegnerischen Partei mitwählt; auf diese Weise kann er Einfluss auf die Auswahl des gegnerischen Kandidaten nehmen, also etwa einen Kandidaten befürworten, von dem er annimmt, dass er eine leichte Beute für den Kandidaten der eigenen Partei werden wird. [...] Der Präsidentschaftskandidat kann endgültig erst durch die Delegierten auf dem nationalen Konvent festgelegt werden. In diesem Fall haben die Vorwahlen die Funktion eines Barometers dafür, wen der Parteikonvent zweckmäßigerweise zum Kandidaten machen sollte.

Erst wenn diese aufwendige Prozedur der Vorwahlen und der endgültigen Aufstellung des Parteikandidaten beendet ist, beginnt der eigentliche zwischenparteiliche Wahlkampf. [...]

Der Präsident wird nominell über Wahlmänner (electors) gewählt.

In jedem Staat werden so viele Wahlmänner gewählt, wie der Staat Senatoren und Repräsentanten im Bundeskongress zusammen hat, also mindestens drei pro Staat. Dazu kommen drei Wahlmänner für den District of Columbia (Regierungshauptstadt Washington). Zusammen ergibt das 100 + 435 + 3 = 538 Wahlmänner. Die Wahlmänner dürfen weder Mitglied des Bundeskongresses sein noch ein Bundesamt bekleiden.

Derjenige Präsidentenschaftskandidat, der die Mehrheit der Stimmen in einem Staate erzielt, bekommt sämtliche Wahlmännerstimmen dieses Staates, wenn einige Wochen nach der Volkswahl im November, nämlich im Dezember, die Wahlmänner ihre Stimmen abgeben. [...]

Theoretisch ist es sogar möglich, dass ein Kandidat die Mehrheit, sogar eine beträchtliche Mehrheit der Stimmen hinter sich hat und trotzdem nicht Präsident wird. Es könnte nämlich sein, dass die Summe seiner Stimmenvorsprünge in seinen Siegesstaaten größer ist als die des Konkurrenten in dessen Siegesstaaten – dass aber die Staaten des Konkurrenten über insgesamt mehr Wahlmännerstimmen verfügen. Allerdings ist dieser Fall zuletzt 1888 vorgekommen, als Grover Cleveland gegen Benjamin Harrison unterlag, obwohl er mehr Volksstimmen bekommen hatte[1].

1 Das Gleiche geschah bei den Präsidentschaftswahlen des Jahres 2000. Georg W. Bush jun. siegte auf diese Weise über den demokratischen Kandidaten Al Gore.

H. Riege. Nordamerika, Bd. 1, München 1978, S. 126 f, 105.

Aufgaben

1. Aus welchen Gründen bzw. mit welchem Ziel wurde die Schaffung einer amerikanischen Zentralgewalt betrieben?
   → Text, M1
2. Kennzeichnen Sie die Konflikte, die die Verabschiedung einer Verfassung erschwert haben. In welcher Form sind sie beigelegt worden?
   → Text, M3
3. Diskutieren Sie, ob der Zusatzartikel II noch zeitgemäß ist.
   → M4
4. Erarbeiten Sie die Unterschiede zwischen dem parlamentarischen und dem präsidentiellen Regierungssystem.
   → Text, M3, M5, M8
5. Kritiker sehen im präsidentiellen Regierungssystem die Gefahr der gegenseitigen Lähmung. Erläutern Sie die Umstände, unter denen diese Situation eintreten kann.
   → Text, M3, M5–M8
6. Grenzen Sie die beiden Häuser des Kongresses im Hinblick auf ihre politische Bedeutung ab.
   → Text, M3, M5, M6
7. Inwiefern lässt sich im amerikanischen Regierungssystem die Gewaltenverschränkung [checks and balances] als Leitprinzip ausmachen?
   → Text, M6, M8
8. Obgleich die Gesetzgebungsbefugnis beim Kongress liegt, ist der Präsident die dominante Institution der amerikanischen Politik. Welche Möglichkeiten besitzt er, um auf den Gesetzgebungsprozess Einfluss zu nehmen?
   → Text, M3, M6, M8
9. Nennen Sie diejenigen Faktoren, die das Zweiparteiensystem stabilisieren. Überlegen Sie – darüber hinausgehend – warum es in der Geschichte der USA keine revolutionäre sozialistische Partei gegeben hat.
   → Text
10. Stellen Sie die einzelnen Etappen im Präsidentschaftswahlverfahren dar.
   → Text, M9, M10
11. Wie beurteilen Sie das amerikanische Vorwahlverfahren?
   → Text, M9, M10

1.3 Das Werden des neuen Staates

Die Erschließung des Kontinents

Drei Aspekte prägten das Werden des neuen Staates im 19. Jahrhundert: die Erschließung des Kontinents, die Bewahrung der nationalen Einheit in einem blutigen Bürgerkrieg und der Aufstieg zur führenden Wirtschaftsmacht.

Die Inbesitznahme des Landes galt seit 1890 als abgeschlossen, nachdem das Statistische Bundesamt offiziell die „Schließung der Grenze" erklärt hatte. Zuvor war in einem langen Prozess die „frontier" durch Pioniere (Pelztierjäger, Goldsucher, Rancher) immer weiter nach Westen vorgeschoben worden.

John Quincy Adams (Präsident von 1825–1829) schrieb in seinen Memoiren: „Die Welt soll sich mit dem Gedanken vertraut machen, dass unsere Herrschaft den ganzen nordamerikanischen Kontinent umfasst. Seit wir ein unabhängiges Volk sind, ist dieser unser Anspruch ebenso gut ein Naturgesetz wie die Tatsache, dass der Mississippi ins Meer fließt." Adams' Formulierung ist repräsentativ für das Denken der Amerikaner. Sie konnten sich ohne nennenswerten Widerstand von außen ausbreiten, weil sich die europäischen Mächte (außer Spanien im Süden und Großbritannien im Norden) vom Kontinent fern hielten.

Die Erschließung des Kontinents hat das Selbstverständnis der Amerikaner entscheidend geprägt. Durch die Westwanderung bildete sich jener Mythos vom „Land der unbegrenzten Möglichkeiten". Die Grenze („frontier") förderte die Entstehung einer mobilen Pioniergesellschaft, die durch ungehemmte Entwicklung der Privatinitiative sowie durch Ablehnung von Standesdünkel charakterisiert war.

M 1

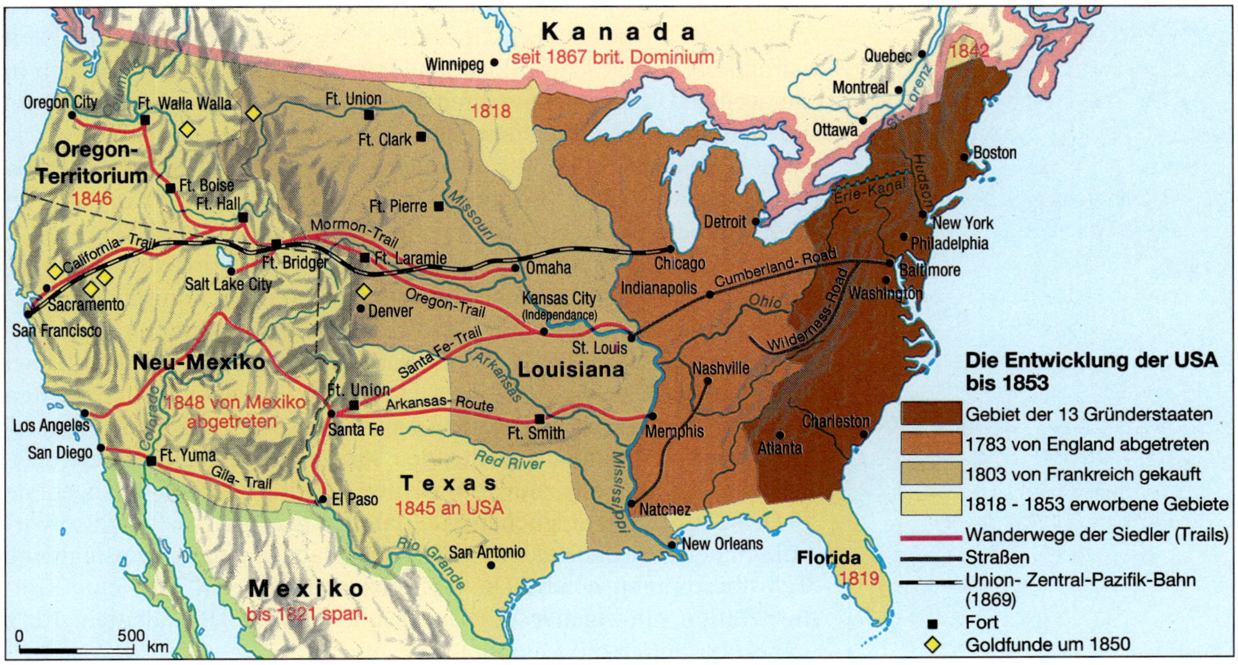

Indianer

Die Expansion der Weißen über den nordamerikanischen Kontinent führte naturgemäß zum Konflikt mit den Ureinwohnern und endete in der Vertreibung der Indianer aus ihren angestammten Gebieten. Die Macht der neuen Siedler erwies sich als überlegen. Alle mit den Indianern geschlossenen Verträge wurden letztlich gebrochen und die Indianer in wirtschaftlich kaum nutzbare Reservate abgedrängt.

Die Ureinwohner stellen heute mit etwa zwei Millionen Menschen eine relativ einflusslose Minderheit dar, die unter dem Verlust der eigenen Identität zu leiden hat. Die Hälfte von ihnen lebt in etwa 300 Reservaten, die insgesamt ein Territorium von der Größe der alten Bundesrepublik Deutschland umfassen. In ihnen genießen die Indianer Sonderrechte (zum Beispiel Steuerfreiheit, Jagdrechte, staatliche Beihilfen), die als Kompensation für frühere Landenteignungen zu verstehen sind. Die finanzielle Situation vieler Indianerstämme hat sich in den letzten Jahren verbessert. Als lukrativ erwiesen sich die Einrichtung von Casinos (für Glücksspiele), der Tourismus und das Kunsthandwerk. Auch Schadensersatzzahlungen für unrechtmäßig verlorenen Boden und die Vermarktung von Rohstoffen (Öl, Gas) haben die Einnahmen erhöht. Allerdings ist vielfach die soziale und psychische Situation der Indianer beklagenswert. Überdurchschnittlich hohe Arbeitslosigkeit, soziale Zerrüttung, Alkoholismus, ein mangelhafter Gesundheitszustand und unterdurchschnittliche Schul- und Berufsausbildung prägen immer noch die Lage der Nachfahren der Ureinwohner.

M 2

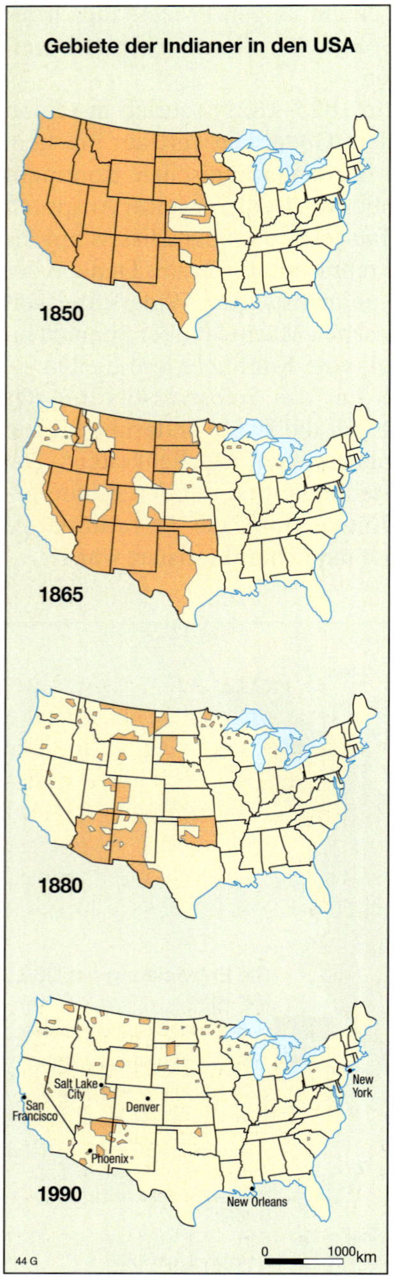

Der Sezessionskrieg (1861–1865)

In den Südstaaten der USA bestand insbesondere in der Plantagenwirtschaft (Tabak, Baumwolle, Zucker) ein Bedarf an Arbeitskräften, der mithilfe von Sklaven gedeckt wurde. Zu Beginn des amerikanischen Bürgerkrieges gab es unter den 9,5 Millionen Einwohnern der elf von der Union abgefallenen Südstaaten etwa 3,5 Millionen Sklaven (bei etwa 380 000 Sklavenhaltern). Nur eine Minderheit war also tatsächlich im Besitz von schwarzen Sklaven. Doch es gab eine weit verbreitete rassistische „Sklavenhaltermentalität", die gerade auch in der weißen Unterschicht verbreitet war. Man rechtfertigte die Sklaverei mit dem Hinweis darauf, dass die Schwarzen dumm und faul seien. Die weiße Unterschicht konnte angesichts der mit dem Attribut der sozialen Minderwertigkeit versehenen schwarzen Sklaven ein Konzept von Stolz (auf die weiße Hautfarbe) und Überlegenheit entwickeln.

Der amerikanische Bürgerkrieg zwischen den Nord- und den Südstaaten wurde erst in zweiter Linie um die Verwirklichung eines humanitären Ideals, nämlich der Sklavenbefreiung, geführt. Im Wesentlichen ging es um die Frage, ob die USA als *ein* Staat erhalten bleiben konnten beziehungsweise ob es ein Recht einzelner Bundesstaaten gibt, aus der Union auszutreten. Der Austritt aus der Union (Sezession) war von den Sklaven haltenden Staaten bereits mehrfach erwogen worden. Als Lincoln zum Präsidenten gewählt wurde, vollzogen sie diesen Schritt, um möglichen Maßnahmen gegen die Sklaverei zuvorzukommen. Die Südstaaten beriefen sich dabei auf das einzelstaatliche Selbstbestimmungsrecht. Die elf Südstaaten bildeten 1861 eine Konföderation mit eigener Verfassung und eigenem Präsidenten. Kurz darauf begannen die Kampfhandlungen.

Die Sklavenfrage spiegelte lediglich einen Konflikt zwischen dem sich industrialisierenden Norden und dem agrarischen Süden. Während die dynamische Wirtschaft des Nordens expandierte, stagnierten die wirtschaftlichen Strukturen des Südens. Seine fast rein landwirtschaftliche Produktion war auf billige Handarbeiter angewiesen. Während die südlichen Plantagenstaaten vom Export nach Europa lebten und somit an einer Freihandelspolitik interessiert waren, nahm der Norden eine protektionistische Haltung ein, um die eigene noch junge Industrie gegenüber der englischen Konkurrenz zu schützen.

M 3 Sklavenmarkt in den Südstaaten,
Richmond (Virginia) um 1850

Sieg der Nordstaaten

Die Entscheidung im amerikanischen Bürgerkrieg zugunsten des Nordens war letztlich auf das größere ökonomische und militärische Potenzial zurückzuführen. Mit 19 Millionen Einwohnern zählte der Norden drei Mal so viele Weiße wie der Süden, was sich auch in den Truppenstärken niederschlug. Der industriell geprägte Norden stand einem agrarischen Süden gegenüber, sodass die Ressourcen für eine moderne Kriegswirtschaft überwiegend im Norden vorhanden waren. Je länger der Krieg dauerte, desto deutlicher mussten sich die Vorteile der industriellen Infrastruktur zeigen.

Bürgerkriege haben es oft an sich, dass sie mit größter Brutalität geführt werden. Das galt auch für den amerikanischen „civil war“, der außerordentlich verlustreich für die amerikanische Nation war. Die Union (der Nordstaaten) beklagte etwa 360 000 Tote, der Süden etwa 260 000. Dieser Krieg zwischen den amerikanischen Staaten verwüstete weite Landstriche und hinterließ eine massiv verschuldete Nation, die allerdings nur zwei Generationen später die größte Industriemacht der Welt sein sollte. Es war der einzige Krieg – sieht man von den begrenzten militärischen Konflikten mit den Indianern ab – den die USA auf ihrem eigenen Territorium ausgefochten haben.

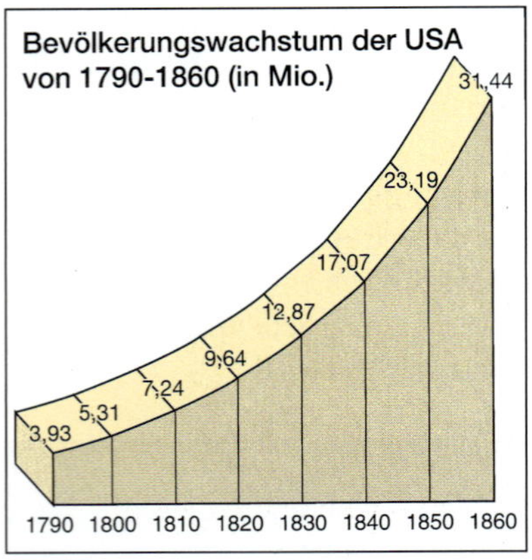

M 4

Der Aufstieg zur führenden Wirtschaftsmacht

Angetrieben durch ein sprunghaftes Bevölkerungswachstum von 39 Millionen (1870) auf 76 Millionen Einwohner (1900) durchliefen die USA eine dynamische wirtschaftliche Entwicklung, die sie schon vor der Jahrhundertwende zur weltgrößten Ökonomie machte.

Nach dem selbstzerstörerischen Bürgerkrieg begann mit der „reconstruction" der verstärkte Ausbau der Infrastruktur. Dabei wurde der Eisenbahnbau zum wichtigsten Wachstumsfaktor. Die Bundesregierung in Washington förderte den Ausbau der Infrastruktur durch außerordentlich großzügige Landschenkungen an die Eisenbahngesellschaften. Die großen Eisenbahngesellschaften setzten einheitliche Standards für den Betrieb durch, was eine unabdingbare Voraussetzung für die effiziente wirtschaftliche Erschließung des Landes war. Der Eisenbahnsektor bildete auch aufgrund seiner sehr hohen Beschäftigungsquote einen Schlüsselbereich der amerikanischen Wirtschaft in der zweiten Hälfte des 19. Jahrhunderts. Bereits 1870 startete der fahrplanmäßige transkontinentale Eisenbahnverkehr.

Aus der Zuwanderung, die im Zeitraum von 1820 bis 1890 etwa 15 Millionen Menschen betrug, rekrutierten sich Pioniere, die in Kalifornien nach Gold schürften, als auch Siedler, die vom Westen Besitz ergriffen. Der „Homestead Act" (Heimstättengesetz) von 1862 förderte die Landnahme. Das Gesetz regelte die Inbesitznahme von Boden. Jede amerikanische Familie erhielt das Recht, ein Stück unbesiedeltes Land zu bebauen und nach fünf Jahren in Besitz zu nehmen.

Die Kombination von weitläufig landwirtschaftlich nutzbaren Flächen, unerschöpflichen Bodenschätzen, einem wachsenden Angebot an Arbeitskräften, einer Vielzahl kreativer Unternehmer und einer liberalen Wirtschaftsordnung ließ die Ökonomie der USA rasant wachsen. Die Industrie expandierte dabei zu immer größeren Produktionseinheiten. Es entstanden Großkonzerne, die sich mit noch heute legendären Namen verbinden: zum Beispiel Ford (Autos), Rockefeller (Öl), Carnegie (Eisen und Stahl), Mellon (Plantagen) und Vanderbilt (Eisenbahnen und Reedereien). Die Anwendung modernster Techniken erhöhte kontinuierlich die Produktivität, den Kapitalstock und den Lebensstandard der Bevölkerung. Vor diesem Hintergrund wurde aus einem verschuldeten Land während des Ersten Weltkrieges die Gläubigernation der meisten europäischen Staaten.

Chronologie

1860	Abraham Lincoln gewinnt als Kandidat der Republikaner die Präsidentschaftswahlen.
1861	Mehrere Südstaaten erklären ihren Austritt aus der Union und gründen eine Konföderation.
1861–1865	Sezessionskrieg
1863	Formelle Befreiung der Sklaven durch Lincolns „Emancipation Proclamation"
1865–1871	Verabschiedung der Zusatzartikel 13, 14 und 15, die den Schwarzen Freiheit, Rechtsgleichheit und Wahlrecht gewährleisten sollen. In den folgenden Jahrzehnten unterläuft die Praxis der Segregation (Trennung) die verfassungsmäßige Ordnung.

M 5 **Erschließung des Kontinents**
Am 10. Mai 1869 wird die erste transkontinentale Eisenbahnverbindung hergestellt.
Bei Promotory Point in Utah treffen sich die Union Pacific und die Central Pacific Railroad.
In einer Zeremonie wurde ein goldener Nagel in die letzte Schwelle geschlagen.

M 6 **„American Progress": Fortschreiten der amerikanischen Zivilisation**
Idealisierte Darstellung von der Eroberung und Erschließung des Landes, aus: Crofutt's New Overland Tourist's guide von 1878.

M 7 Der Mythos der „Grenze"

Der Publizist Max Mittler beschreibt die Grenzerfahrung im Kontext der amerikanischen Alltagsgeschichte:

Im Westen entstand inzwischen in der täglichen Erfahrung des „Frontier" die neue amerikanische Gesellschaft. Der von einem Mythos umwobene Begriff des „Frontier" – im Deutschen durch kein entsprechendes Wort wiederzugeben – umfasst sämtliche Aspekte jener Grenzzone, in der sich die Pioniere am Rande der Wildnis eine Heimstätte schafften. Gedacht ist nicht eine Grenzlinie im politischen Sinne und auch nicht eine „Front" als Abgrenzung eines militärischen Bereichs. „Frontier" meint nicht bloß eine geografische Zone, sondern einen gesellschaftlichen Zustand. Unter den Bedingungen des „Frontier" begegneten Pioniere und Siedler den umherschweifenden Indianervölkern, der unermesslichen Natur, den Wäldern am Ohio, dem Mississippi und dem Missouri, der Prärie, dem Felsengebirge, den Wüsten in Nevada und Utah. Es gab einen „Frontier" der Trapper, der Farmer, der Viehzüchter und der Minenarbeiter. Allen gemeinsam war die Grenzsituation, die Trennung vom organischen Leben der Nation, die Bewährung einer mehr oder minder homogenen Gruppe von Individuen in Schwierigkeiten und Gefahren aller Art. Ein Merkmal statistischer Natur bildet die geringe Dichte der Besiedlung. Zu den allgemein gültigen Kennzeichen gehörten [...] all jene Attribute, die den „Wilden Westen" ausmachen: Abenteuer und Spekulation, Faustrecht anstelle einer ordentlichen Justiz, handfeste Selbsthilfe der Pioniere und Verachtung für die Rechte der Indianer. Also eine Ausnahmesituation im privaten und öffentlichen Bereich, ein zeitlich beschränktes Provisorium. [...] In gleichmäßigen Intervallen wiederholte sich derselbe Vorgang. Der „Frontier" wurde gewissermaßen von der „Zivilisation" eingeholt, die vor kurzem noch wilde Zone in einen Staat oder ein Territorium eingegliedert.

M. Mittler, Eroberung eines Kontinents, Zürich 1968, S. 16 f.

M 8 Rechtfertigung der Sklaverei

Der Gouverneur McDuffie von Süd-Carolina (1835):

Keine menschliche Einrichtung entspricht nach meiner Meinung deutlicher dem Willen Gottes als häusliche Sklaverei, und keine seiner Verordnungen ist mit lesbareren Zeichen geschrieben als diejenige, die die afrikanische Rasse zu dieser Stellung bestimmt: Wird sie doch dadurch zu ihrem eigenen Glück geführt, weit mehr als durch alles andere, für das sie empfänglich ist. Ob wir die Heilige Schrift oder die Offenbarungen der Natur und der Vernunft zu Rate ziehen, so tritt uns diese Wahrheit unzählige Male entgegen. [...]
Dass der afrikanische Neger von der Vorsehung dazu bestimmt ist, diese Stellung dienstbarer Abhängigkeit einzunehmen, ist nicht weniger offensichtlich. Es steht auf seinem Gesicht geschrieben, auf seiner Haut gestempelt und geht deutlich aus der geistigen Unterlegenheit und natürlichen Sorglosigkeit dieser Rasse hervor. [...] Keine menschliche Macht kann die Eigenschaft verleihen, die zum Genuss der Freiheit befähigt. Sie ist eine Gabe Gottes, und eine der seltensten, die er in seiner unerforschlichen Weisheit den Völkern der Erde zu verleihen für gut hielt. [...] Es liegt klar am Tage, dass die Bestimmung der Negerrasse entweder die scheußlichste Art politischer Knechtschaft oder jene häusliche Sklaverei ist, wie sie jetzt in den Sklaven haltenden Staaten besteht.

Zit. nach: F. Wagner, USA, Geburt und Aufstieg der neuen Welt, Geschichte in Zeitdokumenten 1607–1865, München 1947, S. 191 f.

M 9 Industrialisierung

Den Aufstieg vom Agrarland zum Industriestaat schildert im Folgenden der Politikwissenschaftler Peter Lösche:

Erst nach dem Bürgerkrieg [...] vollzog sich die Industrialisierung so schnell wie in keinem anderen Land der Welt. Zwischen 1865 und 1890 veränderten sich die Vereinigten Staaten von einem Agrarland zu einer voll industrialisierten Nation. Dabei wirkten als Motor der Industrialisierung unter anderem folgenden Faktoren zusammen: inländische und ausländische (namentlich britische, holländische und deutsche) Kapitalinvestitionen; das Vorhandensein eigener Rohstoffe (Holz, Kohle, Eisenerze, Öl); ein Angebot an ungelernten und geschulten Arbeitskräften (durch Freisetzung aus der Landwirtschaft und Einwanderung); Verbesserung der Verkehrsstruktur durch Eisenbahnbau und Eröffnung neuer Schifffahrtswege und damit verbundene Überwindung regionaler Märkte und Etablierung eines nationalen, tendenziell bereits auch internationalen Marktes; technische Innovationen (verbunden unter anderem mit den Namen Thomas Edison, Alexander Bell, Henry Bessemer) und Zwang zur Rationalisierung des Produktionsprozesses (Anfänge der Massengüterproduktion); die puritanische Tradition, nach der wirtschaftlicher Erfolg des Gläubigen im Diesseits in direkter Verbindung mit seinem Heil in einer jenseitigen Welt stehe; prinzipielle Staatsabstinenz in jenen Bereichen, in denen die Kosten der Industrialisierung auf die Bevölkerung abgewälzt werden konnten (so etwa Fehlen jeder staatlichen Sozialpolitik) bei gleichzeitiger staatlicher Förderung der entstandenen Großunternehmen durch hohe Schutzzölle, Landschenkungen und billige Kredite.

Die Wirtschaftsstruktur atomistischer Kleinbetriebe wurde jetzt abgelöst durch marktstarke Unternehmen. Ökonomische Konzentration bestimmte das Bild der amerikanischen Gesellschaft um die Jahrhundertwende.

Diese Entwicklung hält bis in unsere Gegenwart an. Konzerne entstanden mit den Merkmalen der horizontalen und vertikalen Integration des Produktionsprozesses und der Aufteilung des Marktes unter wenigen Konkurrenten. Diese großen Industriekonzerne konnten nicht mehr durch daran beteiligte Familien und Unternehmen allein finanziert werden, vielmehr trat an die Stelle der Eigenfinanzierung zunehmend die Außenfinanzierung durch Banken und die Bildung von Aktiengesellschaften (Corporations). Um 1895 entwickelte sich Wall Street, der New Yorker Finanzmarkt, zum Geldgeber der Großkorporationen. Bereits in den achtziger Jahren waren die Wirtschaftsimperien der Rockefeller, Carnegie, Hill, Morgan und anderer entstanden. Um die Jahrhundertwende erreichte eine Fusionswelle ihren Höhepunkt: 1899 fanden über 1 200 Zusammenschlüsse von Industrieunternehmungen statt. In der Stahlindustrie vollzog sich 1901 der größte Zusammenschluss mit der Errichtung der United States Steel Corporation, in der circa 180 Gesellschaften aufgingen. US Steel wurde mit einem Stammkapital von über 1 Milliarde Dollar die größte amerikanische Kapitalgesellschaft. Sie kontrollierte 66 Prozent der amerikanischen Stahlerzeugung.

P. Lösche, in: Das Parlament, Nr. 32–33, 1976.

M 10 **Verteilung der Industrieproduktion der Welt in Prozent**

	1820	1840	1860	1870	1881–85
Großbritannien	34	29	24	31,8	26,6
Frankreich	25	20	16	10,3	8,6
Deutschland	10	11	13	13,2	13,9
USA	6	7	16	23,3	28,6
Russland	2	3	6	3,7	3,4

Nach: W. P. Adams (Hg), Die Vereinigten Staaten von Amerika, Frankfurt/M. 1977, S. 126.

Aufgaben

1. Beschreiben und interpretieren Sie die Darstellung von der Besiedlung des Kontinents.
   → M6
2. Untersuchen Sie, wie die Ausbreitung nach Westen legitimiert wurde.
   → Text, M6, M7
3. Nennen Sie die Motive, aus denen heraus die Sklaverei betrieben wurde.
   → Text, M3
4. Erläutern Sie, wie die Sklaverei legitimiert wurde.
   → Text, M8
5. Kennzeichnen Sie die Parteien, die sich im Sezessionskrieg gegenüberstanden.
   → Text
6. Analysieren Sie den industriellen Aufstieg der USA. Berücksichtigen Sie dabei die Aspekte Wirtschaftsraum, Märkte, Arbeitskräfte, Technik und Mentalität.
   → Text, M4, M5, M9, M10

1.4 Die Außenpolitik der USA

Auf dem Weg zur Weltmacht

In der ersten Hälfte des 19. Jahrhunderts dehnten sich die USA auf Kosten Englands, Frankreichs, Spaniens und Mexikos über den nordamerikanischen Kontinent aus. Das amerikanische Sicherheitsbedürfnis fand in dieser Zeit seinen Ausdruck in der Formel der so genannten Monroe-Doktrin (1823): „Amerika den Amerikanern!" Diese Doktrin hatte den Zweck, eine Intervention europäischer Staaten abzuwenden und den Vormachtsanspruch für die gesamte amerikanische Hemisphäre zu proklamieren. Sie stellt bis in die Gegenwart ein Fundament amerikanischer Außenpolitik dar, wie sich zum Beispiel 1962 zeigte, als die Sowjetunion auf massiven Druck der amerikanischen Regierung unter J. F. Kennedy ihre auf Kuba installierten Raketen wieder abbaute.

Gegen Ende des 19. Jahrhunderts zeichnete sich ein Wendepunkt amerikanischer Außenpolitik ab. Der inneramerikanische Expansionsdrang war an seine Grenzen gestoßen und der Halbkontinent erobert beziehungsweise erschlossen.

Imperialismus

M 1 **Theodore Roosevelt,** Präsident von 1901–1909

Die unternehmerischen Energien der amerikanischen Gesellschaft drängten nun über den Kontinent hinaus. Das gewaltige Wirtschaftswachstum im letzten Drittel des 19. Jahrhunderts forcierte das staatliche Interesse an neuen Absatzmärkten für amerikanische Produkte. Außenhandelsinteressen und Politik gingen ein Bündnis ein. Die wirtschaftliche Machtsphäre wurde zunächst in die Karibik und nach Mittelamerika ausgedehnt, womit die USA eine Abkehr von ihrer bis dahin praktizierten Selbstisolierung vollzogen.

Im Zuge des Amerikanisch-Spanischen Krieges um Kuba fielen nach der Niederlage Spaniens (1898) den USA die spanischen Kolonien (unter anderem die Philippinen) in die Hände. Die USA traten damit in den Kreis rivalisierender Kolonialmächte ein. Die Inbesitznahme fremder Gebiete widersprach der eigenen antikolonialistischen Tradition.

Als erster US-Präsident, der auch international eine bedeutende Rolle spielte, gilt Theodore Roosevelt (1901–1909). Mit seiner Amtszeit verbindet sich ein amerikanischer Interventionsanspruch, der auch als Politik des „big stick" (des großen Knüppels) in die Geschichte eingegangen ist. Während seiner Präsidentschaft trennte sich die Provinz Panama mit massiver militärischer Unterstützung durch die USA von Kolumbien und wurde unverzüglich als selbstständige Republik anerkannt (1903). Das strategische Interesse der USA war dabei auf die Pacht eines Landstreifens für den Bau des Panamakanals gerichtet, die auch nach 1903 erfolgte.

Allerdings spielte dieser „formelle Kolonialismus" in der amerikanischen Geschichte nur eine untergeordnete Rolle. Der amerikanische Expansionsdrang war in erster Linie zivilisatorisch und ökonomisch motiviert. Handel und Investitionen standen im Vordergrund. Diesen Interessen entsprach mehr die „Politik der offenen Tür". Sie zielte zum einen darauf, zu verhindern, dass konkurrierende europäische Staaten sich Gebiete der amerikanischen Interessensphäre aneigneten. Außerdem sollten alle Länder den freien Handel unter gleichen Bedingungen betreiben. Diese Politik spiegelte die wirtschaftliche Stärke und Konkurrenzfähigkeit der USA wider. Die Form der wirtschaftlichen und finanziellen Durchdringung fremder Märkte ist als „Dollar-Imperialismus“ in die Geschichte eingegangen.

Erster Weltkrieg

Im Ersten Weltkrieg blieben die USA – gemäß dem Vermächtnis ihres ersten Präsidenten George Washington – zunächst neutral. Gleichwohl gehörten die Sympathien der politischen Klasse überwiegend den Entente-Mächten Großbritannien und Frankreich, denen man sich politisch und historisch mehr verbunden fühlte als dem monarchischen und nur halbdemokratischen Deutschland, das zudem den Krieg angefangen hatte.

Der Krieg polarisierte auch die amerikanische Gesellschaft. Der europäische Konflikt spiegelte sich insofern wider, als die nationale Herkunft der Amerikaner die Sympathien für die eine oder andere Seite beeinflusste. Die Gunst der massenwirksamen Presse der Ostküste gehörte – nicht zuletzt aufgrund der sprachlichen Verbundenheit mit England – von Beginn an den Entente-Mächten.

Präsident Woodrow Wilson (1913–1921), überzeugter Demokrat, betrieb eine Politik der Neutralität und legte sich nicht auf eine Seite fest. Die Versenkung des britischen Passagierschiffes „Lusitania“ durch ein deutsches U-Boot (1915), die 1200 Menschen das Leben kostete, ließ die Stimmung in weiten Teilen der amerikanischen Öffentlichkeit zugunsten der Entente ausschlagen. Nach der Wiederaufnahme des unbeschränkten U-Boot-Krieges durch Deutschland, der zur Versenkung mehrerer amerikanischer Handelsschiffe geführt hatte, erklärte der Kongress am 6. April 1917 Deutschland und dessen Verbündeten den Krieg. Zwar waren die USA durch hohe Kredite an die Entente gebunden, aber diese Tatsache allein hätte die Aufgabe der traditionellen Neutralitätspolitik nicht bewerkstelligen können. Vielmehr hatte auch Deutschlands Versuch, Mexiko für den Krieg gegen die USA zu gewinnen, zu einem Stimmungsumschwung geführt, der der Kriegserklärung vorausging. Aufs Ganze gesehen verwies der Kriegseintritt der USA auf die neue Weltmachtrolle, die das Land im 20. Jahrhundert übernahm.

Innerhalb kürzester Zeit vermochten die USA ihre wirtschaftlichen Kräfte und Bevölkerungsressourcen zu mobilisieren. Somit entschieden sie den Ersten Weltkrieg zugunsten der Westmächte.

Chronologie

1796	Präsident Washingtons Abschiedsbotschaft
1823	Monroe-Doktrin
1898	Amerikanisch-Spanischer Krieg: Spanien muss seine Kolonien (die Philippinen u. a.) an die USA abtreten.
1899	US-Staatssekretär Hay fordert eine „Politik der Offenen Tür“ (open door policy).
1917	Kriegserklärung an Deutschland und Eintritt in den 1. Weltkrieg

M 2 Die kommenden Weltmächte

Der französische Schriftsteller Alexis de Tocqueville hat in seinem berühmten Buch „Über die Demokratie in Amerika" (1835) einen Ausblick in die Zukunft gewagt:

Es gibt heute auf Erden zwei große Völker, die, von verschiedenen Punkten ausgegangen, dem gleichen Ziel zuzustreben scheinen: die Russen und die Angloamerikaner.
Beide sind im Verborgenen groß geworden, und während die Blicke der Menschen sich anderswohin richten, sind sie plötzlich in die vorderste Reihe der Nationen getreten, und die Welt hat fast zur gleichen Zeit von ihrer Geburt wie von ihrer Größe erfahren.
Alle anderen Völker scheinen die Grenzen ungefähr erreicht zu haben, die ihnen die Natur gezogen hat, und nur noch zum Bewahren da zu sein; sie aber wachsen: alle anderen stehen still oder schreiten nur mit großer Mühe weiter; sie allein gehen leichten und raschen Schrittes auf einer Bahn, deren Ende das Auge noch nicht zu erkennen vermag.
Der Amerikaner kämpfte gegen die Hindernisse, die ihm die Natur entgegenstellt; der Russe ringt mit den Menschen. Der eine bekämpft die Wildnis und die Barbarei, der andere die mit all ihren Waffen gerüstete Zivilisation: so erfolgen denn die Eroberungen des Amerikaners mit der Pflugschar des Bauern, die des Russen mit dem Schwert des Soldaten.
Um sein Ziel zu erreichen, stützt sich der eine auf den persönlichen Vorteil und lässt die Kraft und die Vernunft der einzelnen Menschen handeln, ohne sie zu lenken.
Der zweite fasst gewissermaßen in einem Manne die ganze Macht der Gesellschaft zusammen.
Dem einen ist Hauptmittel des Wirkens die Freiheit; dem anderen die Knechtschaft.
Ihr Ausgangspunkt ist verschieden, ihre Wege sind ungleich; dennoch scheint jeder von ihnen nach einem geheimen Plan der Vorsehung berufen, eines Tages die Geschicke der halben Welt in seiner Hand zu halten.

A. de Tocqueville, Über die Demokratie in Amerika (1835), München 1976, S. 478 f.

M 3 Georg Washingtons Abschiedsbotschaft

Das außenpolitische Testament des ersten US-Präsidenten George Washington (1796):

[...] Die große Verhaltensregel hinsichtlich fremder Nationen liegt für uns darin, bei der Ausweitung unserer Handelsbeziehungen so wenig politische Verbindung wie möglich mit ihnen zu haben. Soweit wir bereits Verpflichtungen eingegangen sind, lasst sie in vollendet gutem Glauben erfüllt werden. – Hier aber lasst uns Halt machen.
Europa hat ein Gefüge primärer Interessen, die keine oder sehr entfernte Beziehungen zu uns haben. Deshalb muss es in häufige Auseinandersetzungen geraten, deren Ursachen unseren Anliegen wesentlich fremd sind. Daher also muss es unklug für uns sein, uns durch künstliche Bande in die gewöhnlichen Wechselfälle seiner Politik oder die gewöhnlichen Kombinationen und Zusammenstöße seiner Freund- oder Feindschaften zu verwickeln.
Unsere abgesonderte und entfernte Lage veranlasst uns und setzt uns instand, einen anderen Kurs zu verfolgen. Wenn wir ein einiges Volk unter einer wirksamen Regierung bleiben, ist die Zeit nicht fern, wo wir beträchtlicher Schädigung durch auswärtige Staaten trotzen können; wo wir eine Haltung einnehmen können, die die Neutralität achten lassen wird, die wir zu irgendeiner Zeit beschließen mögen; wo Krieg führende Nationen angesichts der Unmöglichkeit, Erwerbungen bei uns zu machen, nicht leichthin damit spielen werden, uns zu provozieren; wo wir Krieg oder Frieden wählen können, wie unser Interesse, geleitet vom Recht, es geraten sein lässt.
Warum sich der Vorteile einer so besonderen Lage begeben? Warum unseren eigenen Boden verlassen, um auf fremdem zu stehen? [...]

Zit. nach: E. Angermann, Der Aufstieg der Vereinigten Staaten von Amerika 1607–1917, Stuttgart 1973, S. 53.

M 4 Monroe-Doktrin (1823)

US-Präsident James Monroe (1817–1825) in einer Botschaft an den Kongress zur Nichteinmischung europäischer Staaten in der „Neuen Welt":

Es ist ein Grundsatz, in welchem die Rechte und Interessen der Vereinigten Staaten inbegriffen sind: dass die amerikanischen Kontinente infolge des freien und unabhängigen Standes, den sie angenommen haben und behaupten, hinfort nicht als Gegenstände für künftige Kolonisation durch irgendwelche europäischen Mächte zu betrachten sind. [...] Wir haben niemals an den Kriegen der europäischen Mächte teilgenommen, soweit sie diese allein angingen, und es verträgt sich nicht mit unserer Politik, daran teilzunehmen. [...] Mit den Vorgängen auf dieser Halbkugel sind wir notwendigerweise unmittelbarer verbunden aus Ursachen, die allen aufgeklärten und unparteiischen Beobachtern klar sein müssen. Das politische System der Allianzmächte[1] ist von dem Amerikas in dieser

Beziehung in seinem Wesen verschieden. Der Unterschied rührt davon her, dass sie in ihren Regierungsformen von uns verschieden sind. [...] Wir sind deshalb den freundlichen Beziehungen, die zwischen den Vereinigten Staaten und jenen Mächten bestehen, die aufrichtige Erklärung schuldig, dass wir irgendwelchen Versuch von ihrer Seite, ihr System auf irgendeinen Teil dieser Halbkugel auszudehnen, als gefährlich für unseren Frieden und unsere Sicherheit betrachten würden. In die bestehenden Kolonien oder Dependenzen [Niederlassungen] irgendeiner europäischen Macht haben wir nicht eingegriffen und werden wir nicht eingreifen, aber bei den Regierungen, die ihre Unabhängigkeit erklärt und behauptet und deren Unabhängigkeit wir nach vieler Überlegung und aus gerechten Gründen anerkannt haben, könnten wir irgendwelche Interventionen, um sie zu unterdrücken oder irgendwie sonst ihr Schicksal zu bestimmen, von Seiten irgendeiner europäischen Macht in keinem anderen Licht sehen als in dem einer Bekundung unfreundlicher Gesinnung gegen die Vereinigten Staaten.

1 Gemeint ist die Heilige Allianz der restaurativen europäischen Monarchien

US-Präsident J. Monroe in einer Botschaft an den Kongress, zit. nach: F. Wagner, USA, Geburt und Aufstieg der neuen Welt, München 1947, S. 176.

M 5 Präsident Theodore Roosevelt (1901–1905)

Die USA nehmen das Recht in Anspruch, eine internationale Polizeigewalt auszuüben:

Das Auftreten der Vereinigten Staaten in der Karibik und in Mittelamerika bedeutet dagegen so etwas wie einen Kompromiss zwischen der Ablehnung des europäischen Imperialismus und [...] eine[r] weitgehende[n] Auslegung der Monroe-Doktrin. Theodore Roosevelt hat die These von der besonderen Verantwortung der Vereinigten Staaten ausdrücklich formuliert: „Ständige Verfehlungen können es in Amerika wie auch anderswo letzten Endes notwendig machen, dass eine zivilisierte Nation eingreift, und in der westlichen Hemisphäre kann das Festhalten der Vereinigten Staaten an der Monroe-Doktrin die Vereinigten Staaten, so sehr es ihnen auch widerstreben mag, in flagranten [offenkundigen] Fällen von Verfehlungen oder Unfähigkeit zwingen, Vollmachten einer internationalen Polizei auszuüben."

Zit. nach: R. Aron, Die imperiale Republik, Stuttgart/Zürich 1975, S. 39.

M 6 Roosevelt-Karikatur: Der Weltpolizist
Amerikanische Karikatur, 1905

Aufgaben

1. Fassen Sie die außenpolitischen Verhaltensregeln zusammen, die George Washington in seiner Abschiedsbotschaft formulierte.
   → M3
2. Stellen Sie die Grundzüge der Monroe-Doktrin dar. Welche Weiterführung erfuhr diese Doktrin durch Theodore Roosevelt?
   → Text, M4–M6
3. Wie beurteilen Sie den Anspruch Roosevelts vor dem Hintergrund aktueller Entwicklungen?
   → M5

2. Die Französische Revolution und das Zeitalter Napoleons

Am 14. Juli 1789 erstürmte eine aufgebrachte Volksmenge die Bastille, jene als uneinnehmbar geltende Festung im Herzen von Paris. Mit ihren 25 Meter hohen Mauern galt diese spätmittelalterliche Festung als Symbol des verhassten Despotismus. Der Bau diente als Staatsgefängnis und hatte die Ängste und Fantasien der Einwohner schon immer angeregt. In ihm saßen diejenigen ein, die aufgrund eines „lettre de cachet“ (gesiegelten Briefes), das heißt eines königlichen Befehls, verhaftet worden waren.

Die Legende will das Geschehen vom 14. Juli 1789 zur großen Befreiungsaktion für die politischen Gefangenen stilisieren. Doch die Fakten sind nüchterner. Die Bastille wurde nicht militärisch erstürmt, sondern – nach kurzer Schießerei und Öffnung der Tore von innen – vom Kommandanten übergeben. Es wurden auch keine politischen Gefangenen befreit, sondern unter den sieben Häftlingen befanden sich fünf Schwerverbrecher und zwei Geisteskranke. Bei der Belagerung der Festung kamen knapp 100 Angreifer ums Leben und nach der Übergabe tötete die aufgeputschte Masse viele Verteidiger, einschließlich des Kommandanten. In den Jahren der Revolution genossen die Belagerer große Popularität und wurden zu nationalen Helden erhoben.

Der Fall der Bastille und der anschließende Abzug der königlichen Truppen aus Paris markierte den Sieg der Revolution. Die Festung wurde kurz darauf geschleift, was symbolhaft die Vernichtung des Absolutismus bedeuten sollte.

Man hat das Geschehen im Nachhinein heroisiert und zum Gründungsmythos des modernen Frankreich gemacht. Unter Mythen versteht man Geschichten, die ein menschliches Grundbedürfnis nach Identität bedienen. Ihr Wahrheitsgehalt ist dabei offensichtlich zweitrangig. Jede Gesellschaft – die archaische wie die moderne – kennt solche Erzählungen, die in der Regel einer dualen Anordnung folgen, zumeist dem Gut-Böse-Schema. So wird am Ende des 18. Jahrhunderts der Finsternis von Unkenntnis und Unterdrückung das Licht der Aufklärung und Freiheit gegenübergestellt. Gründungsmythen legitimieren mithin die Französische Revolution und die auf ihr bauende neue Ordnung. Der 14. Juli wird bis heute als Nationalfeiertag festlich begangen. Diesem Datum wird durchweg „historische Bedeutung“ beigemessen. Die Nachwelt hat sich darauf geeinigt, die Eroberung der Bastille als Wendepunkt in der europäischen Geschichte zu betrachten. Durch die Französische Revolution wurde die absolutistische Monarchie zerstört, die Vorherrschaft des Adels gebrochen und das „bürgerliche Zeitalter“ geboren.

Nachdem die Französische Revolution am Anfang von den aufgeklärten Menschen in Europa mit großer Sympathie verfolgt worden war, schlug die Stimmung später um. War es zunächst der Terror der Jakobiner, der die Idee der „Freiheit, Gleichheit und Brüderlichkeit“ entstellte, so setzte später Napoleons Griff nach Europa Widerstandskräfte frei.

2.1 Die Französische Revolution (1789–1799)

Überblick

Die Französische Revolution markiert einen entscheidenden Wendepunkt in der modernen Geschichte. Durch ihren Anspruch auf die Befreiung der Menschheit, auf die Verwirklichung der Menschenrechte und die Durchsetzung des bürgerlich-demokratischen Verfassungsstaates beeinflusste sie tief greifend das politische Denken und Handeln bis in das 20. Jahrhundert hinein.

Die äußere Machtentfaltung der absolutistischen Monarchie in Frankreich (seit Ludwig XIV.) überdeckte eine Reihe innerer Schwächen und Krisenherde.

Die französische Beteiligung am Siebenjährigen Krieg (1756–1763) und am amerikanischen Unabhängigkeitskrieg (1775–1783) und eine verschwenderische Hofhaltung der Monarchie verschärften in den Jahren vor der Revolution die Finanzkrise des Staates. Reformversuche von Finanzpolitikern wie Turgot, Necker und Calonne scheiterten am Widerstand der Krone und einflussreicher Teile des Adels, der auf seine politischen, sozialen und wirtschaftlichen Privilegien nicht verzichten wollte. Das aufsteigende Bürgertum konnte seine wachsende wirtschaftliche Bedeutung nicht in einen entsprechenden politischen Einfluss umsetzen. Die Unterdrückung der Freiheit, die Privilegierung der adligen Führungselite, die zahlreichen Missstände in Verwaltung und Kirche, die vor allem die unteren Volksschichten belasteten, sorgten für sozialen und politischen Zündstoff.

Die Oppositionsbewegung gegen den monarchischen Absolutismus orientierte sich an den Ideen der Aufklärung. Gegen die alte untergehende Gesellschaft setzten die Vertreter der Aufklärung die Vorstellung einer neuen vernunftgemäßen Gesellschaft auf der Grundlage der Freiheit, der Gleichheit und der Brüderlichkeit aller Menschen.

Die Französische Revolution wird oft nur mit einem einzigen spektakulären Ereignis in Verbindung gebracht, nämlich der Erstürmung der Bastille am 14. Juli 1789. Dabei wird leicht übersehen, dass die Französische Revolution keineswegs ein punktuelles historisches Ereignis war. Vielmehr bezeichnet der Begriff das komplexe historische Geschehen während des Zeitraums von zehn Jahren zwischen 1789 und 1799.

Langfristige strukturelle Ursachen

Finanzkrise

Der absolutistische Staat litt unter permanenter Finanznot, die sich 1788 zum Staatsbankrott zu verschärfen drohte. Maßgeblich verursacht durch teure Kriege und eine kostspielige Hofhaltung vergrößerte sich die Schere zwischen Staatseinnahmen und -ausgaben mit der Folge, dass etwa 50 Prozent der Einnahmen allein für den Schuldendienst ausgegeben werden mussten. Neben den überzogenen Ausgaben spielten aber auch die begrenzten Staatseinnahmen eine gewichtige Rolle. Im Widerspruch zur Theorie des absolutistischen Staates verfügte dieser noch nicht über eine eigene, funktionierende Finanzverwaltung, wie sie in heutigen modernen Staaten existiert. Im Zuge der Ämterkäuflichkeit wurde das Recht zur Einziehung von Steuern an so genannte Steuerpächter verkauft, die ihrerseits einen erheblichen

Anteil der Einnahmen für sich selbst beanspruchten. Nur ein Teil der von den Bürgern und Bauern gezahlten Steuern erreichten daher tatsächlich die Staatskasse.

Die Privilegierten

Die Finanzkrise des Staates hatte eine weitere strukturelle Ursache im Steuerprivileg von Adel und Klerus, das die beiden Stände von der Steuerpflicht weitgehend befreite. Weil König Ludwig XVI. versuchte, neue Finanzquellen durch Besteuerung der Privilegierten zu erschließen, verschärfte sich der Konflikt zwischen diesen und der Monarchie. Der Adel blockierte die Finanzreform in den Parlamenten, den adeligen Gerichtshöfen. Das Parlament von Paris besaß eine Veto-Macht insofern, als königliche Dekrete von ihm registriert werden mussten, um in Kraft treten zu können.

Die Bürger

Das Bürgertum in den Städten Frankreichs, insbesondere in Paris, hatte in der zweiten Hälfte des 18. Jahrhunderts an wirtschaftlicher Bedeutung und politischem Selbstbewusstsein zugenommen. In den Cafés, Lese- und Diskussionszirkeln, in Freimaurerlogen und politischen Clubs hatten sich die Ideen der Aufklärung verbreitet. Es war eine politisierte Öffentlichkeit herangereift. Die Überwindung der Ständegesellschaft galt vielen – nachhaltig beeinflusst durch die Lehren Rousseaus – als überfällig. Aber auch die Vorstellungen der amerikanischen Unabhängigkeitsbewegung fanden ihre Verbreitung. So mancher französische Freiwillige, der im Krieg auf der Seite der Amerikaner gekämpft hatte, war mit der „Erklärung der Menschenrechte" im Gepäck heimgekehrt. Umso mehr musste die Verdrängung von Bürgerlichen aus den höheren Positionen der Verwaltung, Justiz, Armee und Kirche den Widerwillen gegen die feudalistische Gesellschaftsform steigern.

Die Bauern

Das Frankreich der Französischen Revolution war noch ein Agrarland. 85 Prozent der Bevölkerung von etwa 26 Millionen lebten auf dem Land. Die Bauern – rechtlich gesehen ganz überwiegend freie Menschen –

M 1 **„Das wird nicht ewig dauern."** Karikatur aus dem Jahre 1789 gegen den Ausbeutungscharakter des „Ancien régime"; der Bauer trägt eine Laterne – hier ein Symbol der Aufklärung.

blieben weitgehend ohne Einfluss auf das öffentliche Leben. Ihre Belastungen durch Steuern, Kirchenzehnt und grundherrliche Abgaben summierten sich auf bis zu zwei Drittel des Ertrags. Das anhaltende Bevölkerungswachstum verschärfte die Bodenknappheit, zumal Grund und Boden ungleich verteilt waren (etwa zwei Prozent der Bevölkerung verfügte über ein Drittel der landwirtschaftlichen Nutzfläche). Eine Verelendung von Teilen der Landbevölkerung war die Folge.

Aktuelle kurzfristige Ursachen

Die Forschungsliteratur vermittelt ein höchst widersprüchliches Bild, wenn es um die Frage geht, wie reich oder wie verelendet das damalige Frankreich gewesen ist. Paradoxerweise ist beides richtig. Die Französische Revolution war keine reine Armutsrevolution. Die französische Gesellschaft des 18. Jahrhunderts hatte eine dynamische Entwicklung durchgemacht, die ein wohlhabendes Bürgertum von Bankiers, Händlern und Manufakturbesitzern begründet hatte.

Allerdings zerstörten zwei Missernten vor 1789 die Einnahmequellen breiter bäuerlicher Schichten. In der Folge stieg der Preis für Brot, was die städtischen Unterschichten in besonderem Maße belastete, denn Brot war für sie das wichtigste Nahrungsmittel. Sinkende Nachfrage nach Gütern, wachsende Arbeitslosigkeit und eine Teuerung der Lebensmittel bei sinkendem Lohnniveau führten dazu, dass sich die Schere zwischen den Einnahmen und den Kosten der Lebenshaltung immer weiter öffnete. Auch ein Teil der städtischen Bevölkerung lebte am Rande des Existenzminimums beziehungsweise litt unter Hunger.

Generalstände

Ausgelöst durch die Verschuldungskrise des absolutistischen Staates berief König Ludwig XVI. die Generalstände ein, die seit 1614 im Zeichen der Selbstherrschaft der Könige nicht mehr getagt hatten. In der Ständeversammlung verlagerte sich der Konflikt, der bisher zwischen Adel und Krone ausgetragen worden war, auf eine neue Front. Nunmehr ging es dem selbstbewusst auftretenden Dritten Stand, der zuvor schon eine Verdoppelung der Sitze (auf die gleiche Anzahl wie die ersten beiden Stände zusammen) durchgesetzt hatte, um den Modus der Abstimmung. Eine getrennt nach Ständen erfolgende Abstimmung hätte seine Einflussmöglichkeiten auf ein Minimum reduziert. Seine Forderung lautete daher: Abstimmung nach Köpfen.

Nationalversammlung

König Ludwig XVI. war nicht bereit, diese Forderung zu erfüllen. So entwickelte die Ständeversammlung in der Folgezeit eine eigene Dynamik, wobei die Mehrheit – bestehend aus den bürgerlichen Ständevertretern im Verein mit aufgeklärten Adeligen und Sympathisanten aus dem Klerus – die Umformung der Ständeversammlung in eine Nationalversammlung proklamierte (17. Juni 1789). Drei Tage später versammelten sich die Mitglieder der Nationalversammlung zum Ballhausschwur, durch den sie verkündeten, „niemals auseinander zu gehen und sich überall zu versammeln, wo es die Umstände gebieten, so lange, bis die Verfassung des Königreichs ausgearbeitet ist und auf festen Grundlagen ruht." Diese so genannte Verfassungsrevolution zielte auf eine Transformation der absoluten Monarchie in ein verfassungsgemäß gebundenes (konstitutionelles) Königtum.

M 2 Der Ballhausschwur vom 20. Juni 1789
Das Gemälde entstand nach einer Zeichnung von Jacques-Louis David und ist ein Beispiel für revolutionäre Auftragskunst. Es war ursprünglich für den Sitzungssaal der Nationalversammlung vorgesehen. Im Mittelpunkt steht der Astronom Bailly (auf dem Tisch), seine Schwurhand ragt aus der begeisterten Menge. Vor dem Tisch sieht man eine fiktive Verbrüderungsszene zwischen einem Ordensgeistlichen, Weltgeistlichen und einem evangelischen Pfarrer.

Ludwig XVI. erklärte alle Beschlüsse der Nationalversammlung für ungültig und reagierte mit dem Plan, die Nationalversammlung mit Waffengewalt auseinanderjagen zu lassen. Die Verwirklichung dieser Absicht wurde letztlich dadurch vereitelt, dass neue revolutionäre Akteure auf dem Plan erschienen. Die Pariser Volksbewegung, in der sich vor allem Handwerker und Kleinhändler, Gesellen und Tagelöhner organisierten, stürmte die Bastille, ein nur mäßig bewachtes Gefängnis, das vielen als Symbol für das Zwangssystem des Absolutismus galt.

Parallel dazu gingen Bauern plündernd gegen den Großgrundbesitz vor. Schlösser wurden gebrandschatzt, und mit ihnen gingen viele Urkundenbestände in Flammen auf.

Drei Revolutionen (1789)

Die Französische Revolution gilt als das Muster der „bürgerlichen" Revolution. Diese Bezeichnung wird der Vielgestaltigkeit des Geschehens nur teilweise gerecht, denn bei genauer Betrachtung zeigt sich, dass verschiedene revolutionäre Tendenzen miteinander verwoben waren. Manche Historiker sprechen sogar von drei Revolutionen. Sie erkennen drei revolutionäre Akteure: das gehobene Bürgertum und den mit ihm verbundenen liberalen Adel, die städtischen Unterschichten (insbesondere von Paris) sowie die Bauern. Jede gesellschaftliche Gruppierung handelte dabei aus anderen Motiven. Das Bürgertum, das gewissermaßen den absolutistischen Staat entscheidend mitfinanzierte, forderte – geleitet von den Ideen der Aufklärung – seinen Anteil an der politischen Macht. Bei den städtischen Unterschichten speiste sich die revolutionäre Energie zum Teil aus wirtschaftlichen Notlagen, während die Bauern die Abschaffung der Feudalordnung auf dem Land anstrebten, das heißt bestimmter feudaler Abgaben, die über die übliche Pacht hinausgingen.

Der Erfolg der Revolution von 1789 erklärt sich dadurch, dass sich drei revolutionäre Handlungsstränge verschränkten, was letztlich zu einer Verstärkung des revolutionären Drucks führte:

- Die Ausrufung der Nationalversammlung durch den Dritten Stand und den mit diesem verbundenen Reformadel (Verfassungsrevolution).
- Diese Verfassungsrevolution wurde vorangetrieben durch die Politisierung der städtischen Massen in Paris. Die städtische Revolutionsbewegung belagerte die Bastille, das Herrschaftssymbol des Absolutismus.
- Auf dem Land verbreiteten sich Unruhen und Anarchie. Kleinbesitzer, Landlose und Tagelöhner griffen den Großgrundbesitz an, was die Abschaffung des Feudalsystems durch die Nationalversammlung beschleunigte.

Trotz dieser unterschiedlichen politischen Akteure blieb die Nationalversammlung in der ersten Phase der Revolution eher großbürgerlich ausgerichtet.

Begleitet wurde das revolutionäre Geschehen im Sommer des Jahres 1789 im ländlichen Frankreich durch die „Große Angst“ (franz. la grande peur). Die Versorgungskrise, der Zusammenbruch der Staatsautorität, die Zunahme der Kriminalität und die Flucht von Adligen bildeten den Nährboden, auf dem das Gefühl des Bedrohtseins allgemein wuchs. Teile der französischen Gesellschaft befanden sich in einem Zustand der kollektiven Panik, wodurch einer Vielzahl von Gerüchten Glauben geschenkt wurde. Von aristokratischen Verschwörungen war die Rede, von angeblichen „Hungerpakten“ der örtlichen Behörden und von Räuberbanden, die angeblich von Aristokraten angeheuert worden waren, um die Ernte zu vernichten.

Die konstitutionelle Monarchie (1789–1792)

Mit der Umwandlung der Generalstände in eine (verfassunggebende) Nationalversammlung (17. Juni 1789) und dem Sturm auf die Bastille (14. Juli 1789) wurde in Frankreich der Untergang der absoluten Monarchie eingeleitet. Das Reformwerk der Nationalversammlung hatte eine grundlegende Umwälzung der alten Staats- und Gesellschaftsordnung zur Folge. Unter dem Druck schwerer Bauernunruhen beschloss die Nationalversammlung in einer dramatischen Nachtsitzung vom 4. auf den 5. August 1789 die Abschaffung des Feudalsystems. Die privilegierten Stände (Adel und Klerus) mussten auf ihre zahlreichen Sonderrechte wie Frondienste, Jagdrechte und Abgaben der Bauern verzichten.

Die Nationalversammlung verabschiedete am 26. August 1789 eine „Erklärung der Menschen- und Bürgerrechte“.

Die von ihr ausgearbeitete Verfassung von 1791 verwandelte Frankreich in eine konstitutionelle Monarchie. Im Rahmen der nunmehr

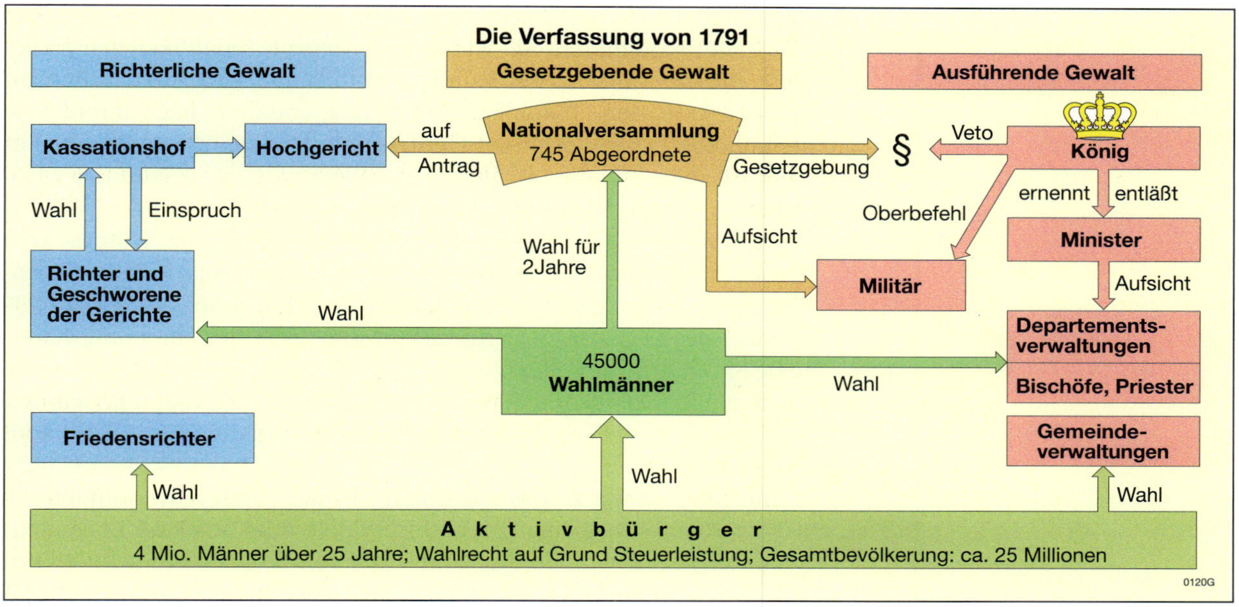

M 3

gewaltenteiligen Ordnung blieb dem König die Funktion der Exekutive vorbehalten. Die Gesetzesmacht lag bei der Nationalversammlung, die von Aktivbürgern gewählt wurde. Das Wahlrecht war an Steuerzahlungen gebunden (Zensuswahlrecht); etwa 60 Prozent der Männer über 25 Jahren konnten teilnehmen. Ohne Wahlrecht blieben Männer unter 25 Jahren, Nicht-Steuerzahler sowie Frauen. Die Nationalversammlung beschloss unter anderem die Verstaatlichung der Kirchengüter, um den finanziellen Bankrott des Staates zu verhindern und die alten Machtpositionen des Klerus zu zerschlagen. Die Priester sollten durch den Eid auf die neue Verfassung verpflichtet werden, was allerdings zu massiver Eidesverweigerung führte.

Diese erste Phase der Französischen Revolution mündete in einer Entmachtung des Königs, der Abschaffung des Feudalsystems sowie in der Erklärung der Menschen- und Bürgerrechte, die auch in der Verfassung von 1791 Eingang fand. Dies entsprach im Wesentlichen den Bedürfnissen des gehobenen Bürgertums, was sich im Zensuswahlrecht widerspiegelte. Verfassungsmäßig war Frankreich eine konstitutionelle Monarchie geworden. Damit hätte – theoretisch – die Revolution beendet sein können. Aber aus verschiedenen Gründen misslang eine Stabilisierung der politischen Verhältnisse.

Politische Grundströmungen

Die revolutionären Ereignisse entfachten ungeheure politische Leidenschaften. Durch eine Flut von Büchern und Flugschriften ausgelöst, wurde die gesamte Gesellschaft in hohem Maße politisiert. Unzählige Diskussionszirkel, politische Clubs beziehungsweise parteiähnliche Organisationen wurden gegründet, wobei sich im Wesentlichen drei politische Grundströmungen herauskristallisierten: Zum einen die „Feuillants“ – so benannt nach ihrem klösterlichen Versammlungsort. Als Anhänger einer konstitutionellen Monarchie wollten sie die Revolution auf der Basis der Verfassung von 1791 beenden. Zum Zweiten die „Girondisten“, die ihren Namen der südwestfranzösischen Provinz (Gironde) verdankten. Sie waren überwiegend republikanisch eingestellt, gerieten aber schon bald in Konflikt mit der dritten wichtigen Gruppierung, den „Jakobinern“. Letztere, ebenfalls nach ihrem Versammlungsort im Kloster des Heiligen Jakob benannt, entwickelten in ihren Reihen einen radikalen Republikanismus und gerieten zusehends in Konflikt mit den Girondisten. Soziale Spannungen, Warenknappheit, Hunger, aber auch die Verschwörung des Königs, sein Zusammenspiel mit ausländischen Mächten und emigrierten Adligen, führten zu einer weiteren Radikalisierung. Ein gescheiterter Fluchtversuch des französischen Königs im Juni 1791 ließ die königsfeindliche Stimmung im Volk anwachsen. Diejenigen politischen Kräfte, die noch einen Kompromiss mit der alten Ordnung suchten, wurden zurückgeworfen. Die Jakobiner ergriffen die Initiative, sie wurden zum Motor der Revolution.

Ein Bürgerkrieg zerriss das Land. Auf der einen Seite standen die Königstreuen (Royalisten), der konservative Adel, sofern er noch nicht geflohen war, aber auch die Kirche, die von den neuen Machthabern enteignet und einer Zivilverfassung unterworfen worden war.

Zur Verschärfung der Konflikte trug auch die gefährdete Nahrungsmittelversorgung, insbesondere in Paris, bei. In dieser Situation, wo sich durch Unruhe, Angst und Hysterie aufgeputschte politische Leidenschaften Bahn brachen, machen sich die Jakobiner zum Anwalt des „kleinen Mannes“ und der Verteidigung der Revolution.

Die Hinrichtung Ludwigs XVI.

Noch 1789 gab es vermutlich keinen Delegierten in der Ständeversammlung, der den König Ludwig XVI. töten lassen wollte. Im Verlaufe der Revolution gewannen aber jene politischen Kräfte erheblich an Zulauf, die für die gänzliche Abschaffung der Monarchie in Frankreich eintraten.

Nach einem gescheiterten Fluchtversuch Ludwigs im Juni 1791 und nach Aufdeckung von Geheimverhandlungen mit dem Ausland strengten die radikalen Jakobiner einen Prozess wegen Hochverrats gegen ihn an. Die Anklage lautete auf „Verschwörung gegen die öffentliche Freiheit“. Nach der politischen Anschauung von Robespierre und Saint-Just, den beiden maßgeblichen Antreibern bei diesem Verfahren, waren Monarchie und Revolution miteinander unvereinbar. „Dieser Mann muss regieren oder sterben.“ So lautete ein berühmtes Diktum von Saint-Just.

Der Sturm auf die Tuilerien (10. August 1792) läutete den Sturz der Monarchie ein. Auf dem Hintergrund der sich verschärfenden inneren Krise kam es im September 1792 zu Massakern („Septembermorde“) an revolutionsfeindlichen Kräften, darunter auch Priester, die den Eid auf die Verfassung verweigerten. Der Nationalkonvent beschloss nun die endgültige Abschaffung des Königtums Ludwigs XVI. (21. September 1792).

Mit einer knappen Mehrheit stimmte der Konvent der Enthauptung des Königs zu. Die Hinrichtung Ludwigs XVI. am 21. Januar 1793 bedeutete einen Tabu-Bruch von großer Tragweite. Die Schleusen der Gewalt öffneten sich danach noch weiter.

M 4 **Die Sansculotten**
lehnten die aristokratische Kniehose ab und drückten dadurch ihre republikanische Gesinnung aus.

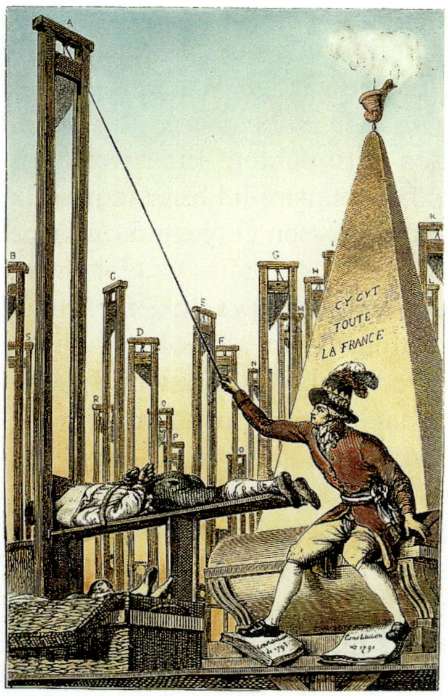

M 5 **Flugblatt gegen die Jakobinerdiktatur (1794)**
Auf der Grabespyramide steht: „Hier ruht ganz Frankreich". Robespierre richtet, nachdem er alle Franzosen hat guillotinieren lassen, mit eigener Hand den Henker hin. Jede Guillotine erinnert an eine Kategorie seiner Opfer: z.B. Jakobiner, Girondisten oder Adel und Geistlichkeit.

Jakobinerherrschaft

In den folgenden Monaten verdrängten die Jakobiner die zweite große Revolutionspartei, die Girondisten, und übernahmen praktisch die Regierungsgewalt.

Seit Mitte 1792 hatte sich der Charakter der Revolution erkennbar verändert. Das Heft des Handelns gelangte immer mehr in die Hände von radikalen bürgerlichen Konventsabgeordneten der Bergpartei (den Jakobinern), die ein Bündnis mit den Sansculotten eingingen. Vor allem in Paris hatte sich ein neuer Typus des Revolutionärs herausgebildet, dessen Name sich aus dem Fehlen der für den Adel typischen Kniebundhose ergab.

Der Sansculotte rekrutierte sich vorrangig aus dem Milieu der Kleinbürger – Handwerker, Gesellen, kleine Ladenbesitzer –, dazu kamen Arbeiter, Tagelöhner und Wohnsitzlose. Mit ihnen erschien ein radikalisierendes Element im Revolutionsprozess. Die Sansculotten lehnten nicht nur die Monarchie ab, sondern sie sahen auch im liberalen Bürgertum ihren Feind. Durch ihr Bündnis mit den Jakobinern entschieden sie den Machtkampf zwischen Girondisten und Jakobinern zu Gunsten der Letzteren.

Diese Phase der Revolution ist aufs Engste mit dem Namen des Jakobiners Robespierre verbunden. Unter seiner Führung organisierte der so genannte Wohlfahrtsausschuss eine Gewaltherrschaft, die auch als „Schreckensherrschaft" (französisch: la terreur) in die Geschichte eingegangen ist. Beim Wohlfahrtsausschuss handelte es sich zwar formell nur um einen Ausschuss des Konvents, tatsächlich fungierte er aber in dieser Zeit als provisorische Regierung.

Die radikalen Revolutionäre machten Jagd auf tatsächliche oder mutmaßliche Feinde. Hausdurchsuchungen waren an der Tagesordnung. So genannte Volksgerichte gingen gegen Verdächtige vor, die als „Feinde der Revolution" angeklagt wurden: Royalisten, Ausländer, Priester, die den Eid auf die Verfassung verweigerten, Händler, die als Wucherer angeklagt wurden.

Getragen und angeheizt wurde die Stimmung durch weit verbreitete Ängste, die sich bis zur Panik steigern konnten. Im Südwesten Frankreichs, in der Vendée, brach ein royalistischer und anti-republikanischer Aufstand los, der auf Befehl des Konvents mit der Verwüstung ganzer Landstriche und der Vernichtung der dortigen Bevölkerung endete. Krieg und Bürgerkrieg, Inflation und Versorgungsengpässe, der wachsende Widerstand der Landbevölkerung und der Kirche, die Ermordung des jakobinischen Konventsabgeordneten Jean-Paul Marat – dies alles stellte den sozialen Hintergrund dar, vor dem Verschwörungsfantasien gedeihen konnten. Schon der Verdächtige galt als schuldig, Konterrevolution als todeswürdiges Verbrechen. Das Etikett „Feind des Vaterlands" kam einem Todesurteil gleich. In dieser hysterisch aufgeladenen Atmosphäre wurde die Guillotine – euphemistisch „Rasiermesser der Nation" genannt – zum Instrument der politischen Konfliktaustragung auch zwischen den revolutionären Fraktionen. Der Guillotine fielen die führenden Girondisten im Oktober 1793 zum Opfer wie auch der gemäßigte Jakobiner Danton oder die linksradikalen Hébertisten. In der Diktatur Robespierres verschlang – wie es so sinnfällig heißt – die Revolution ihre eigenen Kinder. Insgesamt wurden ungefähr 40 000 Menschen hingerichtet – die meisten von ihnen durch die Guillotine.

M 6 **Nationale Gleichheit**
Das Gleichheitsprinzip beflügelte die Fantasie der Karikaturisten. Der nationale Nivellierungsapparat sollte alle auf die gleiche Höhe stutzen, Karikatur von 1789.

Die Radikalisierung und die zunehmende Gewalttätigkeit war eine Folge des sich verschlechternden Lebensstandards breiter städtischer Bevölkerungsschichten. Brot galt als Symbol für Armut oder Wohlstand und somit musste der ständig steigende Brotpreis zum Gradmesser für Menschenwürde und damit zu einem politischen Thema werden. Die Suche nach den Schuldigen, der allgegenwärtige Wucherverdacht prägten die politische Atmosphäre, in der Robespierre und seine Anhänger die Macht an sich zu reißen vermochten. Ein Maximum-Gesetz (27.9.1793), das Höchstpreise für Lebensmittel festsetzte, sollte den Forderungen der Not leidenden Volksmassen entgegenkommen.

„Maximum“

Das innenpolitische Konzept der Jakobiner entsprach dem Modell einer sozialen Demokratie. Das Privateigentum als solches wurde nicht angetastet, gleichwohl sollte es gerechter beziehungsweise gleichmäßiger verteilt werden (Vermögensmaximum). Höchstpreisverordnungen sicherten die Versorgung der städtischen Bevölkerung. Dazu wurden Wirtschaft und Handel staatlichen Kontrollen unterworfen. Die neue Verfassung von 1793 spiegelte das jakobinische Gleichheitsideal wider, unter anderem wurde das Zensuswahlrecht zu Gunsten eines allgemeinen abgelöst. Diese zweite Verfassung trat aber nie in Kraft, weil Frankreich sich seit 1792 im Krieg befand. Österreichische und preußische Truppen waren in das Land eingedrungen, um mithilfe einer militärischen Aktion von außen die alte Ordnung wiederherzustellen. Die Regierung reagiert darauf mit der „Levée en masse“, der massenhaften Mobilisierung von Menschen und Material zur Verteidigung der Nation und der Revolution. Der Kriegszustand, in dem sich das revolutionäre Frankreich seit 1792 befand, trug wesentlich zur Dynamisierung des Revolutionsprozesses bei.

Schließlich gelang es der Opposition, am 27. Juli 1794 (nach der Zählung des Revolutionskalenders der 9. Thermidor) der Schreckensherrschaft ein Ende zu setzen. Robespierre und zahlreiche seiner Anhänger wurden hingerichtet. Nach dem Zusammenbruch der revolutionären Diktatur konnte das gemäßigte (thermidorianische) Bürgertum erneut seine Herrschaft etablieren. Damit war nach langen inneren Machtkämpfen zwischen den gemäßigten Gruppierungen (Girondisten) und den radikaleren Befürwortern der Revolution (Jakobiner) der Gipfel der Revolution überschritten.

Die bürgerliche Republik (1794–1799)

Die großbürgerlich orientierten Girondisten gelangten erneut an die Macht. Ab 1795 regierte ein Direktorium. Entsprechend der neuen (dritten) Verfassung von 1795 war das Wahlrecht wieder streng an Besitz geknüpft. Alle von den Jakobinern verfügten Wirtschaftsbeschränkungen wurden aufgehoben. Die neue Regierung blieb in den folgenden Jahren zum einen bedroht durch die wieder erstarkten Royalisten und zum anderen durch sozialistisch inspirierte Volksaufstände, wie zum Beispiel Babeufs „Verschwörung der Gleichen".

Die Jahre zwischen dem Sturz Robespierres und der schließlichen Machtergreifung durch Napoleon Bonaparte (1799) waren gekennzeichnet durch die militärische Expansion Frankreichs und die Einrichtung einer gemäßigt autoritären Herrschaft des so genannten Direktoriums (1795–1799).

Nach dem Frieden von Basel (1795) zwischen Frankreich und Preußen blieb Österreich als Hauptgegner auf dem Kontinent zurück. Im Frieden von Campo Formio (1797) trat das inzwischen besiegte Österreich Belgien an Frankreich ab und bestätigte das linke Rheinufer als französischen Besitz. Als Folge der französischen Eroberungen wurden in Italien und der Schweiz abhängige Tochterrepubliken gegründet.

Der Zweite Koalitionskrieg (1799–1802), getragen von England, Russland und Österreich, zeigte jedoch, dass die alten Mächte ihren Kampf gegen das revolutionäre Frankreich noch nicht aufgegeben hatten. Die durch militärische Niederlagen und innere Krisen erschütterte Herrschaft des Direktoriums wurde am 9. November 1799 durch einen Staatsstreich des Generals Napoleon Bonaparte gestürzt. Damit war das Ende der stürmischen Revolutionsepoche besiegelt.

Napoleon: Vollender und Überwinder der Revolution

Da sich Frankreich seit 1792 fast ununterbrochen im Kriegszustand befunden hatte, führte das zwangsläufig zur Unterordnung der gesamten Gesellschaft unter die militärischen Erfordernisse. Der Kriegsdienst ermöglichte schnelle Karrieren. Ein Mann, der diese Chance genutzt hatte und schnell zum General aufgestiegen war, dessen Ehrgeiz aber durch seine militärischen Siege nicht gestillt war, konnte in dieser Situation an die Macht gelangen.

Napoleon hatte seinen Aufstieg zur Macht durch militärische Erfolge sowie durch seine charismatische Persönlichkeit bewerkstelligt. Es gelang ihm als Erster Konsul, die Errungenschaften der Revolution zu festigen und das Chaos des Revolutionsjahrzehnts zu beenden. Sein politisches Handeln entsprach somit dem Bedürfnis des Bürgertums nach Stabilität. Die Anhänger des Ancien régime, also die Königstreuen, als auch die radikalen Jakobiner wurden an den Rand des politischen Geschehens gedrängt. Abgesegnet durch einen Volksentscheid, machte

sich Napoleon fünf Jahre nach dem Staatsstreich zum Kaiser (1804). Das napoleonische Kaisertum war eine moderne Monarchie, die mit der durch die Revolution erkämpften bürgerlichen Ordnung eine neue Einheit einging.
Wesentliche Marksteine der Herrschaft Napoleons waren:

- die Zentralisierung der Verwaltung,
- die Aussöhnung mit der Kirche (Konkordat mit dem Papst 1801),
- der Code Civil, der die Beseitigung der Feudalordnung festschrieb (Gleichheit vor dem Gesetz, bürgerliche Eigentumsordnung, Gewerbefreiheit, Freiheitsrechte des Individuums und anderes).

Der Code Civil ist – trotz mancher Änderungen – bis heute die Grundlage der französischen Rechtsordnung. Viele Historiker sehen in den neuen Gesetzbüchern – und nicht in den militärischen Erfolgen – die größte geschichtliche Leistung Napoleons.

M 7 Einheit und Unteilbarkeit der Republik
Das Motto der Jakobiner spiegelt die äußere Bedrohung und innere Zerrissenheit der Republik wider. Die Bildsprache lehnt sich an antike römische Vorbilder an: Die Fasces (Rutenbündel) symbolisieren die Staatsgewalt; die Pike ist die Waffe der Sansculotten; die rote phrygische Mütze stellt die antike Kopfbedeckung freigelassener Galeerensträflinge dar. Sie diente als Freiheitssymbol ebenso wie die an ihr geheftete Kokarde. Die Standarten („Freiheit, Gleichheit, Brüderlichkeit oder Tod“) sind in den Farben der Trikolore gehalten: blau, weiß, rot. Blau und rot gelten als die Farben der Stadt Paris, weiß wird als Farbe des besiegten Königtums interpretiert.

Kulturrevolution

Die Französische Revolution hat auch neue Formen der politischen Kultur hervorgebracht, die nicht nur das Staatsleben, sondern auch den Alltag der Menschen verändert haben. Wie bei jeder Revolution lassen sich dabei destruktive und konstruktive Elemente unterscheiden. Zunächst einmal drückte sich die Revolution durch die Tötung von Menschen und die Zerstörung von Zeugnissen und Traditionen des Ancien régime aus: zum Beispiel durch die Schleifung der Bastille, die Brandschatzung von Adelssitzen, den Sturz von königlichen Denkmälern und die Inszenierung der Hinrichtung von so genannten Feinden des Vaterlandes auf dem Schafott.

Revolutionen haben es an sich, dass sie die politischen Veränderungsprozesse in ungeahnter Weise verdichten und beschleunigen. Dazu gehört auch die totale Politisierung des öffentlichen Lebens. Die Bevölkerung – insbesondere in den Städten – wurde auf vorher nicht gekannte Art aktiviert und auch militarisiert. Allein in Paris soll es in der Hochphase der Revolution etwa 250 000 Bewaffnete gegeben haben.

Nicht nur Zeitungen, Volksgesellschaften und politische Klubs schossen aus dem Boden, die Revolution veränderte auch die alltäglichen Umgangsformen. Das reichte vom „revolutionären Duzen“ bis hin zur revolutionären Kleidung (der langen Hose und der Freiheitsmütze).

Angesichts des noch weit verbreiteten Analphabetismus (noch über 60 Prozent) entstand eine neue revolutionäre Symbolsprache. Sie wurde in Abzeichen (Schärpe und Kokarde) sichtbar und in den Bildern. Die geometrische Formsprache (Richtlot und Dreieck) verwies auf die Vernunft. An die Stelle des Gottesauge trat der Strahlenkranz des Gesetzes. Typisch für die Selbstdarstellung der Revolution war dabei der Versuch, das Neue mit traditionellen Formen zu verknüpfen. Anspielungen auf die Antike (beim Liktorenbündel) und auf das Christentum (Zehn Gebote) sollten der Revolution eine neue Legitimität verleihen. Gerade weil die Revolution die überlieferte Herrschaftsform vernichtet hatte (sinnfällig ausgedrückt in der Guillotinierung des Königs), musste sie neue Identität stiftende Vergesellschaftungsformen entwickeln: zum Beispiel durch Einführung einer neuen Zeitrechnung (Revolutionskalender), durch neue Rituale (das Pflanzen von Freiheitsbäumen), neue Feste (die Föderationsfeste am Jahrestag der Bastille-Erstürmung). Ein führender Revolutionär wie Robespierre wusste um das Spannungsverhältnis von zerstörten gesellschaftlichen Bindungen und dem dann entstehenden ideologischen Vakuum, das es aus seiner Sicht zu füllen galt. Ihm war klar, dass auf Dauer gesehen die Revolution allein mit Propaganda (Parolen, Lieder und Theaterstücke) nicht überlebensfähig sein würde. Die Revolution hatte die Gesellschaft entsakralisiert (entheiligt), die Kirchen umfunktioniert und den Einfluss der Priester zurückgedrängt. Auf Robespierres Initiative verabschiedete der Konvent per Dekret eine neue Ersatzreligion: den „Kult des Höchsten Wesens", der aber die Jakobinerdiktatur nicht überlebte.

Jedes Revolutionsgeschehen weist eine äußere Seite auf, die sich zum Beispiel in einer neuen Verfassung ausdrückt, und eine innere, die sich in einer gewandelten Mentalität zeigt. Will eine Revolution auf Dauer erfolgreich sein, muss sie vor allem das Bewusstsein der Menschen verändern.

Frauen in der Französischen Revolution

Frauen pflegten im 18. Jahrhundert kaum eine Rolle im öffentlichen Leben zu spielen. Die männlich geprägte Gesellschaft erachtete sie als nicht politikfähig beziehungsweise unfähig, ein öffentliches Amt zu bekleiden. Die Dynamik der Französischen Revolution und der von ihr ausgelöste Bewusstseinswandel führten dazu, dass immer mehr Frauen in die Politik drängten. Die Frauen der Sansculotten machten in den Brotaufständen von 1789 von sich reden, wenn sie plünderten und gegen Preiswucher vorgingen. Es waren die Marktfrauen, die am 5. Oktober 1789 nach Versailles zogen, um der Forderung nach Brot Nachdruck zu verleihen und bei dieser Gelegenheit den König Ludwig XVI. zwangen, nach Paris zurückzukehren.

M 8 **Zug der Marktfrauen** von Paris nach Versailles am 5. Oktober 1789.
Frauen wurden als Verwalterinnen der Hauswirtschaft unmittelbar mit den Engpässen bei der Versorgung konfrontiert. Dem Marsch der Pariserinnen waren mehrfache Erhöhungen der Brotpreise vorausgegangen.

Einzelne Frauen gelangten in den Jahren der Revolution zu großer Berühmtheit:

- Olympe de Gouges appellierte an den Gerechtigkeitssinn der Männer, wenn sie die vollkommene Gleichstellung der Frau forderte. Wie kaum eine andere vertrat sie den Anspruch revolutionär gesinnter Frauen, mit dem französischen Begriff „homme" nicht nur den

Mann zu bezeichnen. Sie verfasste 1791 eine Erklärung über „Die Rechte der Frau und Bürgerin", die noch heute als Grundakte für die Gleichberechtigung der Geschlechter dient. Olympe de Gouges endete auf dem Schafott, weil sie den König verteidigt hatte.

- Charlotte de Corday verübte das Aufsehen erregende Attentat auf Marat, den sie als treibende Kraft für den Terror ansah. Auch sie endete auf dem Schafott.
- Claire Lacombe gründete 1792 die „Gesellschaft der revolutionären Frauen" und kämpfte für das Recht, eine Uniform zu tragen. Sie saß mehrere Jahre im Gefängnis.
- Théroigne de Méricourt nahm an der Erstürmung der Bastille teil und stand an der Spitze des Zuges der Marktfrauen nach Versailles. 1793 inhaftiert, starb sie nach 24 Jahren in geistiger Umnachtung.
- Manon Roland führte einen Salon in Paris, der als Zentrum der Girondisten diente. Sie wurde 1793 hingerichtet.
- Germaine de Staël, Tochter des Finanzministers Necker, führte ebenfalls einen Salon, der zum Treffpunkt der Pariser Intellektuellen wurde. Sie überlebte die Schreckensjahre im Exil.

Insgesamt gesehen stellten die Frauen in der Revolution keine autonome Kraft dar, zumal sich nur eine Minderheit von ihnen engagierte.

Im Kern ging es um die Frage, ob die Menschenrechtserklärung in vollem Umfang auch für Frauen gelte. Handelte es sich um Menschen- oder Männerrechte? Die französische Formulierung „droits de l'homme" kann beides bedeuten.

M 9 Patriotischer Frauenklub (1791)

Die Bildunterschrift lautet: „Sehr patriotische Frauen hatten einen Club gebildet, zu dem niemand anders zugelassen wurde. Sie hatten ihre Vorsitzende und Sekretärinnen. Man versammelte sich zweimal wöchentlich, die Präsidentin verlas die Sitzungsprotokolle des Nationalkonvents, dessen Beschlüssen man Beifall oder Kritik zollte. Aus Wohltätigkeitseifer veranstalteten die Damen unter sich eine Sammlung und verteilten den Erlös an hilfsbedürftige Familien guter Patrioten."

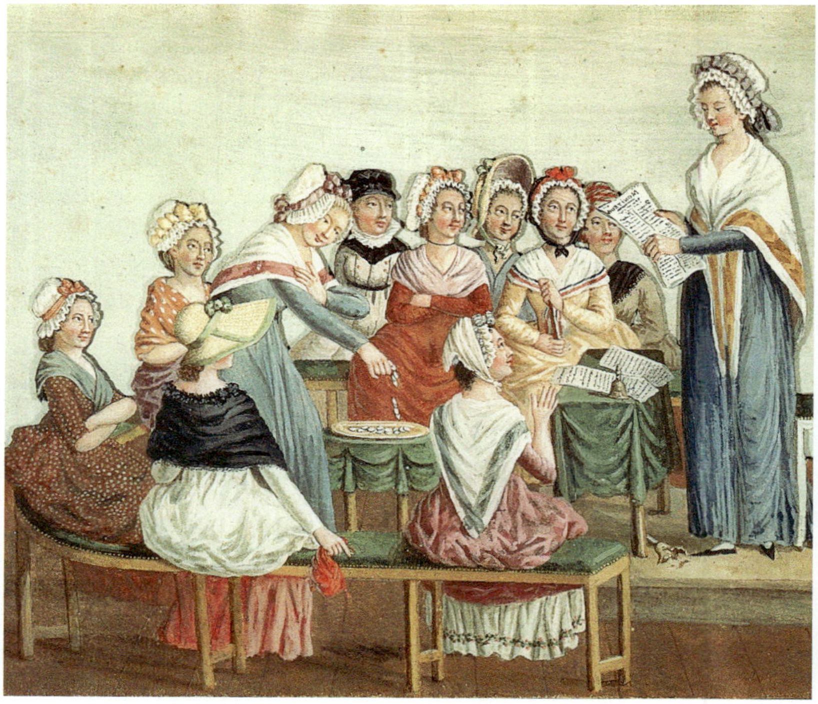

Die Revolution brachte für die Frauen keinen politischen Durchbruch zur Gleichberechtigung. Die (männliche) Mehrheit – auch der Revolutionäre – lehnte eine Beteiligung der Frauen an der Politik ab. Das Wahlrecht blieb bis in das 20. Jahrhundert den Männern vorbehalten. Erst 1946 erhielten die französischen Frauen das Wahlrecht.

Chronologie: Die drei Phasen der Französischen Revolution

1. Phase: 1789–1792:	**Konstitutionelle Monarchie** Das Großbürgertum hat die Macht.
5. Mai 1789	Eröffnung der Generalstände (Etats géneraux)
17. Juni 1789	Der 3. Stand erklärt sich zur Nationalversammlung (Assemblée nationale).
14. Juli 1789	Sturm auf die Bastille
4. Aug. 1789	Die Nationalversammlung beschließt die Aufhebung des alten Feudalsystems und die Abschaffung der Standesvorrechte.
26. Aug. 1789	Erklärung der Menschen- und Bürgerrechte nach amerikanischem Vorbild
3. Sept. 1791	Eine neue Verfassung wird verkündet (konstitutionelle Monarchie und Zensuswahlrecht).
1. Okt. 1791	Die Gesetzgebende Versammlung mit 745 Abgeordneten beginnt zu regieren. Die Anhänger des Jakobiner-Klubs bilden eine immer mächtiger werdende Gruppe.
2. Phase: 1792–1794:	**Republik der Jakobiner** Das Kleinbürgertum, das nach „Arbeit" und „Brot" verlangt, treibt die Revolution voran.
10. Aug. 1792	Erstürmung der Tuilerien durch das Volk; der König wird gefangengenommen. Organisator dieser Revolutionsphase ist Danton, der als Volksredner sehr einflussreich wird.
21. Sept. 1792	Der neu geschaffene Nationalkonvent führt ein allgemeines Wahlrecht ein und schafft das Königtum ab.
21. Jan. 1793	Der König (Ludwig XVI.) wird hingerichtet.
6. April 1793	Der Wohlfahrtsausschuss, in dem nur Jakobiner vertreten sind, übernimmt die Regierungsgewalt. Der Vorsitzende Danton wird schon nach einigen Monaten von dem Advokaten Robespierre verdrängt. Drei weitere Männer bestimmen die Herrschaft der Jakobiner mit: Saint-Just, Hébert und Marat. Den Jakobinern gelingt es, das Land militärisch gegen das verbündete Ausland (1792–1797 1. Koalitionskrieg gegen Österreich, Preußen, England) abzusichern, aber im Landesinnern wächst der Widerstand gegen den rücksichtslosen Terror, mit dem alle Andersgesinnten verfolgt werden.
27. Juli 1794	Robespierre wird hingerichtet. Auch alle anderen führenden Jakobiner enden auf dem Schafott.
3. Phase: 1794–1799:	**Republik der Bürger** Eine neue Regierung wird gebildet, das Directoire (Direktorium 1795–99), bestehend aus fünf Männern der gemäßigten Richtung. Damit ist wieder das Großbürgertum an der Macht.
5. April 1795	Frankreich und Preußen schließen Frieden (Friede von Basel). In der Folgezeit werden die Ereignisse durch die französische Armee geprägt.
1796	Niederschlagung einer sozialrevolutionären Verschwörung von Babeuf
1796	Feldzug von Napoleon Bonaparte in Italien
1798	Bonaparte besetzt Rom.
1799	Napoleon übernimmt durch einen Staatsstreich die Regierung.
1799–1802	2. Koalitionskrieg gegen England, Russland, Österreich
1804	Napoleon I. wird Kaiser der Franzosen.

M 10 Gesellschaftsstrukturen

Die Einteilung der Gesellschaft in drei Stände spiegelt die Komplexität der vorrevolutionären Gesellschaft nur ganz unzureichend wider. Der Historiker Siegfried Loewe gibt ein differenzierteres Bild:

Die Gesellschaft des Ancien régime war ständisch gegliedert und beruhte auf den Privilegien der Geburt und des Grundbesitzes. Der Klerus umfasste etwa 150 000 Personen, welche wohl als Stand organisiert waren, aber keine einheitliche gesellschaftliche Gruppe bildeten. Die Mitglieder des hohen Klerus stammten überwiegend aus dem Hochadel, standen in ihrem prunkvollen Lebensstil diesem kaum nach und residierten vielfach bei Hof. Hingegen teilte der niedere Klerus auf dem Lande die Armut der Bauern, solidarisierte sich weitgehend mit der Landbevölkerung und wurde zum Mittler der Reformideen und zum Wortführer des Volkes. Nur die hohe Geistlichkeit bezog hohe kirchliche Einkünfte. Die wirtschaftliche Machtposition der Kirche beruhte einerseits auf den Erträgen aus ihrem enormen Grundbesitz, der im 18. Jahrhundert einen jährlichen Gewinn von etwa 100 Millionen Livres abwarf, andererseits auf dem von den Bauern zu erbringenden Zwanzigsten, der 80 Millionen Livres betrug. Demgegenüber war die Kirche von jeglicher Steuerleistung an den Staat befreit, sie leistete bloß freiwillige Gaben, welche auf ihren alle fünf Jahre abgehaltenen Kirchenversammlungen festgelegt wurden. Obwohl politisch vom Königtum entmachtet, spielte in der französischen Gesellschaft des 18. Jahrhunderts die Aristokratie die führende Rolle[1]. Sie besaß ein De-facto-Monopol auf die hohen Ämter in der Verwaltung, der Armee, der Kirche (1789 waren alle 139 Bischöfe Adlige). Aber wie beim Klerus gab es auch innerhalb des Adels bedeutungsvolle Schattierungen. Dem alten Geburts- oder Schwertadel (noblesse d'épée) stand der aus der Bourgeoisie [Bürgertum] durch Ämterkauf oder wegen seiner Verdienste aufgestiegene Amtsadel gegenüber (noblesse de robe, robins); beide Gruppen verschmolzen im Verlauf des 18. Jahrhunderts weitgehend. Nach dem gesellschaftlichen Einfluss und dem Vermögen unterschied sich der am Versailler Hof eingeführte Hofadel, für den „Grundrente und Königsgunst die Haupteinnahmequelle“ bildeten und dessen prunkvolle Lebensführung seinen finanziellen Ruin bewirken sollte, vom Landadel in der Provinz, der von den relativ geringen Erträgen seiner nicht sehr großen Ländereien lebte. Angesichts der mehr als angespannten finanziellen Situation, in der sich der Adel befand, erscheint es verständlich, dass er gemeinsam mit dem Klerus vehement für die Aufrechterhaltung des Status quo, für die Erhaltung seiner Privilegien eintrat, welche ihm Steuerbefreiung sowie feudalrechtliche Abgaben der Bauern sicherten. Der sozial ungeheuer vielschichtige Dritte Stand schließlich umfasste den Rest der Bevölkerung, d. h. etwa 98 % einer Gesamtbevölkerung von 26 Millionen Menschen. Dominiert wurde der Tiers-état (Dritter Stand) vom Bürgertum, welches zum eigentlichen Träger der Revolution wurde. Aber auch die Bourgeoisie bildete keine homogene Klasse. Die große Handels- und Industriebourgeoisie war im System des Ancien régime integriert und neigte bald nach Ausbruch der Revolution zu einer Kompromisshaltung, welche ihr die Privilegien der herrschenden Klasse gesichert hätte. Die mittlere und kleine Bourgeoisie hingegen, die Vertreter der freien Berufe, die Handwerker, Kleinproduzenten, Kleinladenbesitzer, sah sich durch Ansätze zu kapitalistischer Eigentumskonzentration in ihrer Existenz bedroht und mit der Angst konfrontiert, in die Lohnabhängigkeit abzusinken. Besonders litten unter dem System des Ancien régime die eigentlichen Volksmassen, die Lohnabhängigen, denen aber ein Klassenbewusstsein fehlte und die nur durch ihren Hass auf die Aristokratie und die Reichen einen Zusammenhalt fanden, der sie dann zur Unterstützung der Bourgeoisie bei der Zerschlagung des Ancien régime trieb. Das Elend der Lohnabhängigen hatte sein Pendant [Gegenstück] in der Not der Bauern. Frankreich besaß im 18. Jahrhundert noch eine ausgeprägte Agrarstruktur, drei Viertel der französischen Bevölkerung lebte auf dem Land, der „Alltag des Ancien régime ist das Leben der Bauern“. Die Bauern litten am meisten unter den Überresten des Feudalsystems und unter den grundherrlichen Rechten des Adels. Obwohl gegen Ende des Ancien régime 30 bis 40% des Bodens in bäuerlichem Besitz waren und es auch wohlhabende, Grund besitzende Bauern gab, war der bäuerliche Landbesitz für den einzelnen Bauern jedenfalls gering. Der auf diese Art karg bleibende Ertrag wurde noch dadurch geschmälert, dass die Bauern voll vom strengen und ungerechten Steuersystem des Ancien régime getroffen wurden. Sie zahlten wie alle Nichtadeligen die *taille*, welche [...] von einer bestimmten Gemeinde oder Gemeinschaft solidarisch aufgebracht werden musste; dann die Kopfsteuer (*capitation*) und den Zwanzigsten (*vingtième*). [...]

1 Der Adel umfasste etwa 350 000 Personen.

B. Schmidt, J. Doll, W. Fekl, S. Loewe: Frankreich-Lexikon, Berlin 1981, S. 54 ff.

M 11 Die Revolution in der Sprache der Bilder

Kolorierte Stiche, 1789

„Hoffentlich hat dieses Spiel bald ein Ende"

„Es lebe der König, es lebe die Nation"

M 12 Aus den Beschwerdeheften

Im Zusammenhang mit der Einberufung der Generalstände wurden die Wähler aufgefordert, ihren Vertretern Beschwerdeschriften (franz. Cahiers de doléances) mitzugeben. In diesen Beschwerdeheften spiegeln sich Missstände, aber auch Wünsche und Erwartungen der Menschen wider. Historiker haben später von der größten Volksbefragung Alteuropas gesprochen. Ein Dorf in der Champagne schrieb an den König:

In Ew. Majestät Namen verlangt man von uns fortwährend Geld. Man machte uns Hoffnung, dass das ein Ende nehmen werde, aber es wurde von Jahr zu Jahr ärger. Wir lieben Sie so sehr, dass wir uns nicht an Sie wendeten, sondern an Ihre Vertreter, die jedenfalls besser für sich sorgen als für Sie. Wir glaubten, dass sie Sie hintergehen und sagten uns in unserem Kummer: „Wenn der gute König es wüsste!" […] Wir sind mit Steuern aller Art überhäuft; wir haben Ihnen bisher einen Teil unsres Brotes gegeben, und wenn es so fortgeht, werden wir bald gar keines mehr haben […]. Wenn Sie die armseligen Hütten, die wir bewohnen, und die armselige Nahrung, die wir einnehmen, sähen, wären Sie davon gerührt; das würde Ihnen besser als unsre Worte sagen, dass wir nicht weiter können, und dass eine Erleichterung eintreten muss. […] Es schmerzt uns sehr, dass die Reichsten am wenigsten zahlen. Wir entrichten Taillen[1] und alle möglichen Auflagen, während die die schönsten Güter besitzenden Geistlichen und Adligen nichts zahlen. Warum sollen die Wohlhabenden am wenigsten, die Armen dagegen am meisten zahlen? Sollte nicht jedermann nach Maßgabe seiner Verhältnisse besteuert werden? Wir verlangen, dass dem so werde; denn es wäre gerecht. […] Wir würden gern einige Weinstöcke pflanzen, wagen es aber nicht; denn wir werden von den Beamten der Verzehrsteuer so malträtiert[2], dass wir noch eher daran denken würden, die schon vorhandenen Stöcke auszureißen. Der ganze Wein, den wir erzeugen würden, wäre nur für sie; uns würde nur die Mühe bleiben. Die ganze Steuereintreibung ist eine Schinderei, und um sich ihr zu entziehen, lässt man den Boden lieber brachliegen […]. Entledigen Sie uns der Steuersammler und der Salzmänner[3], von denen wir so viel leiden. Solange wir sie nicht los sind, werden wir nie glücklich sein; es ist Zeit, die Sache abzuändern. Wir und alle ihre Untertanen bitten Ew. Majestät darum, wir sind sehr ermattet. Wir würden Sie noch um manches andere bitten, aber Sie können nicht alles auf einmal machen.

1 Einkommensteuern

2 schlecht behandelt

3 mit Bezug auf die Besteuerung des Salzes

Zit. nach: H. Taine, Die Entstehung des modernen Frankreich, Meersburg o. J., S. 262.

M 13 Augenzeugenbericht aus Paris

Der Braunschweiger Pädagoge Joachim Heinrich Campe eilte im Juli 1789 – unmittelbar nach den ersten Nachrichten aus dem revolutionären Frankreich – nach Paris. Er war einer der ersten Revolutionsreisenden, die das deutsche Publikum über ihre Eindrücke vor Ort informierten (9. August 1789):

Das Erste, was uns, außer der hin und her wallenden Volksmenge auffällt, sind die vielen, dicht in einander geschobenen Menschengruppen, welche wir teils vor vielen Haustüren, wo entweder Bürgerwachstuben sind oder Bäcker wohnen, teils vor allen denjenigen Häusern erblicken, deren Mauern mit Affichen [Zetteln] beklebt sind. Diese Affichen oder Bekanntmachungszettel sieht man in allen Straßen, besonders an den beiden Seitenwänden aller Eckhäuser und an dem ganzen Gemäuer aller öffentlichen Gebäude auf den Quais und sonstigen freien Plätzen, eine so unzählbare Menge, dass ein rüstiger Fußgänger und geübter Schnellleser den ganzen Tag, vom Morgen bis an den Abend herumlaufen und lesen könnte, ohne nur mit denjenigen fertig zu werden, welche man an jedem Tage von neuem ankleben sieht. [...] Denken Sie sich, wie diese Publizität, diese Teilnahme aller an allem, auf die Entwicklung der menschlichen Seelenkräfte, besonders auf die Verstandes- und Vernunftausbildung der Leute wirken muss! – Vor jedem, mit dergleichen Zetteln, die in großen Bogen mit großer Schrift gedruckt bestehn, beklebten Hause, sieht man ein unendlich buntes und vermischtes Publikum von Lastträgern und feinen Herrn, von Fischweibern und artigen Damen, von Soldaten und Priestern, in dichten, aber immer friedlichen und fast vertraulichen Haufen versammelt, alle mit emporgerichteten Häuptern, alle mit gierigen Blicken den Inhalt der Zettel verschlingend, bald leise, bald mit lauter Stimme lesend, darüber urteilend und debattierend. Zehn oder zwanzig Schritte weiter hin stößt man auf einen andern eben so bunten und vermischten Haufen, der einen an die Mauer gelehnten Tisch mit einer kleinen Verdachung umgibt, worauf die fliegenden Blätter und Broschüren des Tages feilgeboten werden, welche zu eben der Zeit von vielen hundert Colporteuren durch alle Straßen der Stadt, nicht bloß dem Titel, sondern auch dem Hauptinhalt nach ausgeschrien werden. Auffallend und befremdend für den Ausländer ist hier der Anblick ganz gemeiner Menschen aus der allerniedrigsten Volksklasse, z. B. der Wasserträger, welche die Küchen aller Häuser der Stadt, wohin keine Wasserleitungen führen, mit dem unreinen Seinewasser versorgen, – auffallend, sage ich, ist es, zu sehen, welchen warmen Anteil sogar auch diese Leute, die größtenteils weder lesen noch schreiben können, jetzt an den öffentlichen Angelegenheiten nehmen; zu sehen, wie sie ihre Eimer wohl zwanzigmal in einer und eben derselben Straße niedersetzen, um erst zu hören, was der Colporteur ausruft oder was etwa einer von denen, welche vor den Bekanntmachungszetteln sich angehäuft haben, mit lauter Stimme abliest und was von andern darüber geurteilt und vernünftelt wird; zu sehen – was ich mehrmals beobachtet habe – wie vier, fünf oder sechs solcher armseligen Lastträger mit einem ihrer Kameraden, der den seltenen Vorzug besitzt, Gedrucktes lesen zu können, in Verbindung treten, ihre Liards [Kupfergroschen] zusammenlegen, sich dafür gemeinschaftlich eines der fliegenden Blätter oder der kleinen Broschüren des Tages kaufen, und nun zwischen ihren Eimern oder sonstigen Lasten sich dicht zusammenstellen, um dem vorlesenden gelehrten Kameraden mit vorgehaltenem Ohre, starren Augen und offenem Munde zuzuhören.

Zit. nach: R. Reichardt (Hg.), Die Französische Revolution, Würzburg 1988, S. 43 f.

M 14 Emmanuel Sieyès: Was ist der Dritte Stand?

Auszug aus einer der wichtigsten Propagandaschriften der Revolutionszeit (1789):

Der Plan dieser Schrift ist ganz einfach. Wir haben uns drei Fragen vorzulegen.

1. Was ist der Dritte Stand? Alles.
2. Was ist er bis jetzt in der staatlichen Ordnung gewesen? Nichts.
3. Was verlangt er? Etwas darin zu werden.

Man wird sehen, ob die Antworten richtig sind.

Erstes Kapitel: Der Dritte Stand ist eine vollständige Nation.

Was ist nötig, damit eine Nation bestehen kann und gedeiht? Arbeiten im Privatinteresse und öffentliche Dienste. [...]

Es wäre überflüssig, [...] zu zeigen, dass der Dritte Stand auf allen diesen Gebieten [Landwirtschaft, Gewerbe, Handel, Dienstleistungen] neunzehn Zwanzigstel leistet, nur dass er mit allen wirklich beschwerlichen Arbeiten belastet wird, die der privilegierte Stand zu übernehmen sich weigert. Nur die einträglichsten und ehrenvollsten Stellen sind von den Mitgliedern des privilegierten Standes besetzt [...].

Wer könnte also die Behauptung wagen, der Dritte Stand umfasse nicht alles, was zur Bildung einer vollständigen Nation nötig ist? [...] Wenn man den privilegierten Stand entfernte, wäre die Nation nicht etwas weniger, sondern etwas mehr. Ebensowenig gehört der Adelsstand wegen seiner bürgerlichen und politischen Privilegien in unsere Mitte [...]. Der Dritte Stand umfasst also alles, was zur Nation gehört. Und alles, was nicht der Dritte Stand ist, kann sich nicht als Bestandteil der Nation betrachten. Was ist also der Dritte Stand? Alles.

Zweites Kapitel: Was ist der Dritte Stand bis jetzt gewesen? Nichts. [...]

Drittes Kapitel: Was verlangt der Dritte Stand? Etwas zu werden.

Es [das Volk] will echte Vertreter in den Generalständen haben, das heißt, Abgeordnete, die aus seinem Stand kommen, seine Wünsche vorbringen und seine Interessen verteidigen [...]. Daher steht es fest, dass der Dritte Stand nur dann in den Generalständen vertreten sein kann und seine Stimme abgeben kann, wenn er wenigstens den gleichen Einfluss wie die Privilegierten bekommt. Er verlangt daher ebenso viele Vertreter wie die beiden anderen Stände zusammen. Die Zahlengleichheit der Vertreter wäre aber vollkommen illusorisch, wenn jede Kammer nur eine Stimme hätte. Der Dritte Stand verlangt daher, dass nach Köpfen, und nicht nach Ständen abgestimmt wird [...]. Die eigentliche Absicht des Dritten Standes ist es, in den Generalständen den gleichen Einfluss zu besitzen wie die Privilegierten. Noch einmal: Kann er weniger verlangen? Kann man hoffen, dass er aus seiner politischen Bedeutungslosigkeit heraustritt und etwas wird, wenn er nicht gleichberechtigt ist?

Zit. nach: W. Grab (Hg.), Die Französische Revolution. Eine Dokumentation, München 1973, S. 24 ff.

M 15 Die Abschaffung der Feudalität

Beschluss der Nationalversammlung vom 11. August 1789:

Art. 1. Die Nationalversammlung vernichtet das Feudalwesen völlig. Sie dekretiert, dass von den Feudal- wie Grundzinsrechten und –pflichten sowohl jene, die sich aus unveräußerlichem Besitz an Sachen und Menschen und aus persönlicher Leibeigenschaft herleiten, als auch jene, die an ihre Stelle getreten sind, entschädigungslos aufgehoben werden; alle übrigen Lasten werden für ablösbar erklärt, die Summe sowie die Art und Weise der Ablösung wird die Nationalversammlung festlegen.

[...]

Art. 10. Da eine nationale Verfassung und die öffentliche Freiheit den Provinzen mehr Vorteile bringt als die Privilegien, die einige bisher genossen, und da deren Opfer zu einer engen Verbindung aller Teile des Staates unumgänglich ist, werden alle besonderen Privilegien von Provinzen, Fürstentümern, Ländern, Bezirken, Städten und Siedlungen, seien sie finanzieller oder sonstiger Art, für unwiderruflich abgeschafft und in dem für alle Franzosen gleichen gemeinsamen Recht aufgegangen erklärt.

Art. 11. Alle Bürger sollen, ohne Unterschied ihrer Geburt, freien Zugang zu allen kirchlichen, zivilen und militärischen Ämtern und Würden haben; niemand, der einem Erwerbsberuf nachgeht, soll dadurch seines Adelsprädikats verlustig gehen. [...]

Art. 17. Die Nationalversammlung erklärt König Ludwig XVI. feierlich zum Wiederhersteller der französischen Freiheit.

W. Grab (Hg.), a. a. O., S. 33 ff.

„Die Nacht vom 4. auf den 5. August 1789 oder Der Patriotische Taumel“, zeitgenössische Abbildung

M 16 Der patriotische Taumel

Die dritte Teilrevolution im Sommer 1789 schlug sich nieder in der „Abschaffung der Feudalität“ durch die Nationalversammlung am 4. August 1789:

Dieser Stich gehört zu einer Reihe ähnlicher Flugblätter, die revolutionäre Maßnahmen oder Beschlüsse gegen die Missstände des Ancien régime als einmütige, befreiende, symbolische Zerstörungshandlung des „Volkes“ verbildlichen: vom „despotischen Drachen der Bastille“ über die „Steuern“ bis zum „Adel“. Hier zerschlagen vier Bauern – teils barfuß, teils in Holzschuhen – mit ihren Dreschflegeln die Insignien, Standes- und Amtszeichen der alten Feudalherren, also sowohl des Adels (Rüstungen, Wappen, Degen, Orden des hl. Ludwig) wie der Geistlichkeit (Beffchen, Bischofsstab und –hut), die zu den Großgrundbesitzern zählte und deren Zehnter für die Bauern den Feudalabgaben glich. Der latent kritische Ausdruck „délire“ in der Beischrift, der auch „Fieberwahn“ oder „Raserei“ bedeutet, bezieht sich zum einen auf die wohlinszenierte Nachtsitzung der Nationalversammlung, bei der Adel und Klerus ihre Feudalrechte in einer Art Opfertaumel auf dem „Altar des Vaterlandes“ darbrachten, zum anderen auf den illusionären Freudentaumel, den diese Nachricht im bäuerlichen Frankreich auslöste.

R. Reichardt (Hg.), Die Französische Revolution, Würzburg 1988, S. 80.

M 17 Erklärung der Menschen- und Bürgerrechte vom 26. August 1789

Das Dokument – abgefasst nach dem amerikanischen Vorbild – ist bahnbrechend für die europäische Rechtsgeschichte. In ihm kommen in verdichteter Form die Prinzipien des liberalen Rechtsstaates zum Ausdruck:

Da die Vertreter des französischen Volkes, als Nationalversammlung eingesetzt, erwogen haben, dass die Unkenntnis, das Vergessen oder die Verachtung der Menschenrechte die einzigen Ursachen des öffentlichen Unglücks und der Verderbtheit der Regierungen sind, haben sie beschlossen, die natürlichen, unveräußerlichen und heiligen Rechte der Menschen in einer feierlichen Erklärung darzulegen. [...]

Art. 1. Die Menschen sind und bleiben von Geburt frei und gleich an Rechten. Soziale Unterschiede dürfen nur im gemeinen Nutzen begründet sein.

Art. 2. Das Ziel jeder politischen Vereinigung ist die Erhaltung der natürlichen und unveräußerlichen Menschenrechte. Diese Rechte sind Freiheit, Eigentum, Sicherheit und Widerstand gegen Unterdrückung.

Art. 3. Der Ursprung jeder Souveränität ruht letztlich in der Nation. Keine Körperschaften, kein Individuum können eine Gewalt ausüben, die nicht ausdrücklich von ihr ausgeht.

Art. 4. Die Freiheit besteht darin, alles tun zu können, was einem anderen nicht schadet. So hat die Ausübung der natürlichen Rechte eines jeden Menschen nur die Grenzen, die den anderen Gliedern der Gesellschaft den Genuss der gleichen Rechte sichern. Diese Grenzen können allein durch Gesetz festgelegt werden.

Art. 5. Nur das Gesetz hat das Recht, Handlungen, die der Gesellschaft schädlich sind, zu verbieten. Alles, was nicht durch Gesetz verboten ist, kann nicht verhindert werden, und niemand kann gezwungen werden zu tun, was es nicht befiehlt.

Art. 6. Das Gesetz ist der Ausdruck des allgemeinen Willens. Alle Bürger haben das Recht, persönlich oder durch ihre Vertreter an seiner Formung mitzuwirken. Es soll für alle gleich sein, mag es beschützen, mag es bestrafen.

Da alle Bürger in seinen Augen gleich sind, sind sie gleicherweise zu allen Würden, Stellungen und Beamtungen nach ihrer Fähigkeit zugelassen ohne einen anderen Unterschied als den ihrer Tugenden und ihrer Talente.

Art. 7. Jeder Mensch kann nur in den durch das Gesetz bestimmten Fällen und in den Formen, die es vorschreibt, angeklagt, verhaftet und gefangengehalten werden. Diejenigen, die willkürliche Befehle betreiben, ausfertigen, ausführen oder ausführen lassen, sollen bestraft werden. Doch jeder Bürger, der aufgrund des Gesetzes vorgeladen oder ergriffen wird, muss sofort gehorchen. [...]

Art. 8. Das Gesetz soll nur solche Strafen festsetzen, die offenbar unbedingt notwendig sind. Und niemand kann aufgrund eines Gesetzes bestraft werden, das nicht vor Begehung der Tat erlassen, verkündet und gesetzlich angewandt worden ist.

Art. 9. Da jeder Mensch so lange für unschuldig gehalten wird, bis er für schuldig erklärt worden ist, soll, wenn seine Verhaftung für unumgänglich erachtet wird, jede Härte, die nicht notwendig ist, um sich seiner Person zu versichern, durch Gesetz streng vermieden sein.

Art. 10. Niemand soll wegen seiner Meinungen, selbst religiöser Art,

Gemälde zur „Erklärung der Menschen- und Bürgerrechte“ 1790 (Ausschnitt)

beunruhigt werden, solange ihre Äußerungen nicht die durch das Gesetz festgelegte öffentliche Ordnung stören. [...]

Art. 17. Da das Eigentum ein unverletzliches und heiliges Recht ist, kann es niemandem genommen werden, wenn es nicht die gesetzlich festgelegte, öffentliche Notwendigkeit augenscheinlich erfordert und unter der Bedingung einer gerechten und vorherigen Entschädigung.

Zit. nach: Grab (Hg.). a. a. O., S. 37 ff.

M 18 Erklärung der Rechte der Frau und Bürgerin

Die Frauenrechtlerin Olympe de Gouges appellierte 1791 an die Nationalversammlung, die „Erklärung" zu verabschieden (im Folgenden Präambel und Nachwort):

Wir, Mütter, Töchter, Schwestern, Vertreterinnen der Nation, verlangen, in die Nationalsammlung aufgenommen zu werden. In Anbetracht dessen, dass Unwissenheit, Vergesslichkeit oder Missachtung der Rechte der Frauen die alleinigen Ursachen öffentlichen Elends und der Korruptheit der Regierungen sind, haben wir uns entschlossen, in einer feierlichen Erklärung die natürlichen, unveräußerlichen und heiligen Rechte der Frau darzulegen, auf dass diese Erklärung allen Mitgliedern der bürgerlichen Gesellschaft ständig vor Augen, sie unablässig an ihre Rechte und Pflichten erinnert [...]. Frauen, wacht auf! Die Stimme der Vernunft lässt sich auf der ganzen Welt vernehmen! Erkennt Eure Rechte! Das gewaltige Reich der Natur ist nicht mehr umstellt von Vorurteilen, Fanatismus, Aberglauben und Lügen. Die Fackel der Wahrheit hat alle Wolken der Dummheit und Gewalttätigkeit vertrieben. Der versklavte Mann hat seine Kräfte verdoppelt. Er hat eurer Kräfte bedurft, um seine Ketten zu zerbrechen. In Freiheit versetzt, ist er nun selbst ungerecht geworden gegen seine Gefährtin. O Frauen! Frauen, wann hört ihr auf, blind zu sein?

Zit. nach: S. Petersen, Marktweiber und Amazonen. Frauen in der Französischen Revolution, Köln 1987, S. 89 ff.

M 19 Machtkämpfe: Girondisten und Jakobiner

Der Frankreich-Spezialist Gilbert Ziebura analysiert die unterschiedlichen Vorstellungen der Revolutionäre von einer nachrevolutionären Gesellschaftsordnung:

Die Eintracht konnte nicht lange anhalten, da sich bald zeigte, dass der Konvent eine tief gespaltene Bourgeoisie repräsentierte. Die Girondisten mit ihren vielfältigen Bindungen zur Industriebourgeoisie und zum Handels- und Finanzkapital [...] wünschten sich eine Republik der Notabeln [angesehenen Bürger] auf der Grundlage von Besitz und ökonomischem Liberalismus. Folglich traten sie für „Gesetzlichkeit" ein und damit für eine Stabilisierung der bisherigen Ergebnisse der Revolution gegen die Angriffe der Royalisten[1] wie der städtischen kleinbürgerlichen Volksbewegung. [...] Demgegenüber vertrat die nur über 113 Abgeordnete verfügende Montagne (Bergpartei)[2], die die Masse der städtischen, besonders unter der Verteuerung leidenden Konsumenten vertrat, die Vorstellung, dass der revolutionäre Prozess weiter vorangetrieben werden müsste, wenn man nur die bisherigen Ergebnisse der Revolution sichern wollte. Folgerichtig stützten sie sich auf die Pariser Commune[3] und das immer dichter werdende, das ganze Land überziehende Netz von Jakobinerklubs (zumeist unter dem Namen Société des Amis de la liberté et de l'égalité)[4]. Ihre Führer Robespierre und Marat waren durchdrungen von einem [...] Glauben an die sozial gerechte, auf optimaler Gleichheit beruhende Republik, eine Gesellschaft ohne Barrieren, in der sich Tugend und Bürgerpflichten zum Wohle aller entfalten würden.

„Das Glück ist eine neue Idee in Europa", verkündete der erst 25-jährige Saint-Just, ein leidenschaftlicher Verehrer Rousseaus, der wohl am reinsten dieses idealistische und idealisierte Konzept der Republik vertrat und der nicht zufällig am 19.12.1792 zum Präsidenten der Jakobinerklubs gewählt wurde. [Dahinter] verbarg sich in letzter Instanz der Idealtyp einer Gemeinschaft kleiner, unabhängiger Produzenten, die dem Staat die Aufgabe zuwies, unter ihnen ein annäherndes Gleichgewicht zu gewährleisten. Der Jakobinismus, der das Privateigentum ebenfalls als unabdingbare Grundlage der Gesellschaft betrachtete, ist also gewissermaßen die am radikalsten zu Ende gedachte Form einer bürgerlichen Gesellschaft. Es zeigte sich bald, dass die sich damit als antagonistisch [widersprüchlich] erweisenden Positionen der beiden bürgerlichen Lager zu einem Machtkampf führen mussten, der nur mit dem Sieg der einen oder anderen Seite enden konnte.

1 Anhänger des Königs

2 Der Ausdruck Montagne [Bergpartei] leitete sich von der Sitzordnung im Parlament ab.

3 der revolutionäre Gemeinderat von Paris

4 „Gesellschaft der Freunde der Freiheit und Gleichheit"

G. Ziebura, Frankreich 1789–1870, Frankfurt/M. 1979, S. 54f.

M 20 **Hinrichtung Ludwigs XVI. am 21. Januar 1793**
Zeitgenössische Abbildung

M 21 „Das ungeheure Ereignis"

Über die Hinrichtung des Königs am 21. Januar 1793 schreiben zwei Historiker:

Vor dem Marineministerium steht auf einem Podest das Gestell des Doktor Guillotin, davor haben sich die Kommissare der Commune aufgebaut. Sonst ist der Platz leer. Nur ganz am Rande die blau-weiß-roten Reihen der Nationalgadisten. Die Stufen sind sehr steil. Louis Capet[1] wartet, dass die Trommeln aufhören, um in die Stille – wie es wohl üblich ist – etwas hineinzurufen. Aber die Trommler schlagen weiter. Was wird geschehen, wenn jemand geköpft wird, den Gott auf Erden eingesetzt hat?
Doch keine Erdspalte öffnet sich, kein Himmel fällt dem Volk auf das souveräne Haupt. Nichts. Es bleibt kalt und leer auf dem Platz. Der Kopf wird herumgezeigt: Voilà, nur ein rot blutendes Stück Knochen. Nationalgardisten kommen und tauchen Papier- und Stofffetzen in das Blut. Manche suchen die Reliquie, andere verkaufen die Stücke später als Souvenirs an die Engländer.
Andenken oder Angedenken – der Schnitt war da, irreversibel [unumkehrbar]: Zum ersten Mal in Europa hatte ein Volk bewusst einen Körper, in dem Gott präsent war, vernichtet[2]. Ein Riss begann sich an diesem 21. Januar 1793 durch Frankreich zu ziehen, gerade an dem Tag, der den letzten Rest des Alten und des Anderen von der frisch geborenen Nation abschneiden sollte. Von jetzt an, so hofften die Revolutionäre, repräsentierte der Körper jedes einzelnen Citoyens[3], und nicht allein der des armen Louis, die Einheit des Landes. Robespierre hatte es in seiner großen Rede über die politische Moral gesagt: „Demokratie ist die Staatsverfassung, in der ein Jeder Teil des Souveräns ist." Durch die Zerteilung des Körpers des Königs sollte die Nation in ihrer wahren Einheit entstehen.

1 der bürgerliche Name Königs Ludwigs XVI.

2 wenn man von der Hinrichtung des englischen Königs Karl I. im Zusammenhang mit dem Konflikt zwischen Krone und Parlament absieht (1649)

3 citoyen = stimmfähiger politischer Bürger, im Unerschied zum bourgeois (Wirtschaftsbürger)

F. v. Klinggräff, A. Smoltczyk, Das ungeheure Ereignis, in: Die Zeit, Nr. 38, 1988.

M 22 „Messer der Nation"

Über die Guillotine schreibt der französische Alltagshistoriker Bertaud:

Die Maschine des Doktors Guillotin wird zunächst an mehreren Leichen erprobt, bevor sie am 25. April 1792 auf der Place de Grève erstmals öffentlich eingesetzt wird, um an einem gewöhnlichen Verbrecher namens Nicolas-Jacques Pelletier das Todesurteil zu vollstrecken. Diese neue Art der Hinrichtung gilt unter den Zeitgenossen als äußerst human, weil sie den Tod rasch herbeiführt, ohne dass der Betroffene lange leiden muss. „Es gibt wohl kein Tötungsinstrument", schreibt Prudhon, „welches die Forderungen der Menschlichkeit besser mit jenen des Gesetzes in Einklang bringt." Die Guillotine, das „Messer der Nation", wandert fortan kreuz und quer durch Paris: Vom 21. August 1792 bis zum 10. Mai 1793 steht sie auf der Place du Carrousel, von der sie nur ein einziges Mal abtransportiert wird. Am 21. Januar befindet sie sich nämlich anlässlich der Hinrichtung des Königs auf der Place de la Révolution, der ehemalige Place Louis XV. und späteren Place de la Concorde.

J.-P. Bertaud, Alltagsleben während der Französischen Revolution, Würzburg 1989, S. 242.

M 23 Dantons Rede im Konvent am 1. August 1793

Danton trug wesentlich zur Radikalisierung der Revolution bei, nahm später – als Mitglied des Wohlfahrtsausschusses eine mäßigend politische Haltung ein, wodurch er in Konflikt zu Robespierre geriet; 1794 wurde er verhaftet und guillotiniert:

Es ist Zeit, dass der Konvent sich auf die Dienste besinnt, die ihm der Wohlfahrtsausschuss geleistet hat. Der Wohlfahrtsausschuss ist ein Gewinn der Freiheit! In einer Revolution ist es unsinnig, die Regierung geteilt zu lassen. Man braucht ein Zentrum der Einheit, der Macht, des Vertrauens, und wäre es auch nur provisorisch. […] Es muss also der Wohlfahrtsausschuss als provisorische Regierung eingesetzt werden, und die Minister dürfen nur die ersten Handlanger seines Willens sein. Diesem neuen Regierungsausschuss müssen auch die nötigen Mittel bereitgestellt werden für die politischen Ausgaben, zu denen uns die Perfidie [Niedertracht] unserer Feinde zwingt. […] Wir haben in Frankreich noch eine Menge Verräter zu entdecken und unschädlich zu machen. Los denn! Eine geschickte Regierung sollte hinreichend mit Spitzeln versehen sein. Fügt der Gewalt der Waffen, fügt der Entfaltung einer nationalen Macht alle die Mittel hinzu, die gewitzte Köpfe euch an die Hand geben können! […]

Zit. nach: W. Wulf, Geschichtliche Quellenhefte mit Überblick „Die Welt im Wandel". Heft 6/7: Vom Westfälischen Frieden bis zum Wiener Kongress, 1648–1815, Frankfurt am Main, Berlin, München 1970, S. 88.

M 24 Marat über die Fortsetzung der Revolution (10. August 1792)

Marat, Herausgeber der Zeitung „Ami du Peuple" (Volksfreund), Sprachrohr der radikalen Sansculotten, wurde 1793 ermordet:

Fürchtet die Reaktion, wiederhole ich euch; eure Feinde werden euch nicht schonen, wenn die Würfel wieder zu ihren Gunsten gefallen sind. Deshalb keine Gnade! Rettungslos seid ihr verloren, wenn ihr euch nicht beeilt, die verfaulten Mitglieder des Stadtrates und des Departements, alle vaterlandsfeindlichen Friedensrichter und die brandigsten Mitglieder der Nationalversammlung auszumerzen. Ich sage, der Nationalversammlung, und welchem unseligen Vorurteil, welcher verhängnisvollen Rücksichtnahme zuliebe sollte sie geschont werden? Unaufhörlich predigt man euch, dass alle sich um sie scharen müssten, so fehlerhaft sie auch sei. Mit anderen Worten, ihr sollt euren Fuß auf eine zugedeckte Fallgrube setzen und die Sorge für euer Schicksal Verbrechern überlassen, die entschlossen sind, euren völligen Untergang herbeizuführen. Bedenkt, die Nationalversammlung ist euer furchtbarster Feind; solange sie aufrecht steht, wird sie nicht ruhen, euch zu verderben. Und gerade solange, wie ihr Waffen in den Händen habt, wird sie euch schmeicheln und durch falsche Versprechungen einzulullen suchen. Heimlich jedoch wird sie daran arbeiten, eure Anstrengungen zu durchkreuzen, und, wenn sie ihr Ziel erreicht hat, euch dem Schwert gedungener Schergen überantworten: erinnert euch an das Marsfeld![1]

Niemand verabscheut Blutvergießen mehr als ich; aber um zu verhindern, dass das Blut in Strömen fließt, dringe ich in euch, einige Tropfen zu vergießen. Um die Pflichten der Menschlichkeit mit der Sorge für die öffentliche Sicherheit in Einklang zu bringen, schlage ich euch daher vor, die gegenrevolutionären Mitglieder des Stadtrates, der Friedensrichterkollegien, des Departements und der Nationalversammlung auszumerzen. Wenn ihr davor zurückschreckt, so denkt daran, dass das heute vergossene Blut ganz umsonst geflossen sein wird und ihr für die Freiheit nichts erreicht haben werdet.

1 Auf dem Marsfeld war es im Juli 1791 zu blutigen Zusammenstößen gekommen, als die Nationalgarde das Feuer auf Demonstranten eröffnete, die die Einführung der Republik forderten.

Zit. nach: W. Grab (Hg.), a.a.O., S. 118.

M 25

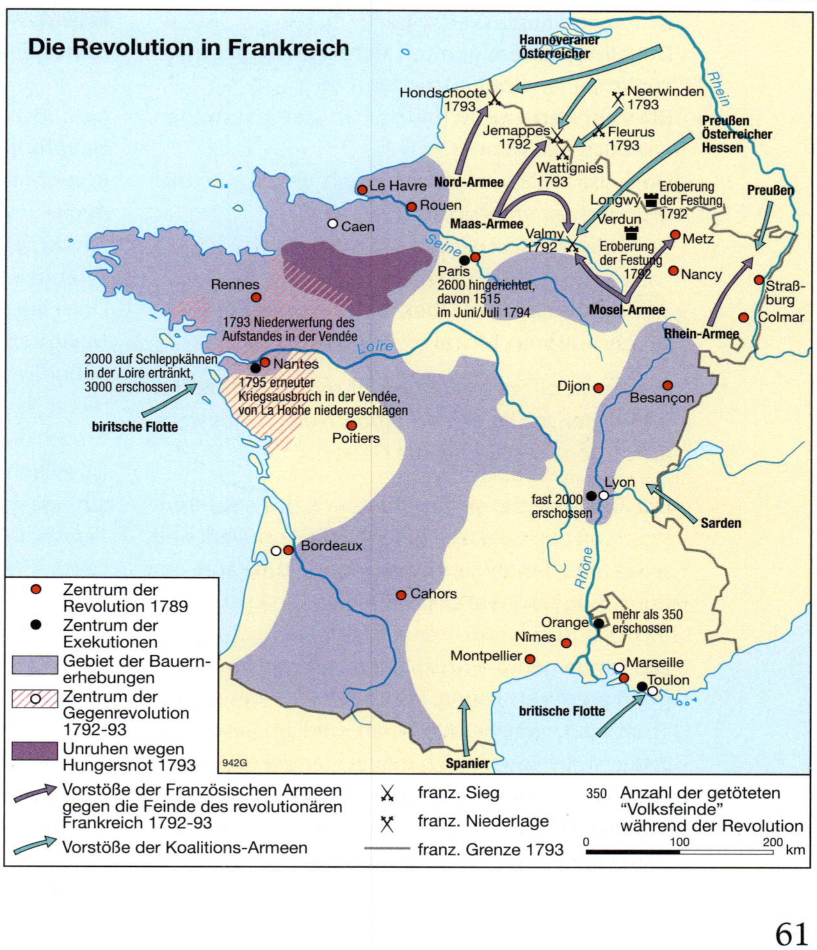

M 26 **Republikanischer Dekalog**

Nach dem Vorbild der Zehn Gebote wurde 1793/94 ein Schmuckplakat mit folgendem Text verbreitet:

Du sollst allein dem Volke heiligen Gehorsam schwören.
Du sollst die von ihm bestätigten Gesetze treu einhalten.
Du sollst jedem König auf ewig Hass und Krieg schwören.
Du sollst bis zu deinem letzten Atemzug deine Freiheit bewahren.
Du sollst die Gleichheit ehren, indem du beständig nach ihr handelst.
Du sollst nicht eigensüchtig sein, weder unabsichtlich noch vorsätzlich.
Du sollst nicht nach Positionen trachten, die du nicht würdig ausfüllen kannst.
Du sollst allein auf die Vernunft hören, dich künftig nur von ihr leiten lassen.
Du sollst als Republikaner leben, damit du selig sterben kannst.
Du sollst bis zum Frieden revolutionär handeln.
Du sollst alle Verdächtigen einsperren, ohne die geringste Nachsicht zu üben.
Du sollst die Priester unverzüglich von deinem Grund und Boden vertreiben.
Du sollst jeden Emigranten, der zurückkehrt, unverzüglich einen Kopf kürzer machen. [...]
Du sollst den wucherhaften Hamsterer verfolgen, wie auch den Gauner. [...]
Du sollst täglich zu deinem Club gehen, um dich gründlich zu unterrichten.

Zit. nach: R. Reichardt (Hg.), a. a. O., S. 58 f.

M 27 **Robespierre: Über die Prinzipien der revolutionären Moral (5. Februar 1794)**

In einer Rede vor dem Konvent rechtfertigt Robespierre, der von seinen Anhängern der „Unbestechliche" genannt wurde, die Gewalt:

Die Demokratie ist ein Staat, wo das souveräne Volk, von den Gesetzen geleitet, die sein Werk sind, selbst alles dasjenige, was es gehörig tun kann, und durch Abgeordnete alles dasjenige tun lässt, was es nicht selbst zu verrichten imstande ist. [...]
Das Fundamental-Prinzip der demokratischen oder populären Verfassung, das heißt die wesentliche Triebfeder, welche sie erhält und in Bewegung setzt, ist die Tugend; ich meine hier die öffentliche Tugend, welche in Griechenland und Rom so viele Wunder erzeugte und im republikanischen Frankreich noch weit erstaunlichere hervorbringen muss; nämlich die Tugend, welche nichts anderes als die Liebe zum Vaterland und zu den Gesetzen desselben ist. Da nun aber die Gleichheit das Wesen der Republik oder der Demokratie ist, so folgt daraus, dass die Liebe zum Vaterland auch notwendig die Liebe zur Gleichheit in sich begreife. [...]
So wie im Frieden die Triebfeder der Volksregierung die Tugend ist, so ist es in einer Revolution die Tugend und der Schrecken zugleich; die Tugend, ohne welche der Schrecken verderblich, der Schrecken, ohne den die Tugend ohnmächtig ist. Der Schrecken ist nichts anderes als eine schleunige, strenge und unbiegsame Gerechtigkeit; er fließt also aus der Tugend; er ist also nicht ein

Robespierre (1758–1794)

besonderes Prinzip, sondern eine Folge aus dem Hauptprinzip der Demokratie, auf die dringendsten Bedürfnisse des Vaterlandes angewendet [...]. Die Regierungsform, welche sich für eine Revolution schickt, ist der Despotismus der Freiheit gegen die Tyrannei. [...]
Doch lasst uns ruhig sein; hier [im Konvent] ist das Heiligtum der Wahrheit: hier sitzen die Stifter der Republik, die Rächer der Menschheit, die Zertrümmerer der Tyrannen. Hier braucht man einen Missbrauch bloß anzuzeigen, um ihn zu vernichten; hier ist es genug, im Namen des Vaterlandes die Ratschläge der Eigenliebe und der Schwäche einzelner Personen, der Tugend und Ehre des Nationalkonvents anzuzeigen. Wir verlangen eine feierliche Erörterung aller Gegenstände jener Besorgnisse und alles dessen, was auf den Gang der Revolution Einfluss haben kann; wir beschwören Euch, nicht zu gestatten, dass irgendein besonderes und heimliches Interesse das Ansehen des allgemeinen Willens der Versammlung und die unzerstörbare Gewalt der Vernunft an sich reiße.

Zit. nach: P. Fischer (Hg.), Reden der Französischen Revolution, München 1974, S. 344 ff.

M 28 **„Egalité"**

Bild von Jean-François Janinet (1793): Die Bildsprache versucht die Ideale der Revolution zu verbreiten. In dieser bildhaften Darstellung (Allegorie) der Gleichheit hält die Figur das freimaurerische Lot als Symbol der Gleichheit und die Gesetzestafel mit der „Erklärung der Menschen- und Bürgerrechte".

Aufgaben

1. Fertigen Sie eine Übersicht von den Ursachen der Französischen Revolution an.
   → Text
2. Stellen Sie die gesellschaftliche Schichtung des Ancien régime dar. Welche Konflikte bzw. sozialen Spannungen lassen sich erkennen?
   → Text, M1, M10, M11
3. Mit welchen Argumenten begründete Sieyès den politischen Machtanspruch des Dritten Standes? Welche Forderungen leitete er daraus ab?
   → M14
4. Erklären Sie den Ablauf der drei „Teilrevolutionen" des Sommers 1789. Welche Träger der Revolution werden sichtbar?
   → Text
5. In welcher Weise machte sich die revolutionäre Atmosphäre bemerkbar?
   → M13
6. Durch welche Maßnahmen wurde das Feudalsystem abgeschafft?
   → M15, M16
7. Stellen Sie eine Übersicht der „Menschen- und Bürgerrechte" zusammen. Welche Rechte bilden auch heute noch die Grundlage demokratischer Verfassungen?
   → M17, M18
8. Arbeiten Sie die wichtigsten Bestimmungen der Verfassung von 1791 heraus. Inwiefern spiegeln diese die Interessen und politischen Ziele des Bürgertums wider?
   → M3
9. Differenzieren Sie die politischen Grundströmungen beziehungsweise Gruppierungen im Konvent. Vergleichen Sie die Anschauungen und Interessen, die sie vertraten.
   → Text, M19
10. Erklären Sie, wie und warum es zur Radikalisierung der Revolution kam.
   → Text, M4, M5, M20–M25
11. Analysieren Sie die Begründung, die Robespierre für den Terror gab.
   → M27
12. Die Französische Revolution brachte auch eine revolutionäre Kultur hervor. Auf welche Weise trat diese in Erscheinung?
   → Text, M7–M9, M13, M18, M26, M28

Warum war die Französische Revolution von so großer Bedeutung?

Revolutionsbegriff

Die Französische Revolution prägte wesentlich den neuzeitlichen Begriff von einer Revolution. Ursprünglich bezog man ihn auf die Umlaufbahn von Planeten, weil die sich wiederholenden Umdrehungen der Himmelskörper gemeint waren. Im alten Revolutionsbegriff steckte also die Wiederholung beziehungsweise die Wiederherstellung des Alten. Erst seit dem 17. Jahrhundert fand eine Bedeutungsübertragung vom astronomischen auf den politischen Bereich statt. Nunmehr wurden auch Umsturz und Herrscherwechsel als „Revolution“ bezeichnet. Aber erst die Französische Revolution drückte dem modernen Revolutionsbegriff ihren Stempel auf, wobei nunmehr das Vorwärtstreibende und die Wende zum Neuen betont wurden. Dahinter verbarg sich ein modernes Geschichtsverständnis, das nicht von kreisförmigen Vorstellungen einer ewigen Wiederholung des Vergangenen ausging, sondern von einer linearen - am Fortschritt orientierten - Konzeption der Geschichte. Prägnant wurde dies in der Formulierung von Karl Marx ausgedrückt: „Revolutionen sind die Lokomotiven der Geschichte.“

Fluch oder Segen?

Aktualisiert durch die 200-Jahr-Feier der Französischen Revolution fand in Frankreich eine breite öffentliche Diskussion statt, die sich um die Frage bewegte, ob diese Revolution eher einen Fluch oder einen Segen bedeute. Die Antworten fallen - je nach ideologischem Standort - unterschiedlich aus.

Die Gegner und Kritiker hoben hervor, dass die Ergebnisse der Revolution höchst widersprüchlich ausfallen. Die Beseitigung des absolutistischen Königtums mündete erst in der Diktatur der Jakobiner, dann derjenigen von Napoleon. Die Verkündung der Menschenrechte stand im Widerspruch zum Terror. Das Plädoyer für die Völkerfreiheit kontrastierte mit der Unterdrückung von Provinzen und Völkern. Eine Bilanzierung der Opfer kommt auf die Gesamtzahl von bis zu 600 000 Toten als Ergebnis von Bürgerkrieg und politischen Verfolgungen. Die Revolutionskriege und Feldzüge Napoleons kosteten weiteren 1,4 Millionen Menschen das Leben.

Trotz der offenkundigen Fehlentwicklungen wird aber der fortschrittliche Charakter der Französischen Revolution nicht in Frage gestellt.

Aus heutiger Perspektive

Aus heutiger Perspektive erscheint die Französische Revolution als historische Voraussetzung dafür, dass die Revolution als solche überhaupt zu einem Mittel der politischen Veränderung wurde. Das 19. Jahrhundert, in dem sowohl die nationale Einheit als auch der freiheitliche Verfassungsstaat als anzustrebende Ziele angesehen wurden, hätte ohne das historische Vorbild der Französischen Revolution mit Sicherheit einen anderen Verlauf genommen.

Die Französische Revolution bedeutete einen Einschnitt in der europäischen Geschichte, weil sie wie kein anderer Vorgang die Überwindung der ständischen Gesellschaftsordnung zu Gunsten einer bürgerlichen repräsentierte. Nach 1789 sprach man in Europa vom „Ancien régime“ (von der alten Staatsform), und man meinte damit jene Gesellschaftsordnung, die sowohl auf den Privilegien der Aristokratie als auch auf der gottgewollten Herrschaft der Monarchen beruhte. Die Parole „Freiheit, Gleichheit, Brüderlichkeit" brachte hingegen die Ideale der Französischen Revolution zum Ausdruck: Freiheit und Republik wurden verstanden als Antithese zu monarchischer Willkür, und die Forderung nach Gleichheit und Brüderlichkeit richtete sich gegen die institutionalisierte Ungleichheit der Ständeordnung.

Fast das gesamte politische Handeln des 19. Jahrhunderts stand unter dem Vorzeichen und im Banne der Französischen Revolution.

M 1 Das Erwachen des Dritten Standes
Der Untertitel zu diesem Bild lautet: „Meine Güte, es war für mich höchste Zeit aufzuwachen, denn die Last meiner Ketten verursachte mir etwas zu starke Angstträume", zeitgenössisches Flugblatt von 1789.

Nachwirkungen der Französischen Revolution:

- Die Französische Revolution setzte Maßstäbe für eine verfassungsmäßige politische Ordnung, in der die politischen Freiheits- und Gleichheitsrechte und die staatliche Gewaltenteilung festgeschrieben sind. Somit erfolgte ein radikaler Bruch mit der noch mittelalterlich geprägten Adels- beziehungsweise Königsherrschaft.
- Sie förderte das Bedürfnis der Völker nach Selbstbestimmung und rückte das nationalstaatliche Denken ins Bewusstsein.
- In der Folge der Französischen Revolution kristallisierten sich drei ideologische Grundströmungen heraus, die bis in die Gegenwart große Bedeutung besitzen: Nationalismus – Liberalismus – Konservatismus.
  Während der Konservatismus des 19. Jahrhunderts die vorrevolutionäre ständestaatliche Ordnung zu konservieren versuchte, übernahm der Liberalismus im Wesentlichen die Werte der bürgerlichen Revolution in Frankreich.
- Auf der Grundlage seiner zeitweiligen Hegemonie (Vormachtstellung) hat Napoleon Europa, insbesondere Deutschland, neu geordnet. Die Bildung von deutschen Mittelstaaten im Zusammenhang mit dem Reichsdeputationshauptschluss (1803) war seinem politischen Willen zuzuschreiben.

M 2 Begriff der Revolution

Der Politologe Ossip K. Flechtheim definierte den Begriff folgendermaßen:

[...] Der Begriff Revolution [bezeichnet] im Bereich des Rechts und des Staates, der Wirtschafts- und Gesellschaftsordnung einen geschichtlich bedeutsamen plötzlichen Bruch mit der Tradition und Vergangenheit; Ziel der Revolution ist eine tief gehende Umgestaltung der politischen, sozialen oder ökonomischen Verhältnisse in verhältnismäßig kurzer Zeit. Die großen Revolutionen der Weltgeschichte waren meist von blutigen Ereignissen begleitet, doch kann man Revolution nicht einfach mit blutigem Aufstand oder Bürgerkrieg gleichsetzen. [...]

Lenin, der vielfach als „Meisterrevolutionär" bezeichnet wird, betonte, dass eine Revolution ohne eine gesamtnationale Krise unmöglich sei. Eine revolutionäre Situation entstehe erst, „wenn die unteren Schichten die alte Ordnung nicht mehr wollen, und die Oberschichten nicht mehr in der alten Weise leben können." Trotz aller Unterschiedlichkeit in der Zielsetzung ist es für die revolutionäre Bewegung typisch, dass sie eine Machtveränderung zugunsten neuer, aufstrebender „unterer" Gruppen, Schichten oder Klassen auf Kosten derer anstrebt, die an der Spitze der Gesellschaftspyramide stehen. In der Revolution wird der Abbau der bestehenden Privilegien, die Befreiung sozial oder national unterdrückter Schichten verlangt. Der Schlachtruf der Französischen Revolution „Freiheit, Gleichheit, Brüderlichkeit" klingt zumindest als Verlangen nach größerer Gerechtigkeit auch in anderen Revolutionen an [...].

Die sozialen Revolutionen richten sich in erster Linie gegen Privilegien und Institutionen, die im Lande selber tief verankert sind. Hier stehen sich daher meist große bewaffnete Bewegungen und Parteien feindlich gegenüber. In mehr als einem Falle kann der Monarch sich auf große Teile der Geistlichkeit, des Adels, der Bourgeoisie, ja sogar der traditionalistisch-konservativen Bauernschaft stützen. Diese Revolutionen setzen zwar als gemäßigte Reformbewegungen ein, werden aber über sich hinaus getrieben. Der Widerstand, auf den sie früher oder später stoßen, radikalisiert sie. In demselben Maße, in dem sich eine Revolution durchsetzt, mehren sich die Schwierigkeiten: Übergang der gemäßigteren Elemente zur Gegenrevolution, Erlahmen der Massen, Uneinigkeit unter den Revolutionären, Zerrüttung der Wirtschaft. Aus Enttäuschung und Furcht entsteht der revolutionäre Terror, der immer weiter um sich greift: „Die Revolution verschlingt ihre eigenen Kinder."

In: E. Fraenkel, K. D. Bracher (Hg.), Staat und Politik, Frankfurt/M. 1967, S. 297 f.

M 3 Die Auswirkungen der Französischen Revolution

Der Historiker Imanuel Geiss nahm eine weltgeschichtliche Einordnung der Französischen Revolution vor:

Welthistorisch gesehen brachte die Französische Revolution den bewussten und systematischen Bruch mit der aristokratisch-monarchischen Gesellschaftsordnung. Die neue bürgerliche Gesellschaftsordnung beruhte auf den Prinzipien von persönlicher Freiheit und rechtlicher Gleichheit und verwertete, vermittelt über die von den Intellektuellen des postrevolutionären England beeinflusste Aufklärung, indirekt Erfahrungen aus der Englischen Revolution des 17. Jahrhunderts, jetzt aber auf einem höheren Niveau der ökonomisch-sozialen Entwicklung und des politischen Bewusstseins. Die Konsolidierung der Nation in einem bewussten politischen Akt gegen die alten Mächte von Krone, Adel und feudaler Kirche, in späteren nationalen Revolutionen auch gegen dynastische Imperien, führte folgerichtig zum Prinzip der Volkssouveränität und der Demokratie und kam damit schon, zumal in der Regel durch Gewalt herbeigeführt, der Revolution gleich. Sie führte zugleich zum Sturz der traditionellen, auf der agrarischen Produktion basierenden herrschenden Klasse durch eine neue, die im Wesentlichen mit den modernen Wirtschaftsformen entstanden war.

I. Geiss, Bürgerliche und proletarische Revolution, in: APuZ, Nr. 42/1975, S. 23.

Aufgaben

1. Wiederholen Sie, worin die historische Bedeutung der Französischen Revolution liegt. Warum wurde sie zum Schlüsselereignis der modernen Geschichte?
2. Erarbeiten Sie die allgemeinen Merkmale von Revolutionen. Überprüfen Sie, inwieweit diese Merkmale auf die Französische Revolution zutreffen.

2.2 Das Zeitalter Napoleons (1799–1815)

Nur selten gelingt es einem einzelnen Menschen, seiner Zeit so sehr den eigenen Stempel aufzudrücken, wie das bei Napoleon der Fall war. Durchaus respektvoll hatte darum der deutsche Philosoph Hegel den charismatischen Heerführer als „Weltgeist zu Pferde“ bezeichnet. Napoleon personifizierte eine – wenn auch weltgeschichtlich nur kurze – Epoche.

Staatsstreich und Kaiserkrönung

Durch den Staatsstreich am 9. November 1799 (nach dem Revolutionskalender der 18. Brumaire) an die Macht gekommen, ließ er kurz darauf die Revolution amtlich für beendet erklären und kam damit einem verbreiteten Bedürfnis nach Beruhigung entgegen. Vorausgegangen war eine militärische Blitzkarriere, die ihn aufgrund seines unzweifelhaften militärischen Genies zum führenden General in der französischen Armee emporgehoben hatte.

M 1 Kaiserkrönung in der Kathedrale Notre Dame de Paris am 2. Dezember 1804
Napoleon krönt seine Frau Joséphine, nachdem er sich zuvor selbst gekrönt hat, Gemälde von Jacques Louis David.

Napoleon ging zügig daran, die gewonnene Machtposition auszubauen, was in der Kaiserkrönung von 1804 kulminierte (wobei er sich selbst die Krone aufsetzte). Napoleon verkörperte eine Mischung aus Revolutionsbewusstsein und Traditionsbedürfnis. Er tastete die Errungenschaften der Französischen Revolution nicht an, versuchte aber gleichzeitig auf traditionelle Weise eine neue Dynastie zu bilden. In diesem großen Beweger seiner Zeit mischen sich also die Züge des Emporkömmlings, des traditionellen Monarchen und des gesellschaftlichen Modernisierers, am Ende gar des Despoten.

Herrschaft über Europa

Napoleon erwies sich viele Jahre als der überlegene Militärstratege, dem es in etwa 60 großen Schlachten gelang, den Mythos seiner Unbesiegbarkeit zu begründen. Seine militärische und organisatorische Genialität machte ihn nach drei Kriegen gegen wechselnde Koalitionen zum Herrscher über Europa. Nur die europäischen Flügelmächte konnten sich der napoleonischen Hegemonie entziehen. England blieb aufgrund seiner Insellage und der Überlegenheit seiner Flotte unangreifbar. Russland wurde durch seine geostrategische Randlage im Osten Europas geschützt.

Das Ende

M 2 **Napoleon** beißt sich an der harten Nuss Leipzig die Zähne aus, Deutsche Karikatur von 1813.

Der Versuch Napoleons, England mithilfe eines Wirtschaftskrieges in die Knie zu zwingen, scheiterte. Die so genannte Kontinentalsperre (seit 1806) verbot allen Ländern den Handel mit England, was für zahlreiche Regionen wegen des Verlustes von Exportmärkten eine Belastung darstellte und mit Wohlstandseinbußen verbunden war. Der Ausstieg Russlands aus diesem Blockadeverbund veranlasste den französischen Herrscher 1812 zum Krieg gegen den Zaren. Das war der Anfang vom Ende, denn Napoleon unterschätzte offenkundig die Weiten Russlands, die Gefahren des Klimas und die Überdehnung der Transport- und Nachschubwege.

Diese erste Niederlage der „Großen Armee“, die mit dem riesigen Aufgebot von etwa 650000 Soldaten aufgebrochen war, schmälerte den Mythos von der Unbesiegbarkeit Napoleons. In der Folge davon sahen sich die Mächte Europas ermutigt, erneut den Widerstand gegen die französische Hegemonie aufzunehmen. Die europäischen Mächte schlossen sich 1813 zu einer großen Koalition zusammen.

Das Schicksal Napoleons und Europas entschied sich am 18. Oktober 1813 in der Völkerschlacht von Leipzig. Insgesamt eine halbe Million Soldaten waren an dieser bis dahin wahrscheinlich größten

M 3

Schlacht der Weltgeschichte beteiligt. Die Niederlage Napoleons machte den Weg frei für die Einnahme von Paris und den anschließenden Frieden (1814).

Ein Jahr später versuchte Napoleon – von Elba kommend – noch einmal das Rad der Geschichte zurückzudrehen, aber dieser Versuch scheiterte („nach 100 Tagen“) in der Schlacht bei Waterloo am 18. Juni 1815. Diesmal verbannten ihn die alliierten Mächte auf die britische Insel St. Helena im Südatlantik, wo Napoleon 1821 starb.

Die Auswirkungen der napoleonischen Herrschaft auf Deutschland

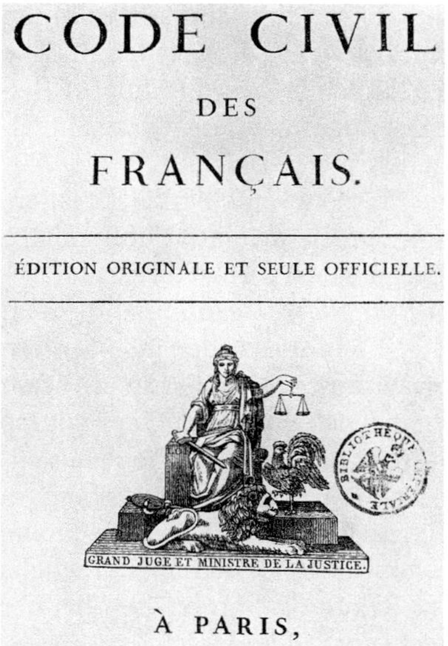

M 4 Erstausgabe des „Code civil“

Die Französische Revolution fand in den deutschen Ländern ein lebhaftes Echo. Die geistige Elite der Deutschen – darunter Studenten, Schriftsteller, Philosophen und aufgeklärte Bürger – hat die Revolution überwiegend begrüßt oder sogar enthusiastisch gefeiert. Das änderte sich aber tendenziell mit der Radikalisierung, der Schreckensherrschaft der Jakobiner und der Hinrichtung Ludwigs XVI.

Die Französische Revolution hat in Deutschland keine Nachahmung ausgelöst. Dazu waren auch die Verhältnisse in den einzelnen Territorien zu unterschiedlich. Zwar gab es Bauernunruhen, zum Beispiel in Sachsen, Hessen, am Oberrhein, aber diese blieben lokal begrenzt wie die Revolten in verschiedenen Städten. Allgemein ermutigte die Französische Revolution diejenigen politischen Kräfte, die nach Reformen strebten. Die politische Publizistik erfuhr einen Auftrieb, und die Politisierung der Bevölkerung nahm allgemein zu. Aber die große Mehrheit der deutschen Elite sah eher in England – und nicht in Frankreich – das Vorbild für die weitere Entwicklung. Nicht Revolution, sondern Reform des Staates durch Gewaltenteilung und konstitutionelle Sicherung der Freiheiten – so lautete das politische Programm dieser liberal eingestellten Mehrheit.

Die Politik Napoleons schuf die Voraussetzung für umfassende, alle Gesellschaftsbereiche berührende Veränderungen. Vor allem in Süd- und Westdeutschland wurden Reformen eingeleitet, die den Übergang vom feudalen Ständestaat zum bürgerlich-liberalen Staat beschleunigten. Die Reformen der napoleonischen Ära bedeuteten also einen gewaltigen Anschub für die Modernisierung der Gesellschaft. Im französischen Machtbereich wurde 1804 der „Code civil“ (auch Code Napoleon genannt) eingeführt. Auch viele Rheinbundstaaten übernahmen den Code civil oder doch zumindest Teile davon.

Das neue französische Gesetzbuch brachte rechtliche Fortschritte in Ländern, die bis dahin noch halbabsolutistisch regiert worden waren. Dazu gehörten Freiheitsrechte (wie zum Beispiel die Eigentums- und Gewerbefreiheit), Rechtsgleichheit (auch für Juden), Zivilehe, öffentliche Gerichtsverfahren, unabhängige Richter, die Beseitigung von Steuerprivilegien ebenso wie der Zugang zu hohen Staatsämtern auch für Nichtadlige.

Reichsdeputationshauptschluss

Nach dem Friedensschluss zwischen Frankreich und Preußen in Basel (1795) stimmte Österreich im Frieden von Campo Formio (1797) der Abtretung der linksrheinischen Gebiete an Frankreich zu. Die dadurch beeinträchtigten Fürsten sollten in Deutschland entschädigt werden. Der Friedensschluss von Lunéville (1801) bestätigte die Annexion der linksrheinischen Gebiete durch Frankreich und erlaubte es, die territoriale Neuordnung auf deutschem Gebiet nach den Bedürfnissen der französischen Politik zu bestimmen.

Das strategische Ziel der französischen Politik bestand darin, ein Gegengewicht zu Österreich aufzubauen und damit dessen Macht zurückzudrängen. Diesem Zweck sollte sowohl ein vergrößertes Preußen als auch die Stärkung der süddeutschen Staaten dienen. Unter dem Druck Frankreichs und verschiedener deutscher Staaten verabschiedete der Reichstag in Regensburg 1803 den so genannten Reichsdeputationshauptschluss. Hinter diesem Wortungetüm verbirgt sich der Beschluss eines Ausschusses des Reichstages (Reichsdeputation). Dieser sah eine territoriale Flurbereinigung im großen Stil vor. Zwei Begriffe bildeten dafür die Grundlage: Säkularisation und Mediatisierung.

Die Entschädigung deutscher Fürsten für ihre linksrheinischen Gebiete war nicht möglich ohne die Auflösung geistlicher Staaten. Die Säkularisation (Verweltlichung) von geistlichen Fürstentümern, Bistümern und Abteien bedeutete deren Beseitigung in Form von Enteignung und Eingliederung in den weltlichen Territorialstaat.

Reichsstände, die im Alten Reich eine Reichsunmittelbarkeit besaßen, also rechtlich direkt dem Kaiser unterstanden, nannte man „im-mediat", also unmittelbar. Die Mediatisierung brachte den Verlust dieser Reichsunmittelbarkeit. Das betraf kleine Herrschaften, die nunmehr einem Landesherrn unterstellt wurden. Alle Reichsstädte wurden mediatisiert. Nur Hamburg, Bremen und Lübeck sowie Augsburg, Frankfurt am Main und Nürnberg blieben autonom. Preußen erhielt für seine neutrale Haltung und als Entschädigung für seine verlorenen niederrheinischen Herzogtümer ein fünffach größeres Territorium, und Bayern und Württemberg gewannen damals annähernd ihre heutige Ausdehnung. Allein die kleine Markgrafschaft Baden mit vielen zerstreut liegenden Gebieten wuchs um das Vierfache. Im Unterschied zur Säkularisation blieben bei der Mediatisierung die materiellen Besitzrechte erhalten.

M 5

Der Reichsdeputationshauptschluss kam einem Todesstoß für das Alte Reich gleich, denn es handelte sich um eine territoriale Revolution. Deren Ausmaße werden deutlich, wenn man bedenkt, dass im deutschen Südwesten aus 350 Territorien nur zwei Mittelstaaten, nämlich das Großherzogtum Baden und das Königreich Württemberg, hervorgingen, sieht man von zwei kleinen hohenzollerischen Fürstentümern ab.

Insgesamt verschwanden 112 Reichsstände und etwa drei Millionen Menschen wechselten ihre Staatsangehörigkeit.

Die territoriale Neugestaltung räumte mit der Kleinstaaterei auf und ebnete durch die Bildung von lebensfähigen Mittelstaaten den Weg für die Modernisierung Deutschlands.

Rheinbund

Napoleons Strategie lief darauf hinaus, Mittelstaaten zu schaffen und diese an Frankreich zu binden. Diese Staaten sollten leistungsfähig genug sein, um Frankreich militärisch zu dienen, aber nicht stark genug, um es zu gefährden. Als Folge davon wurde 1806 der Rheinbund gegründet.

Er bedeutete eine grundlegende Umwälzung der alten Reichsordnung. Sechzehn süddeutsche Staaten schieden zunächst aus dem alten Reichsverband aus („Reichsverräter") und konstituierten sich unter der Schutzherrschaft Napoleons zum Rheinbund. Ihnen folgten bis 1811 sämtliche deutsche Fürsten außer den Herrschern von Österreich, Preußen, Braunschweig und Kurhessen. Bayern, Württemberg und Sachsen wurden zu Königreichen erhoben, Baden, Hessen-Darmstadt und Berg zu Großherzogtümern beziehungsweise Nassau zum Herzogtum. Die Rheinbundstaaten verpflichteten sich als Gegenleistung zu einem militärischen Bündnis mit Frankreich, das die Bereitstellung von Truppenkontingenten für die Kriege Napoleons vorsah. Darum wurde zum Beispiel auch der Feldzug Napoleons gegen Russland zu einem erheblichen Teil mit deutschsprachigen Soldaten durchgeführt. Nach der Völkerschlacht bei Leipzig traten die Rheinbundstaaten auf die Seite der Koalition über.

M 6 **Huldigung**
Die Rheinbundfürsten vor Kaiser Napoleon 1806, zeitgenössischer Stich

Das Ende des Alten Reiches

Auf Druck Napoleons legte der Kaiser Franz II. am 6. August 1806 die römisch-deutsche Kaiserwürde nieder. Damit endeten auch formell das Heilige Römische Reich Deutscher Nation und eine Reichsgeschichte, die 962 mit der Kaiserkrönung Ottos I. begonnen hatte.

Unter den Nachwirkungen der Französischen Revolution wandelte sich auch in Deutschland das Kräfteverhältnis zwischen der alten feudalen und der neuen bürgerlichen Ordnung. Diese Veränderungen stärkten auch die Idee des Nationalstaates.

Preußen nach der Niederlage 1806

Das noch unter der Herrschaft des preußischen Königs Friedrich II. ausgearbeitete „Allgemeine Landrecht für die preußischen Staaten" schrieb nach seinem Inkrafttreten (1794) die alte soziale Ordnung fest: strenge Standesschranken, Vorrechte des Adels, Dienstpflicht der Bauern und Zunftzwang. Erst der Schock, der von der völligen militärischen Niederlage Preußens gegen Frankreich ausging, gab den Anstoß für eine Vielzahl von reformerischen Maßnahmen. Die Katastrophe von Jena und Auerstedt am 14. Oktober 1806 gefährdete den preußischen Staat in seiner Existenz. Das Erbe Friedrichs II. war verspielt: das Territorium um die Hälfte auf die ursprünglichen Kernprovinzen reduziert, der Staatsschatz verloren, die Finanzen wegen der hohen Zahlungen an Frankreich in Not, die Armee reduziert auf 42 000 Soldaten.

Der entscheidende Impuls für die preußischen Reformen kam aus der Notlage des preußischen Staates, als es darum ging, den Staatsbankrott abzuwenden und die Auflösung des Staates zu verhindern.

Die Konfrontation mit dem bürgerlich-revolutionären Frankreich hatte die tatsächliche Schwäche des preußischen Staates offenbart. Der Wiederaufstieg Preußens konnte nur gelingen, wenn sich das Land umfassend modernisieren würde. Die Initiative dafür ging von einer relativ kleinen beamteten Elite aus, weil das Bürgertum – anders als im Frankreich der Französischen Revolution – noch „unterentwickelt" war. Man hat daher oft die Formulierung „Revolution von oben" gebraucht, und Karl August von Hardenberg (seit 1810 preußischer Staatskanzler) sprach von einer „Revolution im guten Sinn", die es durchzuführen gelte.

Die Reformer besaßen kein einheitliches Staats- und Gesellschaftsbild, aber die Staatsform als solche wurde nicht infrage gestellt. Es ging ihnen um die Versöhnung der preußischen Monarchie mit liberalen Grundsätzen. Nach den Worten des Freiherrn vom Stein ging es darum, „Gemeinsinn und Liebe zum Vaterland" dauerhaft zu begründen. Das Beispiel Frankreichs hatte gezeigt, wie sehr dessen politische Bedeutung durch die Teilnahme des Volkes am Staatsleben zugenommen hatte. Darum wuchs auch in Preußen die Einsicht, dass eine Umgestaltung des Staates, der Gesellschaft, der Wirtschaft und des Militärs durchzuführen sei.

Die bedeutendsten Männer der Reform wie Karl Freiherr vom und zum Stein und Karl August Freiherr (seit 1814 Fürst) von Hardenberg (Verwaltungs- und Agrarreform), Gerhard von Scharnhorst und Neithardt von Gneisenau (Heeresreform) und Wilhelm von Humboldt (Bildungsreform) beabsichtigten, Preußen zu einem Modell für den Wiederaufstieg zu machen. Die Reformer entwickelten in diesem Zusammenhang ein neues Bild vom Menschen. Nicht den Untertan hatten sie vor Augen, sondern den Bürger, der sich mit seinem Staat identifizieren konnte und darum auch zu Opfern bereit war. Die Stärkung des Staates sollte mit einer Stärkung der nationalen Bindung einhergehen.

Die preußischen Reformen

Regierungs- und Verwaltungsreform: Neben der Modernisierung der Regierungsorganisation (Ressortprinzip, Ministerverantwortlichkeit) zählte dazu die Selbstverwaltung der Städte (1808). Damit hatte das besitzende Bürgertum die Möglichkeit, an der Entscheidung und Verwaltung auf kommunaler Ebene teilzunehmen.

Judenemanzipation: 1812 erfolgte die rechtliche Gleichstellung der 70 000 preußischen Juden. Sie wurden normale Staatsbürger mit freier Wahl des Wohnsitzes und Zulassung zu allen Berufen (allerdings mit der Ausnahme des Beamten und des Offiziers). Besondere Abgaben, wie zum Beispiel die Judensteuer, entfielen.

Bildungsreform: Der Volkserziehung schenkten die Reformer große Aufmerksamkeit. Ausschlaggebend war dabei die Erkenntnis, dass Mitverantwortung und bürgerliche Selbstständigkeit an ein höheres Bildungsniveau geknüpft sind. In Preußen wurde ein dreigliedriges Bildungswesen eingerichtet, bestehend aus Elementarschule, Gymnasium und Universität.

Heeresreform: Eine Vielzahl reformerischer Maßnahmen zwischen 1807 und 1815 zielte darauf ab, durch die Einführung der allgemeinen Wehrpflicht die Mobilisierung des Volkes zu fördern. Soldatentum und Staatsbürgerschaft sollten zusammengeführt werden. Nicht fremde Söldner, sondern „Landeskinder" sollten das Land befreien und verteidigen. Die Humanisierung der Armee durch die Abschaffung der Prügelstrafe, die Öffnung des Offizierskorps für Bürgerliche und die Beförderung nach Leistung gehörten zu den weiteren wesentlichen Bestandteilen der Heeresreform. Das stehende Heer wurde durch die Landwehr (eine Art Volksmiliz) ergänzt.

Wirtschaftsreform: Die Verkündung der Gewerbefreiheit (1811) beseitigte den Zunftzwang und eröffnete damit den freien Wettbewerb.

Agrarreform und Bauernbefreiung: Das Edikt vom 9. Oktober 1807 setzte das Ende der Erbuntertänigkeit der Bauern für den 11. November 1810 fest. Es brachte den Bauern zeitlich abgestuft die persönliche Freiheit. Bis dahin vererbte sich die Schollenpflicht (auch für die Familienangehörigen). Die Abschaffung der Erbuntertänigkeit entließ die

Karl Freiherr vom und zum Stein (1757–1831)
war nur kurze Zeit leitender preußischer Staatsmann und wurde 1808 auf Druck Napoleons entlassen.

Karl August von Hardenberg (1750–1822)
war fast fünfzehn Jahre der einflussreichste Staatsmann Preußens. Er vertrat sein Land auch auf dem Wiener Kongress.

Wilhelm von Humboldt (1767–1835)
reformierte das preußische Bildungswesen und gründete die Berliner Universität, die noch heute seinen Namen trägt.

Bauern aber nicht aus ihren Dienst- und Abgabeverpflichtungen. Die feudale Agrarverfassung kannte die Unterscheidung zwischen zwei Eigentumsrechten: Es gab das grundherrliche Obereigentum und das bäuerliche Untereigentum, das seinerseits mit bestimmten Dienstpflichten gekoppelt war. Die Umwandlung dieser spätfeudalen Agrarverfassung in ein modernes privatrechtliches Besitzverhältnis sah eine Entschädigung der Grundherrn vor. Die tatsächliche „Bauernbefreiung" gelang zunächst nur einer besser gestellten Minderheit, die in der Lage war, ihre Abgabe- und Dienstverpflichtungen abzulösen. Dazu musste sie etwa ein Drittel, zum Teil sogar die Hälfte ihres Besitzes an den Grundherrn abtreten. Das bedeutete, die Bauernbefreiung führte sogar zu einer Vergrößerung des gutsherrlichen Eigenbesitzes. Auch blieben Jagdrechte und Patrimonialgerichtsbarkeit erhalten. Erst nach der Revolution von 1848 konnte die Agrarreform tatsächlich zu Ende geführt werden. Dennoch blieb die ländliche Bevölkerung im ostelbischen Preußen in erheblichem Umfange der Macht der Gutsherrn („Junker") unterworfen.

Das Ende der Reformen

Der deutsche Nationalismus des 19. Jahrhunderts war im Wesentlichen hervorgerufen durch die anti-französische Einstellung während der napoleonischen Fremdherrschaft. Die Befreiungskriege, getragen vom Idealismus der Studenten, Handwerker und vieler anderer Freiwilliger, entfachten einen vorher so nicht gekannten Patriotismus. Die Opferbereitschaft breiter Volksschichten („Gold gab ich für Eisen.") hatte entscheidenden Anteil am Sieg über den Kaiser der Franzosen, vor allem bei der Völkerschlacht von Leipzig 1813.

Das napoleonische Frankreich wurde letztlich mit der Waffe besiegt, die es selbst in der Französischen Revolution entwickelt hatte: der Nationalisierung des Krieges. Im anti-französischen Befreiungskrieg erhielt die preußisch-deutsche Identität ihre Konturen. Die Mobilisierung des Volkes trug die gleichen Züge wie die „levée en masse" von 1793 der Franzosen. Die preußischen Reformen endeten mit der Restauration nach 1815. Lediglich die Neuorganisation des Heeres wurde konsequent zu Ende geführt. Viele Reformer schieden enttäuscht aus dem Dienst. Das vom preußischen König Friedrich Wilhelm III. gemachte Verfassungsversprechen blieb unerfüllt.

Chronologie

25. Feb. 1803	Reichsdeputationshauptschluss
2. Dez. 1804	Kaiserkrönung Napoleons
12. Juli 1806	Errichtung des Rheinbundes
6. Aug. 1806	Abdankung von Kaiser Franz II.: Ende des Heiligen Römischen Reiches Deutscher Nation
14. Okt. 1806	Schlacht bei Jena und Auerstedt: Niederlage Preußens gegen Frankreich
9. Okt. 1807	Oktoberedikt zur Bauernbefreiung: Beginn der preußischen Reformen
24. Juni 1812	Beginn des Feldzuges Napoleons gegen Russland
1813–1815	Befreiungskriege
11. Aug. 1813	Bündnis Österreichs mit Russland, Preußen, England und Schweden
16.–19. Okt. 1813	Völkerschlacht bei Leipzig
18. Juni 1815	Schlacht bei Waterloo (Belle-Alliance)

M 7 Reorganisation des preußischen Staates

Aus der Rigaer Denkschrift des preußischen Ministers Karl August von Hardenberg (12. September 1807):

Die Französische Revolution, wovon die gegenwärtigen Kriege die Fortsetzung sind, gab den Franzosen unter Blutvergießen und Stürmen einen ganz neuen Schwung. Alle schlafenden Kräfte wurden geweckt, das Elende und Schwache, veraltete Vorurteile und Gebrechen wurden – freilich zugleich mit manchem Guten – zerstört. [...]
Der Wahn, dass man der Revolution am sichersten durch Festhalten am Alten und durch strenge Verfolgung der durch solche geltend gemachten Grundsätze entgegenstreben könne, hat besonders dazu beigetragen, die Revolution zu befördern und derselben eine stets wachsende Ausdehnung zu geben. Die Gewalt dieser Grundsätze ist so groß, sie sind so allgemein, anerkannt und verbreitet, dass der Staat, der sie nicht annimmt, entweder seinem Untergange oder der erzwungenen Annahme derselben entgegensehen muss. [...]
Also eine Revolution im guten Sinn, gerade hinführend zu dem großen Zwecke der Veredelung der Menschheit, durch Weisheit der Regierung und nicht durch gewaltsame Impulsion [Anstoß] von innen nach außen – das ist unser Ziel, unser leitendes Prinzip. Demokratische Grundsätze in einer monarchischen Regierung: Dieses scheint mir die angemessene Form für den gegenwärtigen Zeitgeist.

W. Lautemann, M. Schlenke (Hg.), Amerikanische und Französische Revolution, München 1981, S. 625 f.

M 8 Befreiung der Wirtschaft von ständischen Fesseln

a) Edikt den erleichterten Besitz und den freien Gebrauch des Grundeigentums sowie die persönlichen Verhältnisse der Landbewohner betreffend (9.10.1807):
§ 1 Freiheit des Güterverkehrs
Jeder Einwohner Unserer Staaten ist ohne alle Einschränkungen in Beziehung auf den Staat zum eigentümlichen und Pfandbesitz unbeweglicher Grundstücke aller Art berechtigt.
§ 2 Freie Wahl des Gewerbes
Jeder Edelmann ist ohne allen Nachteil seines Standes befugt, bürgerliche Gewerbe zu betreiben, und jeder Bauer ist berechtigt, aus dem Bauern- in den Bürger-, und jeder Bürger aus dem Bürger- in den Bauernstand zu treten.
§ 12 Mit dem Martinitage[1] eintausendachthundertundzehn (1810) hört alle Gutsuntertänigkeit in Unsern sämtlichen Staaten auf. Nach dem Martinitage 1810 gibt es nur freie Leute, so wie solches auf den Domänen in allen Unseren Provinzen schon der Fall ist; bei denen aber, wie sich von selbst versteht, alle Verbindlichkeiten, die ihnen als freien Leuten vermöge eines Grundstücks oder vermöge eines besonderen Vertrages obliegen, in Kraft bleiben.

1 11. November (Ende des landwirtschaftlichen Arbeitsjahres)

b) Edikt zur Regulierung der gutsherrlichen und bäuerlichen Verhältnisse (14.9.1811):
§ 4 Allen jetzigen Inhabern jener erblichen Bauernhöfe und Besitzungen, sie mögen Ganz-, Halbbauern, Einhüfner oder Kossäten[1] heißen oder einen anderen Provinzialnamen führen, zu geistlichen Domänen, Kämmerei- oder Privatgütern gehören, wird das Eigentum ihrer Höfe übertragen, unter der Verpflichtung, die Gutsherrn dafür, wie nachstehend verordnet ist, zu entschädigen. Unter derselben Bedingung sollen auch die Naturaldienste mit alleiniger Ausnahme einiger [...] Hilfsdienste gegen Entschädigung aufgehoben werden.
§ 10 Es soll daher, mit Ausnahme der hiernächst zu bemerkenden Fälle, Regel sein, dass bei erblichen Besitzern die Gutsherrn für das Eigentum der Höfe, für die Dienst- und gewöhnlichen Abgaben davon abgefunden sein sollen, wenn ihnen die Untertanen den dritten Teil ihrer sämtlichen Gutsländereien abtreten[2] und dabei auf alle außerordentliche Unterstützung, Hofwehr, Bauhilfe und auf die Steuervertretung Verzicht leisten.

1 Kleinbauern (Häusler) ohne Landbesitz

2 bei nicht erblichen bäuerlichen Besitzungen die Hälfte

Aus: W. Conze, Die preußische Reform unter Stein und Hardenberg, Stuttgart 1974, S. 20 ff.

M 9 Agrarreform

Die Folgen der Agrarreform analysiert der Sozialhistoriker Reinhard Koselleck:

Nicht nur waren die Rittergutsbesitzer die Gewinner der Agrarreform, weil die Eigentumsgarantie des ALR [Allgemeines Preußisches Landrecht] – im Unterschied zur Französischen Revolution – bereits vor der Neuverteilung des Bodens in Kraft war; zugleich blieben sie die Nutznießer der herkömmlichen politischen Gemeinde- und Grundsteuerverfassung, die weiterhin auf dem ALR bzw. den noch älteren Provinzialrechten gründeten. Über die Hälfte des gutsherrschaftlichen Grundbesitzes in den fünf östlichen Provinzen, 21 Millionen von 40 Millionen Morgen, blieben steuerfrei, und trotz der wirtschaftlichen Aufspaltung des ganzen Landes

in Guts- und Gemeindebezirke behielten die Gutsherren auch für Gemeinden die politische Führung in der Hand, in der sie Patronat[1], Ortspolizei und untere Gerichtsbarkeit vereinigten. 3,7 Millionen Landbewohner waren – so 1837 – den Patrimonialgerichten der rund 12 000 Rittergutsbesitzer unterworfen, denen allerdings schon 7,9 Millionen Einwohner gegenübertraten (außerhalb der Rheinprovinz), die unmittelbar der königlichen Gerichtsbarkeit unterstanden. Rund die Hälfte aller rechtsrheinischen Bewohner des platten Landes war somit noch nicht in ein Immediatsverhältnis [hier: unmittelbares Verhältnis] zur Staatsgewalt getreten.
Der Staat trat nur auf den weniger erfreulichen Gebieten der Rekrutierung und Steuereintreibung in direkte Beziehung zu diesen Bewohnern; Kirche, Gericht, Schule und Polizei waren noch weitgehend vom „Herren" abhängig. Darüber hinaus besaßen die Rittergutsbesitzer, und zwar meist der adlige Teil, auf den Kreistagen die überwältigende Majorität, auf den Landtagen teils die absolute, teils die relative Majorität. So vereinigten die preußischen Großgrundbesitzer die Vorteile der liberalen Eigentums- und Wirtschaftspolitik ihres Staates mit solchen ständischen Vorrechten, die ihnen auch im Falle wirtschaftlicher Erfolglosigkeit die politische Führung auf dem Lande – und damit weitgehend auch im Staat – sicherten.

1 Patronat = hier: Kirchenherr

R. Koselleck, Staat und Gesellschaft in Preußen 1815–1848, in H.-U. Wehler (Hg.), Moderne deutsche Sozialgeschichte, Köln 1970, S. 71 ff.

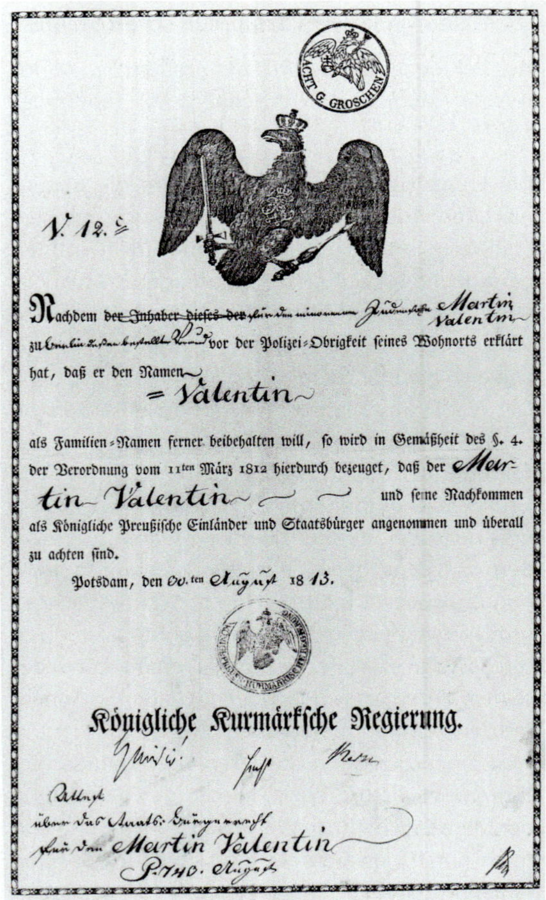
ACHT G. GROSCHEN

N. 12.

Nachdem ~~der Inhaber dieses der~~ ... Martin Valentin zu ... vor der Polizei-Obrigkeit seines Wohnorts erklärt hat, daß er den Namen = Valentin als Familien-Namen ferner beibehalten will, so wird in Gemäßheit des §. 4. der Verordnung vom 11ten März 1812 hierdurch bezeuget, daß der Martin Valentin und seine Nachkommen als Königliche Preußische Einländer und Staatsbürger angenommen und überall zu achten sind.

Potsdam, den 20.ten August 1813.

Königliche Kurmärksche Regierung.

Martin Valentin

M 11 Einbürgerungsurkunde
der kurmärkischen Regierung für den Juden Martin Valentin, Potsdam 1813.

M 10 Der preußische Weg der Judenemanzipation

Der Historiker Walter Grab stellt die Judenemanzipation von 1812 in den größeren Zusammenhang des 19. Jahrhunderts:

Ebenso wie in anderen christlichen Ländern bildeten auch in Preußen die jüdischen Gemeindekorporationen im Zeitalter der ständischen Privilegienordnung einen von der übrigen Bevölkerung abgesonderten „Staat im Staate". Die Juden unterstanden diskriminierenden, von den Fürsten erlassenen Gesetzen und Vorschriften. Sie waren von der Produktion materieller Güter ausgeschlossen, weil sie weder den Boden bearbeiten durften noch in Zünfte aufgenommen wurden. Im Rahmen der vorindustriellen, agrarischen Bedarfsdeckungswirtschaft erfüllten sie dennoch notwendige ökonomische Funktionen, denen es hauptsächlich zu verdanken war, dass sie allen Verfolgungen standhielten und nach Vertreibungen zurückgerufen wurden: Wohlhabenden Juden war das Kreditwesen, minderbemittelten der Trödel als wichtigste Erwerbsquelle zugewiesen.
In der Epoche des Absolutismus war die winzige Gruppe privilegierter Hoffaktoren [mit höfischen Geschäften Betraute] für den Fiskus ebenso bedeutsam, wie es die Pfandleiher für die städtischen Kleinbürger und die Viehhändler für die Bauern waren; bei den jüdischen Besitzern mobilen Kapitals konnte man stets den notwendigen Geldbedarf decken. Auch die Markthändler, die gebrauchte oder von unzünftigen „Pfuschern" hergestellte billige Waren des täglichen Bedarfs verkauften, konnten für die große Mehrheit der Bevölkerung als ein nicht unwichtiger ökonomischer Faktor gelten. […]
Erst die siegreichen Heere der Revolution und Napoleons zertrümmerten die Judengettos Deutschlands und bahnten den Weg zur Befreiung ihrer Bewohner von den entwürdigenden Ausnahmege-

setzen. Juden erhielten bürgerliche Rechte zuerst in den von Frankreich annektierten Gebieten. Die von Napoleons Bruder Jérôme 1808 verkündete Verfassung des Königreichs Westfalen verankerte die volle Gleichstellung der Juden. Um die französische Hegemonie zu überwinden, erließen preußische Staatsmänner und Militärs eine Reihe von Reformen, die jedoch die königliche Autorität und die politische Struktur des Landes nicht antasteten.
Das letzte Reformgesetz des Staatskanzlers Hardenberg, das „Edikt betreffend die bürgerlichen Verhältnisse der Juden in dem preußischen Staate" vom 11. März 1812, schaffte die Autonomie der jüdischen Gemeinden ab, ermöglichte Freizügigkeit und freie Berufswahl und legte den zu „Einländern und preußischen Staatsbürgern" erklärten Juden die gleichen Pflichten auf wie der übrigen Bevölkerung; sie blieben jedoch auch weiterhin von allen Staatsämtern und de facto auch von der Offizierslaufbahn ausgeschlossen. Das Edikt galt nur für die mit Schutzbriefen und Konzessionen versehenen Juden in den vier Provinzen Brandenburg, Schlesien, Pommern und Ostpreußen, aus denen damals der preußische Staat bestand; auf das Rheinland und andere westelbische Gebiete sowie Westpreußen und das Großherzogtum Posen, die Preußen am Wiener Kongress zugesprochen erhielt, dehnte man das Emanzipationsedikt nicht mehr aus. Bis 1848 besaß weniger als ein Viertel der preußischen Juden staatsbürgerliche Rechte – und auch diese nur mit den erwähnten Einschränkungen. [...]
In Preußen, wo das Bürgertum die Fesseln der Privilegienordnung nicht aus eigener Kraft gesprengt hatte, übte die von oben verordnete Judenemanzipation auf die öffentliche Meinung nur eine geringe Wirkung aus. Die Taufe war – laut Heine – „das Eintrittsbillet zur europäischen Kultur", blieb aber oft nur eine Scheinlösung, weil der Getaufte zwar seinen Glauben, nicht aber seine ethnische Herkunft wechseln konnte. Der im Zeitalter der französischen Hegemonie hoch aufschäumende deutsche Nationalismus war von Volkstumslehren romantischer Agitatoren wie Arndt und Jahn geprägt. Die nationale Idee der deutschen Einheitsbewegung verband sich mit Doktrinen, die an Stelle der religiösen Judenfeindschaft eine biologisch begründete und wertmäßig abgestufte Hierarchie von Menschenrassen setzten und den einzelnen Völkern kollektive, konstante und unveränderliche Eigenschaften zuschrieben.

W. Grab, Der preußische Weg der Judenemanzipation, in: Juden in Preußen; hrsg.vom Bildarchiv Preußischer Kulturbesitz, Dortmund 1981, S. 24 ff.

M 12 „An mein Volk"

Aufruf des preußischen Königs Friedrich Wilhelm III. unmittelbar nach der Kriegserklärung an Frankreich:

An mein Volk.
[...] Brandenburger, Preußen, Schlesier, Pommern, Litauer! Ihr wisst, was Ihr seit fast sieben Jahren erduldet habt, Ihr wisst, was euer trauriges Los ist, wenn wir den beginnenden Kampf nicht ehrenvoll enden. Erinnert Euch an die Vorzeit, an den großen Kurfürsten, den großen Friedrich. Bleibt eingedenk der Güter, die unter ihnen unsere Vorfahren blutig erkämpften: Gewissensfreiheit, Ehre, Unabhängigkeit, Handel, Kunstfleiß und Wissenschaft. Gedenkt des großen Beispiels unserer mächtigen Verbündeten der Russen, gedenkt der Spanier, der Portugiesen. Selbst kleinere Völker sind für gleiche Güter gegen mächtigere Feinde in den Kampf gezogen und haben den Sieg errungen. Erinnert Euch an die heldenmütigen Schweizer und Niederländer.
Große Opfer werden von allen Ständen gefordert werden, denn, unser Beginnen ist groß, und nicht gering die Zahl und die Mittel unserer Feinde. Ihr werdet jene lieber bringen, für das Vaterland, für Euren angeborenen König, als für einen fremden Herrscher, der wie so viele Beispiele lehren, Eure Söhne und Eure letzten Kräfte Zwecken widmen würde, die Euch ganz fremd sind. Vertrauen auf Gott, Ausdauer, Mut, und der mächtige Beistand unserer Bundesgenossen, werden unseren redlichen Anstrengungen siegreichen Lohn gewähren. Aber, welche Opfer auch von Einzelnen gefordert werden mögen, sie wiegen die heiligen Güter nicht auf, für die wir sie hingeben, für die wir streiten und siegen müssen, wenn wir nicht aufhören wollen, Preußen und Deutsche zu sein.
Es ist der letzte entscheidende Kampf, den wir bestehen für unsere Existenz, unsere Unabhängigkeit, unseren Wohlstand; keinen anderen Ausweg gibt es, als einen ehrenvollen Frieden oder einen ruhmvollen Untergang. Auch diesem würdet ihr getrost entgegengehen um der Ehre willen, weil ehrlos der Preuße und der Deutsche nicht zu leben vermag. Allein wir dürfen mit Zuversicht vertrauen: Gott und unser letzter Wille werden unserer gerechten Sache den Sieg verleihen, mit ihm einen sicheren glorreichen Frieden und die Wiederkehr einer glücklichen Zeit.

Breslau, den 17. März 1813
Friedrich Wilhelm

Aus: F. Sieburg, Im Licht und Schatten der Freiheit, Stuttgart 1961, S. 278 f.

Radierung von Johann Michael Voltz (1813)

M 13 Die neue Europäische Barbierstube

In einem Brief schrieb der Berliner Polizeipräsident Lecoq:

Nur von einem [...] Stücke, „*Die europäische Barbierstube* bezeichnet und 3 Figuren in Officiersuniform ohne weitere Bezeichnung weder im Grade noch in irgend einer persönlichen Ähnlichkeit vorstellend, brachte ich in Erfahrung, dass man im Publicum die allerhöchsten Personen der verbündeten Monarchen selbst darunter zu verstehen glaube. Diese bloße Vermutung war mir indessen genug, um sogleich bei Vernehmung derselben die Verfügung zu erlassen, dass alle vorrätig befundenen Exemplare derselben bei sämtlichen Unternehmern sofort in Beschlag genommen und unverzüglich verbrannt werden." Lecoq fügt eine kurze Beschreibung der neuen europäischen Barbierstube bei: „Auf einem Stuhle sitze Napoleon, eingeseift, auf der weissen Serviette liest man die mit Blut betupften Namen Culm, Katzbach, Leipzig, Dennewitz. Friedrich Wilhelm [von Preußen] rasiert – auf dem Messer steht 1813 – das auf den eingeseiften Backen stehende Wort Holland fort, indem er Napoleon an der Nasenspitze festhält. Alexander [von Russland] rührt das Schaumbecken, auf dessen Rande 1812 steht. Franz [von Österreich] hält Napoleon von hinten auf dem Sitze fest."

Der Brief ist in mehrfacher Hinsicht aufschlussreich. Er beleuchtet nicht nur die Praxis der Zensur, sondern gibt auch das Kriterium für den staatlichen Eingriff an: Die Monarchen dürfen in keiner Weise respektlos in die Handlung einbezogen werden.

Aus: G. Langemeyer u. a. (Hg.), Mittel und Motive der Karikatur, München 1984, S. 182.

M 14 Stufenleiter der Größe und des Sturzes Napoleons

Ein Bild des Nürnberger Karikaturisten Johann Michael Voltz wurde in verschiedenen Varianten aufgelegt (1814). Er greift das traditionelle Motiv der Lebensalter-Treppe auf, die seit dem 16. Jahrhundert auch die Vergänglichkeit versinnbildlichte. Beginnend mit dem „Corsischen Knaben" zeigt das Bild den Aufstieg Napoleons zum Kaisertum und seinen Absturz.

Aufgaben

1. Inwiefern unterscheidet sich die Kaiserkrönung Napoleons 1804 von der traditionellen Kaiserkrönung im Mittelalter? Was sollte damit zum Ausdruck gebracht werden?
   → Text, M1
2. Welche Auswirkungen hatten die Französische Revolution und die Herrschaft Napoleons auf Deutschland?
   → Text, M3, M6
3. Vergleichen Sie die geopolitische Lage Deutschlands vor dem Reichsdeputationshauptschluss mit derjenigen nach dem Beschluss.
   → Text, M5
4. Rekapitulieren Sie die einzelnen Elemente des preußischen Reformwerks.
   → Text
5. Wie urteilte Hardenberg über die Französische Revolution? Welche Schlüsse zog er aus diesem historischen Ereignis?
   → M7
6. In welchem Abhängigkeitsverhältnis befand sich der bäuerliche Stand vor der Reformzeit?
   → Text
7. Untersuchen Sie die Folgen, die das Regulierungsedikt von 1811 für die Bauern beziehungsweise für die Gutsherrn hatte.
   → Text, M8, M9
8. Beschreiben Sie die Auswirkungen der Agrarreform auf die sozioökonomische Situation der Landbevölkerung in Preußen.
   → M9
9. Erläutern Sie die Lage der Juden nach ihrer Emanzipation. Bei welchen gesellschaftlichen Gruppen ist die Judenemanzipation auf Widerstand gestoßen?
   → M10, M11
10. Stellen Sie die Formen des Widerstands gegen Napoleon dar. Wann und wodurch hatte er den Scheitelpunkt der Macht überschritten?
    → Text, M12–M14

Warum scheiterte Napoleons Versuch, eine Vorherrschaft in Europa durchzusetzen?

Das europäische Mächtesystem

Das europäische Mächtesystem war seit dem Mittelalter durch das faktische Fehlen einer Zentralgewalt geprägt. Zwar beanspruchten Kaiser und Papst die höchste Autorität, konnten diese aber zu keinem Zeitpunkt tatsächlich verwirklichen. Es entstand eine multipolare dynastische beziehungsweise staatliche Ordnung, in der die Mächte in einer wechselhaften Beziehung von Austausch, Zusammenarbeit, Rivalität und Krieg standen. Diese Situation eines ständigen kommerziellen, technologischen und militärischen Wettbewerbs hat wesentlich zum Aufstieg Europas beigetragen. Europa gelang es, einen Vorsprung gegenüber außereuropäischen Zivilisationen zu erringen und somit das europäische Zeitalter zu begründen, das erst im Zweiten Weltkrieg zu Ende ging.

Die Herrschaft Napoleons

Napoleons Versuch, zu Beginn des 19. Jahrhunderts in Europa eine Hegemonie (Vormachtsstellung) Frankreichs durchzusetzen, scheiterte am Widerstand der unterworfenen Völker und der anderen europäischen Mächte. Mit dem Umfang der französischen Herrschaft wuchs die Zahl der Revolten. Die wirtschaftliche Ausplünderung besetzter Gebiete zur Deckung der gewaltigen Kriegskosten verbunden mit Wohlstandseinbußen vermehrten den Widerstand. Neue Fronten taten sich auf. Der Guerillakrieg in Spanien vergrößerte genauso die Risse im napoleonischen Machtgebäude wie die strategische Überdehnung durch den Russlandfeldzug. Von der gesicherten Insellage unterstützte das wohlhabende Großbritannien den Widerstand gegen Napoleon mit Geld und Waffen. Und als Österreich und Preußen sich der feindlichen Koalition anschlossen, entstand zwangläufig ein Übergewicht, dem auch Napoleons militärisches Genie nicht gewachsen war.

Das napoleonische Frankreich musste die Erfahrung machen, dass eine Koalition der anderen Großmächte die Hegemonialbildung eines Staates verhinderte. Die Solidarität der Bedrohten erwies sich dann regelmäßig stärker als deren Konflikte untereinander.

Gescheiterte Hegemonialbildungen

Die Geschichte Europas lässt sich aus der Perspektive von „Aufstieg und Fall der großen Mächte“ schreiben. Über Jahrhunderte wurde sie beeinflusst durch den Versuch einzelner Mächte, sich in Europa als Vormacht durchzusetzen.

Im Gefüge der europäischen Mächte wurden die Flügel von Russland und England besetzt. Beide Staaten wiesen einen besonderen geostrategischen Schutz auf: Russland durch die Weite der eurasischen Ebene und England durch seine Insellage. Die westliche Seemacht mit ihren überseeischen Interessen handelte über Jahrhunderte nach dem Grundsatz der „balance of power“. Die Verhinderung einer kontinentalen Hegemonialbildung gewährleistete das ungefährdete Handeln jenseits der Meere und den Aufbau des Kolonialreiches. So führte die englische Gleichgewichtspolitik beispielsweise nach dem Ende der napoleonischen Ära zur Schonung Frankreichs (als Gegengewicht zum erstarkten Russland). Die gleiche politische Orientierung lag 1914 dem Beitritt zur französisch-russischen Kriegsallianz zugrunde, nachdem das Wilhelminische Deutschland durch den massiven Flottenbau die Seemacht herausgefordert hatte. Der deutsche „Griff nach der Weltmacht“ scheiterte zweimal im 20. Jahrhundert – letztlich durch das Eingreifen einer außereuropäischen Macht: der USA. Das wichtigste Gegengewicht zur europäischen Hegemonialbildung kam damit von jenseits der europäischen Grenzen. Die Öffnung des europäischen Staatensystems im 20. Jahrhundert bedeutete gleichzeitig sein Ende.

Der Rückblick auf die Geschichte zeigt, dass es keinem Staat gelang, Europa als Ganzes zu beherrschen. Auch aus dieser Erkenntnis erwuchs die Idee eines geeinten Europas.

Hegemonialmacht	Zeit	Gegenmächte / feindliche Koalition
Habsburg Karl V. (1500–1558)	16. Jahrhundert	Frankreich Protestantische Reichsstände Osmanisches Reich
Spanien Philipp II. (1527–1598)	16. Jahrhundert	England Frankreich Niederlande
Frankreich Ludwig XIV. (1638–1715) Ludwig XV. (1710–1774)	17./18. Jahrhundert	England Kaiser und Reich Habsburg Spanien
Frankreich Napoleon I (1769–1821)	19. Jahrhundert	Großbritannien Russland Preußen Österreich
Deutschland Wilhelminisches Kaiserreich 1. Weltkrieg (1914–1918)	20. Jahrhundert	Großbritannien Frankreich Russland USA
Deutschland Nationalsozialismus 2. Weltkrieg (1939–1945)	20. Jahrhundert	Großbritannien Sowjetunion Frankreich USA

Landung in Algier d. 14. Juni.
Einzug des Herzog von Orleans als General-Verweser v. Frankreich in d. Stadthaus, d. 31. Juli.
Abreise Karl X. v. Rambouillet den 3. Aug.
Die denkwürdigsten Tage
des Jahres 1830.
GEDÄCHTNISSTAFEL
in 12. Tableaux.
Nürnberg in der J. A. Endterschen Handlung.
Aufstandt in Brüssel den 28. Septem.
Vertheidigung des Parks in Brüssel, den 23.–27. Sept.
Aufstandt in Leipzig d. 4. Septemb.
Zerstörung d. Polizeyhauses z. Dresden d. 10. Sep.
Ruinen d. Schlosses v. Braunschweig d. 8. Sep.
Scene in der grofsen Woche in Paris den 29. Juli.
Demolirung d. Licentamts in Hanau d. 24. Sept.
Bombardement von Antwerpen, den 27. October.
Aufstand in Warschau, den 26. November.

3. Restauration und Vormärz

Der Nürnberger Bilderbogen von 1830 illustriert die Wirkungen der Pariser Juli-Revolution aus dem gleichen Jahr, mit der die Phase der Restauration durchbrochen wurde.

Die deutsche Geschichte des 19. Jahrhunderts stand zunächst ganz im Zeichen der Nachwirkungen, die von der Französischen Revolution und der nachfolgenden Vorherrschaft Napoleons über Europa ausgingen. Nach der Niederwerfung Napoleons waren die gekrönten Häupter Europas und ihre konservativen Diplomaten bestrebt, eine Wiederholung solcher Ereignisse zu verhindern. Zu diesem Zweck wurde der Wiener Kongress einberufen, auf dem die Grundlagen für die Wiederherstellung („Restauration") der alten vorrevolutionären Ordnung geschaffen werden sollten. Aber es zeigte sich umgehend, dass das Rad der Geschichte nicht ohne Weiteres zurückzudrehen war. Die Idee der Einheit von Staat und Nation besaß in ganz Europa eine enorme Anziehungskraft. Überdies blieben auch die weiteren Ideale der Französischen Revolution („Freiheit und Gleichheit") allgegenwärtig. Daher standen die folgenden Jahrzehnte ganz im Zeichen des Konflikts zwischen fürstlichen Herrschaftsansprüchen und einer wachsenden national-liberalen Bewegung.

In Frankreich war der Versuch, die Bourbonen-Monarchie zu restaurieren, mittelfristig zum Scheitern verurteilt. Nur fünfzehn Jahre nach dem Ende Napoleons war Paris wieder Schauplatz einer Revolution, die auf ganz Europa wirkte. Nach einem Volksaufstand wurde Karl X. zur Abdankung gezwungen (2. August 1830), und an seine Stelle trat Louis Philippe, der Herzog von Orléans. Was zunächst nur wie ein Wechsel der monarchischen Spitze aussah, hatte tief greifende politische Konsequenzen. Denn die Monarchie des Bürgerkönigs war revolutionären Ursprungs und besaß keine Legitimität im Sinne der Restauration. Nicht von „Gottes Gnaden" hatte der König sein Amt erhalten, sondern aus den Händen des dominanten französischen Bürgertums. Folgerichtig leistete Louis Philippe auch den Eid auf die Verfassung. Frankreich besaß damit eine neue Staatsform: die parlamentarische Monarchie.

Die epochale Bedeutung der Juli-Revolution von 1830 wird oft verkannt, weil sie – von den zwei großen Revolutionen von 1789 und 1848 eingerahmt – von diesen überschattet wird. Gleichwohl erfuhr danach die liberale und nationale Bewegung in ganz Europa einen enormen Aufschwung. In Deutschland zeigte sich die Stärkung der bürgerlichen Opposition gegen den Spätabsolutismus in der Gründung von „Press- und Vaterlandsvereinen", im Aufschwung der Verfassungsbewegung, in politischen Demonstrationen, wie zum Beispiel dem Hambacher Fest von 1832, und in der Unterstützung des Freiheitskampfes der Polen gegen den russischen Zaren.

Der Zeitraum zwischen 1830 und 1848 wird üblicherweise als „Vormärz" bezeichnet. Damit wird deutlich, dass die Historiker das politische Geschehen ab 1830 im Lichte der nachfolgenden Revolution sehen, die im März 1848 in Deutschland ausbrach.

3.1 Restauration der alten Ordnung

Klemens Wenzel Fürst von Metternich (1773–1859)
Diplomat, österreichischer Staatskanzler, Architekt der restaurativen Ordnung nach 1815

Der Wiener Kongress

1814 trafen sich die führenden Staatsmänner Europas in Wien, um eine revolutionäre Erschütterung der traditionellen Ordnung für die Zukunft auszuschließen. Zwei Kaiser, sechs Könige sowie einige hundert Diplomaten mit einem Tross von Zuarbeitern und Interessenvertretern kamen auf Monate in der ehrwürdigen Kaiserstadt zusammen. Die Verhandlungen wurden durch den russischen Zaren Alexander I. (1777–1825), den preußischen Staatskanzler Karl August Fürst von Hardenberg (1750–1822), den britischen Außenminister Lord Castlereagh (1769–1822) sowie den österreichischen Staatskanzler Klemens Fürst von Metternich (1773–1859) beherrscht. Die französischen Interessen nahm Außenminister Talleyrand (1754–1838) wahr, dem es auf geschickte Weise gelang, das unterlegene Frankreich wieder in den Kreis der europäischen Großmächte zu lancieren. Seine wichtigste Persönlichkeit besaß der Wiener Kongress in Metternich. Als Diplomat und Architekt der nachrevolutionären alten Ordnung führte er bei den ungemein komplizierten Verhandlungen Regie. Die neue Ordnung für Europa, die dem Kontinent mehrere Jahrzehnte ohne große Kriege bescherte, war auch sein Verdienst und das seines wichtigsten Mitarbeiters Friedrich von Gentz (1764–1832).

Antirevolutionäre Prinzipien

Der Kongress ließ sich bei seinen Beratungen von drei Prinzipien leiten: Restauration, Legitimität und Solidarität. Mit Restauration war die Wiederherstellung des vorrevolutionären Regimes gemeint, also jene politische und soziale Ordnung, die durch die Französische Revolution infrage gestellt und teilweise beseitigt worden war.

Das Legitimitätsprinzip bezog sich auf die monarchisch-dynastische Staatsordnung. Die Herrschaftsbefugnis leitete sich – gemäß dieser Überzeugung – aus der Tradition der fürstlichen Familie und dem Gottesgnadentum ab.

Das Solidaritätsprinzip meinte in diesem Zusammenhang den gemeinsamen Kampf der Fürsten gegen revolutionäre Bestrebungen, wo immer sie in Europa in Erscheinung treten würden. Der Wiener Kongress stellte also den Versuch dar, die Grundsätze der Französischen Revolution – nationale Einheit und politische Freiheit – abzuwehren und eine Konsolidierung im Sinne der Fürstenherrschaft vorzunehmen. Diesem Zweck diente auch die Wiedereinsetzung der alten Herrschaftsfamilie der Bourbonen in Frankreich – in der Person Ludwigs XVIII.

Territoriale Neuordnung

In Wien wurde die Landkarte Europas im Sinne eines Ausgleichs zwischen den fünf Großmächten („Pentarchie“) verändert. Frankreich blieb als Großmacht in den Grenzen von 1792 erhalten. Die Rheinbundfürsten ließen sich ihren durch Napoleon vergrößerten Besitzstand garantieren. Das betraf insbesondere Bayern, Württemberg und Baden. Sachsen, ein Bundesgenosse Frankreichs, blieb gegen den preußischen Willen erhalten, musste aber den nördlichen Teil an

Preußen abgeben. Preußen wurde zudem durch die Rheinprovinzen und das polnische Posen vergrößert. Russland erhielt das Herzogtum Warschau (Kongress-Polen genannt). Österreich gab seine Besitzungen im deutschen Südwesten auf. Die Lombardei und Venedig fielen an Österreich.

Heilige Allianz

Im Anschluss an den Wiener Kongress unterzeichneten am 26. September 1815 der russische Zar Alexander I., der österreichische Kaiser Franz I. und der preußische König Friedrich Wilhelm III. in Paris die Heilige Allianz. Inspiriert von christlich-romantischen Ideen sollte das Bündnis dynastische Traditionen wahren, das Legitimitätsprinzip sichern und der Festigung der Bindung von Thron und Altar dienen. Der Beistandspakt sah ein Interventionsrecht bei revolutionären Bedrohungen von innen oder außen vor. Nur Großbritannien und der Heilige Stuhl lehnten es ab, diesem Bund beizutreten.

M 1 **„Die Heilige Allianz"**
Gemälde von Heinrich Olivier, 1815

Der Deutsche Bund

Die Hoffnung vieler deutscher Patrioten, dass in Wien auch ein deutscher Nationalstaat aus der Taufe gehoben werden würde, erfüllte sich nicht. Entscheidend dafür waren zunächst die Interessen der Fürsten selbst. Jede Zentralisierung der Macht wäre mit Souveränitätsein-

M 2

bußen von ihrer Seite verbunden gewesen. Und überdies zeichnete sich bereits die Konkurrenz zweier Großmächte ab, nämlich Österreich und Preußen, wenn es um die Vormachtstellung im Zentrum Europas ging. Dass die Zersplitterung Deutschlands auf dem Wiener Kongress nicht überwunden wurde, hing aber auch mit der gesamt-europäischen Mächtekonstellation zusammen.

Jede Zentralstaatsbildung in Mitteleuropa hätte die Wahrung des Gleichgewichts gefährdet. Darum einigten sich die Staatsmänner in Wien auf die Gründung des Deutschen Bundes. Dieser relativ lockere Staatenbund von zunächst 34 Fürsten und vier Freien Städten besaß kein Oberhaupt. In seinem einzigen Organ, dem Bundestag, hatte Österreich den Vorsitz inne. Die Souveränität der Einzelstaaten blieb erhalten.

Der Deutsche Bund war also in gezielter Verneinung des Nationalstaatsprinzips gegründet worden. Ihm gehörten auch die Könige von Dänemark, England und der Niederlande als Landesherrn von Schleswig, Hannover und Luxemburg an.

Frühkonstitutionalismus

Auch die Forderung nach einer Verfassung blieb nach Abschluss des Wiener Kongresses weitgehend unerfüllt. In Artikel 13 der Bundesakte findet sich lediglich die vage Formulierung: „In allen Bundesstaaten wird eine Landständische Verfassung stattfinden." Im Kern bedeutete dies die Ablehnung einer Repräsentativverfassung nach französischem Vorbild. Gemeint waren vielmehr die traditionellen Mitwirkungsrechte des Adels. Dennoch eröffnete diese Formulierung das Tor zum deutschen Frühkonstitutionalismus, indem die neuen Verfassungen Elemente des liberalen Repräsentativsystems enthielten. So konnten auf deutschem Boden zum ersten Mal Parlamente (Kammern) zusammentreten, die von der gesamten wahlberechtigten Bevölkerung gewählt wurden. Die ersten Verfassungen wurden in Nassau (1814), Sachsen-Weimar (1816), Bayern (1818), Baden (1818), Württemberg (1819) und Hessen-Darmstadt (1820) erlassen. Vor allem in den süddeutschen Staaten spielten herrschaftssichernde Aspekte eine Rolle, denn die Rheinbundstaaten hatten dank des durch Napoleon errungenen Besitzes ihre Territorien beträchtlich vergrößert. Die Verfassungen und Repräsentativsysteme dienten nun auch dazu, die neuen Territorien mit ihren Bewohnern zu integrieren und das Land zu vereinheitlichen. Die beiden größten Bundesstaaten, Österreich und Preußen, wurden weiter obrigkeitsstaatlich ohne Verfassung regiert. Ein bekannter Historiker hat den Deutschen Bund als eine „Versicherungsgesellschaft der Kronen gegen ihre Völker" bezeichnet. In dieser Aussage deutet sich an, wie zwiespältig die Ergebnisse des Wiener Kongresses waren. Zwar gelang unter der Leitung Metternichs die Errichtung und Stabilisierung einer europäischen Friedensordnung im konservativen Sinn, aber die Idee der Volkssouveränität und die revolutionäre Verbindung von Staat und Nation stellten von Beginn an eine Herausforderung für die restaurative Ordnung dar. Und die Frage des Dichters Ernst Moritz Arndt: „Was ist des Deutschen Vaterland?" blieb bis auf weiteres unbeantwortet.

Burschenschaft und Turnbewegung

M 3 **Beim Wartburgfest** verbrennen Studenten u. a. die Wiener Bundesakte und den Schnürleib einer preußischen Ulanenuniform, zeitgenössischer Stich.

Die Beschlüsse des Wiener Kongresses hatten bei Teilen der Bevölkerung, insbesondere des Bildungsbürgertums, zu Enttäuschung und Erbitterung geführt, weil wesentliche Anliegen unerfüllt geblieben waren. So sammelten sich Gruppen von Professoren, Studenten, Publizisten und Schriftstellern im Umfeld von Universitäten, um den Widerstand gegen das restaurative Fürstenbündnis zu betreiben. Die Erinnerungen an die Befreiungskriege – an den „Geist von 1813" – ließen sich nicht einfach auslöschen. Auch waren die Verfassungsversprechungen des preußischen Königs noch in Erinnerung.

1815 wurde in Jena die erste Burschenschaft gegründet, deren Ziel der Kampf für die politische Freiheit und nationale Einheit Deutschlands war („Ehre, Freiheit, Vaterland!"). Die Burschenschaften knüpften an das Lützowsche Korps aus den anti-napoleonischen Befreiungskriegen an und übernahmen dessen Farben: schwarz – rot – gold. Daraus wurden im Vormärz die Farben der deutschen Nationalbewegung.

Unabhängig davon hatte Friedrich Ludwig Jahn (1778–1852) – ein militant-liberaler Professor – in Berlin eine Turngesellschaft gegründet. Seine Turnbewegung verknüpfte körperliche Ertüchtigung mit einer romantischen, nationalistischen und antifranzösischen Ideologie.

Wartburgfest

Aus Anlass der 300-Jahr-Feier der Reformation und des vierten Jahrestages der Völkerschlacht bei Leipzig versammelten sich am 18. Oktober 1817 etwa 500 Studenten aus dem Gebiet des Deutschen Bundes auf der Wartburg in Thüringen und legten ein Bekenntnis zum deutschen Nationalstaat ab. Der Landesherr, der liberale Großherzog von Weimar, Carl August, hatte den Ort für die Feier zur Verfügung gestellt. Der österreichische Staatskanzler Metternich sah in diesen Vorgängen eine systembedrohende Verschwörung und forderte die Landesherrn zu einer strengeren Überwachung politischer Aktivitäten auf.

Die Ermordung von Kotzebue

Am 23. März 1819 wurde der deutsche Schriftsteller und russische Staatsrat August von Kotzebue in Mannheim vom Burschenschaftler Karl Ludwig Sand ermordet. Kotzebue galt als Feind liberaler Ideen und Berichterstatter („Spion“) des russischen Zaren. Sand wurde zum Tode verurteilt und in Mannheim öffentlich hingerichtet. Diese Tat eines Einzelgängers aktivierte bei den Herrschenden die Furcht vor dem Umsturz. Der Mord an Kotzebue sollte weit reichende Folgen haben, lieferte er doch Metternich den Anlass dafür, den Deutschen Bund auf Unterdrückungsmaßnahmen gegen alle tatsächlichen oder vermeintlichen umstürzlerischen Kräfte festzulegen.

Karlsbader Beschlüsse

Im September 1819 wurden auf Druck der Großmächte hin die Karlsbader Beschlüsse verabschiedet, die in der Folge zu einer massiven Unterdrückung sämtlicher liberaler und demokratischer Bestrebungen führten. In besonderem Maße waren davon die Universitäten und ihre Lehrer sowie Studenten betroffen. Darüber hinaus wurden Burschenschaften und Turnvereine verboten, Presse und Bücher einer Zensur unterworfen. Es begann die Zeit der „Demagogenverfolgung“ – ein politisch-propagandistischer Begriff, der von der Obrigkeit in Umlauf gebracht wurde, um die Oppositionellen als „Volksverhetzer“ zu diffamieren.

Zum Zwecke der Koordinierung der Bundesmaßnahmen wurde in Mainz eine Zentraluntersuchungs-Kommission eingerichtet, deren Aufgabe es war, bei „revolutionären Umtrieben und demagogischen Verbindungen“ zu ermitteln.

Die Karlsbader Beschlüsse blieben bis 1848 in Kraft und bildeten die gesetzlichen Grundlagen für die Repression der nationalen und liberalen Bewegung in Deutschland.

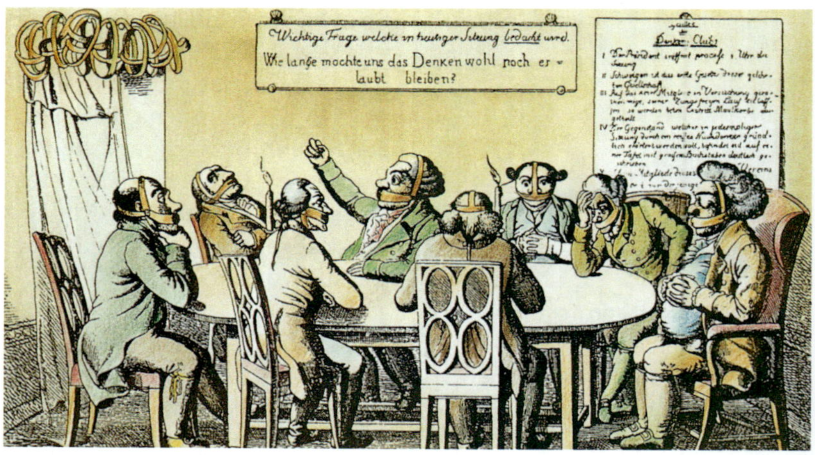

M 4 Der Denker-Club: Auch eine deutsche Gesellschaft
Anonymes Spottblatt auf die Zensur und das Spitzelunwesen in Deutschland zur Zeit Metternichs, um 1820. An der Wand die „Gesetze des Denker-Clubs“:
I. Der Präsident eröffnet präzise 8 Uhr die Sitzung
II. Schweigen ist das erste Gesetz dieser gelehrten Gesellschaft
III. Auf dass kein Mitglied in Versuchung geraten möge, seiner Zunge freien Lauf zu lassen, werden beim Eintritt Maulkörbe ausgeteilt…

Mit den Karlsbader Beschlüssen von 1819 versuchte das Ancien régime die Entwicklung zur bürgerlich-liberalen Gesellschaft aufzuhalten. Sein Leitbild blieb der Untertan. „Ruhe und Ordnung“ galt es aus der Sicht der Obrigkeiten unter allen Umständen zu bewahren.

M 5 **Der Wiener Kongress 1814/15**

Das Gemälde von Jean Baptiste Isabey aus dem Jahr 1819 zeigt die wichtigsten Delegationsteilnehmer des Wiener Kongresses. Von links: vorne sitzend Hardenberg (Preußen), hinter ihm stehend Wellington (England), stehend vor dem Stuhl Metternich (Österreich) daneben sitzend Palmella (Portugal) und, mit übergeschlagenen Beinen, Castlereagh (England). Rechts am Tisch sitzend Talleyrand (Frankreich), neben ihm im Vordergrund sitzend Stackelberg (Russland); schräg hinter Talleyrand stehend Wilhelm von Humboldt (Preußen), links daneben mit leicht vorgeneigtem Kopf Hofrat von Gentz.

M 6 **Neuordnung Deutschlands**

Auszug aus der Gründungsurkunde des Deutschen Bundes, der Deutschen Bundesakte, vom 8. Juni 1815:

[...] Art. 1. Die souveränen Fürsten und freien Städte Deutschlands mit Einschluss ihrer Majestäten des Kaisers von Österreich und der Könige von Preußen, von Dänemark und der Niederlande, und zwar: Der Kaiser von Österreich, der König von Preußen, beide für ihre gesamten vormals zum deutschen Reich gehörigen Besitzungen, der König von Dänemark für Holstein, der König der Niederlande für das Großherzogtum Luxemburg, vereinigen sich zu einem beständigen Bunde, welcher der deutsche Bund heißen soll.

Art. 2. Der Zweck desselben ist Erhaltung der äußeren und inneren Sicherheit Deutschlands und der Unabhängigkeit und Unverletzbarkeit der einzelnen deutschen Staaten.

Art. 3. Alle Bundesglieder haben als solche gleiche Rechte; sie verpflichten sich alle gleichmäßig, die Bundesakte unverbrüchlich zu halten. [...]

Art. 4. Die Angelegenheiten des Bundes werden durch eine Bundesversammlung besorgt [...].

Art. 9. Die Bundesversammlung hat ihren Sitz zu Frankfurt am Main [...].

Art. 11. Alle Mitglieder des Bundes versprechen, sowohl ganz Deutschland als jeden einzelnen Bundesstaat gegen jeden Angriff in Schutz zu nehmen und garantieren sich gegenseitig ihre sämtlichen unter dem Bunde begriffenen Besitzungen.

Bei einmal erklärtem Bundeskrieg darf kein Mitglied einseitige Unterhandlungen mit dem Feinde eingehen, noch einseitig Waffenstillstand oder Frieden schließen. Die Bundesglieder behalten zwar das Recht der Bündnisse aller Art, verpflichten sich jedoch, in keine Verbindungen einzugehen, welche gegen die Sicherheit des Bundes oder einzelner Bundesstaaten gerichtet wären.

Die Bundesglieder machen sich ebenfalls verbindlich, einander unter keinerlei Vorwand zu bekriegen, noch ihre Streitigkeiten mit Gewalt zu verfolgen, sondern sie bei der Bundesversammlung anzubringen. [...]

Art. 13. In allen Bundesstaaten wird eine landständische Verfassung stattfinden[1] [...].

Art. 18. Die verbündeten Fürsten und freien Städte kommen überein, den Untertanen der deutschen Bundesstaaten folgende Rechte zuzusichern:

a) Grundeigentum außerhalb des Staates, den sie bewohnen, zu erwerben und zu besitzen, ohne deshalb in dem fremden Staate mehreren Abgaben und Lasten unterworfen zu sein, als dessen eigene Untertanen.

b) Die Befugnis

1. des freien Wegziehens aus einem deutschen Bundesstaat in den andern, der erweislich sie zu Untertanen annehmen will, auch

2. in Zivil- und Militärdienste desselben zu treten, beides jedoch nur insofern keine Verbindlichkeit zu Militärdiensten gegen das bisherige Vaterland im Wege stehe [...].

d) Die Bundesversammlung wird sich bei ihrer ersten Zusammenkunft mit Abfassung gleichförmiger Verfügungen über die Pressefreiheit und die Sicherstellung der Rechte der Schriftsteller und Verleger gegen den Nachdruck beschäftigen [...].

1 In der Wiener Schlussakte vom 15. Mai 1820 wird der Art. 13 der Bundesakte folgendermaßen ausgelegt:

Art. 57. Da der Deutsche Bund, mit Ausnahme der freien Städte, aus souveränen Fürsten besteht, so muss dem hierdurch gegebenen Grundbegriffe zufolge die gesamte Staatsgewalt in dem Oberhaupte des Staates vereinigt bleiben, und der Souverän kann durch eine landständische Verfassung nur in der Ausübung bestimmter Rechte an die Mitwirkung der Stände gebunden werden.

Art. 58. Die im Bunde vereinigten souveränen Fürsten dürfen durch keine landständische Verfassung in der Erfüllung ihrer bundesmäßigen Verpflichtungen gehindert oder beschränkt werden.

Zit. nach: W. Lautemann, M. Schlenke (Hg.) Geschichte in Quellen, Das bürgerliche Zeitalter 1815–1914, München 1980, S. 23 ff.

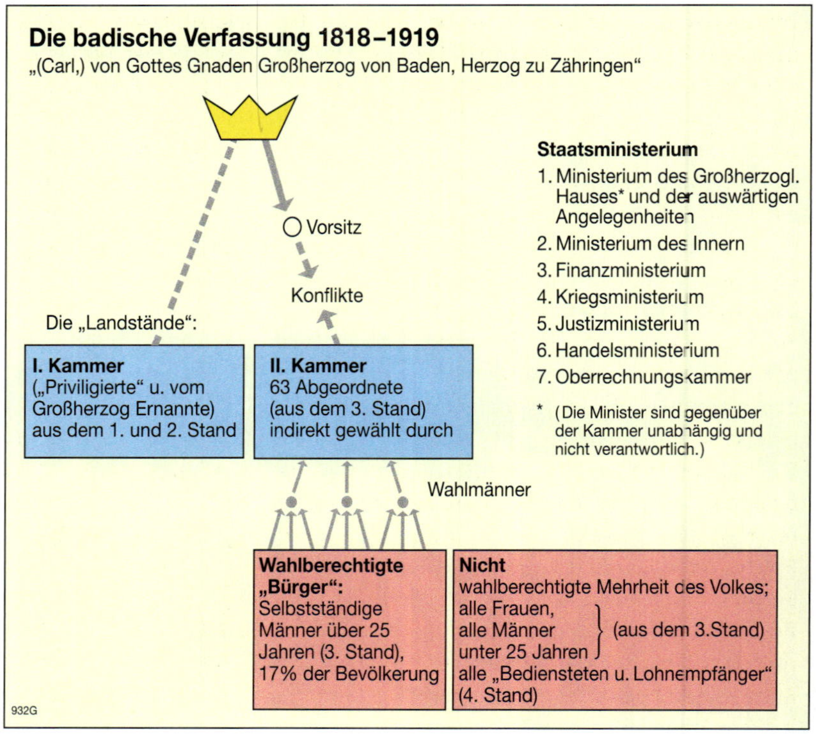

M 7 Die badische Verfassung 1818–1918

§ 8 Alle Badener tragen ohne Unterschied zu allen öffentlichen Lasten bei [...].

§ 13 Eigentum und persönliche Freiheit der Badener stehen für alle auf gleicher Weise unter dem Schutz der Verfassung.

§ 42 Der Großherzog ruft die Stände zusammen, vertagt sie und kann sie auflösen. [...]

§ 46 Alle zwei Jahre muss eine Ständeversammlung stattfinden. [...]

§ 53 Ohne Zustimmung der Stände kann keine Auflage[1] ausgeschrieben und erhoben werden. [...]

§ 65 Kein Gesetz, das die Verfassungsurkunde ergänzt, erläutert oder abändert, darf ohne Zustimmung einer Mehrheit von 2/3 der anwesenden Ständemitgliedern einer jeden der beiden Kammern gegeben werden.

1 Auferlegung einer Verpflichtung

Nach: F. X. Vollmer, Vormärz und Revolution 1948/49 in Baden, Frankfurt 1979, S. 30 ff.

M 8 Die Karlsbader Beschlüsse (1819)

Auf einer Regierungskonferenz in Karlsbad wurden jene Gesetzesentwürfe ausgearbeitet, die am 20. September 1819 vom Bundestag verabschiedet wurden:

Aus dem Universitätsgesetz

§ 1 Es soll bei jeder Universität ein mit zweckmäßigen Instruktionen und ausgedehnten Befugnissen versehener, […] landesherrlicher Bevollmächtigter […] von der Regierung angestellt werden. Das Amt dieses Bevollmächtigten soll sein, über die strengste Vollziehung der bestehenden Gesetze und Disziplinarvorschriften zu wachen, den Geist, in welchem die akademischen Lehrer bei ihren öffentlichen und Privatvorträgen verfahren, sorgfältig zu beobachten und demselben […] eine heilsame, auf die künftige Bestimmung der studierenden Jugend berechnete Richtung zu geben, endlich allem, was zur Beförderung der Sittlichkeit, der guten Ordnung und des äußeren Anstandes unter den Studierenden dienen kann, seine unausgesetzte Aufmerksamkeit zu widmen.

§ 2 Die Bundesregierungen verpflichten sich gegeneinander, Universitäts- oder andere öffentliche Lehrer, die durch erweisliche Abweichung von ihrer Pflicht oder Überschreitung der Grenzen ihres Berufes, durch Missbrauch ihres rechtmäßigen Einflusses auf die Gemüter der Jugend, durch Verbreitung verderblicher, der öffentlichen Ordnung und Ruhe feindseliger oder die Grundlagen der bestehenden Staatseinrichtungen untergrabender Lehren, ihre Unfähigkeit zur Verwaltung des ihnen anvertrauten wichtigen Amtes unverkennbar an den Tag gelegt haben, von den Universitäten und sonstigen Lehranstalten zu entfernen, ohne dass ihnen hierbei […] irgendein Hindernis im Wege stehen könne. […]

Ein auf solche Weise ausgeschlossener Lehrer darf in keinem anderen Bundesstaate bei irgendeinem öffentlichen Lehrinstitute wieder angestellt werden.

§ 3 Die seit langer Zeit bestehenden Gesetze gegen geheime oder nicht autorisierte Verbindungen auf den Universitäten sollen in ihrer ganzen Kraft und Strenge aufrechterhalten, und insbesondere auf den seit einigen Jahren gestifteten, unter dem Namen der allgemeinen Burschenschaft bekannten Verein […] ausgedehnt werden. […] Den Regierungsbevollmächtigten soll in Ansehung dieses Punktes eine vorzügliche Wachsamkeit zur Pflicht gemacht werden.

Die Regierungen vereinigen sich darüber, dass Individuen, die nach Bekanntmachung des gegenwärtigen Beschlusses erweislich in geheimen oder nicht autorisierten Verbindungen geblieben oder in solche getreten sind, bei keinem öffentlichen Amte zugelassen werden sollen.

§ 4 Kein Studierender, der […] von einer Universität verwiesen worden ist, […] soll auf einer anderen Universität zugelassen, auch überhaupt kein Studierender ohne ein befriedigendes Zeugnis seines Wohlverhaltens auf der von ihm verlassenen Universität von irgendeiner anderen Universität aufgenommen werden.

Aus dem Pressgesetz

§ 3 Solange der gegenwärtige Beschluss in Kraft bleiben wird, dürfen Schriften, die in der Form täglicher Blätter oder heftweise erscheinen, desgleichen solche, die nicht über 20 Bogen im Druck stark sind, in keinem deutschen Bundesstaate ohne Vorwissen und vorgängige Genehmhaltung der Landesbehörden zum Druck befördert werden. […]

W. Lautemann, M. Schlenke (Hg.), a. a. O., S. 86 f.

M 9 Der „Zeitgeist"
Rote Fahne, Morgenstern, Dolch und Forderung der Pressefreiheit: Schreckgespenst des Teufels für alle reaktionären Kräfte. Auf der roten Fahne steht: XIIIe Artikel. Universitäten, Pressfreiheit, Stich von J. M. Voltz, 1819.

M 10 Grundsatzprogramm Wartburgfest (1817)

Am 18. und 19. Oktober 1817 trafen sich rund 500 Burschenschaftler auf der Wartburg, um vor allem der Völkerschlacht bei Leipzig 1813 zu gedenken:

Die Grundsätze und Beschlüsse des achtzehnten Oktobers, gemeinsam beraten, reiflich erwogen, einmütig bekannt und den studierenden Brüdern auf andern Hochschulen zur Annahme, dem gesamten Vaterlande aber zur Würdigung vorgelegt von den Studierenden zu Jena.

II. Grundsätze

[…] 19. Freiheit und Gleichheit ist das Höchste, wonach wir zu streben haben, und wonach zu streben kein frommer und ehrlicher deutscher Mann jemals aufhören kann. Aber es gibt keine Freiheit als in dem Gesetz und durch das Gesetz und keine Gleichheit als mit dem Gesetz und vor dem Gesetz. Wo kein Gesetz ist, da ist keine Freiheit, sondern Herrschaft, Willkür, Despotismus. Wo kein Gesetz ist, da ist keine Gleichheit, sondern Gewalttat, Unterwerfung, Sklaverei.

[…] 24. der 13te Artikel der Urkunde des Deutschen Bundes: „In allen Bundesstaaten wird eine landständische Verfassung stattfinden“ enthält die feierliche Bestimmung, dass in keinem deutschen Staate die Willkür herrschen soll, sondern das Gesetz. Der 13te Artikel kann keinen andern Sinn haben, als dass das deutsche Volk durch frei gewählte, und aus seiner Mitte frei gewählte Vertreter unter der Sanktion [Zustimmung] der deutschen Fürsten seine Verhältnisse ordnen, die Gesetze beschließen, die Abgaben bewilligen soll. […]

25. […]1. Jeder, von welchem der Staat Bürgerpflichten fordert, muss auch Bürgerrechte haben. Wer dem Feinde gegenüber als Mann stehen, bluten und sterben soll, der darf auch in der Versammlung der Bürger als Mann stehen, gelten, sprechen. […]

28. Das erste und heiligste Menschenrecht, unverlierbar und unveräußerlich, ist die persönliche Freiheit. Die Leibeigenschaft ist das Ungerechteste und Verabscheuungswürdigste, ein Gräuel vor Gott und jedem guten Menschen. […]

31. Das Recht, in freier Rede und Schrift seine Meinung über öffentliche Angelegenheiten zu äußern, ist ein unveräußerliches Recht jedes Staatsbürgers, das ihm unter allen Umständen zustehen muss. Dieses Recht muss das Wahlrecht des Bürgers ergänzen, wenn er die reelle Freiheit behalten soll. Wo Rede und Schrift nicht frei sind, da ist überhaupt keine Freiheit, da herrscht nicht das Gesetz, sondern die Willkür. […]

H. J. Franz, Grundrechte in Deutschland, Ulm 1973, S. 41 f.

M 11 Reaktion auf die Studentenbewegung

Der Historiker Peter Brandt fasst die Repressionsmaßnahmen gegen „Demagogen“ zusammen:

Die dem Deutschen Bund von Österreich und Preußen praktisch oktroyierten „Karlsbader Beschlüsse“ […] unterwarfen die Universitäten einer strengen staatlichen Aufsicht, verboten die Burschenschaften und das organisierte Turnen und ordneten eine strenge Zensur, insbesondere für Zeitungen und Zeitschriften, an. Preußen betrieb die „Demagogen“-Verfolgung besonders unerbittlich. Es handelte sich – dem preußischen Polizeidirektor Kamptz zufolge – um den Kampf gegen die „Vergiftung der Jugend und den uns drohenden Terrorismus“, wie ihn ein „Haufen verwildeter Professoren und verführter Studenten“ vertrete. Von den Verfolgungsmaßnahmen waren namentlich die Professoren Arndt, Welcker und Schleiermacher betroffen; Görres flüchtete nach Straßburg[1]. Am härtesten unter den Repräsentanten des „Geistes von 1813“ wurde der „Turnvater“ Jahn verfolgt, der bis 1825 als „Demagoge“ in Haft saß und danach noch jahrelang unter Polizeiaufsicht stand. Eine zweite Repressionswelle folgte auf die breitere und stärker demokratisch ausgerichtete Massenbewegung von 1830 bis 1833. In den folgenden Jahren bis 1836 wurden in Preußen 204 Studenten gerichtlich verurteilt, davon 39 zum Tode (sie wurden dann zu […] Haft begnadigt).

1 Ernst Moritz Arndt, Dichter; Karl Theodor Welcker, Staatsrechtslehrer; Friedrich Schleiermacher, Theologe; Joseph Görres, Publizist

P. Brandt, Preußen – Zur Sozialgeschichte eines Staates, in: Berliner Preußen-Ausstellung, Bd. 3, Reinbek 1981, S. 98.

Aufgaben

1. Nennen Sie die Ziele, die der Wiener Kongress verfolgte. Analysieren Sie die Vorstellungen, die dem Deutschen Bund und der Heiligen Allianz zugrunde lagen.
   → Text, M1, M2, M6
2. Beurteilen Sie den Erfolg bürgerlicher Emanzipationsbestrebungen vor dem Hintergrund des Wiener Kongresses, der Deutschen Bundesakte und der Heiligen Allianz.
   → M1, M2, M6
3. Überprüfen Sie, inwieweit die badische Verfassung demokratischen Ansprüchen genügt.
   → M7
4. Im Anschluss an das Wartburgfest veröffentlichten Jenaer Studenten ein Grundsatzprogramm. Arbeiten Sie die Gedanken heraus, die diese Schrift enthält. Welche Ideen haben über die Zeit von 1848 hinaus gewirkt?
   → M10
5. Stellen Sie die wichtigsten Maßnahmen gegen „demagogische Umtriebe“ nach den Karlsbader Beschlüssen zusammen. Untersuchen Sie die Auswirkungen, die die Karlsbader Beschlüsse auf das politische Leben hatten.
   → Text, M8, M11
6. Aus welchem Geist heraus formte sich der Widerstand gegen den Deutschen Bund und die Karlsbader Beschlüsse?
   → Text, M3, M4, M9, M10

3.2 Die Zeit des Vormärz

Mit „Vormärz“ bezeichnet die Geschichtswissenschaft die Zeit zwischen dem Wiener Kongress (1815) und der Märzrevolution von 1848 – im engeren Sinne aber nur die Zeitspanne zwischen der Juli-Revolution in Paris (1830) und 1848. Dieser Zeitabschnitt war gekennzeichnet durch zahlreiche Oppositionsbewegungen gegen das auf Legitimität, Restauration und Solidarität der Fürsten gegründete System des Deutschen Bundes.

Die Idee eines Nationalstaates auf parlamentarischer Grundlage beflügelte zu dieser Zeit alle unterdrückten und geteilten Völker Europas beziehungsweise Mittel- und Südamerikas im Widerstand gegen die monarchistischen Mächte, die eine nationale Souveränität gewaltsam zu verhindern versuchten. Nationale und liberale Bestrebungen in Spanien, Portugal und Italien (1820–1823), die Befreiungskriege der spanischen Kolonien in Süd- und Mittelamerika (1810–1825) und besonders der griechische Befreiungskampf gegen die Türkenherrschaft (1821–1829) führten zu einer Solidarisierung mit den national-revolutionären Bewegungen. Die in dieser Zeit gegründeten Polen- und Griechenvereine in Deutschland waren zugleich auch ein Zeichen der Opposition gegen die „reaktionären“ Verhältnisse in Deutschland.

Juli-Revolution in Frankreich

Als König Karl X. aus der traditionellen Dynastie der Bourbonen die verfassungsmäßig verbriefte Pressefreiheit aufhob, die Abgeordnetenkammer auflöste und das Wahlrecht einseitig zu Gunsten des Adels abänderte, brach im Juli 1830 in Frankreich eine Revolution aus.

In der Auseinandersetzung um das künftige Regime siegte das finanzstarke Bürgertum gegen die Mehrheit der Volksmassen, vor allem aber gegen die Arbeiterschaft, deren politisches Ziel die Errichtung einer Republik war. Mit der Einsetzung des liberalen Herzogs Louis Philippe von Orléans zum König (1830–1848) wurde eine neue Form der Monarchie geschaffen.

Der König war an die Verfassung und den Mehrheitsbeschluss der Volksvertretung gebunden. Diesem „Bürgerkönig“ fehlte also die Legitimität, wie sie vom Wiener Kongress verlangt worden war. Durch die geänderte Verfassung konnte das Bürgertum den Adel aus entscheidenden politischen Positionen verdrängen.

Die Pariser Juli-Revolution hatte tief greifende Folgen für das übrige Europa. Die revolutionäre Gründung des belgischen Staates und dessen Unabhängigkeit von den Niederlanden (1830) gehörte ebenso dazu wie der nationale polnische Freiheitskampf gegen den russischen Zaren. Nach der Niederschlagung des Aufstandes (1830/31) gliederte sich Russland das 1815 geschaffene Kongress-Polen als Protektorat ein.

Emigranten aus Polen, geflohene polnische Soldaten und Offiziere wurden von den Liberalen in Deutschland und Westeuropa als Patrioten enthusiastisch empfangen, weil Russland als Hort der absolutistischen Reaktion angesehen wurde.

Auch in Deutschland beflügelte die Pariser Revolution die nationale beziehungsweise liberale Oppositionsbewegung. Die Politisierung der

Bevölkerung wuchs: In Sachsen, Hessen-Kassel, Hessen-Darmstadt, Hannover und Braunschweig kam es zu Unruhen und Aufständen mit teilweise sozialrevolutionären Tendenzen. In einigen Ländern sahen sich die Regierenden genötigt, Verfassungen zu bewilligen, so zum Beispiel in Hessen-Kassel, Sachsen, Braunschweig und Hannover, was – trotz unterschiedlicher Ausgestaltung – einem wichtigen Teilerfolg der liberalen Bewegung gleichkam.

Hambacher Fest (1832)

Insbesondere der deutsche Südwesten wurde von der Juli-Revolution inspiriert. Die Rheinpfalz, die durch den Wiener Kongress an Bayern gefallen war, entwickelte sich zum Zentrum oppositioneller Unternehmungen. Dieses Gebiet war für mehr als ein Jahrzehnt integrierter Bestandteil der Französischen Republik gewesen. Man hatte daher das neue gesellschaftliche Gefüge freier und gleichberechtigter Staatsbürger anstelle des Privilegienwesens der Feudalzeit genossen. Eine bedeutende Rolle spielte hierbei der von den Journalisten Wirth und Siebenpfeiffer begründete „Press- und Vaterlandsverein". Bayern verbot diesen Verein, seine Mitglieder wurden angeklagt und verurteilt, vielen blieb nur das Exil. Da die Zeitungen nun einer strengen Zensur unterworfen waren, versuchte man über die Herausgabe von Flugblättern Kritik zu äußern. Darüber hinaus bildeten Volksfeste den Deckmantel für sonst nicht zugelassene politische Veranstaltungen. Im April 1832 erging in mehreren Blättern eine Einladung zu einer Verfassungsfeier auf dem Hambacher Schloss. Da die Mitglieder des „Press- und Vaterlandsvereins" eine ihre Rechte unterdrückende Verfassung nicht feiern wollten, luden sie zu einem Fest „Der Deutsche Mai" am darauf folgenden Tag. Die Gegenveranstaltung wurde zunächst wegen der Angst vor Aufruhr und Tumulten verboten, schließlich jedoch nach gerichtlichen Auseinandersetzungen gestattet.

Mehr als 30 000 liberale Bürger, Arbeiter und Bauern versammelten sich am 27. Mai 1832 zur größten politischen Kundgebung des Vormärz. Es war die erste politische Massendemonstration in Deutschland. Die grundlegende Forderung, die in den Ansprachen und Diskussionen erhoben wurde, lautete: Gründung eines deutschen

M 1 **Das Hambacher Fest** war mit etwa 30 000 Teilnehmern die bedeutendste politische Veranstaltung der liberalen Bewegung im Vormärz, Collage für einen Buchtitel zum 175. Jahrestag des Hambacher Festes nach einem kolorierten Stahlstich von 1832.

Nationalstaates auf der Grundlage einer Verfassung unter Anerkennung der Souveränität des Volkes.

Nach dem Hambacher Fest waren die Politiker und Anhänger des konservativen Systems aufs Höchste beunruhigt. Der österreichische Staatskanzler Metternich hing zutiefst der Überzeugung an, dass Volksrepräsentation, Pressefreiheit und die Zulassung von politischen Vereinen den Staat und die Gesellschaft zugrunde richten würden. Eine Verschärfung der Repressionsmaßnahmen durch den Deutschen Bund war die Folge: Verbot politischer Vereine, Verbot öffentlicher Reden mit politischem Inhalt, Verbot kritischer Zeitungen, Verschärfung der Zensur. Die schwarz-rot-goldene Fahne, das Symbol der deutschen Nationalbewegung, durfte nicht mehr gezeigt werden. Dazu kamen Verhaftungen und Prozesse.

Gegen die Organisatoren des Hambacher Festes, Johann Georg August Wirth und Philipp Jakob Siebenpfeiffer und weitere Redner, wurden von den bayerischen Behörden Hochverratsverfahren angestrengt, die jedoch aufgrund der pfälzischen Geschworenengerichtsbarkeit mit Freisprüchen endeten. Während sich Siebenpfeiffer durch Flucht in die Schweiz entzog, folgte gegen Wirth ein Beleidigungsprozess (ohne Geschworene), in dem eine zweijährige Freiheitsstrafe ausgesprochen wurde.

Vormärzliche Opposition in Frankfurt und Hannover

Als ein Beispiel für die radikale Richtung der vormärzlichen Opposition darf der Frankfurter Wachensturm (1833) gelten. Eine Gruppe von Bewaffneten (überwiegend Studenten) wollte die Hauptwache der Frankfurter Polizei stürmen und anschließend das Gebäude des Deutschen Bundestages besetzen. Von dort wollten die Aufständischen die deutsche Republik ausrufen, wobei sie mit der Unterstützung der Bevölkerung rechneten. Das war eine naive und unzutreffende Erwartung. Dieser Putschversuch schlug fehl, gab aber den Behörden die Handhabe für eine Intensivierung der Repression. Eine neue Welle von Verfolgungen trieb viele in die Emigration nach Frankreich und in die Schweiz.

Eine nachhaltige politische Wirkung für die liberale Opposition hatte auch der Protest von sieben Göttinger Professoren (1837) gegen die selbstherrliche Aufhebung der relativ liberalen Verfassung von 1833 durch den König von Hannover. Sie ließen ihren König wissen, dass sie sich mit ihrem Eid an die Verfassung gebunden fühlten und verweigerten den Huldigungseid für den Monarchen. Alle Professoren wurden ihrer Ämter enthoben. Vier von ihnen mussten sogar das Land umgehend verlassen.

Literatur und Öffentlichkeit

M 2 Anzahl der Buchhandlungen in einigen großen Städten des Deutschen Bundes

Stadt	1831	1855
Berlin	80	195
Wien	43	34
Leipzig	79	156
Stuttgart	17	55

Aus: H. Lutz, Zwischen Habsburg und Preußen, Berlin 1985, S. 156.

Im Jahr 1770 konnten etwa 15 Prozent der erwachsenen Deutschen lesen und schreiben. 1840 waren es etwa 50 Prozent. Druckerzeugnisse in Form von Zeitungen, Flugblättern, Broschüren und Büchern erreichten also ein immer größeres Lesepublikum, und mit ihm wuchs auch die Macht der öffentlichen Meinung. Diese ging Mitte des 19. Jahrhunderts nicht mehr nur aus einer dünnen Intelligenzschicht hervor, sondern es bildete sich eine immer breitere Basis der bürgerlichen Öffentlichkeit. Sie formierte sich in Lesegesellschaften, Kaffeehäusern, Theatern, Logen und Klubs verschiedener Art. Die Zahl der Verlage und Druckereien nahm zu und mit ihnen die Anzahl der Presseerzeugnisse. Diese Entwicklung verlieh der Forderung nach politischer Partizipation und wirtschaftlicher Freiheit bedeutend mehr Nachdruck. Politik wurde damit verstärkt aus der Privatsphäre beziehungsweise dem Privatbereich der halbabsolutistisch regierenden Fürsten herausgeholt und zur öffentlichen Angelegenheit gemacht.

Das „Junge Deutschland“

Die Zeit des Vormärz war auch die Zeit einer Literatur, die – gegenwartsbezogen und in kritischer Absicht – für möglichst breite Schichten des Lesepublikums zugänglich sein wollte. „Junges Deutschland“ stellt die Sammelbezeichnung für eine Reihe von zeitkritischen Schriftstellern dar. Der Name selbst stand im Beschluss des Frankfurter Bundestages (1835), in dem eine kleine Gruppe von politisch unbequemen Literaten ein Publikationsverbot erhielt. Zu den bekanntesten Vertretern dieser literarischen Richtung zählen Heinrich Heine (1797–1856), Ludwig Börne (1786–1837) und Karl Gutzkow (1811–1878). Auf die Kritik an den bestehenden Verhältnissen reagierten die Behörden mit verschärfter Zensur. Die Schriftsteller wählten daher oft Spott, Ironie und Satire als literarische Ausdrucksmittel. Denn Ideen, die den Obrigkeiten nicht genehm sein konnten, mussten getarnt werden.

M 3 Lesekabinett
In der ersten Hälfte des 19. Jahrhunderts fand eine Leserevolution statt. Der Anteil der Lese- und Schreibkundigen nahm kontinuierlich zu, Gemälde von L. Arnoto, um 1840.

Heinrich Heine (1797–1856)

Aus der Sicht der oppositionellen Literaten und Publizisten galt es, die Behörden zu überlisten. Sie konnten zum Beispiel durch räumliche oder zeitliche Distanzierung der Handlung die Zensoren über die tatsächliche Aussageabsicht täuschen. Sie konnten aber auch die deutsche Kleinstaaterei zu ihren Gunsten nutzen, denn die einzelnen Landesregierungen gewährten sehr unterschiedliche Spielräume für die Verbreitung politischer Ideen.

Die politische Dichtung wurde zum Ventil für einen unterschwellig gewachsenen revolutionären Druck. Sie wurde zum Medium liberaler und demokratisch gesinnter Kreise, denen eine andere Möglichkeit der Artikulation genommen war. Schriftsteller des „Jungen Deutschland“ prangerten aus dem Ausland die deutschen Zustände an. Georg

M 4 **„Die gute Presse"**
Anonyme Karikatur zur Zensur, die seit 1819 alle Druckerzeugnisse unter 20 Bogen (320 Seiten) erfasste, um 1840.

Georg Büchner (1813–1837)

Büchner (1813–1837) verfasste eine Kampfschrift für die Unterprivilegierten („Der Hessische Landbote, 1834). Auch die Schriften von Georg Herwegh, Ferdinand Freiligrath, Moses Hess und vielen anderen Literaten und Journalisten trugen wesentlich zur Veränderung des öffentlichen Bewusstseins und Verschärfung der revolutionären Stimmung bei.

Der Deutsche Zollverein

Die Beschäftigung mit der Vereinigung der deutschen Staaten zu einem Nationalstaat war zunächst eine Angelegenheit einer relativ dünnen Schicht von Intellektuellen. Im Laufe des 19. Jahrhunderts wuchs zwar das Bildungsbürgertum, aber – aufgrund der Industrialisierung – auch das Wirtschaftsbürgertum. Das Interesse an nationaler Einheit war fortan nicht mehr nur die Sache von Studenten, Hochschullehrern, Juristen und Staatsbeamten, sondern auch von Kaufleuten, Bankiers und industriellen Unternehmern. Zu den ideellen Interessen gesellten sich nun auch materielle Interessen, denn aus der Sicht von Handel und Industrie war der Abbau überholter Handelsschranken, die Bildung eines größeren Binnenmarktes und die Erhebung einheitlicher Außenzölle ein Gebot wirtschaftlicher Vernunft.

Bereits 1819 hatte der Tübinger Nationalökonom Friedrich List in Frankfurt einen „Deutschen Handels- und Gewerbeverein" gegründet, der die Aufhebung der Binnenzölle und einen gemäßigten Schutzzoll forderte.

Aber erst der ausländische Wirtschaftsdruck erzwang eine allmähliche Wirtschaftseinheit. Während die europäischen Nachbarstaaten durch Schutzzölle ausländische Waren von ihren Märkten fern hielten, überschwemmten fremde Produkte (zum Beispiel englische Waren) den deutschen Markt und hinderten die beginnende Industrialisierung in Deutschland in ihrer Entwicklung

Aus diesem Grunde wünschte das Bürgertum für die Entfaltung von Handel und Industrie die Beseitigung der ökonomischen Zersplitte-

M 5 **„Gränzverlegenheit“**
Karikatur von 1848 auf die deutschen Zollgebräuche vor Gründung des Zollvereins
„Sie sehen, Herr Gränzwächter, dass ich nix zu verzolle hab', denn was hinte auf'm Wagen ist, hat die Lippische Gränz noch nit überschritten, in der Mitt' ist nix, und was vorn drauf is, ist schon wieder über der Lippischen Gränze drüben.“

rung Deutschlands. Diese hatte Zollschranken sowie ein uneinheitliches Münz-, Maß- und Gewichtssystem zur Folge gehabt. Der Deutsche Zollverein von 1834, der Preußen und die süddeutschen Staaten umfasste, bildete einen wesentlichen Anstoß für die später folgende deutsche Einheit. Preußen hatte sich an die Spitze der wirtschaftsliberalen Bewegung in Deutschland gestellt. Zwar sind Wirtschaft und Politik nicht identisch, aber im Nachhinein muss im Zollverein eine Weichenstellung erblickt werden, die den Gang der deutschen Geschichte mit der Reichsgründung unter Ausschluss Österreichs nicht unwesentlich beeinflusste.

Zur politischen Ideengeschichte des Vormärz

Konservatismus

Der Konservatismus als politische Ideologie bildete sich in Deutschland erst in der Auseinandersetzung mit den Ideen der Französischen Revolution. Seinem Selbstverständnis nach waren Volkssouveränität und Nationalstaatsgedanke abzulehnen. Als Antithese dazu wurde ein Staats- und Gesellschaftsmodell entwickelt, in dessen Zentrum die christliche – von Gott legitimierte – Herrschaft des Fürsten stand. Der Konservatismus lehnte die Gleichheit – auch die Gleichberechtigung – der Menschen mit dem Hinweis auf die gottgegebene Ordnung ab. Seiner Vorstellung entsprach die Hierarchie der ständischen Gesellschaft mit ihren abgestuften Rechten. Die Konservativen betonten das religiöse Fundament der Gesellschaft, und überhaupt galt ihnen die Religion als Mittel der gesellschaftlichen Integration.

Als die wichtigsten konservativen Staatsrechtslehrer in der Zeit vor 1848 gelten: Adam Müller (1779–1829), Carl Ludwig von Haller (1768–1854) und Friedrich Julius Stahl (1802–1861).

Liberalismus

Der Liberalismus bildete die stärkste ideologische Kraft im deutschen Vormärz. Erwachsen aus der Aufklärung des 18. Jahrhunderts sah er in der Entfaltung des Individuums den Kern jeder politischen Emanzipation. Nicht die Autorität des Staates, sondern die bürgerlichen Freiheiten standen im Mittelpunkt des liberalen Staats- und Gesellschaftsverständnisses. Der Schutz des Bürgers vor staatlichen Ein- und Übergriffen sollte dem Liberalismus zufolge durch verfassungsmäßig verbriefte Freiheitsrechte gewährleistet werden.

M 6

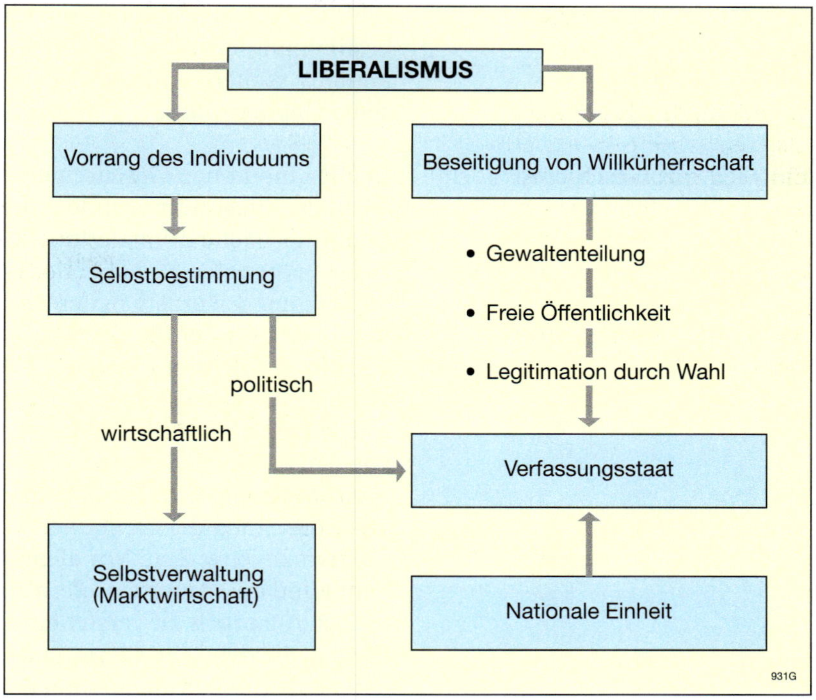

Die Mehrheit der Liberalen des 19. Jahrhunderts stellte die Monarchie nicht infrage. Gerade in der kritischen Auseinandersetzung mit der Radikalisierung der Französischen Revolution und deren Auswüchsen in Form des jakobinischen Terrors erhielt das Modell einer konstitutionellen Monarchie seine Konturen. Der Liberalismus lehnte mehrheitlich die Revolution ab und strebte einen Kompromiss mit der Fürstenherrschaft an – auf der Grundlage von Gewaltenteilung und Rechtsstaatlichkeit.

Die Träger des liberalen Gedankengutes – das Besitz- und Bildungsbürgertum – unterschieden zwischen politischer und rechtlicher Gleichheit. Rechtsgleichheit blieb ein Postulat des Liberalismus, aber zur politischen Teilhabe war nach liberaler Anschauung nur derjenige qualifiziert, der sich durch Besitz, Bildung beziehungsweise als Steuerzahler auswies.

Die Widersprüche, die dem Liberalismus im Hinblick auf das Gleichheitsprinzip innewohnten, führten dazu, dass sich ein Teil seiner Anhänger radikalisierte und die Volkssouveränität sowie die soziale Gleichheit forderte. In der Revolution von 1848 wurden dann die Differenzen zwischen der Mehrheit des gemäßigten Liberalismus und dem demokratischen Linksliberalismus deutlich.

Die bedeutendsten Vertreter des Frühliberalismus waren Karl von Rotteck (1775–1840), Karl-Theodor Welcker (1790–1869) und Robert Mohl (1799–1875).

Nationalismus

Eine zentrale Idee, die von der Französischen Revolution in ganz Europa verbreitet worden war, hieß: Staat und Nation sollten eine Einheit bilden. Diese Idee musste wie ein Sprengsatz in einem Europa wirken, das in weiten Teilen multinational strukturiert und von den Kronen zusammengehalten wurde. Im 19. Jahrhundert entwickelte sich auf der Grundlage von Sprache, Kultur und Geschichte ein Nationalgefühl, das auf die Bildung von Nationalstaaten hinwirkte. Der Selbstbestimmungsanspruch der Völker, der im 20. Jahrhundert ein anerkanntes völkerrechtliches Prinzip wurde, hatte im 19. Jahrhundert seine Geburtsstunde.

Ein Lied mit Geschichte

In allen modernen Gesellschaften stellen Flagge, Hymne und Wappen wichtige Integrationssymbole dar. Sie befriedigen ein offenkundiges Bedürfnis nach nationaler und kultureller Identität.

Die nationalen Symbole der Bundesrepublik Deutschland – Flagge und Hymne – wurzeln in der Zeit des Vormärz. Das Schwarz, Rot und Gold verweist auf die deutschen Burschenschaften, die diese Farben wiederum den Uniformen der Lützowschen Jäger – ein Freikorps zur Zeit der Befreiungskriege gegen Napoleon – entnommen hatten.

Die deutsche Nationalhymne geht auf ein Gedicht von Hoffmann von Fallersleben zurück, der wegen seiner liberalen und nationalen Anschauungen seine Professur in Breslau verloren hatte. Er schrieb 1841 das „Lied der Deutschen" – eines von unzähligen patriotischen Liedern zu jener Zeit. Vor allem die erste Strophe wurde vielfach verkannt und missdeutet, insofern als das „über alles" nicht als imperialistischer Anspruch zu verstehen ist, sondern vielmehr als eine Aufforderung, die deutsche Kleinstaaterei zu überwinden. Die dritte Strophe enthält das liberale und nationale Programm der politischen Bewegung des Vormärz, das bereits in Hambach (1832) proklamiert worden war.

Erst 1922 wurde durch Reichspräsident Friedrich Ebert in einer Rückbesinnung auf die verschüttete demokratische Tradition der Revolution von 1848 das „Lied der Deutschen" zur offiziellen Nationalhymne erklärt.

Die Nationalsozialisten missbrauchten die Hymne der Weimarer Republik, wobei sie insbesondere die erste Strophe als propagandistisches Kampflied für das deutsche Vormachtstreben benutzten. Die Frage nach Einführung einer Nationalhymne blieb nach 1949 lange umstritten. Erst 1952 wurde in einem Briefwechsel zwischen Bundespräsident Theodor Heuss und Bundeskanzler Konrad Adenauer das „Lied der Deutschen" von Hoffmann von Fallersleben nach der Melodie von Joseph Haydn als Nationalhymne wieder eingeführt, allerdings mit dem Zusatz, dass bei staatlichen Veranstaltungen nur die dritte Strophe zu singen ist.

Chronologie

1814/15	Wiener Kongress
1815	Gründung des Deutschen Bundes; Manifest der Heiligen Allianz; Gründung der Allgemeinen Deutschen Burschenschaft
1817	Wartburgfest
1818	Ermordung des Schriftstellers Kotzebue durch den Burschenschaftler Sand
1819	Karlsbader Beschlüsse
1830	Juli-Revolution in Paris
1832	Hambacher Fest
1833	Frankfurter Wachensturm;
1837	Amtsenthebung der „Göttinger Sieben"

M 7 **„Deutschlands Pflichten"**

Flugblatt des Hauptorganisators des Hambacher Festes Johann Georg August Wirth (3. Februar 1832):

Die Könige haben unter sich einen Bund geschlossen. Der Bund gilt der Unterdrückung der Völker. Die Mittel sind, dass der Wille des Königs mithilfe der Gewalt als oberstes Gesetz geltend gemacht, alle Wünsche und Anträge des Volkes zur Beförderung der gesellschaftlichen Zwecke schnöde zurückgewiesen und die Verteidigung der Volksrechte durch Vernichtung der freien Presse und durch Terrorismus gegen deren unabhängige Organe unmöglich gemacht wird. Die Früchte des Bundes sind: Verarmung der Völker und Entweihung der menschlichen Würde durch Kriecherei und Sklaventum. Dieser Bund, welcher wie eine drückende eherne Kette ganz Europa umschlingt und den Segen der Natur in Calamität [Schwierigkeit] verwandelt, hat seine Hauptstütze in Deutschland. Die zwei mächtigsten deutschen Könige beobachten sorgfältig die Stimmung der Völker. Sobald sie eine Regung der besseren Natur bemerken und das geringste Streben nach Freiheit wahrnehmen, verbünden sie sich mit dem Selbstherrscher der Reußen [veraltet für Russen], d. h. aller Barbaren, um dem Geiste der Zivilisation entgegen zu wirken. Ihre Politik besteht dabei darin, die Kraft des deutschen Volkes durch Auseinanderreißen des Landes, Zerstörung des deutschen National-Charakters, Unterdrückung der Triebe nach Wiedervereinigung und endlich durch die grausamste Beschränkung der Gedanken-Mitteilung auf immer zu brechen, hiernächst aber die Freiheit des französischen Volkes zu untergraben, indem man die Umtriebe dessen Königs unterstützt und zugleich die deutsche Nation gegen Frankreich aufzuhetzen versucht. In der Erkenntnis der Politik des Bundes liegen zugleich die Mittel zur Vernichtung desselben. Sollen die Völker endlich die Freiheit erlangen, soll der Verarmung und dem Elende Europas ein Ende gesetzt werden, so muss Russland von Preußen und Österreich durch ein demokratisch organisiertes Polen getrennt, das Übergewicht des preußischen und österreichischen Königs durch Organisation eines deutschen Reiches, mit demokratischer Verfassung, aufgehoben, und eine europäische Staatengesellschaft durch ein treues Bündnis des französischen, deutschen und polnischen Volkes vorbereitet werden. Die Wiederherstellung Polens kann nur durch Deutschland geschehen. Unsere Nation ist hierzu moralisch und rechtlich verbunden, um die schwere Sünde der Vernichtung Polens zu sühnen: Unser Volk muss die Wiederherstellung Polens aber auch wegen der eigenen Interessen zu seiner wichtigsten und dringendsten Aufgabe machen. Da es aber zurzeit noch keine deutsche Nation gibt, so würde vor allem ihre Wiedererweckung notwendig sein. Wie aber dies möglich wäre, wird niemand einsehen wollen: Denn man weiß ja, dass die deutschen Könige ihre Interessen von jenen des gemeinsamen Vaterlandes geschieden haben, man weiß, dass sie mithilfe der nämlichen Gewalt, welche das Vaterland ihnen gibt, also mit unserem Gelde und unsern Kindern, der Wiedergeburt einer deutschen Nation aus allen Kräften sich widersetzen und überhaupt alles zu zerstören, was zum Heile des Gesamtvolkes dienen kann. Dies ungeachtet gibt es gleichwohl ein völlig erlaubtes und völlig gesetzmäßiges Mittel, um den feindseligen und hartnäckigen Widerstand der Könige gegen die Interessen des Vaterlandes zu überwinden. Auch der größte Despot hat nur Gewalt über den Körper: Über den Geist gebietet keine andere Macht als die moralische. Wenn nun auch unsere Körper der Gewalt der Tyrannen unterworfen sind, so bleibt doch der Geist frei; und dadurch ist uns die Macht gegeben, die Wiedervereinigung Deutschlands im Geiste herzustellen. Die vereinigte Gewalt der Könige ist nicht hinreichend, um das Bündnis der Geister zu verhindern. Aus dem geistigen Bündnisse entspringt aber die Macht der öffentlichen Meinung, und da diese schwerer in die Waagschale der Gewalten fällt als alle Macht der Fürsten, so führt die Wiedergeburt Deutschlands, im Geiste, von selbst auch auf die materielle Vereinigung.

Zit. nach: J. Kermann (Hg.), Texte zur Landesgeschichte – Das Hambacher Fest, Speyer 1981.

M 8 **Reaktion auf das Hambacher Fest**

Gutachten des preußischen Staatsministeriums vom 8. Juni 1832:

Den Unterzeichneten ist der Befehl Seiner Majestät gegeben worden: sich gutachtlich darüber zu äußern, welche Maßregeln in Folge des Festes zu Hambach jetzt zu ergreifen sein möchten, und zwar 1. in Beziehung auf das Äußere, 2. in Beziehung auf das Innere, 3. in militärischer Hinsicht.
Es wurde zuvörderst allgemein anerkannt, dass die Begebenheiten dieses Festes von solcher Natur seien, dass sie die ernstesten und nachdrücklichsten Maßregeln nicht nur rechtfertigten, sondern notwendig machten; indem sie nur als vollständige Revolution bezeichnet werden können, und zwar

nicht bloß gegen Bayern, in dessen Gebiet sie sich zugetragen, sondern gegen alle Staaten des Deutschen Bundes, dass aus diesem Grunde die zu ergreifenden Maßregeln bundesgemäß und streng gesetzlich sein und sich vorerst vornehmlich darauf beschränken müssten: 1. der Rädelsführer des Hambacher Festes und der außerdem dabei besonders graviert [belastet] erscheinenden Personen habhaft zu werden und gerichtlich bestrafen zu lassen: 2. Ferneren ähnlichen Versammlungen verhindernd entgegenzutreten, und dadurch sowohl, als 3., durch ernste Bekämpfung des Press-Unfugs, der revolutionären Partei ihre beiden Hauptwaffen zu nehmen. Hiernach erscheinen folgende Mittel als die angemessensten: [...] [In Beziehung auf das Innere] wird vorgeschlagen, die Beobachtung verdächtiger Personen im Inland zu verdoppeln und so viel wie möglich auf das Ausland auszudehnen. Ferner, bekannt zu machen, dass alle am Hambacher Fest tätigen Anteil genommen habenden Preußen als Hochverräter verfolgt werden sollen. Alle auf den Universitäten Heidelberg und Freiburg studierenden Preußen zurückzurufen, und beide Universitäten auf unbestimmte Zeit den Inländern zu verbieten. Endlich das Verbot gegen ausländische Zeitungen auszudehnen und auf alle Blätter von entschieden revolutionärer Farbe auszudehnen; auch alle preußischen Buchhändler zu verpflichten, wenn sie ausländische Flugschriften verbreiten wollen, dieselben einer Re-Zensur zu unterwerfen. Wenn auch diese letzteren Mittel nicht radikal sind, so werden sie doch die Verbreitung solcher Blätter und Schriften in Maßen steuern.

Zit. nach: V. Valentin, Das Hambacher Nationalfest, Frankfurt/M. 1982, S. 162 ff.

M 9 Die „Göttinger Sieben"

Über die Bedeutung der „Göttinger Sieben" urteilte der Historiker Theodor Schieder: „Ihre Wirkung war indessen eminent politisch: Für die liberale Opposition war der Schlag gegen die Verfassung in Hannover und gegen die Professoren in Göttingen ein Fanal. Zudem wurde, wie [Heinrich von] Treitschke zuerst bemerkt hat, durch das Göttinger Ereignis die politische Autorität des deutschen Professorentums begründet und damit eine wichtige Voraussetzung für die Bewegung von 1848 geschaffen."

Oben (v. l. n. r.): Georg Gottfried Gervinius (1805–1871), Wilhelm Albrecht (1800–1876),
Mitte (v. l. n. r.): Heinrich Edwald (1803–1875), Friedrich Christoph Dahlmann (1785–1860), Wilhelm Weber (1804–1891),
Unten (v. l. n. r.): Wilhelm Grimm (1786–1859), Jacob Grimm (1785–1863).

Aus: H. Scharf, Historische Stätten (Hermes Handlexikon, Düsseldorf 1983, S. 171.

M 10 **Der deutsche Michel (1843)**

Die Aufhebung der Bilderzensur 1842 in Preußen löste eine Flut von Karikaturen aus, die sich vor allem mit den Themen Zensur, Pressefreiheit, Verfassung, deutsche Einheit und Metternich befassten. Die Figur des Michel, Synonym für den dummen, schwerfälligen und einfältigen Deutschen, wurde im Vormärz durch frech kommentierte Karikaturen populär. 1843 erschien in Leipzig in der Renger'schen Buchhandlung eine Flugschrift über die Karikatur von R. Sabatky, die den Michel darstellt: eingeschläfert vom Zaren, ausgeraubt von der britischen Bulldogge, von Metternich zur Ader gelassen, vom Papst mit einem Mundschloss zum Schweigen gebracht. „Dem blöden Volk" erklärt der Autor Michels Träume von Vergangenheit und Zukunft, und er fordert Michel auf: „vergiss, dass du das Pulver und die Presse erfunden hast […]".

Nach: Chr. Stölzl (Hg.), Deutsche Geschichte in Bildern, a. a. O., S. 375.

M 11 **Ständegesellschaft**

Am Beispiel der Residenzstadt Hannover wird der Aufbau der Gesellschaft im Vormärz gezeigt:

Die Gesellschaftsgruppe, die aufgrund ihrer Herkunft [Geburt], ihres Besitzes sowie ihres Berufes, ihrer Bildung oder ihrer politischen Verdienste zusammengehörte, bezeichnete man im absoluten Staat als Stand. Seit dem Mittelalter waren der grundbesitzende Adel, die Prälaten als Inhaber hoher kirchlicher Posten, und das Patriziat, das die Vertreter der obersten Stadtverwaltung stellte, Mitglieder der ständischen Ordnung. Sie stimmten z. B. auf den Landtagen über die vom Kurfürsten beantragten Steuerbewilligungen ab. Die Bewohner von Städten mit Hausbesitz, das waren die „Bürger", sowie die Bauern waren Stände minderen Ranges ohne Stimmrecht. Die städtischen Mietbewohner und die nichtbäuerlichen Landbewohner standen unterhalb und damit außerhalb der altständischen Ordnung. Politisch bildete sich zudem ein Beamten- und Offiziersstand heraus. In Hannover gewannen der Adel und die oberen Chargen [Ränge] der Verwaltung und des Militärs beherrschende Stellungen, weil der Kurfürst von 1714–1837 als König von Großbritannien im fernen London residierte. Die so genannten „hübschen" Familien [=höfisch, ein Staatspatriziat] waren eine schmale bürgerliche Schicht von sozialen Aufsteigern, die in Hannover neben dem regierenden und dem Hofadel einen neuen, einflussreichen Stand bildeten; sie konnten aber nur, wenn sie ein Amt erhielten oder geadelt wurden, direkt an der Macht und den gesellschaftlichen Zirkeln des ersten Standes teilhaben. Innerhalb der Stadt Hannover unterschied man, etwa in der Kleiderordnung von 1689, sechs Stände und noch darunter standen die Armen. Den Magistrat wählten die Kaufleute, Angehörige der Ämter [Zünfte] und der Meinheit [Brauhausbesitzer]. […] Im eigentlichen Bürgerstand in der Stadt wurde dem Kaufmann der 1. Rang zugebilligt. Ihm folgte der Handwerkerstand, der z. T. ebenfalls städtische Ehrenämter übernahm. Als geringere Bürger, als „Spießbürger" wurde 1847 in Hannover die Mehrheit derjenigen mit niederem Einkommen angesehen, und dazu gehörten inzwischen auch viele Handwerksmeister und -gesellen, die als gleichgültig, uninformiert und ohne politische oder öffentliche Teilhabe beschrieben wurden. Zur dienenden Klasse zählten die Kammerdiener, Bedienten in Livree [Uniform] und Dienstboten. Nicht vergessen waren im Reiseführer 1847 die Prostituierten, kontrollierte und nicht kontrollierte – aber unerwähnt blieben die ungelernten Arbeitskräfte, Tagelöhner, Bettler und Vagabunden, die sich in zeitgenössischen Karikaturen und Polizeiberichten finden. [...] Die Sitzordnung in der Kirche und im Theater, nach Klassen getrennt, war alter Brauch und wurde selten aufgehoben. Eisenbahnreisende konnten je nach Geldbörse zwischen drei Klassen wählen. [...] Die 3. Klasse fuhr offen; das Vieh wurde in geschlossenen Waggons befördert.

A. v. Rohr, Ständegesellschaft, in: Historisches Museum Hannover, Biedermeier und Revolution Hannover 1848, Hannover 1998, S. 21 ff.

M 12 Verurteilung eines „Demagogen" in Preußen (1837)

Der Schriftsteller Heinrich Laube (1806–1884) über seine Erfahrungen mit der preußischen Justiz:

Ich lebte den langen Winter hindurch und bis in den Frühsommer 1837 hinein mit meiner Frau, als ob der Himmel voller Geigen hinge. Wir dachten gar nicht daran, dass ein Schwert des Damokles über mir hinge. [...] Die Untersuchung gegen mich in der Hausvogtei [das Berliner Stadtgefängnis] war ja doch in Gestalt von Verhörprotokollen ans Kammergericht befördert worden zur Urteilssprechung. Dies Urteil war jetzt gesprochen worden und lautete auf – sieben Jahre Festungsstrafe.

Man sah sich an und fragte sich gegenseitig: ob man träume? Ein Gerichtshof könne doch nur nach Gesetzesparagraphen ein Urteil fällen; wo gäbe es denn aber Gesetzesparagraphen für ein vages Demagogentum ohne Taten? Es gab solche Paragraphen; man träumte nicht. In Folge der großen Mainzer Untersuchungskommission gegen die burschenschaftliche Demagogie war ein Gesetz erlassen worden, nach welchem jede Teilnahme an einer Burschenschaft mit sechs Jahren Festung bestraft wurde. Sechs Jahre Festungsstrafe für Teilnahme an einer Studentenverbindung, weil sie die Einigung Deutschlands vorbereiten wollte!

Wie nimmt sich das heute aus, wo der Reichstag des vereinigten Deutschland in Berlin tagt! [seit 1871] Mir war nachgewiesen, dass ich Anno 26 und 27, also vor zehn Jahren, Teilnehmer an einer Studentenverbindung in Halle gewesen, welche zwar nicht alle Formen, aber doch die Ideen der Burschenschaft betrieben habe. Mir gebührten also sechs Jahre Festungsstrafe. Für meine schriftstellerischen Bestrebungen war ein Jahr Festung als Entgelt ermittelt worden. Meine belletristischen Schriften hatten da nicht klar genug strafrechtlichen Anhalt gewährt, dieser schien aber geboten in dem ersten Buche, welches ich 1832 herausgegeben unter dem Titel: „Das neue Jahrhundert". Der erste Band dieses Buches enthielt eine Geschichte Polens bis zum großen Aufstande 1830 und 1831. In dieser Geschichte Polens sei der Kaiser von Russland beleidigt worden. Dieser, ein Schwager des regierenden Königs von Preußen, sei ein Alliierter des Königs von Preußen, und weil dieser Alliierte beleidigt worden ist, sei ein Strafausmaß von einem Jahre gerechtfertigt. Summa sieben Jahre.

H. Laube, Erinnerungen 1810–1840. Wien 1875. Zit. nach: F. Bedürftig (Hg.), Preußisches Lesebuch, Stuttgart 1981, S. 162.

M 13 Das konstitutionelle System

Karl von Rotteck (1775–1840), Historiker und Mitglied der badischen Zweiten Kammer, schrieb über sein Staatsverständnis:

Wenn der Staat ein wirklich zu Recht bestehender, nicht bloß auf faktischer Gewalt beruhender, Zustand sein soll, so ist die Annahme eines (ursprünglichen oder später hinzugekommenen, ausdrücklich oder nur stillschweigend geschlossenen) Gesellschaftsvertrages die unbedingte Voraussetzung. Die unmittelbar vom Himmel stammende Gewalt des Herrschers ist eine mystische und veraltete, auch trotz aller Bemühungen der Legitimisten nimmermehr dem Verstande der mündig gewordenen Nation aufzuheftende Idee. Nicht haltbar ist jene des Erbeigentums über ein ganze Völker beherbergendes Land; und die dem patriarchalischen Zustande der Stämme unter Stammeshäuptern abgeborgte Idee der väterlichen oder landesväterlichen Gewalt ist eine bloß der Poesie angehörige Vorstellung. Die Gewalt schlechthin endlich, keinen anderen Titel als sich selbst aufstellend, ist kein Fundament eines Rechtsverhältnisses. Also bleibt nur der – ausdrückliche oder stillschweigende – Vertrag, namentlich Gesellschaftsvertrag, übrig, um dem Staatsverein eine rechtliche Grundlage und Bedeutung zu geben, und aus dem natürlichen Gesellschaftsrecht allein, wenn irgendwoher, lassen sich für die Rechtsverhältnisse im Staat vernünftige Regeln ableiten. Das konstitutionelle System anerkennt dieses, und hat darum ganz eigens zu seiner Aufgabe die Verwirklichung der Idee eines nach vernünftigem Gesellschaftsrecht verfassten und regierten (d. h. zur gemeinsamen Zweckerstrebung gelenkten) Staates.

Zit. nach: O. H. von der Gablentz, Die Politischen Theorien seit der amerikanischen Unabhängigkeitserklärung, Politische Theorien III, Köln 1967, S. 144.

M 14 Liberalismus

Paul Achatius Pfizer (1801–1867), Jurist und Politiker, war bis 1838 Führer der liberalen Opposition in der Zweiten Kammer des württembergischen Landtags. 1848 wirkte er als Mitglied der Frankfurter Nationalversammlung. Er schrieb über die Gleichheit:

Dass unter dem gleichen Rechte und der gleichen Freiheit aller, welche der Liberalismus fordert, nicht die äußerliche Gleichheit von Besitz und Macht gemeint sein könne, indem Rechtsgleichheit himmelweit verschieden ist von materieller Gleichheit des Besitzes, und die bleibende Durchführung der letzteren ohne einen die Freiheit des Verkehrs, des Eigentums und der Verträge vernichtenden Despotismus gar nicht denkbar wäre – dies wird zwar allmählich von den Gegnern des Liberalismus ebenso gut als von den Liberalen selbst eingesehen. [...]

Der Liberalismus behauptet zwar, dass bei der Entscheidung gemeinsamer Angelegenheiten dem Willen der Mehrzahl von Rechts wegen der Vorzug vor dem Willen der Minderzahl gebühre; aber sein oberstes Rechtsprinzip ist nicht unbedingte, willkürliche Herrschaft der Majorität, sondern die möglichst größte Freiheit aller. Für ungerecht erklärt er insbesondere jede Mehrheitsentscheidung, welche die Minderheit gegen ihren Willen nach einem anderen Gesetz behandelt als nach demjenigen, welches die Mehrheit auch für sich als bindend aufstellt, und für unbedingt verwerflich gilt ihm jeder Majoritätsbeschluss, der dem Moralgesetz zuwiderläuft. Denn Vernunft und Gewissen werden ewig die Gleichheit der Menschen oder die gleiche Achtung der fremden Persönlichkeit, welche man für die eigene anspricht, predigen; und eben dieses Prinzip stimmt auch mit den Geboten der allgemeinen Sittenlehre sowohl als insbesondere mit dem christlichen Moralgebot [...] innig überein.

Indessen ist nicht zu leugnen, dass es Liberale gibt, die von keinem andern Staatszweck als dem Rechtsschutz und der Sorge für die Sicherheit und die Bequemlichkeit des äußeren Daseins wissen, die sittlichen, religiösen und intellektuellen Interessen aber ganz sich selbst überlassen wollen. Allein das oft hervorgetretene Bestreben, die Wirksamkeit des Staates einseitig auf den möglichst engen Umkreis zu beschränken, hat seinen Ursprung nur darin, dass statt des wirklichen Gemeinwohls allzu häufig die selbstsüchtigen Zwecke und Interessen oder die Lieblingsideen und individuellen Ansichten der Gewalthaber verfolgt werden.

Zit. nach: W. Mommsen, Deutsche Parteiprogramme. München 1960, S. 105 ff.

M 15 Konservatismus

Der preußische Staatsrechtslehrer Friedrich Julius Stahl (1802–1861) über das konservative Staatsprinzip:

Die Monarchie hat darum vor Allem den Vorzug der Einheitlichkeit und Persönlichkeit der Herrschaft,

dass sich in Einem Manne koncentrirt, der beständig zu handeln im Stande ist, und nicht in sich selbst zerfallen kann, dadurch die Übereinstimmung und Aufeinanderberechnung in der Anordnung, die Energie in der Ausführung.

Sie hat aber den noch viel bedeutenderen Vorzug der Ursprünglichkeit und Erhabenheit der Herrschaft,

dass der Herrschende in keiner Hinsicht Unterthan oder von den Unterthanen abhängig, sondern immer und überall über ihnen ist,

dass seine Gewalt nicht von den Unterthanen kommt, sondern von sich selbst besteht, dadurch die Unbedingtheit des Ansehens und der Ehrfurcht und die Freiheit von den Interessen, welche die Unterthanen zertheilen und befangen.

Die Gewalt des Königs ist „von Gottes Gnaden", ist ein „göttliches Recht". Das gilt schon von aller Staatsgewalt, auch in der Republik. Aber das göttliche Ansehen und die Majestät der Staatsgewalt stellt sich bei einem persönlichen Träger derselben, der in keiner Beziehung Unterthan ist, sichtbarer und lebendiger heraus, und es kommt in der Erbmonarchie noch das hinzu,

dass der Inhaber der Staatsgewalt ohne menschliches Zuthun in ihrem Besitz ist durch göttliche Fügung, welcher sich die Menschen in Ehrfurcht unterwerfen sollen. Hier ruht also das Ansehen des Herrschers nicht bloß auf einem allgemeinen Gebot und Ordnung Gottes, wie bei aller Obrigkeit, sondern zugleich auch noch auf einer speciellen (wiewohl keineswegs einer unmittelbar persönlichen, die Natur durchbrechenden) Veranstaltung Gottes. Dies ist das Princip der Legitimität, wie es der Erbmonarchie eigenthümlich ist.

Fassen wir nun Alles noch einmal zusammen, so beruht das monarchische Princip darauf,

dass der Fürst allein die Abfassung der Gesetze (Initiative) hat, die Stände nur Zustimmung und Petition,

dass er allein die Administration hat, dass nicht administrative Anordnungen, noch weniger administrative Verfügungen (private bills) als Gesetze gelten und der ständischen Zustimmung unterliegen,

dass er sowohl sein eigenes fürstliches Einkommen

als auch die Mittel des Staatshaushalts unabhängig von ständischer Willkür mit Sicherheit besitzt, nur für fakultative Ausgaben oder für Erhöhungen oder beziehungsweise für Abänderungen im bisherigen traditionellen System des Staatshaushalts der Stände bedarf, endlich,
dass er alle diese Rechte wirklich und nicht scheinbar übt, und zu diesem Ende [Zweck] die Kontrasignatur [Gegenzeichnung] und Verantwortung der Minister oder sonstige Schutzmittel der Stände sich nicht weiter erstrecken als auf Einhaltung der Verfassung.

Zit. nach: O. H. von der Gablentz, a. a. O., S. 133 ff.

M 16 Das Lied der Deutschen

August Heinrich Hoffmann von Fallersleben (1798–1874) dichtete das „Lied der Deutschen" 1841:

Deutschland, Deutschland über alles,
über alles in der Welt,
Wenn es stets zu Schutz und Trutze
brüderlich zusammenhält.
Von der Maas bis an die Memel,
von der Etsch bis an den Belt
Deutschland, Deutschland über alles,
über alles in der Welt.

Deutsche Frauen, deutsche Treue,
deutscher Wein und deutscher Sang
Sollen in der Welt behalten,
ihren alten schönen Klang.
Uns zu edler Tat begeistern,
unser ganzes Leben lang –
Deutsche Frauen, deutsche Treue,
deutscher Wein und deutscher Sang!

Einigkeit und Recht und Freiheit,
für das deutsche Vaterland!
Danach lasst uns alle streben,
brüderlich mit Herz und Hand!
Einigkeit und Recht und Freiheit,
sind des Glückes Unterpfand –
Blüh' im Glanze dieses Glückes,
blühe deutsches Vaterland!

Aufgaben

1. Formulieren Sie jene politischen Ideen und Forderungen, die sich in der deutschen Geschichte mit den Begriffen „Vormärz" und „Junges Deutschland" verbinden.
   → Text, M1, M4, M10, M12
2. Welche Rolle spielte die zunehmende Alphabetisierung im Zusammenhang mit dem Liberalismus?
   → Text, M2, M3
3. Analysieren Sie die Art und Weise, in der die Obrigkeit auf den politischen Liberalismus reagierte.
   → Text, M4, M8, M9
4. Welche programmatischen Aussagen machte Wirth in seinem Flugblatt?
   → M7
5. Beurteilen Sie die Forderungen von Hambach aus der Sicht der Regierenden. Überprüfen Sie, inwieweit die Forderungen von 1832 ihren Niederschlag im Grundgesetz der Bundesrepublik Deutschland gefunden haben.
   → Text, M7
6. Welche Absichten verfolgte Preußen mit seiner Forderung, dass sich die übrigen deutschen Staaten dem preußischen Zollverein anschließen sollten?
   → Text, M5
7. Stellen Sie die Hierarchie im Rahmen der ständischen Gesellschaftsordnung dar.
   → M11
8. Definieren Sie die Begriffe „Konservatismus", „Liberalismus" und „Nationalismus" im Kontext des 19. Jahrhunderts.
   → Text, M6, M13–M15
9. Diskutieren Sie die Argumente, die für beziehungsweise gegen die Wiedereinführung des Deutschlandliedes als Nationalhymne der Bundesrepublik Deutschland sprachen. Wie beurteilen Sie den gefundenen Kompromiss?
   → Text, M16

Fragen an die Geschichte

Welche Rolle spielt der Nationalismus in der Geschichte?

Ein globaler Trend, der vom 19. in das 20. Jahrhundert hineinwirkte, bestand in der Bildung von Nationalstaaten. Der Zerfall der Sowjetunion und die mittelosteuropäischen Revolutionen haben diese Entwicklungstendenz eindrucksvoll bestätigt. Gleichzeitig lässt sich mit Bezug auf die Gegenwart diagnostizieren, dass die Souveränität der Nationalstaaten auf vielfache Weise untergraben wird. Globalisierte Finanzmärkte, multinationale Konzerne, ökologische Handlungszwänge, grenzüberschreitende Sicherheitsprobleme und Migrationsbewegungen spielen dabei eine Rolle.

Die Geburt des deutschen Nationalgefühls

Die Geburt des deutschen Nationalgefühls lässt sich zeitlich auf die Niederlage Preußens im Krieg mit Frankreich und die anschließende Besetzung durch französische Truppen fixieren. Die deutsche Nationalbewegung besaß daher von Anfang an eine anti-französische Stoßrichtung. Die Freiheitskriege 1813/14 stifteten eine neue Form des Gemeinschaftsgefühls, das durch spätere Feiern (zum Beispiel dem Gedenken an die Völkerschlacht bei Leipzig) immer wieder bekräftigt wurde. Der populäre Dichter Theodor Körner (1791–1813) apostrophierte den antinapoleonischen Befreiungskampf gar als „heiligen Krieg“.

M 1 **Als Jahrhundertereignis** allerersten Ranges [wurde] die Völkerschlacht bei Leipzig vom 16. bis 19. Oktober 1813 gefeiert. Der entscheidende Sieg der verbündeten Österreicher, Russen, Preußen, Schweden und Engländer über Napoleon I. hatte die Befreiung Deutschlands von der nationalen Fremdherrschaft zur Folge. Dies setzte nationale Kräfte in zuvor noch nie da gewesenem Ausmaß frei und erzeugte unter den Deutschen eine Euphorie, in der sie vorübergehend alle Grenzen der Herkunft, des Standes, der Bildung und der Religion vergaßen, Postkarte von 1913 zur Einweihung des Denkmals in Leipzig.

H. Scharf, Hermes Handlexikon, Historische Stätten, Düsseldorf 1983, S. 201.

Staatsnation und Kulturnation

Man unterscheidet zwei Typen der Nation: die Staatsnation und die Kulturnation. Die Staatsnation wird als politische Willensgemeinschaft definiert. Eine Nation ist demzufolge, was eine Nation sein will. Mit den Worten des französischen Historikers Ernest Renan: „Die Existenz einer Nation besteht in einer tagtäglichen Volksabstimmung…". Eine Nation umfasst folglich diejenigen Menschen, die aufgrund eines bewussten politischen Entschlusses zusammenleben wollen. Beispiel für eine solche Staatsnation ist Frankreich. Der Begriff der Kulturnation fußt hingegen auf der gemeinsamen Kultur, Sprache und Abstammung der Menschen. Dieser Begriff bezieht sich in besonderem Maße auf die geschichtliche Situation Deutschlands im 19. und 20. Jahrhundert. War es im 19. Jahrhundert der sprichwörtliche politische „Flickenteppich", der im Widerspruch zum Nationalstaat stand, so bestand die deutsche Nation zwischen 1949 und 1990 aus zwei Staaten. Die Einheit des Kulturraums überbrückte somit die staatspolitische Zersplitterung. Es gibt auch Nationen, die gänzlich ohne einen eigenen Staat sind. In der Gegenwart können die Kurden dafür als Beispiel gelten.

Funktionen des modernen Nationalismus

Der Nationalismus wird oft als übersteigertes Nationalgefühl verstanden. Der moderne Nationalismus ist ein Produkt der Neuzeit. Viele Historiker sehen in ihm eine Reaktion der Gesellschaften auf die speziellen Probleme des 19. Jahrhunderts:

- In einer Zeit nachlassender Bindungskraft der Religion bietet der Nationalismus eine Art Ersatzreligion. Analog dazu trat der osteuropäische Nationalismus der Gegenwart in das ideologische Vakuum, das der Kommunismus hinterlassen hat.
- Er stellt eine Antwort dar auf die Suche der Menschen nach kultureller und geschichtlicher Identität.
- Der Nationalismus entfaltet eine Integrationskraft nach innen („Wir sind wer!") und vermittelt so den Angehörigen einer Nation das wohltuende Gefühl von Ansehen und Stärke.

Wandlungen des Nationalismus in Deutschland

Der Nationalismus im Deutschland des 19. Jahrhunderts lässt sich in zwei Phasen unterscheiden:

- In der Zeitspanne von den anti-napoleonischen Befreiungskriegen (1813) bis zur Reichsgründung (1871) ging der Nationalismus eine Verbindung mit der bürgerlichen Freiheitsbewegung ein. Der Nationalismus hatte eine anti-feudalistische Stoßrichtung, was zum Beispiel auch in der Revolution von 1848 zum Ausdruck kam. Die nationale revolutionäre Bewegung strebte – nach französischem Vorbild – die Gründung eines bürgerlich-freiheitlichen Nationalstaates an.
- In der Ära Bismarcks (insbesondere nach 1879) änderte der Nationalismus zusehends seinen Charakter. Er wurde zum Instrument konservativer, antidemokratischer Kräfte. In der Zeit Kaiser Wilhelms II. (1888–1918) erhielt der Nationalismus immer aggressivere außenpolitische Züge, sodass diese Ideologie wesentlich zum Ausbruch des Ersten Weltkrieges beigetragen hat.

Die Zwiespältigkeit des Nationalstaats

Historiker und Wirtschaftswissenschaftler beurteilen den Nationalstaat des 19. und 20. Jahrhunderts keineswegs nur negativ. Der Nationalstaat setzte den Rahmen für eine beispiellose wirtschaftliche, soziale und politische Modernisierung. Er war die organisatorische

Grundlage dafür, dass die europäischen Mächte zeitweise eine globale Vorherrschaft erringen konnten. Auch in den Ländern der Dritten Welt kann der Nationalismus dem politischen Aufbau („nation building") und zur Überwindung vormoderner Stammesgesellschaften dienen.

Die konstruktive Rolle, die der Nationalstaat – und damit ein maßvoller Nationalismus – spielen kann, stellt nur eine Seite des Problems dar. Der Nationalismus steht in ständiger Gefahr, „umzukippen". Was auf der einen Seite das berechtigte Bedürfnis nach Freiheit von fremder Vorherrschaft ist, kann schnell zu einer fanatischen Kampfparole werden. Nationalistisches Selbstbewusstsein wird dann zu Sendungsbewusstsein, und Selbstbestimmung wird dann zu Selbstüberschätzung.

Wenn der Nationalismus den Fremdenhass schürt, wenn die eigene Nation absolut gesetzt wird (Chauvinismus), dann wird oftmals bereits der Weg zur Unterdrückung anderer Nationen und zum Krieg geebnet.

M 2 Einweihungsfeier des Hermannsdenkmals im Teutoburger Wald 1875
Holzschnitt nach einer Zeichnung von Knut Ekwall

Der germanische Hermann sollte ein Symbol der deutschen Einheit sein. Der Bildhauer Ernst von Bandel (1800–1876) fertigte den ersten Entwurf 1819 an, die Einweihung des Denkmals fand aber erst 1875 statt. Warum griff man im 19. Jahrhundert auf eine mythische Germanenfigur zurück? Dazu schrieb der Historiker Thomas Nipperdey: „[Das] ist charakteristisch für eine Zeit, die nicht mehr in der Sicherheit von Tradition, sondern im Umbruch von Revolutionen lebt und sich doch nicht allein aus der Gegenwart und der Zukunft rechtfertigen wollte, sondern aus einer weit zurückgreifenden Geschichte. Für eine Nation wie die deutsche [...] war nur eine Figur vor den Zerklüftungen der jüngeren Geschichte geeignet, zu einem nationalen Symbol [...] zu werden."

Aus: FAZ vom 23.8.1975.

Aufgaben

1. Definieren Sie die Begriffe Nation und Nationalismus.
2. Rekapitulieren Sie die Entstehung des deutschen Nationalgefühls.
3. In welcher Weise wurde der Nationalismus auch architektonisch ausgedrückt?
4. Erläutern Sie die Anziehungskraft und die Gefahren des Nationalismus.

4. Die Revolution von 1848/49

Am 30. März 1848 trafen sich die Delegierten zum Frankfurter Vorparlament, um die ersten gesamtdeutschen Wahlen vorzubereiten und Frankfurt am Main zum Tagungsort zu bestimmen. Wenige Wochen später, am 18. Mai 1848, zogen als Ergebnis freier Wahlen die Repräsentanten aus 38 Staaten, Kleinstaaten und Städten in die Paulskirche ein, um sich hier als deutsche Nationalversammlung zu konstituieren. Unter Glockengeläut, vorbei am Ehrenspalier von Turnern und Frankfurter Bürgerwehren, legten die Abgeordneten den kurzen Weg vom Kaisersaal im Römer zum Tagungsort zurück.

Frankfurt am Main war nicht nur wegen seiner zentralen Lage zum Tagungsort gewählt werden. Die Stadt empfahl sich auch aufgrund ihres historischen Fundaments. Als „Freie Reichsstadt" konnte sie auf eine bürgerliche Tradition verweisen. Kaiser Karl IV. hatte die Stadt im 14. Jahrhundert zum Ort der Königwahlen erhoben. Seit dem 16. Jahrhundert wurden auch die meisten römisch-deutschen Könige im dortigen Dom gekrönt. Auf dem Wiener Kongress (1815) erhob man Frankfurt zum Vorort des neu gegründeten Deutschen Bundes. Der Bundestag, die Vertretung der 38 Einzelstaaten, nahm im Frankfurter Palais Thurn und Taxis seinen Sitz. In Anknüpfung an diese Tradition machte es durchaus Sinn, die Paulskirche in Frankfurt zum Tagungsort der deutschen Nationalversammlung zu bestimmen.

Vorausgegangen war ein nationaler Aufbruch in den deutschen Ländern, der – begleitet von Agrarunruhen, Demonstrationen, Barrikadenkämpfen, Volksaufständen – die Herrschenden gelähmt und den Weg für ein nationales Parlament geebnet hatte. Die Frankfurter Paulskirche, eigentlich eine 1833 fertig gestellte evangelische Kirche, wurde so zum Symbol der deutschen Demokratie. Hier nahm zum ersten Mal in der deutschen Geschichte die Vision eines freiheitlichen Nationalstaates konkrete Gestalt an. Auch wenn die von der Paulskirche verabschiedete demokratische Verfassung nie in Kraft trat, so beeinflusste sie auf vielerlei Weise den Parlamentarischen Rat, der 1948/49 das Grundgesetz der Bundesrepublik Deutschland beschloss. Der Grundrechtskatalog und der föderale Staatsaufbau des heutigen Deutschlands stehen in der Kontinuität der Paulskirchenverfassung. Insofern stellt die Frankfurter Paulskirche einen Kontrapunkt zu den Katastrophen der deutschen Geschichte dar, die vor allem mit dem Dritten Reich verknüpft sind.

Der Versuch der Revolution von 1848/49, nationale Einheit und politische Freiheit miteinander zu verzahnen, scheiterte. Der Ablauf der Geschichte lässt sich nicht nachträglich ändern, aber die Bildung einer historischen Tradition unterliegt einer bewussten Entscheidung. Das Deutschland der Gegenwart sieht in der Paulskirche ein Erbe im Rahmen der demokratischen Traditionsbildung.

Die im Zweiten Weltkrieg zerstörte Paulskirche wurde unmittelbar nach dem Krieg für die Feier des 100. Jahrestags der Revolution (18. Mai 1948) wieder errichtet. Heute dient sie als Gedenkstätte und Ort für verschiedene Feierlichkeiten.

4.1 Träger der Revolution – Forderungen und politisches Handeln

Europäische Dimension

Die Revolution von 1848/49 war ein gesamteuropäisches Ereignis. Der euphorisch so bezeichnete „Völkerfrühling“ erfasste nicht nur Frankreich und Deutschland, sondern auch in Österreich, Ungarn, Böhmen, Italien und Polen befanden sich Zentren revolutionärer Aktionen. Europa rückte zum ersten Mal in seiner Geschichte wirklich zusammen. Dank der modernen Telegrafie verbreiteten sich die Nachrichten mit größter Geschwindigkeit. Neue Zeitungen, Briefe, Flugblätter, Petitionen spiegelten die gewachsene Politisierung der Bevölkerung.

Die Revolution von 1848/49 stellt einen vielschichtigen Vorgang dar, bei dem sich die revolutionären Geschehnisse um drei Hauptprobleme der Zeit drehten: die soziale, die politische und die nationale Frage.

Soziale Not

Die neuere Revolutionsforschung hat im sozialen Protest von Arbeitern, Gesellen, unselbstständigen Handwerkern und abhängigen Bauern eine entscheidende Kraft im Revolutionsprozess ausgemacht. In der Revolution von 1848 überlagerten sich der Protest einer bürgerlich-

M 1

liberalen Öffentlichkeit gegen den verfassungspolitischen Stillstand sowie der Protest unterbürgerlicher Schichten gegen den Pauperismus (Armut) und gegen soziale Abhängigkeit. 1846 und 1847 waren Not- und Hungerjahre – insbesondere auch für die ländliche Bevölkerung – gewesen. Eine gesamteuropäische Wirtschaftskrise und Missernten führten zu Teuerung, Lohnverfall und Arbeitslosigkeit. Dadurch verschärften sich die sozialen und politischen Spannungen um die Jahreswende 1847/48.

In den Vierzigerjahren des 19. Jahrhunderts hatte der Strukturwandel von der Agrar- zur sich industrialisierenden Gesellschaft voll eingesetzt: mit den Begleiterscheinungen von Massenarmut und sozialer Verelendung. Der Aufstand der schlesischen Weber (1844) signalisierte eine neue Etappe im Arbeiterprotest.

1848 organisierte sich mit der „Arbeiterverbrüderung" des Stephan Born zum ersten Mal eine Arbeiterbewegung in Deutschland. Im gleichen Jahr erschien auch die berühmte Kampfschrift von Karl Marx und Friedrich Engels: „Das Kommunistische Manifest".

Die Februarrevolution

Seit den Tagen der Französischen Revolution besaß Frankreich eine Vorreiterrolle im Kampf des Bürgertums gegen Absolutismus, Adel und Bürokratie. Ein Aufstand gegen den Bürgerkönig Louis Philippe im Februar 1848, in dem sozialrevolutionäre Töne einer frühen Arbeiterbewegung nicht zu überhören waren, endete mit der Absetzung des Königs und der Ausrufung der Zweiten Republik. Das „Krähen des gallischen Hahnes" (so eine zeitgenössische Formulierung) wirkte als Initialzündung für die Märzrevolution östlich des Rheins.

Märzbewegung

Die Nachricht von den Pariser Ereignissen verbreitete sich in Windeseile in den deutschen Ländern und traf dort auf eine Gesellschaft, die aus unterschiedlichen Motiven zum Handeln bereit war. Agrarunruhen – gerichtet gegen bäuerliche Abhängigkeiten – gingen einher mit bürgerlich-parlamentarischen Initiativen zu Gunsten von Freiheit, nationaler Einheit und sozialer Gerechtigkeit. Die Revolution im Frühjahr 1848 hatte viele Schauplätze. In Wien wurde nach schweren Zusammenstößen demonstrierender Bürger, Studenten und Arbeiter mit dem Militär der österreichische Staatskanzler Metternich gestürzt. Metternich personifizierte wie kein zweiter das politische System der Restaurationszeit. Sein Rücktritt am 15. März 1848 wirkte wie ein Signal für die anderen deutschen Länder.

Auch in Berlin zog der preußische König Friedrich Wilhelm IV. nach blutigen Straßenkämpfen seine Truppen zurück. Er huldigte unter dem Druck des Volkes den über 230 „Märzgefallenen" und versprach die Einberufung einer verfassunggebenden Versammlung für Preußen. Die Märzbewegung war zunächst überall erfolgreich. Die konservativen Kräfte wurden offensichtlich durch die Wucht der Ereignisse überwältigt und wirkten wie gelähmt.

M 2 Deutsche Nationalkokarde
Kokarden, Bandschleifen, welche am Hut oder an der Mütze getragen wurden, kamen zuerst als Erkennungszeichen politischer Parteien in der Französischen Revolution auf.

Der Revolutionsverlauf ähnelte sich auf den verschiedenen Schauplätzen: Auf Volks- beziehungsweise Bürgerversammlungen erhoben die Teilnehmer Forderungen nach Freiheitsrechten und nationaler Einheit, die an die zuständigen Landtage oder Regierungen gerichtet wurden. Die herrschenden Gewalten beriefen neue liberale Regierungen, so genannte Märzministerien. Begleitet wurde dieser Prozess durch die Aufhebung der Zensur sowie durch eine so befreite Öffentlichkeit, die sich durch Zeitungen, Vereine, Bürgerwehren und Diskussionsforen manifestierte. Aufgrund der engen Anbindung des deutschen Südwestens an Frankreich sprang der revolutionäre Funken zuerst auf diese Region über.

Der Rhein-Neckar-Raum spielte in der Revolutionszeit 1848/49 eine besondere Rolle. Der in Mannheim am 27. Februar verabschiedete Forderungskatalog besaß eine vorbildhafte Wirkung für ganz Deutschland. Führende Persönlichkeiten der bürgerlichen Bewegung stammten von hier: zum Beispiel Friedrich Daniel Bassermann (Verleger), Lorenz Brentano (Rechtsanwalt), Heinrich von Gagern (Gutsbesitzer), Georg Gottfried Gervinus (Historiker), Ludwig Häusser (Historiker), Friedrich Hecker (Rechtsanwalt), Karl Mathy (Journalist) und Gustav Struve (Rechtsanwalt).

Spaltung der revolutionären Bewegung

Einig war sich die revolutionäre Bewegung in der Ablehnung von Absolutismus, Adelsprivilegierung und obrigkeitsstaatlicher Reglementierung. Aber das Neue, das aus der Revolution hervorgehen sollte, blieb umstritten. Das Volk sollte souverän(er) sein, aber in welcher Form? Sollten die Kronen mit „demokratischem Öl gesalbt" werden? Oder sollten sie im Sinne der Republik ganz abgeschafft werden?

Auf der einen Seite stand im deutschen Südwesten die bürgerlich-liberale Mehrheit der „Konstitutionellen". Ihre führenden Persönlichkeiten – Friedrich Bassermann und Karl Mathy – beabsichtigten die Beseitigung des monarchischen Absolutismus und des „Systems Metternich" sowie die Lösung der nationalen Frage.

Auf der anderen Seite neigte eine Minderheit zum demokratischen Radikalismus. Dessen Anhänger nannten sich die „Entschiedenen". Das Konzept der sozialen, demokratischen Republik wurde von den Mannheimer Rechtsanwälten Friedrich Hecker und Gustav Struve personifiziert. Sie setzten auf ein Bündnis von Bürgern und Arbeitern beziehungsweise unterbürgerlichen Schichten. Ihre revolutionären Versuche, eine „Deutsche Republik" zu etablieren (durch den populären Hecker im April 1848 in Konstanz beziehungsweise durch

M 3 Wie soll die neue Freiheit aussehen?
Satire auf den Streit zwischen Republikanern und konstitutionellen Monarchisten von 1848

Struve im September 1848 in Lörrach) scheiterten. Es fehlte ihnen die Unterstützung durch die Bevölkerung.

Parallel dazu fand das Streben nach Einheit seinen Ausdruck in den Wahlen zu einer verfassunggebenden Nationalversammlung, die sich am 18. Mai 1848 in der Frankfurter Paulskirche konstituierte.

Konterrevolution

Im Herbst 1848 zeichnete sich eine Machtverlagerung zu Gunsten der fürstlichen Gewalten ab. Die konservativen Kräfte, die monatelang erstarrt schienen, besannen sich darauf, dass die Stützen der Macht – insbesondere das Militär – weiterhin der Weisung durch die Fürsten unterstellt waren. Zunächst siegte die Konterrevolution in Österreich.

Robert Blum (1807–1848)
Wortführer der Linksliberalen und Verfechter der Volkssouveränität im Frankfurter Parlament, wurde nach dem Sieg der Gegenrevolution in Wien standrechtlich erschossen, Ölportrait von August Hunger, um 1845.

Vor dem Hintergrund einer möglichen Abspaltung Ungarns vom Kaiserreich fanden dynastische und militärische Interessen zueinander. Konservative Kräfte waren entschlossen, Österreich als Vielvölkerstaat zu erhalten und ein Aufgehen des Landes in einem deutschen Reich zu verhindern. Nach einer Revolte in Wien verließ der kaiserliche Hof die Stadt und organisierte vom böhmischen Olmütz aus die gewaltsame Rückeroberung. Der Angriff der kaiserlichen Truppen erfolgte am 28. Oktober. Nach vier Tagen des Kampfes musste sich das revolutionäre Wien den Truppen des Feldmarschalls Windischgrätz ergeben (31. Oktober 1848). Den folgenden Hinrichtungen fiel auch das Mitglied der Frankfurter Nationalversammlung, Robert Blum, zum Opfer.

In Berlin marschierten die Truppen des Generals von Wrangel ein und entwaffneten, ohne auf Widerstand zu stoßen, die Bürgerwehren (10. November 1848). Kurze Zeit danach – am 5. Dezember – löste König Friedrich Wilhelm IV. die preußische Nationalversammlung auf. Gleichzeitig erließ er eine so genannte oktroyierte (aufgezwungene) Verfassung. Diese Verfassung sah ein nach dem Dreiklassenwahlrecht gewähltes Abgeordnetenhaus vor und blieb in einer revidierten Fassung bis 1918 in Preußen in Kraft.

In Anbetracht des Aufkommens einer radikaldemokratischen, teilweise sozialistisch ausgerichteten Bewegung, die auch eine Veränderung der Eigentumsordnung anstrebte, erschien einer großen Mehrheit des liberalen Bürgertums der Kompromiss mit den Fürsten und der Adelsgesellschaft angezeigt. Das sollte den weiteren Verlauf der Revolution mitbestimmen.

Chronologie 1848

22.–24. Februar	Revolution in Paris
13.–15. März	Revolution in Wien; Rücktritt des österreichischen Staatskanzlers Metternich
18./19. März	Revolution in Berlin
31. März–3. April	Vorparlament in Frankfurt/M.
12. April	Hecker ruft in Konstanz die Republik aus.
18. Mai	Eröffnung der Nationalversammlung in Frankfurt/M.
21. September	Struve proklamiert die Deutsche Republik in Lörrach.
6. Oktober	Volksaufstand in Wien
31. Oktober	Eroberung Wiens durch kaiserliche Truppen
9. November	Der Paulskirchen-Abgeordnete R. Blum wird in Wien erschossen.
10. November	Der preußische General von Wrangel besetzt Berlin.
5. Dezember	Friedrich Wilhelm IV. löst die preußische Nationalversammlung auf.

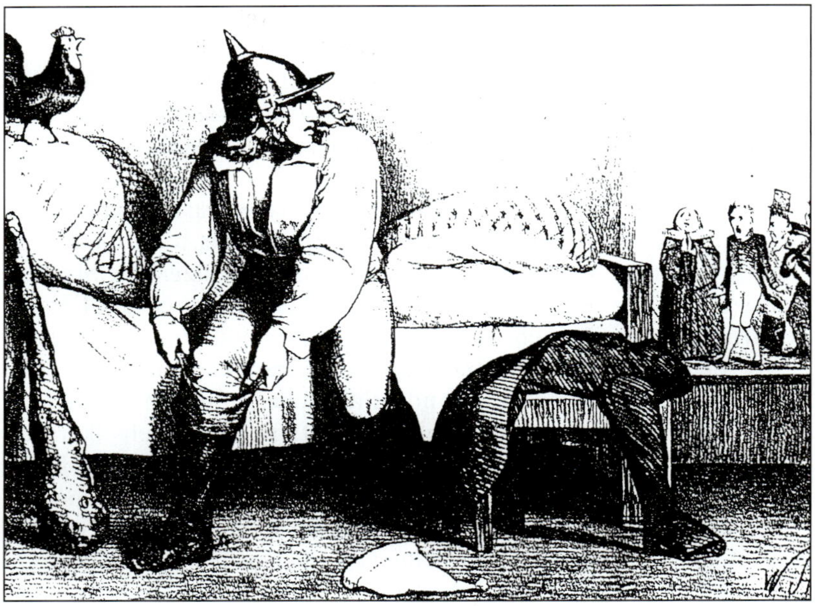

M 4 „Wie der deutsche Michel die Nachtmütze wegwirft und sich vornimmt, ins Freie zu gehen!"

Karikatur von Wilhelm Storck, um 1847.

Der deutsche Michel ist aufgewacht. Der gallische Hahn, der auf seinem Kopfkissen steht, hat ihn geweckt. Es ist höchste Zeit, sonst verschläft Michel auch diese günstige Gelegenheit! Weg mit der Nachtmütze, die Sturmhaube aufgesetzt, und schnell die Stiefel an! Die Keule steht am Kopfende des Bettes bereit. Gleich geht es hinaus ins Freie, und dann wird aufgeräumt mit den draußen unter dem Eindruck der Pariser Revolutionsnachricht zitternden und zeternden Herrschaften, dem Pastor, dem Fürstendiener, den beiden Bürgern und selbst dem Bürgergardisten. Gegen den jugendlich-kraftvollen Michel mit seiner Keule haben weder die Vertreter der alten Strukturen noch das Besitzbürgertum eine Chance, sie alle sind vom Schreck gelähmt.

F. X. Vollmer, Der Traum von der Freiheit, Stuttgart 1983, S. 34.

M 5 Die Mannheimer Petition

Der folgende Forderungskatalog wurde von einer Mannheimer Volksversammlung am 27. Februar 1848 verabschiedet und als Petition an die Zweite Kammer des badischen Landtags gerichtet:

Hohe zweite Kammer

Petition vieler Bürger und Einwohner der Stadt Mannheim, betreffend die endliche Erfüllung der gerechten Forderungen des Volkes.

Eine ungeheure Revolution hat Frankreich umgestaltet. Vielleicht in wenigen Tagen stehen französische Heere an unseren Grenzmarken, während Russland die seinen im Norden zusammenzieht. Ein Gedanke durchzuckt Europa. Das alte System wankt und zerfällt in Trümmer. Aller Orten haben die Völker mit kräftiger Hand die Rechte sich selbst genommen, welche ihre Machthaber ihnen vorenthielten. Deutschland darf nicht länger zusehen, wie es mit Füßen getreten wird. Das deutsche Volk hat das Recht zu verlangen: Wohlstand, Bildung und Freiheit für alle Klassen der Gesellschaft, ohne Unterschied der Geburt und des Standes. Die Zeit ist vorüber, die Mittel zu diesen Zwecken lange zu beraten. Was das Volk will, hat es durch seine gesetzlichen Vertreter, durch die Presse und durch Petitionen deutlich genug ausgesprochen. Aus der großen Zahl von Maßregeln, durch deren Ergreifen allein das deutsche Volk gerettet werden kann, heben wir hervor:

1. Volksbewaffnung mit freier Wahl der Offiziere.
2. Unbedingte Pressfreiheit.
3. Schwurgerichte nach dem Vorbilde Englands.
4. Sofortige Herstellung eines deutschen Parlaments.

Diese vier Forderungen sind so dringend, dass mit deren Erfüllung nicht länger gezögert werden kann und darf.

Vertreter des Volkes! Wir verlangen von Euch, dass Ihr diese Forderungen zu ungesäumter Erfüllung bringet. Wir stehen für dieselben mit Gut und Blut ein und mit uns, davon sind wir durchdrungen, das ganze deutsche Volk.

Mannheim, den 27. Februar 1848.

Nach: Arbeitskreis der Archive im Rhein-Neckar-Dreieck (Hg.), Der Rhein-Neckar-Raum und die Revolution von 1848/49, Ubstadt – Weiher 1998, S. 11.

M 6 Gaildorfer Erklärung

Die Erklärung im württembergischen Gaildorf wurde vom dortigen Glasfabrikanten Gottlieb Rau verfasst. Gleichwohl spiegeln sich in ihr auch die ländlichen Bedürfnisse (12. März 1848):

Die am 12. März zu Gaildorf abgehaltene Volksversammlung berathet und nimmt an folgende Erklärung, deren Verbreitung zugleich beschlossen wird: Wir schließen uns dem, allerwärts in Deutschland sich erhebenden Streben nach deutscher Einheit von ganzem Herzen an. Wir erblicken in dem für unser Land jetzt bestehenden Ministerium Römer, Pfizer etc. [württembergische Regierung] die Garantie für das Eingehen der Staatsregierung auf eine neue volksthümliche Bahn, die Garantie für Wahrung und Ausbildung der materiellen, geistigen und politischen Rechte des Volkes. [...]

Noch Ein Fehljahr, und der Jammer von Irland, Flandern, Schlesien und Galizien [Regionen, in denen Hungersnöte herrschten] bricht unaufhaltsam auch über uns herein mit all seiner haarsträubenden Grässlichkeit. Wir weisen einfach hin auf die Vorboten solcher Zeiten, die in erschreckendem Maaß wachsende Zahl der Gantfälle [Konkurse] von Woche zu Woche, wir machen aufmerksam auf die gänzliche Stockung in Gewerben und Handel, die uns bei der Ungunst unserer geografischen Lage noch viel härter drücken wird als andere Völker, wir erinnern an die Größe des Geldmangels, an die Möglichkeit einer abermaligen Misserndte des Hauptnahrungsmittels unseres Volkes, der Kartoffel-Pflanze, wir machen aufmerksam auf die Möglichkeit eines europäischen Völkerkampfs, und fra-gen einfach: ist es denkbar, diesen furchtbar wachsenden Größen von Noth, Elend und Gefahr erfolgreich mit Pressfreiheit, Schwurgerichten, Volksbewaffnung, deutschem Parlament und ähnlichen Maaßregeln allein entgegenzutreten? [...] Mit innerster Überzeugung sagen wir: Nein! – Jene großen Verbesserungen allein sind nicht im Stande, den tiefen Krebsschaden der geistigen und materiellen Verkümmerung des Volks aus dem Staatskörper herauszutreiben, er hat zu tief gefressen, es ist zu spät! [...]

In Ansehung des ersten Grundpfeilers der Existenz unseres Volks, des Ackerbaues, halten wir es für ein Gebot der Wahrheit, der Ehre und der Religion, auszusprechen: alle Grund- und Feudallasten, alle Zehenten und Gefälle [an den Boden gebundene Abgabe], sie mögen Namen haben, welche sie wollen, müssen an Einem Tage ohne Entschädigung fallen! [...]

Anlangend das andere große Leiden des Volks an seinem Grundpfeiler, den Gewerben, so glauben wir im Anblick der traurigen Verwahrlosung derselben zu dem Ausruf uns berechtigt und verpflichtet: der Staat, die Gesammtheit, das ganze Volk muss ins Mittel treten.

Die Ansicht, dass die Regierung für das Wohl des Ganzen, also für jeden Einzelnen zu sorgen habe, ist in dem Höchsten, was wir haben, in der Religion begründet. [...] Es ist deshalb eine furchtbare Verirrung, wenn man von Communismus spricht, da, wo die ärmeren Klassen Sicherung der Arbeit und einen zum nothdürftigen Leben hinreichenden Lohn ansprechen. [...] Das sind Staats-Aufgaben, deren Dasein und Wichtigkeit Jeder mit Händen greifen kann, und deren Erfüllung oder Nicht-Erfüllung das Wohl oder Wehe des Allgemeinen und des Einzelnen enthält. [...]

Wir kennen keine Unmöglichkeit, da, wo es sich um die Rettung von hunderttausenden handelt. Eine große bisher geschonte Quelle kann für den Staat durch eine gerechte Einkommenssteuer eröffnet werden. [...]

Keiner soll hinfort mehr an Leib und Seele verkümmern, denn Jeder, auch der Geringsten Einer, ist Gottes Ebenbild. Wir schließen mit den Worten: Wahrheit, Bildung, Bruderliebe.

(Folgen 738 Unterschriften, denen sich noch etwa 1500 vom Bezirk Gaildorf anreihen werden.)

Zit. nach: J. Cramer u. a., Das Königreich Württemberg zwischen Restauration und Revolution, Stuttgart 1983, M 74.

M 7 Die Märzrevolution in Wien

Der sächsische Diplomat Vitzthum von Eckstädt beobachtete die Geschehnisse vom 13. März 1848. Aus einem Brief an seine Mutter:

Montag, 13. März

8 Uhr. — Großer Zug der Studenten nach dem Ständehaus. Massen wohlgekleideter Menschen wogen in den Straßen.

10 Uhr. — Die Stände begeben sich in das Landhaus, zahlreicher denn je. Das Handbillet wird als ungenügend verworfen, ein Petitionsantrag aufgesetzt. Studentendeputation von zwölf Mitgliedern zerreißt Handbillet und Petition der Stände.

11 Uhr. — Die Masse der Studenten im Hofe versammelt, durch Redner angefeuert, dringt in den Sitzungssaal. Diese Sitzung wird aufgehoben. Wünsche des Volkes: 1. Pressfreiheit, 2. Lehrfreiheit, 3. Assoziationsrecht [Vereinigungsfreiheit], 4. allgemeine Stände, verantwortliche Minister, 5. Öffentlichkeit, Mündlichkeit, Schwurgerichte.

12 Uhr. — Großer Zug. Montecuccoli [Vorsitzender der Landstände] an der Spitze der Studenten zieht in die Burg mit der ständischen Deputation. Zugleich gewinnt eine Bürgerdeputation Zutritt in die Burg. Unterdessen nehmen die Straßen ein bedrohliches Aussehen an. Volksredner gruppieren das Volk um sich. Die Läden sind teilweise geschlossen: Graben, Herrengasse, Schauflergasse. Vier Bataillone stehen an den Türen der Burg. Kanonen werden aufgefahren und geladen. Die Staatskanzlei mit Truppen umgeben. Der Schrei „Nieder Metternich!“ wird allgemein und Losungswort.

M 8 Barrikadenkampf auf dem Berliner Alexanderplatz
in der Nacht vom 18. zum 19. März 1848, zeitgenössische Lithographie von Anton Klaus

1 Uhr. — Truppenbewegung auf der Freiung und dem Michaeler-Platz. Alle Läden schließen sich. Die Tore der Stadt werden für die Wagen geschlossen, niemand hereingelassen. Die Bewegung greift um sich. Endlich wird ein ungarisches Bataillon, nach der Herrengasse geschickt, von Studenten und Volk angegriffen. Ein Haufen zieht vor die Staatskanzlei und verlangt Fürst Metternichs Entlassung. Ein anderer dringt in das Landhaus und zerbricht dort Fenster und Mobilien. [...]

3 Uhr. — Keine Nachricht von der Deputation. Ratlosigkeit in der Burg und in der Staatskanzlei. Die Erzherzoge Albrecht und Wilhelm durchschreiten die Straßen. Die Bewegung wird allgemein. Bajonett-Attacken. Mehrere Opfer. Man spricht von fünfzig Toten.

4 Uhr. — Man sagt, die Nachricht vom Empfang der Deputation solle um fünf Uhr kommen. Der Straßenkampf entbrennt heftiger. Die in den Judenplatz einmündenden Straßen in der Nähe des Zeughauses werden mit Barrikaden versehen. Das Volk wird zurückgeworfen. Das Zeughaus gerettet. Schotten- und Stubentor werden von den Vorstädtern erstürmt.

5 Uhr. — Die Bürgergarde schlägt Alarm und greift zu den Waffen. Eine Deputation von zehn Offizieren begibt sich nach der Burg. Es kommt eine Art von Waffenstillstand zu Stande. Die Bürgeroffiziere verlangen 1. sofortige Entfernung des Militärs aus der Stadt, 2. Bewaffnung der Studenten, 3. Rücktritt des Fürsten Metternich, und zwar, was Punkt zwei und drei betrifft, bis abends neun Uhr. Sie übernehmen dafür, die Ruhe der Stadt zu garantieren, mit der Drohung, dass wenn die Punkte 2 und 3 bis neun Uhr nicht gewährt werden, die Bürgergarde sich an die Spitze der Bewegung stellen würde. Beratung in der Burg; Stände und Bürger nehmen daran teil. Der Polizeiminister Sedlnitzky vollkommen paralysiert.

6 Uhr. — In den Straßen Pöbelexzesse [Ausschreitungen]. Die Schilderhäuser werden zertrümmert. Die Fenster werden erleuchtet, die nicht erleuchteten zerschlagen. Patrouillen von Bürgergarden und Studenten durchziehen die Straßen. Graben, Kohlmarkt und Michaeler-Platz sind besonders gedrängt.

7 Uhr. — Das Polizeigebäude am Hof von einem Insurgentenhaufen [Aufständische] bedroht. Drei Polizeisoldaten schießen aus den Fenstern. Drei Bürgergardisten fallen. Große Erbitterung. Exzesse in den Vorstädten.

8 Uhr. — Der Pöbel durchzieht in dichten Massen die Straßen. In den Vorstädten werden die kaiserlichen

Marstallgebäude angegriffen und von den ungarischen Grenadieren verteidigt. Großes Gemetzel. In der Burg fortdauernde Ratlosigkeit. Man will sich zu keinen Konzessionen verstehen.
9 Uhr. — Erzherzog Johann macht darauf aufmerksam, dass man nur noch eine halbe Stunde habe. Der Rücktritt des Fürsten Metternich beschlossen. Graf Breuner und Erzherzog Johann übernehmen es, ihm die Eröffnung zu machen. Fürst Metternich gibt seine Entlassung [bekannt].
9 Uhr. — Die Kunde durchläuft die Straßen. Einzelne Patrouillen sagen sie in jedem Hause förmlich an.

Zit. nach: W. Lautemann, M. Schlenke (Hg.), Geschichte in Quellen, Das bürgerliche Zeitalter 1815–1914, München 1980, S. 157 f.

M 9 **Flugblatt Friedrich Heckers**

Hecker, Anführer der republikanischen Linken in Baden und Mitglied des Vorparlaments, war nach seinem gescheiterten Aufstandsversuch vom April 1848 in die Schweiz geflohen, von wo er diesen Appell Anfang Juni an die Frankfurter Nationalversammlung richtete. Er wanderte im September 1848 in die Vereinigten Staaten aus:

Und ihr in Frankfurt Versammelten, wisst ihr, fasst ihr die Hoheit und Allmacht des Ausdrucks, der euch gebietet, im Namen des souveränen Volkes aufzutreten? Wisst ihr, was es heißt, der Vertreter von Fünfzigtausend zu sein? Begreift ihr, was es heißt, im Namen des souveränen, des mächtigen, unverantwortlichen, gewaltigen Volkes von vierzig Millionen! zu sprechen und in seinem Namen kraft aller der in ihm liegenden Kraftfülle, Hoheit, Tapferkeit und Energie handeln zu sollen? Volksrepräsentanten, begreift ihr, dass ein Volk nicht zu unterhandeln braucht, wo es handeln muss? Volksrepräsentanten zu Frankfurt a. M., zerreißt das Papier der Unterhandlung mit der Monarchie und werdet selbst die lebendige Volkstat! Rufet dem Volke, das euch gesendet hat, zu: Hannibal steht vor den Toren! ruft ihm zu, dass es gilt: ein Volk oder Knecht. Erhebt euch, Bürgerrepräsentanten, zu dem Stolz und der Vollkraft, die in jedem wohnen muss, der reden und handeln soll für Fünfzigtausende, für vierzig Millionen! Sprecht es aus, das große Wort: Deutsche Republik, deutscher Volksstaat! [...]

Zit. nach: W. Grab (Hg.), Die Revolution von 1848/49, München 1980, S. 120.

M 10 **„Verfassungspillen"**
Die absoluten Könige werden gezwungen, die bittere Pille der Verfassung zu schlucken, französische Karikatur vom 24. März 1848.
Von links nach rechts erkennt man: Ferdinand I. von Österreich, Ernst August II. von Hannover, Friedrich August II. von Sachsen und Friedrich Wilhelm IV. von Preußen.

Aufgaben

1. Fassen Sie die Bedeutung der Revolution von 1848/49 zusammen, die sie im Kontext der deutschen Geschichte besitzt.
   → Text
2. Analysieren Sie die Ursachen, die für den Ausbruch der Revolution maßgeblich waren.
   → Text, M6
3. Stellen Sie die Forderungen dar, die im Einzelnen erhoben wurden. Welche gesellschaftlichen Gruppen standen hinter ihnen? Inwiefern lässt sich von einer Spaltung der revolutionären Bewegung sprechen?
   → Text, M2, M3, M5, M6, M9
4. Erläutern Sie, wie die herrschenden Gewalten auf die Revolution reagierten.
   → Text, M7, M8, M10

4.2 Frankfurter Nationalversammlung und das Scheitern der Revolution

Anfang März 1848 versammelten sich 51 liberale Wortführer aus süd- und südwestdeutschen Ländern in Heidelberg (5.3.1848), um die einzelnen Länderregierungen aufzufordern, Wahlen zu einer verfassunggebenden Nationalversammlung auszuschreiben. Dieses unmittelbar aus der revolutionären Bewegung entstandene Vorparlament trat in Frankfurt zusammen (30.3.1848). Es beschloss Empfehlungen für die künftige deutsche Verfassung und legte das Wahlrecht (allgemein und unmittelbar) fest, wobei die Durchführung den einzelnen deutschen Ländern überlassen blieb.

Anfang Mai 1848 fanden die Wahlen zur Nationalversammlung nach dem Prinzip der Mehrheitswahl statt. Das Wahlrecht (nur für Männer) war allgemein und gleich, wobei der Gleichheitsgrundsatz an die Voraussetzung der Selbstständigkeit geknüpft war, was von Land zu Land unterschiedlich ausgelegt wurde. Als Voraussetzung für das Wahlrecht galten zum Beispiel Einkommen, Vermögen und Bildungsstand. In den meisten Ländern wurde nur indirekt über Wahlmänner gewählt. Da es noch keine politischen Parteien gab, stellten Wahlkomitees oder örtliche Honoratioren die Kandidaten auf.

Am 18. Mai 1848 wurde die Nationalversammlung in der Paulskirche zu Frankfurt eröffnet.

Hier hatte sich eine bürgerliche Elite versammelt, die durch Besitz und Bildung ausgezeichnet war. Die beiden Hauptaufgaben der Nationalversammlung bestanden darin, die Einzelstaatlichkeit zu überwinden, das heißt eine zentrale Regierungsgewalt einzusetzen, sowie eine gesamtdeutsche Verfassung auszuarbeiten.

Verfassung

Eine moderne Verfassung spiegelt die Grundwerte und Grundrechte einer Gesellschaft wider. Sie regelt außerdem die Arbeitsweise und das Zusammenwirken der Staatsorgane. Verfassungsfragen sind Machtfragen, bei denen es Verlierer und Gewinner gibt. Eine deutsche Zentralgewalt hätte in jedem Fall die teilweise Entmachtung der einzelstaatlichen Regierungen bedeutet. Auch so wird der Widerstand verständlich, auf den die Forderung nach einer Verfassung traf. Der Kampf um Verfassungen stand im Mittelpunkt der innergesellschaftlichen Konflikte in fast allen europäischen Staaten des 19. Jahrhunderts. Das Bürgertum verlangte die Begrenzung der Staatsgewalt und deren Kontrolle. Der Schutz vor Übergriffen durch eine spät-absolutistische Staatsgewalt war ein Motiv des Bürgertums, ein anderes die Teilnahme an der staatlichen Willensbildung. Selbstherrliche Machtausübung wurde nicht länger akzeptiert. Die moderne Staatsgewalt bedarf der Legitimation durch die Zustimmung der Betroffenen. Und diese sollte verfassungsgemäß durch freie Wahlen gegeben werden.

Die Abgeordneten wählten den liberalen hessischen „Märzminister“ Heinrich von Gagern zum Präsidenten und beriefen den österreichischen Erzherzog Johann zum „Reichsverweser“, das heißt zum provisorischen Inhaber der Zentralgewalt. Tatsächlich erwies sich die neue Reichsregierung als machtlos, weil insbesondere die Großmächte nicht bereit waren, sich ihr zu unterwerfen.

Parteienbildung

Den meisten Abgeordneten fehlte es an parlamentarischer Erfahrung. Oft wurden die Beratungen und Beschlüsse durch hunderte von Wortmeldungen und eine Flut von Anträgen blockiert. Erst allmählich, gefördert durch die parlamentarische Arbeit, schlossen sich die Abgeordneten mit ähnlicher Gesinnung zu festeren Gruppen zusammen. Zwar herrschte eine starke Fluktuation, aber mit der Zeit schälten sich Fraktionen heraus, die – in Ermangelung von Parteinamen – sich nach den Lokalen nannten, in denen sie sich zu treffen pflegten. 1848 ist das Geburtsjahr der Parteien in Deutschland.

M 1

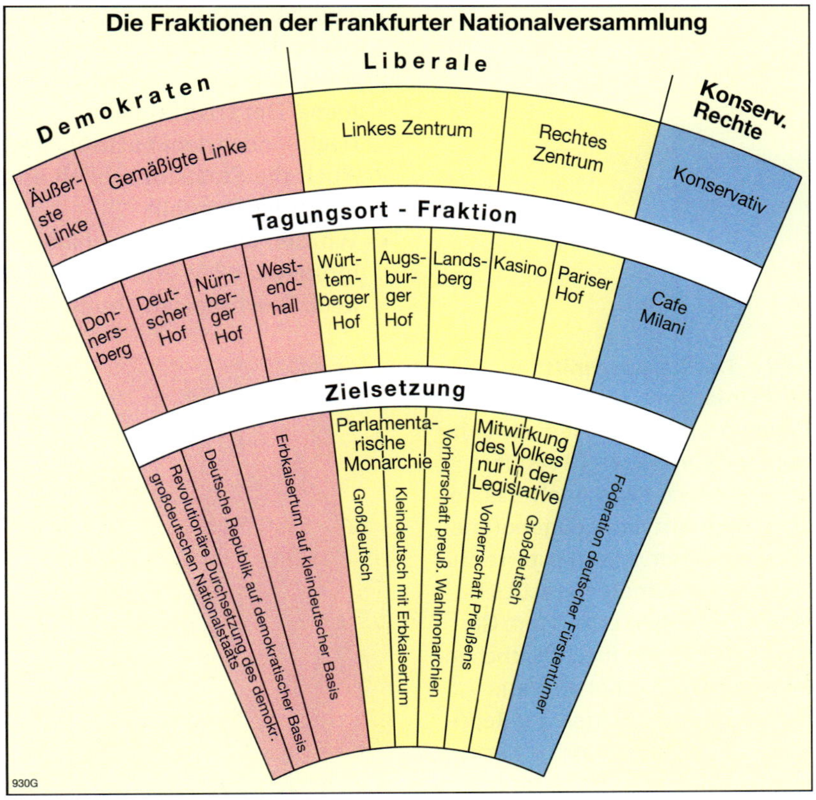

Die Mehrheit der Paulskirchenversammlung war konstitutionell-monarchisch eingestellt, das heißt man sprach sich für die Beibehaltung des Monarchen als formellen Träger der Staatsgewalt aus. Der Monarch sollte aber in der Machtausübung an die Verfassung und an die ihm gegenüber verantwortlichen Minister gebunden sein. Weitere Forderungen lauteten: Gewaltenteilung mit einer mehr oder weniger starken Zentralgewalt und Wahrung der Grundrechte. Die Anhänger der parlamentarischen Monarchie akzentuierten die Volkssouveränität und rückten die Volksvertretung ins Zentrum der Staatsgewalt. Die Regierung bedürfte des Vertrauens des Parlaments. Der Fürst hatte demzufolge nur noch ein formelles Ernennungsrecht. Die radikale demokratische Linke orientierte sich an der republikanischen Staatsform und verband diese mit sozialen Forderungen. Ungefähr 15 Prozent der Abgeordneten zählten sich zu dieser Richtung. Die liberalkonservative Rechte der Nationalversammlung betonte vor allem die Rechte der Einzelstaaten im Rahmen der neu zu schaffenden Einheit (etwa zehn Prozent der Abgeordneten).

Probleme und Widerstände

Die Errichtung eines deutschen Nationalstaates stieß auf enorme Hindernisse und Schwierigkeiten:

- Welches Gebiet sollte der neue deutsche Staat umfassen? Insbesondere der Konflikt, der mit dem Etikett „großdeutsch oder kleindeutsch?“ versehen wurde, erwies sich als kaum zu bewältigen. Österreich forderte, mit dem gesamten Staatsverband in das Reich einzutreten. Weil dazu auch die nichtdeutsche Bevölkerung gehörte, hätte das aber eine schwerwiegende Verletzung des Nationalitätsprinzips bedeutet. Die Sprengkraft der Nationalitätenfrage zeigte sich bereits darin, dass preußische Polen und österreichische Tschechen und Slowenen die deutsche Nationalversammlung boykottierten.
- Wem sollte die Führungsrolle im neuen deutschen Staat zukommen? Der traditionellen Vormacht des Deutschen Bundes – Österreich – oder dem aufstrebenden Preußen?
- Auch die Staatsform blieb umstritten: Erbmonarchie, Wahlmonarchie oder Republik?
- Würden die deutschen Fürsten ihre Entmachtung ohne Widerstand hinnehmen? Würden sie die Befehlsgewalt über das Militär an die neue Reichsgewalt abtreten?

M 2 **„Der Kaiserschnitt“**
Germania wird vom Erzherzog Johann entbunden. Geburtshelfer Heinrich von Gagern, Präsident der Frankfurter Nationalversammlung, übergibt das Neugeborene dem erzkonservativen österreichischen Abgeordneten Fürst Lichnowsky. Preußen ermuntert Germania mit einem Riechfläschchen. Der deutsche Michel als Vater hatte sich eine Tochter, die Republik, gewünscht; Friedrich Hecker, rechts außen, als Demokrat mit Vollbart, ballt die Faust, Lithografie, 1848.

Text nach: Historisches Museum Hannover, Biedermeier und Revolution – Hannover 1848, Hannover 1998, S. 98.

Die Bedeutung der Militärfrage war der Nationalversammlung im September 1848 bewusst geworden, als ein Konflikt mit Dänemark, in dem es um die Einverleibung Schleswigs in den dänischen Staatsverband ging, mit dem Waffenstillstand von Malmö endete, was einer Niederlage gleichkam. Preußen hatte seine Truppen auf internationalen Druck hin zurückziehen müssen. Der Protest der Paulskirche blieb wirkungslos, und die neue Zentralgewalt macht die schmerzhafte Erfahrung, über keine eigenen Machtmittel zu verfügen.

Scheitern

Die im März 1849 verabschiedete Verfassung wurde von 28 Staaten anerkannt, aber die alles entscheidenden Großmächte verweigerten ihre Zustimmung. Vor allem in Wien, Berlin, München und Hannover widersetzte man sich der Vereidigung des Militärs auf die neue Verfassung. Eine relative Mehrheit der Nationalversammlung entschied sich zugunsten der kleindeutschen Lösung mit dem preußischen König als neuem Kaiser. Friedrich Wilhelm IV. lehnte aber die ihm angetragene Kaiserkrone ab, an der „der Ludergeruch der Revolution" hinge. Nach der Abberufung der preußischen und österreichischen Abgeordneten zog sich der linke Flügel der Paulskirchenversammlung, überwiegend Anhänger der Republik, nach Stuttgart zurück. Sie bildeten dort vorübergehend das so genannte Rumpfparlament, das am 18. Juni 1849 auf preußischen Druck hin aufgelöst wurde.

Im österreichischen Staat wurden die revolutionären Ungarn mit tatkräftiger Hilfe durch den russischen Zaren Nikolaus I. im Juni 1849 besiegt.

Der polnische General Ludwik Mieroslawski (1814–1878) kämpfte in der preußischen Provinz Posen für die polnische Unabhängigkeit. 1849 führte er die Revolutionstruppen in Baden, Holzstich, Juni 1849.

Den Schlusspunkt der revolutionären Ereignisse 1848/49 setzten die Aufstände in Sachsen, in der bayerischen Pfalz und in Baden. Insbesondere in Baden nahmen die Handlungen dramatische Formen an, weil große Teile des badischen Militärs meuterten, um sich mit den Revolutionskämpfern zu verbünden. Auf Ersuchen der großherzoglichen Regierung intervenierten preußische Truppen und warfen in wochenlangen Kämpfen den Aufstand nieder. Am 23. Juli 1849 endete dieses letzte Kapitel der Revolution mit der Kapitulation der in der Festung Rastatt eingeschlossenen Aufständischen. Im Anschluss daran wurden 50 Freiheitskämpfer erschossen und einige hundert mit Kerkerstrafen belegt. Vielen war zuvor die Flucht in die nahe Schweiz gelungen.

Wegen dieser Ereignisse hat der damalige Bundespräsident Gustav Heinemann 1974 im Rastatter Schloss die „Erinnerungsstätte für die Freiheitsbewegungen in der deutschen Geschichte" einrichten lassen.

Die Revolution von 1848 scheiterte letztlich an ihrer fehlenden Machtbasis und der Entschlossenheit der preußischen und österreichischen Führung, ihre Machtmittel – das Militär – nicht einer neuen Zentralgewalt zu unterstellen. Die beiden Großmächte, auf die es ankam, waren seit dem Spätherbst 1848 entschlossen gewesen, die März-Bewegung nicht länger gewähren zu lassen. Auch das konterrevolutionäre Einwirken Russlands spielte – insbesondere bei der Niederschlagung des ungarischen Aufstands – eine wichtige Rolle.

Die Spaltung der revolutionären Bewegung in Liberale und Demokraten, Monarchisten und Republikaner, Großdeutsche und Kleindeutsche verhinderte ein zügiges und entschlossenes Handeln. Die große liberale Mehrheit der Achtundvierziger schreckte vor Gewaltanwendung zurück. Ihr Ziel bestand letztlich darin, auf friedlichem Weg eine Reformierung der Gesellschaft im bürgerlichen Sinne zu erreichen. Sie arrangierte sich mit Adelsmacht und Krone.

Chronologie 1849

28. März	Verabschiedung der Reichsverfassung durch die Frankfurter Nationalversammlung
3. April	Der preußische König lehnt die ihm angetragene Kaiserkrone ab.
4.–9. Mai	Sächsischer Aufstand
11. Mai	Beginn des Aufstands in Baden
18. Juni	Auflösung des so genannten Rumpfparlaments in Stuttgart
23. Juli	Kapitulation der letzten aufständischen Truppen in Rastatt

M 3 **Das „Innenleben" der Paulskirche**

Fotografisch genau zeigt eine zeitgenössische Lithographie das Innenleben des Paulskirchenparlamentes dieser Tage: Unter der mit grünem Tuch verhüllten Orgel, einem romantisch-naiven Gemälde der „Germania" und einem doppelköpfigen Reichsadler sitzt das Präsidium der Versammlung. Dahinter, von einem Säulenrund abgetrennt, sind Plätze für die Journaille [Journalisten], das Diplomatische Corps, und – voneinander getrennt – für die Damen und Herren der gehobenen Schichten reserviert. Die Logenplätze nimmt das gemeine Volk ein; auf der in halber Höhe umlaufenden Galerie haben über 2000 Schaulustige die gerade 1200 Plätze besetzt. Vor dem erhöhten Präsidiumstisch ragt, etwas niedriger, das kanzelähnliche Rednerpult auf. Zu Füßen der Redner hat man schlichte Tische gestellt, an denen seitlich Sekretäre, vorn die Stenografen ihrer aufreibenden Arbeit nachgehen: Ihre Protokolle werden später fünfzehn dickleibige Bände füllen. Davor, halbkreisförmig angeordnet, die fünfzehn Bankreihen der Parlamentarier selbst; die Sitzordnung prägt die politische Sprachregelung: Von nun an wird in deutschen Parlamenten von „der Rechten", „der Mitte" (oder auch „dem Zentrum") und von „der Linken" die Rede sein.

B. Eichmann, Einigkeit! Und Recht! Und Freiheit?, Das Parlament, Nr. 10/1991.

M 4

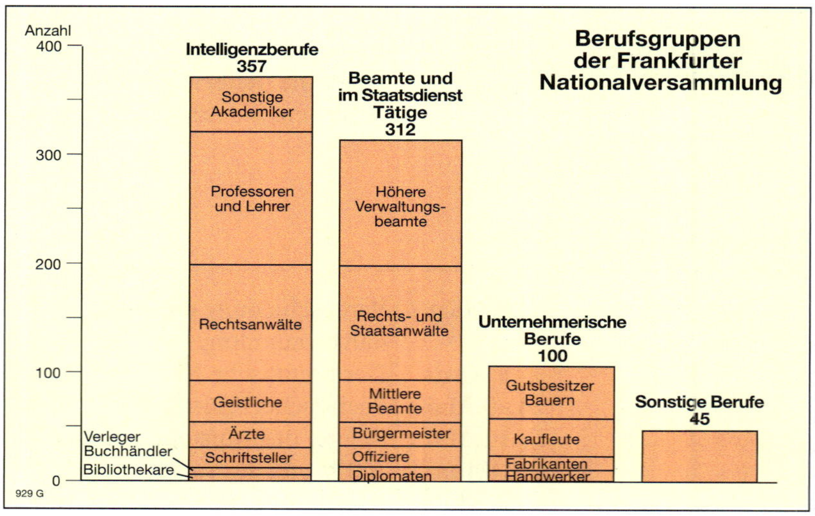

M 5 Die Grundrechte des deutschen Volkes

Die von der Frankfurter Nationalversammlung verabschiedete Verfassung war die erste in Deutschland, die einen Grundrechtskatalog enthielt:

§ 130 Dem deutschen Volke sollen die nachstehenden Grundrechte gewährleistet sein. Sie sollen den Verfassungen der deutschen Einzelstaaten zur Norm dienen, und keine Verfassung oder Gesetzgebung eines deutschen Einzelstaates soll dieselben je aufheben oder beschränken können.

§ 133 Jeder Deutsche hat das Recht, an jedem Orte des Reichsgebiets seinen Aufenthalt und Wohnsitz zu nehmen, Liegenschaften jeder Art zu erwerben und darüber zu verfügen, jeden Nahrungszweig zu betreiben, das Gemeindebürgerrecht zu gewinnen. […]

§ 137 Vor dem Gesetz gilt kein Unterschied der Stände. Der Adel als Stand ist aufgehoben. […]

Die öffentlichen Ämter sind für alle Befähigten gleich zugänglich.

Die Wehrpflicht ist für alle gleich; Stellvertretung bei derselben findet nicht statt.

§ 138 Die Freiheit der Person ist unverletzlich. […]

Die Polizeibehörde muss jeden, den sie in Verwahrung genommen hat, im Laufe des folgenden Tages entweder frei lassen oder der richterlichen Behörde übergeben. […]

§ 140 Die Wohnung ist unverletzlich. […]

§ 143 Jeder Deutsche hat das Recht, durch Wort, Schrift, Druck und bildliche Darstellung seine Meinung frei zu äußern.

§ 144 Jeder Deutsche hat volle Glaubens- und Gewissensfreiheit. […]

§ 152 Die Wissenschaft und ihre Lehre ist frei.

§ 153 Das Unterrichts- und Erziehungswesen steht unter der Oberaufsicht des Staates und ist, abgesehen vom Religionsunterricht, der Beaufsichtigung der Geistlichkeit als solcher enthoben. […]

§ 158 Es steht einem jeden frei, seinen Beruf zu wählen und sich für denselben auszubilden, wie und wo er will.

§ 159 Jeder Deutsche hat das Recht, sich mit Bitten und Beschwerden schriftlich an die Behörden, an die Volksvertretungen und an den Reichstag zu wenden. […]

§ 161 Die Deutschen haben das Recht, sich friedlich und ohne Waffen zu versammeln; einer besonderen Erlaubnis dazu bedarf es nicht.

§ 162 Die Deutschen haben das Recht, Vereine zu bilden. […]

§ 164 Das Eigentum ist unverletzlich. Eine Enteignung kann nur aus Rücksichten des gemeinen Besten, nur aufgrund eines Gesetzes und gegen gerechte Entschädigung vorgenommen werden. […]

§ 174 Alle Gerichtsbarkeit geht vom Staate aus. Es sollen keine Patrimonialgerichte[1] bestehen.

§ 175 Die richterliche Gewalt wird selbstständig von den Gerichten geübt. Kabinetts- und Ministerialjustiz ist unstatthaft. Niemand darf seinem gesetzlichen Richter entzogen werden. Ausnahmegerichte sollen nie stattfinden.

1 niedere Gerichtsbarkeit der Gutsbesitzer

Nach: H. Hildebrandt, Die deutschen Verfassungen des 19. und 20. Jahrhunderts, Paderborn 1950, S. 19 ff.

M 6

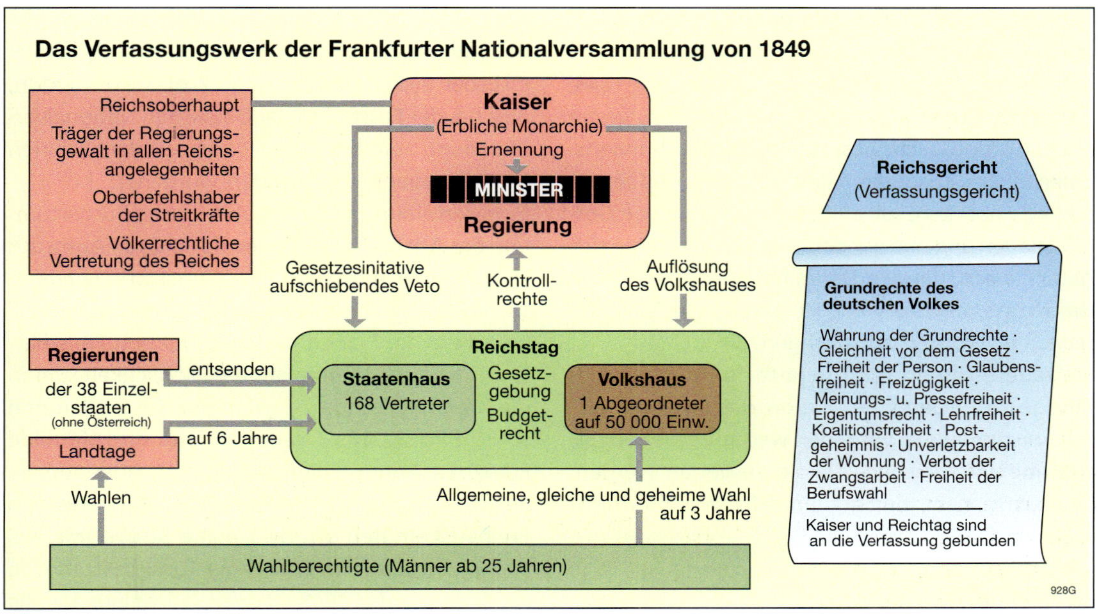

M 7 Ablehnung der Kaiserkrone

Borussia fragt v. Gagern: „Wat heulst'n, kleener Hampelmann?" – „Ick habe Ihr'n Kleenen 'ne Krone geschnitzt, nu will er se nich!" Im Hintergrund König Friedrich Wilhelm IV. mit dem Berliner Bären, Karikatur von 1849.

M 8 Die Ablehnung der Kaiserkrone durch Preußen

Der preußische König scheute vor einem Konflikt mit Österreich zurück. In einem privaten Brief begründete Friedrich Wilhelm IV. die Ablehnung der Kaiserkrone (1849):

[...] Die Krone, die ein Hohenzoller nehmen dürfte, wenn die Umstände es möglich machen könnten, ist [...] eine, die den Stempel Gottes trägt, die den, dem sie aufgesetzt wird nach der heiligen Oelung, „von Gottes Gnaden" macht, weil und wie sie mehr denn 34 Fürsten zu Königen der Deutschen von Gottes Gnaden gemacht und den Letzten immer der alten Reihe gesellt. Die Krone, die die Ottonen, die Hohenstaufen, die Habsburger getragen, kann natürlich ein Hohenzoller tragen, sie ehrt ihn überschwänglich mit tausendjährigem Glanze. Die aber, die Sie leider meinen, verunehrt überschwänglich mit ihrem Ludergeruch der Revolution von 1848, der albernsten, dümmsten, schlechtesten, wenn auch, Gottlob, nicht bösesten dieses Jahrhunderts. Einen solchen imaginären Reif, aus Dreck und Letten [Lehm] gebacken, soll ein legitimer König von Gottes Gnaden und nun gar der König von Preußen sich geben lassen, der den Segen hat, wenn auch nicht die älteste, doch die edelste Krone, die Niemand gestohlen worden ist, zu tragen?
Ich sage es Ihnen rund heraus: Soll die tausendjährige Krone deutscher Nation, die 42 Jahr geruht hat, wieder einmal vergeben werden, so bin ich es, und meines Gleichen, die sie vergeben werden. Und wehe dem, der sich anmaßt, was ihm nicht zukommt!

Aus: L. von Ranke: Aus dem Briefwechsel Friedrich Wilhelms IV. mit Bunsen, Leipzig 1873, S. 233 f.

M 9 Frauen in der Revolution

Die Rolle von Frauen in der Revolution stellt der folgende Zeitungsartikel dar (1998):

Die Revolutionen 1848/49 in Europa waren nicht nur Männersache. „Wo sie das Volk meinen, da zählen die Frauen nicht mit", protestierte Louise Otto[1] aus Sachsen 1849 in der von ihr gegründeten Frauen-Zeitung, waren doch staatsbürgerliche Rechte in den Revolutionen 1848/49 auf Männer beschränkt. Die Empörung darüber teilten Frauen europaweit: „Es wäre falsch, das Stimmrecht allgemein zu nennen, wenn von dessen Ausübung wenigstens die Hälfte der Untertanen ausgeschlossen ist", hieß es in Wien. „Wir sind Menschen, wir haben Verstand, wir dürfen nicht so tief unter dem Manne stehen", mit dieser Parole versuchten Frauen in Prag und Frankreich als Kandidatinnen für die Wahl zur Nationalversammlung zugelassen zu werden. Doch das war verboten. [...]
„1848" gilt als Versuch, Freiheit und Gleichheit als politische Prinzipien zu institutionalisieren, allerdings handelte es sich dabei um ein männliches Projekt. Frauen wurden per Geschlecht aus dem politischen Vereinswesen ebenso wie vom Wahlrecht zu den neu gegründeten Parlamenten in der Frankfurter Paulskirche, dem Wiener Reichsrat oder der preußischen Nationalversammlung in Berlin ausgeschlossen.
Das richtete sich gegen die politisch Interessierten, doch nicht alle ließen sich davon abschrecken. Heimlich in der Kanzel versteckt, verfolgten einige Frankfurterinnen bereits die Debatten im Vorparlament. „Es sei recht schmerzlich", resumierte eine der Wagemutigen, die Kaufmannsgattin Clothilde Koch-Gontard, „nur eine Frau sein zu müssen, die das Zusehen hat und doch mit Gefühl und Tatkraft im Leben ausgestattet zu sein". Proteste bewirkten, dass bei der Eröffnung der Deutschen Nationalversammlung zumindest 200 Plätze auf den Galerien für Zuschauerinnen reserviert wurden. [...]
Es waren einige, meist Angehörige des Bürgertums und des Adels, die sich im revolutionären Aufbruch als politische Individuen begriffen. [...] „Demokratische Frauenvereine" wurden gegründet. [...]
Vor allem die Frauen in den deutschen Freischärlerzügen nutzten eine andere Möglichkeit, um in die Kampfverbände zu gelangen: Sie begleiteten schlicht ihre Männer. Beispiele dafür sind Mathilde Franziska Anneke, Emma Herwegh oder Amalie Struve. Für dieses Engagement in den badischen Freiheitskämpfen wurde Amalie Struve mit 205 Tagen Einzelhaft im Freiburger Turm bestraft. Die Niederlagen der 1848-er waren nicht nur für die

Helden der Bewegung mit Tod, Verfolgung, Gefängnis, Verbannung oder Emigration verbunden, sondern auch für deren Gefährtinnen oder allein stehende Frauen.

1 Luise Otto-Peters (1819–1895), Vorkämpferin der Frauenbewegung in Deutschland, gründete 1865 den „Allgemeinen Deutschen Frauenverein".

G. Hauch, Frauen zielen auch auf Männer, in: Sonderbeilage „1848" der Frankfurter Rundschau vom 18.5.1998.

M 10 „Rundgemälde von Europa im August des Jahres 1849"

Der preußische König säubert Deutschland von Demokraten. Links steht Louis Bonaparte (auch mit Besen). Welche Bedeutung haben die Schiffe? Welche Rolle spielt die Schweiz (mit der Jakobinermütze)? Rechts eine Anspielung auf den ungarischen Befreiungskampf: Österreich (Helm mit Doppeladler) und Russland (ein Kosak). Wie steht es um Warschau und Frankfurt? Oben links: Queen Victoria. Sie wendet sich von der (Hungers-)not der Iren ab. Ihre Kutsche wird gelenkt durch Merkur, den römischen Gott der Kaufleute, zeitgenössische Karikatur von Friedrich Schroeder.

M 11 Die Revolution 1848/49 und ihre Folgen

Der Historiker Imanuel Geiss nimmt eine Einordnung der Revolution in das gesellschaftliche Schichten- bzw. Klassengefüge vor:

Die meisten Revolutionsbewegungen wollten – entsprechend den sozialen und politischen Zuständen in ihren Gesellschaften – erst einmal die Ergebnisse der Französischen Revolution von 1789 nachholen. Sie wurden sämtlich entweder sofort militärisch niedergeworfen oder blieben nach ersten Anfangserfolgen stecken, arrangierten sich mit Krone und Aristokratie oder wurden dann doch noch militärisch erstickt. Als [eherner Fels] der Gegenrevolution erwies sich das zaristische Russland [...]. In Frankreich dagegen, seit 1789 Europa in diesem Punkt stets während des 19. Jahrhunderts um einen Schritt voraus, setzte sich die 1830 erstmals sichtbar gewordene Tendenz fort: Das Industrieproletariat, vor allem in Paris, war bereits so stark geworden, dass es in den ersten Monaten Miene machte, sich diesmal die Erfolge der im Wesentlichen abermals von ihm getragenen Revolution nicht wieder aus der Hand winden zu lassen. Das Bürgertum, verbündet mit den Resten der alten Aristokratie, suchte daher von sich aus die militärische Entscheidung und warf in einer dreitägigen Straßenschlacht im Juni 1848 das bewaffnete Pariser Proletariat nieder. [...]

Die Entscheidung in Paris war von weitreichender Signalwirkung, weil nunmehr das Mittel- und Großbürgertum in anderen revolutionierten Gesellschaften mehr oder weniger Anschluss an die Aristokratie suchte, um Schutz gegen das Industrieproletariat zu finden, gleichgültig, ob dieses schon ein nennenswerter Faktor war oder nicht. [...] In Frankreich konsolidierte das Bürgertum seine Macht. [...]

In Deutschland, vor allem in Preußen, ließen sich Ruhe und Ordnung nur um den Preis einer komplizierten – und sich mit der von nun an erst stürmisch einsetzenden Industrialisierung immer weiter komplizierenden – Kompromisslösung herstellen: Die politische Macht, repräsentiert in der Krone, blieb weiterhin bei der Aristokratie, aber das Bürgertum erhielt freie Bahn für ökonomische Aktivitäten, die auf die Dauer auch politische Konsequenzen haben sollten.

I. Geiss, Bürgerliche und proletarische Revolution, in: APuZ, Nr. 42/1975, S. 28 f.

M 12 **1848 – Teil der deutschen Nationalgeschichte**
Gedenkblatt von 1849. Unter der Abbildung steht:
Die reife Frucht der deutschen Vergangenheit, Der ahnungsvolle Keim der europäischen Zukunft.

Aufgaben

1. Untersuchen Sie, welche Funktionen eine Verfassung in einem modernen Staat hat.
   → Text, M5, M6
2. Informieren Sie sich über die Zusammensetzung und die politischen Gruppierungen der Frankfurter Nationalversammlung. Welches Bild ergibt sich?
   → Text, M1, M3, M4
3. Vergleichen Sie die Grundrechte von 1848 mit denen des Grundgesetzes der Bundesrepublik Deutschland.
   → Text, M5
4. Vor welche Zentralprobleme sah sich die Nationalversammlung gestellt? Erläutern Sie die strittigen Fragen der Einheitsidee, des Staatsgebietes, der Staatsform und des Staatsoberhaupts.
   → Text, M2, M6
5. Vergleichen Sie die geplante Verfassung mit dem Grundgesetz. Welche Unterschiede und Gemeinsamkeiten können Sie feststellen?
   → M6
6. Analysieren Sie die Einstellung Friedrich Wilhelms IV. Welcher prinzipielle Konflikt wird in diesem Brief deutlich?
   → M8
7. Untersuchen Sie, welche Rolle die Frauen im Revolutionsgeschehen spielten.
   → M9
8. Erläutern Sie die Gründe für das Scheitern der Revolution von 1848/49.
   → Text, M7, M8, M10–M12
9. Untersuchen Sie die Auswirkungen der Revolution. Welche Fragen und Probleme ergaben sich aus dem Scheitern für die weitere Entwicklung des deutschen Bürgertums?
   → Text, M11
10. Diskutieren Sie, ob es einen Zusammenhang zwischen dem Scheitern der Revolution und der deutschen Katastrophe im 20. Jahrhundert gibt.

War 1848/49 ein Wendepunkt der deutschen Geschichte?

1848 misslang der Durchbruch zur Demokratie. In der Nachfolge hat man dem Bürgertum vielfach den Vorwurf gemacht, es habe die Revolution „verraten“. Das ist insofern abwegig, als die Mehrheit des deutschen Bürgertums eine allmähliche Reform der politischen Verhältnisse anstrebte und keine bedingungslose Konfrontation mit den etablierten Gewalten. Dem Kompromiss zwischen dem liberalen Bürgertum und dem Obrigkeitsstaat haftet darum eine gewisse Zwangsläufigkeit an.

Wäre die deutsche Geschichte anders – weniger verhängnisvoll – verlaufen, wenn die Revolution von 1848 erfolgreich gewesen wäre? Gibt es einen Zusammenhang zwischen dem Scheitern und der deutschen Katastrophe, die den Namen „Hitler“ trägt?

M 1 Nach der Niederschlagung des badischen Aufstandes durch die preußische Armee
Die Karikatur mit dem ironischen Untertitel „Die rote Monarchie“ zeigt den preußischen König Friedrich Wilhelm IV. auf seinem Thron, Zeichnung von 1849.

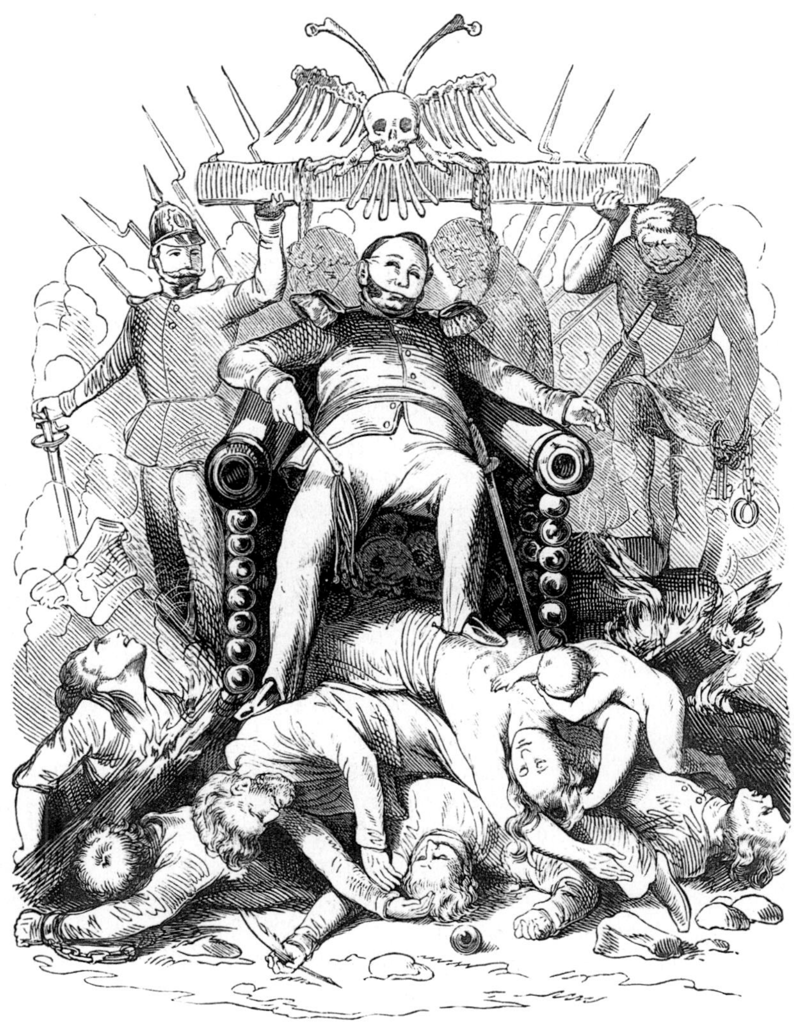

M 2 „Die dunklen Seiten von 1848"

Interview mit dem Historiker Lothar Gall über das Scheitern der Revolution und die Folgen für die Geschichte des 20. Jahrhunderts:

Spiegel: Herr Professor Gall, Sie haben der Frankfurter Ausstellung zum 150. Geburtstag der Revolution von 1848/49 den optimistischen Titel „Aufbruch zur Freiheit" gegeben. Wurden damals nicht eher die Weichen zur deutschen Katastrophe gestellt?

Gall: Nein, man sollte die deutsche Geschichte nicht als Einbahnstraße ins Dritte Reich sehen. Der Titel zielt auf das, was der Kern der Bewegung von 1848 war und was über die Jahrzehnte trotz aller Gegenkräfte fortgewirkt hat. Wesentliche Elemente unseres Gemeinwesens, die Garantie von Grundrechten, der Parlamentarismus, die demokratische Legitimation politischen Handelns, gehen auf 1848 zurück.

Spiegel: Aber steht das Scheitern der Revolution nicht doch am Beginn jenes Weges, der zum Kaiserreich Wilhelms II. und später zu Adolf Hitler führte?

Gall: Sicher hat die Wiederherstellung der alten Machtverhältnisse manche verhängnisvolle Entwicklung begünstigt. Aber die Menschen sind nicht bloße Marionetten der Geschichte. Jede Generation trägt ihre eigene Verantwortung. Von der These eines deutschen Sonderweges, der fast zwangsläufig von Bismarck über Wilhelm II. zu Hitler geführt habe, sind die Historiker längst auf breiter Front abgerückt.

Spiegel: Gab es denn in den Jahren nach 1849 noch eine reelle Chance für die Demokratie?

Gall: Ja, durchaus, denn in den Köpfen blieben die Ideen von 1848 lebendig. Und seit Ende der 1850-er Jahre erlebten ihre Hauptträger, die Liberalen, wieder einen großen Zuwachs an Bedeutung und Einfluss ...

Spiegel: ... bis Bismarck 1862 preußischer Ministerpräsident wurde.

Gall: Auch danach. Gerade Bismarck musste – zum Schrecken seiner Standesgenossen – viele Forderungen der Revolution von 1848 umsetzen, um sich politisch zu behaupten. Allerdings: Das dunkelste Kapitel der deutschen Geschichte, die Entwicklung eines schließlich mörderischen Antisemitismus, wäre bei einem Erfolg der ersten deutschen Demokratie vielleicht gar nicht erst aufgeschlagen worden.

Spiegel: Auch während der Revolution kam es zu judenfeindlichen Ausschreitungen, vor allem auf dem Lande.

Gall: Die will ich damit nicht leugnen. Aber man muss unterscheiden zwischen den seit Jahrhunderten gängigen, im Kern religiös geprägten Vorurteilen, die sich für die breite Masse auch daraus nährten, dass viele Juden Geldverleiher waren, und jenem radikalen, völkisch-rassenideologisch motivierten Antisemitismus, der schließlich nach Auschwitz führte.

Spiegel: Trug der massive Nationalismus vieler 48-er – manche träumten von einem großdeutschen Reich zwischen Nordsee und Schwarzem Meer – nicht schon den Keim des wilhelminischen Imperialismus in sich?

Gall: Dies gehört in der Tat zu den dunklen Seiten von 1848, auf die sich im Übrigen Bismarck später berief, indem er sich den übrigen Mächten als Bändiger des deutschen Nationalismus präsentierte.

Spiegel: Kann sich die Bundesrepublik trotz alledem auf 1848 berufen?

Gall: Ja. Ich glaube, die Identität der Deutschen sollte im Bekenntnis zu den Ideen und Ordnungsprinzipien liegen, die 1848 formuliert worden sind: Menschenrechte und Demokratie, vor allem.

Spiegel: Und die Nation?

Gall: Die Idee der Nation hat ja zwei Seiten: die dunkle eines militanten und gegenüber allen Andersdenkenden intoleranten und expansiven Nationalismus und diejenige, die darauf zielt, die verschiedenen Gruppen einer Gesellschaft über gemeinsame Ideen zusammenzuführen, sie in einem gemeinsamen Willensbildungsprozess zu einem freien Gemeinwesen zu vereinigen.

Spiegel: Nach den ersten Unruhen im März 1848 zogen sich die Aufständischen schnell wieder zurück. Woher kam diese Angst vor einem gewaltsamen Umsturz?

Gall: Den Menschen damals stand nicht zuletzt die Entwicklung der Französischen Revolution von 1789 vor Augen, die Schreckensherrschaft der Jakobiner, die mit Gewalt eine ganz neue Ordnung durchzusetzen suchten – und am Ende damit vollständig gescheitert sind.

Spiegel: Die eher friedliche Revolution von 1848 war keineswegs erfolgreicher.

Gall: Sie setzen mit Ihrer Frage eine Erwartung gegenüber der Revolution voraus, die die Menschen so nicht hatten. Die meisten Bürger wollten mithilfe eines frei gewählten Parlaments und einer Verfassung eine grundlegende Neuordnung schaffen. Sie zielten auf stabile Verhältnisse, nicht auf endlos revolutionäre Zustände.

Spiegel: Aber auch für die Unterstützung ihres Parlaments waren die Deutschen kaum zu mobilisieren.

Gall: Das kann man so nicht sagen. Im Frühjahr und Sommer 1848 war die Begeisterung groß. Die

Abkehr von der Nationalversammlung und der Revolution begann erst im Herbst 1848, als immer weitere Kreise der Bevölkerung durch die Folgen der revolutionären Unruhen ihre materielle Existenz bedroht sahen.

Spiegel: Hatte die Revolution unter diesen Umständen je eine Chance?

Gall: Ich glaube, ja. Im März 1848 waren die Träger der alten Ordnung fast vollständig zurückgewichen. Und auch im Sommer behielten die Revolutionäre noch die Oberhand, während in der Frankfurter Paulskirche an der Verfassung gearbeitet wurde. Die Situation kippte erst endgültig, als sich die Führungsschichten der beiden deutschen Großmächte Österreich und Preußen von ihrem Schrecken erholten, ihre Bataillone wieder sammelten und zum Gegenschlag, zur Gegenrevolution, ausholten.

Spiegel: Friedrich Engels hat den Parlamentariern vorgeworfen, „das deutsche Volk zu langweilen, statt es mit sich fortzureißen". Haben die Abgeordneten zu lange über die Verfassung diskutiert und damit wichtige Zeit verloren?

Gall: Nein. Was hier zur Debatte stand, ließ sich in der Tat nicht im Handumdrehen bewältigen. Die Revolution ist ja auch nicht an den Differenzen zwischen dem Volk und den Parlamentariern gescheitert, sondern an denen, die dieser Revolu-tion feindlich gegenüber standen.

Spiegel: Wen zählen sie dazu?

Gall: Vor allem den Adel. In England war und blieb der Adel zu Reformen bereit, in Deutschland in seiner Mehrheit nicht, obgleich in der Frankfurter Nationalversammlung auch viele Adlige saßen.

Spiegel: Aber diese reformwilligen Adligen konnten sich gegen Reaktionäre wie den jungen Bismarck nicht durchsetzen

Gall: Das war womöglich entscheidend. Dass der konservative Adel 1848 und auch in den folgenden Jahrzehnten starr auf seinen Privilegien beharrte, hat die Entwicklung Deutschlands sehr gehemmt.

Aus: Der Spiegel, Nr. 7, 1998

M 3 **„Wie der deutsche Michel Alles wieder von sich gibt."**
Im Sommer 1849 sind viele Errungenschaften vom März 1848 wieder verspielt, zeitgenössische Karikatur von Ernst Schalck auf das Scheitern der Paulskirche, 1849.

Aufgaben

1. Erörtern Sie die These: „Die Revolution von 1848/49 war kein Wendepunkt der deutschen Geschichte."
2. Wie beurteilt der Historiker Lothar Gall die Revolution?
3. Inwiefern fängt die Geschichte des Grundgesetzes 1848 an?

1870
1871.

5. Das Deutsche Kaiserreich

Das Deutsche Kaiserreich, dessen Gründungsakt am 18. Januar 1871 auf französischem Boden stattfand, war entscheidend mit dem politischen Wirken Otto von Bismarcks verbunden. Bismarck hatte – modern gesprochen – die Fäden gezogen, die politische Strategie entworfen, Monarchen bekniet und Druck ausgeübt, bis es im Anschluss an den siegreichen Frankreich-Feldzug zu jener denkwürdigen Zeremonie im Spiegelsaal des Schlosses von Versailles kommen konnte, wo der preußische König zum Kaiser Wilhelm I. proklamiert wurde.

Bismarck war der überragende deutsche Staatsmann in seiner Epoche und vielfach ist vom Bismarckreich die Rede, wenn man von Deutschland in der Zeit von 1871 bis 1890, dem Jahr seiner Entlassung durch Kaiser Wilhelm II., spricht.

Das Bild von Ludwig Rudow aus dem Jahr 1890 ist Teil einer Bismarck-Verherrlichung, die erst nach Bismarcks Sturz vehement einsetzte und nach seinem Tod 1898 ihre Fortsetzung fand.

„Der Kanzler in Kürassieruniform ist bereits zu Lebzeiten sein eigenes Denkmal, bekränzt von der Siegesgöttin; daneben die geharnischte Germania, gekrönt mit der Reichskrone, die zwar in der zeitgenössischen Symbolik allenthalben auftauchte, aber nur als Holzmodell existierte. Links sitzt Clio, die Muse der Geschichte, die das Kapitel von 1870/71 aufgeschlagen hat. Im Vordergrund jubelndes Volk, dabei ein Korpsstudent; die Studentenschaft sollte in den nächsten Jahren die stärkste Stütze des gegen Wilhelm II. gerichteten Bismarck-Kults werden, Erbauerin hunderter Bismarck-Türme im gesamten Reich."(Hagen Schulze, Kleine deutsche Geschichte, München 1996, S. 142)

Die Reichsgründung war vordergründig das Ergebnis der waffenmäßigen Überlegenheit Preußens in den so genannten Einigungskriegen. Die Euphorie als Folge des schnellen Sieges über Frankreich hatte eine Dynamik in das Einheitsbestreben gebracht, der sich auch die süddeutschen Staaten nicht entziehen wollten.

1848/49 war der bürgerliche Versuch gescheitert, die nationale Einheit auf demokratischer Basis zu bewerkstelligen. Sie war gegen den Widerstand der beiden Großmächte Preußen und Österreich nicht durchzusetzen. 1870/71 gelang sie zwar, aber unter gänzlich anderen Vorzeichen.

Staatsrechtlich gesehen war das Deutsche Reich aus einem Bündnis der Fürsten (und dreier Stadtstaaten) hervorgegangen. Bei der Proklamation in Versailles wird man das Volk oder dessen Repräsentanten vergeblich suchen.

Gleichwohl fand dieser Akt die Zustimmung breiter bürgerlicher Schichten beziehungsweise der deutschen Nationalbewegung, die es in allen Ländern gab. Wirtschaftliche Interessen und der grenzüberschreitende Handel im Zollverein, der schon seit 1834 Preußen mit den süddeutschen Staaten verknüpfte (unter Ausschluss Österreichs), und nicht zuletzt die Intensivierung der Verkehrsströme durch die Eisenbahnen waren ganz wesentliche Voraussetzungen für das Zusammenwachsen der verschiedenen deutschen Staaten.

5.1 Reichsgründung: Der Weg zur nationalen Einigung

„Verspätete Nation“

Gemessen an der nationalstaatlichen Einigung Englands und Frankreichs musste Deutschland als eine „verspätete Nation“ gelten. Nachdem in der Revolution von 1848/49 der Versuch gescheitert war, die nationale Einheit auf demokratischer Grundlage – gleichsam „von unten“ – zu schaffen, bestand der Zustand der Zersplitterung weiter fort. Deutschland existierte nur indirekt in Form des Deutschen Bundes, das heißt als Bündnis souveräner Einzelstaaten. Unter diesen ragten Österreich und Preußen als Großmächte heraus. Beide Staaten konkurrierten nach 1848 um die Vormacht in Deutschland.

Otto von Bismarck (1815–1898)

Otto von Bismarck 1862 vor der Berufung zum preußischen Ministerpräsidenten

Otto von Bismarck, der als Stifter der deutschen Einheit in die Geschichte eingegangen ist, sah in diesem Dualismus der beiden Großmächte ein entscheidendes Hindernis auf dem Weg zur nationalen Einigung. Dieses Spannungsverhältnis aufzulösen, war das Ziel seiner Politik, nachdem er 1862 von Wilhelm I. als preußischer Ministerpräsident berufen worden war.

Die Persönlichkeit Bismarcks stand und steht im Mittelpunkt außerordentlich vieler Betrachtungen. Die Beurteilungen gehen weit auseinander und reichen von vorbehaltloser Verherrlichung bis zu entschiedener Ablehnung.

Bismarcks politischer Charakter kann als eine Mischung von verschiedenen Komponenten begriffen werden. Bismarck war

- monarchistisch in Bezug auf die Verpflichtung gegenüber „seinem“ (preußischen) Monarchen,
- konservativ in seinem Kampf für die Macht der Krone und gegen die Sozialdemokratie,
- realistisch in seiner Einschätzung der Machtverhältnisse,
- unorthodox, wenn er zum Beispiel den König von Hannover absetzte und somit gegen den Legitimitätsbeschluss des Wiener Kongresses verstieß,
- skrupellos, zum Beispiel beim Gebrauch militärischer Macht und bei der Verleumdung politischer Gegner,
- weitsichtig, wenn er im Gegner von heute den Verbündeten von morgen sah,
- fortschrittlich, wenn er durch die Sozialgesetzgebung den Grundstein des Sozialstaats legte.

Der preußische König Friedrich Wilhelm IV. hatte bereits 1848 über Bismarck notiert: „Nur zu brauchen, wo das Bajonett schrankenlos waltet.“ Nicht zuletzt der Ruf seines bedingungslosen Einsatzes für die Krone war es wohl auch, der Wilhelm I. 1862 – in einer schier ausweglosen Situation – bewogen hatte, Bismarck in das Amt des preußischen Ministerpräsidenten zu berufen.

Heereskonflikt

Der preußische König stand in einem Konflikt mit der Volksvertretung, dem preußischen Abgeordnetenhaus. In diesem so genannten Heereskonflikt ging es um eine von der Regierung geforderte Erhöhung des Militäretats sowie um die Verlängerung der Dienstzeit der Soldaten und die Verstärkung der direkt dem König unterstellten Linientruppen.

Die liberale Fortschrittspartei, die eine große Mehrheit im Parlament hatte, weigerte sich, dem Verlangen der Regierung zu entsprechen und die erforderlichen Geldmittel zu bewilligen. Diesem Konflikt zwischen Parlament und Krone kam über den aktuellen Anlass hinaus grundsätzliche Bedeutung zu. Im Kern ging es um die Machtverteilung im preußischen Staat. Würde es dem liberalen Bürgertum gelingen, den bürgerlichen Verfassungsstaat gegen den Widerstand der Krone und der konservativen Junker (adelige Großgrundbesitzer) durchzusetzen? Es ging um die Macht der Legislative, um ihr Budgetrecht und um die Kontrolle der bewaffneten Macht. Bismarck „löste" den Konflikt auf seine Weise: mit Verfassungsbruch. In den folgenden Jahren regierte er ohne verfassungsgemäß verabschiedeten Haushalt. Widerstand wurde mit obrigkeitsstaatlichen Maßnahmen (Beamtenentlassungen und Pressezensur) gebrochen. Bismarcks Karriere begann also mit der Niederlage des Parlamentarismus und der Demokratie.

Gleichwohl war Bismarck zu klug, um nicht zu erkennen, dass dieses Vorgehen kein Dauerzustand sein konnte. Er suchte den außenpolitischen Erfolg, um die innenpolitischen Wogen zu glätten beziehungsweise die liberale Bewegung zu versöhnen. Diese Strategie war letztendlich nach militärischen Siegen auch erfolgreich. Vier Jahre später (1866) stimmte das preußische Abgeordnetenhaus mehrheitlich für eine Indemnitätsvorlage (Indemnität = Entlastung, Straflosigkeit), mit der nachträglich die Staatsausgaben gebilligt wurden und Bismarck Straflosigkeit bescheinigt wurde. Nicht zuletzt über die Bewertung des Bismarck'schen Vorgehens spaltete sich die liberale Bewegung in Deutschland: in einen Fortschritts-Liberalismus, der nach wie vor gegen Bismarck und dessen autoritär-monarchistische Praxis opponierte, und den Nationalliberalismus, der der Indemnitätsvorlage zugestimmt hatte und im Folgenden zu einer Stütze von Bismarcks Politik wurde.

Preußen gewinnt die Vorherrschaft

Bedingt durch die Vorgehensweise Bismarcks gegen das Parlament sank das Ansehen Preußens in den anderen deutschen Staaten. Preußen wurde vor allem in Süddeutschland als ein militarisierter Obrigkeitsstaat abgelehnt. Dennoch hoffte Bismarck, durch eine Politik, die die Lösung der nationalen Frage herbeiführte, die Sympathien des national gesinnten und an großen Wirtschaftsräumen interessierten (Wirtschafts-)Bürgertums zu erringen.

Im Dualismus zweier deutscher Großmächte sah Bismarck das entscheidende Hindernis auf dem Weg zum Nationalstaat. Zielstrebig leitete er eine anti-österreichische Politik in die Wege, wobei er – durchaus in der Tradition seiner Zeit stehend – den Krieg als eine „Fortsetzung der Politik mit anderen Mitteln" sah.

Einen ersten außenpolitischen Schritt unternahm Bismarck, als Dänemark entgegen gültigen Verträgen seine Verfassung auf Schleswig ausdehnte. Bismarck veranlasste die Eroberung Schleswig-Holsteins durch preußische und österreichische Truppen (1864). Nach dem Erfolg der deutschen Truppen, insbesondere nach dem Sieg der preußischen Truppen bei den Düppeler Schanzen, stieg das Prestige Preußens beträchtlich. Man kam später überein, Schleswig unter

M 1 Deutschlands Zukunft aus österreichischer Perspektive

Kommt es [Deutschland] unter eine Haube? Ich glaube, 's kommt eher unter eine Pickelhaube, Wien 1870.

preußische und Holstein unter österreichische Verwaltung zu stellen. Die eigentliche Entscheidung über die Vorherrschaft in Deutschland fiel zwei Jahre später im von Bismarck herbeigeführten so genannten Deutschen Krieg (1866).

Nach der Besetzung Holsteins durch preußische Truppen mobilisierte der Deutsche Bund unter der Führung Österreichs seine Armeen. Obgleich der Krieg aus preußischer Perspektive als außerordentlich riskant betrachtet werden musste, kam es zu einem raschen Sieg Preußens. Zuerst waren Hannover, Sachsen und Kurhessen besetzt worden, kurz darauf erfolgte die Entscheidungsschlacht zwischen Preußen und Österreich bei Königgrätz in Böhmen. Die österreichische Niederlage wurde aufgrund der heftigen Gegenwehr Bismarcks nicht zu einem Marsch auf Wien genutzt. Im Gegenteil: Der anschließende Friede zu Prag war maßvoll und milde. Gegen den vehementen Druck des Königs und der Militärs setzte Bismarck eine Friedensregelung durch, die im Nachhinein als eine diplomatische Meisterleistung betrachtet werden muss. Bismarck sah offensichtlich im Verlierer von Königgrätz schon einen Verbündeten von morgen. Gleichzeitig wurden auch die süddeutschen Mittelstaaten geschont.

Das Ergebnis des Krieges war die Teilung Deutschlands an der Mainlinie:

- Der Deutsche Bund wurde aufgelöst.
- Schleswig-Holstein, Hannover, Kurhessen, Nassau und Frankfurt wurden annektiert. Somit fand die territoriale Streulage Preußens ein Ende.
- Preußen schloss mit den süddeutschen Staaten Bayern, Württemberg und Baden ein militärisches Defensivbündnis gegen Frankreich ab (Geheimes Schutz- und Trutzbündnis).

Norddeutscher Bund

1867 schlossen sich auf Initiative Preußens die restlichen norddeutschen Staaten mit Preußen zum Norddeutschen Bund zusammen. Es folgte eine Politik des Werbens um die Gunst der deutschen Nationalbewegung. Dazu zählte die Beilegung des Konflikts Bismarcks mit dem preußischen Abgeordnetenhaus, die Stärkung des Zollvereins und die Verfassung des Norddeutschen Bundes, die mit ihrem gleichen Wahlrecht ein Lockmittel für die süddeutschen Liberalen darstellte. Dennoch gelang es Preußen vorerst nicht, die Sympathien des Südens auf sich zu ziehen.

Deutsch-Französischer Krieg (1870–1871)

Die Entscheidung über den deutschen Dualismus war auf dem Schlachtfeld gefallen. Der Einheit Deutschlands beziehungsweise der Reichsgründung sollte ein weiterer Krieg vorausgehen. Nach dem für alle Beobachter überraschend schnellen Sieg der preußischen Waffen hatte sich Bismarck entschieden geweigert, die französische Neutralität zu belohnen. Die Spekulation des französischen Kaisers Napoleon III., als „lachender Dritter“ Vorteile aus dem Konflikt der deutschen Staaten zu gewinnen, zum Beispiel das linke Rheinufer, erfüllte sich daher nicht. Das wurde in Frankreich als schwere Prestigeeinbuße empfunden. Der latente Konflikt spitzte sich zu, als Spanien Leopold v. Hohenzollern aus der süddeutschen Linie des preußischen Herrscherhauses die spanische Krone anbot. Frankreich forderte heftig die Zurücknahme der Thronkandidatur, weil es im Kriegsfalle die Bedrohung von zwei Fronten befürchtete.

Anlass für die französische Kriegserklärung und somit für den Deutsch-Französischen Krieg von 1870/71 war die so genannte Emser Depesche. Dabei handelte es sich um ein von Bismarck redaktionell gekürztes Schriftstück, das für den heutigen Betrachter in keiner Weise als rechtfertigender Anlass für einen Krieg erscheint. Als der Konflikt durch die Absage des Hohenzollern praktisch beigelegt war, verweigerte der preußische König lediglich die Zusage, für alle Zukunft auf eine Thronkandidatur seines Hauses zu verzichten. Aber in der Atmosphäre hochgeputschter nationaler Leidenschaften wurde der schroffe Ton des von Bismarck an die Öffentlichkeit gebrachten Schriftstücks in Frankreich als diplomatische Demütigung empfunden.

Auf beiden Seiten des Rheins schlugen die Wellen des Patriotismus hoch. Der Krieg wurde offensichtlich als eine nationale Erfüllung angesehen. Das Defensivbündnis Preußens mit den süddeutschen Staaten trat in Kraft. Die deutschen Truppen mobilisierten schneller und drangen in Frankreich ein. Die Schlacht bei Sedan (1. Sept. 1870) besiegelte die Niederlage Frankreichs und führte zur Gefangennahme Napoleons III.

Noch während der Kampfhandlungen um Paris wurde am 18. Januar 1871 im Spiegelsaal des Schlosses von Versailles das Deutsche Reich proklamiert. Der Ort der Proklamation war ursprünglich nicht ausgewählt worden, um Frankreich zu demütigen. Seine Wahl ergab sich vielmehr aus Nützlichkeitserwägungen. Der Krieg war zwar zu diesem Zeitpunkt militärisch entschieden, aber noch nicht beendet. Paris wurde belagert, und das deutsche Hauptquartier befand sich in Versailles –

M 2

M 3 Der 2. September, der „Sedanstag",
war im Deutschen Kaiserreich der Nationalfeiertag. Festschmuck zum 25. Jahrestag der Schlacht bei Sedan 1895.

M 4 „Preußen kettet das Elsass an sich",
Französische Karikatur von Cham aus dem Jahr 1871.

etwas außerhalb der Kampfzone. Allerdings empfand man in Frankreich die Wahl des Ortes als eine Verletzung des Nationalstolzes.

Der Proklamation waren intensive diplomatische Aktivitäten Bismarcks vorausgegangen. Bismarck war sich immer sehr bewusst gewesen, dass die Vereinigung des Norddeutschen Bundes mit den süddeutschen Staaten nur in einem Augenblick des nationalen Enthusiasmus gelingen konnte. Dennoch hatte er erhebliche Widerstände zu überwinden. In den Verhandlungen musste er den süddeutschen Staaten Zugeständnisse machen. Insbesondere Bayern behielt Sonderrechte, zum Beispiel die eigene Armee und den eigenen diplomatischen Dienst. Zudem musste die Zustimmung des bayerischen Königs Ludwig II. mit beträchtlichen Finanzmitteln erkauft werden. Aber auch der preußische König, dem zuvor von einer Delegation die Kaiserwürde angetragen worden war, zeigte sich alles andere als begeistert. Die Aussicht, die Verpflichtung als „Deutscher Kaiser" zu übernehmen, machte ihn äußerst unglücklich. Wilhelm I. meinte, dass der Kaisertitel den preußischen Königstitel „verdunkeln" würde. Erst nachdem er von Bismarck unter Druck gesetzt worden war, stimmte er der „Reichsgründung" zu. Wie durch Augenzeugen der Proklamation hinreichend belegt ist, kam bei der Zeremonie selbst keine nennenswerte Euphorie auf.

Im Frieden zu Frankfurt (1871), der den Krieg beendete, wurde Frankreich gezwungen, Elsass-Lothringen abzutreten und eine Kriegsentschädigung in Höhe von fünf Milliarden Francs zu zahlen.

Chronologie

1862	Berufung Bismarcks zum preußischen Ministerpräsidenten durch König Wilhelm I.
1864	Deutsch-Dänischer Krieg
1866	Deutscher Krieg
1867	Gründung des Norddeutschen Bundes
1870/71	Deutsch-Französischer Krieg
18. Januar 1871	Gründung des Deutschen Reiches

M 5 Bismarck über den deutschen Dualismus

Bismarck, von 1851–59 Gesandter Preußens beim Bundestag in Frankfurt am Main, schrieb in einem Bericht an den preußischen Ministerpräsidenten Manteuffel (1856):

[...] Nach der Wiener Politik ist einmal Deutschland zu eng für uns beide; solange ein ehrliches Arrangement über den Einfluss eines jeden in Deutschland nicht getroffen und ausgeführt ist, pflügen wir beide denselben streitigen Acker, und so lange bleibt Österreich der einzige Staat, an den wir nachhaltig verlieren und von dem wir nachhaltig gewinnen können. [...] Wir haben eine große Anzahl streitender Interessen, die keiner von uns aufgeben kann, ohne auf die Mission, an die er für sich glaubt, zu verzichten. [...] Selbst der schwerste Druck von außen, die dringendste Gefahr der Existenz beider, vermochte 1813 und 1849 das Eisen nicht zu schmieden. Der deutsche Dualismus hat seit tausend Jahren gelegentlich, seit Karl V. [Römisch-deutscher Kaiser von 1519–1556] in jedem Jahrhundert regelmäßig in einem größeren inneren Krieg seine gegenseitigen Beziehungen reguliert, und auch in diesem Jahrhundert wird kein anderes als dieses Mittel die Uhr der Entwicklung auf ihre richtige Stunde stellen können. Ich beabsichtige mit diesem Raisonnement [Überlegung] keineswegs zu dem Schlusse zu gelangen, dass wir jetzt unsere Politik darauf richten sollen, die Entscheidung zwischen uns und Österreich unter möglichst günstigen Umständen herbeizuführen. Ich will nur meine Überzeugung aussprechen, dass wir in nicht zu langer Zeit für unsere Existenz gegen Österreich werden fechten müssen.

Zit. nach: H.-J. Schoeps, Preußen – Geschichte eines Staates, Frankfurt/M. u. Berlin 1966, S. 373 f.

M 6 Bismarck: Eisen und Blut

Bismarck sprach aus, wie er sich (1863) die Lösung des deutschen Dualismus vorstellte:

In den ersten Tagen des Oktobers fuhr ich dem Könige, der sich am 30. September, dem Geburtstage seiner Gemahlin, nach Baden-Baden begeben hatte, bis Jüterbog entgegen und erwartete ihn in dem noch unfertigen, von Reisenden dritter Klasse und Handwerkern gefüllten Bahnhofe, im Dunkeln auf einer umgestürzten Schiebekarre sitzend. Meine Absicht, indem ich die Gelegenheit zu einer Unterredung suchte, war, Se. Majestät über eine Aufsehn erregende Äußerung zu beruhigen, welche ich am 30. September in der Budgetkommission getan hatte und die zwar nicht stenografiert, aber in den Zeitungen ziemlich getreu wiedergegeben war.
Ich hatte [...] deutlich genug gesagt, wo ich hinaus wollte, Preußen könne – das war der Sinn meiner Rede – wie schon ein Blick auf die Karte zeige, mit seinem schmalen lang gestreckten Leibe die Rüstung, deren Deutschland zu seiner Sicherheit bedürfe, allein nicht länger tragen; diese müsse sich auf alle Deutschen gleichmäßig verteilen. Dem Ziele würden wir nicht durch Reden, Vereine, Majoritätsbeschlüsse näher kommen, sondern es werde ein ernster Kampf nicht zu vermeiden sein, ein Kampf, der nur durch Eisen und Blut erledigt werden könne. Um uns darin Erfolg zu sichern, müssten die Abgeordneten das möglichst große Gewicht von Eisen und Blut in die Hand des Königs von Preußen legen, damit er es nach seinem Ermessen in die eine oder andere Waagschale werfen könne. [...]

O. von Bismarck, Gedanken und Erinnerungen, Stuttgart u. Berlin 1928, S. 258 f.

M 7 Schlacht bei Königgrätz 1866: In der Bildmitte (rechts) sieht man den preußischen König Wilhelm, Gemälde von Christian Sell.

M 8 Die Kaiserproklamation am 18. Januar 1871 in Versailles, Gemälde von Anton von Werner (1885)

M 9 Eine Stimme zur Reichsgründung

Aus dem Tagebuch der Baronin Spitzemberg, der Frau des württembergischen Gesandten in Berlin, einer aufmerksamen Beobachterin der Berliner Gesellschaft:

3. März [1871] [...] Und was für ein Friede für uns Deutsche! Herrlicher und glorreicher als wir je einen geschlossen! Vereint zu einem Reiche, dem größten, mächtigsten, gefürchtetsten in Europa, groß durch seine physische Macht nicht allein, größer noch durch seine Bildung und den Geist, der das Volk durchdringt! Jedes deutsche Herz hatte das erhofft, keines geahnt, dass seine Träume sich in dieser Weise, so bald und so herrlich erfüllen würden. Glücklich sind wir, dass wir nicht nur den Stern deutscher Größe und Herrlichkeit aufgehen sahen, sondern dass wir noch jung genug sind, um uns unter seinen Strahlen zu wärmen, um die, so Gott will, recht reichen und segensvollen Früchte zu genießen, die aus dieser unter Blut und Tränen gesäten Saat hervorgehen. [...]

Zit. nach: H. Böhme (Hg.), Die Reichsgründung, München 1967, S. 273.

Aufgaben

1. Erläutern Sie Bismarcks politische Strategie im Hinblick auf die deutsche Einheit. Rekapitulieren Sie die Schritte, die zu diesem Ziel hinführten.
   → Text, M5, M6
2. Kommentieren Sie die unterschiedlichen Betrachtungsweisen der preußischen Einigungspolitik.
   → M1, M3, M4, M9
3. Beurteilen Sie den Politiker Otto von Bismarck als „Staatsgründer".
   → Text, M5, M6
4. Interpretieren Sie das Gemälde der Kaiserproklamation im Hinblick auf den Charakter des neu gegründeten Reiches.
   → M8

5.2 Die Verfassung des Deutschen Reiches

M 1 **Bismarck als Schmied der deutschen Einheit,** Holzstich nach einem Gemälde von G. Schmitt, um 1895

Der preußenfreundliche Historiker Heinrich von Sybel wird mit den Worten zitiert: „Wodurch hat man die Gnade Gottes verdient, so große und mächtige Dinge erleben zu dürfen?“ Der Enthusiasmus, der aus diesen Worten spricht, gilt der Ausrufung des preußischen Königs Wilhelm I. zum „Deutschen Kaiser“. Die damit verknüpfte Gründung des Deutschen Reiches war das Ergebnis von Verhandlungen zwischen den einzelnen Monarchen beziehungsweise Regierungen. Die Reichsgründung wurde also gleichsam „von oben“ vollzogen. Die Proklamation im Spiegelsaal von Versailles stand folglich im Gegensatz zur Paulskirche 1848/49. Dieser historische Ort in Frankfurt am Main symbolisiert den ersten – allerdings gescheiterten – Versuch, einen deutschen Nationalstaat zu gründen. Hier sollte eine demokratisch legitimierte Nationalversammlung das Fundament des neuen Staates bilden. Folglich prägten bürgerliche Abgeordnete das Bild der Paulskirchenversammlung. Auf den Bildern von der Kaiserproklamation in Versailles hingegen dominieren Uniformträger. Bismarck hatte einen gänzlich anderen Weg eingeschlagen als die Liberalen von 1848. Zwar erkannte auch er in der deutschen Nationalbewegung eine politische Kraft, die der Staatsmann auf Dauer nicht ignorieren durfte, aber er lehnte das Prinzip der Volkssouveranität von ganzem Herzen ab. Die Machtstellung der traditionellen Gewalten – der Fürsten und des Adels – sollte nicht ungebührlich beschnitten werden. Folglich war das neu gegründete Reich von 1871 auch keine Demokratie. Die Souveränität lag bei den 25 Einzelstaaten (22 Monarchien und drei freie Städte), die Teile ihrer Hoheitsgewalt auf das Reich übertrugen. Dies musste den Charakter der Verfassung prägen.

Die Verfassung des Deutschen Reiches war nach dem Vorbild derjenigen des Norddeutschen Bundes konzipiert, die unter der unmittelbaren Anleitung Bismarcks verfasst worden war. Sie bestand aus einem komplizierten Gefüge von zentralistischen und föderalistischen Komponenten und stellte den Versuch Bismarcks dar, liberal-bürgerliche und dynastische Interessen auszubalancieren.

Die bundesstaatliche Ausrichtung des Reiches schlug sich im Organ des Bundesrates nieder. Das (zentralistische) Gegengewicht zu den Dynastien war der Reichstag, der nach dem allgemeinen, gleichen Wahlrecht (Männer ab 25 Jahren) gewählt wurde, was Bismarck von konservativer Seite den Vorwurf einbrachte, das „Wahlrecht der Revolution“ eingeführt zu haben. Dem Reichstag waren jedoch hinsichtlich seiner Kompetenzen erhebliche Beschränkungen auferlegt. Gesetze bedurften der Zustimmung des Bundesrates. Die Regierung, der Reichskanzler, war dem Reichstag nicht verantwortlich. Das Recht zur Ernennung des Reichskanzlers lag in den Händen des Kaisers.

Bismarcks Position

Bismarck sicherte sich in dieser Verfassung maßgeblichen Einfluss. Dieser ergab sich insbesondere aus seiner Doppelrolle als Reichskanzler und preußischer Ministerpräsident beziehungsweise Außenminister. Er führte den Vorsitz im Bundesrat. Alle Regierungsakte bedurften neben der Unterschrift des Kaisers seiner Gegenzeichnung.

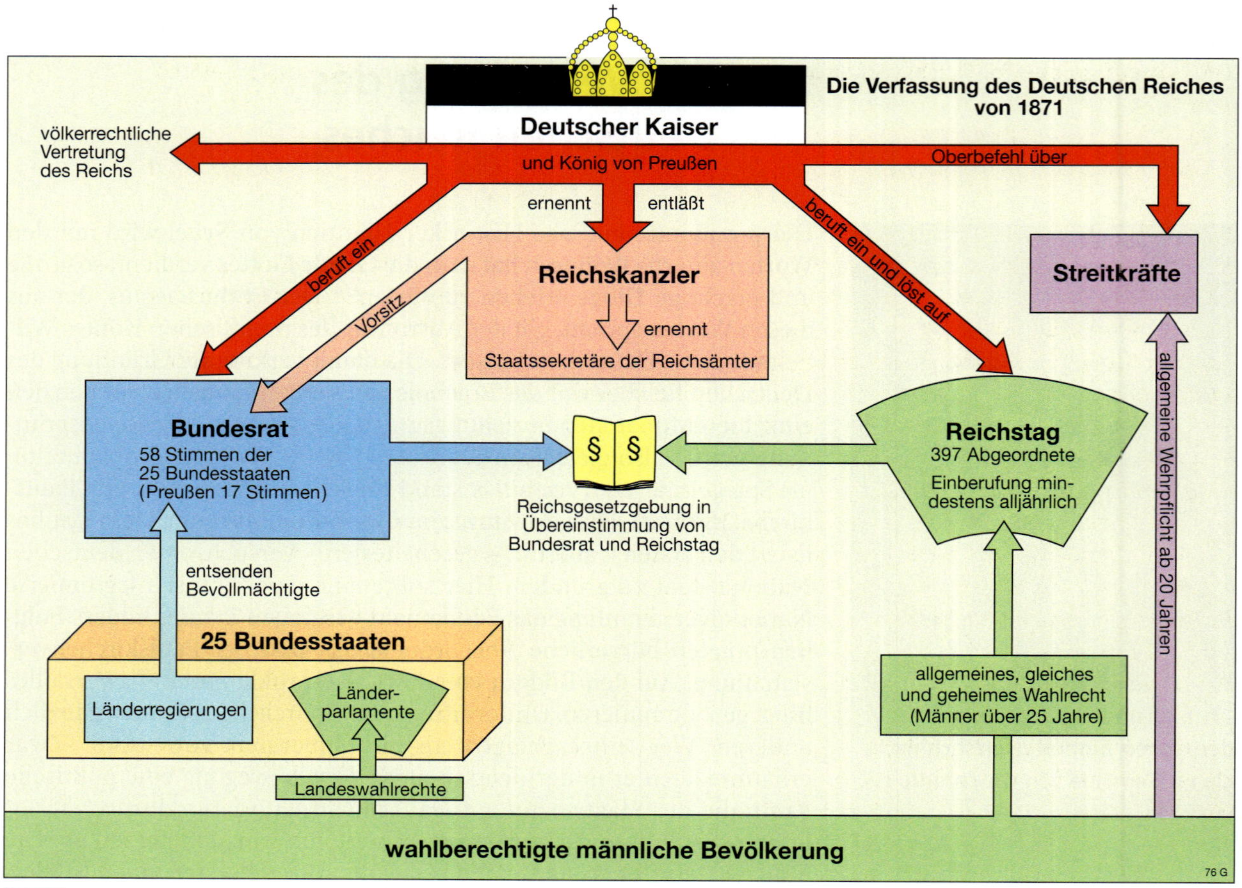

M 2

Einen Grundrechtskatalog, wie ihn die Verfassung von 1848 noch vorgesehen hatte, enthielt die Verfassung von 1871 nicht.

Zwei Parlamenten kam im Deutschen Reich herausragende Bedeutung zu: dem Reichstag, der nach einem allgemeinen, gleichen, geheimen und direkten Wahlrecht gewählt wurde, und dem preußischen Landtag.

Preußischer Landtag

Der preußische Landtag verdient daher Beachtung, weil Preußen mit Abstand das größte Einzelland im Reich war und maßgeblichen Einfluss auf die gesamte Reichspolitik hatte. Die Zusammensetzung des preußischen Landtags bestimmte sich aufgrund des Dreiklassen-Wahlrechts, so wie es auch in den meisten anderen Ländern zumindest abgestufte Wahlrechtsvorschriften gab. Im Dreiklassen-Wahlrecht, das bis 1918 zäh verteidigt wurde, manifestierte sich politisch die konservativ-agrarische Vormacht.

Die Urwähler wurden entsprechend ihrem Steueraufkommen in drei Klassen eingeteilt, denen jeweils das gleiche politische Gewicht gegeben wurde. Die Wirkungen des preußischen Wahlrechts lassen sich daran erkennen, dass die SPD erst 1908 im Landtag vertreten war. Sie erreichte damals mit 23,8 Prozent der Urwähler-Stimmen nur einen Sitz, während zum Beispiel die Konservativen bei der gleichen Wahl mit 14,1 Prozent der Urwähler-Stimmen 152 Abgeordnete stellten. Im Unterschied zur Reichstagswahl war die Stimmenabgabe zum preußischen Landtag öffentlich. Für beide Parlamente galt das so genannte Mehrheitswahlrecht; das heißt derjenige Kandidat war gewählt, der in einem Wahlkreis die Mehrheit der Stimmen erringen konnte.

M 3 Auszüge aus der Reichsverfassung von 1871

S. M. [Seine Majestät] der König von Preußen im Namen des Norddeutschen Bundes, S. M. der König von Bayern, S. M. der König von Württemberg, S. Königl. Hoheit der Großherzog von Baden und S. Königl. Hoheit der Großherzog von Hessen und bei Rhein für die südlich vom Main gelegenen Teile des Großherzogtums Hessen schließen einen ewigen Bund zum Schutz des Bundesgebietes und des innerhalb desselben gültigen Rechtes sowie zur Pflege der Wohlfahrt des Deutschen Volkes. Dieser Bund wird den Namen Deutsches Reich führen und wird nachfolgende Verfassung haben. [...]

Art. 5. Die Reichsgesetzgebung wird ausgeübt durch den Bundesrat und den Reichstag. Die Übereinstimmung der Mehrheitsbeschlüsse beider Versammlungen ist zu einem Reichsgesetze erforderlich und ausreichend. [...]

Art. 6. Der Bundesrat besteht aus den Vertretern der Mitglieder des Bundes, unter welchen die Stimmführung sich in der Weise verteilt, dass Preußen mit den ehemaligen Stimmen von Hannover, Kurhessen, Holstein, Nassau und Frankfurt 17 Stimmen führt, Bayern 6, Sachsen 4, Württemberg 4, Baden 3, Hessen 3, Mecklenburg-Schwerin 2, Braunschweig 2, die übrigen[1] je 1, zusammen 58 Stimmen. [...]

Art. 7. Der Bundesrat beschließt: 1. über die dem Reichstage zu machenden Vorlagen, und die von demselben gefassten Beschlüsse; 2. über die zur Ausführung der Reichsgesetze erforderlichen allgemeinen Verwaltungsvorschriften und Einrichtungen. [...] Die Beschlussfassung erfolgt [...] mit einfacher Mehrheit.

Art. 11. Das Präsidium des Bundes steht dem Könige von Preußen zu, welcher den Namen Deutscher Kaiser führt. Der Kaiser hat das Reich völkerrechtlich zu vertreten, im Namen des Reichs Krieg zu erklären und Frieden zu schließen, Bündnisse und andere Verträge mit fremden Staaten einzugehen, Gesandte zu beglaubigen und zu empfangen. Zur Erklärung des Krieges im Namen des Reichs ist die Zustimmung des Bundesrates erforderlich, es sei denn, dass ein Angriff auf das Reichsgebiet oder dessen Küsten erfolgt. [...]

Art. 12. Dem Kaiser steht es zu, den Bundesrat und den Reichstag zu berufen, zu eröffnen, zu vertagen und zu schließen.

Art. 14. Die Berufung des Bundesrates muss erfolgen, sobald sie von einem Drittel der Stimmenzahl verlangt wird.

Art. 15. Der Vorsitz im Bundesrate und die Leitung der Geschäfte steht dem Reichskanzler zu, welcher vom Kaiser zu ernennen ist. [...]

Art. 18. Der Kaiser ernennt die Reichsbeamten, lässt dieselben für das Reich vereidigen und verfügt erforderlichenfalls deren Entlassung. [...]

Art. 20. Der Reichstag geht aus allgemeinen und direkten Wahlen mit geheimer Abstimmung hervor. [...]

Art. 63. Die gesamte Landmacht des Reichs wird ein einheitliches Heer bilden, welches in Krieg und Frieden unter dem Befehl des Kaisers steht. [...]

Art. 64. Alle deutschen Truppen sind verpflichtet, den Befehlen des Kaisers unbedingte Folge zu leisten. Diese Verpflichtung ist in den Fahneneid aufzunehmen. [...]

Art. 68. Der Kaiser kann, wenn die öffentliche Sicherheit in dem Bundesgebiete bedroht ist, einen jeden Teil desselben in Kriegszustand erklären. [...]

Art. 78. Veränderungen der Verfassung erfolgen im Wege der Gesetzgebung. Sie gelten als abgelehnt, wenn sie im Bundesrate 14 Stimmen gegen sich haben. [...]

1 Sachsen-Weimar, Mecklenburg-Strelitz, Oldenburg, Sachsen-Meiningen, Sachsen-Altenburg, Sachsen-Coburg-Gotha, Anhalt, Schwarzburg-Rudolstadt, Schwarzburg-Sondershausen, Waldeck, Reuß ältere Linie, Reuß jüngere Linie, Schaumburg-Lippe, Lübeck, Bremen, Hamburg.

Verfassung des Deutschen Reiches vom 16. April 1871, zit. nach: Deutsche Verfassungen, München o. J., S. 55 ff.

M 4 Verfassung und Nationalstaat

Der Historiker Eberhard Jäckel schreibt über die gesellschaftlichen Interessen des Bürgertums:

Das neue Reich war ein Nationalstaat ohne Nation. Deswegen wies die Verfassung dem Reichstag die Aufgabe zu, die noch sehr unterschiedlichen Teile der deutschen Gesellschaft zu integrieren, und hinderte ihn zugleich daran, diese Aufgabe zu erfüllen. Es ist oft gesagt worden, dieser Widerspruch sei taktischen Überlegungen Bismarcks entsprungen, der sich die Verfassung auf den Leib geschrieben habe, um seine eigene Machtstellung zu sichern. In Wirklichkeit jedoch war dieser Widerspruch nicht künstlich erzeugt worden. Er entsprach vielmehr zutiefst der politischen und sozialen Struktur des neuen deutschen Nationalstaates. Seine Einigung war der Wunsch der liberalen Bourgeoisie, aber das Werk der feudalen Oberschicht gewesen. Seit ihrem Beginn am Ende der napoleonischen Zeit war die deutsche Einheitsbewegung in erster Linie immer vom Bürgertum getragen worden. Das ist leicht erklärlich, denn die Einheit entsprach seinen Interessen mehr als denjenigen irgendeiner anderen Gesellschaftsschicht. Das Bürgertum, tätig in Industrie, Handel, Handwerk und Gewerbe, benötigte ein größeres Wirtschaftsgebiet und stieß sich an den zahllosen Zollgrenzen und anderen Schranken, die seiner ökonomischen Expansion im Wege standen. Die fürstlichen Obrigkeiten der deutschen Einzelstaaten dagegen und die sie tragenden politischen Kräfte im Heer, in der Beamtenschaft und im Großgrundbesitz waren an einer Einigung Deutschlands viel weniger interessiert, und auch das ist leicht erklärlich. Die Einheit musste zwangsläufig ihre überlieferte Machtstellung schmälern. [...]

E. Jäckel, Einleitung zu A. Kuhn (Hg.), Deutsche Parlamentsdebatten, Bd. 1, Frankfurt/M. 1970. S. 16 f.

M 5 Preußisches Dreiklassen-Wahlrecht

Der bekannte SPD-Politiker Eduard Bernstein beklagte vor dem Reichstag die Ungerechtigkeit des preußischen Wahlrechts (1906):

Dieses Wahlsystem war geradezu ausgeklügelt, den Wählern ihr Wahlrecht zu verekeln. Alle Ungeheuerlichkeiten sind in dieses preußische Dreiklassenwahlsystem hineingelegt: die Einteilung nach drei Wählerklassen und die Ungleichheit der Stimmen, zweitens die offene Stimmabgabe, d. h. die Abhängigkeit der Wähler, und drittens der Wahlakt mit der großen Inanspruchnahme der Zeit des Wählers. Wie all dies in der späteren Reaktionszeit gewirkt hat und noch heute wirkt, können Sie an der Statistik der letzten Landtagswahlen verfolgen. Alle abhängigen Beamten, wie sie auch im Innern denken, wählen, wenn sie nicht fern bleiben können, mit der Regierungspartei; sie dürfen es nicht wagen, eine oppositionelle Stimme abzugeben. Kurz, das ganze System ist darauf berechnet, den Ausdruck des Willens der Wählerschaft zu fälschen.

Meine Herren, eine kleine Minderheit der Bevölkerung, 2 1/2 Prozent, bildet die erste Klasse, etwa 11 bis 12 Prozent die zweite, und mehr als 85 Prozent die dritte. Im Jahre 1903 hatten wir in Preußen 239 000 Wähler erster Klasse, 856 000 Wähler zweiter Klasse und 6 Millionen Wähler dritter Klasse. (Hört! hört! bei den Sozialdemokraten.)

In der Regel haben in Preußen denn auch nicht mehr als 20 Prozent der Wähler bei der Landtagswahl ihr Wahlrecht ausgeübt, in den meisten Fällen sind noch nicht 16 Prozent der Wähler zur Urne gegangen, und selten ist die Beteiligung über 20 Prozent hinausgegangen, niemals über 35 Prozent, niemals hat in Preußen die Hälfte der Stimmberechtigten bei der Landtagswahl ihr Wahlrecht ausgeübt. Das ist kein Zufall, das liegt am Wahlsystem. Dass selbst in politisch bewegten Zeiten, wo eine große geistige Erregung durch das Volk geht, die große Masse den Wahlen fern bleibt, dadurch ist das Wahlsystem von vornherein verurteilt. [...]

Die jetzige Wahlkreiseinteilung in Preußen datiert noch immer aus der Zeit [...] der sechziger Jahre [1860]. Seitdem hat sich jedoch nicht nur in Deutschland, sondern in allen Kulturländern eine Umwälzung, eine vollständige wirtschaftliche Revolution vollzogen. Die Bevölkerungsklassen haben sich verschoben, die Verteilung der Bevölkerung hat gleichfalls die allergrößten Veränderungen erfahren. Trotzdem ist weder am Dreiklassenwahlsystem noch an der Wahlkreiseinteilung das geringste geändert worden. So ist es jetzt dahin gekommen in Preußen, dass die zurückgebliebensten Bezirke des Landes die fortgeschrittensten beherrschen und je nachdem ausbeuten. Wir haben in Preußen Landtagswahlkreise, wo auf einen Abgeordneten 370 000, 340 000 usw. Einwohner entfallen, und andererseits Wahlkreise, wo auf einen Abgeordneten noch nicht 40 000 Einwohner entfallen. Auch hier die größte Ungerechtigkeit, auch hier nicht die entfernteste Spur einer Gleichartigkeit, sondern wie der Zufall es einmal geschaffen, so soll es bleiben, und so ist es nach dem Willen der maßgebenden Partei in Preußen geblieben.

Zit. nach: G. A. Ritter (Hg.), Das Deutsche Kaiserreich 1871–1914, Göttingen 1975, S. 120 f.

M 6 Ein konservativer Wahlkreis

Hellmut von Gerlach (1866–1935), Journalist und linksdemokratischer Politiker, stammte aus einer Junker-Familie und kannte die Verhältnisse aus eigener Erfahrung:

Der Wahlkreis Wohlau-Guhrau-Steinau [Niederschlesien], in dem ich aufgewachsen bin, hieß der Goldene Wahlkreis der Konservativen, weil er der deutsch-konservativen Partei pupillarisch[1] sicher war. Bei den Landtagswahlen wurde nicht einmal ein Gegenkandidat aufgestellt. Ein einziges Mal hatte ein jüngerer Pastor die Frechheit, sich unter der Firma[2] Freikonservativ auf eigene Faust um ein Mandat zu bewerben. Gegen ihn erließ der konservative Führer von Seydlitz eine Erklärung im „Wohlauer Kreisblatt", in der er es als eine Anmaßung bezeichnete, wenn jemand, der einst als Hauslehrer bei ihm in Lohn und Brot gestanden habe, sich nun herausnehme, gegen seinen, des Herrn von Seydlitz, Willen in den Landtag gelangen zu wollen. Mit dieser Erklärung war der tollkühne Pastor zur Strecke gebracht. Die Wahlen waren damals in den meisten ostelbischen Wahlkreisen die Angelegenheit einer kleinen Adelsclique. Wenn der Wahltag herannahte, versammelte der älteste Landrat unseres Wahlkreises die führenden Junker bei sich. Ein paar bürgerliche Konzessionsschulzen von erprobter Junkerfrommheit wurden gütigst als Statisten zugezogen; so etwa ein Superintendent, ein Kreisphysikus, ein Gymnasialdirektor. En petit comité [im kleinen Kreis] einigte man sich über den Kandidaten, der entweder von Kessel, von Ravenstein oder von Nitzschwitz oder Graf Carmer hieß, aber jedenfalls adlig war. Der Erkorene hielt in den drei Kreisstädten seine Kandidatenrede vor einem geladenen Publikum von Honoratioren. Öffentliche Wahlversammlungen galten als unberechtigte Konzessionen an den Zeitgeist. Natürlich dachte die verdammte freisinnige Opposition – Sozialdemokraten gab es in diesem Junkerparadies noch nicht – an keinen Verzicht auf Wahlversammlungen. Da setzte nun die Wahltätigkeit der Konservativen ein. Nicht etwa, dass sie den Freisinnigen in ihren Versammlungen entgegentraten. Viel wirkungsvoller war es, wenn sie ihnen die Versammlungen unmöglich machten.

Das ging sehr leicht. Versammlungen unter freiem Himmel waren nach dem alten preußischen Vereinsgesetz ohne Weiteres zu verbieten. Die Versammlungslokale aber wurden einfach „abgetrieben". Amtsvorsteher war immer ein Großgrundbesitzer. Der ließ die Wirte seines Bezirks wissen, dass es ihm „unerwünscht" sei, wenn sie ihre Räume für Versammlungen hergäben. Sie wussten, was das zu bedeuten hatte. Handelten sie den Wünschen des Herrn Amtsvorstehers zuwider, so gab es auf Jahre hinaus keine Tanzerlaubnis, so wurde keine Holzversteigerung oder sonst ein öffentlicher Termin bei ihnen angesetzt, so schlich der Gendarm immer gegen 10 Uhr abends bei ihnen herum, ob nicht die Polizeistunde um fünf Minuten überschritten wurde. Sie waren der Willkür ausgeliefert. Nur in vereinzelten großen Bauerndörfern ohne Rittergut waren Wahlversammlungen zustande zu bringen. Dort blühte denn auch der Weizen des Freisinns oder des Zentrums. Aber das waren nur kleine Oasen in der großen konservativen Wüste. […]

Am besten, außer mit sich selber, kamen die konservativen Großgrundbesitzer mit ihren Landarbeitern aus. Die Landarbeiter parierten damals noch willenlos, waren Stimmvieh in des Wortes verwegenster Bedeutung. Dass bei der öffentlichen Landtagswahl keine einzige ihrer Stimmen danebenging, ist selbstverständlich. Aber auch bei den Reichstagswahlen klappte es tadellos. Da saß der gnädige Herr als Wahlvorsteher obenan, und in der Mittagpause wurden die Arbeiter, direkt vom Felde weg, vom Inspektor und Vogt in das Wahllokal geführt. Draußen bekam jeder seinen „richtigen" Wahlzettel in die rechte Hand gedrückt. Keiner traute sich, ihn unter der Kontrolle des gnädigen Herrn und seiner Adjutanten gegen einen anderen umzutauschen.

Nur einmal ist die Sache in Mönchmotschelwitz schief gegangen. Aus irgendeinem Grund hatte mein Vater zum Wahltag nach Berlin reisen müssen. Ganz aufgeregt kam er am Tage darauf zu mir: „Denk dir nur, bei uns ist die Wahl ganz schlecht ausgefallen. Unsere Knechte scheinen freisinnig gewählt zu haben. Die Kerls sind zu dumm. Ist man einmal nicht da, fallen sie auf irgendeinen Schwätzer herein. Aber das soll mir eine Lehre sein. Nie fehle ich wieder am Wahltag!" Der gute Papa ahnte nicht, dass die Knechte zum ersten Mal in ihrem Leben politisch nicht hereingefallen waren.

1 veraltet: das Mündel betreffend; hier: absolut

2 hier: ironisch für Partei

H. von Gerlach, Von Rechts nach Links, Zürich 1937, S. 32 ff.

Aufgaben

1. Halten Sie die wesentlichen Bestimmungen der Reichsverfassung von 1871 fest.
   → Text, M2–M4
2. Beurteilen Sie die Rolle Bismarcks in diesem Verfassungsgefüge.
   → Text, M1–M4
3. Inwiefern spiegeln sich in der Verfassung die unterschiedlichen sozialen und politischen Interessen wider?
   → M4
4. Charakterisieren Sie das Wahlrecht für den Reichstag und den preußischen Landtag.
   → Text, M5, M6
5. Beschreiben Sie die politischen Verhältnisse in einem konservativen Wahlkreis Ostelbiens.
   → M6

5.3 Die Gesellschaft im Kaiserreich

Vorrang des Soldatischen

Da die Gründung des Bismarck-Reiches aufs Engste mit den Siegen der preußischen Armeen verknüpft war, leitete sich daraus eine Vorrangstellung des Soldatischen ab. Das Militär stand an der Spitze der nationalen Prestigeskala.

In der Armee sahen die monarchische Führung beziehungsweise der Adel den Garanten für die Aufrechterhaltung eigener Privilegien und die Abwehr demokratischer Ansprüche. Das Offizierskorps, das sich wie eine Kaste weitgehend nach außen abschloss, begriff sich als die Stütze der Monarchie.

Die Macht der „alten" Eliten

Das allgemeine und gleiche Reichstagswahlrecht hat die herausgehobene politische Stellung des Adels nur geringfügig beeinträchtigen können. Insbesondere im östlichen Preußen besaß der Adel aufgrund seines Grundbesitzes eine soziale Macht, die unter anderem in Form der Gutsherrschaft zum Ausdruck kam. Politisch spielten auch die vielfältigen Beziehungen zum preußischen Königshaus eine Rolle. Und überdies sicherte das Dreiklassenwahlrecht die Dominanz konservativer Kräfte in Preußen. Folglich stellten bei der Auswahl insbesondere der höheren Beamten soziale Herkunft und königstreue Gesinnung entscheidende Filter dar.

Bismarcks innenpolitische Strategie bei der Reichsgründung lief darauf hinaus, die altpreußische, monarchisch gesinnte Führungsschicht mit dem aufkommenden Bürgertum zu versöhnen. Zunächst einmal entsprach die Reichsgründung den ökonomischen Wünschen der überwiegend nationalliberal eingestellten bürgerlichen Schichten. Sozialgeschichtlich beförderte sie deren Wirtschafts- und Handelsinteressen. Aber die politische Macht sollte im Wesentlichen bei den konservativ-adeligen Mächten bleiben, die sich um Kaiser und Hof, um Militärs und ostelbische Gutsbesitzer gruppierten.

Aufstieg des Bürgertums

Nicht zuletzt aufgrund der französischen Reparationszahlungen setzte nach 1871 ein zuvor nicht gekannter Wirtschaftsaufschwung ein, der die Grundlage schuf für die rasche Umstrukturierung Deutschlands von einem überwiegend agrarisch geprägten Land in ein Industrieland.

Im Zuge der Industrialisierung wurde das Bürgertum zusehends zum Träger der ökonomischen Macht. Außerdem bedrängte die organisierte Arbeiterbewegung, zum Teil mit revolutionärem Anspruch, die Stützen des Obrigkeitsstaates. Ein Großteil der politischen Spannungen im Deutschen Kaiserreich lag darin begründet, dass die traditionellen (vorindustriellen) Eliten ihre politische Vormachtstellung in einer modernen Industriegesellschaft zu behaupten versuchten.

Frauenbewegung

Noch bis weit ins 19. Jahrhundert war Politik in der Hauptsache eine reine Männerangelegenheit. Selbst das fortschrittliche allgemeine und gleiche Wahlrecht der Reichsverfassung von 1871 bezog sich nur auf Männer. Die historische Herrschaft der Männer in Staat und Gesellschaft wurde erst in der zweiten Hälfte des 19. Jahrhunderts infrage gestellt. Das traditionelle Bild von der weiblichen Rolle in der Gesell-

Clara Zetkin (1857–1933)
Mitbegründerin des Spartakusbundes und langjährige KPD-Abgeordnete im Reichstag

Louise Otto-Peters (1819–1895)
Vorkämpferin der Frauenbewegung. Sie gründete 1865 den „Allgemeinen deutschen Frauenverein".

schaft stand sowohl einer Erwerbstätigkeit als auch der politischen Beteiligung im Wege. Die Öffentlichkeit galt als Domäne des Mannes. Entsprechend waren die Entfaltungsmöglichkeiten der Frauen eingeschränkt. So blieben zum Beispiel ihre Bildungsmöglichkeiten lange Zeit stark beschnitten. In Preußen verwehrte man ihnen bis 1896, die Reifeprüfung abzulegen. Erst 1895 erlaubte man Frauen, als Hörerinnen an der Universität Berlin aufzutreten. Als erstes Bundesland sprach Baden den Frauen das Immatrikulationsrecht zu (1900). Die anderen deutschen Bundesstaaten öffneten in den folgenden Jahren ihre Universitäten für Frauen. Im Jahre 1913 waren 4,9 Prozent der Studierenden weiblich. Frauen erhielten allerdings lange Zeit keine Anstellung bei Behörden; und die höhere Beamtenlaufbahn blieb ihnen ohnehin verschlossen.

Die Ehe war gleichfalls durch rechtliche Ungleichheit beziehungsweise die Dominanz des Mannes geprägt. Das Bürgerliche Gesetzbuch (1900) bekräftigte das alleinige Entscheidungsrecht des Mannes in der Ehe, was bis in die fünfziger Jahre in der Bundesrepublik Deutschland Bestand hatte.

Der vordemokratische Staat hielt Frauen ferner in politischer Unmündigkeit: durch Verbot einer Mitgliedschaft in Parteien und Gewerkschaften sowie durch die Vorenthaltung des Wahlrechts. Das Preußische Allgemeine Landrecht verbot selbst die Teilnahme an politischen Veranstaltungen.

Angesichts der offenkundigen Verletzungen des Gleichheitsprinzips bildete sich in der zweiten Hälfte des 19. Jahrhunderts eine Frauenbewegung, die von zwei Richtungen her die Sache der Frauen fördern wollte. Die sozialistische Frauenbewegung strebte eine Veränderung der Gesellschaft durch die sozialistische Revolution an. Die Lösung der Frauenfrage verstand man als Teil des Klassenkampfes. Die Befreiung der Frau wurde demzufolge im Rahmen einer neuen (nicht-kapitalistischen) Gesellschaftsordnung gesehen. Als äußerst einflussreich erwies sich in diesem Zusammenhang eine Publikation von August Bebel, dem Vorsitzenden der Sozialdemokraten. Aus seiner Perspektive war die Frauenfrage nur eine Seite der Sozialen Frage. Sein Buch „Die Frau und der Sozialismus" erschien erstmals 1879 und blieb eines der meistgelesenen politischen Bücher im Kaiserreich. Prominente Personen der sozialistischen Frauenbewegung waren Clara Zetkin und Lily Braun. Auch von Rosa Luxemburg ging eine starke politische Wirkung aus, obgleich sie sich nicht als spezielle Frauenrechtlerin verstand.

Das Emanzipationsverständnis der bürgerlichen Frauenbewegung zielte auf Gleichberechtigung innerhalb der bürgerlichen Gesellschaftsordnung. Das Bestreben ihrer führenden Vertreterinnen – Louise Otto-Peters, Helene Lange, Hedwig Dohm und Gertrud Bäumer – richtete sich ebenfalls auf einen Ausbruch aus dem häuslichen Getto. Die Lösung der Abhängigkeit von der Männerwelt als Voraussetzung der Selbstständigkeit sollte durch das Recht auf uneingeschränkte Bildung und Erwerbsarbeit erreicht werden. 1865 wurde der Allgemeine Deutsche Frauenverein (ADF) gegründet, dessen Leitung Helene Lange und Gertrud Bäumer übernahmen.

Erst 1908 verabschiedete der Reichstag ein Vereins- und Versammlungsgesetz, das es den Frauen gestattete, sich politisch zu betätigen. Erst jetzt konnten Frauen auch legal Parteimitglieder werden. Das Wahlrecht erhielten die Frauen in Deutschland aber erst im November 1918.

M 1 Ein Leutnant und zehn Mann

Aus einer Reichstagsrede des preußischen Rittergutsbesitzers und führenden konservativen Politikers Elard von Oldenburg-Januschau (1910):

Ja, meine Herren, das ist auch eine alte preußische Tradition, und dass Ihnen diese Tradition nicht passt, das glaube ich sehr gern. Der König von Preußen und der deutsche Kaiser muss jeden Moment im Stande sein, zu einem Leutnant zu sagen: Nehmen Sie zehn Mann und schließen Sie den Reichstag! Meine Herren, wir haben uns über diesen Fall schon einmal unterhalten. Ich will ihn nicht länger ausführen. Ich wollte Ihnen aber diese Freude machen. Alles in allem kann man nur den Wunsch haben, dass die Tradition in unserem Offizierskorps, die die Armee groß gemacht hat, erhalten bleibt. Und wir von der Rechten hoffen, dass der preußische Herr Kriegsminister diese Tradition aufrechterhalten wird, auch in der Zusammensetzung des Offizierskorps, in der Homogenität des Offizierskorps, die alte, die königlich preußische Tradition. Adieu, meine Herren!

E. von Oldenburg-Januschau, Erinnerungen, Leipzig 1936, S. 110.

M 2 Standesbewusstsein der Offiziere

Auszug aus dem Militär-Wochenblatt (1889):

Der Stolz jedes Deutschen ist die Armee, die Blüthe des Volkes. Deutschlands Heer – Deutschlands Ehr! Der ausgezeichnetste Theil aber, die Elite des Heeres, ist das Offizierskorps. […] Von der größten Wichtigkeit ist daher der Zustand des Offizierskorps; er ist entscheidend für den Wert des ganzen Heeres. Es wiederholt sich hier, was im Leben allgemeine Erfahrung ist: Die unteren Schichten sind stets das, was die oberen aus ihnen machen. Solange die höheren, führenden Klassen […] sittliche Tüchtigkeit und moralische Gesundheit bewahren, bleibt auch das Volk stark und lebenskräftig; während die sittliche Fäulnis der herrschenden Schichten den Verfall und den Niedergang der ganzen Nation unaufhaltsam nach sich zieht. […]
In keinem anderen Lande der Welt steht der Offizierstand auf einer so hohen Stufe, nimmt er auf der Skala der menschlichen Gesellschaft einen so hohen Rang, eine so angesehene und geachtete Stellung ein als in Deutschland. […]
Der Waffenadel muss dem Geburtsadel gleichstehen. Adelige Ehre und Offiziersehre fällt in allen Punkten zusammen, diese ist unzweifelhaft aus jener hervorgegangen. […]
In dieser ehrenvollen, bevorzugten Stellung und in dem Ansehen, das den Deutschen Offizier in den Augen des Volkes zum Edelmann macht, liegt gleichsam die geistige Zulage zu seinem kärglichen Solde. Das ist der ideale Zug im Offizierstande inmitten unserer materiellen, realistischen Zeit, der für ein so Geringes Leben und Gesundheit für Königstreue und Vaterlandsliebe opfert und sein Alles freudig setzt an seine Ehre. […]
Beide, der bürgerliche sowohl wie der adlige Offizier, vertreten das gleiche Prinzip, die aristokratische Weltanschauung gegen die demokratische.

Zit. nach: G. A. Ritter (Hg.), Das Deutsche Kaiserreich 1871–1914, Ein historisches Lesebuch, Göttingen 1977, S. 92 f.

M 3 Soziale Zusammensetzung des preußischen Beamtentums (1910)

	Gesamt	Beruf der Eltern: Beamte und Offiziersfamilien	Freie wissenschaftliche Berufe	Landwirte	Handel	Alter (agrarischer) Adel	Neuer (Beamten- und Berufs-) Adel	Nicht adelig
Oberpräsidenten	12	7	–	5	–	7	4	1
Regierungspräsidenten	36	21	1	10	4	16	7	13
Oberpräsidialräte	12	4	2	5	1	6	–	6
Oberregierungsräte	141	60	18	33	30	27	5	109
Verwaltungsgerichtsdirektoren	36	17	9	5	5	2	–	34
Polizeipräsidenten	22	11	2	5	4	11		
Regierungsräte	612	279	97	114	122	117	4	7
Regierungsassessoren	506	258	63	92	93	161	22	473
Landräte und Oberamtmänner	481	228	30	152	71	241	34	311
Summe	1858	885	222	421	330		27	213

P. Brandt, Preußen, Zur Sozialgeschichte eines Staates; Katalog Preußen – Versuch einer Bilanz, 1981, Bd. 3, Reinbek 1981, S. 136.

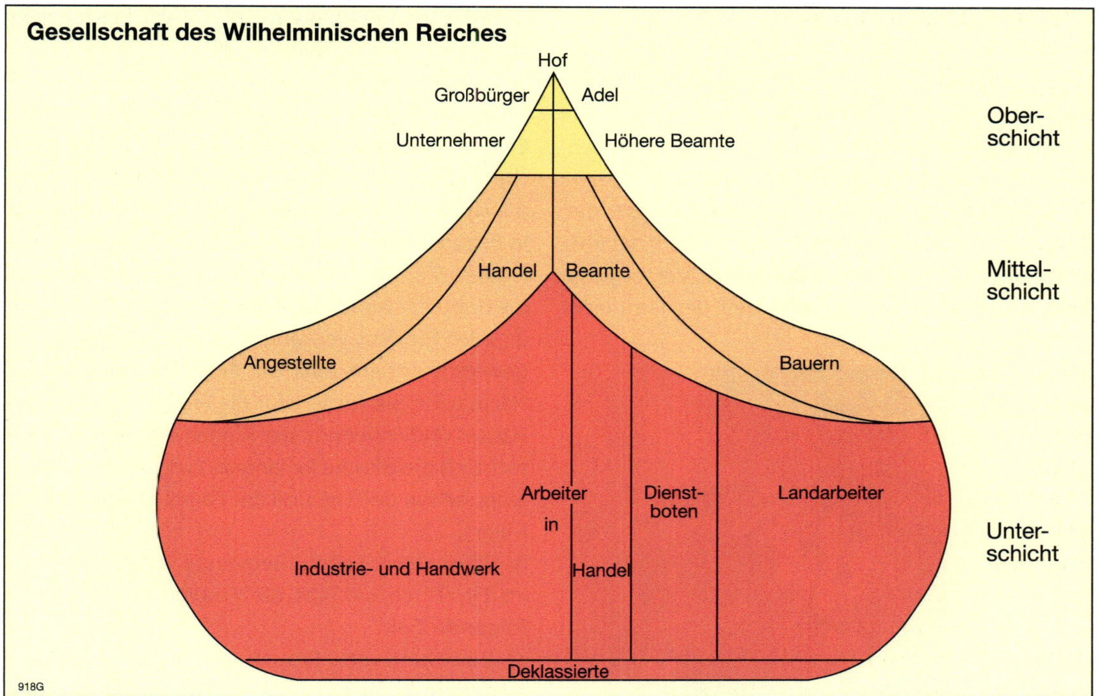

M 4 **Die Schichtung der Gesellschaft im Wilhelminischen Kaiserreich**

1907 lebten im Kaiserreich 61,72 Millionen Menschen. 28,1 Millionen (einschließlich der Soldaten) gingen einer Erwerbstätigkeit nach; von diesen waren 34 % Frauen (9,5 Millionen):

1. Unterschicht – sozial Deklassierte (Asoziale, Prostituierte, Gelegenheitsarbeiter, Arbeitslose usw.). Zu ihnen sind auch größtenteils die jährlich rund 180 000 unehelichen Kinder und ihre Mütter zu rechnen. Landarbeiter: 3,4 Mio Erwerbstätige; Arbeiter in Industrie und Handwerk: 8,7 Mio; Arbeiter in Handel, Verkehr und Dienstleistungen (meist Verkäufer): 1,9 Mio; Arbeiter in häuslichen Diensten (meist Dienstboten): 1,7 Mio. Knapp 16 Millionen (= 55 %) der Erwerbstätigen sind also Arbeiter. Die Zahl der Soldaten und Unteroffiziere beträgt rund ½ Mio, d. h. rund 58 % der Erwerbstätigen gehören zur Unterschicht.

2. Untere Mittelschicht (= Mittelstand) – Angestellte in Handel, Dienstleistungsgewerbe und Industrie: 2 Mio; Handwerker und Kleinkaufleute: 2 Mio, untere und mittlere Beamte: 1,5–2 Mio; selbstständige Bauern: 2,5 Mio; insgesamt ca. 30 % der Erwerbstätigen. Unter- und untere Mittelschicht machen also rund 90 % der Erwerbstätigen aus.

3. Mittlere und obere Mittelschicht – Gehobene und höhere Beamte als Kernanteil (dazu zählen u. a. Gymnasiallehrer, Universitätsprofessoren, Richter, Offiziere), Unternehmer, Ingenieure, Schauspieler, Musiker, Schriftsteller, bildende Künstler u. ä.; zusammen 8–9 % der Erwerbstätigen.

4. Oberschicht – Elite. Zur älteren Elite gehören die Höfe, der Hochadel, aber auch der grundbesitzende Landadel als großer Arbeitgeber (vor allem Ostelbier) und die Spitzen von Militär und Verwaltung (vorwiegend adliger Herkunft); höchstens 1–2 %. Zur neuen Elite zählte man die wenigen tausend Spitzenkräfte des Großbürgertums.

G. Michel, in: Praxis Geschichte, 4/1990, S. 9.

M 5 **Programm des Allgemeinen Deutschen Frauenvereins (1905)**

I. Bildung.

[…] Im Einzelnen stellt sie [die Frauenbewegung] folgende Forderungen:

a) obligatorische Fortbildungsschulen für alle aus der Volksschule entlassenen Mädchen;

b) eine Reorganisation der höheren Mädchenschule […]. Den Mädchen muss […] die Möglichkeit gegeben werden, an den Berechtigungen der höheren Lehranstalten teilzunehmen;

c) unbeschränkte Zulassung ordnungsmäßig vorgebildeter Frauen zu allen wissenschaftlichen, technischen und künstlerischen Hochschulen.

II. Berufstätigkeit.

Die Frauenbewegung betrachtet für die verheiratete Frau den in der Ehe und Mutterschaft beschlossenen Pflichtenkreis als ersten und nächstliegenden Beruf. Die befriedigende Erfüllung dieses Berufs muss im Interesse der Gesamtheit mit allen Mitteln der Bildung, der wirtschaftlichen Reform, des staatlichen Schutzes gesichert werden. Die Arbeit der Frau [...] ist wirtschaftlich und rechtlich als vollgültige Kulturleistung zu bewerten.

In Anbetracht der großen Zahl von Frauen, die unverheiratet bleiben, und [...] derer, die in der Ehe keine ausreichende wirtschaftliche Versorgung finden können, ist die Berufsarbeit der Frau eine wirtschaftliche und sittliche Notwendigkeit. Die Frauenbewegung betrachtet die berufliche Frauenarbeit aber auch in weiterem Sinne und unabhängig von jeder äußeren Notwendigkeit als Kulturwert, da auch die Frau Träger hervorragender spezifischer Begabung sein kann und bei vollkommen freier Entfaltung ihrer Fähigkeiten auf vielen Gebieten geistiger und materieller Tätigkeit Aufgaben finden wird, die sie ihrer Natur nach besser lösen kann als der Mann. [...]

III. Ehe und Familie.

Die Frauenbewegung sieht in der Heilighaltung der Ehe die wesentlichste Bürgschaft für das körperliche und geistige Wohl der Nachkommenschaft und die Grundbedingung sozialer Gesundheit. Sie legt in Bezug auf die sexuelle Sittlichkeit Männern und Frauen die gleichen Pflichten auf und bekämpft die doppelte Moral, die einerseits dem Manne eine in jeder Hinsicht verhängnisvolle sexuelle Freiheit gewährt, andererseits die Frau mit ungerechter Härte trifft. Sie fordert für die Frau als Leiterin des Hauses und Erzieherin der Kinder, dass sie [...] auch rechtlich die gleiche Verantwortung in allen Angelegenheiten der Ehe und der Familie trage wie der Mann [...].

IV. Öffentliches Leben, Gemeinde und Staat.

Im Einzelnen erstrebt die Frauenbewegung [...] folgende Ziele:

a) Zulassung der Frauen zu verantwortlichen Ämtern in Gemeinde und Staat, vor allem solchen, die zu den Interessen der Frauen in besonders naher Beziehung stehen (Mädchenschulwesen, staatliche und kommunale Sozialpolitik, Arbeiterinnenfrage, Rechtspflege usw.).

b) Zuziehung der Frauen zur Vertretung der Laien bei der Rechtspflege (weibliche Schöffen und Geschworene).

c) Beseitigung der vereinsrechtlichen Beschränkungen der Frau.

d) Teilnahme der Frauen am kirchlichen Wahlrecht.

e) Teilnahme der Frauen am kommunalen Wahlrecht.

f) Teilnahme der Frauen am politischen Wahlrecht.

Zit. nach: G. A. Ritter, J. Kocka (Hg.), Deutsche Sozialgeschichte 1870–1914, Dokumente und Skizzen, München 1982, S. 422 f.

M 6 „Aber ich bitt'Sie, mit so einem lieben G'sichterl studiert man doch nicht"

1908 erfolgte die Zulassung von Frauen zum Studium in Preußen, aus: „Fliegende Blätter", 1908/09.

Aufgaben

1. Erläutern Sie, wodurch die „alten" Eliten auch im Kaiserreich ihre Vorrangstellung zu behalten vermochten.
   → Text, M1–M3
2. Stellen Sie die Rolle und das Selbstverständnis des Militärs dar.
   → Text, M1, M2
3. Inwiefern konnten die sozialen Verhältnisse im Kaiserreich demokratischen Ansprüchen nicht genügen?
   → Text, M1–M4
4. Beschreiben Sie die rechtliche Position der Frauen im Kaiserreich.
   → Text
5. Analysieren Sie das Programm des Allgemeinen Deutschen Frauenvereins darauf hin, welche konservativen und welche modernen Forderungen in ihm enthalten sind.
   → M5

5.4 Innenpolitische Entwicklung bis 1890

Die deutsche Einheit bedeutete noch lange nicht die Einheit der Deutschen. Insbesondere nachdem die nationale Begeisterung von 1870/71 verblasst war und die Wirtschaftskrise von 1873 eingesetzt hatte, fürchtete Bismarck um den inneren Zusammenhalt des neuen Reiches.

Bismarcks Konzept, das die Lebensfähigkeit des Reiches auch in der Zukunft gewährleisten sollte, lässt sich unter zwei Gesichtspunkten sehen:

- außenpolitisch: Zügelung von Machtansprüchen und Errichtung einer europäischen Friedensordnung,
- innenpolitisch: eine auf Bismarcks Bedürfnisse zugeschnittene Verfassung, die seinen Vorrang institutionell absicherte.

Bismarck verstand sich selbst zu keinem Zeitpunkt als Parteipolitiker: Während seiner Reichskanzlerschaft suchte und fand er unterschiedliche Mehrheiten im Reichstag zur Abstützung seiner obrigkeitsstaatlichen Politik. Um sein Lebenswerk zu sichern, scheute er keineswegs davor zurück, mithilfe von Feindbildern den inneren Zusammenhalt des Reiches zu festigen. So machte Bismarck nicht nur die Sozialdemokratie, sondern auch den Katholizismus zu „Reichsfeinden".

Kulturkampf

Der irreführende Begriff „Kulturkampf" bezeichnet den Konflikt zwischen der katholischen Kirche und dem preußischen Staat. Politisch wurde der Katholizismus durch die Zentrumspartei repräsentiert, die 1870 von Ludwig Windthorst und den Brüdern August und Peter Reichensperger gegründet worden war.

Der Kulturkampf, der im Mittelpunkt der preußischen Innenpolitik der Siebzigerjahre stand und endgültig erst 1887 beigelegt wurde, kann als typisch für die Bismarck'sche Regierungstechnik bezeichnet werden. Das Zentrum wurde als Partei der Reichsfeinde verleumdet und als „ultramontan", das heißt hier als papsthörig, abqualifiziert. Da auch nationale Minderheiten in Deutschland (zum Beispiel Polen und Elsässer) überwiegend katholisch waren, erleichterte das den Vorwurf der „nationalen Unzuverlässigkeit". Im Kulturkampf konnte Bismarck auf die Unterstützung durch die Liberalen bauen, weil der Liberalismus die Trennung von Kirche und Staat forderte und den kirchlichen Anspruch auf Einfluss im Unterrichtswesen zurückwies.

M 1 **Pontifex: Nun, bitte genieren Sie sich nicht! Kanzler: Bitte, gleichfalls!** Papst Pius IX.; im Hintergrund Ludwig Windthorst, Führer der Zentrum-Partei und Gegenspieler Bismarcks im Kulturkampf, aus der satirischen Zeitschrift Kladderadatsch

Im Zuge des Kulturkampfes wurden etliche Gesetze erlassen: Diese beseitigten die geistliche Schulaufsicht, führten die Zivilehe ein, erleichterten den Austritt aus der Kirche, untersagten die politische Betätigung von Geistlichen im Amt (so genannter Kanzelparagraph) und verboten den Jesuitenorden.

Entsprechend der Reichsverfassung von 1871 erhielt der Reichskanzler (Bismarck) seinen Regierungsauftrag vom Kaiser beziehungsweise König von Preußen. Bismarck selbst gehörte keiner Partei an. Politisch stand er zwischen dem Monarchen und der Volksvertretung, denn er musste, um Gesetze ordnungsgemäß verabschieden zu lassen, Mehrheiten im Reichstag gewinnen.

Kurswechsel 1878

Die Jahre 1878/79 markierten einen Einschnitt in der politischen Entwicklung des Deutschen Reiches, den man wegen seiner langfristigen

Bedeutung auch als die „Zweite Reichsgründung" bezeichnet. In den Siebzigerjahren erwiesen sich sowohl die deutsche Landwirtschaft als auch die Schwerindustrie als nicht konkurrenzfähig auf dem Weltmarkt. Auf dieser Grundlage kam es zu einer Verständigung zwischen „Roggen und Eisen", das heißt zwischen junkerlichen Großagrariern und schwerindustriellem Großbürgertum unter dem Vorzeichen gemeinsamer Schutzzollinteressen.

Bismarck reagierte auf den Druck der Interessengruppen, zum Beispiel des 1876 gegründeten Zentralverbandes Deutscher Industrieller. Aber er handelte auch, indem er mithilfe der Schutzzoll-Allianz „sein" Reich auf eine neue Grundlage stellte.

Die Änderung der Wirtschaftspolitik setzte den Protektionismus an die Stelle des Freihandels. Politisch zerbrach damit auch Bismarcks Bündnis mit den Nationalliberalen, die ihm im Kulturkampf zur Seite gestanden hatten.

Man hat den Kurswechsel von 1878 vielfach auch als innere Abkehr Bismarcks vom Parlamentarismus gedeutet. Für den Liberalismus war dieser Parlamentarismus konstitutiv, das heißt die Bindung der Regierung an die Parlamentsmehrheit und die damit einhergehende Verantwortlichkeit der Minister gegenüber dem Parlament.

Bismarck sah in der aufkommenden Sozialdemokratie die wichtigste Herausforderung des nationalen Obrigkeitsstaates. Darum zählte er ihre Eindämmung zu seinen politischen Hauptaufgaben. Geschickt nutzte Bismarck zwei Attentate auf Kaiser Wilhelm I. aus, um in der angeheizten Krisenstimmung die Angst vor dem Umsturz zu schüren und den Reichstag aufzulösen. Die Neuwahlen stärkten die katholische Zentrumspartei sowie die Konservativen. Der politische Liberalismus sowie die Sozialdemokratie gingen geschwächt aus der Wahl hervor. Damit war mittelfristig der Weg für eine Neuorientierung Bismarck'scher Politik frei. Der neu gewählte Reichstag verabschiedete 1878 auf Bismarcks Drängen hin das Gesetz „wider die gemeingefährlichen Bestrebungen der Sozialdemokratie". Nach mehrmaliger Verlängerung galt es bis 1890. Mithilfe des Sozialistengesetzes setzte ein verschärfter Kampf gegen die Sozialdemokratie ein. Parallel dazu musste die Freihandelspolitik, die ein Anliegen der Liberalen gewesen war, der Schutzzollpolitik weichen. Die Abkehr Bismarcks von den Nationalliberalen ging einher mit dem Auslaufen des so genannten Kulturkampfes. Das Zentrum stützte danach die Bismarck'sche Politik im Reichstag. Die Personal- und Schulpolitik erhielten in den folgenden Jahren eine betont konservative Ausrichtung. Der Kurswechsel von 1878 war grundlegend für die Innenpolitik des Reiches.

Bismarcks Entlassung

Das Amt des Reichskanzlers war geknüpft an das Vertrauen des Kaisers. 1888 kündigte sich das Ende der Bismarck-Ära an. Als Wilhelm I. im gleichen Jahr starb, übernahm sein Sohn Friedrich das Amt.

Friedrich III., auf dem die Hoffnungen der Liberalen in Deutschland ruhten, starb aber nach nur 99 Tagen an Krebs. Ihm folgte 1888 sein ältester Sohn Wilhelm auf den Thron. Daher spricht man vom Dreikaiserjahr. Wilhelm II. war keineswegs bereit, eine politische Statistenrolle zu übernehmen. Bismarck, der die politische Bühne seit 1862 beherrscht hatte, wurde entlassen (1890). In der Reaktion der Bevölkerung überwog die Erleichterung. Mit zunehmender Dauer seiner Amtsführung hatten Launenhaftigkeit und autokratisches Verhalten

M 2 „Dropping the Pilot"
Englische Karikatur von John Tenniel im „Punch" vom 29. März 1890, in Deutschland dagegen unter dem Titel „Der Lotse geht von Bord" verbreitet

zugenommen. Vieles deutete darauf hin, dass er angesichts des Wahlerfolgs der Sozialdemokraten (1890) Staatsstreichpläne hegte.

Im Gegensatz zur Innenpolitik konnte Bismarck hinsichtlich der Außenpolitik des Deutschen Reiches als erfolgreicher Politiker gelten. Nach der äußerst riskanten Außenpolitik, die in der Reichsgründung gemündet hatte, konsolidierte er nach 1871 das Reich im europäischen Großmachtsystem. Durch eine maßvolle Außenpolitik vermittelte er die Überzeugung, dass Deutschland nunmehr, das heißt nach den so genannten Einigungskriegen, „saturiert" (gesättigt) sei. Es gelang Bismarck, eine Zweifronten-Bedrohung Deutschlands zu vermeiden, Krisen zu bewältigen und somit Kriege zu verhindern.

Die Bilanz der Politik Bismarcks ist durchaus zwiespältig. Seine diplomatische Kunstfertigkeit wird heute weitgehend gewürdigt. In Bezug auf die Innenpolitik erkennt man den Ausbau des Reiches zu einer Wirtschafts- und Rechtseinheit an. Aber der Aufstieg des Deutschen Reiches zu einer Wirtschaftsmacht ging nicht einher mit einer angemessenen politischen Modernisierung. Dies zeigte sich zum Beispiel dadurch, dass Bismarck die Arbeiterbewegung unterdrücken ließ. Sein Staatsverständnis war letztlich auch gegen Liberalismus und Demokratie gerichtet. Zwar setzte er das gleiche Wahlrecht (für Männer) bei Reichstagswahlen durch, aber das war ein strategischer Schachzug und geschah lediglich zur Festigung der Reichseinheit. Der Parlamentarismus blieb ihm immer nur ein notwendiges Übel.

Eugen Richter (1838–1906), linksliberaler Führer der Deutsch-Freisinnigen Partei, kam nach Bismarcks Tod (1898) zu dem deprimierenden Ergebnis: „Die Volksvertretung wurde stets in der rücksichtslosesten Weise behandelt und in ihrem Ansehen herabgewürdigt, so oft sie dem Kanzler nicht zu Gefallen stimmte."

Bismarck repräsentiert heute den deutschen Obrigkeitsstaat. Historische Größe wird man ihm kaum absprechen können, aber im Hinblick auf die Bildung einer demokratischen Tradition in Deutschland ist sein Wirken eher ein Unglück gewesen.

M 3 Das Bismarck-Denkmal in Hamburg St. Pauli
Der „eiserne Kanzler" ist nach seinem Tod (1898) zu einer Legende geworden, die in zahlreichen Denkmälern versteinert worden ist. Das Bismarck-Denkmal in Hamburg wurde zwischen 1901 und 1906 ausgeführt. Das Preisgericht entschied sich für den Entwurf des Architekten Emil Schaudt und des Bildhauers Hugo Lederer mit der Begründung, in ihrem Denkmal sei „die sich im Volksbewusstsein allmählich vollziehende Steigerung der Gestalt Bismarcks ins Heldenhafte" voll ausgeprägt.
(Hermes Handlexikon: Historische Stätten)

M 4 Bismarcks Regierungstechnik

Der Historiker Hans-Ulrich Wehler analysiert die Regierungstechnik des Reichskanzlers Otto von Bismarck:

[Bismarck entwickelte] eine Herrschaftstechnik, die man auf den Begriff der „negativen Integration" gebracht hat. Er machte sich den uralten sozialpsychologischen Gegensatz von „in-group" und „out-group" zu Nutze und stilisierte innere Konflikte derart um, dass er eine Mehrheit von „reichstreuen" Elementen gegen eine Minderheit von „Reichsfeinden" führen konnte, die zwar als „ernsthafte Gefahr" erscheinen mussten, das Gesamtsystem aber doch nicht wirklich infrage zu stellen vermochten. Vorwiegend durch Feindschaft gegen gemeinsame Gegner, daher unter negativem Vorzeichen, wurden diese Koalitionen der Reichsfreunde zusammengehalten. Welfen, Großdeutsche, Elsass-Lothringer, Dänen und Polen waren für die Kategorie der „Reichsfeinde" ohnehin prädestiniert, konnten aber je für sich schwerlich die Vorbedingungen einer gravierenden Bedrohung erfüllen. Daher wurden der politische Katholizismus, der parlamentarische Liberalismus, die Sozialdemokratie, die freisinnigen Juden als die eigentlichen „Reichsfeinde" aufgebaut.

H.-U. Wehler, Das Deutsche Kaiserreich 1871–1918, Göttingen 1973, S. 96 f.

M 5 Katholizismus als „Reichsfeind"

Die Hintergründe des „Kulturkampfes" untersucht der Historiker Peter Brandt:

Seinen Höhepunkt erreichte der Konflikt zwischen dem preußischen Staat und dem Katholizismus indessen im „Kulturkampf", der die Innenpolitik Preußens und des neu gegründeten Reiches in den 1870er Jahren schwer belastete. Zwar wurden die staatlichen Repräsentanten aus dem Lager des politischen Liberalismus unterstützt und vorwärts gedrängt – es war die Zeit, in der Bismarck seine Politik durch das Bündnis mit den Nationalliberalen absicherte; im Kern handelte es sich jedoch um eine Auseinandersetzung zwischen zwei konservativen Mächten, deren Ansprüche in Widerspruch zueinander getreten waren. Dem vom Vatikanischen Konzil am 18. Juli 1870 verkündeten Dogma von der Unfehlbarkeit des Papstes stand die Forderung des Staates nach Unabhängigkeit von jedem geistlichen Einfluss gegenüber. In der zweiten Phase verschmolz diese Auseinandersetzung mit den Versuchen Bismarcks, die von ihm zu den „Reichsfeinden" gezählte katholische Zentrumspartei zurückzudrängen, wenn nicht zu zerschlagen.

Der „Kulturkampf" begann mit der Weigerung einer Gruppe katholischer Theologen, Religionslehrer und Feldgeistlicher, der „Altkatholiken", sich dem Unfehlbarkeitsdogma des Vatikanischen Konzils unterzuordnen. Da sie auch staatliche Beamte waren, fühlte sich der Staat durch die von Seiten des Episkopats[1] erhobene Forderung, diese Altkatholiken zu entlassen, herausgefordert.
Mit den 1874 verabschiedeten Strafgesetzen sollte der katholische Widerstand gegen die obligatorische Zivilehe, die Einrichtung der Standesämter, die staatliche Aufsicht über kirchliche Schulen und anderes mehr gebrochen werden. Aufgrund der Strafgesetze waren 1876 alle katholischen Bischöfe Preußens verhaftet oder ausgewiesen und fast ein Viertel der Priesterstellen unbesetzt.

1 Gesamtheit der Bischöfe eines Landes

P. Brandt, Preußen, Zur Sozialgeschichte eines Staates, Katalog zur Ausstellung „Preußen – Versuch einer Bilanz", Bd. 3, Reinbeck 1981, S. 157 f.

M 6 Parteienspektrum

Der amerikanische Historiker Gordon Craig gibt einen Überblick über die wichtigsten Parteiströmungen des Kaiserreiches:

Die Parlamentarier [...] verteilten sich auf sechs große Parteigruppierungen sowie auf eine Anzahl Splittergruppen, welche die polnische Bevölkerung Posens, die Dänen von Nordschleswig und das eroberte Elsass-Lothringen repräsentierten. Auf der äußersten Rechten befand sich die Deutsche Konservative Partei, Partei des Preußentums, der Aristokratie und des Großgrundbesitzes mit starkem Rückhalt vor allem in den ostelbischen Gebieten. Zu jener Zeit desorganisiert und ohne wirkliche Führungspersönlichkeiten, stellte sie im Reichstag von 1871 keine starke Kraft dar, wenngleich ihre Schwäche nur eine scheinbare war, weil sie ihre eigentliche Hochburg immer im preußischen Abgeordnetenhaus hatte. Ein Ableger dieser Partei war die so genannte Reichspartei (in Preußen die „Freikonservativen" genannt), die, mit einer aus landwirtschaftlichem Grundeigentum und industriellem Unternehmertum zusammengesetzten Mitgliederschaft, nicht so ausschließlich auf den agrarischen Standpunkt festgelegt war und in den ersten Friedensjahren Bismarck weniger kritisch gegenüberstand als die Konservativen. Die Freikonservativen wurden in der Tat sogar die Bismarckpartei sans phrase [ohne Umschweife] genannt, da sie seine nationale Politik vorbehalt-

los unterstützen und aus ihren Reihen viele Beamte für seine Ministerien kamen.
Stärker als diese beiden Parteien und in seinem politischen Einzugsbereich breiter war das katholische Zentrum, eine erklärtermaßen konfessionelle Partei, die 1870 mit dem Ziel gegründet worden war, die Rechte der Katholiken in einem überwiegend protestantischen Land zu wahren. Dessen ungeachtet schloss das Zentrum immer auch Personen und Gruppen unterschiedlicher politischer und sozialer Färbung ein – mit der Folge, dass es, wenn nicht gerade die Selbstständigkeit der katholischen Kirche, die Freiheit der religiösen Erziehung oder das bundesstaatliche Prinzip auf dem Spiel standen, in der Regel eine größere Handlungsfreiheit als andere Parteien an den Tag legen konnten und sich entsprechend oft dem Vorwurf des Opportunismus ausgesetzt sah. Aber die Politik des Zentrums wies eine innere Folgerichtigkeit auf. Einerseits war sie vorwiegend konservativ in Bezug auf die Bewahrung der Tradition, auf die Vorrechte der Krone und auf die hierarchische Struktur der Gesellschaft; ebenso auch in Bezug auf alle Fragen der gesellschaftlichen Moral. Andererseits stand sie politischen Reformen wohlwollend gegenüber – solange diese nicht zu stärkerer Zentralisierung beitrugen – und neigte in der Frage sozialer Reformen der fortschrittlichen katholischen Soziallehre zu, die in den 40er Jahren von Adolf Kolping begründet und von Bischof Wilhelm Emmanuel von Ketteler weitergeführt worden war. Bischof Ketteler predigte von 1850 bis zu seinem Tod 1877 die Notwendigkeit, durch die Gründung von Arbeitergenossenschaften und christlichen Gewerkschaften sowie durch andere Maßnahmen die Auswüchse des Kapitalismus zu bekämpfen und den Lebensstandard der Armen zu heben. Das größte Wählerpotenzial besaß die Partei in Süddeutschland, im Rheinland, in Schlesien und in den polnischen Gebieten Preußens.
Es gab zwei liberale Parteien. Die Nationalliberalen stellten einen Zusammenschluss dar zwischen dem Gros der preußischen Fortschrittspartei, die im Verfassungskonflikt gegen Bismarck gefochten, sich 1866 dann allerdings der Unterstützung seiner Außenpolitik verschrieben hatte, und einer in eben diesem Jahr von Rudolf von Bennigsen in Hannover gegründeten nationalliberalen Partei. Als politische Vertreter des mittleren Bildungs- und Besitzbürgertums und der gehobenen Beamtenschaft wiesen die Nationalliberalen, wie bereits angedeutet, viele Ähnlichkeiten mit den liberalen Parteien anderer Länder auf: Sie traten für Zentralisierung, für eine Wirtschaftspolitik des laisser-faire, für die Säkularisierung des öffentlichen Lebens ein. Ihre stärksten Bastionen hatten sie in Sachsen, Hannover, Baden und dem rheinischen Industrierevier. Die unverbesserlichen Linksliberalen von 1866 bildeten den Kern der Fortschrittspartei, die die meisten

M 7

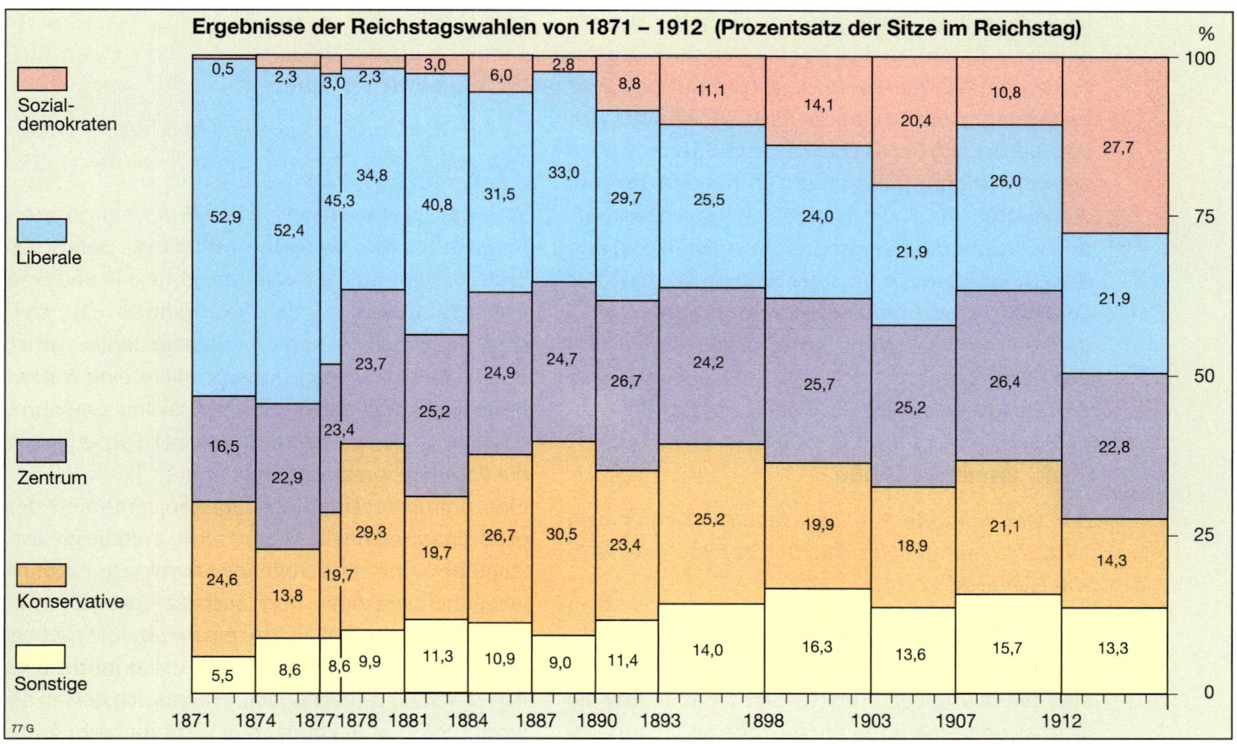

wirtschaftspolitischen Prinzipien der Nationalliberalen teilte, jedoch sehr viel entschiedener für die Ausweitung der Rechte des Parlaments eintrat, der Politik der Regierung ganz allgemein kritischer gegenüberstand und – getreu der Tradition der Konfliktzeit – die Militärausgaben und die Heerespersonalpolitik mit Misstrauen verfolgte.
Und schließlich gab es noch – gerade erst am Beginn jener bemerkenswerten Entwicklung stehend, die sie bis 1914 zur größten einzelnen politischen Kraft Deutschlands werden lassen sollte – die Sozialdemokratische Partei. [...]

G. A. Craig, Deutsche Geschichte 1866–1945, München 1980, S. 66 f.

M 8 Kulturkampf

In einer Rede im preußischen Herrenhaus nahm Bismarck, der ja auch preußischer Ministerpräsident war, Stellung zur katholischen Kirche (1873):

Es ist meines Erachtens eine Fälschung der Politik und der Geschichte, wenn man Seine Heiligkeit den Papst ganz ausschließlich als den Hohepriester einer Konfession oder die katholische Kirche als Vertreter des Kirchentums überhaupt betrachtet. Das Papsttum ist eine politische Macht jederzeit gewesen, die mit der größten Entschiedenheit und dem größten Erfolge in die Verhältnisse dieser Welt eingegriffen hat, die diese Eingriffe erstrebt und zu ihrem Programm gemacht hat. [...] Dieser Machtstreit unterliegt denselben Bedingungen wie jeder andere politische Kampf, und es ist eine Verschiebung der Frage, die auf den Eindruck auf urteilslose Leute berechnet ist, wenn man sie darstellt, als ob es sich um Bedrückung der Kirche handelte. Es handelt sich um Verteidigung des Staates, es handelt sich um die Abgrenzung, wie weit die Priesterherrschaft und wie weit die Königsherrschaft gehen soll, und diese Abgrenzung muss so gefunden werden, dass der Staat seinerseits dabei bestehen kann. Denn in dem Reiche dieser Welt hat er das Regiment und den Vortritt. [...]

Zit. nach: W. Kampmann, Bismarck, Paderborn 1967, S. 82.

M 9 Bismarcks Größe

Der viel gelesene Publizist Theodor Ziegler kam 1916 zu folgender Einschätzung des Politikers Otto von Bismarck:

Als er aber dann am 30. Juli 1898 seinem Volke für immer entrissen wurde, da war es auch wieder wie eine Sammlung. Jetzt senkten selbst die Gegner die Waffen und erkannten seine Größe an. In andächtiger Ehrfurcht und tiefem Schmerz richteten sich die Blicke seines Volkes auf den Stillegewordenen, der nach einem Leben voll Kampf und Arbeit, voll Sieg und Erfolg unter den deutschen Eichen seines schönen Waldes zur Ruhe gebracht wurde. Die Grabschrift, die er sich selbst gewünscht: „Fürst Bismarck, ein treuer deutscher Diener Kaiser Wilhelms I." verstand man als die Summe seines Lebens und als den scharfen Trennungsstrich zwischen zwei Generationen. Aber sie sagte doch nur die Hälfte. Uns war er mehr, war er die Verkörperung des deutschen Wesens selbst in seiner Kraft und Stärke, in seiner Männlichkeit und seinem frohen Kampfesmut. Noch einmal, neben Luther war er deshalb der größte Deutsche, weil er so ganz deutsch war. Darum steht er – dagegen kommt aller Hass nicht auf – er, der harte, eiserne Reichskanzler, dem Herzen seines Volkes so nahe und hat sich vor allem das Herz der deutschen Jugend im Sturme erobert: Er ist geliebt worden, heiß wie seit 400 Jahren keiner mehr geliebt worden ist. Umso schmerzlicher, dass auch diesmal wieder der Riss durch unser deutsches Volk ging und auch diesem besten und größten seiner Söhne ein starker Bruchteil verständnislos und zornerfüllt den Rücken kehrte. Aber das hängt nun einmal notwendig zusammen mit der Kampfstellung, die solche gewaltige Willensmenschen für sich selber einnehmen und anderen aufzwingen: Das ist das Los und das Schicksal der Größe.

Th. Ziegler, Die geistigen und sozialen Strömungen im 19. und 20. Jahrhundert, Berlin 1921, S. 464 f.

M 10 Politisches Erbe

Der große deutsche Soziologe Max Weber (1864–1920) beurteilte Bismarck folgendermaßen (1895):

Was war infolgedessen – für die uns hier interessierenden Seiten der Sache – Bismarcks politisches Erbe? Er hinterließ eine Nation, ohne alle und jede politische Erziehung, tief unter dem Niveau, welches sie in dieser Hinsicht zwanzig Jahre vorher bereits erreicht hatte. Und vor allem eine Nation ohne allen und jeden politischen Willen, gewohnt, dass der große Staatsmann an ihrer Spitze für sie die Politik schon besorgen werde. [...]
Eine politische Tradition dagegen hinterließ der große Staatsmann überhaupt nicht. Innerlich selbstständige Köpfe und vollends Charaktere hatte er weder herangezogen, noch auch nur ertragen. [...]
Demgegenüber nun als ein rein negatives Ergebnis seines gewaltigen Prestiges: ein völlig machtloses Parlament. Er selbst hat sich bekanntlich dessen als eines Fehlers angeklagt, als er nicht mehr im Amte

war und die Konsequenzen an seinem eigenen Schicksal erfahren hatte. Jene Machtlosigkeit bedeutete aber zugleich: ein Parlament mit tief herabgedrücktem geistigen Niveau.

Max Weber, zit. nach: G. A. Ritter, J. Kocka (Hg.), Deutsche Sozialgeschichte 1870–1914, München 1982, S. 262.

M 11 **Bismarck-Barometer** (unten)

Karikatur von Wilhelm Scholz aus dem Jahr 1881. Nachdem Scholz zunächst den damals noch preußischen Minister durch die direkt auf die Glatze gepflanzte Spitze der preußischen Pickelhaube charakterisiert hatte, kam er 1863 auf die Idee, den spärlichen Haarwuchs durch drei einzelne, prononciert auf die Mitte des Schädels gesetzte Haare aufzubessern. Die „drei Haare" – auch in den begleitenden satirischen Texten ist oft von ihnen die Rede – werden zum Kennzeichen Bismarcks und erlauben es, ihn in der absonderlichsten Gestalt wiederzuerkennen. Sie vertreten als Pars pro toto die Person [ein Teil steht für das Ganze]. Die hier ausgestellten Beispiele verwenden zudem eine weitere Methode der Karikatur, die Phasenverschiebung: In den einzelnen Bildsequenzen verändern sich markante Details – die „drei Haare" – und bringen die sich wandelnde Stimmung zum Ausdruck. Die drei Schönwetter-Locken nehmen die Form der Spitze auf der preußischen Pickelhaube an. [...]

G. Langemeyer u. a. (Hg.), Mittel und Motive der Karikatur in fünf Jahrhunderten, München 1984, S. 127.

Aufgaben

1. Untersuchen Sie die Methoden, mit denen Bismarck das heterogene Deutsche Reich zu regieren versuchte.
   → Text, M4
2. Rekapitulieren Sie, wie und warum der Kurswechsel von 1878 zustande kam.
   → Text
3. Erläutern Sie die Ursachen und Ergebnisse des so genannten Kulturkampfes.
   → Text, M1, M5, M8
4. Analysieren Sie die Gründe für Bismarcks Kampf gegen den Katholizismus.
   → M8
5. Charakterisieren Sie die Parteien in Bezug auf Programmatik und Wahlergebnisse.
   → M6, M7
6. Die Beurteilungen der Innenpolitik Bismarcks fallen sehr unterschiedlich aus. In welcher Weise wird Bismarck zu einem Mythos stilisiert?
   → M9
7. Nehmen Sie zu der Kritik Stellung, die an der politischen Hinterlassenschaft Bismarcks geübt wurde.
   → M10

Männer machen Geschichte?, oder: Was heißt „historische Größe"?

Wladimir Iljitsch Uljanow, Parteiname Lenin (1870–1924)

Adolf Hitler (1889–1945)

Winston Churchill (1874–1965)

Vom preußisch-deutschen Historiker Heinrich von Treitschke (1834–1896) stammt jenes berühmte Diktum „Personen, Männer sind es, die Geschichte machen". Sieht man von der männer-zentrierten Sichtweise des 19. Jahrhunderts ab, so schließt sich die Frage an, welche Rolle spielen die großen Einzelnen in der Geschichte? Und was heißt überhaupt „historische Größe"?

Wir haben uns heute in vielen Fällen daran gewöhnt, einige historische Personen mit dem Beinamen „der oder die Große" zu versehen, zum Beispiel Alexander der Große, Katharina die Große, Karl der Große, Friedrich der Große. Womit wurde dieses Prädikat verdient? Der Schweizer Historiker Jakob Burckhardt (1818–1897) definierte historische Größe durch „Einzigkeit" und „Unersetzlichkeit".

Wenn man diesem Gesichtspunkt folgt, dann zählt allein die Wirkung derjenigen, die das Gesicht der Welt geprägt haben. Diese großen Persönlichkeiten bestimmten durch Willenskraft, Machtwillen oder Genie, welches Stück auf der Weltbühne gespielt wurde. Groß ist – so gesehen – derjenige, der den Gang der Weltgeschichte beeinflusst beziehungsweise verändert hat. Diese Sichtweise ist wertneutral. Sie sagt nichts aus über die moralische Qualität der historisch Großen. Zu den Weltbewegern gehören große amoralische Verbrecher genauso wie die Verteidiger des Rechts und der Humanität.

Der Historiker Hans-Peter Schwarz zählt zu den denkwürdigen politischen Gestalten unter anderem große Ungeheuer, große Retter, große Ruinierer und große Reformer. Oft ist es erst im Nachhinein möglich, eine sinnvolle Beurteilung vorzunehmen, da historische Größe gerade auch in ihrer Fernwirkung besteht. Die große historische Persönlichkeit scheint in besonderem Maße das Identifikationsbedürfnis breiter Massen zu befriedigen. Offenkundig sind viele Menschen – in ganz unterschiedlichen Epochen und Systemen – dazu bereit, ihre Wünsche, Hoffnungen und Erwartungen auf eine Person zu projizieren. Der große Einzelne – ob Feldherr, Führer oder Berufsrevolutionär – entfesselt Emotionen und vermag im ungünstigen Fall ein ganzes Volk in den Abgrund zu ziehen. Führung und Verführung liegen nach den totalitären Katastrophenerfahrungen des 20. Jahrhunderts dicht beieinander. Die Faszination, die dabei vom Bösen ausgeht, hat offensichtlich nicht nachgelassen, wie man an der fortdauernden Beschäftigung mit dem Phänomen Hitler ermessen kann. Die Bedingungen der modernen Demokratie scheinen dem Aufstieg des großen historischen Individuums eher hinderlich zu sein. Bürokratisierung, Pluralismus sowie die Komplexität der modernen Lebensform scheinen eher den Typus des modernen Managers an die Spitze des Staates zu bringen. Das muss kein Nachteil sein. Mit Bezug auf Bismarck schrieb 1881 der viel gelesene Schriftsteller Gustav Freytag (1816–1895) das Folgende: „Denn Seele und Leben einer Nation dürfen nicht lange von dem Gemüt und Gewissen eines Einzelnen abhängen und in ihrem wichtigsten Inhalt durch die Selbstherrlichkeit eines Mannes geleitet werden. Das Volk bezahlt solche Herrschaft zu teuer, wie groß auch der Fortschritt sei, den der Eine ihm bereitet hat." (Zitiert nach: G. A. Craig, Deutsche Geschichte 1866–1945, München 1980, S. 64).

Franklin Delano Roosevelt (1882–1945)

Indira Gandhi (1917–1984)

Michail Gorbatschow (geb. 1931)

Wie unabhängig ist das weltgeschichtliche Individuum in seinem politischen Handeln?

Der Philosoph Georg Wilhelm Friedrich Hegel (1770–1831) schrieb mit Blick auf die großen Beweger der Geschichte, sie seien „Geschäftsführer eines Zwecks". Bei ihm erscheint der Einzelne eingebunden zu sein in überindividuelle Gesetzmäßigkeiten, die er als „Entfaltung des Weltgeistes" bezeichnete. In Bezug auf Napoleon sprach Hegel zum Beispiel vom „Weltgeist zu Pferde". Der politische Gestalter verkörpert so gesehen nur die objektiv in einer Zeit angelegten Tendenzen.

Im Gegensatz zu dieser Perspektive steht die Herausstreichung der Autonomie des politischen Handelns beziehungsweise die Betonung des subjektiven Willens der historischen Persönlichkeit. Demzufolge schreibt das große Individuum sein eigenes Drehbuch und drückt der Welt seinen Stempel auf.

Grundsätzlich repräsentieren die großen Persönlichkeiten in jeweils eigener Weise ihre Epoche. In ihnen verdichten sich Tendenzen der Zeit, was sehr wohl eine Mischung von Einklang und Widerspruch beinhalten kann. Ideen bedürfen immer auch einer Personifizierung, um historisch wirksam sein zu können.

Historisches Handeln wird sich immer an objektiven – vorgefundenen – Gegebenheiten orientieren müssen. Die moderne Geschichtsschreibung negiert tendenziell die Autonomie des großen Politikers und berücksichtigt kaum den Faktor Persönlichkeit. Es dominiert die Gesellschaftsgeschichte, wobei der Analyse der Faktoren Mächtekonstellation, Wirtschaftsinteressen, Gesellschaftsaufbau, Bevölkerungszahl, Waffentechnik, Massenmedien usw. Vorrang beigemessen wird.

Bismarck als „großes" Untersuchungsobjekt
Karikatur von Walter Hanel, 1997

M 1 **Historische Größe**

Der große Schweizer Historiker Jacob Burckhardt (1818–1897) schrieb über „das Individuum und das Allgemeine":

Der große Mann ist ein solcher, ohne welchen die Welt uns unvollständig schiene, weil bestimmte große Leistungen nur durch ihn innerhalb seiner Zeit und Umgebung möglich waren und sonst undenkbar sind; er ist wesentlich verflochten in den großen Hauptstrom der Ursachen und Wirkungen. Sprichwörtlich heißt es: „Kein Mensch ist unersetzlich." – Aber die wenigen, die es eben doch sind, sind groß.
Freilich ist der eigentliche Beweis der Unersetzlichkeit und Einzigkeit nicht immer streng beizubringen. [...]
Die Bestimmung der Größe scheint zu sein, dass sie einen Willen vollzieht, der über das Individuelle hinausgeht, und der je nach dem Ausgangspunkt als Wille Gottes, als Wille einer Nation oder Gesamtheit, als Wille eines Zeitalters bezeichnet wird. So erscheint uns jetzt im hohen Grade als Wille eines bestimmten Weltalters die Tat Alexanders: die Eröffnung und Hellenisierung Asiens; denn auf sein Tun sollten sich ja dauernde Zustände und Kulturen, oft für viele Jahrhunderte, gründen; ein ganzes Volkstum, eine ganze Zeit scheint von ihm Dasein und Sicherung verlangt zu haben. Hierzu bedarf es aber auch eines Menschen, in welchem Kraft und Fähigkeit von unendlich vielen konzentriert ist.
Der Gesamtwille, dem das Individuum dient, kann nun ein bewusster sein: Es vollzieht diejenigen Unternehmungen, Kriege und Vergeltungsakte, welche die Nation oder die Zeit haben will. Alexander nimmt Persien, und Bismarck einigt Deutschland. Oder aber er ist ein unbewusster: Das Individuum weiß, was die Nation eigentlich wollen müsste, und vollzieht es; die Nation aber erkennt dies später als richtig und groß an; Cäsar unterwirft Gallien, Karl der Große Sachsen.
Es zeigt sich, scheint es, eine geheimnisvolle Koinzidenz [Zusammenfallen] des Egoismus des Individuums mit dem, was man den gemeinen Nutzen oder die Größe, den Ruhm der Gesamtheit nennt.

J. Burckhardt, Weltgeschichtliche Betrachtungen (Historisch-kritische Gesamtausgabe), o. O., o. J., S. 257 ff.

M 2 **Der Faktor Persönlichkeit**

Der Historiker Hans-Peter Schwarz in einer Untersuchung über das 20. Jahrhundert:

Wenn es in den Anfängen des Jahrhunderts ein Beispiel für die überragende Bedeutung des Faktors Persönlichkeit gab, so war dies Lenin. [...]
Wenn man die großen weltgeschichtlichen Beweger des 20. Jahrhunderts als „Extrapersonen" identifiziert, verdienen jedoch auch Winston Churchill und Roosevelt Beachtung, an denen Hitler, Mussolini und die modernen Samurai [Krieger] in Japan letztlich scheiterten. Moralisch ragten sie über die großen Ungeheuer turmhoch empor, und ihre historische Kurzzeit- und Langzeitwirkung war noch stärker. Denn seit ihrem Eingreifen sind es letztlich doch die Demokratien, die im 20. Jahrhundert den Ton angeben. Lenin, Hitler und Stalin, Churchill und Roosevelt, Mao Zedong und Deng Xiaoping – ihre jedem bekannten Physiognomien treten unwillkürlich vors geistige Auge, wenn vom Gesicht des Jahrhunderts die Rede ist.
Aber das 20. Jahrhundert hatte viele Gesichter, und nicht alle starken Individualitäten haben derart welthistorische Auswirkungen erzielt wie die eben genannten. Die Geschichte des 20. Jahrhunderts ist schließlich nicht allein eine Saga vom Aufstieg und Abstieg der Großmächte. Sie umfasst ebenso das Schicksal regionaler Vormächte, der Mittelmächte und der Kleinstaaten. In manchen von diesen sind gleichfalls einmalige Persönlichkeiten aufgetreten, welche, nochmals mit Jacob Burckhardt zu sprechen, in der Geschichte ihrer Länder „Einzigartigkeit, Unersetzlichkeit" aufweisen: Atatürk, Pilsudski, Mussolini, Adenauer, Ben Gurion, Ibn Saud, Nasser oder Sadat in Ägypten, Gandhi oder Neru in Indien, Khomeini im Iran, um nur einige zu nennen.

H.-P. Schwarz, Das Gesicht des Jahrhunderts, Berlin 1998, S. 15 ff.

Aufgaben

1. Untersuchen Sie, was „historische Größe" im Einzelnen bedeuten kann.
2. Wodurch wird das politische Handeln auch von herausragenden Individuen eingeengt?
3. Diskutieren Sie, inwiefern das Wirken von Persönlichkeiten zutiefst problematisch ist.
4. Schlagen Sie in Geschichtsbüchern und Lexika nach, warum den aufgeführten Persönlichkeiten das Prädikat „Extraperson" (Außergewöhnlichkeit) zukommt.

5.5 Politik und Gesellschaft im Zeitalter Wilhelms II.

Wilhelm II.

Mit der Entlassung Bismarcks begann in Deutschland die Epoche des Wilhelminismus. Sie wurde geprägt durch das „persönliche Regiment" Wilhelms II. Die Nachwelt hat über ihn zum Teil sehr kritisch geurteilt. Im Zeitalter einer sich in rasantem Tempo vollziehenden Industrialisierung und wachsender demokratischer Bestrebungen blieb er vom eigenen Gottesgnadentum überzeugt und zeigte für demokratische Einrichtungen wenig mehr als Verachtung.

Er soll sich gerühmt haben, die Verfassung niemals gelesen zu haben. Die Berichte, die der Nachwelt überliefert wurden, ergeben in der Zusammenfassung ein höchst problematisches Bild von Wilhelms Persönlichkeit. Charmant, wie er sein konnte, blendete er seine Gesprächspartner, imponierte durch Faktenwissen, um andererseits launisch, aufbrausend und prahlerisch aufzutreten. Theatralisches Verhalten ging mit einer Vernachlässigung der Regierungsarbeit einher.

Eine Kluft öffnete sich zwischen fortschreitender industrieller Modernisierung auf der einen und dem Rückfall in ein mittelalterlich anmutendes romantisches Kaisertum auf der anderen Seite.

Wegen seines selbstherrlichen Auftretens wurde Wilhelm II. wiederholt als gemütskrank charakterisiert. Seine Hassausbrüche riefen immer wieder Befremden – vor allem außerhalb Deutschlands – hervor. Das vielzitierte „persönliche Regiment" bedeutete in der Praxis, dass die politische Richtlinienkompetenz vom Reichskanzler auf den Kaiser überging. Nur wer das „Allerhöchste Vertrauen" besaß, konnte regieren. Mit der unumschränkten Kommandogewalt stand dem Kaiser zudem ein politisches Instrument zur Verfügung, das sich der demokratischen Kontrolle entzog. Darum konnte der Einfluss einer kleinen Hofclique aus Militärs und persönlichen Freunden wachsen. Politische Entscheidungen wurden zusehends ohne Kontrolle durch den Reichstag getroffen. Trotz beziehungsweise wegen seiner schillernden Persönlichkeit und seines zweifelhaften Auftretens gilt Wilhelm II. als Repräsentant der Epoche. Mit den Regeln einer konstitutionellen Monarchie war es kaum zu vereinbaren, wenn ein Monarch noch 1891 hervorhob, dass er im „Auftrage eines Höheren (...) berufen" sei.

Nach der Thronbesteigung Wilhelms II. (1888) taten sich schon bald persönliche und sachliche Differenzen zwischen dem jungen 29-jährigen Kaiser und dem greisen Reichskanzler auf.

Der ehrgeizige Monarch wollte das politische Ruder selbst in die Hand nehmen. Dabei stand ihm der politisch erfahrene Bismarck im Wege. Dessen Entlassung bedeutete zweifellos einen Einschnitt. Nachfolger Bismarcks im Amt des Reichskanzlers waren:

1890–1894	General Leo von Caprivi,
1894–1900	Chlodwig zu Hohenlohe-Schillingsfürst,
1900–1909	Bernhard von Bülow,
1909–1917	Theobald von Bethmann Hollweg.
1917	Georg Michaelis
1917–1918	Georg von Hertling
1918	Max von Baden

Die Regierungszeit Wilhelms II. brachte – zumindest bis 1914 – eine kontinuierliche Verbesserung des Lebensstandards breiter Bevölkerungsschichten. Der wirtschaftliche Aufstieg des Reiches war beeindruckend. Aber hinter einer imponierenden Machtentfaltung entdeckten aufmerksame Beobachter manches Krisenzeichen.

Das politische Kräftefeld wurde geprägt durch gegensätzliche Entwicklungsrichtungen. Während die monarchisch-adlige Führung an einem überlebten politischen System festhielt, das in vielen Aspekten den Zuschnitt einer vor-industriellen Gesellschaft aufwies, formierte sich eine breite demokratische und zum Teil auch republikanische Bewegung. Seit 1890 erzielten Zentrum, Linksliberale und Sozialdemokraten deutliche Mehrheiten. Gleichwohl blieb ihr Einfluss auf die Regierung aufgrund der halb-absolutistischen Regierungsform gering. Folgerichtig nahm das Drängen auf eine Parlamentarisierung zu, die die jeweilige Regierung von der Parlamentsmehrheit abhängig machen würde. Das wiederum wurde von den herrschenden Schichten als eine Bedrohung ihrer Vorrangstellung empfunden.

Exekutive und Legislative blockierten sich nach der Lage der Dinge gegenseitig. Zudem engten Finanzprobleme den politischen Spielraum der Reichsregierung ein. Das Reich verfügte nur über begrenzte eigene Einnahmequellen und war im Übrigen auf die Beiträge der Länder angewiesen. Als wegen wachsender Rüstungsausgaben und ansteigender Sozialleistungen der Haushalt des Reiches immer mehr belastet wurde, stellte sich eine finanzielle Dauerkrise ein.

Flottenbau

Um die Jahrhundertwende schien das Deutsche Reich bestrebt, nicht nur über ein mächtiges Heer zu verfügen, sondern auch eine maritime Großmacht zu werden. Die Durchsetzung von zwei Flottenbaugesetzen (1898 und 1900) war heftig umstritten, und es bedurfte massiver Beeinflussung des Reichstags, damit die dafür notwendigen Haushaltsmittel bewilligt wurden. Die Realisierung des Flottenbauprogramms war verknüpft mit dem Namen des Admirals Alfred von Tirpitz, der 1897 Staatssekretär des Reichsmarineamts wurde und den Flottenverein mitbegründete.

M 1 Deutschland zur See
Popularisierung des Flottenbaus durch Plakate, Ansichtskarten und Sammelbildchen

Der Flottenverein war die erste Massenorganisation, die alle Merkmale des modernen Lobbyismus aufwies. Unterstützt durch Schwerindustrie, Banken, Küstenstädte und Zeitungen wurde unter Anwendung von Methoden moderner Propaganda ein öffentliches Klima erzeugt, das dem Flottenbau förderlich war. Der Flottenverein umfasste mehr als eine Million Mitglieder und war damit die größte – überdies betont kaisertreue – Organisation des Kaiserreichs.

Anhand des Flottenbauprogramms lässt sich das Ineinandergreifen innen- und außenpolitischer Faktoren nachweisen. Interessen der Schwerindustrie spielten zum Beispiel eine Rolle, aber auch Weltmacht-Prestige und das Ringen um internationalen Einfluss.

Nachdem Deutschland durch die Annäherung von Frankreich und Russland (1892) in eine prekäre außenpolitische Lage gekommen war, fühlten sich viele Deutsche bedroht und glaubten, durch eine starke Flotte ihre Sicherheit erhöhen zu können. Allerdings musste der Flottenbau zwangsläufig das Misstrauen Englands, der größten Seemacht, hervorrufen. Der Konflikt mit England war somit vorprogrammiert.

Ähnlich wie in anderen europäischen Ländern erhielt in der Endphase des 19. Jahrhunderts das Nationalgefühl der Deutschen immer aggressivere Züge. Eine oft unkritische Verherrlichung staatlicher Autorität ging einher mit einer expansiven Orientierung.

Antisemitismus

Nicht nur beim überaus mächtigen Bund der Landwirte (BdL) sowie beim Deutschen Handlungsgehülfenverband fiel der Antisemitismus auf fruchtbaren Boden. Antisemitische Parteien wurden gegründet, so zum Beispiel durch den Hofprediger der Hohenzollern Adolf Stoecker die Christlich-Soziale-Partei (1878). Der rassische Antisemitismus fand – zumeist verknüpft mit einem militanten Nationalismus – Eingang in akademische Kreise und Mittelschichten.

Diese neuen ideologischen Tendenzen fanden ihre Verkörperung beziehungsweise Organisierung im 1891 entstandenen Alldeutschen Verband, dessen Vorsitzender Heinrich Claß zu den volkstümlichsten Vertretern dieser politischen Richtung gehörte. Im kleinen, aber einflussreichen Alldeutschen Verband artikulierten sich – nach unserem heutigen Verständnis – rechtsradikale Tendenzen, die in ihrer Bedeutung weit über den Zusammenbruch des Kaiserreichs (1918) hinaus reichten. Die Ideologie der Alldeutschen war eine der Wurzeln des Nationalsozialismus.

M 2

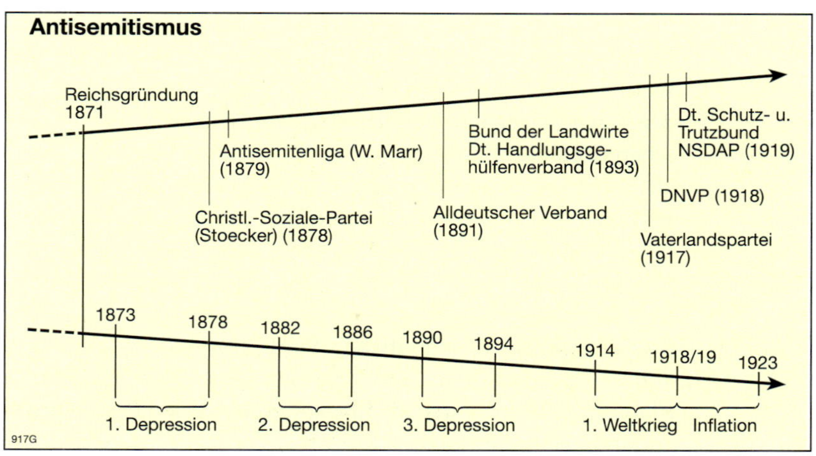

M 3 Die Verhältnisse am Hof

Der Sohn des Reichskanzlers Chlodwig zu Hohenlohe-Schillingsfürst (1819–1901) kritisiert den Kaiser und dessen Umgebung:

Wohl waren nicht alle in Deutschland blind für seine Fehler und Mängel, und, wie ich schon erwähnte, es gab Männer, die nicht unbesorgt wegen der Gefahren seiner Persönlichkeit waren. Aber es offen auszusprechen, dazu fehlte fast allen der Mut, oder sie schwiegen aus Respekt vor der monarchischen Tradition, aus angestammter Treue zum Herrscherhaus oder – und zu diesen gehörte auch mein Vater, mit dem ich mehr als einmal die Frage erörtert habe – aus der Überzeugung, dass es im Interesse des Reiches nützlicher sei, angesichts des Auslandes die Autorität des deutschen Kaiserthrones nicht durch eine zu offene Kritik des Monarchen zu mindern. Dies hatte aber zur Folge, dass das Gefühl der Gottähnlichkeit immer stärker in ihm wurde und dass er, beim Anblick der Kriecherei und Schmeichelei, die ihn umgab und die mehr und mehr zunahm (wurde es doch zuletzt in der Armee zum Brauche, dass selbst manche ältere Generäle und Offiziere ihm die Hand küssten!), eine Menschenverachtung und zugleich ein Selbstbewusstsein bekam, das ins Grenzenlose ging.

Prinz A. v. Hohenlohe, zit. n.: R. Eckart (Hg.), Gründerjahre und Weltkrieg 1871–1918, Ebenhausen bei München 1966, S. 83 f.

M 4 Wilhelm II.: Herrscher von Gottes Gnaden

Ein Publizist fasst das Leben und Wirken des letzten deutschen Kaiser aus heutiger Sicht zusammen:

Wilhelm II. wurde am 27. Januar 1859 als ältester Sohn des preußischen Prinzen Friedrich Wilhelm, des späteren Kaiser Friedrich III., und der englischen Prinzessin Victoria, der Tochter der Queen Victoria, in Potsdam geboren. Er wuchs in der Zeit heran, in welcher Preußen mit der Begründung des preußisch-deutschen Kaiserreiches zur europäischen Großmacht aufstieg. In den Jahren 1888 bis 1918 stand er als deutscher Kaiser an der Spitze dieses neuen Reiches. Nach der Ausrufung der Republik im November 1918 ging er nach Holland ins Exil, wo er am 4. Juni 1941 verstarb. Sein Leben umfasste nahezu die gesamte Spanne des Aufstiegs und Zerfalls der kleindeutschen Reichsgründung von 1871, einen Zeitraum, dessen Analyse zur Klärung unserer eigenen historisch-politischen Situation beitragen kann.

Waren die ersten beiden Jahrzehnte des neuen Kaiserreiches untrennbar mit dem Namen des Reichskanzlers Fürst Otto von Bismarck verbunden, so vollzog sich unter Wilhelm II. eine Machtverlagerung vom Reichskanzleramt zur Krone. Bismarcks Nachfolger vermochten die Machtgefühle des Amtes weder zu wahren noch gar zu steigern. Indem man vom „Zeitalter Wilhelms II." oder vom „Wilhelminismus" spricht, charakterisiert man nicht nur dessen Selbstwertgefühl, sondern entspricht auch dem Empfinden der Zeitgenossen: „Es gibt im gegenwärtigen Deutschland keine stärkere Macht als das Kaisertum. Gerade die Klagen der nicht-kaiserlich gesinnten Demokraten […] beruhen auf der immer erneuten Beobachtung, wie alle Politik, äußere und innere, vom Wollen und Reden des Kaisers abhängt. Kein Monarch der absoluten Monarchie hat so viel wirklichen Einfluss gehabt wie heute der Kaiser. […] Dieses Jahrhundert, dessen Mitte vom Traume der deutschen Republik widerhallte, endete mit einer Kaisermacht, die kein Barbarossa[1] besaß." (Friedrich Naumann)[2]. In zahllosen Reden, Trinksprüchen und Ansprachen erhob Wilhelm II. nach Bismarcks Entlassung den Anspruch, den Kurs der Politik selbst zu bestimmen. Dieser Anspruch entsprang der tief verwurzelten Anschauung, dass den Hohenzollern die Herrschaft von Gottes Gnaden verliehen sei. Aus diesem Gottesgnadentum speiste sich seine antikonstitutionelle Haltung, die aus der Eintragung „suprema lex regis voluntas"[3] in das Goldene Buch der Stadt München spricht oder aus der Behauptung im Kreise seiner Mitarbeiter, „Ich kenne keine Verfassung. Ich kenne nur das, was Ich will." deutlich wird.

1 Friedrich I., gen. Barbarossa, vermutlich 1122–1190

2 nationalliberaler Politiker, 1860–1919

3 Der Wille des Königs ist das höchste Gesetz.

W. Ludwigs, in: Das Parlament, Nr. 22/1981.

M 5 Wilhelm II.: Ansprache an Rekruten (1891)

So sprach der Kaiser nach dem „Breslauer Lokalanzeiger" vom 8. Dezember 1891:

Rekruten Meiner Garderegimenter!
Ihr seid hier aus allen Teilen Meines Reiches zusammengezogen, um eurer Militärpflicht zu genügen, und habt eben an heiliger Stätte euerm Kaiser Treue geschworen bis zum letzten Atemzuge. Ihr seid noch zu jung, um das alles zu verstehen, ihr werdet aber nach und nach damit bekannt gemacht werden. Stellt euch dies alles nicht zu schwer vor und vertraut auf Gott, betet auch

manchmal ein Vaterunser, das hat schon manchem Krieger wieder frischen Mut gemacht.
Kinder Meiner Garde, mit dem heutigen Tage seid ihr Meiner Armee einverleibt worden, steht jetzt unter Meinem Befehl und habt das Vorrecht, Meinen Rock tragen zu dürfen. Tragt ihn in Ehren. Denket an unsere ruhmreiche vaterländische Geschichte; denket daran, dass die deutsche Armee gerüstet sein muss gegen den inneren Feind sowohl als gegen den äußeren. Mehr denn je hebt der Unglaube und Missmut sein Haupt im Vaterlande empor, und es kann vorkommen, dass ihr eure eignen Verwandten und Brüder niederschießen oder -stechen müsst. Dann besiegelt die Treue mit Aufopferung eures Herzblutes. Und nun geht nach Hause und erfüllet eure Pflichten.

Nach der „Neißer Zeitung" hatte die Rede folgenden Wortlaut:

Rekruten!
Ihr habt jetzt vor dem geweihten Diener Gottes und angesichts dieses Altars Mir Treue geschworen. Ihr seid noch zu jung, um die wahre Bedeutung des eben Gesprochenen zu verstehen; aber befleißigt euch zunächst, dass ihr die gegebenen Vorschriften und Lehren immer befolgt. Ihr habt Mir Treue geschworen, das – Kinder meiner Garde – heißt, ihr seid jetzt meine Soldaten, ihr habt euch Mir mit Leib und Seele ergeben; es gibt für euch nur einen Feind, und der ist Mein Feind. Bei den jetzigen socialistischen Umtrieben kann es vorkommen, dass Ich euch befehle, eure eignen Verwandten, Brüder, ja Eltern niederzuschießen – was ja Gott verhüten möge – aber auch dann müsst ihr Meine Befehle ohne Murren befolgen.

Zit. nach: E. Johann (Hg.), Reden des Kaisers, München 1966, S. 55 f. [Die Textunterschiede sind dem Umstand geschuldet, dass es noch keine Tonbandaufzeichnungen gab].

M 6 Wilhelm II. aus zwei Perspektiven
Gemälde von Max Kroner, 1890 und Karikatur von H. Paul in: „Le Cri de Paris, 1900.
Wilhem II. sagte am 27.07.1900 anlässlich der Verabschiedung eines Expeditionskorps nach China: „Pardon wird nicht gegeben, Gefangene werden nicht gemacht".

M 7 Deutsche Flottenpolitik

Alfred von Tirpitz (1849–1930), Staatssekretär im Reichsmarineamt, gilt als der „Vater" der deutschen Schlachtflotte:

1895: Zwei Gedankengänge bildeten sich damals heraus: die taktische Notwendigkeit einer Schlachtflotte, wenn wir überhaupt auf Seegeltung losstrebten und mit Zweck und Nutzen Schiffe bauen wollten, und die politische Notwendigkeit, für die unaufhaltsam und reißend anwachsenden deutschen Seeinteressen eine sie schützende Flotte zu schaffen. Die Flotte erschien mir niemals als Selbstzweck, sondern stets als eine Funktion der Seeinteressen. Ohne Seemacht blieb die deutsche Weltgeltung wie ein Weichtier ohne Schale. Dem Handel musste die Flagge folgen, wie das andere, ältere Nationalstaaten längst begriffen hatten, als es bei uns erst zu dämmern begann. [...] Der Flottengedanke wurde im Volk noch vielfach mit Misstrauen aufgenommen. Die Deutschen spürten, verwöhnt von dem Glück, in das die Bismarcksche Reichsschöpfung und das plötzliche Umsichgreifen unserer so lange zurückgestauten wirtschaftlichen Tüchtigkeit uns versetzt hatte, noch nicht genügend, dass unsere Entfaltung auf dem breiten Rücken des britischen Freihandels sich auf Widerruf vollzog. Dem Wachstum unsrer Industrie verdankten wir das Wachstum unsrer physischen und materiellen Stärke. Wir nahmen jährlich fast um eine Million Menschen zu, das heißt, gewannen auf dem unveränderlich engen Spielraum der heimischen Scholle alljährlich etwas, das

M 8 **Patriotisches Militärehrenblatt**

dem Zuwachs einer Provinz gleichkam, und dies alles beruhte auf der Aufrechterhaltung unsres Ausfuhrhandels, der mangels eigener Seemacht ausschließlich vom Belieben der Fremden, das heißt der Konkurrenten, abhing. Wir mussten nach Bismarck „entweder Waren ausführen oder Menschen", und es handelte sich bei dem Entschluss, eine Seemacht zu bilden, letzten Endes um nichts anderes als um den Versuch, eine sich nicht in eigenen Siedelungskolonien, sondern in heimischen Werkstätten vermehrende Bevölkerung deutsch zu erhalten.

Zit. nach: Geschichtliche Quellen, Das Zeitalter des Imperialismus 1890–1918, Frankfurt/M. 1974, S. 35 f.

M 9 Angst vor der Demokratie

Der Rittergutsbesitzer und Politiker Elard von Oldenburg-Januschau stellte die konservative Sicht der Dinge dar:

Mit dem Abgang Bismarcks stellte es sich heraus, dass das Reich auf die Dauer nicht mehr so zu regieren war wie bisher. Hatte Bismarck selbst noch den von ihm geschaffenen Reichstag bezwungen, so war das unter seinen Nachfolgern nicht mehr der Fall. Darunter litt die Straffheit der politischen Führung. Es entstand eine gewisse Reichsverdrossenheit, die über manchen Deutschen Gewalt gewann. Dies machte sich vor allem die Sozialdemokratie zu Nutze. Dabei verstand sie es, an der richtigen Stelle anzupacken. Denn das Reich stand auf den Säulen einer gesunden Landwirtschaft und eines starken Heeres. Gelang es, beides zu erschüttern, so musste die Sozialdemokratie ihr Ziel, die Zerstörung der Staatsautorität, erreichen. Deshalb begrüßte sie im Stillen das Tempo der industriellen Entwicklung, die mangelnden Zölle und die schlechten Handelsverträge. Sie rechnete damit, dass mit der mangelnden wirtschaftlichen Ertragsfähigkeit die politische Spannkraft der deutschen Landwirtschaft nachlassen würde. Gleichzeitig griff die Sozialdemokratie das Heer an, ereiferte sich über belanglose Misshelligkeiten, verallgemeinerte sie und forderte schließlich offen die Abschaffung der kaiserlichen Kommandogewalt. Der Reichstag, der verfassungsmäßig nur eines unter den vielen Regierungsorganen darstellte, verfiel dem Schicksal der meisten Parlamente. Er trat wie ein reißender Fluss über seine Ufer und riss alle Macht im Staat an sich. Das Gift der Demokratie, der mangelnden Ein- und Unterordnung vernebelte wie kein zweites Verstand und Herz der Menschen.

E. v. Oldenburg-Januschau, Erinnerungen, Leipzig 1936, S. 63.

M 10 Wilhelm II. begibt sich mit seinen Söhnen zur Neujahrsparade 1914.

Aufgaben

1. Charakterisieren Sie die Persönlichkeit Wilhelms II. und sein Herrschaftsverständnis.
   → Text, M4–M6
2. Wie beurteilen Sie die politischen Auswirkungen des wilhelminischen Kaisertums?
   → Text, M3–M6
3. Interpretieren Sie die politisch-psychologische Situation der herrschenden Schichten.
   → M3, M9
4. Verdeutlichen Sie die Ursachen und Funktionen des Antisemitismus anhand der Darstellung.
   → Text, M2
5. Welche Interessen organisierten sich im Flottenverein?
   → Text, M1, M7
6. Beschreiben Sie die Selbstdarstellung des Kaiserreiches und seiner Repräsentanten anhand des Militärehrenblatts. Analysieren Sie die Bildelemente in Bezug auf ihren historischen und ideologischen Gehalt.
   → M8

ALLGEMEINE
ELEKTRICITÄTS-GESELLSCHAF
BERLIN.

6. Industrielle Revolution und Soziale Frage

Das Werbeplakat der Allgemeinen Elektricitäts-Gesellschaft Berlin (AEG) aus dem Jahre 1888 vermittelt etwas vom Pathos und Fortschrittsoptimismus, die den Prozess der Industrialisierung begleitet haben. Technische Errungenschaften wurden vielfach in überschwänglicher, bisweilen in feierlicher Form begrüßt. Im Zentrum des Bildes steht die Göttin des Lichts, die über der Weltkugel auf einem geflügelten Rad thront – in der rechten Hand eine erstrahlende Glühlampe wie eine Fackel haltend.

Während der ersten Phase der Industriellen Revolution standen Montanindustrie, Eisenbahnbau und Textilindustrie im Vordergrund. Am Ende des 19. Jahrhunderts setzte eine zweite Phase ein. Diese stand ganz im Zeichen der modernen Elektrotechnik sowie der Chemie. Eine neue Form der Energie trat ihren Siegeszug an: Elektrische Kraftmaschinen, Glühlampen und die elektrisch betriebenen Eisenbahnen zeugen bis heute davon.

Der Durchbruch der Industrie markiert aus universalgeschichtlicher Perspektive einen Einschnitt, der vergleichbar ist mit der so genannten Neolithischen Revolution. In der Jungsteinzeit (Neolithikum) – beginnend vor etwa 10 000 Jahren – setzte die Menschheit dazu an, sich eine völlig neue wirtschaftliche Grundlage zu geben. Ein für damalige Verhältnisse beschleunigter Wandel führte zu Sesshaftigkeit und gesteigerter agrarischer Produktivität. Aus Jägern und Sammlern wurden Ackerbauern und Viehzüchter. Zentren der neuen Wirtschaftsform waren zunächst die Flussoasen an Euphrat, Tigris, Indus und Nil.

Die Überwindung der Subsistenzwirtschaft schuf die materielle Voraussetzung für die Entstehung von Hochkulturen. Die Nahrungsmittelüberschüsse eröffneten die Möglichkeit, Teile der Bevölkerung von der unmittelbaren Agrarproduktion freizustellen. Erst in der Folge konnte eine arbeitsteilig differenzierte Gesellschaft entstehen.

Die im 18. Jahrhundert einsetzende Industrialisierung kennzeichnet einen zweiten Einschnitt in der Entwicklung der Menschheit. Sie leitete den Übergang von der agrarisch geprägten Gesellschaft zur Industriegesellschaft ein. Dieser Vorgang, der von Europa seinen Ausgang nahm, war ein globaler, auch wenn die einzelnen Weltregionen in unterschiedlicher Weise von ihm erfasst wurden.

Am Ende des 20. Jahrhunderts kündigte sich bereits das Ende der typischen Industriegesellschaft an: Die klassische Massenproduktion mittels Fließbänder (Fordismus) hat ausgedient. Der Einsatz neuartiger Informationstechnologien hat zu einem fundamentalen Wandel der Arbeitswelt geführt.

Computerisierung und Informationstechnologien haben die Rahmenbedingungen der globalen Wirtschaft von Grund auf geändert. Gegenüber den traditionellen Produktionsfaktoren Kapital, Arbeit und Rohstoffen kommt nunmehr dem Wissen eine abermals gesteigerte Bedeutung zu. Die ehemaligen Industriegesellschaften haben sich zu Informations- beziehungsweise Dienstleistungsgesellschaften gewandelt.

6.1 Die Industrielle Revolution

Die Industrielle Revolution, beginnend in der zweiten Hälfte des 18. Jahrhunderts, veränderte innerhalb weniger Jahrzehnte alle Bereiche der Gesellschaft. Die technischen, wirtschaftlichen und gesellschaftlichen Auswirkungen dieses weltgeschichtlich einzigartigen Prozesses schufen die Grundlagen der modernen Zivilisation. Die Industrielle Revolution nahm ihren Ausgang in England als der „Werkstatt der Welt". Seit dem 19. Jahrhundert gerieten dann weltweit mehr und mehr Länder in den Sog einer dynamischen und umwälzenden Industrialisierung.

Merkmale

Folgende Merkmale kennzeichnen die Industrielle Revolution des 19. Jahrhunderts:

- Typisch für die Industrielle Revolution ist, dass die vorwiegend auf Handarbeit beruhende Produktion von der maschinellen Arbeit abgelöst wurde. Ein Beispiel: Der Handwebstuhl wurde durch den mechanischen Webstuhl ersetzt.
- Die zunehmende Anwendung von Maschinen in der Produktion, wie etwa beim mechanischen Antrieb der Dampfmaschine, erhöhte

M 1

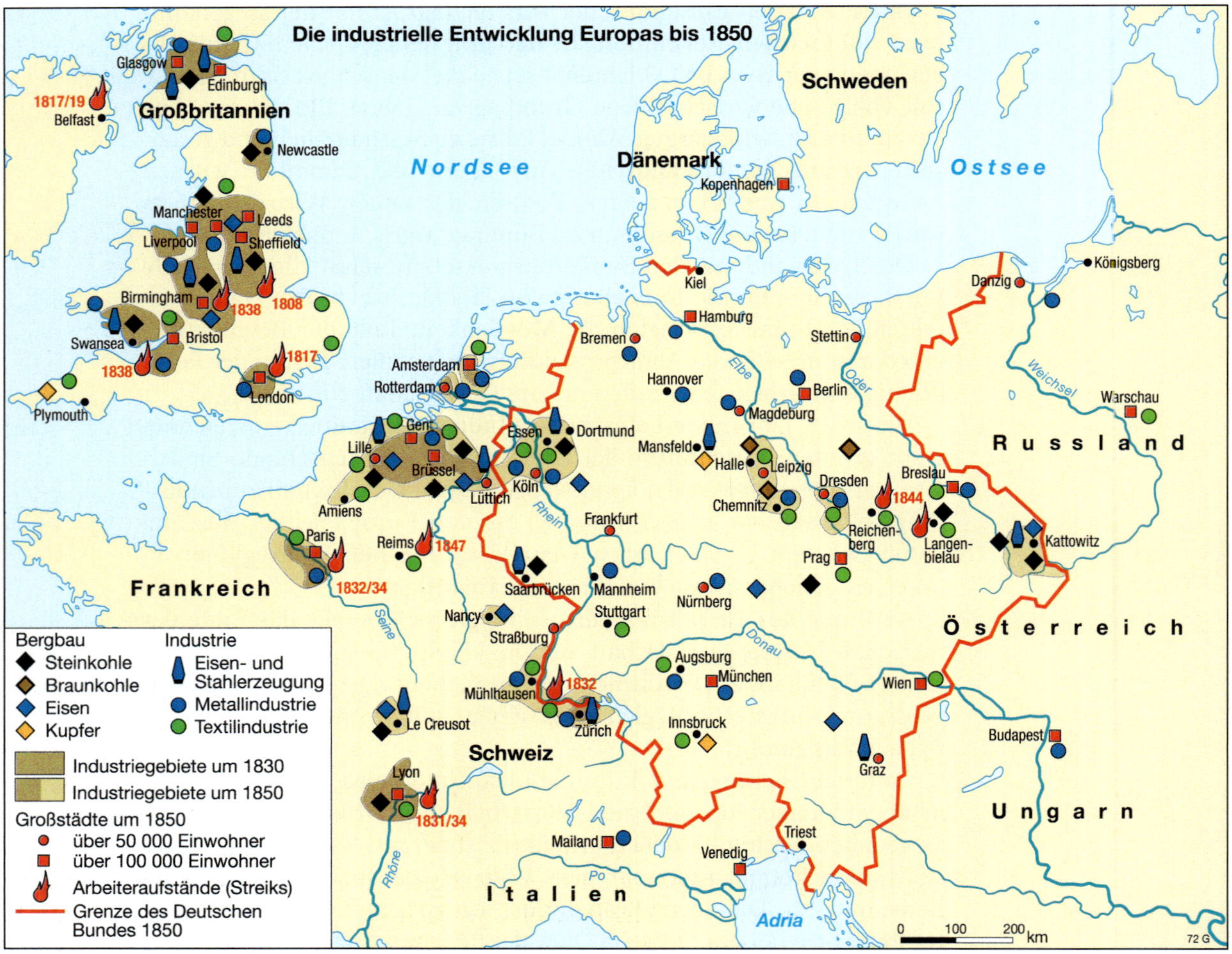

sprunghaft die Produktivität der menschlichen Arbeit, das heißt mit der gleichen Zahl von Arbeitern ließ sich in der gleichen Zeit mehr herstellen.

- Dadurch wurde erst die Massenproduktion von Gütern für einen sich erweiternden Markt möglich.
- Der Anteil der in der Landwirtschaft beschäftigten Menschen sank.
- Dagegen stieg die Zahl der in der Industrie und später in den verschiedenen Dienstleistungsbereichen tätigen Menschen.
- Eine Reihe von Erfindungen und Neuerungen wie Eisenbahn und Dampfschiff revolutionierte das Verkehrswesen und die technischen Grundlagen aller wichtigen Produktionszweige.
- Große Mengen an Kapital (Geld, Maschinen usw.) häuften sich in den Händen einer reichen und mächtigen Unternehmerschicht an.
- Ein ständiges – wenn auch von Krisen unterbrochenes – Wachstum der Wirtschaft setzte die Investition (Neuanlage) des Kapitals voraus.
- Gleichzeitig entstand mit der Nachfrage nach Arbeitskräften eine zahlenmäßig bedeutende, neue gesellschaftliche Schicht: die Arbeiterschaft.
- Die Bevölkerungszahl nahm stark zu.

Die im 18. Jahrhundert einsetzende Industrialisierung bedeutete also einen weiteren geschichtlichen Wendepunkt: Sie zertrümmerte in Jahrhunderten gewachsene Strukturen, modernisierte die menschlichen Lebensbedingungen und bewirkte einen grundlegenden Wandel in allen sozialen Bereichen. Der Industrialisierungsprozess leitete eine unumkehrbare Entwicklung ein, die bis heute nicht abgeschlossen ist. Die Fortschritte der Technik verursachten eine fortwährende Dynamisierung, die bis zur technologischen Revolution der Gegenwart (Informations- und Kommunikationstechnik) führt.

M 2

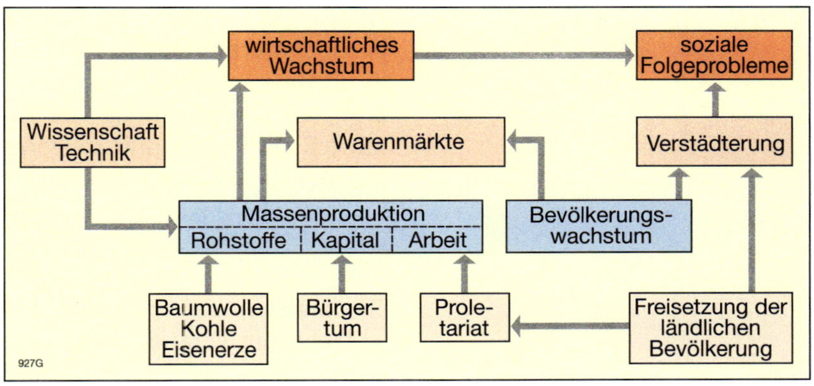

Gesellschaftlicher Wandel

Schroffe Trennung der Stände, Abhängigkeit der Bauern von den Großgrundbesitzern, Zunftschranken und geringe Mobilität charakterisierten die deutsche Gesellschaft zu Beginn des 19. Jahrhunderts.

Die in Preußen 1807 verordnete Gewerbefreiheit, die auch für andere deutsche Staaten richtungsweisend wurde, und die Einschränkung des Zunftzwanges schufen wichtige Voraussetzungen für ein freieres Wirtschaften. Aber erst eine einheitliche Reichsgewerbeordnung (nach 1871) befreite den Handwerker vom Zunftzwang und bot jedem die Möglichkeit, sich als Handwerker oder Fabrikant an jedem Ort und mit jeder Produktionstechnik zu betätigen. Bis zum Anfang des 19. Jahrhunderts blieben viele Bauern abhängig von ihren Guts- und Grundherren. Nach der Bauernbefreiung im Zuge der preußischen Reformpolitik (1807 bis 1812) zogen vor allem verarmte Kleinbauern und saisonabhängige Landarbeiter in die Industriezentren und stellten dort den Großteil der Fabrikarbeiterschaft. Zusammen mit kleinen Handwerksmeistern, die der Konkurrenz erlagen, Handwerksgesellen ohne Aufstiegschancen und ehemaligen Tagelöhnern bildeten sie allmählich einen neuen sozialen Stand, das Industrieproletariat („vierter Stand").

Der Prozess der Industrialisierung war begleitet von neuen Formen der Arbeitsorganisation in den Fabriken, der Machtentfaltung im Wirtschaftsbereich und der Kultur (Bildungsbürgertum). Das Bürgertum trat neben die bislang alleine führende Aristokratie. Den Grundstock der Gesellschaftspyramide bildete die Masse der Industriearbeiterschaft, die aus ihrer Abhängigkeit heraus ein eigenes Klassenbewusstsein entwickelte. Die alte, relativ immobile Ständegesellschaft wurde von der so genannten Klassengesellschaft abgelöst. Geburt und Abstammung entschieden nicht mehr allein über die gesellschaftliche Position, sondern Leistung und die private Verfügung über Geld und Produktionsmittel. In der Industriegesellschaft war sozialer Aufstieg in größerem Maße möglich als in der Ständegesellschaft, aber auch sozialer Abstieg.

M 3 Die erste Eisenbahn in Deutschland
verband die beiden Städte Nürnberg und Fürth. Anlässlich der Eröffnungsfahrt 1835 wurde diese Münze geprägt. Sie zeigt die allegorische Frauengestalt „Industrie" auf dem Flügelrad lehnend.

Gleichzeitig setzte ein explosives Wachstum der Städte ein. An den Rändern der alten Stadtkerne entstanden Fabrikquartiere. Die soziale Schichtung spiegelte sich in den Wohnvierteln: Während Handwerker und Gewerbetreibende mit Großfamilie und Gesinde weiter im alten Stadtkern lebten, siedelten die Arbeiter so nahe wie möglich an der Fabrik. Gleichzeitig wuchsen die neuen Villenvororte, in denen die wohlhabenden Bürger residierten.

Revolutionäre Veränderungen in der Landwirtschaft ließen die Erträge um ein Vielfaches steigen. Die Dreifelderwirtschaft wurde durch die Fruchtwechselwirtschaft abgelöst, die eine ununterbrochene Nutzung des Bodens zuließ. Ein damit einsetzender planmäßig betriebener Futtermittelanbau erweiterte die Tierhaltung. Der zunehmende Einsatz moderner maschineller Ackergeräte und schließlich die erfolgreiche Gewinnung von Kunstdünger (Justus von Liebig 1824) führten zur Produktionssteigerung und verbesserten die Ernährungslage der Bevölkerung. Das Prinzip der weitgehenden wirtschaftlichen Selbstgenügsamkeit wurde von der Erzeugung vermarktbarer Überschüsse ersetzt.

Der allgemeine landwirtschaftliche Modernisierungsprozess bewirkte eine massenhafte Abwanderung in die Städte (Landflucht).

Trotz der Veränderungen in der Landwirtschaft und einer fortschreitenden Industrialisierung blieb Deutschland bis zur Mitte des 19. Jahrhunderts noch überwiegend ein Agrarland. Neben der Verbesserung der Ernährungslage trugen insbesondere Fortschritte in der Medizin (Pockenimpfung), der persönlichen Hygiene und die weitgehende Aufhebung der Heiratsbeschränkung (zum Beispiel für Gesellen oder Dienstboten) zur starken Bevölkerungszunahme bei.

Technik als Produktivkraft

Die Industrielle Revolution beruhte auf dem ständigen Fortschritt der Naturwissenschaften und der Technik. Die Konkurrenzverhältnisse auf den Märkten zwangen die Unternehmer zu einer rentableren Massenproduktion von Gütern. Diese Ausweitung der Produktion wurde ermöglicht durch den Einsatz von Maschinen, das heißt die Anwendung wissenschaftlicher Erkenntnisse und einer entwickelten industriellen Technik auf die Produktion. In einem bisher unbekannten Ausmaß erhöhten Technik und Maschinen, die „eisernen Engel“ des Industriezeitalters, die Produktivität der menschlichen Arbeit.

Stadien der Technologie					**Innovationen**			
Erste technologische Revolution Entdeckung und Verwendung des Rades ①			**Zweite** technologische Revolution Entdeckung von Methoden zum Schmelzen von Erzen sowie zur Herstellung von Legierungen und geschmiedeten Werkzeugen und Waffen ②		Dampfkraft, Textil- und Eisenindustrie ③	Eisenbahn und Dampfschiffe ④	Automobil- und chemische Industrie, Elektrotechnik ⑤	Mikroelektronik, Bio- und Gentechnologie ⑥
Handwerkszeug aus Stoßzähnen, Horn und Knochen	Allzweckfaustkeile aus Stein und Holz	Spezialhandwerkszeug aus Stein und Holz	Handwerkszeug aus Metall, die nötige Arbeitskraft liefern Mensch und Tier		ab 1800	ab erste Hälfte des 19. Jahrhunderts	ab Ende des 19. Jahrhunderts	ab Ende des 20. Jahrhunderts
			Bronzezeit	Eisenzeit				

M 4

Hauptträger des Mitte des 19. Jahrhunderts einsetzenden wirtschaftlichen Aufschwungs in Deutschland waren die Schwerindustrie und der Eisenbahnbau. Das Schienennetz verzeichnete einen sprunghaften Anstieg: von 3280 km im Jahre 1845 über 11633 km 1860 zu 19575 im Jahre 1870.

Der Eisenbahnbau war der Motor des Wirtschaftswachstums. Kohlebergbau, Eisenerzeugung, Maschinenbau und das Baugewerbe erhielten von dem neuen Verkehrsmittel Wachstumsimpulse, die ihrerseits Anschlussinvestitionen auslösten. Darüber hinaus spielte die Eisenbahn auch eine wichtige Rolle als Beschäftigungsfaktor. Die Eisenbahn veränderte nicht nur die alltäglichen Lebensformen durch eine verbesserte Kommunikation (Verkürzung von Reisezeit und Briefverkehr), sondern leitete langfristig auch einen politischen Umgestaltungsprozess ein. Die modernen Kommunikationstechniken, wie Eisenbahn und Telegrafie, trugen zum Zusammenwachsen der deutschen Mittel- und Kleinstaaten bei. Die Technik bildete somit ein wesentliches Element zur Entstehung moderner Nationalstaaten. Während die bürgerlichen Unternehmer und später auch das Militär den Eisenbahnbau befürworteten, sahen Fuhrleute, Fahrposten zur Brief- beziehungsweise Personenbeförderung und die Schifffahrt in dem rapide wachsenden Schienennetz vor allem eine Konkurrenz.

M 5 In den Berliner Werken der AEG (1898–1913)

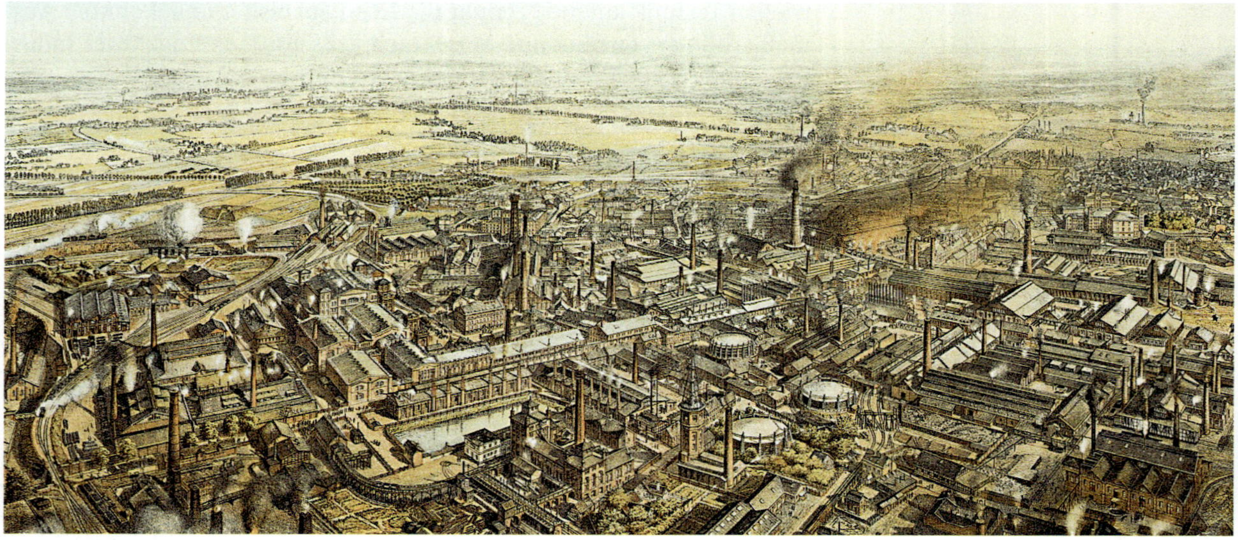

M 6 **Panorama-Ansicht der Gussstahlfabrik Friedrich Krupp in Essen (1884)**

Die Gussstahlfabrik in Essen bildete den Kern des im 19. Jahrhundert stetig wachsenden und sich verzweigenden Unternehmens Krupp, dessen Beschäftigungszahl von 74 im Jahre 1848 auf 20 200 im Jahre 1887 und 77 400 vor dem Ersten Weltkrieg anstieg. Die beiden wesentlichen Produktionsbereiche bildeten Eisenbahnmaterial (Schienen, Achsen, Radbandagen) und Geschütze; später kamen die Produktion von Panzerplatten für den Kriegsschiffbau und schließlich eine eigene Werft (Germania AG in Kiel) hinzu (1902). Alfred Krupp (1812–1887), mit dessen Namen sich der Aufstieg der Firma verbindet, und seine Nachfolger unternahmen große Anstrengungen, das Werk zu einem geschlossenen Arbeits- und Lebenszusammenhang zu runden. Arbeiterwohnsiedlungen, Pensionskasse und werkseigene Konsumanstalt sollten einen festen Stamm von Facharbeitern an das Unternehmen binden; andererseits wurden der gewerkschaftlichen oder gar politischen Betätigung der Beschäftigten weitestgehende Beschränkungen auferlegt.

Aus: Hauptstadt: Zentren, Residenzen, Metropolen in der deutschen Geschichte, Köln 1989, S. 256 f.

M 7 **Vergleichende Daten zur Wirtschaftsentwicklung**

	Länge des Eisenbahnnetzes (in engl. Meilen)	Kohlenförderung oder -verbrauch (in Tausend t)	Dampfkraftkapazität (in Tausend PS)	Roheisenproduktion (in Tausend t)	Rohbaumwollverbrauch (in Tausend t)
Deutschland					
1850	3 639	5 100	250	212	17,1
1869	10 834	26 774	2 480	1 413	64,1
1873	14 842	36 392	–	2 241	117,3
Frankreich					
1850	1 869	7 225	370	406	59,3
1869	10 518	21 432	1 850	1 381	93,7
1873	11 500	24 702	–	1 382	55,4
Großbritannien					
1850	6 621	37 500	1 290	2 249	226,8
1869	15 145	97 066	4 040	5 446	425,8
1873	16 082	112 604	–	6 566	565,1
Belgien					
1850	531	3 481	70	145	10,0
1869	1 800	7 822	350	535	16,3
1873	2 335	10 219	–	607	18,0

D. S. Landes, Der entfesselte Prometheus, Köln 1973, S. 187.

M 8 **Die Eisenbahn**

Der Historiker Lothar Gall fasst die Erwartungen und Visionen zusammen, die sich mit den Anfängen der Eisenbahn verbinden:

Doch zurück zu den Anfängen! Von Beginn an, noch bevor die erste Dampflokomotive zu ihrer öffentlichen Jungfernfahrt startete – mit einer, wie Kritiker meinten, für menschliche Passagiere sicher gesundheitsschädlichen Geschwindigkeit von 30 Stundenkilometern, mehr als doppelt so schnell wie die so genannte Eilpost –, war man sich, wie gesagt, über die Bedeutung des neuen Verkehrsmittel im Klaren. Das galt mit Blick auf das Verkehrswesen im Allgemeinen wie die Wirtschaft im Besonderen und nicht zuletzt auch für den Arbeitsmarkt. Zugleich verkörperte die „Eisen"bahn, wie man sie in Kombination des englischen „rail-road" und des französischen „chemin de fer" nannte, für die Zeitgenossen wie kaum etwas anderes Dynamik, Aufbruchsstimmung, Zukunftserwartung, mit einem Wort den Fortschritt, auf den vor allem das Bürgertum in allen Bereichen des Daseins so nachdrücklich setzte. Friedrich Harkort, einer der Herolde des bürgerlichen Aufbruchs in Wirtschaft und Gesellschaft, hatte in diesem Sinne schon 1825 pathetisch formuliert: „Möge auch im Vaterland bald die Zeit kommen, wo der Triumphwagen des Gewerbefleißes mit rauchenden Kolossen bespannt ist und dem Gemeinsinn die Wege bahnt." Joseph Ritter von Baader, seit 1798 „Direktor des Bergbaues und des Maschinenwesens" in Bayern, nannte ein Jahr später im Anschluss an entsprechende Versuche und Probeläufe, die der bayerische König veranlasst hatte, die Eisenbahn „eine der nützlichsten Erfindungen", welche die „höchste Aufmerksamkeit aller kultivierten Staaten und Völker in Anspruch zu nehmen" verdiene. Und Friedrich List, der Apostel der deutschen Wirtschafts- und Verkehrseinheit und Wortführer der Industrialisierung, nannte die Eisenbahnen 1839 emphatisch die „eigentlichen Volkswohlfahrts- und Bildungsmaschinen", die den „Interessen der gesamten Mehrheit" dienlich seien. Ja, emphatisch sprach er von der Eisenbahn als einem „Herkules in der Wiege, der die Völker erlösen wird von der Plage des Kriegs, der Theuerung und Hungersnoth, des Nationalhasses und der Arbeitslosigkeit, der Unwissenheit und des Schlendrians; der ihre Felder befruchten, ihre Werkstätten und Schachte beleben und auch den Niedrigsten unter ihnen Kraft verleihen wird, sich durch den Besuch fremder Länder zu bilden, in entfernten Gegenden Arbeit und an fernen Heilquellen und Seegestaden Wiederherstellung ihrer Gesundheit zu suchen." In seiner Bedeutung für den „materiellen Verkehr" sei das neue Transportmittel nur zu vergleichen mit der Bedeutung der Erfindung des Buchdrucks für den „geistigen Verkehr", so etwas pragmatischer die am 14. März 1833 gegründete „Gesellschaft für die Errichtung einer Eisenbahn mit Dampffahrt zwischen Nürnberg und Fürth". Die Eisenbahnen, bemerkte Heinrich Heine zehn Jahre später in einem seiner Korrespondenzartikel für die „Augsburger Allgemeine Zeitung", seien ein „providencielles [von der Vorsehung bestimmtes] Ereignis, das der Menschheit einen neuen Umschwung gibt, das die Farbe und Gestalt des Lebens verändert; es beginnt ein neuer Abschnitt in der Weltgeschichte, und unsre Generation darf sich rühmen, dass sie dabei gewesen. […] Sogar die Elementarbegriffe von Raum und Zeit sind schwankend geworden. Durch die Eisenbahnen wird der Raum getötet, und es bleibt uns nur noch die Zeit übrig."

L. Gall, M. Pohl (Hg.), Die Eisenbahn in Deutschland, München 1999, S. 16 f.

M 9 **Gedenkblatt** zur Feier des Ausgangs der Lokomotive Nr. 500 aus der Borsigschen Maschinenbauanstalt in Berlin, 21. August 1854

M 10 Universalgeschichtliche Aspekte der Industriellen Revolution

Der Historiker Imanuel Geiss erläutert die Industrielle Revolution in ihren globalen Zusammenhängen:

„Industrielle Revolution" als historische Kategorie bezeichnet also die Gesamtheit der universalhistorischen Rahmenbedingungen, unter denen sich seit rund 200 Jahren die Entwicklung der Menschheit vollzieht, unter denen aber auch die einzelnen, meist national begrenzten modernen Revolutionen ablaufen – die Französische von 1789 mit den Folgerevolutionen im 19. Jahrhundert innerhalb wie außerhalb Frankreichs, die Russische von 1917, die Chinesische von 1949, die Kubanische von 1959, um nur die wichtigsten und folgenreichsten hier zu nennen.
Wesentliche Voraussetzung der „Industriellen Revolution" waren die vorausgegangene „ursprüngliche Akkumulation" (Marx) von Kapital, das in England aus den verschiedensten internen und externen Quellen zusammenfloss und – aus historischen Gründen hier zuerst – zum Ausbau der modernen Industrie investiert wurde, und die revolutionsähnlichen Prozesse in den Niederlanden, England und Nordamerika zwischen dem Ende des 16. und des 18. Jahrhunderts. Historische Voraussetzung zur „ursprünglichen Akkumulation" wiederum war die Expansion Westeuropas (von Portugal bis Dänemark und Schweden) in Übersee seit dem Zeitalter der so genannten Entdeckungen, für diese wiederum die vorausgegangene Kumulierung von technisch-naturwissenschaftlichem Wissen und seine praktische Anwendung, das über die Jahrhunderte im Wesentlichen aus dem lange Zeit zivilisatorisch fortgeschrittenen Orient in das ursprünglich unterentwickelte Europa eingefiltert war.
Die beginnende koloniale Eroberung vor allem Indiens um die Mitte des 18. Jahrhunderts besiegelte den ökonomisch-politischen Abstieg des alten Orients und den rasanten Aufstieg des westlichen Europa und nördlichen Amerika zur faktischen Weltherrschaft. Nicht nur gab die Ausplünderung des sagenhaft reichen Indien durch die englische Ostindien-Kompanie und ihre führenden Repräsentanten in Indien der ursprünglichen Akkumulation in England neuen Antrieb. Von noch langfristigerer Bedeutung erwies sich ein im Allgemeinen wenig beachteter wirtschaftshistorischer Vorgang mit einschneidenden Konsequenzen – die systematische Zerstörung der bis dahin blühenden Textilproduktion auf der Grundlage von Baumwolle, vor allem in Bengalen, durch die siegreiche englische Kolonialmacht, die anschließend bewusst die Baumwollverarbeitung nach Lancashire verlegte.
Die Textilindustrie – namentlich auf der Grundlage der Baumwolle – aber brachte den ersten großen Durchbruch des industriellen Prinzips, erst recht nach der Erfindung der „cotton gin", einer Maschine zum Entkernen der Baumwollfrucht, in den USA 1794. Erst die „cotton gin" ermöglichte die rapide Expansion des Anbaus von Baumwolle in den USA, die territoriale Expansion der USA selbst nach

M 11

Die Veränderung der Sozialstruktur Preußens im Verlauf des 19. Jahrhunderts

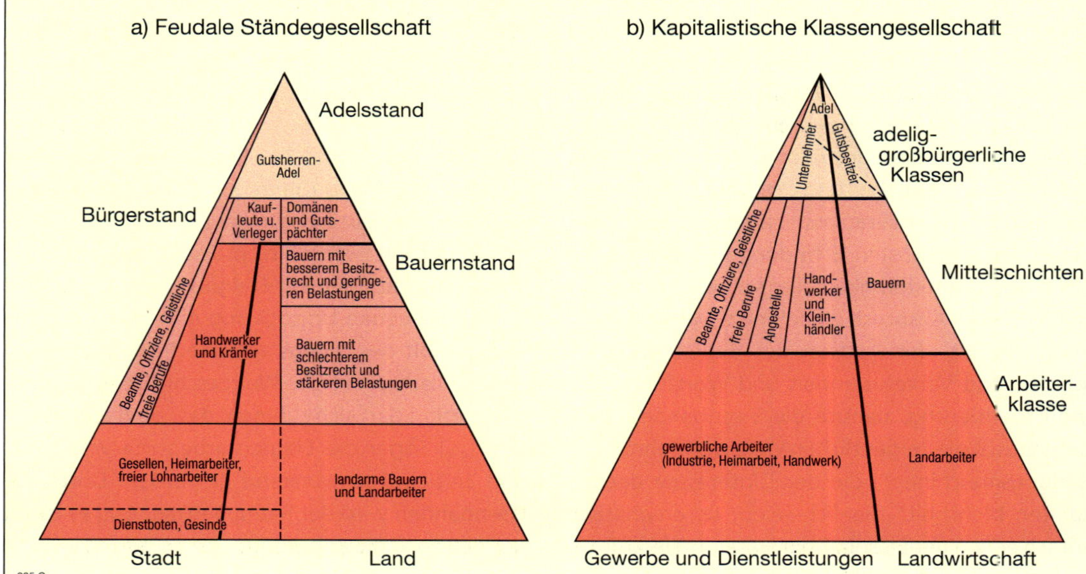

Süden und Südwesten und die damit einhergehende Expansion der Sklaverei in den USA. „King Cotton“, auf der Basis von Baumwoll- und Sklavenplantagen des Südens, trat in der Republik der USA für über ein halbes Jahrhundert seine absolute Herrschaft an.

Alle späteren Industrien und Transportzweige entwickelten sich im Grunde genommen zunächst nur als direkte oder indirekte Hilfsfunktionen für den weiteren Ausbau der Baumwolltextilproduktion: Die Eisen- und Stahlindustrie diente zum Bau von immer neuen Textilmaschinen für rascheres Spinnen und Weben und zum Bau von Dampfmaschinen, die die Maschinen in Gang hielten, wozu immer mehr Energie in Form von Kohle notwendig wurde. Die Dampfmaschine wiederum diente ursprünglich zum Entwässern der in immer größerer Tiefe vorgetriebenen Kohleschächte. Die Eisenbahn, zunächst zum Transport der Kohle unter Tage entwickelt, verkehrte über Tage zum ersten Mal 1825 zwischen Manchester, dem Zentrum der modernen Textilproduktion auf Baumwollbasis in Lancashire, und seinem neuen Ausfuhrhafen Liverpool. Damit schließt sich der Ring, in dem sich historisch ursprüngliche Akkumulation, Industrialisierung, bürgerliche Revolutionen und bürgerliche Demokratie bewegen.

Nach dem Durchbruch der industriellen Revolution in England seit der zweiten Hälfte des 18. Jahrhunderts und seit dem endgültigen Durchbruch der modernen politischen Revolution in Frankreich 1789 mussten alle Gesellschaften auf die „industrielle Revolution“ reagieren, auf ihre ökonomisch-technische Seite, zunächst führend repräsentiert von England, im 20. Jahrhundert von den USA, ebenso wie auf ihre politische Seite, in ihrer bürgerlich-kapitalistischen Phase geprägt zunächst von der Französischen, in ihrer proletarisch-kommunistischen Phase zunächst von der Russischen Revolution.

I. Geiss, Bürgerliche und proletarische Revolution, in: Apuz, Nr. 42/1975, S. 18 ff.

M 12

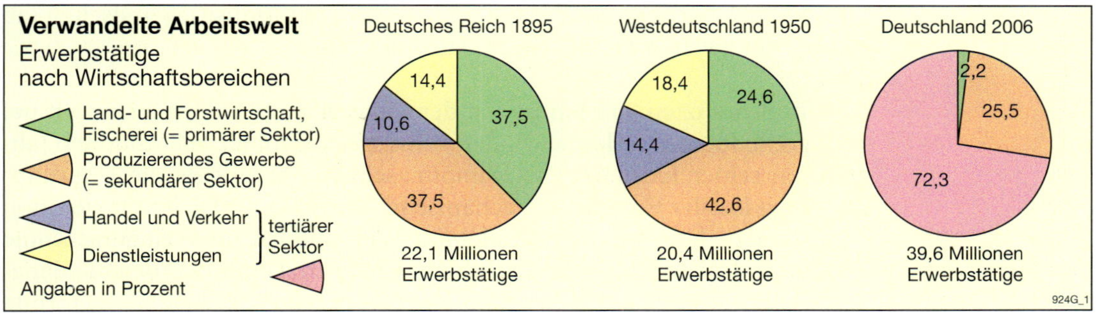

Aufgaben

1. Welche Faktoren verzahnen sich beim Industrialisierungsprozess? Vollziehen Sie diesen Vorgang nach.
   → Text, M2, M10
2. Welche Rolle spielte die Technik in der wirtschaftlichen und gesellschaftlichen Entwicklung?
   → Text, M4
3. Beschreiben Sie das Fabriksystem und vergleichen Sie es mit vergangenen und gegenwärtigen Produktionsverfahren.
   → Text, M5, M6
4. Warum konnte man England lange als die „Werkstatt der Welt“ bezeichnen? Vergleichen Sie in diesem Zusammenhang die industrielle Entwicklung in den europäischen Ländern.
   → Text, M7
5. Warum kam der Eisenbahn eine wirtschaftliche Schlüsselfunktion zu? In welcher Weise wurde die neue Technik von der Gesellschaft wahrgenommen?
   → M3, M8, M9
6. Wie hat sich der Aufbau der Gesellschaft im Verlaufe der Industrialisierung verändert?
   → M11
7. Inwiefern hat sich die Industrielle Revolution auf die gesamte Welt ausgewirkt und die globalen Machtverhältnisse berührt?
   → M10
8. Keine politische Revolution hat das Leben der Menschen so nachhaltig und umfassend verändert wie die Industrielle Revolution. Wie lässt sich diese These begründen?
   → Text, M10–12

6.2 Umwelt und Industrialisierung

Anthropogene Umweltveränderungen

Im Hinblick auf die Umweltveränderungen lassen sich Naturprozesse von anthropogenen Vorgängen unterscheiden: Naturprozesse wie Kontinentalverschiebungen, Erdbeben und Vulkanausbrüche sind vom Menschen nicht beeinflussbar. Anthropogen nennt man hingegen Umweltveränderungen, die vom Menschen herbeigeführt wurden. Dabei lassen sich beabsichtigte (zum Beispiel die Rodung von Wäldern) und ungewollte Veränderungen (zum Beispiel die Verkarstung ganzer Landstriche als Folge des Raubbaus an Wäldern) unterscheiden.

Neolithische Revolution

Die Menschen der Altsteinzeit lebten in kleinen Gruppen (Horden) von drei oder vier Dutzend Mitgliedern. Das Sammeln der Nahrung erforderte eine nomadisierende Lebensform, das heißt, die Menschen besaßen keinen festen Wohnsitz. Zur Sicherung der Ernährung benötigte man viel Raum. Nach heutigen Maßstäben musste die Siedlungsdichte zwangsläufig sehr gering sein.

In der Geschichte der modernen Menschheit lassen sich unter Umweltgesichtspunkten zwei entscheidende Einschnitte markieren:

- der Übergang von der Jäger- und Sammlergesellschaft zur Agrargesellschaft (ungefähr um 8 000 v. Chr.) sowie
- der Übergang von der Agrargesellschaft zur Industriegesellschaft (ab der zweiten Hälfte des 18. Jahrhunderts).

Neuzeit

In den letzten 250 Jahren hat der Mensch weltweit seine Umwelt tief greifender verändert als in den vorausgegangenen zwei Millionen Jahren seiner Existenz. Die Dampfmaschine ermöglichte die Umwandlung fossiler Energie in mechanische. Bis zur Industriellen Revolution standen dafür nur Wasserräder und Windmühlen zur Verfügung. Kohle löste das Holz als primäre Energiequelle ab. Damit wurde eine dynamische Entwicklung in Gang gesetzt, die die ackerbaulich geformte Kulturlandschaft regional in Industrielandschaften verwandelte.

Naturschutz

Die Umgestaltung der Landschaft durch Industrieanlagen, ausufernde Städte, Kanalbauten und Eisenbahnstrecken schritt in einem Ausmaß voran, dass sie von den Zeitgenossen als „Verschandelung" wahrgenommen wurde. Vor diesem Hintergrund erwachte im ausgehenden 18. Jahrhundert zunehmend ein Gefühl für die Natur. Als Reaktion auf die Industrielle Revolution bildete sich eine von der Romantik inspirierte Bewegung der Naturverherrlichung. In diesem Zusammenhang steht auch die Geburt des Naturschutzgedankens.

Als erstes deutsches Naturschutzgebiet wurde der Drachenfels, ein Berg am rechten Rheinufer, ausgewiesen (1836). Im 20. Jahrhundert setzte die Industrialisierung ihren Siegeszug fort, und mit ihr wuchsen die Städte und die für sie typischen Umweltprobleme in den Bereichen Lufthygiene, Wasserversorgung, Abwasserbeseitigung, Seuchengefahren (Cholera, Typhus). Umweltpolitisch korrespondiert dabei das Wachstum der europäischen Städte im 19./20. Jahrhundert mit der gegenwärtigen Urbanisierung der Dritten Welt. Der Anstieg der Weltbevölkerung auf über sechs Milliarden Menschen zu Beginn des 21. Jahrhunderts – in Verbindung mit einem wachsenden Lebensstandard – steigert die Umweltbelastungen dramatisch.

M 1 **Frühindustrielle Umweltverhältnisse**

Der französische Historiker Alexis de Tocqueville schreibt in seinen „Notizen über eine Reise nach England" (1835):

Auf dem Gipfel der Hügel, die ich eben beschrieben habe, erheben sich dreißig oder vierzig Fabriken. Mit ihren sechs Stockwerken ragen sie hoch in die Luft. Ihr unabsehbarer Bereich kündet weiterhin von der Zentralisation der Industrie. Um sie herum sind gleichsam willkürlich die erbärmlichen Behausungen der Armen verteilt; auf unzähligen gewundenen schmalen Pfaden gelangt man dorthin. Zwischen ihnen liegt unbebautes Land, das nicht mehr den Reiz ländlicher Natur hat, ohne schon die Annehmlichkeiten der Stadt zu bieten. Der Boden dort ist schon aufgewühlt, an tausend Stellen aufgerissen: aber er ist noch nicht von menschlichen Siedlungen bedeckt. Dies sind die Steppen der Industrie. [...]

Um dieses Elendsquartier herum schleppt einer der Bäche, die ich vorhin beschrieben habe, langsam sein stinkendes Wasser, das von den Industriearbeiten eine schwärzliche Farbe erhält. Er wird in seinem Lauf nicht durch Kaimauern eingeschlossen. Die Häuser sind willkürlich an seinen Ufern errichtet worden. Von der Höhe seiner abschüssigen Ufer sieht man, wie er sich mühselig zwischen Erdbrocken, halbfertigen Wohnstätten oder frischen Ruinen seinen Weg bahnt. [...]

Ein dichter, schwarzer Qualm liegt über der Stadt. Durch ihn hindurch scheint die Sonne als Scheibe ohne Strahlen. In diesem verschleierten Licht bewegen sich unablässig dreihunderttausend menschliche Wesen. Tausend Geräusche ertönen unablässig in diesem feuchten und finsteren Labyrinth. Aber es sind nicht die gewohnten Geräusche, die sonst aus den Mauern großer Städte aufsteigen. [...]

Inmitten dieser stinkenden Kloake hat der große Strom der menschlichen Industrie seine Quelle, von hier aus wird er die Welt befruchten. Aus diesem schmutzigen Pfuhl fließt das reine Gold. Hier erreicht der menschliche Geist seine Vollendung und hier seine Erniedrigung; hier vollbringt die Zivilisation ihre Wunder, und hier wird der zivilisierte Mensch fast wieder zum Wilden.

Zit. nach: W. Ripper (Hg.), Weltgeschichte im Aufriss, Bd.2, Frankfurt/M. 1974, S. 116f.

M 2 **Göltztalbrücke in Sachsen**
Stich, 1850

Aufgaben

1. Kennzeichnen Sie das Verhältnis von Mensch und Umwelt, wie es sich im Laufe der Zeit verändert hat.
   → Text
2. Analysieren Sie die Beschreibung im Hinblick auf die Umweltbedingungen in den frühindustrialisierten Orten.
   → M1
3. Untersuchen Sie das Bild in Bezug auf anthropogene Umweltveränderungen.
   → M2

6.3 Vom Merkantilismus zum Liberalismus

Einen wichtigen Entwicklungsschritt im Übergang zur Industriellen Revolution bildete im 17. und 18. Jahrhundert der Merkantilismus in Frankreich, England und Preußen. Der Merkantilismus war ein durch staatliche Eingriffe und Förderung geprägtes Wirtschaftssystem. Die Einwirkung des Staates erstreckte sich vor allem auf die Bereiche von Verkehr, Handel und Gewerbe. Die absoluten Monarchien ordneten die wirtschaftlichen Tätigkeiten dem Ziel unter, ihre innere und äußere Souveränität auszubauen und zu festigen. Der steigende Finanzbedarf des Absolutismus, hervorgerufen durch die Unterhaltung stehender Heere und eine wachsende staatliche Bürokratie, sollte durch die Geldüberschüsse einer aktiven Handelsbilanz gedeckt werden. Die Förderung der gewerblichen Entwicklung (zum Beispiel für Luxus- und Rüstungsbedarf) und die dadurch ermöglichte Ausweitung des Außenhandels galten als Grundlage des staatlichen Reichtums und der Macht des Monarchen.

Manufakturen

Als die charakteristische Produktionsform des Merkantilismus entstanden die Manufakturen. Von ihnen gingen wichtige Anstöße für die gewerbliche und später auch die industrielle Entwicklung aus. Manufakturen stellen eine Frühform des industriellen Betriebs dar. In ihnen blieb zwar die Technik des Handwerks erhalten, aber die Produktion erfolgte bereits nach den Gesetzen der Arbeitsteilung und der seriellen Produktherstellung. Vom entwickelten Industriebetrieb des 19. beziehungsweise 20. Jahrhunderts unterscheidet sich die Manufaktur vor allem durch den sehr begrenzten Einsatz von Maschinen. Der Begriff Manufaktur weist darauf hin: „mit der Hand gemacht“.

Wirtschaftsliberalismus

In den Anfängen der Industriellen Revolution entwarfen der britische Nationalökonom Adam Smith (1723–1790) und der von ihm beeinflusste Engländer David Ricardo (1772–1823) die theoretischen Grundlagen der kapitalistischen Wirtschaftsordnung. In seinem Hauptwerk „Der Reichtum der Nationen“ (1776) entwickelte Smith die Grundannahmen des Wirtschaftsliberalismus. Die menschliche Arbeitskraft und ihre arbeitsteilige Organisation betrachtete er als die wesentlichen Quellen des wirtschaftlichen Fortschritts. Die privaten kapitalistischen Unternehmer sollten von staatlichen Reglementierungen unabhängig sein. Die Aktivität des Staates hat sich nach Smith im Wesentlichen auf die Sicherung des bürgerlichen Eigentums zu beschränken.

Smith nahm an, dass sich aus der freien Konkurrenz der Privatinteressen zwangsläufig die Hebung des allgemeinen Volkswohlstandes ergeben würde. Der klassische Wirtschaftsliberalismus unterstellte damit eine natürliche Harmonie von Privatinteressen (Eigennutz) und Gemeinwohl. Die Lehren des Wirtschaftsliberalismus versuchten, die Überlegenheit der kapitalistischen Marktwirtschaft über alle anderen Wirtschaftsordnungen nachzuweisen. Der ökonomische Liberalismus entsprach somit den Interessen der aufsteigenden bürgerlichen Klasse der Kaufleute und Unternehmer.

Die für das wirtschaftliche Wachstum erforderlichen Voraussetzungen waren Mitte des 19. Jahrhunderts gegeben:

- Zum einen konnten die in bisher unbekanntem Ausmaß benötigten billigen Industriearbeitskräfte aus arbeitslosen Handwerkern und insbesondere aus beschäftigungslosen Landarbeitern gewonnen werden.
- Zum anderen floss nach dem Sieg der Gegenrevolution (1849) aufgrund eines verbesserten Investitionsklimas das weitgehend brachliegende Kapital der Großagrarier in die aufkommende Industrie.

Banken

Die Banken waren in der vorindustriellen Zeit Hof- und Staatsbanken. Zu Beginn der Industrialisierung waren zunächst Privatbankiers ausschlaggebend. Danach entstanden Aktienbanken und Aktiengesellschaften allein zu dem Zweck, Industrieunternehmen, Eisenbahngesellschaften und Versicherungen zu finanzieren. Bis 1849 entstanden in Deutschland 18 Aktiengesellschaften. Allein von 1850 bis 1859 wurden weitere 251 gegründet. Die nach französischem Vorbild errichteten Universalbanken benötigten ein großes Eigenkapital, das in Form von Aktien, Industrie- oder Staatsanleihen aufgebracht wurde. Daneben boten kommunale Sparkassen oder Genossenschaftsbanken Kredite für Handwerker und kleinere Unternehmer. Die Kreditausweitung und die Vermehrung der Geldmenge lösten einen Prozess von Neugründungen und von Modernisierungen mittelständischer Handwerksbetriebe aus.

M 1 Die Börse in Frankfurt am Main um 1900

Konzentrationsprozesse

Konjunkturelle Einbrüche der Jahre 1873/79 führten zu Konzentrationsprozessen bei Banken, Versichungsgesellschaften und Industrieunternehmen. Insbesondere Großbanken unterstützen die Bildung von Trusts (Monopole), Kartellen (mit Preisabsprachen, Beschränkung des Wettbewerbs) und Syndikaten (Vereinbarungen von Produktions- und Absatzquoten), da die Anwendung solcher marktbeherrschender Instrumente geringes Risiko und größere Gewinne versprachen.

Diese Konzentrationsprozesse wurden noch von staatlicher Seite durch eine Schutzzollpolitik gefördert, die mittels außenwirtschaftlicher Maßnahmen den Binnenmarkt abschirmen sollte. Das zwischen 1880 und 1914/18 fortschreitende industrielle Wachstum wird in der sozialwissenschaftlichen Forschung als entscheidende Triebkraft imperialer Expansion der großen Industrienationen angesehen.

M 2 Das dynamische Erwerbstreben im Kapitalismus

Der Politikwissenschaftler Gert von Eynern zeigt auf, dass die Industrielle Revolution auch mit einem Mentalitätswandel einherging:

Er wolle „erwerben so viel er nur vermöchte" hatte Jakob Fugger gesagt, als er eine seiner großen kaufmännischen Transaktionen, die Finanzierung der Kaiserwahl von 1519, durchführte. Genau hat er mit diesen Worten die neue Wirtschaftsgesinnung formuliert. Diese kapitalistische Haltung war das Gegenteil jener Idee der „Nahrung", die dem mittelalterlichen Zunftgenossen geboten hatte, nicht mehr zu verdienen, als er zum anständigen, zum standesgemäßen Unterhalt brauchte. So wurde der unersättliche Machthunger der Fürsten ergänzt durch die ebenso unersättliche Profitgier der kapitalistischen Unternehmer. Eine wichtige, wenn auch sicher nicht die einzige geistige Quelle dieses im Prinzip grenzenlosen Erwerbstrebens bildete Calvins Lehre von der Prädestination (Calvin, 1509–1564). Durch unerforschlichen Ratschluss Gottes zum ewigen Heile auserwählt zu sein, ist höchstes menschliches Glück. Wer durch göttliche Gabe „berufen" ist, wird dies bereits auf Erden am Erfolg seiner beruflichen Tätigkeit erfahren. Dem Menschen sind seine irdischen Güter, sein Vermögen, von Gott zur guten Verwaltung anvertraut: Er hat sie zu mehren. Gott wohlgefällig handelt der Mensch nicht etwa, wenn er sich wie ein Mönch aus der Welt zurückzieht, sondern im Gegenteil, wenn er in dieser Welt unermüdlich fleißig ist und sparsam. Erwerbsfleiß aber und Sparsamkeit, also Verzicht auf Genuss, bilden die tugendliche Basis für die Kapitalbildung, die „Akkumulation".

Der Unternehmer, der bei rastlosem Erwerbstreben Erfolg in seinem „Beruf" hatte, konnte sich eines fabelhaft guten Gewissens erfreuen. Den Arbeiter ermunterte diese religiöse Lehre, sich seiner Arbeit mit asketischer Freude hinzugeben. Er stimmte der rücksichtslosen Verwertung der Arbeitskraft durch den Kapitalisten zu; denn dafür war ihm die ewige Seligkeit sicher.

Bei solcher Gesinnung und solchen Produktionsmethoden war der Schutz des privaten Eigentums von besonders großer Bedeutung. So ist es kein Zufall, dass just in dieser Epoche John Locke, der englische Philosoph und Politologe, erklärte, die vornehmste Aufgabe des Staates bestehe darin, das Eigentum der Bürger zu sichern (1690).

G. v. Eynern, Grundriss der Politischen Wirtschaftslehre I, Opladen 1972, S. 33.

M 3 Die liberale Wirtschaftstheorie

Mit seinem Werk „Untersuchung über die Natur und die Ursachen des Nationalreichtums" von 1776 legte Adam Smith die Grundlage der liberalen Wirtschaftstheorie:

[...] Da nun aber der Zweck jeder Kapitalanlage Gewinnerzielung ist, so wenden sich die Kapitalien den rentabelsten Anlagen zu, d. h. denjenigen, in denen die höchsten Gewinne erzielt werden. Indirekt wird aber auf diese Weise auch die Produktivität der Volkswirtschaft am besten gefördert. Jeder glaubt nur sein eigenes Interesse im Auge zu

Adam Smith (1723 – 1790) war davon überzeugt, dass wirtschaftliche und politische Freiheit zusammengehören.

haben, tatsächlich aber erfährt so indirekt auch das Gesamtwohl der Volkswirtschaft die beste Förderung. [...] Verfolgt er nämlich sein eigenes Interesse, so fördert er damit indirekt das Gesamtwohl viel nachhaltiger, als wenn die Verfolgung des Gesamtinteresses unmittelbar sein Ziel gewesen wäre. Ich habe nie viel Gutes von denen gesehen, die angeblich für das allgemeine Beste tätig waren. Welche Kapitalanlage wirklich die vorteilhafteste ist, das kann jeder Einzelne besser beurteilen als etwa der Staat oder eine sonstwie übergeordnete Instanz. Jeder kluge Familienvater befolgt den Grundsatz, niemals etwas zu Hause anzufertigen, was er billiger kaufen kann. Dem Schneider fällt es nicht ein, sich die Schuhe selbst zu machen, sondern er kauft sie vom Schuhmacher; dem Schuhmacher andererseits fällt es nicht ein, sich die Kleider selbst herzustellen, sondern er gibt sie beim Schneider in Auftrag, und dem Landwirt kommt es nicht in den Sinn, sich dies oder jenes selbst zu machen, sondern auch er setzt die einzelnen Handwerker in Nahrung. Alle sehen den Vorteil darin, ihre Arbeitskraft ganz in der Weise zu betätigen, in der sie etwas vor ihren Nachbarn voraushaben und sich mit einem Teil des Ertrages oder, was dasselbe ist, mit dem Preis dafür das zu kaufen, was sie darüber hinaus brauchen. Was aber in der Wirtschaftsführung eines Familienhaushaltes klug ist, das kann auch im Ganzen einer großen Volkswirtschaft kaum Torheit sein. Wenn uns nämlich ein anderes Land mit einer Ware billiger versorgen kann, als wir sie selbst herzustellen imstande sind, so ist es vorteilhafter, dass wir dem betreffenden Lande diese Ware gegen Produkte unseres eigenen Gewerbefleißes, in denen wir vor dem Auslande etwas voraushaben, abkaufen. Die natürlichen Produktionsvorteile, die ein Land hinsichtlich bestimmter Waren vor einem anderen voraushat, sind mitunter so groß, dass es, wie alle Welt weiß, vergeblich sein würde, dagegen ankämpfen zu wollen. [...]

Zit. nach: Funkkolleg Sozialer Wandel 2, Weinheim und Basel 1974, S. 19 f.

M 4 Wirtschaftskrisen

Der Wirtschaftshistoriker Josef Kulischer erläutert die Ursachen der zyklischen Krisen, die den Industrialisierungsprozess begleiteten:

Doch neben diesen nicht hoch genug anzuschlagenden Wirkungen der Maschine sind auch ihre Schattenseiten nicht zu verkennen. [...] Es wäre freilich ein Irrtum, anzunehmen, der Entwicklungsgang der Großindustrie hätte sich ohne alle Abweichungen und Unterbrechungen in einer stetig aufsteigenden Linie vollzogen. Bereits von den ersten Dezennien [Jahrzehnten] des 19. Jahrhunderts an ist die Produktion bedeutenden Schwankungen unterworfen, heftige Krisen finden statt, auf Perioden einer aufsteigenden, ausnehmend günstigen Konjunktur folgen in raschem Wechsel Zeiten der Depression. Allerdings bilden die Krisen keineswegs eine gänzlich neue, dem 19. Jahrhundert, dem Zeitalter der maschinellen Betriebsweise ausschließlich eigentümliche Erscheinung. Sie können bereits in der vorhergehenden Periode festgestellt werden, zu der Zeit, als die Stadtwirtschaft sich zur Volkswirtschaft umgestaltete und Industrien, die nunmehr einen größeren Markt zu versorgen hatten, ihre Produktion nur schwer der jeweilig vorhandenen Nachfrage anzupassen vermochten. Doch waren damals, infolge der nur wenig vorgeschrittenen Produktionstechnik sowie des Umstandes, dass ein bedeutendes Betriebskapital noch nicht vorhanden und der Kreditverkehr erst schwach entwickelt war, der Steigerung der gewerblichen Produktion ziemlich enge Grenzen gezogen. Daher konnte auch die auf die Erweiterung der Produktion folgende, durch Überproduktion hervorgerufene Einschränkung derselben niemals einen dermaßen heftigen Charakter annehmen, als dies später, im Zeitalter der Maschinen, der Fall war. Wohl kannte die Periode des 16.–18. Jahrhunderts Krisen, die durch Kriege und Aufstände, durch Missernten und Rohstoffmangel, durch Zahlungseinstellungen von Fürsten, Börsenspekulation und Geldwirren verursacht waren, zu Produktions- und Absatzstockungen führten; doch lagen alle diese Gründe außerhalb der Produktionssphäre. Jene Krisenursachen verloren nun im 19. Jahrhundert, wenn auch nur allmählich, an Bedeutung. Das Fabrikwesen jedoch sowie die Entwicklung des freien Wettbewerbs und des Weltmarktes, die Ausbildung des Kreditverkehrs und des Transportwesens bedingten die Entstehung einer neuen Form industrieller Krisen, die einen genau umschriebenen Zyklus von Erscheinungen umfasst. Zunächst kommt eine Periode der Hochkonjunktur – Produktionssteigerung, Erweiterung bereits bestehender, Gründung neuer Unternehmungen, erhöhte Inanspruchnahme des Kredits, Erhöhung der Preise. Darauf folgt ein heftiger Krach (Depression, Niederschlag), zuerst an der Börse, dann in der Industrie; ein jähes Sinken der Preise, zahlreiche Zahlungseinstellungen, starke Einschränkung des Kredits, Geldmangel, Schließung zahlreicher Fabriken und Entlassung der Arbeiter, Arbeitslosigkeit und Not. Diesen ausgeprägten Charakter trugen die Krisen in England bis zu den siebziger Jahren des 19. Jahrhunderts. Waren die Krisen von 1811, 1815, 1818 noch eine Auswirkung der Napoleonischen Kriege, so sind die periodisch in Zeiträumen von ca. 10 Jahren in England eintretenden Krisen der Jahre 1825, 1836, 1847, 1857 und 1866 durch die neue Produktionstechnik, den Großbetrieb, die neue Wirtschaftsverfassung in ihrer Gesamtheit bedingt und mussten Zweifel daran wachrufen, ob denn auch die gesteigerte Entwicklung der produktiven Kräfte segensbringend sei, wenn sie dermaßen schwere Erschütterungen im Leben breiter Volksmassen mit sich bringe und mehr Verwüstungen anzurichten imstande sei, als selbst die erschöpfendsten Kriege.

J. Kulischer, Allgemeine Wirtschaftsgeschichte des Mittelalters und der Neuzeit, Band II, Darmstadt 1971, S. 460f.

M 5 Staat und Wirtschaft

Der Historiker Gordon A. Craig zeigt, wie der Staat im 19. Jahrhundert in den Industrialisierungsvorgang eingegriffen hat:

Während sich der Kapitalismus immer weiter ausbreitete, begann er sich zu verändern. Der krasse Individualismus und der ungetrübte Wettbewerbsgeist der frühen Unternehmer verschwand. Ihre Nachfolger vertrauten zunehmend auf staatliche Hilfen und auf Formen des Zusammenschlusses, die die Härten und Unannehmlichkeiten des Wettbewerbs mildern sollten.

[…] Wirtschaftliches Wachstum hängt in erster Linie von der Begründung eines leistungsfähigen Transportsystems und anderer Formen von Sozialkapital ab. Während dieser Phase spielte der Staat im Allgemeinen eine höchst wichtige Rolle, da es schwierig war, Investoren für Projekte zu finden, die keinen sofortigen Ertrag versprachen. In der Tat gab es, auch nachdem die erforderlichen Sozialinvestitionen (Straßen, Kanäle, Eisenbahnen) vorgenommen worden waren, noch andere Formen staatlicher Hilfe für die Geschäftswelt, die auch bald erwartet wurden. Der Staat konnte durch eine fortschreitende Liberalisierung der Firmengesetze Investitionen erleichtern. Er konnte auch neue Investitions- und Absatzchancen eröffnen, indem er die Kosten und Risiken des Erwerbs überseeischer Kolonien trug. Schließlich konnte er in Kriegszeiten die als kriegswichtig erachteten Industrien gegen die normalen Marktrisiken abschirmen.

Eine der gebräuchlichsten Formen staatlicher Hilfe für Privatunternehmen war der Schutzzoll. Nach einem Zeitabschnitt des faktischen Freihandels kehrten die meisten europäischen Länder gegen Ende der 70-er Jahre zum Protektionismus [Abschirmung der Wirtschaft gegen ausländische Konkurrenz] zurück. Dafür gab es eine Reihe von Gründen.

Zum einen waren die Industriellen in den Ländern, die den Startpunkt nach 1871 erreichten, aller Wahrscheinlichkeit nach empfindlich gegenüber der Konkurrenz aus den weiter fortgeschrittenen Staaten. Die deutschen Produzenten beharrten zum Beispiel auf dem Standpunkt, dass sie ohne Schutz gegen den Druck billiger englischer Importe nicht überleben könnten. Die Unterbietung der kontinentalen Märkte durch englische Waren zu unglaublich niedrigen Preisen in den ersten Jahren der 1873 einsetzenden Depression gab Anlass zu diesen Forderungen.

Zum Zweiten befürworteten die Bauern den Schutzzoll wegen der Gefahren, die ihnen durch billiges ausländisches Getreide drohten. Die gewaltige Ausdehnung des Schienennetzes in den Vereinigten Staaten nach 1860, die gleichzeitige Senkung der Frachtkosten und die Verbesserung der landwirtschaftlichen Maschinen lösten in der amerikanischen Getreideproduktion gerade zu dem Zeitpunkt einen Boom aus, als die Einführung neuer Schiffsmotoren und die Senkung der Schiffstransportkosten eine billige und schnelle Lieferung dieses Getreides nach Europa ermöglichten. Zur gleichen Zeit gerieten die Bauern in Mitteleuropa in Bedrängnis, weil auf dem Schienenweg befördertes Getreide aus Rumänien und Russland die Preise drückte. Es ist nicht verwunderlich, dass bald landwirtschaftliche Interessengruppen entstanden und sich mit anderen staatliche Schutzmaßnahmen suchenden Gruppen zusammentaten. Die Verbindung von Agrarinteressen und Schwerindustrie entwickelte sich in der europäischen Politik zu einem allgemeinen Phänomen.

G. A. Craig, Geschichte Europas im 19. und 20. Jahrhundert, München 1978, Bd. I (1815–1914), S. 220.

Aufgaben

1. Erklären Sie, inwieweit im Calvinismus bereits Elemente einer „kapitalistischen" Wirtschaftsgesinnung angelegt sind.
   → M2
2. Arbeiten Sie die theoretischen Grundannahmen des klassischen Wirtschaftsliberalismus heraus. Welche Unterschiede bestehen im Vergleich mit dem Merkantilismus?
   → Text, M3
3. Untersuchen Sie die Merkmale des modernen Marktmodells, die in der Wirtschaftstheorie von Adam Smith enthalten sind.
   → M3
4. Vergleichen Sie die theoretischen Annahmen des Wirtschaftsliberalismus mit der tatsächlichen wirtschaftlichen Entwicklung.
   → Text, M3–M5
5. Erläutern Sie, in welcher Weise sich im Verlauf des 19. Jahrhunderts das Verhältnis von Staat und Wirtschaft veränderte.
   → M5

6.4 Die Soziale Frage und der Marxismus

Die Soziale Frage

Unter dem Begriff „Soziale Frage“ werden alle jene Probleme zusammengefasst, die als negative Begleiterscheinungen der Industriellen Revolution anzusehen sind.

Entgegen einer weit verbreiteten Ansicht hat die Industrielle Revolution die Verelendung als solche nicht hervorgebracht. Sie existierte bereits in erheblichem Umfang am Ende der vorindustriellen Epoche, als die Landwirtschaft sich immer weniger in der Lage sah, der wachsenden Bevölkerung Arbeitsplätze zu sichern.

Insbesondere in der frühen Phase der Industrialisierung überwog die Schattenseite, der so genannte Pauperismus, das heißt die bedrückende Armut der unteren Schichten der Gesellschaft.

Wohnverhältnisse

M 1 **Hinterhof eines Hamburger Arbeiterquartiers (um 1880)**

Die Soziale Frage machte sich auf unterschiedliche Weise bemerkbar. Neben der Knappheit an Lebensmitteln bestimmten die Wohnbedingungen die Lebensumstände. Das rasante Wachstum der Städte hatte zur Folge, dass Angebot und Nachfrage in Bezug auf Wohnräume auseinander drifteten. Der Wohnstandard der unteren Bevölkerungsschichten war ganz überwiegend katastrophal: Lichtmangel, schlechte Luft, Feuchtigkeit, Schimmel, Ungeziefer und unangenehme sanitäre Anlagen gingen mit der Überbelegung einher. Erschwerend kam hinzu, dass die ärmeren Bevölkerungsschichten einen proportional größeren Anteil der ohnehin niedrigen Einkommen für die Miete ausgeben mussten. Eine Cholera-Epidemie in Hamburg 1892 belegte den offenkundigen Zusammenhang von Wohnbedingungen und Krankheiten: neben Cholera vor allem Tuberkulose und Rachitis. Weiteren Ausdruck fand die soziale Not in seelischer Zerrüttung, familiärer Gewalttätigkeit, Prostitution und vor allem im weit verbreiteten Alkoholismus.

Da die Löhne – zumindest bis gegen Ende des 19. Jahrhunderts – oft am Rande des Existenzminimums lagen, konnte auf keine mithelfende Hand in der Familie verzichtet werden. Frauen- und auch Kinderarbeit bildeten einen Bestandteil des Arbeitermilieus. Frauen, die Kleinkinder zu versorgen hatten, versuchten die Haushaltskasse durch schlecht bezahlte Heimarbeit aufzubessern. Auch die täglichen Normalarbeitszeiten von zunächst zwölf und später zehn Stunden hatten oft schwächende beziehungsweise krank machende Auswirkungen.

Arbeitslosigkeit

Die Nöte der Arbeiterexistenz sollten aber den Blick nicht dafür verstellen, dass Arbeiter noch über ein gewisses Mindestmaß an sozialer Sicherheit verfügten. Die wirkliche, das Leben unmittelbar bedrohende Armut verband sich mit Arbeitslosigkeit, die oftmals mit Krankheit und Invalidität einherging. Im Unterschied zur Gegenwart verfügten die Menschen über keine materiellen Reserven, auf die sie in der Not zeitweilig zurückgreifen konnten. Da ein Sozialstaat moderner Prägung fehlte, brachte vor allem die Arbeitslosigkeit das höchste Maß an Verelendung mit sich, die in Form des Hungers, der Obdachlosigkeit und des Selbstmordes zu Tage treten konnte.

Der Marxismus

Der Frühsozialismus

Seit Beginn des 19. Jahrhunderts entfalteten sich die verschiedenen Strömungen des modernen Sozialismus als Reaktion auf die Entwicklung des industriellen Kapitalismus und die durch ihn bedingten sozialen Missstände wie Ausbeutung, Unterdrückung und Massenelend. Die gemeinsamen Ziele aller sozialistischen Theorien waren Gleichheit und soziale Gerechtigkeit. Nicht Herrschaft und Konkurrenz, sondern Selbstbestimmung der Individuen und die Solidarität der Gemeinschaft sollten die angestrebte neue Gesellschaftsordnung jenseits des Kapitalismus begründen.

Der Frühsozialismus (auch utopischer Sozialismus genannt) verband eine radikale, moralisch und teils auch religiös begründete Kritik der bürgerlichen Gesellschaft mit (utopischen) Entwürfen sozialistischer und kommunistischer Zukunftsgesellschaften. Der französische Frühsozialist Charles Fourier (1772–1837) wollte durch genossenschaftliche Produktions- und Lebensformen das auf Konkurrenz, Hierarchien und Privateigentum basierende Gesellschaftssystem überwinden. Claude Henri de Saint-Simon (1760–1825) erhoffte von einer Förderung des industriellen Reichtums eine Reform der Gesellschaft. Pierre-Joseph Proudhon (1809–1865) erhob im Rahmen seiner anarchistischen Gesellschaftslehre die Forderung nach einer Abschaffung des privaten Eigentums, das als Verfügungsgewalt die Herrschaft über Menschen ermögliche. In England übten die sozialreformerischen Vorstellungen von Robert Owen (1771–1858) einen nachhaltigen Einfluss auf die entstehende soziale Bewegung aus. Owen, der zwar Industrie und Technik bejahte, aber den Kapitalismus ablehnte, wollte die Reform der Gesellschaft über eine genossenschaftliche Arbeiterselbsthilfe erreichen. In seiner Fabrik von New Lanark realisierte Owen Sozialreformen, die richtungsweisend waren. Frühsozialistische Ideen beeinflussten in Deutschland Schriftsteller und Theoretiker wie Moses Hess (1812–1875) und Wilhelm Weitling (1808–1871). Der Frühsozialismus vermittelte der entstehenden Lehre von Marx und Engels wichtige Impulse.

Marxismus

Von allen Antworten auf die Soziale Frage des 19. Jahrhunderts war die von Karl Marx (1818–1883) und Friedrich Engels (1820–1895) die folgenreichste. Die später allgemein als „Marxismus" bezeichnete Wirtschafts-, Gesellschafts- und Staatstheorie wurde erst am Ende des 19. Jahrhunderts wirksam, als sich immer mehr sozialistische Arbeiterparteien auf Marx beriefen. Die politische Kraft, die sich mit dem Namen Marx verband, bekam eine neue Dimension, als die von Lenin vorangetriebene Revolution der Bolschewiki in Russland erfolgreich war (1917). Im 20. Jahrhundert wurde die Ideologie des Kommunismus – in der Form des Marxismus-Leninismus sowjetischer Prägung – zur Weltmacht.

Durch Lenin, Stalin, Mao Zedong und andere kommunistische Führer wurden Marx'sche Ideen aufgegriffen und – oft in stark veränderter Form – zu einem ideologischen Dogma gemacht. Das heißt, aus einem Gedankensystem wurde eine Glaubenslehre, die den Zweck hatte, die führende Rolle der leninistischen Partei zu legitimieren (Legitimationsideologie). In der Dritten Welt fand der Marxismus-Leninismus zudem viel Anklang, weil er als Heilslehre auftrat und die Befreiung von Ausbeutung und Armut versprach.

Nach dem Zusammenbruch der Sowjetunion und damit des kommunistischen Weltsystems hat sich Ernüchterung breitgemacht. Deutlicher als zuvor zeigte sich, dass der Kommunismus überall, wo er die Macht erobert hatte, Unfreiheit und gesellschaftliche Lähmung gebracht hat. Der Abschied vom Marxismus als Heilslehre hat ein ideologisches Vakuum hinterlassen, das nunmehr von nationalistischen und religiös-fundamentalistischen Ideologien gefüllt wird.

Geschichtsauffassung

Zentrales Thema der Marx'schen Philosophie war die materialistische Geschichtsauffassung. Marx ging davon aus, dass die Geschichte nicht, wie der Philosoph Friedrich Hegel behauptet hatte, durch eine göttliche Kraft gestaltet werde, sondern durch die Auseinandersetzung des Menschen mit der Natur. Wie Hegel war Marx davon überzeugt, dass sich die Geschichte dialektisch auf ein bestimmtes Ziel hinbewege. Dabei unterliege der Geschichtsablauf Gesetzen, die für den Menschen erkennbar seien.

Einer solchen Geschichtsauffassung haftet ein deterministischer Zug an, das heißt die historische Entwicklung wird als kausal vorherbestimmt angesehen. Marx richtete dabei sein Geschichtsmodell auf die zu erwartende Weltrevolution und die darauf folgende klassenlose Gesellschaft aus. Insofern besitzt diese Geschichte den Charakter einer Prophetie.

Marxistisch geschulte Parteifunktionäre haben die Kenntnis der „objektiven Gesetze der Geschichte" regelmäßig für sich beansprucht. Sie wähnten die kommunistische Partei im Besitz des „Schlüssels zur Weltgeschichte". Die kommunistischen Parteiführungen formulierten eine „Parteilinie", zu der Widerspruch nicht geduldet und als „Abweichung" gebrandmarkt wurde. Während der Herrschaft Stalins in der Sowjetunion kam dem Etikett „Abweichler" oft die Bedeutung eines Todesurteils zu.

M 2 Das verordnete Geschichtsbild im Alltag der ehemaligen DDR

Im Westen blieb der Marxismus immer ein gedankliches System im Rahmen einer pluralistischen Ordnung. In der ehemaligen DDR besaß der Marxismus-Leninismus den Status einer Staatsreligion, aufgenommen in der Lutherstadt Eisleben, 1984.

Mehrwerttheorie

Marx analysierte die kapitalistische Wirtschaft des 19. Jahrhunderts. Er kam zu dem Schluss, dass in der Epoche des Kapitalismus die Arbeit als Lohnarbeit eine entscheidende Rolle für die politische und wirtschaftliche Entwicklung spiele. Da der Arbeiter keinen Anteil an den Produktionsmitteln (Maschinen, Gebäude, Rohstoffe) besitze, sei er gezwungen, seinen einzigen Besitz, die Arbeitskraft, dem Unternehmer zu verkaufen. Der Lohn des Arbeiters entspreche aber nicht etwa dem „Wert“ seiner Arbeitskraft, denn das Produkt habe durch die Arbeit an Wert gewonnen. Die Differenz, der so genannte Mehrwert, sei der Überschuss, der dem Kapitalisten nach Zahlung der Löhne verbleibe. Die Kapitalisten eigneten sich den Mehrwert des gesellschaftlich erwirtschafteten Vermögens privat an, vergrößerten ihre Produktionsmittel durch die Investition der Profite, während im Vergleich dazu die Löhne der Arbeiter zu gering seien, um Kapital zu bilden. Durch die Vermehrung des Kapitals in der Hand weniger (Akkumulationstheorie) könnten kleinere Unternehmer-Konkurrenten ruiniert werden. Die Folge davon sei, dass immer weniger Unternehmer immer größer würden (Konzentrationstheorie).

M 3

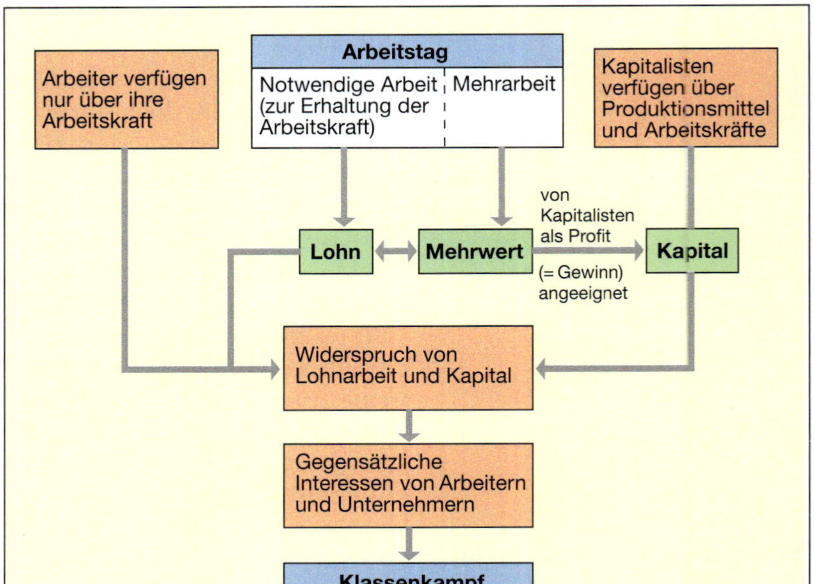

Mehrwerttheorie

Die tendenzielle Monopolisierung führe gleichzeitig dazu, die Einkommensmöglichkeiten der Unternehmer zu steigern, indem die Produktionsmittel verbessert würden. Durch Arbeit sparende Maschinen würden Arbeiter überflüssig, es folgten Arbeitslosigkeit („industrielle Reservearmee“), Absatzkrisen (Krisentheorie) und Massenelend (Verelendungstheorie).

Schließlich stünden sich nur noch wenige Großkapitalisten und die ungeheure Masse der Proletarier gegenüber. Der gesellschaftliche Charakter der Produktion stünde in schärfstem Widerspruch zum privaten Besitz an Produktionsmitteln bei einer Minderheit. Dem ökonomischen Gesetz zufolge, so Marx, würden die Reichen immer reicher, die sozialen Spannungen zwischen den Besitzenden und den Besitzlosen immer unerträglicher. Es käme zu Klassenkämpfen und schließlich zur Revolution: Das Proletariat übernähme die Produktionsmittel in eigener Regie. Nach der Marx’schen Logik der Dialektik gehe der Kapitalismus an sich selbst zugrunde und führe zur klassenlosen Gesellschaft. Nach Marx beginne dann eine neue Epoche, die Geschichte der befreiten Menschheit.

M 4 Lebensverhältnisse in der Mitte des 19. Jahrhunderts

Julius Vahlteich (1839–1915) – ein führender sozialistischer Politiker – schildert in seinen Lebenserinnerungen den Alltag von Arbeitern und Gesellen:

Es war nur ein sehr kleiner Teil der Arbeiter, welcher die allernotwendigsten Lebensbedürfnisse einigermaßen befriedigen konnte, die ungeheure Mehrzahl war tatsächlich auf das Niveau der Arbeitstiere herabgedrückt. In den Fabriken wurde in der Regel von früh sechs bis abends acht Uhr gearbeitet. Es gab eine Mittagspause von einer halben Stunde und halbstündige Pausen für Frühstück und Vesper. Der Lohn reichte für den geschicktesten, bestbezahlten Arbeiter nicht aus, um, sofern er unverheiratet war, ein eigenes Zimmer zu mieten. Die Gesellen schliefen in Bodenkammern unmittelbar unter dem Dach. Mochten sie bei ihrem Meister „wohnen" oder in irgendeiner armen Familie für wenige Pfennige eine „Schlafstelle" innehaben, sie waren überall im Weg. [...] Die Lage der Verheirateten war natürlich noch schlechter als die der Ledigen. Frau und Kinder mussten arbeiten, um nur die kümmerliche Existenz zu sichern. Männliche Fabrikarbeiter waren wenig geachtet, weibliche unterlagen einer vorurteilsvollen Verachtung, womit nicht gesagt sein soll, dass sich die Handwerksgesellen einer besonderen Wertschätzung erfreut hätten. Gesetzgebung, Gerichte und Polizei behandelten die Gesellen als ein notwendiges Übel, einen Gemeinschaden, ein Versuchsobjekt, kurzum als ein Geschöpf ohne Rechte, das man nach Belieben reglementieren konnte. Die Arbeiter befanden sich, wie die Dienstboten, durchaus unter einer Ausnahmegesetzgebung. Die Pflege des Körpers wurde genauso vernachlässigt wie die des Geistes. Die Nahrung war schlecht. Der Genuss von vielem trockenen Brot verursachte außer anderen Übelständen besonders Sodbrennen, das man durch Kreideessen bekämpfte. Zur Reinlichkeit fehlte jede Gelegenheit; es waren keine 25 Pfennig wöchentlich übrig, um regelmäßig ein Bad zu nehmen. Es war vielfach Gebrauch, zu zweien in einem Bett zu schlafen.

Zit. nach: W. Lautemann, M. Schlenke (Hg.), Das bürgerliche Zeitalter 1815–1914, München 1980, S. 767.

M 5

Jahresverdienst von Arbeitnehmern (Industrie, Handel)

Jahr	Jahresverdienst / nominal (in Mark)	Jahresverdienst / real (Preise von 1895)
1871	493	466
1880	545	524
1890	650	636
1900	784	737
1913	1083	834

M. Stürmer, Das ruhelose Reich, Deutschland 1866–1918, Berlin 1983, S. 41.

M 6

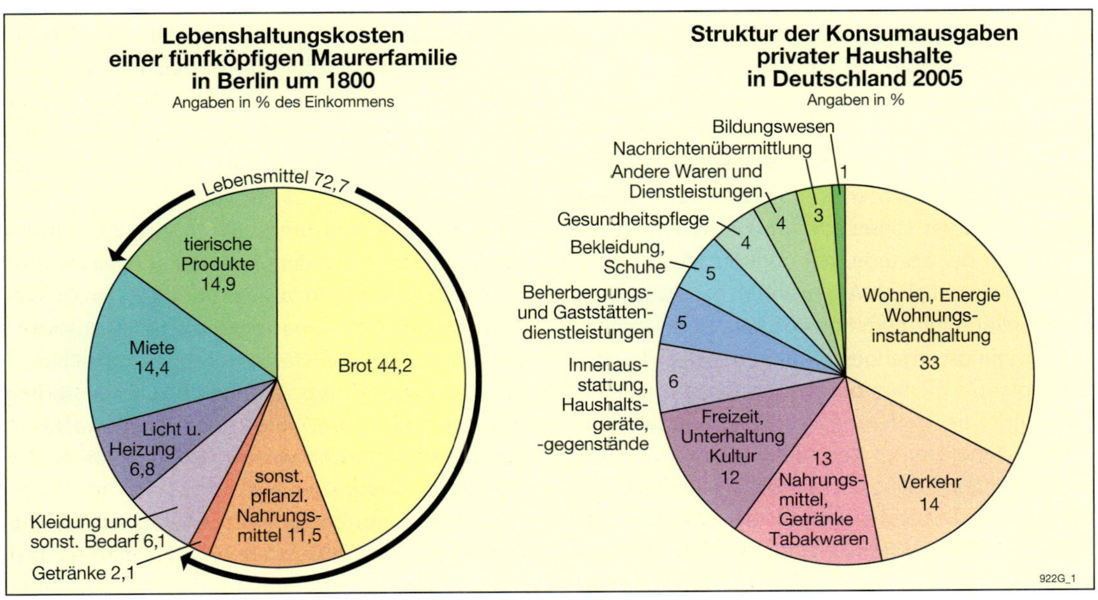

M 7 Der Fabrikbetrieb und seine Arbeiter

Der Wirtschafts- und Sozialhistoriker Akos Paulinyi beschreibt die Veränderungen, die der Einzug der Maschine in Produktionsprozesse mit sich brachte:

Für die Masse, für den im Textilgewerbe beschäftigten Heimarbeiter und Handwerker bedeutete der Übergang in die Fabrik eine Trennung von seinen Produktionsmitteln. Das Spinnrad blieb ihm zwar erhalten, in der Stube stehen, diente aber nicht mehr seinem Lebensunterhalt. Nun wurde er zum „reinen" Lohnarbeiter, er stellte dem Unternehmer, dem Fabrikherrn, dem „master", wie es im Englischen hieß, nur seine Arbeitskraft zur Verfügung. Die zweite Trennung, die die Fabrik dem ehemaligen Heimarbeiter brachte, war die Trennung der Arbeitsstätte von der Wohnstätte. Anstatt des Fußmarsches einmal in der Woche, zwecks Abgabe des Produktes und Übernahme der Rohstoffe für die nächste Woche, musste er sich dem täglichen Weg zur Arbeit und nach Hause unterziehen. Mochte die Fabrik noch so nahe gelegen sein, bedeutete dies mindestens einen Bruch mit traditionellen Lebensgewohnheiten. Diesen Bruch zu verkraften, fiel dem Arbeiter auch deshalb schwer, weil die Arbeit in der Fabrik gleichzeitig auch einen Bruch mit traditionellen Arbeitsgewohnheiten und Arbeitsinhalten bedeutete. Die Fabrikarbeit brachte eine festgelegte und nicht vom Arbeiter selbst bestimmte Arbeitszeit, Tag für Tag von morgens früh bis spät abends in der Fabrik, im Schnitt mindestens 12, nicht selten aber auch 14-15 Stunden täglich (außer am Samstag, an dem nur 10 Stunden gearbeitet wurde). Den Arbeitsrhythmus, den der Arbeiter einst selbst bestimmte und Pausen nach Belieben einlegte, bestimmte nun die Maschine; die Arbeitspause, in der die Maschinen stillstanden, schrieb die Fabrikordnung vor. Auch wenn das Spinnen am Spinnrad keine besonders abwechslungsreiche Tätigkeit war, beinhaltete sie doch noch etwas Schöpferisches, die zielbewusste Umformung der Materie mit eigenem Kopf und eigenen Händen. Dieses schöpferische Element, das Umformen der Materie, fiel nun der Maschine zu. Dem Arbeiter blieb als Arbeitsinhalt die Versorgung der Maschine mit dem Rohstoff, die Überwachung des Fertigungsvorganges, die Behebung von Pannen und einigen Arbeitern bei einigen Typen von Spinnmaschinen die Steuerung des Bewegungsablaufes der Maschine. Der im Normalfall ununterbrochene und regelmäßige Gang der Maschinen verlangte nach ebenso ununterbrochener und regelmäßiger Konzentration, Aufmerksamkeit und Wiederholung derselben Handgriffe. Disziplin, Unterordnung und Fügsamkeit wurden deshalb wichtiger als Ausbildung und Begabung. Diese Herabsetzung der Qualifikationsmerkmale der Arbeitskraft, die Möglichkeit, Arbeitskräfte ohne Ausbildung direkt in der Produktion anzulernen, der hohe Bedarf an ausgesprochenen Hilfsarbeitern, hauptsächlich bei der Maschinenspinnerei, eröffnete den Weg zur Heranziehung von Kindern und Frauen in die Fabrik.

A. Eggebrecht u. a., Geschichte der Arbeit, Vom alten Ägypten bis zur Gegenwart, Köln 1980, S. 206 ff.

M 8 Fabrik-Ordnung von 1846

für die Werkstätten der Maschinenfabrik Eßlingen

Da Subordination, Ordnung und Regelmäßigkeit für das Gedeihen eines jeden Etablissements unumgänglich nothwendig sind, so wird gegenwärtige Verordnung für die Werkstätten der Maschinenfabrik Eßlingen erteilt, von welcher sämtliche Arbeiter und Angestellte sich in Kenntnis zu setzen haben, um sich darnach zu richten.

Art. 1: Jeder angestellte Arbeiter ist gehalten, sich mit einem polizeilichen Arbeitsbüchlein zu versehen und dasselbe bei seinem Eintritt beim Aufseher der Werkstätte abzugeben.

Art. 2: Die Arbeitszeit ist für das ganze Jahr folgende: von 6 Uhr Morgens bis 12 Uhr Mittags, von 1 Uhr Mittags bis 7 Uhr Abends. Mit Ausnahme des Montags nach einem Zahltage, wo die Arbeitsstunden folgende sind: von 6 Uhr Morgens bis 12 Uhr Mittags.

Art. 3: Tage, an denen nicht gearbeitet wird, sind folgende: 1. die Sonntage und üblichen Feiertage, 2. Fastnacht-Dienstag.

Art. 4: Der Eintritt der Arbeiter in die Fabrik kann nur Morgens 6 Uhr, 7 Uhr und Mittags 1 Uhr stattfinden, und zwar wird jedesmal 15 Minuten vor diesen Zeiten das Fabriktor aufgeschlossen. Diese Zeiten werden nach der Uhr der Eisenbahnstation angenommen. Dem Portier ist es strenge untersagt, Arbeiter ohne Erlaubniskarten zu anderen Zeiten eintreten zu lassen. [...]

Art. 6: Für jede Versäumnis der im Art. 2 bestimmten Arbeitszeit wird dem Arbeiter so viel von seinem Lohn abgezogen, als der Verdienst in der versäumten Arbeitszeit betragen hätte. Ausgenommen sind Krankheitsfälle, worüber der Fabrikdoktor Bescheinigung zu geben hat, sowie ferner dringende Geschäfte, welche jedoch dem Aufseher anzuzeigen sind, und wovon sich derselbe nöthigenfalls zu überzeugen hat.

Art. 7: Fünf Minuten vor 7 Uhr Abends werden die Arbeiter durch Glockenzüge erinnert, daß sie ihre Werkzeuge und in Arbeit befindliche Gegenstände

zu ordnen und ihre Werkbänke und Arbeitsplätze zu reinigen und in Ordnung zu bringen haben. [...]
Art. 8: Mittags um 12 Uhr und Abends um 7 Uhr sind jedesmal 10 Minuten Zeit zum Austritt aus der Fabrik gestattet; wer in dieser Zeit die Fabrik nicht verlassen hat, unterliegt einem Abzug von 15 kr. Ausnahmen finden nur mit Erlaubniß des Aufsehers statt.
Art. 9: Jeder Arbeiter, welcher in oder aus der Fabrik auf einem andern Wege, als durch das Thor beim Portier geht, unterliegt einem Abzuge von 1 fl. 30 kr.

Aus: Hauptstaatsarchiv Stuttgart

M 9 Auswirkungen des Fabriksystems

Der britische Unternehmer und Sozialreformer Robert Owen (1771–1858) notierte angesichts der Ausbreitung von Fabriken (1815):

[...] Die unmittelbare Folge dieses Fabrikphänomens war ein rasches Wachstum des Reichtums der Arbeitsleistung (industry), der Bevölkerung und des politischen Einflusses des Britischen Reiches. [...] Wie wichtig auch diese Erfolge sein mögen, sie wurden von derart großen Übeln geleitet, dass man fragen muss, ob sie nicht die Vorteile überwiegen. [...] Die allgemeine Ausbreitung der Fabriken über das ganze Land erzeugt einen neuen Charakter in seinen Bewohnern. [...] Der Erwerb von Reichtum und die daraus naturgemäß entspringende Begierde nach seiner ständigen Vermehrung haben [...] eine Disposition geschaffen, die seine Besitzer energisch dazu treibt, die besten Empfindungen der Menschennatur dieser Liebe zur Akkumulation [gemeint ist die Anhäufung von Reichtum] zu opfern. Um dieses Erfolgszieles willen ist die Arbeitsleistung der niederen Stände, aus deren Arbeit dieser Reichtum heute gewonnen wird, von neuen Konkurrenten in ihrem Kampf gegen die schon vorhandenen bis zum Zustand ausgesprochener Unterdrückung gesteigert worden. [...] Infolgedessen befinden sie sich heute in einer unendlich degradierteren und elenderen Lage als vor der Einführung der Fabriken, von deren Gedeihen ihre nackte Existenz heutzutage abhängt. [...] Der Unternehmer betrachtet die Beschäftigten als bloße Instrumente für seinen Gewinn, während die Arbeiter einen grob gewalttätigen Charakter erwerben, der, wenn nicht auf verständige Weise gesetzliche Maßnahmen gegen seine Ausbreitung und zur Verbesserung der Lage dieser Klasse ersonnen werden, früher oder später das Land in einen furchtbaren und vielleicht ausweglosen Zustand der Gefahr bringen wird.
Diese Ausführungen haben den unmittelbaren Zweck, diese Verbesserung zu bewirken und diese Gefahr abzuwenden. Der einzige Weg hierzu ist die Erlangung einer Parlamentsakte,
– die die reguläre Arbeitszeit in maschinentechnischen Betrieben auf täglich zwölf Stunden, einschließlich eineinhalb Stunden für Mahlzeiten, beschränkt;
– die die Beschäftigung von Kindern unter zehn Jahren in maschinentechnischen Betrieben verhindert oder auf sechs Stunden täglich beschränkt, solange sie noch nicht zwölf Jahre alt sind;
– die Kinder beiderlei Geschlechts so lange nicht zur Fabrikarbeit zulässt [...], wie sie nicht fließend lesen und schreiben können, die vier Grundrechnungsarten beherrschen und die Mädchen nicht außerdem imstande sind, sich ihre einfachen Kleidungsstücke selbst zu nähen.

Zit. nach: M. Vester (Hg.), Die Frühsozialisten I, 1789–1848, Reinbek bei Hamburg 1970, S. 55 f.

M 10 Verwirklichung einer neuen Gesellschaftsordnung

Robert Owen sah in sozialen Reformen den Weg, um die Not der Arbeiterklasse zu lindern:

Der erste Schritt, der zur Verwirklichung dieser für die Menschheit so bedeutenden Umgestaltung getan werden muss, besteht darin, wirksame Maßnahmen zu ergreifen, um die gegenwärtigen Herrscher in allen Ländern aufzuklären. [...] Und in dieser Richtung muss gearbeitet werden, weil man die Neuordnung viel leichter und besser mithilfe einer von Herzen kommenden Unterstützung dieser herrschenden Schichten als mit allen anderen Mitteln erreichen wird. [...] Es wird also auch ganz besonders in ihrem unmittelbaren Interesse liegen, dieses Problem zu erkennen und aktiv Maßnahmen zu ergreifen, alle notwendigen Handlungen zu überschauen, zu leiten und den gesamten Prozess der Umgestaltung ohne Gewaltanwendung und Störung des öffentlichen Lebens sicher zu einem schnellen und allgemeinen Abschluss zu bringen. Und diese Zusammenarbeit mit der Regierung ist um so notwendiger, als jede Regierung in jedem Land an der Bildung eines guten oder schlechten Charakters ihrer Untertanen entscheidend beteiligt ist. [...]
Die zweite bedeutende Maßnahme zur Bildung eines besseren und vernünftigen Charakters des Menschen muss darin bestehen, alle Religionen auf der Welt zu reformieren und sie langsam auf friedliche Art und Weise zu dieser einzig wahren und jetzt beweisbaren Religion zu vereinigen, die für alle Menschen von dauerndem und wesentlichem Nutzen sein kann. [...]

Zit. nach: M. Vester (Hg.), a. a. O., S. 69.

M 11 **„The Capitalist Vampire"**
Bild von Walter Crane (1845–1915), erschienen im „Justice Journal", London 1885

M 12 Arbeitende Frauen

Die Historikerin Rosemarie Beier fasst die Situation berufstätiger Frauen im Berlin der Jahrhundertwende zusammen:

Trotz einer täglichen Arbeitszeit von durchschnittlich zehn bis zwölf Stunden verdiente eine Heimarbeiterin kaum mehr als fünf bis sieben Mark in der Woche – also nicht einmal ein Viertel des in Berlin üblichen Lohnes für männliche Arbeiter. Aber da der Arbeitskräfteandrang enorm war, konnten die Unternehmer die Löhne ständig senken und fanden trotzdem noch genügend Frauen, die bereit waren, für den geringsten Lohn zu arbeiten. [...] Für alle Frauen gehörte die Hausarbeit zu den unabdingbaren Pflichten. Das Leben in der Mietskaserne prägte die einzelnen Tätigkeiten: Die „große Wäsche" beispielsweise wurde zur neuen Mühsal. Gewaschen wurde in der Waschküche bzw. auf dem Waschboden oder, wenn der dürftige Textilvorrat nicht für einen Waschtag reichte, in der Wohnung. Zu der Plackerei des Waschens (das Einweichen, Rühren, Schrubben, Wringen, Spülen und Stärken musste ja mit der Hand gemacht werden) kam der beschwerliche Weg zum Trockenboden und zurück. Wurde in der Küche gewaschen, war die Wohnung mit heißem Dampf beschlagen, der die Wände durchfeuchtete. Auch der Einkauf wurde zur neuen, großstädtisch geprägten Arbeit von Frauen. Er bedeutete ein Mehr an Wegen und an Schlepperei, und er erforderte neues Wissen. Hatten auf dem Land Gemüse und Obst aus dem eigenen Kleingarten so genommen werden müssen, wie die Natur sie wachsen ließ, wurde es jetzt für die Hausfrau wichtig, darauf zu achten, was sie für ihr Geld bekam. Überdies wurden nun neue Anforderungen an die Hausfrau gestellt, die auf dem Land, woher ja der überwiegende Teil der Berliner Bevölkerung stammte, unbekannt gewesen waren. Auch die Arbeiterfrau sollte jetzt die „Hüterin des Hauses" sein, das sie – so die Vorstellungen von Wohnungsbauplanern, Medizinern und Hygienikern – volksgesundheitlichen Vorgaben entsprechend reinhalten und pflegen sollte. Die Wohnung wurde das „Feld der Frau", wie der Titel einer Broschüre des Groß-Berliner Vereins für Kleinwohnungswesen (um 1912) lautete. Nicht nur für Arbeiterfrauen und -mädchen, sondern zunehmend auch für die Töchter aus dem Bürgertum war eine Erwerbstätigkeit finanziell notwendig. Berufstätigkeit bedeutete für sie zugleich die Möglichkeit, häuslicher Enge zu entfliehen. Die Entwicklung wurde insbesondere von der organisierten Frauenbewegung als Chance gesehen, „soziale Mütterlichkeit", d. h. die spezifischen weiblichen Sozialeigenschaften, in Beruf und Gesellschaft zu tragen. [...] Die Tätigkeit im Büro erlangte auch und gerade in Berlin für erwerbstätige Frauen zunehmend Bedeutung. In der Phase der Hochindustrialisierung wurde im Handel, in der Industrie und in der öffentlichen Verwaltung eine arbeitsteilige Zerlegung der anfallenden Büroarbeiten notwendig, eine Entwicklung, die in Berlin als bedeutender Industrie- und Handelsstadt sowie Reichshauptstadt besonders ausgeprägt war. Gesucht wurden jetzt kostengünstige Arbeitskräfte, die wenig spezialisierte Anlerntätigkeiten übernahmen. Das waren zunehmend Frauen, die bis dahin überhaupt nicht in den Büros anzutreffen waren. Zugleich verschlechterte sich die Berufssituation der männlichen Bürodiener. Die traditionellen Qualifikationen der Schreiber und Kopisten waren immer weniger gefragt, denn nicht mehr die sorgfältige Handschrift, sondern die fehlerfreie Maschinenschrift wurde zur Visitenkarte erfolgreicher Unternehmen – der Beruf der Maschinenschreiberin, der Typistin, entstand.

Zur Frauenbewegung siehe Kapitel „Die Gesellschaft im Kaiserreich".

In: G. Korff, R. Rürup, Berlin, Berlin, Die Ausstellung zur Geschichte der Stadt, Berlin 1987, S. 335 f.

M 13 **Plakat von Käthe Kollwitz (1867–1945)**

Die Deutsche Heimarbeit-Ausstellung von 1906 konfrontierte eine breitere Öffentlichkeit erstmals mit dem verborgenen sozialen Elend in dieser Branche. Auch Käthe Kollwitz klagte mit ihrem Plakat das schwere Los der Hausindustriellen an. Der Anblick der abgearbeiteten, verhärmten Frau störte Kaiserin Auguste Viktoria so sehr, dass sie sich weigerte, die Ausstellung zu besuchen, bis das Plakat auf allen Litfasssäulen in der Reichshauptstadt überklebt wurde.

M 14 **Manifest der Kommunistischen Partei**

Karl Marx und Friedrich Engels veröffentlichten 1848 ihre berühmteste Schrift:

Die Geschichte aller bisherigen Gesellschaft ist die Geschichte von Klassenkämpfen.

Freier und Sklave, Patrizier und Plebejer, Baron und Leibeigener, Zunftbürger und Gesell, kurz, Unterdrücker und Unterdrückte standen in stetem Gegensatz zueinander, führten einen ununterbrochenen, bald versteckten, bald offenen Kampf, einen Kampf, der jedesmal mit einer revolutionären Umgestaltung der ganzen Gesellschaft endete oder mit dem gemeinsamen Untergang der kämpfenden Klassen. In den frühen Epochen der Geschichte finden wir fast überall eine vollständige Gliederung der Gesellschaft in verschiedene Stände, eine mannigfaltige Abstufung der gesellschaftlichen Stellungen. Im alten Rom haben wir Patrizier, Ritter, Plebejer, Sklaven; im Mittelalter Feudalherren, Vasallen, Zunftbürger, Gesellen, Leibeigene, und noch dazu in fast jeder dieser Klassen wieder besondere Abstufungen.

Die aus dem Untergang der feudalen Gesellschaft hervorgegangene moderne bürgerliche Gesellschaft hat die Klassengegensätze nicht aufgehoben. Sie hat nur neue Klassen, neue Bedingungen der Unterdrückung, neue Gestaltungen des Kampfes an die Stelle der alten gesetzt.

Unsere Epoche, die Epoche der Bourgeoisie, zeichnet sich jedoch dadurch aus, dass sie die Klassengegensätze vereinfacht hat. Die ganze Gesellschaft spaltet sich mehr und mehr in zwei große feindliche Lager, in zwei große, einander direkt gegenüberstehende Klassen: Bourgeoisie und Proletariat. […]

Die große Industrie hat den Weltmarkt hergestellt, den die Entdeckung Amerikas vorbereitete. Der Weltmarkt hat dem Handel, der Schifffahrt, den Landkommunikationen eine unermessliche Entwicklung gegeben. Diese hat wieder auf die Ausdehnung der Industrie zurückgewirkt, und in demselben Maße, worin Industrie, Handel, Schifffahrt, Eisenbahnen sich ausdehnten, in demselben Maße entwickelte sich die Bourgeoisie, vermehrte sie ihre Kapitalien, drängte sie alle vom Mittelalter her überlieferten Klassen in den Hintergrund. […] Die Bourgeoisie kann nicht existieren, ohne die Produktionsinstrumente, also die Produktionsverhältnisse, also sämtliche gesellschaftlichen Verhältnisse fortwährend zu revolutionieren. Unveränderte Beibehaltung der alten Produktionsweise war dagegen die erste Existenzbedingung aller früheren industriellen Klassen. Die fortwährende Umwälzung der Produktion, die ununterbrochene Erschütterung aller gesellschaftlichen Zustände, die ewige Unsicherheit und Bewegung zeichnet die Bourgeois-Epoche vor allen früheren aus. Alle festen eingerosteten Verhältnisse mit ihrem Gefolge von altehrwürdigen Vorstellungen und Anschauungen werden aufgelöst, alle neu gebildeten veralten, ehe sie verknöchern können. Alles Ständische und Stehende verdampft, alles Heilige wird entweiht […]. Das Bedürfnis nach einem stets ausgedehnteren Absatz für ihre Produkte jagt die Bourgeoisie über die ganze Erdkugel. Überall muss sie sich einnisten, überall anbauen, überall Verbindungen herstellen.

Zit. nach: I. Fetscher (Hg.), Marx – Engels III, Geschichte und Politik 1, Frankfurt/M., 1966, S. 59 ff.

M 15 Marx und Engels
Das noch aus der DDR-Zeit stammende Marx-Engels-Denkmal vor dem „Palast der Republik“ und dem Dom in Berlin

M 16 Historischer und dialektischer Materialismus

Der Journalist Paul-Heinz Koesters unternimmt den Versuch, das komplizierte Gedankengebäude von Karl Marx in allgemein verständlicher Sprache darzustellen:

Zentrales Thema der Marx'schen Philosophie ist die materialistische Geschichtsauffassung. Er entwickelte sie aus der Annahme, dass die Geschichte nicht durch eine göttliche Kraft gestaltet wird, sondern durch die Auseinandersetzung des Menschen mit der Natur. Wie der Philosoph Friedrich Hegel ging er davon aus, dass sich die Geschichte dialektisch auf ein bestimmtes Ziel zubewegt. Dabei unterliegt der Geschichtsprozess – also die Kette der historischen Ereignisse: Kriege, Erfindungen usw. – Gesetzen, die für den Menschen erkennbar sind.
Nach Marx entwickelt sich ein historisches Ereignis unter bestimmten ökonomischen und politischen Bedingungen einer konkreten geschichtlichen Situation. Im Falle der Französischen Revolution war dies die korrumpierte [sittlich verkommene] und veraltete Feudalherrschaft auf der einen Seite und das wirtschaftlich mächtig gewordene Bürgertum auf der anderen Seite. [...]
Um die Geschichte ergründen zu können, die das Schicksal eines jeden Menschen bestimmt, ist es wichtig zu wissen, wie die Antriebskraft aussieht, die den Geschichtsprozess in Gang hält. Hegel definierte diese Kraft als ein den Menschen übergeordnetes göttliches Wesen – als „Weltgeist“. Dieser Weltgeist („Vernunft“) ist mit sich selbst nicht einig und trägt seine Konflikte im „Volksgeist“ der Staaten aus. Dadurch kommt es unter den Menschen zu Elend, Krieg und Ausbeutung. Erst wenn der Weltgeist wieder zu sich selbst zurückgefunden hat und mit sich selbst in Eintracht lebt, ist das Ziel der Geschichte erreicht, und die Menschen können in Frieden und Freiheit leben. [...]
Obgleich Marx von Hegels Geschichtserklärung tief beeindruckt war, spürte er sofort deren Schwäche auf. Der wunde Punkt, so fand er, lag darin, dass dem Weltgeist Hegels mit wissenschaftlichen Mitteln nicht beizukommen ist. Er ist weder mess- noch beobachtbar wie ein Atom zum Beispiel. Marx begann daraufhin, die Triebkraft der Geschichte nicht, wie Hegel, außerhalb der Menschen zu suchen, sondern dort, wo sie wirkt: in der Produktion des materiellen Lebens (Nahrung, Kleidung, Behausung, Verkehr usw.). Nach Marx ist die von Hegel zu einer überirdischen Institution mystifizierte Kraft nichts anderes als der Drang der Menschen, in Freiheit zu leben und in diesem „Reich der Freiheit“ den ganzen unterdrückten Reichtum menschlicher Möglichkeiten – wie Liebe, Fantasie, künstlerische Begabung usw. – zu entfalten. Auf dem Weg zur Freiheit machen sich die Menschen die Erde immer mehr untertan und schütteln in einem qualvollen, oft blutigen Prozess die Mächte, die sie selbst geschaffen haben, allmählich wieder ab – bis das Ziel der Geschichte, nach dem kein Mensch über einen anderen Menschen herrschen darf, erreicht ist. Jeder Mensch ist in diese geschichtliche Entwicklung einbezogen – gleichgültig, ob er nun die Gesetze der Geschichte und deren Ziele kennt oder nicht.
Eine der großen Entwicklungsstufen der Menschen war die „Arbeitsteilung“, die es den Menschen ermöglicht, weit mehr Dinge zu produzieren, als sie fürs nackte Leben brauchen. Dadurch entstand „Reichtum“, der ursprünglich dazu führen sollte, dass alle Menschen besser leben.
Doch es kam anders. Das Unglück der Geschichte, so Marx, fing in dem Moment an, als eine Gruppe von Menschen Privateigentum bildete – und zwar in der Form, dass andere Menschen von ihnen abhängig wurden. Fortan waren die Menschen in besitzende und besitzlose Klassen gespalten. Um ihren Besitz gegenüber denen, die nichts als ihre Arbeitskraft haben, zu verteidigen, schufen die jeweils herrschenden Klassen Kulturen – Staatsformen, Künste, Erziehung, Religionen, Gesetze usw. –, die den Besitzlosen suggerieren, dass den Reichen der Besitz zu Recht gehört – zum Beispiel, dass er

gottgewollt sei oder dass es gar nicht auf irdischen Besitz, sondern aufs ewige Leben ankomme. Ökonomischen Gesetzen zufolge, so Marx, werden aber die Reichen immer reicher (zum Beispiel durch die Investition von Gewinnen), sodass die sozialen Spannungen zwischen Besitzenden und Besitzlosen unerträglich werden und es zu Klassenkämpfen und schließlich zur „Revolution" kommt. Der gewaltige kulturelle Überbau bricht dann allmählich zusammen, und die revolutionäre Klasse übernimmt mit ihren eigenen kulturellen Vorstellungen und Ideologien die Macht.

Marx definiert also den Gang der Weltgeschichte – angefangen von der [Herrschaft über Sklaven] des Altertums über die Feudalsysteme mit ihren Leibeigenen bis hin zur bürgerlichen Gesellschaft mit ihrem Proletariat – als einen immerwährenden Kampf ums Eigentum an Produktionsmitteln. Er verwarf Hegels Vorstellungen, nach der die kulturellen Unterschiede die geschichtlichen Spannungen auslösen, und formulierte den berühmten Satz, dass das „Sein" (die wirtschaftliche Basis, auf der die Menschen leben) das „Bewusstsein" (also den menschlichen Geist, der die Kulturen schafft) bestimmt und nicht umgekehrt.

Politische Ideen oder Gefühle, die so stark sind (wie zum Beispiel die Vaterlandsliebe), dass sie die Gegensätze zwischen den Klassen überbrücken und die Eigentumsfrage zweitrangig werden lassen, gibt es für Marx nicht. Ebenso töricht ist für ihn der Glaube, dass die Reichen durch einen Appell an ihre Moral freiwillig auf ihren Besitz an den Produktionsmitteln verzichten. Die einzige Möglichkeit, die soziale Frage zu regeln, ist für Marx der Kampf der Unterdrückten gegen die Unterdrücker.

Aus der Geschichte des 19. Jahrhunderts las Marx heraus, dass der historische Kampf sich seinem Ende nähere und es nur noch eines „letzten Gefechtes" bedürfe – der Revolution des Proletariats gegen die Bourgeoisie. Danach beginnt, so Marx, eine neue Geschichte, die Geschichte einer freien Menschheit.

P.-H. Koesters, Deutschland deine Denker, Geschichten von Philosophen und Ideen, die unsere Welt bewegen, Hamburg 1980, 166 ff.

M 17 Karikatur von Roland Beier
Januar 1990

Aufgaben

1. Erläutern Sie, in welcher Weise sich die Lebensverhältnisse der arbeitenden Bevölkerung durch die Industrialisierung verändert haben.
   → Text, M1, M4–M6
2. Erklären Sie die Auswirkungen, die die Fabrikarbeit auf die Arbeiter hatte.
   → Text, M7–M9
3. Inwiefern kann man von den „Widersprüchen des Fortschritts" sprechen? Erarbeiten Sie eine Gegenüberstellung von positiven und negativen Auswirkungen der Industriellen Revolution.
   → Text, M5, M6
4. Beschreiben Sie die besonderen Belastungen von arbeitenden Frauen.
   → M12, M13
5. Welche Abhilfen und Reformmaßnahmen schlägt Owen vor?
   → M10
6. Erläutern Sie die These von Marx und Engels, nach der die menschliche Entwicklung einen immerwährenden Kampf um das Eigentum an Produktionsmitteln darstellt.
   → Text, M3, M14
7. Erklären Sie die Grundzüge des Historischen und Dialektischen Materialismus.
   → Text, M3, M14, M16
8. Wie beschreibt die materialistische Geschichtsauffassung (Historischer Materialismus) das Verhältnis von „Basis" und „Überbau"?
   → Text, M16
9. Wie beurteilen Sie den Einfluss geistiger Faktoren auf den Geschichtsverlauf?
   → Text, M16
10. Vergleichen Sie die marxistischen Theorien und Voraussagen mit der tatsächlichen wirtschaftlichen und gesellschaftlichen Entwicklung.
   → Text, M2, M5, M6, M11, M16

6.5 Lösungsversuche der Sozialen Frage

Die sozialistische Arbeiterbewegung

Die organisierte Arbeiterbewegung entstand im 19. Jahrhundert als Ergebnis langer und mühsamer Kämpfe um die politische Solidarisierung und Emanzipation der arbeitenden Bevölkerung.

1847 wurde in London der „Bund der Kommunisten" als Vereinigung der deutschen Handwerkergesellen im Ausland gegründet. Marx und Engels entwarfen als Programmschrift das „Kommunistische Manifest" (1848), das die politische Notwendigkeit des proletarischen Klassenkampfes propagierte.

1848 schlossen sich im Jahr der deutschen Revolution Handwerker und Facharbeiter zu einer „Arbeiterverbrüderung" zusammen. Sie war die erste politische Arbeiterorganisation in Deutschland. Ihre wichtigsten Ziele waren ein zehnstündiger Arbeitstag und soziale Hilfen für kranke Arbeiter.

1863 gründete Ferdinand Lassalle (1825–1864) den „Allgemeinen Deutschen Arbeiterverein" (ADAV). Lassalle wollte durch Reformen und staatliche Hilfen für Arbeitergenossenschaften auf friedlichem Wege die Verelendung des Proletariats aufheben. Politisch forderten die Anhänger Lassalles ein allgemeines und gleiches Wahlrecht als Mittel der Demokratisierung des Staates. Die Gründung des ADAV bedeutete einen wichtigen Schritt auf dem Wege zu einer selbstständigen politischen Partei der Arbeiterschaft.

1864 entwarf eine „Internationale Arbeiter-Assoziation" die erste europäische Plattform für die Arbeiterbewegung. Unter dem Einfluss von Marx ging die „Erste Internationale" davon aus, dass eine wirkliche Verbesserung der sozialen Lage des Proletariats nur als Folge der Überwindung der bürgerlichen Klassenherrschaft möglich sei. Fernziel war die Abschaffung des Staates und eine allgemeine Selbstverwaltung in allen gesellschaftlichen Bereichen.

1869 gründeten in Eisenach (Thüringen) August Bebel (1840–1913) und Wilhelm Liebknecht (1826–1900) eine stark marxistisch ausgerichtete „Sozialdemokratische Arbeiterpartei". Diese forderte soziale Strukturreformen und eine Demokratisierung von Staat und Gesellschaft. Neben dem Ziel der politischen Machtgewinnung stand das der Selbstverwaltung auf sozialistischer Grundlage.

1875 schlossen sich die bisher getrennten politischen Organisationen der Arbeiterklasse („Lassalleaner" und „Eisenacher") trotz politischer Differenzen auf einem Parteitag in Gotha zur „Sozialistischen Arbeiterpartei Deutschlands" (SAPD) zusammen. Die politischen Ziele der Sozialistischen Arbeiterpartei brachten diese zwangsläufig in einen Gegensatz zum autoritären Obrigkeitsstaat des Kaiserreichs. Mit dem „Sozialistengesetz" (1878–1890) drängte Bismarck die Partei in die Illegalität. Die gesamte sozialdemokratische Parteiorganisation und ihre Publikationen wurden für „gemeingefährlich" erklärt und verboten. Nur die Teilnahme an den Reichstagswahlen und einzelnen Landtagswahlen war von der Kriminalisierung durch dieses Ausnahmegesetz nicht betroffen.

Trotz der politischen Knebelung wuchs schon vor der Aufhebung des Sozialistengesetzes der Einfluss der Sozialdemokratie. Bei den

Manifest
der
Kommunistischen Partei.
Veröffentlicht im Februar 1848.
Proletarier aller Länder vereinigt euch.
London.
Gedruckt in der Office der „Bildungs-Gesellschaft für Arbeiter"
von J. E. Burghard.
46, Liverpool Street, Bishopsgate.

M 1 Manifest der Kommunistischen Partei
Titelseite der Publikationen von Karl Marx, veröffentlicht in London, 1848

M 2 Das Traditionsbanner der SPD
mit dem Handschlag, dem alten Symbol der Arbeiterverbrüderung

Reichstagswahlen 1912 erreichte sie 34,8 Prozent der Stimmen (4,3 Millionen) bei einer Mitgliederzahl von etwa einer Million und wurde damit stärkste Fraktion im Reichstag.

Das auf dem Erfurter Parteitag (1891) beschlossene neue Programm war in seinen theoretischen Grundlagen marxistisch, in seinem praktischen Teil aber eher sozialreformerisch – demokratisch ausgerichtet. Es spiegelte den für die politische Praxis der Sozialdemokratischen Partei Deutschlands kennzeichnenden Widerspruch zwischen einer revolutionären Theorie und einer gemäßigten, reformistischen Tagespolitik wider, die auf eine Demokratisierung des Staates und einen Ausbau der Sozialgesetzgebung zielte.

Der stürmische Aufschwung der Industrie, die langsam steigenden Reallöhne, das Anwachsen der Partei (Wahlerfolge) und der Gewerkschaften begünstigten die Herausbildung des Revisionismus als neuer politischer Strömung in der Partei. Sein bedeutendster Theoretiker Eduard Bernstein (1850–1932) bestritt die marxistische Annahme vom Zusammenhang der Krise des Kapitalismus mit dem politischen Klassenkampf. In der Auseinandersetzung mit den marxistisch-orthodoxen Auffassungen forderte er neben einer Demokratisierung des Staates eine soziale Reformpolitik.

Gegen den Widerstand des linken Flügels der Sozialdemokratie, zu dem zum Beispiel Rosa Luxemburg (1871–1919) gehörte, setzte sich der Revisionismus in der Partei durch und wurde zur Grundlage der

M 3 **Verbrüderung der Arbeiter**
Maifestzeitung von 1896: Die Forderung nach der internationalen Einheit der Arbeiterbewegung greift auch auf die Parole der Französischen Revolution zurück, Bild von Otto Marcus.

sozialdemokratischen Politik (Reformsozialismus). Im letzten Viertel des 19. Jahrhunderts entwickelte sich die deutsche Sozialdemokratie unter der Führung von August Bebel und Wilhelm Liebknecht zu einem der wichtigsten Pfeiler der internationalen Arbeiterbewegung.

Gewerkschaften

Für die Entstehung der Gewerkschaften war die Erfahrung entscheidend, dass nur durch eine Solidarisierung der Arbeiterschaft ein wirksames Gegengewicht zur Macht der Unternehmer aufgebaut werden konnte. In ihren Anfängen waren die Gewerkschaften Organisationen zur Selbsthilfe und gegenseitigen Unterstützung der arbeitenden Bevölkerung, zum Beispiel bei Krankheiten oder Arbeitslosigkeit.

Der gewerkschaftliche Kampf richtete sich – gegen den Widerstand der Unternehmer und des Staates – auf höhere Löhne, Verbesserung der Arbeitsbedingungen, Verkürzung der Arbeitszeit, also auf die rechtliche, soziale und ökonomische Absicherung der lohnabhängigen Arbeiter.

Die Einführung der Koalitionsfreiheit (1861 in Sachsen, 1869 im Norddeutschen Bund) stellte die notwendige rechtliche Voraussetzung für die Bildung der Gewerkschaften dar. Vor ihrer – wenn auch eingeschränkten – Legalisierung wurden die Zusammenschlüsse („Koalitionen") der Handwerker und Lohnarbeiter unterdrückt. Verabredungen über höhere Löhne waren verboten, und Streiks wurden als Gesellenunfug oder Aufruhr gegen die Obrigkeit unter harte Strafen gestellt.

Trotz politischer Differenzen, zum Beispiel über die politische Rolle des Massenstreiks als Kampfmittel, bestanden zwischen den sozialistisch ausgerichteten Freien Gewerkschaften und der Sozialdemokratie enge politische und personelle Verbindungen. Die Gewerkschaftsführung stand dem revisionistischen Flügel in der Partei nahe. Im Jahre 1890 schlossen sich die Freien Gewerkschaften zur „Generalkommission der Gewerkschaften Deutschlands" unter dem Vorsitz von Carl Legien zusammen. Ihre Mitgliederzahl stieg von etwa 90 000 (1888) auf über 2,5 Millionen (1914) an. In zahlreichen Streiks drückte sich das wachsende kollektive Selbstbewusstsein der Arbeiterschaft aus.

M 4 Der Streik
Konfrontation des Unternehmers mit den Arbeitern, Gemälde von Robert Koehler aus dem Jahr 1886

Als Konkurrenz zu den sozialistischen Gewerkschaften entstanden eine christliche Gewerkschaftsbewegung und die zahlenmäßig weniger bedeutsamen liberal-sozialen Hirsch-Dunckerschen Gewerkvereine.

Die kirchliche Sozialbewegung

Auch auf kirchlicher Seite entwickelte sich langsam das Verständnis für die sozialen Probleme der Arbeiterschaft. Einzelne Persönlichkeiten wie der Mainzer Bischof von Ketteler (1811–1877) erkannten die Unsicherheit und Rechtlosigkeit des Arbeiterdaseins. Hilfsmaßnahmen des

Staates, der Kirchen und christlich orientierter Einzelner sollten nach seiner Auffassung dazu beitragen, die Soziale Frage zu lösen. Die konkreten Forderungen von Kettelers waren höhere Löhne, kürzere Arbeitszeiten, Gewährung von Ruhetagen und Abschaffung von Frauen- und Kinderarbeit. Diese Verbesserungen sollten aus dem Geist christlicher Nächstenliebe erfolgen.

Ebenfalls von katholischer Seite griff der Priester Adolf Kolping (1813–1865) die sozialen Missstände der Arbeiterschaft auf. Er arbeitete in katholischen Vereinen und Häusern für Not leidende Handwerksgesellen. Die Enzyklika „Rerum Novarum" des Papstes Leo XIII. (1891), in der zur Grundlegung einer katholischen Soziallehre die Haltung der Kirche zur Sozialen Frage und zur Eigentumsordnung zusammengefasst wurde, diente der christlich-sozialen Bewegung als Richtschnur.

Von der evangelischen Kirche gründete der Pfarrer Johann Hinrich Wichern (1808–1881) Heime zur Unterbringung und Ausbildung armer und verwaister Kinder.

Betriebliche Sozialpolitik

Zu den Unternehmern, die ihre Verantwortung gegenüber der Sozialen Frage erkannten, gehörten einzelne Persönlichkeiten wie Ernst Abbe (in Jena), Alfred Krupp (in Essen) und der Stuttgarter Fabrikant Robert Bosch. Sie gründeten einzelne betriebsbezogene Fürsorge- und Wohlfahrtseinrichtungen in einer Zeit, als staatliche Maßnahmen zur Sozialpolitik noch weitgehend unbekannt waren.

Ernst Abbe (1840–1905), der Begründer der bedeutenden „Carl-Zeiss-Stiftung", führte zum Beispiel als soziale Maßnahmen den bezahlten Urlaub, Gewinnbeteiligungen und Pensionsansprüche für Arbeiter und ab 1900 den Achtstundentag ein.

Der Großindustrielle Alfred Krupp (1812–1887) richtete für seine Beschäftigten Betriebskrankenkassen und Pensionskassen ein. Für Arbeiter wurden auch Werkswohnungen gebaut.

Als Gegenleistung der Arbeiter verlangten die Unternehmer Gehorsam und Unterordnung unter die Betriebsleitung. Die betrieblichen Sozialleistungen sollten dazu beitragen, das „treue Zusammenhalten der Arbeiter mit ihrem Arbeitgeber" (Alfred Krupp) zu fördern.

Die private Sozialpolitik blieb insgesamt gesehen nur auf wenige Unternehmen beschränkt. Dennoch gingen von ihr einige wichtige Anstöße für die später einsetzende staatliche Sozialpolitik aus.

Staatliche Sozialpolitik

Als Reflex auf die stürmische Industrialisierung des Deutschen Reiches und das Erstarken der Arbeiterbewegung entstand im Laufe der 80er Jahre des 19. Jahrhunderts das ausgebaute System einer staatlichen Sozialversicherung. Die Sozialgesetzgebung, durch die der Staat ein Mindestmaß an sozialer Verantwortung für die Arbeiterschaft übernahm, umfasste:

- die Krankenversicherung (1883),
- die Unfallversicherung (1884),
- die Invaliditäts- und Altersversicherung (1889).

Die politische Funktion der von Bismarck veranlassten Sozialgesetzgebung lag darin, die Arbeitermassen der Sozialdemokratie abspenstig zu machen. Bismarcks doppelte Strategie, einerseits die sozialistische Bewegung (durch die „Peitsche" der Sozialistengesetze) zu unterdrücken und andererseits (durch das „Zuckerbrot" der Sozialpolitik) in den monarchisch-autoritären Obrigkeitsstaat zu integrieren, erwies sich als nur begrenzt erfolgreich.

M 5 Ferdinand Lassalle – der Kämpfer gegen die Macht des Kapitals
Das Bild enthält eine Anspielung auf das Alte Testament, auf die Zerstörung des Goldenen Kalbes durch Moses, anonymer Künstler, Ende 19. Jh.

M 6 „Der Arbeiter, sein eigener Unternehmer"

Ferdinand Lassalle (1825–1864), Arbeiterführer und Gründer des Allgemeinen Deutschen Arbeitervereins, strebte eine Verbesserung der Lage der Arbeiter an (1863):

Wie also? Sollte das Prinzip der freien individuellen Assoziation [Vereinigung] der Arbeiter nicht vermögen, die Verbesserung der Lage des Arbeiterstandes zu bewirken? Allerdings vermag es das – aber nur durch seine Anwendung und Ausdehnung auf die fabrikmäßige Großproduktion. Den Arbeiterstand zu seinem eigenen Unternehmer machen – das ist das Mittel, durch welches – und durch welches allein –, wie Sie jetzt sofort selbst sehen, jenes eherne und grausame Gesetz beseitigt sein würde, das den Arbeitslohn bestimmt![1]

Wenn der Arbeiterstand sein eigener Unternehmer ist, so fällt jene Scheidung zwischen Arbeitslohn und Unternehmergewinn und mit ihr der bloße Arbeitslohn überhaupt fort, und an seine Stelle tritt als Vergeltung der Arbeit: der Arbeitsertrag!

Die Aufhebung des Unternehmergewinns in der friedlichsten, legalsten und einfachsten Weise, indem sich der Arbeiterstand durch freiwillige Assoziationen [Vereinigungen] als sein eigener Unternehmer organisiert, die hiermit allein gegebene Aufhebung jenes Gesetzes, welches unter der heutigen Produktion von dem Produktionsertrag das eben zur Lebensfristung Erforderliche auf die Arbeiter als Lohn und den gesamten Überschuss auf den Unternehmer verteilt, das ist die einzige wahrhafte, die einzige seinen gerechten Ansprüchen entsprechende, die einzige nicht illusionäre Verbesserung der Lage des Arbeiterstandes. […]

1 Das „eherne Lohngesetz" ist die Bezeichnung für Lassalles Lohntheorie, nach der der Arbeitslohn um das Existenzminimum schwankt.

F. Lassalle, Aus seinen Reden und Schriften, Wien 1964, S. 118.

M 7 Das Gothaer Programm der Sozialistischen Arbeiterpartei Deutschlands

Im Mai 1875 erfolgte in Gotha der Zusammenschluss der Lassalleaner mit der von Marx und Bebel beeinflussten Arbeiterpartei. Die neue Partei („Sozialistische Arbeiterpartei Deutschlands") stellte folgende Forderungen auf:

Die Sozialistische Arbeiterpartei Deutschlands, obgleich zunächst im nationalen Rahmen wirkend, ist sich des internationalen Charakters der Arbeiterbewegung bewusst und entschlossen, alle Pflichten, welche dieselbe den Arbeitern auferlegt, zu erfüllen, um die Verbrüderung aller Menschen zur Wahrheit zu machen.

Die Sozialistische Arbeiterpartei Deutschlands fordert, um die Lösung der Sozialen Frage anzubahnen, die Errichtung von sozialistischen Produktivgenossenschaften mit Staatshilfe unter der demokratischen Kontrolle des arbeitenden Volkes. Die Produktivgenossenschaften sind für Industrie und Ackerbau in solchem Umfange ins Leben zu rufen, dass aus ihnen die sozialistische Organisation der Gesamtarbeit entsteht.

1. Allgemeines, gleiches, direktes Wahl- und Stimmrecht, mit geheimer und obligatorischer Stimmabgabe aller Staatsangehörigen vom zwanzigsten Lebensjahre an für alle Wahlen und Abstimmungen in Staat und Gemeinde. Der Wahl- und Abstimmungstag muss ein Sonntag oder Feiertag sein.
2. Direkte Gesetzgebung durch das Volk. Entscheidung über Krieg und Frieden durch das Volk.
3. Allgemeine Wehrhaftigkeit. Volkswehr an Stelle der stehenden Heere.
4. Abschaffung aller Ausnahmegesetze, namentlich der Press-, Vereins- und Versammlungsgesetze; überhaupt aller Gesetze, welche die freie Meinungsäußerung, das freie Forschen und Denken beschränken.
5. Rechtsprechung durch das Volk. Unentgeltliche Rechtspflege.
6. Allgemeine und gleiche Volkserziehung durch den Staat. Allgemeine Schulpflicht. Unentgeltlicher Unterricht in allen Bildungsanstalten. Erklärung der Religion zur Privatsache.

Die Sozialistische Arbeiterpartei Deutschlands fordert innerhalb der heutigen Gesellschaft:

1. Möglichste Ausdehnung der politischen Rechte und Freiheiten im Sinne der obigen Forderungen.
2. Eine einzige progressive Einkommensteuer für Staat und Gemeinde anstatt aller bestehenden, insbesondere der das Volk belastenden indirekten Steuern.
3. Unbeschränktes Koalitionsrecht.
4. Einen den Gesellschaftsbedürfnissen entsprechenden Normalarbeitstag. Verbot der Sonntagsarbeit.
5. Verbot der Kinderarbeit und aller die Gesundheit und Sittlichkeit schädigenden Frauenarbeit.
6. Schutzgesetze für Leben und Gesundheit der Arbeiter. Sanitäre Kontrolle der Arbeiterwohnungen. Überwachung der Bergwerke, der Fabrik-, Werkstatt- und Hausindustrie durch von Arbeitern gewählte Beamte. Ein wirksames Haftpflichtgesetz.
7. Regelung der Gefängnisarbeit.
8. Volle Selbstverwaltung für alle Arbeiterhilfs- und Unterstützungskassen. […]

Zit. nach: W. Lautemann, M. Schlenke (Hg.), Das bürgerliche Zeitalter 1815–1914, München 1980, S. 878 f.

M 8 Das Sozialistengesetz (1878–1890)

Mithilfe des Sozialistengesetzes versuchte Bismarck, die Sozialdemokratie politisch zu zerschlagen. Es erlaubte die Ausrufung des „kleinen Belagerungszustands", verbunden mit einem Aufenthaltsverbot für Sozialdemokraten. August Bebel, Führer der deutschen Sozialdemokratie, erinnert sich:

[…] Während wir so in voller Tätigkeit waren, aus den Trümmern, die das Sozialistengesetz uns bis dahin geschaffen hatte, zu retten, was zu retten möglich war, wurden wir am 29. November mit der Nachricht überrascht, dass am Abend zuvor der „Reichsanzeiger" eine Proklamation des Ministeriums veröffentlichte, wonach der kleine Belagerungszustand über Berlin verhängt wurde. Dieser Hiobspost folgte am nächsten Tage die Mitteilung, dass 67 unserer bekanntesten Parteigenossen […], bis auf einen sämtlich Familienväter, ausgewiesen worden seien. Einige mussten binnen 24 Stunden die Stadt verlassen, die meisten anderen binnen 48 Stunden, einigen wenigen räumte man eine Frist von drei Tagen ein […]. Für uns in Leipzig war durch die Berliner Massenausweisung die Situation sehr verbösert worden. Jetzt galt es aufs Neue, für die brot- und existenzlos gewordenen Genossen Stellung und für sie und ihre Familien während ihrer Existenzlosigkeit Mittel zum Unterhalt zu beschaffen […]. Eine kleine Zahl der ausgewiesenen Genossen schwamm über den „großen Teich" nach den Vereinigten Staaten, die Mehrzahl kam nach Leipzig […] und Hamburg […].

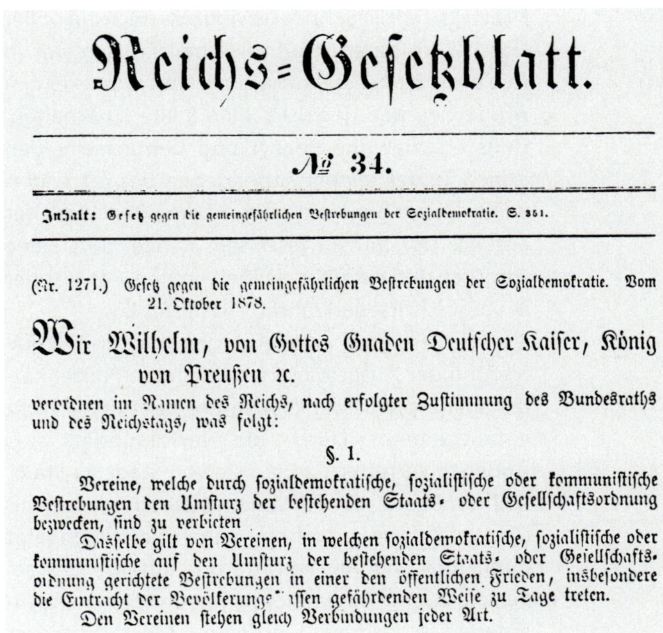
Reichs-Gesetzblatt.

№ 34.

Inhalt: Gesetz gegen die gemeingefährlichen Bestrebungen der Sozialdemokratie. S. 351.

(Nr. 1271.) Gesetz gegen die gemeingefährlichen Bestrebungen der Sozialdemokratie. Vom 21. Oktober 1878.

Wir Wilhelm, von Gottes Gnaden Deutscher Kaiser, König von Preußen rc.

verordnen im Namen des Reichs, nach erfolgter Zustimmung des Bundesraths und des Reichstags, was folgt:

§. 1.

Vereine, welche durch sozialdemokratische, sozialistische oder kommunistische Bestrebungen den Umsturz der bestehenden Staats- oder Gesellschaftsordnung bezwecken, sind zu verbieten.

Dasselbe gilt von Vereinen, in welchen sozialdemokratische, sozialistische oder kommunistische auf den Umsturz der bestehenden Staats- oder Gesellschaftsordnung gerichtete Bestrebungen in einer den öffentlichen Frieden, insbesondere die Eintracht der Bevölkerungsklassen gefährdenden Weise zu Tage treten.

Den Vereinen stehen gleich Verbindungen jeder Art.

„Nun mein Kind, drückt Dich denn Dein Korb nicht sehr?
Socialdemokratie: „O nein — wie Sie sehen, bin ich groß und stark dabei geworden."

M 9 **Sozialistengesetz**

„Nun mein Kind, drückt Dich denn Dein Korb nicht sehr?" Sozialdemokratie: „O nein – wie Sie sehen, bin ich groß und stark dabei geworden." Karikatur im „Kladderadatsch" vom 23.11.1884. Im März 1884 waren über 50 000 Wahlstimmen für sozialdemokratische Reichstagskandidaten abgegeben worden, 1887 wurden es 763 000 Stimmen und 1890 – nach der Aufhebung des Sozialistengesetzes – 1,4 Millionen; seit 1912 stellte die 1890 neu gegründete SPD die stärkste Reichstagsfraktion.

Aus: Deutsche Geschichte, Wiesbaden 1977, S. 158.

Die Unterbringung der Ausgewiesenen in einer Arbeitsstelle wurde uns [...] sehr schwer gemacht. Die wirtschaftliche Krise befand sich noch auf voller Höhe. Ein Überangebot an Arbeitskräften war in fast allen Branchen vorhanden. Und war es einem Ausgewiesenen geglückt, eine Stelle zu erhalten, flugs erschien die Polizei und denunzierte den armen Teufel seinem Arbeitgeber, der oft widerwillig den eben erst angenommenen Arbeiter entließ. Der musste jetzt sein Ränzel aufs Neue schnüren und zum Wanderstab greifen. Für Männer in vorgeschrittenen Jahren ein hartes Los.
Die fortgesetzten Ausweisungen und die Schikanierung der Ausgewiesenen durch die Polizei hatten aber einen Erfolg, den unsere Staatsretter nicht vorausgesehen. Durch die Verfolgungen aufs Äußerste verbittert, zogen sie von Stadt zu Stadt, suchten überall die Parteigenossen auf, die sie mit offenen Armen aufnahmen, und übertrugen jetzt ihren Zorn und ihre Verbitterung auf ihre Gastgeber, die sie zum Zusammenschluss und zum Handeln anfeuerten. Dadurch wurde eine Menge örtlicher geheimer Verbindungen geschaffen, die ohne die Agitation der Ausgewiesenen kaum entstanden wären. Der Vorgang erinnerte an die Verfolgung der Christen in den ersten Jahrhunderten unserer Zeitrechnung [...].

A. Bebel, Aus meinem Leben, 3. Teil, Stuttgart 1914, S. 24 ff.

M 10 **Reform oder Revolution?**

Eduard Bernstein (1850–1932) gehörte innerhalb der Sozialdemokratie zu den Kritikern der Marx'schen Lehre. Man nannte ihn und seine Anhänger „Revisionisten". Bernstein schrieb 1898:

[...] Die Prognose, welche das „Kommunistische Manifest" der Entwicklung der modernen Gesellschaft stellt, war richtig, soweit sie die allgemeinen Tendenzen dieser Entwicklung kennzeichnete. Sie irrte aber in verschiedenen speziellen Folgerungen, vor allem in der Abschätzung der Zeit, welche die Entwicklung in Anspruch nehmen würde. [...]
Die Zuspitzung der gesellschaftlichen Verhältnisse hat sich nicht in der Weise vollzogen, wie sie das „Manifest" schildert. Es ist nicht nur nutzlos, es ist auch die größte Torheit, sich dies zu verheimlichen. Die Zahl der Besitzenden ist nicht kleiner, sondern größer geworden. Die enorme Vermehrung des gesellschaftlichen Reichtums wird nicht von einer zusammenschrumpfenden Zahl von Kapitalmagnaten, sondern von einer wachsenden Zahl von Kapitalisten aller Grade begleitet. Die Mittelschichten ändern ihren Charakter, aber sie verschwinden nicht aus der gesellschaftlichen Stufenleiter. Die Konzentrierung der Produktion vollzieht sich in der Industrie auch heute noch nicht durchgängig mit gleicher Kraft und Geschwindigkeit. In einer großen Anzahl Produktionszweige rechtfertigt sie zwar alle Vorhersagungen der sozialistischen Kritik, in anderen Zweigen bleibt sie jedoch noch heute hinter ihnen zurück. Noch langsamer geht der Prozess der Konzentration in der Landwirtschaft vor sich. [...]
Politisch sehen wir das Privilegium der kapitalistischen Bourgeoisie in allen vorgeschrittenen Ländern Schritt für Schritt demokratischen Einrichtungen weichen. Unter dem Einfluss dieser und getrieben von der sich immer kräftiger regenden Arbeiterbewegung hat eine gesellschaftliche Gegenaktion gegen die ausbeuterischen Tendenzen des Kapitals eingesetzt, die zwar heute noch sehr zaghaft und tastend vorgeht, aber doch da ist und immer mehr Gebiete des Wirtschaftslebens ihrem Einfluss unterzieht. Fabrikgesetzgebung, die Demokratisierung der Gemeindeverwaltungen

und die Erweiterung ihres Arbeitsgebiets, die Befreiung des Gewerkschafts- und Genossenschaftswesens bei allen von öffentlichen Behörden vergebenen Arbeiten kennzeichnen diese Stufe der Entwicklung. Dass in Deutschland man noch daran denken kann, die Gewerkschaften zu knebeln, kennzeichnet nicht den Höhegrad, sondern die Rückständigkeit seiner politischen Entwicklung.
Je mehr aber die politischen Einrichtungen der modernen Nationen demokratisiert werden, um so mehr verringern sich die Notwendigkeiten und Gelegenheiten großer Katastrophen. [...]

Zit. nach: W. Lautemann, M. Schlenke (Hg.), a. a. O., S. 879 f.

M 11 Der Streik – Kampfmittel der Arbeiterbewegung

Über den Verlauf eines Streiks berichtet das Berliner Volksblatt (1864):

Am Mittwoch, dem 27. April, hielten die Arbeiter der Lauensteinschen Wagenfabrik eine Versammlung im Saale des Herrn Lummert ab, ihre Krankenkasse betreffend. Nach Erledigung der Tagesordnung wurde vielseitig der Antrag gestellt und einstimmig beschlossen, die Gelegenheit, die sich durch den kürzlich stattgefundenen Übergang der Fabrik in die Hände einer Aktiengesellschaft darbot, zu benutzen, um mit Übereinstimmung des Fabrikherrn die Arbeitszeit um eine Stunde abzukürzen, indem sie anstatt wie bisher um 5, um 6 morgens anfangen sollte. Das zu diesem Zweck erwählte Komitee entwarf ein Schreiben in der höflichsten Weise an den Fabrikherrn mit dem Ersuchen, diesen Vorschlag der Arbeiter in Erwägung zu ziehen und sich auf friedlichem Wege mit ihnen darüber einigen zu wollen, da man das Einverständnis zwischen Brotherrn und Arbeiter aufrechtzuerhalten wünsche. Nachdem das Komitee die Sache noch näher mit dem Fabrikherrn besprochen, auf Menschlichkeit und Humanität hingedeutet, ihm bewiesen, dass diese Fabrik die einzige in ganz Deutschland sei, die diese Arbeitszeit innehalte, dass ferner so mancher Arbeiter durch die Verhältnisse gezwungen sei, seinen Wohnort fern von der Fabrik aufzuschlagen, wodurch zu der Arbeitszeit noch der weite Weg nach und von demselben in Berechnung komme, entließ sie der Fabrikherr mit dem Bescheid, sich die Sache überlegen zu wollen. Das Resultat seiner Überlegung war nun, dass er den Vorsitzenden des Komitees, der im Namen seiner Mitarbeiter zu ihm gesprochen, sonnabends entließ, der infolgedessen die höchste Mühe hatte, die über diesen Schritt empörten Arbeiter von übereilten Schritten und Gewalttätigkeiten abzuhalten. Am Montag, dem 2. Mai, gingen nun sämtliche Arbeiter wie sonst um 5 Uhr an ihre Beschäftigung, hatten sich aber bis 8 Uhr darüber geeinigt, sämtlich ihre Entlassung zu fordern. Dies geschah denn auch. Die Arbeiter, die sich sonst nie über gleichgültige Dinge einigen konnten, bildeten jetzt eine feste Masse, in der nur ein Wille herrschte. Zuerst wandten die einzelnen Korporationen sich an ihre Werkführer und schickten diese mit ihrer Forderung an den Fabrikherrn, der aber ihr Begehren verweigerte und kurzweg erklärte, sich auf nichts einzulassen. Nun rückten die Arbeiter in Masse vor das Kontor des Herrn und schickten Deputierte mit ihren Anträgen zu ihm hinein, welche er ebenfalls mit herrischem Ton abwies und ihnen befahl, sich an ihre Arbeit zu begeben. Die Arbeiter schickten nun Deputierte nach dem Stadthause ab, um die Polizei von der Sachlage in Kenntnis zu setzen. Währenddessen hatte der Fabrikherr zehn Polizisten requirieren lassen, die aber, nachdem sie die Lage der Sache eingesehen, sich nicht berufen fühlten, dem Wunsch des guten Herrn entsprechend, Arretierungen vorzunehmen. Die Arbeiter beschlossen dann, um sich daraus nicht den Vorwurf der Rebellion zuzuziehen (den ihnen ungeachtet dessen die „Hamburger Nachrichten" tags darauf machten), bis zum Freitag ruhig fortzuarbeiten, da in der Fabrik die Woche mit dem Freitag beginnt. [...]
Herr Lauenstein hat bereits, um nicht in Verlegenheit wegen Arbeitskräfte zu kommen, Bevollmächtigte in anderen Gegenden beauftragt, für seine Fabrik zu werben. Mögen die Arbeiter anderer Städte ihr Interesse im Auge behalten und sich durch Werber der Lauensteinschen Aktiengesellschaft nicht in den Schlingen etwaiger falscher Vorspiegelungen fangen zu lassen.

Zit. nach: H. M. Enzensberger u. a. (Hg.), Klassenbuch 2, Ein Lesebuch zu den Klassenkämpfen in Deutschland 1850–1919, Darmstadt und Neuwied 1972, S. 33 ff.

M 12 Die Arbeiterfrage und das Christentum

Der Mainzer Bischof Wilhelm Emanuel Freiherr von Ketteler (1811–1877) schrieb 1864:

So hat [das Christentum] auch die alte Sklaverei lediglich dadurch abgeschafft, dass es den Menschen seine göttlichen Ideen und den Geist der Liebe mitteilte. [...] So ist es auch mit der Lösung der sozialen Frage in unserer Zeit. Die von uns bisher besprochenen Ursachen der damaligen Lage der Arbeiter sowie die Bösartigkeit der aus diesen Ursachen hervorgegangenen Wirkungen und Folgen haben ihren wesentlichen und tiefsten Grund in dem Abfall vom Geist des Christentums, der in den letzten Jahrhunderten stattgefunden hat.

[...] Das vierte Hilfsmittel des Christentums zur Verbesserung der materiellen Lage des Arbeiterstandes besteht in den sozialen Kräften desselben [...]. Mag der Zweck noch so verschieden sein, der viele zu einer Genossenschaft zusammenführt; mögen sich die Arbeiter verbinden, um sich durch gegenseitige Hilfe in ihrer materialen Not zu unterstützen; mögen sich andere zu geselligen, zu wissenschaftlichen Zwecken zusammenfinden; sobald sie als Christen zusammentreten und im Geist des Christentums, ist neben diesem Zweck ein höheres, ein geistigeres, ein heiligeres Band vorhanden, das die Glieder umfasst und sie unvermerkt wie eine Seelenkraft, die in ihnen wirkt, aus einer bloßen Genossenschaft zu einer inneren lebendigen Körperschaft umgestaltet. [...]

Als fünftes Hilfsmittel, dem Arbeiterstande durch das Christentum zu helfen, nennen wir endlich die Förderung der Produktiv-Assoziationen durch die besonderen Mittel, die eben nur dem Christentum zu Gebote stehen.

Das Wesen der Produktiv-Assoziationen haben wir in der Teilnahme der Arbeiter am Geschäftsbetrieb selbst erkannt. Der Arbeiter ist ihnen zugleich Geschäftsunternehmer und Arbeiter und hat daher einen doppelten Anteil an dem Einkommen, den Arbeiterlohn und seinen Anteil an dem eigentlichen Geschäftsgewinn.

Zit. nach: A. Brusatti, W. Haas, W. Pollak (Hg.), Geschichte der Sozialpolitik mit Dokumenten, Wien, Linz, München 1962, o. S.

M 13 Enzyklika „Rerum Novarum“

Papst Leo XIII. äußerte sich 1891 in einem päpstlichen Rundschreiben zur Arbeiterfrage und deren Lösung:

Ein Grundfehler in der Behandlung der sozialen Frage ist sodann auch der, dass man das gegenseitige Verhältnis zwischen der besitzenden und der unvermögenden, arbeitenden Klasse so darstellt, als ob zwischen ihnen von Natur ein unversöhnlicher Gegensatz Platz griffe, der sie zum Kampf aufrufe. Ganz das Gegenteil ist wahr. Die Natur hat vielmehr alles zur Eintracht, zu gegenseitiger Harmonie hingeordnet; und so wie im menschlichen Leibe bei aller Verschiedenheit der Glieder im wechselseitigen Verhältnis Einklang und Gleichmaß vorhanden ist, so hat auch die Natur gewollt, dass im Körper der Gesellschaft jene beiden Klassen in einträchtiger Beziehung zueinander stehen und ein gewisses Gleichgewicht darstellen. Die eine hat die andere durchaus notwendig. Der Besitz ist auf die Arbeit angewiesen und die Arbeit auf den Besitz. Eintracht ist überall die unerlässliche Vorbedingung von Schönheit und Ordnung; ein fortgesetzter Kampf dagegen erzeugt Verwilderung und Verwirrung. Zur Beseitigung des Kampfes aber und selbst zur Ausrottung seiner Ursachen besitzt das Christentum wunderbare und vielgestaltige Kräfte. Die Kirche, als Vertreterin und Wahrerin der Religion, hat zunächst in den religiösen Wahrheiten und Gesetzen ein mächtiges Mittel, die Reichen und die Armen zu versöhnen und einander nahe zu bringen; ihre Lehren und Gebote führen beide Klassen zu ihren Pflichten gegeneinander und namentlich zur Befolgung der Vorschriften der Gerechtigkeit. Von diesen Pflichten berühren folgende die arbeitenden Stände: vollständig und treu die Arbeitsleistung zu verrichten, zu welcher sie sich frei und mit gerechtem Vertrage verbunden haben; den Arbeitgebern weder an der Habe noch an der Person Schaden zuzufügen; in der Wahrung ihrer Interessen sich der Gewalttätigkeit zu enthalten und in keinem Falle Auflehnung zu stiften; nicht Verbindung zu unterhalten mit Übelgesinnten, die ihnen trügerische Hoffnungen vorspiegeln und nur bittere Enttäuschung von Ruin zurücklassen. Die Pflichten, die hinwieder die Besitzenden und Arbeitgeber angehen, sind die nachstehenden: Die Arbeiter dürfen nicht wie Sklaven angesehen und behandelt werden; ihre persönliche Würde, welche geadelt ist durch ihre Würde als Christen, werde stets heilig gehalten; Arbeit und Erwerbssorgen erniedrigen sie nicht, vielmehr muss, wer vernünftig und christlich denkt, es ihnen als Ehre anrechnen, dass sie selbstständig ihr Leben unter Mühe und Anstrengung erhalten; unehrenvoll dagegen und unwürdig ist es, Menschen bloß zu eigenem Gewinne auszubeuten und sie nur so hoch anzuschlagen, als ihre Arbeitskräfte reichen. Eine weitere Vorschrift schärft ein: Habet auch die gebührende Rücksicht auf das geistige Wohl und die religiösen Bedürfnisse der Besitzlosen; ihr Herren seid verpflichtet, ihnen Zeit zu lassen für ihre gottesdienstlichen Übungen; ihr dürft sie nicht der Verführung und sittlichen Gefahren bei ihrer Verwendung aussetzen; den Sinn für Häuslichkeit und Sparsamkeit dürft ihr in ihnen nicht ersticken; es ist ungerecht, sie mit mehr Arbeit zu beschweren, als ihre Kräfte tragen können, oder Leistungen von ihnen zu fordern, die mit ihrem Alter oder Geschlecht in Widerspruch stehen.

Zit. nach: Katholische Arbeiterbewegung (Hg.), Texte zur Katholischen Soziallehre, o. O., 1975, S. 41.

M 14 **Private Sozialpolitik**

Der Sozialhistoriker Werner Conze beschäftigt sich im Folgenden mit dem rheinischen Unternehmer Friedrich Harkort (1793–1880):

Eine der wesentlichen Stimmen aus dem besitzenden Bürgertum kam von Friedrich Harkort. In seiner 1844 erschienenen Schrift „Bemerkungen über die Hindernisse der Zivilisation und Emanzipation der untern Klassen" fasste er wohl alle ernst zu nehmenden Vorschläge der damaligen Zeit zusammen, soweit sie auf Eingliederung und nicht nur auf Betreuung des Proletariats zielten. Als ein Gipfel bürgerlichen Bewusstseins in der weithin charakteristischen Verbindung konservativer und liberaler Elemente stehe diese Schrift hier für viele andere, die wir gleichsam in dieser Stellungnahme Harkorts aufgehoben wissen. Er sprach aus wirklicher Nähe und fühlte sich unmittelbar betroffen. Als Praktiker industrieller Unternehmung war er gleich weit entfernt von weltfremd wohlmeinender Philanthropie [Menschenliebe] wie von radikal prinzipieller Theorie. Er verband eine realistische Sicht von der Lage der „arbeitenden Klasse" mit einem ungebrochenen Glauben an die Möglichkeit des sozialen Fortschritts durch die Mittel der Zivilisation und die sittlichen Kräfte verantwortlicher Liebe. Er glaubte an die Einpassung des Proletariats in die bürgerliche Gesellschaft. Aus dem Proletariat, das, von den Verantwortlichen liegen gelassen, durch die zerstörerisch schädlichen Führer der Revolution zum „Totengräber der Staaten" zu werden drohte, sollte ein Arbeiterstand werden, der in Stadt und Land durch wirksame Maßnahmen in die bestehende Verfassung eingefügt werden sollte. Harkorts Vorschläge waren weit umfassend, lagen aber alle im Bereich des praktisch Realisierbaren. Sie betrafen: die Hebung der Volksbildung als Voraussetzung für größere Lebensbefriedigung der „handarbeitenden Klasse", vor allem aber als Grundlage für eine Erhöhung der Produktivität und damit des Volkswohlstandes. Darüber hinaus forderte er Arbeiterschutzgesetze, in denen die Kinderarbeit verboten und eine Höchstgrenze der Arbeitszeit festgesetzt werden sollte. 11–12 Stunden sah er noch durchaus als möglich an.

Eine wesentliche Bedeutung maß er der Wohnungsfrage bei, die deswegen um so dringender wurde, als Wohnung und Arbeitsplatz durch den Industrialismus auseinander zu fallen begonnen hatten. Der Kotten [kleines Haus] des Bergmanns war für Harkort das ideale Vorbild. Das kleine Haus mit Gartenland und Viehhaltung, die ländliche Wohnweise auch für den in der Stadt arbeitenden Menschen – das schien Hartkort mithilfe der modernen Verkehrsmittel möglich zu sein.

Die Pendler sollten entweder mit der Eisenbahn oder der Pferdebahn, die eigens zwischen Arbeitersiedlung und Arbeitsstätte hin- und herfahren sollte, auch längere Entfernungen leicht überwinden. Schließlich erfasste Harkort die Bedeutung der Assoziation in ihren vielfältigen Möglichkeiten, indem er Konsumvereine, Sparkassen, Krankenkassen nicht nur theoretisch vorschlug, sondern zugleich an den Statuten des „Unterstützungsvereins der Fabriken-, Spar- und Sterbekasse in Lüdenscheid" nachwies. Mit all diesen Vorschlägen und praktischen Ansätzen gab Harkort die grundsätzliche Linie der in den folgenden Jahrzehnten erst allmählich entwickelten Sozialpolitik bis auf unsere Tage an. Die Größe und die Fruchtbarkeit Friedrich Harkorts lag darin, dass er als Prototyp einer Minderheit von Wirtschaftsführern die zweckmäßige Steigerung von Technik, Organisation und Geschäft mit sozialer Verantwortung, Tatbereitschaft und idealistisch-christlich begründeter Bruderliebe verband.

W. Conze, Vom „Pöbel" zum „Proletariat", in: H.-U. Wehler (Hg.), Moderne deutsche Sozialgeschichte, Köln, Berlin 1968, S. 129 f.

M 15 **Kaiserliche Botschaft**

Kaiser Wilhelm I. äußerte sich in einer Thronrede zur Notwendigkeit der Arbeiterversicherung (1881):

Schon bei der Eröffnung des Reichstages im Februar 1879 hat Seine Majestät der Kaiser [...] der Zuversicht Ausdruck gegeben, dass der Reichstag seine Mitwirkung zur Heilung sozialer Schäden im Wege der Gesetzgebung auch ferner nicht versagen werde. Diese Heilung wird nicht ausschließlich im Wege der Repression sozialistischer Ausschreitungen, sondern gleichmäßig auf dem der positiven Förderung des Wohles der Arbeiter zu suchen sein. In dieser Beziehung steht die Fürsorge für die Erwerbsunfähigen unter ihnen in erster Linie. Im Interesse dieser hat Seine Majestät der Kaiser dem Bundesrat zunächst einen Gesetzentwurf über Versicherung der Arbeiter gegen die Folgen von Unfällen zugehen lassen, welcher einem in den Kreisen der Arbeiter wie der Unternehmer gleichmäßig empfundenen Bedürfnis zu entsprechen bezweckt. Seine Majestät der Kaiser hofft, dass derselbe im Prinzip die Zustimmung der Verbündeten Regierungen finden und dem Reichstag als eine Vervollständigung der Gesetzgebung zum Schutze gegen sozialdemokratische Bestrebungen willkommen sein würde. Die bisherigen Veranstaltungen, welche die Arbeiter vor der Gefahr sichern sollen, durch den Verlust ihrer Arbeitsfähigkeit infolge von Unfällen oder des Alters in eine hilflose Lage zu geraten, haben sich als unzureichend erwiesen, und diese Unzulänglichkeit hat nicht wenig dazu beigetragen, Angehörige dieser Berufsklasse dahin zu führen, dass sie in der Mitwirkung zu sozialdemokratischen Bestrebungen den Weg zur Abhilfe suchten.

Zit. nach: H. Peters, Die Geschichte der sozialen Versicherung, Bonn-Bad Godesberg 1973, S. 49 f.

M 16

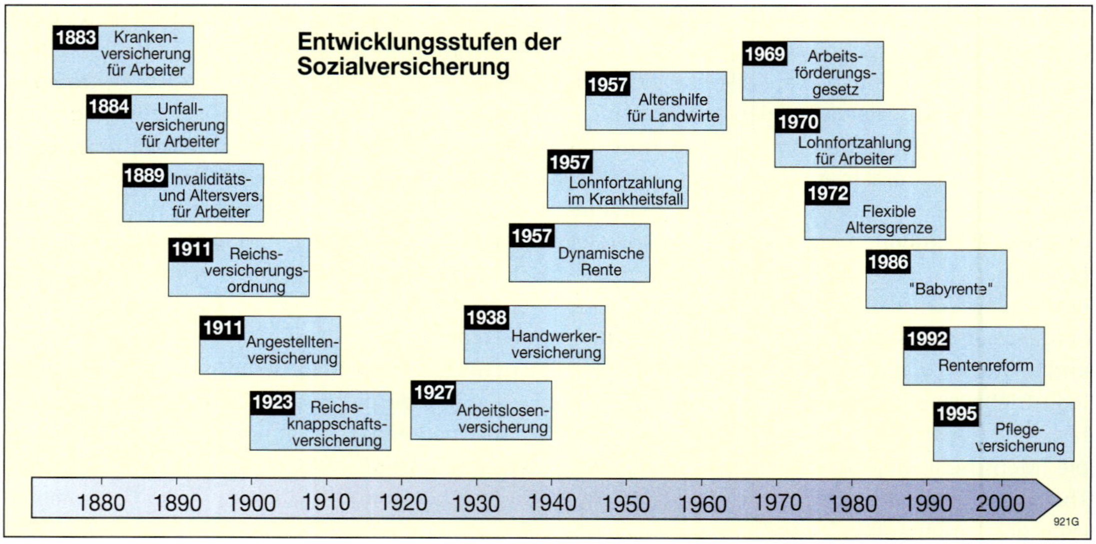

Aufgaben

1. Rekapitulieren Sie die Entwicklung der deutschen Arbeiterbewegung im 19. Jahrhundert.
   → Text
2. Nennen Sie die unterschiedlichen Ansätze zur Lösung der Sozialen Frage.
   → Text
3. Erläutern Sie die Vorschläge, die Lassalle zur Lösung der „Arbeiterfrage" machte.
   → M6
4. Stellen Sie in einer Übersicht die Ziele der Sozialistischen Arbeiterpartei Deutschlands zusammen.
   → M7
5. Untersuchen Sie die politische Bedeutung des „Sozialistengesetzes" für die Arbeiterbewegung.
   → M8, M9
6. Mit welchen Begründungen entfernte sich der Revisionismus (Bernstein) von der ursprünglichen marxistischen Theorie?
   → M10
7. Untersuchen Sie das Selbstverständnis der sozialistischen Arbeiterbewegung, das in den Abbildungen zum Ausdruck kommt.
   → M2, M3, M5
8. Beschreiben Sie Ursachen und Verlauf eines Streiks im 19. Jahrhundert.
   → M4, M11
9. Vergleichen Sie die Aufgaben der Gewerkschaften im 19. Jahrhundert mit ihrer Rolle in der Gegenwart.
   → Text, M16
10. Welche Ursachen der „Arbeiterfrage" nennt Ketteler? Welche Lösungsvorschläge werden von Ketteler und in der Enzyklika gemacht?
    → M12, M13
11. Überlegen Sie, aus welchen Motiven die unternehmerische Sozialpolitik erfolgte.
    → M14
12. Beurteilen Sie den Grundsatz der unternehmerischen Betriebspolitik des 19. Jahrhunderts: „Alles für den Arbeiter, nichts durch den Arbeiter."
13. Welche politischen und sozialen Funktionen der Arbeiterversicherung gehen aus der kaiserlichen Thronrede hervor?
    → M15

Warum fand die Industrielle Revolution in Europa statt?

Der Wohlstand der Nationen war und ist ungleich verteilt. Diese nüchterne Tatsachenfeststellung leitet zu der Frage über: Worauf beruht der Reichtum eines Landes? Mit diesem Thema beschäftigen sich Ökonomen und Sozialwissenschaftler, vor allem Entwicklungsexperten. Aber auch Historiker können einen Beitrag leisten. Denn der Durchbruch von der Agrar- zur Industriegesellschaft erfolgte zunächst in Europa. Warum gerade hier und nicht woanders?

Agrarrevolution

Eine entscheidende Bedingung für die Industrielle Revolution war das Vorhandensein einer produktiven Landwirtschaft. Das setzte die Domestikation von Wildtieren und -pflanzen voraus. Nur so war es möglich, Fleisch und pflanzliche Kost in großen Mengen zu produzieren. Agrarüberschüsse dienten ihrerseits zur Versorgung derjenigen Bevölkerungsteile, die nicht mehr selbst landwirtschaftlich tätig waren. Ohne die Agrarrevolution, das heißt die Überwindung der Subsistenzwirtschaft, konnte es keine Industrielle Revolution geben.

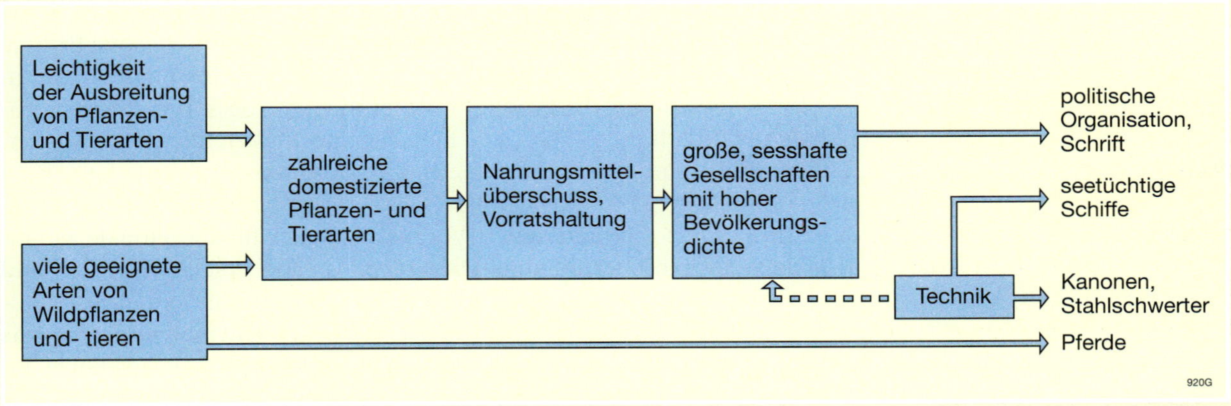

Liberalisierung

Die Problemstellung erhält darüber hinaus ihren besonderen Akzent dadurch, dass am Ende des 20. Jahrhunderts die staatsmonopolistischen Entwicklungsmodelle (Planwirtschaft) gescheitert sind. Das Beispiel der Volksrepublik China hat nachhaltig dokumentiert, wie sehr eine Gesellschaft durch politische Willkür und Bürokratie gelähmt werden kann. Erst die wirtschaftliche Liberalisierung in der Ära nach Mao Zedong (ab 1980) setzte die Energien frei, die zu einem explosionsartigen Wachstum führten. Die Verfügung über Privateigentum und dessen Schutz gehören zu den wesentlichen Rahmenbedingungen für eine Dynamisierung der Gesellschaft.

Rückblickend hat sich die Form des europäischen Staatensystems als Glücksfall für die Entwicklung des Kontinents erwiesen. Diese These erscheint zunächst wenig einleuchtend, wenn man nur an die lange Kette von kostspieligen Kriegen denkt, in die die Staaten Europas verstrickt waren. Die territoriale Zersplitterung führte aber auch zu einer produktiven Vernetzung. Die Konkurrenz der europäischen

Staaten nahm höchst unterschiedliche Formen an, darunter Handel, Piraterie und Spionage.

Bildung und Wissen

Die Fragmentierung der politischen Macht eröffnete immer wieder Freiräume für neue Ideen, Glaubensvorstellungen und Erfindungen. Auch die Mobilität trug dazu bei, dass die autoritäre Kontrolle des öffentlichen Lebens immer wieder durchbrochen werden konnte.

Schon in der Stadtkultur des Mittelalters erschlossen sich neue Freiheiten: der Person („Stadtluft macht frei."), des Marktes und des Geschäfts. Hinzu kam die Bildung. Ohne sie gibt es keinen sozialen Fortschritt. Die Reformation des 16. Jahrhunderts, der Calvinismus, aber auch das europäische Judentum hatten einen wesentlichen Anteil daran, dass die vorhandene Bildungsfeindlichkeit überwunden wurde und sich eine aktive Haltung gegenüber dem Leben durchsetzte. In diesem kulturellen Umfeld wuchs nicht nur die Lese- und Schreibfähigkeit, sondern auch die Akzeptanz der Naturwissenschaften. Ein Wirtschaftshistoriker prägte für diese Kultur die Formulierung: die „Erfindung des Erfindens". Technische Durchbrüche setzen viele kleine Entwicklungsschritte voraus. So dauerte die Entwicklung der Dampfmaschine alles in allem etwa 200 Jahre.

Erfindungen

Jedes ökonomische Wachstum bedingt die Vermehrung verfügbarer Energien. Zunächst nutzte man in Europa – wie woanders auch – die Kraft von Pferden und Ochsen. Dazu kamen Wind- und Wassermühlen. Es folgte eine Vielzahl von Erfindungen, zum Beispiel Brillen, mechanische Uhren, Buchdruck, Schießpulver, Gusstechnik, die in ihrer Anwendung die Produktionsmethoden verbesserten und die Produktivität erhöhten. Das heißt die neuen Techniken führten zu Kostensenkungen und Preisvorteilen. Und im Zusammenspiel von Schiffbau, Hochseenavigation und größerer Feuerkraft bildeten sich im 15./16. Jahrhundert die materiellen Voraussetzungen für die globale Dominanz europäischer Staaten. Die Vorreiter dabei spielten Spanien und Portugal. Aber gerade das Beispiel dieser beiden führenden Kolonial- und Handelsmächte zeigt, dass Reichtum auch arm machen kann. Das klingt zunächst widersinnig. Beide Länder verzeichneten als Folge des Ausgreifens nach Übersee einen immensen Zufluss von Gold, Silber und kostspieligen Handelsgütern. Aber bereits im 17. Jahrhundert begann der Abstieg der iberischen Halbinsel. Sie verpasste den Anschluss an die wirtschaftliche Modernisierung.

Ursachen der Stagnation

Die tieferen Ursachen für Stagnation und wirtschaftliches Zurückbleiben lagen in der Verwendung des Reichtums. Die gesellschaftliche Führung der beiden Länder hatte es versäumt, mit dem Geld zu arbeiten – das Geld zu Kapital zu machen. Statt dessen diente der Reichtum primär dazu, die Wünsche der Oberschichten nach Schlössern, Luxusgütern, Waffen und Soldaten zu befriedigen. Der Import von Gütern bedeutet aber etwas anderes als das Know-how für deren Herstellung. Die Entwicklung wurde nicht durch Geldmangel gehemmt, sondern durch die kulturelle und technologische Unfertigkeit. Reichtum kann auf Dauer nicht transferiert werden. Letztlich muss er produziert werden. Diese Erkenntnis bestätigt sich auch zu Beginn des 21. Jahrhunderts unter den Vorzeichen der informationstechnologischen Revolution. Wissen ist Macht!

M 1 Wachstums- und Entwicklungsgesellschaft

Der Wirtschaftshistoriker David Landes skizziert im Folgenden das Ideal einer Gesellschaft, die den materiellen Wohlstand sichert:

Diese ideale Wachstums- und Entwicklungsgesellschaft wüsste erstens, wie man die Produktionsmittel einsetzt, verwaltet und verfertigt und wie man an der technischen Front neue Techniken ins Leben ruft, praktikabel macht und meistert;
wäre zweitens in der Lage, dieses Wissen und Know-how an die junge Generation weiterzugeben, sei es über eine formale Ausbildung, sei es in einer Lehre;
wäre drittens bereit, die Arbeit allein nach Sachkompetenz und Verdiensten zuzuteilen sowie Beförderung und Rückstufung immer am Geleisteten zu orientieren;
gäbe viertens individuellem oder kollektivem Unternehmergeist jede nur denkbare Chance, sich zu betätigen; würde sich stark machen für Initiative, Konkurrenz und Wetteifern;
überließe es fünftens den Menschen, die Früchte ihrer Arbeit oder ihres Unternehmens selbst zu genießen oder zu verwenden.
Diese Maßstäbe implizieren: Gleichstellung der Geschlechter (wodurch das Begabungsreservoir auf das Doppelte anwächst), keinerlei Diskriminierung aufgrund nebensächlicher Kriterien (Rasse, Geschlecht, Religion etc.) sowie Verzicht auf Magie und Aberglauben (Irrationalität) zu Gunsten wissenschaftlicher (Mittel-Zweck-) Rationalität.
Eine solche Gesellschaft besäße auch die politischen und sozialen Institutionen, die zur Erreichung dieser allgemeinen Ziele beitragen, zum Beispiel

1. dem Privateigentum alle Rechte verschaffen, damit Sparen und Investieren gefördert werden;
2. die individuellen Freiheitsrechte sichern – sowohl gegen die Übergriffe der Diktatur als auch gegen alle von Privatpersonen ausgehenden Störungen (Verbrechen und Korruption);
3. explizite und implizite Vertragsrechte durchsetzen;
4. für eine stabile Regierung sorgen, die nicht unbedingt demokratisch, aber öffentlichen Maßstäben unterworfen sein muss (in der nicht eigentlich Menschen als vielmehr Gesetze regieren). Im Fall der Demokratie, die sich durch regelmäßig abgehaltene Wahlen ausweist, siegt die Mehrheit, ohne die Rechte der Minderheit zu verletzen; während die Verlierer ihre Niederlage akzeptieren und sich darauf freuen, dass sie auch wieder einmal ans Ruder kommen;
5. für eine ansprechbare Regierung sorgen, die ein offenes Ohr für Beschwerden hat und Abhilfe schafft;
6. für eine unbestechliche Regierung sorgen, sodass die ökonomischen Akteure nicht versucht sind, sich innerhalb und außerhalb des Marktes Vorteile und Privilegien zu verschaffen. Um es in der Sprache der Ökonomen zu sagen: Gunst und Stellung dürfen nichts abwerfen;
7. für eine gemäßigte, leistungsstarke, genügsame Regierung sorgen. Sie soll die Steuern niedrig halten, ihren Anspruch auf das gesellschaftliche Mehrprodukt zurückschrauben und Privilegienbildung verhindern.

Die ideale Gesellschaft wäre auch ehrlich. Diese Ehrlichkeit würde gesetzlich oktroyiert, aber im Idealfall würde das Gesetz nicht gebraucht. Die Menschen wären überzeugt, dass Ehrlichkeit das Richtige ist (und sich auszahlt), und würden entsprechend leben und handeln.
Weitere Implikationen: Die Gesellschaft wäre gekennzeichnet durch geografische und soziale Mobilität. Auf der Suche nach Marktchancen würden die Menschen ihren Wohnort wechseln, und je nachdem, ob sie etwas aus sich machen oder nicht, würden sie Aufstieg oder Abstieg erleben. Das Neue gälte hier mehr als das Alte, Jugend mehr als Lebenserfahrung, Veränderung und Risiko mehr als Sicherheit. In dieser Gesellschaft gäbe es zwar nicht gleiche Anteile für alle, denn auch Begabungen sind nicht gleich; aber tendenziell wären die Einkommen gleichmäßiger verteilt, als wenn Privileg und Begünstigungen das Sagen haben. Die Mittelschicht wäre relativ groß. Die größere Gleichheit würde sichtbar an einheitlicherer Kleidung und dem zwangloseren Umgang der Schichten untereinander.
Keine Gesellschaft der Erde ist an dieses Ideal herangekommen.

D. S. Landes, Wohlstand und Armut der Nationen, Berlin 1999, S. 233 f.

Aufgaben

1. Welche Kombination von Faktoren spielte bei der Industrialisierung Europas eine Rolle?
2. Es gibt gesellschaftliche Bedingungen, die die wirtschaftliche Entfaltung fördern, und solche, die sie blockieren. Geben Sie Beispiele und stellen Sie diese gegenüber.

HONNI
SOIT
QUI
MAL Y PENSE
DIEU ET MON DROIT

7. Imperialismus

Die Welt in der Kralle des bösartigen britischen Imperialismus – so sollten die Zeitgenossen der Jahrhundertwende diese französische Karikatur von 1899 verstehen. Der französische Text des Spruchbandes lautet: „Ein Schurke sei, wer dabei Schlechtes denkt." Der gebildete Leser wusste, dass es sich dabei um das Motto des höchsten englischen Ordens, nämlich des Hosenbandordens, handelte. Diese Karikatur attackierte mit visuellen Mitteln die britische Kolonialpolitik als brutal und rücksichtslos. Aber weniger das Schutzbedürfnis rückständiger Völker motivierte den Zeichner, vielmehr spiegelten sich in diesem Bild die kolonialen Spannungen zwischen England und Frankreich wider. Kurz zuvor standen beide Länder noch am Rande eines militärischen Konflikts, als Expeditionskorps beider Staaten in Faschoda – am Oberlauf des Nils – zusammentrafen (1898). England hatte zuvor Ägypten und das Land am Nil „unter seinen Schutz genommen" und strebte eine zusammenhängende Landverbindung von Kairo nach Kapstadt an. Die französische Expansion richtete sich – von Westafrika kommend – nach Osten. Im geografischen Schnittpunkt lag der Sudan. Der englische General Kitchener drohte mit Krieg, was die französische Einheit unter der Führung des Hauptmanns Marchand zum Rückzug zwang und die französische Niederlage besiegelte. Der Nationalstolz Frankreichs war zutiefst verletzt, gleichwohl suchte die französische Politik den Ausgleich mit England, weil sich das Land wegen der Spannungen mit Deutschland keinen weiteren Konflikt leisten konnte. So wurde der unscheinbare Ort Faschoda zur Schnittstelle in einem Vorgang, der als „scramble for Africa" in die Geschichtsbücher eingegangen ist – wörtlich ein „Sich-Raufen" der europäischen Staaten um die scheinbar herrenlosen Gebiete des Kontinents. Dabei ging es sowohl um die Wahrung eines Großmachtstatus als auch um nationales Prestige.

Wie sehr koloniale Konflikte in der Peripherie auf das europäische Zentrum zurückwirkten, geht auch aus der Nachgeschichte des Faschoda-Konflikts hervor. Im Sudan-Vertrag (1899) grenzten anschließend beide Länder ihre Interessensphären ab. Für die Respektierung der englischen Interessen am Nil erhielt Frankreich als Gegenleistung freie Hand in Marokko. Damit war das Fundament für die Entente cordiale (1904) gelegt, also für jenes „herzliche Einverständnis", das den Weg für ein militärisches Bündnis zwischen Großbritannien und Frankreich ebnete.

Deutschland betrieb aufgrund seiner späten nationalstaatlichen Einigung erst relativ spät – ab 1890 – imperialistische Politik. Da die Interessensphären zu diesem Zeitpunkt bereits weitgehend abgesteckt waren, musste das expansive Auftreten einer weiteren Großmacht fast zwangsläufig zu diplomatischen Spannungen führen. Als das Deutsche Reich sich anschickte, Weltmacht zu werden, wozu nach dem damaligen Verständnis der Besitz von Kolonien gehörte, stieß es auf den Widerstand der etablierten Kolonialmächte.

7.1 Begriff und historische Einordnung

Der Begriff Imperialismus stammt von lateinisch imperium ab und bedeutete in der römischen Geschichte zunächst die Befehlsvollmacht, ferner die Herrschaft oder das Herrschaftsgebiet, später auch die Ausdehnung von Herrschaft. Dem Begriff haftet also eine erhebliche Bedeutungsbreite an, zumal in neuester Zeit auch zwischenstaatliche Abhängigkeitsverhältnisse der verschiedensten Art oft „imperialistisch“ genannt werden. Außerdem gibt es den Imperialismus als Epochenbegriff. Er umfasst die Zeit zwischen etwa 1880 und 1914 (Beginn des 1. Weltkrieges), als ein globaler Wettlauf der europäischen Mächte um die Aufteilung scheinbar noch „herrenloser“ Gebiete stattgefunden hat.

Europäisierung der Welt

Universalhistorisch bezeichnet Imperialismus die historische Endphase der Europäisierung der Welt, die bis ins 15. Jahrhundert zurückreicht. Beginnend mit dem Zeitalter der Entdeckungen (15./16. Jahrhundert), konstituierte sich durch den Imperialismus des ausgehenden 19. Jahrhunderts das Weltwirtschaftssystem – ein Vorgang, der durch die Globalisierung zu Beginn des 21. Jahrhunderts seine Fortsetzung erfährt. Voraussetzung der europäischen Expansion war die wirtschaftliche, militärische und technologische Überlegenheit, die im ausgehenden 19. Jahrhundert zum Beispiel im Dampfschiff, im Telegrafen und im Maschinengewehr sichtbar wurde.

M 1

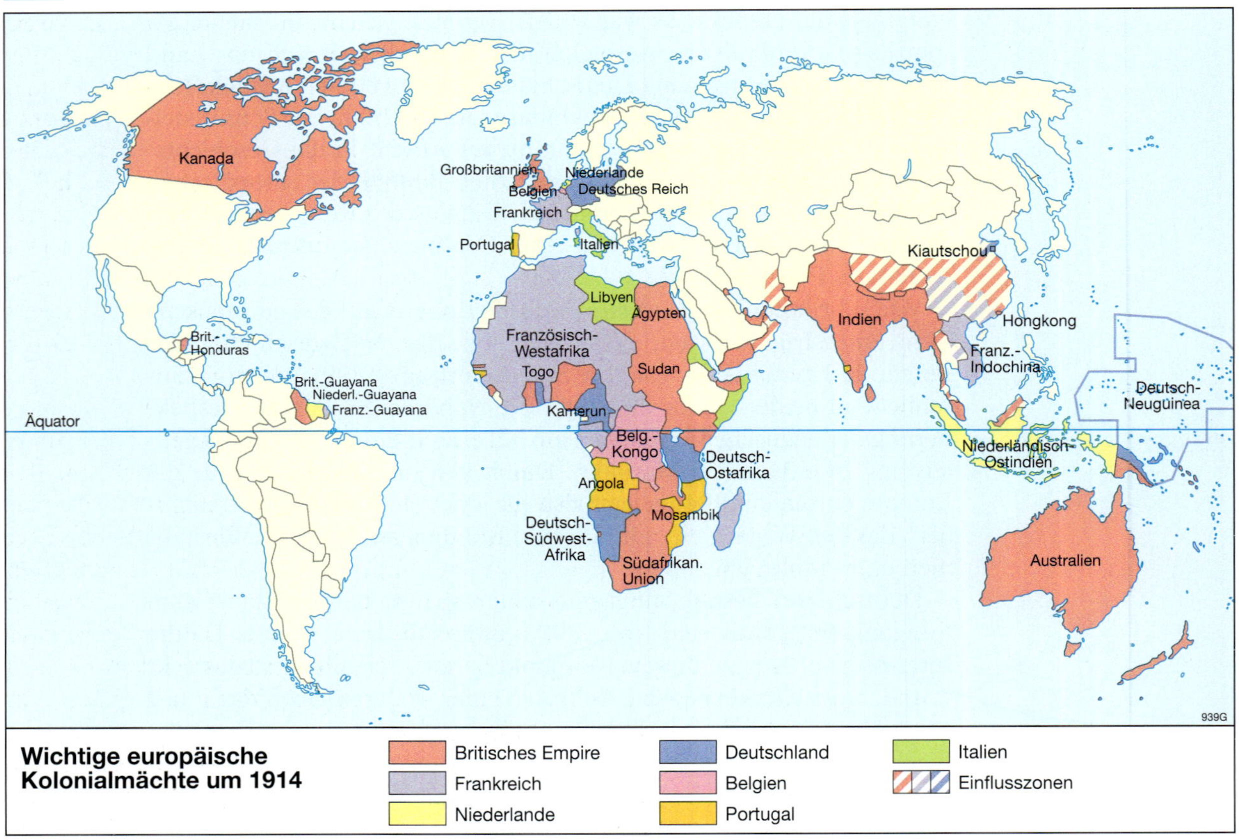

Wichtige europäische Kolonialmächte um 1914

Die europäische Dominanz begann mit dem Raub- und Plünderungskolonialismus, der nach der Eroberung Mexikos und Perus durch Spanien einsetzte. In dieser Phase stand die Jagd nach Edelmetallen sowie die mit Sklaven ausgeführte Plantagenwirtschaft im Mittelpunkt. Der Imperialismus am Ende des 19. Jahrhunderts bedeutete die Fortsetzung und gleichzeitig den Höhepunkt des Kolonialismus, denn nunmehr wandelte sich der Handelskolonialismus zum „formellen Kolonialismus“ im Zeichen imperialistischer Konkurrenz. An der Bildung von Kolonialreichen beteiligten sich alle bedeutenden Staaten Europas: die ursprünglichen imperialen Mächte Spanien und Portugal, die „älteren“ Kolonialmächte Holland, England und Frankreich und die „späten“ Nationalstaaten Deutschland und Italien. Der russische Binnenkolonialismus richtete sich auf Zentralasien. Außerdem traten die außereuropäischen Mächte USA und Japan hinzu.

Begründungen

Die Begründungen für die koloniale Expansion waren dabei immer sehr ähnlich:

- die Sicherung von Rohstoffen und die Erschließung von Exportmärkten,
- der Erwerb von Raum als Siedlungsgebiet für eine wachsende Bevölkerung,
- die Nutzung von Arbeitskräften,
- die Schaffung von Stützpunkten für den Handel, die Schifffahrt und den militärischen Nachschub.

Im Zuge des fortschreitenden industriellen Wachstums konkurrierten die imperialistischen Staaten weltweit um die Einverleibung von Territorien beziehungsweise um die Schaffung von politisch-ökonomischen Einflusssphären. In den achtziger Jahren des 19. Jahrhunderts setzte ein regelrechter Wettlauf um Afrika ein, wobei die Besetzung Tunesiens durch Frankreich (1881) und die britische Oberherrschaft über Ägypten (1882) als auslösende Momente gelten. Noch 1880 hatten europäische Mächte kaum ein Zehntel Afrikas in Besitz genommen, 20 Jahre später war der Rest vereinnahmt (außer Äthiopien, Liberia und Marokko).

In diesem letzten Stadium der Expansion Europas nach Übersee spielten der nationale Machtwille und innenpolitische Faktoren eine immer größere Rolle. Denn der Imperialismus besaß eine Massenbasis in einer nationalistisch gestimmten Öffentlichkeit. Erst der Besitz von Kolonien schien einem Land den Status einer Großmacht zu verleihen und das nationale Prestigebedürfnis zu befriedigen.

Sozialdarwinismus

Keine Idee hat den Imperialismus so sehr befeuert wie der Sozialdarwinismus. Diese mächtige geistige Zeitströmung, die sich mit den Namen Charles Darwin (1809–1882) und Herbert Spencer (1820–1903) verbindet, übertrug Darwins These von der „natürlichen Auslese“ auf die Konkurrenzsituation von Völkern und Gesellschaften. Dieses Denkmuster erschien den damaligen Zeitgenossen plausibel, vor allem im Hinblick auf die zivilisatorisch-technische Überlegenheit der europäischen Staaten im Vergleich mit den kolonisierten Völkern. Imperialistische Politik schien geradezu im Einklang mit der Natur zu stehen. Der Sozialdarwinismus diente somit der Legitimation von Herrschaft im Allgemeinen und des Imperialismus im Besonderen. Ihre Ergänzung fand diese Ideologie in der Idee von der (christlichen) Mission. Diese rechtfertigte den Kolonialismus mit der Verpflichtung des „weißen Mannes“, den unterentwickelten Völkern zivilisatorischen Fortschritt und christlichen Glauben zu bringen, um so zur Humanisierung der Welt beizutragen.

Sozialimperialismus

Der Imperialismus besaß eine nicht zu verkennende sozialpsychologische Basis im Seelenhaushalt der europäischen Gesellschaften. Er kann gleichsam als „Verlängerung“ des Nationalismus begriffen werden. Die Vorstellung nationaler Größe, zu der Kolonien quasi als Statussymbol dazugehörten, stellte einen ideologischen Kitt im Innern dar und förderte das Zusammengehörigkeitsgefühl. Der englische Imperialist Cecil Rhodes ging sogar so weit, 1895 zu behaupten, wer den Bürgerkrieg vermeiden wolle, der müsse zum Imperialisten werden. Er bezog sich damit auf die Einbindung proletarisierter und unterprivilegierter (Arbeiter-)massen in die bürgerliche Gesellschaftsordnung. Man spricht in diesem Zusammenhang von Sozialimperialismus. Zwar hat sich diese These empirisch nicht bestätigt, aber sie entsprach vielfach der öffentlichen Meinung in den Industrieländern. Die imperialistische Konkurrenz führte fast zwangsläufig zu politischen Spannungen zwischen den beteiligten Mächten. „Säbelgerassel“ und diplomatische Zerwürfnisse gefährdeten stets aufs Neue das europäische Gleichgewicht. Die Konflikte an der Peripherie wirkten auf das europäische Zentrum zurück.

Das Ausgreifen nach Übersee ging einher mit Flottenbau und allgemeiner Militarisierung. Dies fügte den Konflikten zwischen den europäischen Staaten eine weitere Dimension hinzu, die in der Vorgeschichte des Ersten Weltkrieges eine bedeutende Rolle spielte.

M 2 Imperialistische Krisenherde

Geographische Bezeichnung	Zeitpunkt	Konkurrierende Nationen
Faschoda (Sudan)	1898	England/Frankreich
Südafrika (Burenkrieg)	um 1900	England/Deutschland
Türkei (Bagdad-Bahn)	ab 1903	England/Deutschland/Russland
Marokko	1905/06 u. 1911	Frankreich/Deutschland
Mandschurei	1904/05	Japan/Russland

Widerstand

Die Überlegenheit der imperialistischen Mächte darf den Blick dafür nicht verstellen, dass die Inbesitznahme fremder Gebiete und die Aufrechterhaltung der Herrschaft kein friedlicher Prozess war. Genauso wie es die freiwillige Unterwerfung gab, die freiwillige Kollaboration der Einheimischen mit den Vertretern der Kolonialmächte, so kennzeichnete auch eine Kette von Aufständen den Widerstand der beherrschten Völker. Die Bedrohung, die von den fremden Kolonialmächten ausging, wurde nicht immer gleich erkannt. Wenn aber die Kolonialmacht das Land in Besitz nahm, die Einheimischen der Zwangsarbeit und der Besteuerung unterwarf, regte sich der Protest. Ähnlich reagierten die Unterworfenen oft auch auf die christliche Missionierung, die die tradierte Kultur infrage stellte. Der Widerstand konnte verschiedene Formen annehmen, wobei die großflächigen Antikolonialkriege eher die Ausnahme bildeten. In der Regel handelte es sich um Guerillakriege. Dabei setzte sich am Ende die materielle Überlegenheit der Eroberer durch. Gleichwohl gab es bereits im 19. Jahrhundert bedeutende militärische Niederlagen für die Kolonialmächte wie zum Beispiel 1836 der Franzosen in Algerien, 1842 der Briten in Afghanistan oder 1896 der Italiener in Äthiopien. Kolonialkriege stellten also einen wesentlichen Aspekt des Imperialismus dar.

M 3 **„Auf Jamaika herrscht Ordnung."**
Französische Karikatur von Honoré Daumier anlässlich der Übernahme Jamaikas als britische Kronkolonie am 17. Januar 1866

M 4 Die auserwählte englische Rasse

Der Kolonialpolitiker und spätere Ministerpräsident der Kapkolonie Cecil Rhodes (1853–1902) schrieb 1877:

Ich behaupte, dass wir die erste Rasse in der Welt sind und es für die Menschheit um so besser ist, je größere Teile der Welt wir bewohnen. Ich behaupte, dass jedes Stück Land, das unserem Gebiet hinzugefügt wird, die Geburt von mehr Angehörigen der englischen Rasse bedeutet, die sonst nicht ins Dasein gerufen worden wären. Darüber hinaus bedeutet es einfach das Ende aller Kriege, wenn der größere Teil der Welt in unserer Herrschaft aufgeht [...].
Die Förderung des Britischen Empire, mit dem Ziel, die ganze zivilisierte Welt unter britische Herrschaft zu bringen, die Wiedergewinnung der Vereinigten Staaten, um die angelsächsische Rasse zu einem einzigen Weltreich zu machen: Was für ein Traum! Aber dennoch ist er wahrscheinlich. Er ist realisierbar. [...] Da [Gott] sich die Englisch sprechende Rasse offensichtlich zu seinem auserwählten Werkzeug geformt hat, durch welches er einen auf Gerechtigkeit, Freiheit und Frieden gegründeten Zustand der Gesellschaft hervorbringen will, muss es auch seinem Wunsch entsprechen, dass ich alles in meiner Macht Stehende tue, um jener Rasse so viel Spielraum und Macht wie möglich zu verschaffen. Wenn es einen Gott gibt, denke ich, so will er daher eines gern von mir getan haben: nämlich so viel von der Karte Afrikas britisch-rot zu malen wie möglich und anderswo zu tun, was ich kann, um die Einheit der Englisch sprechenden Rasse zu fördern und ihren Einflussbereich auszudehnen.

Zit. nach: P. Alter, Der Imperialismus, Grundlagen, Probleme, Theorien, Stuttgart 1979, S. 14.

M 5 **„Hilf uns!"**
Zeitgenössische Rechtfertigung der Missionierungsidee

M 6 Das Konzept des Empire

Joseph Chamberlain (1836–1914), britischer Kolonialminister 1895–1903, vor dem Royal Colonial Institute am 31. März 1897 über das wahre Konzept des Empire:

Aber das Britische Reich besteht nicht nur aus den sich selbst regierenden Kolonien und dem Vereinigten Königreich. Es umfasst ein viel größeres Gebiet und eine viel größere Menschenzahl in tropischen Regionen, wo europäische Ansiedlung nicht möglich ist und die eingeborene Bevölkerung den Weißen an Zahl weit überlegen ist. Doch auch hier hat sich die Reichsidee gewandelt. Das Besitzgefühl ist vom Pflichtgefühl abgelöst worden. Wir fühlen nun, dass unsre Herrschaft über diese Gebiete nur durch den Nachweis gerechtfertigt werden kann, dass sie zum Glück und Wohlergehen der Völker beiträgt. Ich behaupte, dass unsere Herrschaft in der Tat Sicherheit, Frieden und bescheidenen wirtschaftlichen Wohlstand für Länder gebracht hat und bringt, die solche Segnungen bislang nie gekannt haben.
Indem wir diese Zivilisationsarbeit ausführen, erfüllen wir das, was nach meiner Meinung

unsre nationale Mission ist. Wir haben Raum gefunden für die Entfaltung jener Fähigkeiten und Qualitäten, die uns zu einer großen Herrschaftsrasse haben werden lassen. Ich sage nicht, dass unser Erfolg in jedem Fall vollkommen war, und auch nicht, dass unsere Methoden immer einwandfrei waren. Doch ich sage, dass in jedem Fall, in dem die Herrschaft der Königin und die Pax Britannica durchgesetzt wurden, größere Sicherheit für Leben und Eigentum und eine materielle Verbesserung der Lebensbedingungen für die Masse der Bevölkerung die Folge waren. Zweifellos wurde im Anfangsstadium der Eroberungen Blut vergossen, gab es Opfer unter der eingeborenen Bevölkerung und, mehr noch, Opfer unter denen, die ausgesandt wurden, um diese Länder in eine disziplinierte Ordnung zu bringen. Doch man muss immer daran denken, dass das zu den Bedingungen der uns auferlegten Mission gehört …

Zit. nach: P. Alter, a. a. O., S. 18f.

M 7 „Das imperialistische Spiel für das Jahr 1879"
Der russische Außenminister Gortschakow zu Großbritanniens Premier Disraeli: „Ich bin nur neugierig, wie viel du da noch aufbauen wirst, ehe es zusammenfällt." Disraeli: „Das dauert noch eine ganze Zeit, wenn keiner an den Tisch stößt."
In Afghanistan stießen russische und britische Kolonialinteressen aufeinander, Karikatur aus dem Kladderadatsch vom 29. Dezember 1878.

Aufgaben

1. Definieren Sie den „Imperialismus" als Begriff für eine Epoche.
   → Text, M1–M3
2. Fassen Sie die Begründungen für das Streben nach Kolonien zusammen.
   → Text, M4–M6
3. Erklären Sie den Begriff „Sozialimperialismus".
   → Text
4. Untersuchen Sie, inwiefern der Kolonialismus eine Destabilisierung der internationalen Ordnung mit sich brachte.
   → Text, M2, M7

7.2 Deutschland als Kolonialmacht

Deutschlands Rolle als Kolonialmacht begann 1884, als Deutsch-Südwest-Afrika, Kamerun und Togo unter den Schutz des Deutschen Reiches gestellt wurden. Ein Jahr später kam Deutsch-Ostafrika hinzu. Entgegen dem Motto „Die Ware folgt der Flagge." hatten Kaufleute und private Handelsgesellschaften den Beginn des (deutschen) Kolonialismus markiert, bevor sich der Staat einschaltete.

Bismarcks Haltung zu Kolonien

Deutschland war eine späte und zweitrangige Kolonialmacht. Bismarck hatte angesichts der Kolonial-Agitation lange gezögert, diesen Schritt zu veranlassen, weil er zum einen den ökonomischen Nutzen bezweifelte. Zum anderen lag ihm der Gedanke an eine deutsche Expansion nach Übersee auch darum fern, weil im Mittelpunkt seines außenpolitischen Denkens die Stabilisierung Deutschlands im europäischen Mächtefeld stand und weil er daher weitere Konflikte vermeiden wollte.

Bismarcks Widerstreben gegen koloniale Engagements resultierte also aus der ungesicherten geopolitischen Lage des Deutschen Reiches in der Mitte Europas. Bismarck wird mit den Worten zitiert: „Meine Karte von Afrika liegt in Europa. Hier liegt Russland, und hier liegt Frankreich, und wir sind in der Mitte; das ist meine Karte von Afrika."

Dennoch setzten sich die Befürworter des Kolonialgedankens durch. Bismarck gab dem öffentlichen Druck nach und erklärte 1884 den staatlichen Schutz für private Landerwerbungen durch den Kaufmann Adolf Lüderitz im Südwesten Afrikas. Diese politische Kursänderung diente offenkundig dazu, innenpolitischen Druck nach außen

M 1

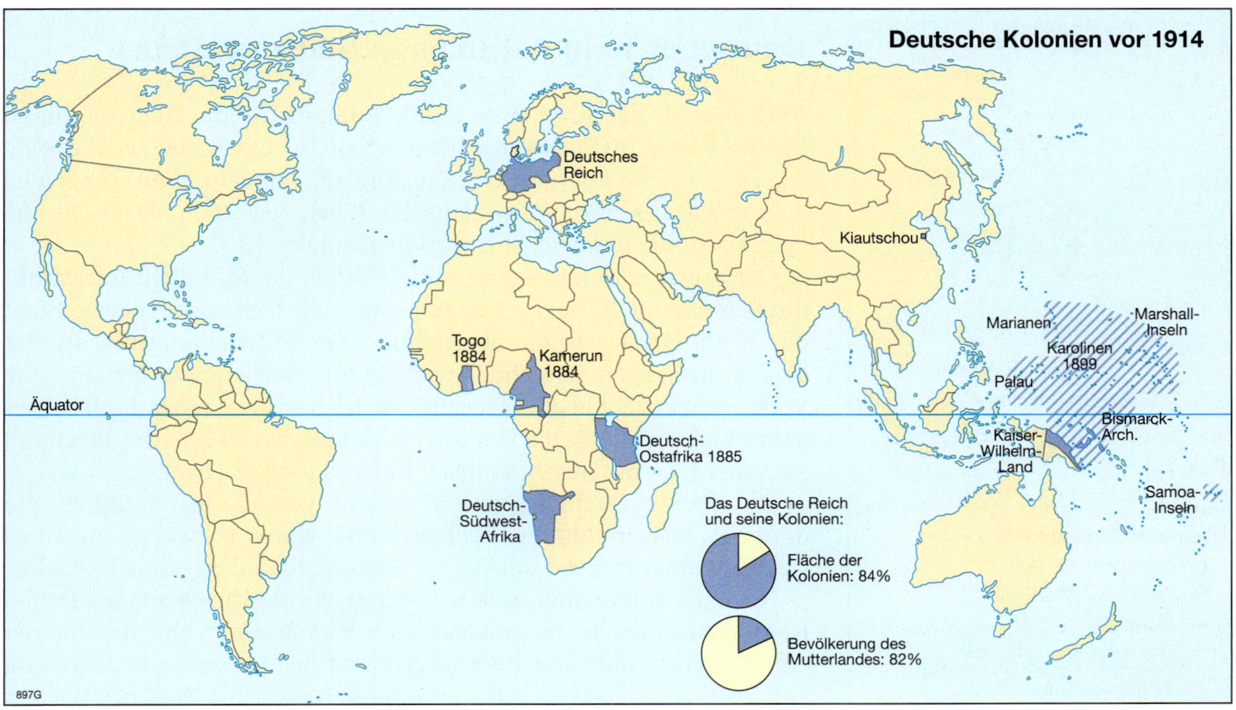

zu kanalisieren und eine Integration von Wirtschaftsbürgertum und Arbeiterschaft herzustellen. Allerdings spielte der Kolonialismus zu Bismarcks Amtszeit noch keine bedeutende Rolle. Erst nach 1890 – im wilhelminischen Deutschland – wurde der Kolonialgedanke populär und zu einer wirklichen innenpolitischen Macht. Das englische Vorbild, nationales Prestigedenken und deutsches Sendungsbewusstsein dürften dabei eine wesentliche Rolle gespielt haben. Um 1900 kontrollierte Großbritannien das größte Reich, das es in der Weltgeschichte je gegeben hat. Es umfasste etwa 30 Millionen km^2 und 25 Prozent der Weltbevölkerung. Das englische Empire war machtpolitisch das Maß aller Dinge. Im aufstrebenden wilhelminischen Deutschen Reich besaßen maßgebende Repräsentanten die Vorstellung, England als führende Weltmacht abzulösen. Der „Griff nach der Weltmacht" beflügelte die Fantasien hinsichtlich eines eigenen deutschen Kolonialreiches. Das Deutsche Reich stieß dabei als „verspätete Nation" überall auf andere Mächte, die ihre Interessengebiete bereits abgesteckt hatten.

Geringe Bedeutung der Kolonien

Am Vorabend des Ersten Weltkrieges besaß Deutschland ein Kolonialreich von 2,9 Mio. km^2 mit etwa 12 Millionen eingeborenen Einwohnern und 24 000 Deutschen. Eine nennenswerte Bedeutung als Siedlungsland hatten die Kolonien bis dahin offensichtlich nicht gehabt. Auch ökonomisch waren die Kolonien bis 1913 unerheblich. Der Anteil am Außenhandel betrug 0,5 Prozent (1913); maximal fünf Prozent des deutschen Auslandskapitals war in den Kolonien angelegt.

Die Kolonien blieben Kostgänger des Reiches. Zudem waren die deutschen Kolonialkriege äußerst blutig und kostspielig, so zum Beispiel die Niederschlagung der Hereros (1904/05) und Namas (1904–07) in Südwest-Afrika und des Ostafrika-Aufstands in Tanganjika (1905).

M 2

Deutscher Kolonialismus in Südwest-Afrika

1883 erwarb der Kaufmann Adolf Lüderitz Angra Pequeña, einen Küstenstreifen im Südwesten Afrikas, und bat um Schutz, weil er eine englische Intervention befürchtete. Ein Jahr später erfolgte eine solche Schutz-Zusage durch die deutsche Reichsregierung. Das war die Geburtsstunde des deutschen Kolonialismus.

Der privaten Kolonialgesellschaft fehlten die Mittel zur infrastrukturellen Erschließung des Landes, sodass ab 1890 der deutsche Staat die Kolonialverwaltung übernahm. Das Entwicklungsniveau der bereits ansässigen Bewohner war niedrig. Sechs große afrikanische Volksgruppen lebten überwiegend auf der Basis von nomadisch betriebener Viehzucht (wie die Hereros) beziehungsweise noch als Jäger und Sammler (wie die Buschmänner). Einen Staat gab es nicht.

Die Existenzbedingungen in einem Gebiet, das letztlich die doppelte Ausdehnung des Reiches hatte, waren schwierig, zumal es sich ganz überwiegend um Wüste, Halbwüste und Savanne handelte.

Nach der Anerkennung als Kolonie setzte der Zuzug von deutschen Kolonialbeamten, Farmern, Kaufleuten, Handwerkern und Missionaren ein. Zwischen 1897 und 1903 vergrößerte sich die weiße Bevölkerung von 2 800 auf 4 700. Bis 1914 erhöhte sich zwar die Zahl der Weißen auf 12 000, dies zeigt aber zugleich die geringe Bedeutung als Siedlerkolonie. Ab 1894 versuchte der Gouverneur Theodor Leutwein durch Kooperation mit den Stammesführern und mit behutsamer Vorgehensweise die Unterordnung der Stämme zu erreichen. Weitere Vertragsabschlüsse führten zu Gebietserweiterungen. Gleichwohl waren die Konflikte zwischen den deutschen Siedlern und den nomadisch lebenden Eingeborenen vorprogrammiert. Der europäische Eigentumsbegriff und die auf Großfarmen basierende Viehwirtschaft waren unvereinbar mit der präkolonialen afrikanischen Wirtschaftsordnung. 1904 erhoben sich die Hereros unter der Führung von Samuel Maharero, kurz darauf die Namas unter Hendrik Witbooi. Diese Aufstände der Hereros und Namas (von den Deutschen auch Hottentotten genannt) wurden zwischen 1904 und 1907 von der deutschen Schutztruppe unter dem Oberbefehl General von Trothas niedergeschlagen. Der kostspielige Kolonialkrieg endete nicht nur mit der Niederlage der Aufständischen: Ihr Land wurde enteignet und das Stammesvermögen eingezogen. Eine gnadenlose Kriegsführung hatte zur Dezimierung der Hereros um zwei Drittel und der Namas um die Hälfte geführt.

Hendrik Witbooi, Häuptling der Namas

Die Eingeborenen gerieten nunmehr in eine totale Abhängigkeit von den deutschen Kolonialbehörden. Nicht nur untersagte man ihnen den Landerwerb, es entstand ab 1907 durch Einschränkung ihrer Mobilität und Passpflicht ein gezielt herbeigeführter Arbeitszwang. Nach der Zerstörung der Stammesstrukturen sollte aus den Afrikanern eine (Farm-)arbeiterklasse gemacht werden.

Nach der Entdeckung reicher Diamantenfelder nahm die Kolonie nach 1906 einen wirtschaftlichen Aufschwung. Der Staat profitierte von Zolleinnahmen und Förderabgaben. Der Ausbau der Infrastruktur (Eisenbahnen, Straßen und Hafenanlagen) ging voran. Gleichwohl blieb die wirtschaftliche Bedeutung der Kolonie bis zum Vorabend des Ersten Weltkrieges gering. Die deutsche Kolonialgeschichte endete in Südwest-Afrika 1915 mit der Kapitulation der deutschen Truppen vor südafrikanischen Einheiten. Völkerrechtlich wurde der Verlust der deutschen Kolonien durch den Versailler Vertrag (1919) besiegelt.

Theodor Leutwein, Gouverneur von Südwestafrika

M 3 „So kolonisiert der Deutsche."
Karikatur aus dem Simplicissimus, von Thomas Theodor Heine, 1904

M 4 Aufruf an das deutsche Volk

Nach der Gründung seiner „Gesellschaft für deutsche Kolonisation" schrieb Carl Peters (28. März 1884):

Die deutsche Nation ist bei der Verteilung der Erde, wie sie vom Ausgang des 15. Jahrhunderts bis auf unsere Tage hin stattgefunden hat, leer ausgegangen. Alle übrigen Kulturvölker Europas besitzen auch außerhalb unseres Erdteils Stätten, wo ihre Sprache und Art feste Wurzel fassen und sich entfalten kann. Der deutsche Auswanderer, sobald er die Grenzen des Reiches hinter sich gelassen hat, ist ein Fremdling auf ausländischem Grund und Boden. Das Deutsche Reich, groß und stark durch die mit Blut errungene Einheit, steht da als die führende Macht auf dem Kontinent von Europa: Seine Söhne in der Fremde müssen sich überall Nationen einfügen, welche der unsrigen entweder gleichgültig oder geradezu feindlich gegenüberstehen. Der große Strom deutscher Auswanderung taucht seit Jahrhunderten in fremde Rassen ein, um in ihnen zu verschwinden. Das Deutschtum außerhalb Europas verfällt fortdauernd nationalem Untergang.

In dieser für den Nationalstolz so schmerzlichen Tatsache liegt ein ungeheurer wirtschaftlicher Nachteil für unser Volk! Alljährlich geht die Kraft von 200 000 Deutschen unserem Vaterland verloren! Diese Kraftmasse strömt meistens unmittelbar in das Lager unserer wirtschaftlichen Konkurrenten ab und vermehrt die Stärke unserer Gegner. Der deutsche Import von Produkten tropischer Zonen geht von ausländischen Niederlassungen aus, wodurch alljährlich viele Millionen deutschen Kapitals an fremde Nationen verloren gehen! Der deutsche Export ist abhängig von der Willkür fremdländischer Zollpolitik. Ein unter allen Umständen sicherer Absatzmarkt fehlt unserer Industrie, weil eigene Kolonien unserem Volke fehlen. […]

Jeder Deutsche, dem ein Herz für die Größe unserer Nation schlägt, ist aufgefordert, unserer Gesellschaft beizutreten. Es gilt, das Versäumnis von Jahrhunderten gutzumachen, der Welt zu beweisen, dass das deutsche Volk mit der alten Reichsherrlichkeit auch den alten deutschnationalen Geist der Väter übernommen hat!

Zit. nach: J. Petschull, Der Wahn vom Weltreich, Hamburg 1984, S. 162.

M 5 Der neue Reifrock (oben)
„Die neue Crinoline". Bismarck schneidert der unwilligen Germania einen modischen Kolonial-Reifrock.
– Muss ich denn die Mode mitmachen?
– Nur Mut, gnädige Frau, wenn Sie das Neue im Anfang auch etwas geniert, so gibt es Ihnen doch ein brillantes Relief nach außen, Holzschnitt von Gustav Heil für das satirische Blatt „Berliner Wespen", 13. März 1885.

M 6 Bismarck über die Aufnahme der Kolonialpolitik

Im April 1884 hatte die deutsche Regierung die Erwerbung des Bremer Kaufmanns Lüderitz unter deutschen Schutz gestellt. Es gelang ihr anschließend, die Anerkennung dieser Annexion durch Großbritannien zu erwirken. In einer Rede im Reichstag begründete der Reichskanzler, warum er seine Haltung zur Kolonialpolitik geändert hatte (26. Juni 1884):

[…] Wir sind zuerst durch die Unternehmung hanseatischer Kaufleute, verbunden mit Terrainankäufen und gefolgt von Anträgen auf Reichsschutz dazu veranlasst worden, die Frage, ob wir diesen Reichsschutz in dem gewünschten Maße versprechen könnten, einer näheren Prüfung zu unterziehen. Ich wiederhole, dass ich gegen Kolonien [bin], gegen Kolonien, die als Unterlage ein Stück Land schaffen und dann Auswanderer herbe zuziehen suchen, Beamte anstellen und Garnisonen errichten –, dass ich meine frühere Abneigung gegen diese Art von Kolonisation [...] heute noch nicht aufgegeben habe. [...]

Etwas ganz anderes ist die Frage, ob es zweckmäßig, und zweitens, ob es die Pflicht des Deutschen Reiches ist, denjenigen seiner Untertanen, die solchen Unternehmungen im Vertrauen auf des Reiches Schutz sich hingeben, diesen Reichsschutz zu gewähren und ihnen gewisse Beihilfen in ihren Kolonialbestrebungen zu leisten, um denjenigen Gebilden, die aus den überschüssigen Säften des gesamten deutschen Körpers naturgemäß herauswachsen, in fremden Ländern Pflege und Schutz angedeihen zu lassen. Und das bejahe ich, allerdings mit weniger Sicherheit vom Standpunkte der Zweckmäßigkeit – ich kann nicht voraussehen, was daraus wird –, aber mit unbedingter Sicherheit vom Standpunkte der staatlichen Pflicht.

Ich kann mich dem nicht entziehen. Ich bin mit einem gewissen Zögern an die Sache herangetreten, und ich habe mich gefragt: Womit könnte ich es rechtfertigen, wenn ich diesen hanseatischen Unternehmern [...] sagen wollte: Das ist alles sehr schön, aber das Deutsche Reich ist dazu nicht stark genug, es würde das Übelwollen anderer Staaten auf sich ziehen, es würde [...] in unangenehme Berührung mit anderen kommen, es würde „Nasenstüber" bekommen, für die es keine Vergeltung hätte; dazu ist unsere Flotte nicht stark genug! [...] Aber ich muss sagen, dass ich als der erste Kanzler des neu geschaffenen Reichs doch eine gewisse Schüchternheit empfand, eine Abneigung, mich so auszusprechen, und selbst wenn ich an diese unsere Schwäche und Unfähigkeit geglaubt hätte, ich würde mich geniert haben, den Hilfe suchenden offen zu sagen: Wir sind zu arm, wir sind zu schwach, wir sind zu furchtsam, für euren Anschluss an das Reich euch Hilfe vom Reich zu gewähren.

Ich habe nicht den Mut gehabt, diese Bankrotterklärung der deutschen Nation auf überseeische Unternehmungen den Unternehmern gegenüber als Reichskanzler auszusprechen.

Zit. Nach: W. Lautemann, M. Schlenke (Hg.), Geschichte in Quellen, Das bürgerliche Zeitalter, München 1980, S. 471.

M 7 Wider die Kolonialpolitik

Der SPD-Vorsitzende August Bebel (1840–1913) äußerte sich 1889 in einer Rede vor dem Reichstag zur Kolonialpolitik der Regierung:

Nun, wer ist denn diese Ostafrikanische Gesellschaft? Ein kleiner Kreis von Großkapitalisten, Bankiers, Kaufleuten und Fabrikanten, d. h. ein kleiner Kreis von sehr reichen Leuten, deren Interessen mit den Interessen des deutschen Volkes gar nichts zu tun haben, die bei dieser Kolonialpolitik nichts als ihr eigenes persönliches Interesse im Auge haben. [...] Einer solchen Kolonialpolitik werden wir nie unsere Zustimmung geben. Im Grunde genommen ist das Wesen aller Kolonialpolitik die Ausbeutung einer fremden Bevölkerung in der höchsten Potenz. Wo immer wir die Geschichte der Kolonialpolitik in den letzten drei Jahrhunderten aufschlagen, überall begegnen wir Gewalttätigkeiten und der Unterdrückung der betreffenden Völkerschaften, die nicht selten schließlich mit deren vollständiger Ausrottung endet. Und das treibende Motiv ist immer, Gold, Gold und wieder nur Gold zu erwerben. Und um die Ausbeutung der afrikanischen Bevölkerung im vollen Umfange und möglichst ungestört betreiben zu können, sollen aus den Taschen des Reiches, aus den Taschen der Steuerzahler Millionen verwendet werden, soll die Ostafrikanische Gesellschaft mit den Mitteln des Reiches unterstützt werden, damit ihr das Ausbeutegeschäft gesichert wird. Dass wir von unserem Standpunkt aus als Gegner jeder Unterdrückung nicht die Hand dazu bieten, werden sie begreifen. Ich gehe weiter und sage, dass sogar im Falle einer kolonialen Bearbeitung [...] für die Einwohner der betreffenden Länder nichtmal irgendein Vorteil erwächst. [...]

Ich habe [...] die Überzeugung, das wesentlichste Kolonisations- und Zivilisationsmittel, das in allen Kolonien angewendet wird, die Masseneinfuhr von Branntwein, ist ganz wesentlich darauf gerichtet, die widerspenstige und opponierende Bevölkerung dadurch unterzubringen, dass man sie an den reichlichen Genuss des Branntweins gewöhnt, dass man sie dadurch degeneriert und korrumpiert und schließlich auf diese Weise vollständig in die Gewalt bekommt. [...] Meine Herren, das sind keine Ziele, das sind keine Mittel, für die wir uns begeistern könnten. Es wird allerdings als eigentliches Ziel aufgestellt, es handle sich um die Verbreitung europäischer Zivilisation, es gelte vor allen Dingen, dem scheußlichen Sklavenhandel und den Sklavenjagden ein Ende zu machen. Aber, meine Herren, den Kernpunkt der Sache, der erst den Sklavenhandel und die Sklavenjagden zur Folge hat, die Sklaverei an sich, wollen Sie nicht aufheben. [...] Sitzen wir aber erst einmal an den Fieberküsten Ostafrikas fest, dann werden auch noch ganz andere Forderungen an uns herantreten; dann wird es vor allen Dingen heißen: Nachdem wir einmal soundso viel Gut und Blut für jene Lande geopfert und aufgewendet haben, ist es ein Gebot der nationalen

Ehre, dieselben zu halten; was immer es kosten mag, wir müssen dafür eintreten. Dann wird in erster Linie notwendig, eine bedeutende Verstärkung der Flotte vorzunehmen – Herr von Kardorff[1] nickt mir bereits zustimmend zu –; es wird ferner notwendig, eine bedeutende Anzahl von Kolonialtruppen aus deutschen Reichsmitteln zu unterhalten. Es wird dann heißen: Wir müssen uns derartig in unserer Marine rüsten, dass wir im Falle einer europäischen Krisis nicht nur unsere heimatlichen Küsten, sondern auch unsere Kolonien in fremden Ländern ausreichend schützen und verteidigen können.

1 Wilhelm von Kardorff (1828–1907), konservativer Politiker, Vertrauensmann Bismarcks

Zit. nach: A. Kuhn (Hg.), Deutsche Parlamentsdebatten, Bd. 1, 1871–1918, Frankfurt/M. 1970, S. 170 ff.

M 8 Die blonde Germania, das Sinnbild für das Deutsche Reich, nährt das schwarze Baby an ihrer Brust, Kolonialkritische deutsche Karikatur von 1904.

M 9 Plädoyer für einen deutschen Imperialismus

Der nationalistische Publizist Paul Rohrbach war im wilhelmischen Kaiserreich ein viel gelesener Autor und verstand sich als Advokat einer deutschen Weltmachtrolle. Er schrieb 1912:

[…] Wollen wir also vom deutschen Gedanken in der Welt reden, so meinen wir den sittlichen Idealgehalt des Deutschtums als gestaltende Kraft im gegenwärtigen wie im zukünftigen Weltgeschehen, und gehen dabei mit Bewusstsein von der Überzeugung aus, dass wir dazu in das Spiel der Weltkräfte hineingestellt sind, um sittliche Tüchtigkeit nicht nur für uns, sondern auch für die ganze Menschheit zu erarbeiten und zu bewähren. Nach diesem Prinzip also glauben wir, und nach keinem andern, geschieht die dauernde Auslese der Tüchtigsten unter den Völkern, die dazu gelangen, ein Stück Menschheitsfortschritt zu verwirklichen, indem sie der Welt den Stempel ihrer nationalen Idee aufdrücken. […]

Wir wachsen und mehren uns, aber nicht in einem weiträumigen Lande, das Überfluss an allem hat, was man zum Leben braucht: an Feldfrucht, Bodenschätzen und Rohstoffen, sondern wir sind in enge und keineswegs günstige Grenzen gepresst und müssen von Jahr zu Jahr mehr Gut aus der Ferne herbeischaffen, um satt zu werden und unsere Maschinen in Gang zu halten. Mit jedem Jahr wächst derjenige Teil unseres Volkes, der sein Dasein nur fristen kann, wenn Materialien eingeführt und Fabrikate ausgeführt werden, fast um eine Million. Unser Schulwissen und alle sonstige

Bildung, unsere Technik, Erfindungsgabe und Kunst, unsere Gründlichkeit und Exaktheit, hier und da vielleicht auch schon etwas freien Geschmack, legen wir in den Wandlungsprozess hinein, der amerikanisches Holz und spanisches Metall, ägyptische Baumwolle und australisches Mohair, Kautschuk vom Kongo und Ochsenhäute vom La Plata bei uns zu Fabrikaten für den Weltmarkt umschafft. Den Weltmarkt! – ihn brauchen wir jetzt schon für unsere Existenz ebenso nötig wie unsere eigene Scholle, und unerbittlich kommt der Tag näher, an dem wir ihn noch nötiger brauchen werden als sie. Nur aber, wenn mit unserem eigenen Wachstum auch Anteil und Ertrag an Weltmarkt und Weltwirtschaft für uns zunehmen, können wir gesund bleiben; nur dann vermögen wir die innere Werte, die aus unserer nationalen Idee herauswachsen, auch sich entfalten, aufblühen und als gestaltende Faktoren der Weltkultur wirken zu lassen. Aufhören des Wachstums wäre für uns eine Katastrophe nach außen wie nach innen, denn es könnte unter unsern heutigen Verhältnissen auf keine Weise ein freiwilliges oder natürliches sein, sondern erst dann sich ereignen, wenn ein anderes Volk oder eine Vereinigung von Völkern uns derartig zu Boden geworfen hat, dass wir auf lange Zeit hinaus siech werden.

P. Rohrbach, Der deutsche Gedanke in der Welt, Düsseldorf/Leipzig 1912, S. 6 ff.

M 10 Der Platz an der Sonne

Der Staatssekretär im Auswärtigen Amt Bernhard von Bülow (ab 1900 Reichskanzler) hielt 1897 im Reichstag die folgende Rede:

[…] Der Herr Reichskanzler ist nicht der Mann, und seine Mitarbeiter sind nicht die Leute, irgend unnütze Händel zu suchen. Wir empfinden auch durchaus nicht das Bedürfnis, unsere Finger in jeden Topf zu stecken. Aber allerdings sind wir der Ansicht, dass es sich nicht empfiehlt, Deutschland in zukunftsreichen Ländern von vornherein auszuschließen vom Mitbewerb anderer Völker. (Bravo!) Die Zeiten, wo der Deutsche dem einen seiner Nachbarn die Erde überließ, dem anderen das Meer und sich selbst den Himmel reserviert, wo die reine Doktrin thront (Heiterkeit – Bravo!) – diese Zeiten sind vorüber. Wir betrachten es als eine unserer vornehmsten Aufgaben, gerade in Ostasien die Interessen unserer Schifffahrt, unseres Handels und unserer Industrie zu fördern und zu pflegen. […]

Wir müssen verlangen, dass der deutsche Missionar und der deutsche Unternehmer, die deutschen Waren, die deutsche Flagge und das deutsche Schiff in China geradeso geachtet werden, wie diejenigen anderer Mächte. (Lebhaftes Bravo.) Wir sind endlich gern bereit, in Ostasien den Interessen anderer Großmächte Rechnung zu tragen, in der sicheren Voraussicht, dass unsere eigenen Interessen gleichfalls die ihnen gebührende Würdigung finden. (Bravo!) Mit einem Worte: Wir wollen niemand in den Schatten stellen, aber wir verlangen auch unseren Platz an der Sonne. (Bravo!) In Ostasien wie in Westindien werden wir bestrebt sein, getreu den Überlieferungen der deutschen Politik, ohne unnötige Schärfe, aber auch ohne Schwäche unsere Rechte und unsere Interessen zu wahren.

Zit. nach: G. A. Ritter (Hg.), Das deutsche Kaiserreich 1871–1914, Göttingen 1977, S. 300 f.

Aufgaben

1. Stellen Sie die Haltung Bismarcks dar, die er zunächst zur Kolonialpolitik einnahm.
   → Text
2. Untersuchen Sie die Anfänge der deutschen Kolonialpolitik. Wie begründete Bismarck seine Kehrtwendung?
   → Text, M5, M6
3. Welche typischen Kolonialkonflikte lassen sich am Beispiel Südwestafrikas aufzeigen? Beurteilen Sie das Wirken der Kolonialmacht.
   → Text
4. Untersuchen und beurteilen Sie das Bild, das Carl Peters vom Zustand der deutschen Nation zeichnete.
   → M4
5. Mit welchen Argumenten sprach sich Bebel gegen den Erwerb von Kolonien aus?
   → M7
6. Erläutern Sie die Begründungen für die Expansion nach Übersee.
   → M9, M10

7.3 Kolonialismus – eine Bilanz

M 1 „Licht der Zivilisation"
Schüler an deutscher Missionsschule in Togo (um 1900)

M 2 Als Nation fast ausgerottet
Von Deutschen gefangene Hereros (1904)

Der gesamtwirtschaftliche Ertrag der Kolonien war allgemein enttäuschend. Das gilt definitiv für die französischen und deutschen Kolonien. Überdies fällt für jede einzelne Kolonie die Kosten-Nutzen-Rechnung anders aus und lässt sich zumeist nicht genau aufmachen.

Das Kolonialgeschäft war immer nur ein untergeordneter Teil der europäischen Wirtschaft. Die großen Handelsströme bewegten sich zwischen den europäischen Staaten selbst. Die moderne Sozialwissenschaft ist zu dem Ergebnis gekommen, dass der Aufstieg Europas und seine Industrialisierung keineswegs eine Folge von Kolonialismus beziehungsweise Imperialismus waren, wenngleich eine Begünstigung nicht auszuschließen ist. Die nachkoloniale Geschichte hat gezeigt, dass Landerwerbungen nicht notwendig sind, um profitablen Handel zu treiben. Lenins Imperialismustheorie, die das Überleben des modernen Kapitalismus an die Existenz der ihn tragenden Kolonien knüpfte, hat sich als unzutreffend herausgestellt.

Mit dem Kolonialismus in der Epoche des Imperialismus verbindet sich in jedem Fall eine äußerst zwiespältige Bilanz. Die zerstörerischen Folgen von Unterwerfung, Fremdherrschaft und Ausbeutung sind nachhaltig dokumentiert. Dazu zählen Landraub, Anbauzwang, willkürliche Preisfestsetzungen durch die Verwaltung und in der Folge eine einseitige wirtschaftliche Entwicklung. Andererseits lehrt der Blick auf die Kolonialgeschichte, dass in vielen Fällen die Überlegenheit der Eroberer anerkannt wurde und die traditionelle Ordnung zum größten Teil erhalten blieb. Um 1900 regierten nur 6000 britische Beamte über 300 Millionen Inder. Ohne weitgehende Kooperation wäre das nicht möglich gewesen.

Die Kolonialverwaltung legte oft auch die Grundlagen für eine moderne Infrastruktur in Form von Straßen, Eisenbahnlinien, Telegrafenleitungen. Um 1900 war das indische Eisenbahnnetz 35 mal so groß wie das des nominell unabhängigen China. Der Aufbau moderner Strukturen (Verwaltung, Rechtsprechung, Krankenhäuser, Schulen) ging oft mit der Kolonialisierung einher. Die Entwicklung der Produktivkräfte hat für manche Staaten nach der Dekolonialisierung den Durchbruch zur modernen Industriegesellschaft ermöglicht (zum Beispiel Korea und Taiwan), während andererseits Äthiopien und Afghanistan als Nichtkolonien nach wie vor extrem unterentwickelt sind. Erst aus den Schulen, Missionsstationen und Universitäten der Kolonialherren ging eine neue Elite hervor, die in der zweiten Hälfte des 20. Jahrhunderts die Kolonialherren zum Abzug zwang und damit den Prozess der Dekolonisierung bewerkstelligte.

In der Epoche des Imperialismus erfolgte die Einbeziehung der meisten Gebiete der Welt in den Weltmarkt beziehungsweise in die internationale Arbeitsteilung. Dieser Vorgang war unumkehrbar und bedeutete einen Schritt zu der *einen* Welt, in der wir heute leben. Aus gegenwärtiger Sicht stellt der Imperialismus universalgeschichtlich eine Etappe auf dem Weg zur Globalisierung dar. Dieser Prozess, der im Zeitalter der Entdeckung begann, endet im 21. Jahrhundert in einer durch moderne Kommunikations- und Transporttechnik vernetzten Welt.

Jahr	Großbritannien	Frankreich	Deutsches Reich	Andere Länder
1882	Ägypten	Guinea, am Kongo		
1883		Bamako (Niger) als Beginn der Durchdringung Westafrikas. Annam (Vietnam)		
1884	Südost-Neuguinea Somaliland	Guinea Tonking	Togo, Kamerun Dt.-Südwestafrika, Bismarckarchipel Kaiser-Wilhelm-Land	Merw (Russland)
1885	Betschuanaland Nigeria (z.-T. 1861)		Dt.-Ostafrika Marschallinseln	Massaua/Eritrea (Italien). Rio de Oro Protektorat (Spanien). Beginn der Erwerbung des Kongo (Belgien).
1886	Oberburma Kenia	Kambodscha		
1888		Somaliland		
1889	Rhodesien			Somaliland (Italien)
1890	Sansibar (Zanzibar)			Eritrea Kolonie (Italien)
1891	Zentralafrikanisches Protektorat (Njassaland)			
1892		Sudan. Dahomey		
1893		Elfenbeinküste. Laos		
1894	Uganda			
1895		Verwaltungseinheit Frz.-Westafrika		Pamir (Russland)
1896		Madagaskar Kolonie		
1898	Waihaiwei		Kiautschou	Port Arthur (Russland)
1899	Sudan		Marianen, Karolinen, Palau-, Samoa-Inseln	
1900	Nigeria Protektorat	Protektorat des Tschad		Mandschurei (Rußland)
1902	Burenrepubliken			
1908				Kongo (Belgien)
1910	Südafrik. Union			
1912				Tripolis, Dodekanes (Italien

M 3 **Koloniale Expansion** Großbritanniens, Frankreichs und des Deutschen Reiches von 1882 bis 1912

M 4 Wesenszüge des britischen Imperialismus

Der Historiker und Anwalt englischer Weltgeltung John Robert Seeley in seinem äußerst populären Buch „Die Ausbreitung Englands" (1883):

[... In unserem Kolonialreich haben wir uns den Grundstein für ein Größeres Britannien gelegt, und ein solches mag sich schließlich daraus entwickeln. [...] Im vorigen Jahrhundert konnte es noch kein wahres Größeres Britannien geben, weil die Entfernungen zwischen Mutterland und Kolonien und zwischen den Kolonien selbst zu weit waren. Dies Hindernis besteht nicht mehr. Die Naturwissenschaft hat dem politischen Organismus durch den Dampf einen neuen Kreislauf und durch die Elektrizität ein neues Nervensystem gegeben. Diese neuen Grundlagen fordern eine ganz neue Einstellung zum Kolonialproblem. Erst jetzt sehen wir die Möglichkeit – und zugleich fast eine zwingende Notwendigkeit –, den alten Traum eines Größeren Britannien zu verwirklichen. [...]

Denn gerade die technischen Erfindungen, die große politische Vereinigungen ermöglichen, lassen die Großstaaten nach altem Maßstab klein, unbedeutend und ungesichert erscheinen. Wenn die Vereinigten Staaten und Russland noch ein halbes Jahrhundert zusammenhalten, so werden bis dahin alte europäische Staaten wie Frankreich und Deutschland als zwerghafte Gebilde in den Hintergrund gedrängt sein. Auch England wird es so ergehen, wenn es dann noch fortfährt, sich nur als europäisches Reich zu betrachten, als das Vereinigte Königreich Großbritannien und Irland. Ein dürftiges Auskunftsmittel wäre der Versuch, diesen gewaltigen Staaten von einem ganz neuen Typus als ein künstliches Gebilde entgegenzutreten, dessen Siedlungen und Inseln über die ganze Erde zerstreut sind, dessen Bewohner den verschiedensten Völkern angehören und die nur durch ein zufälliges schwaches Band, die von allen gemeinsam anerkannte Oberhoheit der Königin von England, zusammengehalten würden. Aber das, was wir unser Imperium nennen, ist kein so künstliches Gebilde; es ist, wenn wir von Indien absehen, überhaupt kein Imperium im eigentlichen Sinn. Es ist die Lebensform des großen englischen Volkes, welches über so weite Räume zerstreut ist, dass vor dem Zeitalter des Dampfes und der Elektrizität die Ent-

M 5

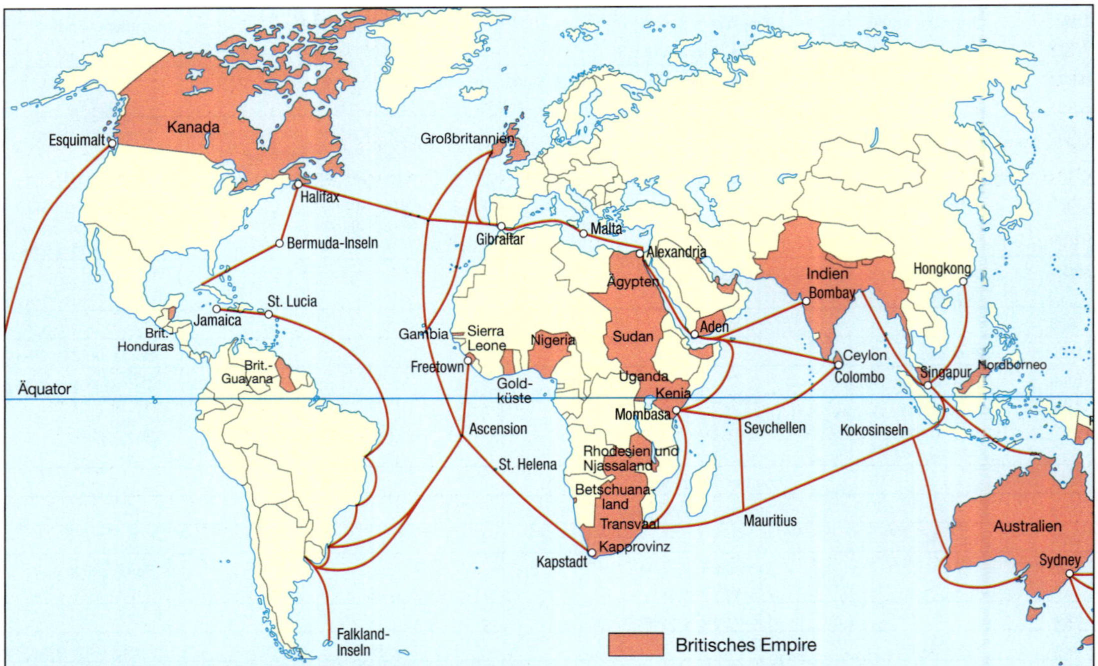

Die Hauptbesitzungen, Flottenstützpunkte und Tiefseekabel des Britischen Reiches um 1900

fernung die starken Bande des Blutes und der Religion zu sprengen drohte. Heute, wo die Entfernung überwunden ist und das Beispiel der Vereinigten Staaten und Russlands die Möglichkeit politischer Vereinigung über so weite Flächen erwiesen hat, erhebt sich auch das Größere Britannien als eine Wirklichkeit, und zwar als eine sehr lebenskräftige. Es wird eine starke politische Vereinigung werden, wenn auch nicht stärker als die Vereinigten Staaten, aber, wie wir zuversichtlich hoffen dürfen, weit stärker als die große Völkermischung von Slawen, Germanen, Turkmenen und Armeniern, von griechischen und römischen Katholiken, Protestanten, Mohammedanern und Buddhisten, die sich Russland nennt. […]

J. R. Seeley, Die Ausbreitung Englands, Frankfurt/M. 1954, S. 67 und 79 ff.

M 6 Lenin: Imperialismustheorie (1917)

Der Begründer der Sowjetunion sah den Imperialismus im Zusammenhang mit seinen Vorstellungen vom Monopolkapitalismus:

Die gundlegende Besonderheit des modernen Kapitalismus ist die Herrschaft der Monopolverbände der Großunternehmer. Derartige Monopole sind am festesten, wenn alle Rohstoffquellen in einer Hand zusammengefasst werden, und wir haben gesehen, wie eifrig die internationalen Kapitalistenverbände bemüht sind, dem Gegner jede Konkurrenz unmöglich zu machen, wie eifrig sie bemüht sind, z. B. Eisenerzlager oder Petroleumquellen usw. aufzukaufen. Einzig und allein der Kolonialbesitz bietet volle Gewähr für den Erfolg der Monopole gegenüber allen Zufälligkeiten im Kampfe mit dem Konkurrenten – bis zu einer solchen Zufälligkeit einschließlich, dass der Gegner auf den Wunsch verfallen könnte, sich hinter einem Gesetz über ein Staatsmonopol zu verschanzen. Je höher entwickelt der Kapitalismus, je stärker fühlbar der Rohstoffmangel, je schärfer ausgeprägt die Konkurrenz und die Jagd nach Rohstoffquellen in der ganzen Welt sind, desto erbitterter ist der Kampf um die Erwerbung von Kolonien. […]
Würde eine möglichst kurze Definition des Imperialismus verlangt, so müsste man sagen, dass der Imperialismus das monopolistische Stadium des Kapitalismus ist. Eine solche Definition enthielte die Hauptsache, denn auf der einen Seite ist das Finanzkapital das Bankkapital einiger weniger monopolistischer Großbanken, das mit dem Kapital monopolistischer Industriellenverbände verschmolzen ist, und auf der anderen Seite ist die Aufteilung der Welt der Übergang von einer Kolonialpolitik, die sich ungehindert auf noch von keiner kapitalistischen Macht eroberte Gebiete ausgedehnt, zu einer Kolonialpolitik der monopolistischen Beherrschung des Territoriums der restlos aufgeteilten Erde. […]

Hier sind Ursachen und Wirkungen deutlich aufgezeigt. Ursachen: 1. Ausbeutung der ganzen Welt durch das betreffende Land; 2. seine Monopolstellung auf dem Weltmarkt; 3. sein Kolonialmonopol. Wirkungen: 1. Verbürgerung eines Teils des englischen Proletariats; 2. ein Teil des Proletariats lässt sich von Leuten führen, die von der Bourgeoisie gekauft sind oder zumindest von ihr bezahlt werden. Der Imperialismus zu Beginn des 20. Jahrhunderts hat die Aufteilung der Welt unter einige wenige Staaten zu Ende geführt, von denen jeder gegenwärtig einen nicht viel kleineren Teil der „ganzen Welt" ausbeutet (im Sinne der Gewinnung von Extraprofit) als England im Jahre 1858; jeder nimmt eine Monopolstellung auf dem Weltmarkt ein dank den Trusts, den Kartellen, dem Finanzkapital und dem Verhältnis des Gläubigers zum Schuldner; jeder besitzt bis zu einem gewissen Grade ein Kolonialmonopol. (Wir sahen, dass von den 75 Mill. Quadratkilometern aller Kolonien der Welt 65 Mill., d. h. 86 %, in den Händen von sechs Mächten konzentriert sind; 61 Mill., d. h. 81 % sind in den Händen von 3 Mächten konzentriert.)

W. I. Lenin, Der Imperialismus als höchstes Stadium des Kapitalismus, in: dgl., Werke, Bd. 22, Berlin, S. 264, 270, 279.

M 7 Keine Identität von Imperialismus und Kapitalismus

Der Historiker Theodor Schieder schreibt über die verschiedenen Motive imperialistischer Politik:

Die Theorie von der Identität des Imperialismus mit dem Kapitalismus, von dem jener nur die letzte Stufe darstelle, und von dem Untergang, den sich der Kapitalismus selbst bereite, ist dann von Lenin während des Ersten Weltkrieges zusammengefasst und durch seine Schrift „Der Imperialismus als höchstes Stadium des Kapitalismus" von 1917 zu kanonischer [hier: unabänderlicher] Geltung erhoben worden. Einer Überprüfung des Imperialismus der einzelnen Mächte hält sie nicht stand: Kapitalexporte und kapitalistische Expansionen gehen nur in seltenen Fällen in die gleiche Richtung; weder für Großbritannien noch für Frankreich lässt sich anderes beweisen. Vom Standpunkt wirtschaftlicher Rentabilität erfüllten die französischen und die deutschen Kolonien in keiner Weise Erwartungen, wie sie in der propagandistischen Literatur ausgesprochen worden sind; sie waren ökonomisch fast bedeutungslos, geradezu Gebilde eines politischen Luxus.

Einheitliche Motive für alle Staaten, die imperialistische Politik betrieben haben, lassen sich nicht finden, es sei denn eine allgemeine Konkurrenzangst und die Sorge, unter den Mächten im Weltmaßstab nicht mehr zu zählen, wenn man sich mit kontinentaleuropäischer Politik begnügte. Es lassen sich vielmehr je nach dem Vorrang der Antriebskräfte, die historisch nachgewiesen werden können, verschiedene Typen von Imperialismus unterscheiden. Um Wirtschaftsimperialismus ging es überall da, wo Handels- und Rohstoffinteressen im Vordergrund standen, was in erster Linie für Großbritannien zutraf, oder offene Ausbeutung auf dem Agrarsektor durch monopolistischen Anbauzwang vorherrschte wie schon bei den Holländern auf den Gewürzinseln und später im Kongo. Dazu gehörten einerseits alle Formen der Umstellung von Landwirtschaft auf den Export durch so genannte Cash crops[1], andererseits auch politische Herrschaft, die sich auf Finanzkontrollen beschränkte wie in China, im Osmanischen Reich, in Ägypten. Von Siedlungsimperialismus kann man für das späte 19. Jahrhundert lediglich beim ausgedehnten Vordringen [Russlands] in Zentralasien und Sibirien sprechen. Nationaler Prestige-Imperialismus lässt sich vor allem bei den zu spät gekommenen Mächten wie Deutschland und Italien feststellen. In Frankreich trat er als eine Substitution [Ersatz] für die Einbuße an kontinentaleuropäischer Macht in Erscheinung.

1 Landwirtschaftliche Produkte, die für den (Welt-)markt produziert werden

T. Schieder, Staatensystem als Vormacht der Welt 1848–1918, Propyläen Geschichte Europas, Bd. 5, Frankfurt/M., Berlin 1982, S. 256 f.

M 8 Sozialimperialismus

Der Historiker Hans-Ulrich Wehler analysiert den Imperialismus als eine Form der Herrschaftstechnik:

[...] Der Sozialimperialismus erkannte in dem sozialökonomischen Transformationsprozess, den die Industrialisierung vorantrieb und während der Konjunkturschwankungen schmerzhaft verschärfte, eine tödliche Gefahr für die überkommene Gesellschaftsordnung, die unter dem Anprall der wirtschaftlichen und sozialen Veränderungen zu zerreißen drohte. In der Expansion nach außen glaubte er, ein Heilmittel zu finden, das den Markt erweiterte, die Wirtschaft sanierte, ihr weiteres Wachstum ermöglichte, die Gesellschaftsverfassung damit ihrer Zerreißprobe entzog und die inneren Machtverhältnisse aufs Neue stabilisierte.

Mehr noch als der ökonomische Vorteil und das Streben nach Gewinnmaximierung war die gesellschaftliche Ruhelage sein Ziel, aber er blieb sich des Abhängigkeitsverhältnisses von wirtschaftlicher Prosperität und Erhaltung des Sozialgefüges vollauf bewusst. [...]

Der Sozialimperialismus war die moderne, in entscheidendem Maße sozialökonomisch motivierte Form einer alten [...] Herrschaftstechnik: um der Bewahrung des sozialen und politischen Status quo willen die inneren Bewegungskräfte und Spannungen nach außen abzulenken. [...]
Wenn in der wilhelminischen „Weltpolitik" das innen- und nun auch das außenpolitische Prestigeelement ungleich stärker als in den Vorjahren hervorgetreten ist, so wird man das nicht nur sozialpsychologisch mit dem gesteigerten Nationalismus, dem überschüssigen Kraftgefühl und mutwilligen Geltungsbedürfnis auf der Woge der Hochkonjunkturperiode seit 1896 erklären können. Man wird vielmehr dazu auch die sozialhistorische Erklärung heranziehen können, dass der inneren Zerrissenheit der Nation in eine Klassengesellschaft, den sozialen und politischen Spannungen zwischen Obrigkeitsstaat, landadeliger Führungsschicht und feudalisiertem Bürgertum auf der einen Seite und den vorandrängenden Kräften der Parlamentarisierung und Demokratisierung, vor allem der Emanzipationsbewegung der Sozialdemokratie, jene Politik entsprang: durch Prestigeerfolge die innere Zerklüftung zu überbrücken oder doch zu verdecken. In diesem Sinn beschrieb Holstein[1] ein durchgängiges Motiv dieser wilhelminischen Prestigepolitik, die auf der Dynamik der sozialökonomischen Entwicklung beruhte, als er 1897 konstatierte, wegen der verfahrenen Innenpolitik brauche „die Regierung Kaiser Wilhelms II. [...] einen greifbaren Erfolg nach außen, der dann wieder nach innen zurückwirken würde. Dieser Erfolg ist nur zu erwarten entweder als Ergebnis eines europäischen Krieges, eines weltgeschichtlichen Hazardspiels [Glücksspiel] oder aber einer außereuropäischen Erwerbung!" [...]

1 maßgeblicher preußischer Diplomat (1837–1909)

H.-U. Wehler, Bismarck und der Imperialismus, Köln 1972, S. 155, 498 f.

M 9 Imperialismus: Segen und Übel

Der amerikanische Wirtschaftshistoriker David Landes versucht rückblickend den Imperialismus zu bilanzieren:

Erstens: Ein Hauptziel des Imperialismus war die Aneignung von Reichtum und Arbeit über das Maß hinaus, das zu einem freien Marktpreis zur Verfügung stand. Das Ergebnis entsprach nicht immer den Erwartungen. Auf der anderen Seite haben in (fast) allen Fällen ein paar Leute beiderseits der Scheidelinie von Herrschern und Beherrschten, Stärkeren und Schwächeren es zu etwas gebracht – energische Kaufleute, Kommissionäre, Beamte, Mittelsmänner (compradores) und örtliche Eliten.
Zweitens: Der Imperialismus hat in fast all seinen Formen der unterworfenen Bevölkerung materielles und seelisches Leid gebracht. Aber auch materielle Gewinne, direkter und indirekter Art, ob sie nun gewollt waren oder nicht. Um John Stuart Mill zu zitieren, der Mitte des neunzehnten Jahrhunderts aus der Perspektive eines Engländers und Adam-Smith-Anhängers schreibt: „[...] die Tendenz jeder Ausweitung des Marktes [ist] die Verbesserung der Produktionsprozesse."
Die genannten Auswirkungen für den Handel hingen von der Art der Kolonialherrschaft ab. Die Kolonialherren waren unterschiedlich reich und ambitiös. Normalerweise bauten die Kolonialisten nützliche Dinge – Straßen, Eisenbahnlinien, Hafenanlagen, Gebäude, Wasserleitungen, Müllbeseitigungsanlagen und Ähnliches. Die Einheimischen mussten für diese Verbesserungen in Form von Arbeit und Steuern bezahlen, aber die Kolonialherren hätten das Geld auch einfach einstreichen können. Die Gewinne, die dabei für die Einheimischen abfielen, waren indes eher beiläufiger Art, denn die Verbesserungen wurden in erster Linie zum Nutzen der Kolonialmacht und ihrer kommerziellen Interessen durchgeführt. Schließlich war es unumgänglich, diese entlegenen Orte lebenswert und profitträchtig zu gestalten; zudem mussten die Grenzen verteidigt, musste die Ordnung aufrechterhalten werden. Nichtsdestoweniger waren es Gewinne. Gleiches gilt für die Gesundheitseinrichtungen, die zunächst nur den Herren zugute kamen (wobei Straßen und Rodungen dazu beitrugen, dass sich Krankheiten überhaupt erst ausbreiten konnten). Gleichwohl zählen die Absichten weniger als die Auswirkungen. Niemand ist in der Lage, den Nutzen dieser Maßnahmen eindeutig zu ermitteln. Überdies hatten Techniker und Ärzte immer auch eigene Vorstellungen von ihrer Pflicht gegenüber der gesamten Gesellschaft. Wären aber mehr solcher Einrichtungen gebaut worden, wenn diese Länder frei gewesen wären? Für die vorkolonialen Systeme lautet die Antwort: unwahrscheinlich. Sogar heutzutage, wo doch Entwicklungspolitik geradezu ein universelles Glaubensbekenntnis geworden ist und Unternehmen jederzeit auf Abruf bereitstehen, machen die öffentlichen Bauten in den früheren Kolonien einen eher enttäuschenden Eindruck. Was noch schlimmer ist: Die Nachfolgeregime haben dem Verfall des Kolonialerbes zugesehen. Große Ausnahmen waren dies-

bezüglich die postkolonialen Gesellschaften Ost- und Südostasiens wie Südkorea, Taiwan und Singapur. Und natürlich haben die neuen Technologien unwiderrufliche Verbesserungen gebracht, zum Beispiel Flughäfen und Luftverkehr. [...]
Drittens: Die Karte der kolonialen Welt wurde von Europäern gezeichnet. Die Grenzziehung wurde weder der Realität der Örtlichkeiten noch der der Völker gerecht. Das gilt vor allem für Afrika (aber auch für Indien und Burma), wo Stämme willkürlich getrennt, andere einfach zusammengelegt wurden (einschließlich der frisch ins Land gekommenen Horden weißer Siedler und Einwanderer); die Voraussetzung für Gebietsansprüche und dauernden Zank war geschaffen. Als die Freiheit endlich kam, waren die Völker nur unzureichend auf ein Zusammenleben vorbereitet. [...]
Viertens: Energie, Ressourcen und das potenzielle Wohlwollen der Nachfolgestaaten sind im Prozess ihrer Selbstfindung erschöpft worden. Nur einige wenige (bestes Beispiel ist Korea) hatten bereits so etwas wie eine nationale oder ethnische Identität, als die Kolonialmacht die Herrschaft übernahm, und konnten darauf ihren Widerstand gründen beziehungsweise darauf zurückgreifen, als die Eindringlinge wieder fort waren. Andere hatten unter der Instabilität und Gewalttätigkeit zu leiden, die jede ungesicherte politische Identität und Legitimität begleiten, und schleppten sich von Staatsstreich zu Staatsstreich, von einem Gewaltausbruch zum nächsten. [...]
Fünftens: [...] Der Imperialismus hat einige Länder weder daran gehindert, sich zu selbstbestimmten Zentren zu entwickeln, noch daran, die für eine industrielle Ökonomie erforderlichen Techniken zu erlernen oder zu erfinden. Das trifft zum Beispiel auf die englischen Kolonien in Nordamerika zu, auf Finnland als Teil des Russischen Reiches, auf Norwegen unter schwedischer und auf Hongkong unter britischer Herrschaft. Als erstes Beispiel eines nichtwestlichen Landes, das sich entsprechend entwickelte, wäre Japan zu nennen, das zwar selbstständig blieb (was beileibe nicht zu vernachlässigen ist), aber seine Unabhängigkeit [...] geschmälert fand. Aber Japan ist bekanntlich ein Sonderfall.
Die Geschichte legt nahe, dass Vormundschaft eine gute Schule sein kann. Natürlich kommt es dabei sehr auf den Lehrer an. Manche Länder mit imperialem Anspruch zeichneten sich gegenüber anderen durch bessere Herrschaftsformen aus; entsprechend ging es auch ihren Kolonien nach der Unabhängigkeit besser. Unter diesem Gesichtspunkt stehen Spanien und Portugal schlecht da, die Holländer und Franzosen weniger schlecht und die Engländer am wenigsten schlecht – wegen ihrer Bereitschaft und ihres Geschicks, in Gemeinschaftsaufgaben zu investieren (in Indien zum Beispiel in den Eisenbahnbau), und wegen der Heranziehung örtlicher Eliten zur Wahrnehmung von Verwaltungsaufgaben im Namen der Briten. Um 1900 war das indische Eisenbahnnetz fünfunddreißig Mal so groß wie das des nominell unabhängigen Chinas – man kann England zu dieser Auffassung von imperialer Herrschaft und Pflichtwahrnehmung nur beglückwünschen. (Ein Zyniker könnte geltend machen, dass dieses Eisenbahnnetz hauptsächlich dazu da war, Rohbaumwolle und andere Rohstoffe zu den Häfen und Soldaten zu den Unruheherden zu transportieren. Gleichwohl bedeutete die dadurch erreichte Verknüpfung der indischen Märkte, dass Nahrungsmittel rascher an den Mann gebracht werden konnten, keine unwichtige Sache in einem Land, das ständig von örtlichen Hungersnöten bedroht war. Und manchmal ist vielleicht eine Hungersnot nötig, damit eine Eisenbahnlinie gebaut wird.)

D. Landes, Wohlstand und Armut der Nationen, Berlin 1999, S. 439 ff.

Aufgaben

1. Wie begründete Seeley das britische Imperium als „Lebensform"?
   → M4
2. Stellen Sie den Zusammenhang zwischen dem Imperialismus und der Globalisierung her.
   → M5
3. Konfrontieren Sie die Imperialismustheorie Lenins mit der Stellungnahme des Historikers Theodor Schieder.
   → M6, M7
4. In welcher Weise bietet der Begriff „Sozialimperialismus" eine Erklärung für imperialistische Politik?
   → M8
5. Die Bilanz des Imperialismus fällt zwiespältig aus. Stellen Sie positive und negative Aspekte gegenüber.
   → Text, M1, M2, M9

Ist die Unterentwicklung in der Gegenwart die zwangsläufige Folge des Kolonialismus?

M 1 **Karikatur**
aus: „Der Spiegel", 51/1992

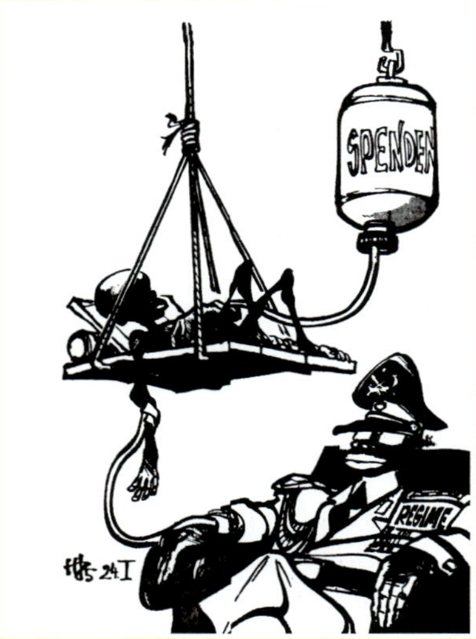

M 2 **Karikatur**
von Horst Haitzinger, 1985

Auch heute noch ist sich die Sozialwissenschaft uneinig darüber, wie der Kolonialismus im Zeichen imperialistischer Konkurrenz wissenschaftlich zu bewerten ist. So werden zum Beispiel folgende Fragen kontrovers diskutiert:

- Wie rentabel waren die Kolonien für die Mutterländer?
- Wie war das Verhältnis von Nutzung (beziehungsweise Ausbeutung) und der zivilisatorischen Leistung (Infrastruktur, Bildung, Gesundheit, Verwaltung, Rechtssicherheit)?

Eine einheitliche und richtige Antwort auf die Fragen gibt es vermutlich nicht. Die sozio-ökonomische Situation der einzelnen Kolonien war zu unterschiedlich, und die Leistungen der Kolonialmächte selbst wichen stark voneinander ab. Am Einzelfall müsste Folgendes geprüft werden:

- Inwieweit wurden die Kolonien einseitig im Interesse der Mutterländer genutzt?
- Inwieweit sind die Kolonialmächte verantwortlich für eine internationale Arbeitsteilung, die den Kolonien die Rolle von Rohstofflieferanten und Abnehmern von Industriewaren aufzwingt?

Anhand dieser Fragen stellt sich zwangsläufig eine Verbindung her zu einem fundamentalen Problem der Gegenwart: der Unterentwicklung. Eine marxistisch inspirierte Theorie der Unterentwicklung, die Dependenztheorie, ging davon aus, dass die wirtschaftliche Entwicklung der reichen Industriestaaten nur die Kehrseite der Armut in der Dritten Welt sei. Aus dieser Perspektive begriff man die globale Entwicklung als ein Nullsummenspiel: Der wirtschaftliche Fortschritt der einen bedinge das Zurückbleiben der anderen. Diese Ansicht ist im Lichte moderner Erfahrungen nicht aufrecht zu erhalten.

Auch nach Jahrzehnten der Unabhängigkeit diente den Führern vieler Entwicklungsländer der Verweis auf die koloniale Vergangenheit zur eigenen Entlastung. Die Entwicklungserfolge ehemaliger angelsächsischer Siedlerkolonien, aber auch die Erfahrung, dass auch in Südostasien ehemalige Kolonien (zum Beispiel Singapur, Hongkong, Taiwan, Südkorea) sich zu modernen Hochtechnologie-Staaten entwickeln konnten, haben der Theoriediskussion neue Impulse gegeben. Im Zusammenhang mit der wirtschaftlichen Rückständigkeit, insbesondere afrikanischer Länder, richtet sich der Blick zunehmend auf die inneren Verhältnisse in den besagten Ländern. Dabei wird das Versagen der dortigen Staatsklassen (Politiker, Stammesführer, Offiziere, Beamte) stärker gewichtet, als das früher der Fall gewesen ist. Das Hauptaugenmerk bei der Ursachenforschung liegt weniger auf der Jahrzehnte zurückliegenden kolonialen Vergangenheit als auf aktuellen internen Faktoren. Vielfach sind es ethnische Konflikte, Korruption, Kriminalität, Rechtsunsicherheit und bürokratische Willkür, die jede positive Wirtschaftsentwicklung hemmen beziehungsweise beeinträchtigen. Der Aufbau einer produktiven Wirtschaft setzt aber ein Mindestmaß an gesellschaftlicher Stabilität, Rechtssicherheit und ein funktionierendes Bildungs- und Gesundheitswesen voraus.

M 3 **Die Folgen der europäischen Expansion**

Der Historiker Wolfgang Reinhard zieht eine Bilanz des europäischen Kolonialismus:

Ökonomisch bedeutete Kolonialismus zunächst einmal Ausbreitung europäischer und dann auch von Europa vermittelter amerikanischer Kulturpflanzen über die ganze Erde, wobei Erdräume, die bisher nur extensiv von Jägern und Nomaden genutzt wurden, intensiver landwirtschaftlicher Nutzung durch sesshafte Bewohner zugeführt werden konnten. Was für Europa die Kartoffel, sind Mais und Maniok für Afrika, Mais und Süsskartoffel für China usw. Eine Steigerung der Nahrungsmittelproduktion für die Menschheit war die Folge. Dazu kam zweitens die Ausbeutung der Bodenschätze vom Silber Spanisch-Amerikas über Gold, Diamanten und Erze Afrikas zum heute wichtigsten Primärpodukt, dem Erdöl. Dritte Säule der Kolonialwirtschaft war die Erzeugung hochwertiger tropischer Agrarprodukte wie Zucker, Kaffee, Tee auf kapitalintensiven Großbetrieben. Solche Innovationen gingen häufig mit brutaler Ausbeutung nicht-europäischer Arbeitskraft einher; der Sklavenhandel wurde vom wenig besseren, weltweiten Kontraktarbeiterhandel abgelöst, von der Zwangsarbeit in Afrika gar nicht zu reden. Aber es existierte als vierte Möglichkeit in Asien und Afrika auch die Produktion für den Weltmarkt durch einheimische Kleinbauern: Kakao in Ghana, Erdnüsse in Senegal [...].

Für alle Bereiche wurde diese Einbindung in den von Europa und Nordamerika beherrschten Weltmarkt zur entscheidenden Tatsache. Da die Kolonialherren es meistens unterlassen haben, in ihren Kolonien Industrie zu entwickeln, ist eine einseitige Abhängigkeit der Rohstoffproduzenten vom Weltmarkt entstanden, die nur für das strategische Erdöl zeitweise ins Gegenteil verkehrt werden konnte.

Man sollte freilich strukturelle Fehlentwicklung und Abhängigkeit nicht im Sinne der Dependenztheorien als irreversible [unumkehrbare] Unterentwicklung interpretieren. Die Kolonisierten waren alles andere als hilflose Opfer des Kolonialismus, sondern wussten sich die gegebenen Verhältnisse häufig sehr geschickt und erfolgreich zu Nutze zu machen. Die wirtschaftlichen Erfolge Koreas und Taiwans in nachkolonialer Zeit werden nicht zuletzt auf Unternehmer zurückgeführt, die sich bereits unter japanischer Kolonialherrschaft erfolgreich in wirtschaftlichen Nischen etabliert hatten. Außerdem beweisen gerade die wirtschaftlichen Fehlentscheidungen der nachkolonialen Staaten, dass ihnen bei aller strukturellen Abhängigkeit doch ein beachtlicher Operationsspielraum geblieben ist.

Der moderne Staat westlichen Zuschnitts mit seiner Gesetzgebung, Verwaltung und Justiz, seinem Militär und seinem Bildungswesen ist die ausschlaggebende Hinterlassenschaft des Kolonialismus auf dem Felde der Politik. Dass sich seine demokratische Variante in der nachkolonialen Welt nicht besonders bewährt hat, sollte man schon deswegen nicht überbewerten, weil schließlich der Staat in Europa selbst die längste Zeit keinen besonders demokratischen Charakter hatte. [...]

Damit sind wir bei der meines Erachtens ausschlaggebenden, der soziokulturellen Hinterlassenschaft des Kolonialismus. Er hat überall ganz neue gesellschaftliche Gruppen westlichen Zuschnitts hervorgebracht: Arbeiter und Unternehmer, Lehrer und Freiberufler, Beamte und Berufssoldaten sowie als deren gemeinsames Milieu die moderne Großstadt und ein Verkehrs- und Kommunikationswesen westlichen Zuschnitts. Dazu kommen neue Rollen für die Frauen, nicht selten mit Emanzipation von den bisherigen Verhältnissen verbunden. Das alles beruht auf westlicher Naturwissenschaft und Technik, Medizin und Ökonomie sowie auf Ideen und Ideologien wie Rationalismus und Individualismus, Rechtsstaatsprinzip und Menschenrechten, Christentum und Sozialismus, die mehr oder weniger westlicher Herkunft, inzwischen aber Allgemeingut der Menschheit geworden sind, die ohne sie nicht mehr auskommen kann. Insofern ist es wenig sinnvoll, historisch nachzuweisen, dass diese oder jene Errungenschaft irgendwo schon vorhanden war, bevor sie von den Europäern gebracht wurde, obwohl es sich bei diesem Verfahren um eine beliebte interkulturelle Assimilationstechnik handelt. Wichtiger ist, dass die anderen sich nach dem Ende des Kolonialismus alle diese Dinge längst vollständig angeeignet haben, sodass die Rede von der „Europäisierung der Erde“ als Inbegriff der Hinterlassenschaft des Kolonialismus zwar richtig ist, aber nur noch im historischen Sinne.

W. Reinhard, Kleine Geschichte des Kolonialismus, Stuttgart 1996, S. 342 ff.

Aufgabe

1. Die sozialwissenschaftlichen Theorien sind nur selten als wertfrei oder objektiv zu bezeichnen. Vielfach lässt sich ein bestimmtes Interesse hinter ihnen erkennen. Welche Interessen sehen Sie, wenn es um Aussagen über die Unterentwicklung geht?

DEUTSCHLAND AUGUST 1914

8. Der Erste Weltkrieg

Die Gestalt der Germania leitet sich aus der römischen Bezeichnung für Deutschland her. Im 19. Jahrhundert wurde sie zur populären Allegorie. Die Figur versinnbildlichte – zuerst als Schlachtenjungfrau dargestellt – das nationale Einigungsbestreben der Deutschen.

Das Gemälde von Friedrich August von Kaulbach trägt den Titel „Deutschland – August 1914" und stammt aus dem gleichen Jahr. Im Vordergrund ist eine junge Frau zu sehen, aus derem zornigen Blick tatkräftige Entschlossenheit spricht. Ihre aufrechte Statur, der weibliche Brustpanzer, Schild und Schwert unterstreichen den Ausdruck der Wehrhaftigkeit. Die Krone auf dem Kopf ist der mittelalterlichen Reichsinsignie nachgebildet. Die langen Haare der Frau fallen wehend herab und berühren sich mit der flammend-roten Hintergrundmalerei.

In diesem Bild drückt sich ein Gefühl der Stärke und Willenskraft aus, das die Haltung der meisten Deutschen zum Kriegsbeginn 1914 prägte.

Auch heute noch vermag dieses Bild etwas vom nationalen Pathos zu vermitteln, das 1914 die politische Atmosphäre – nicht nur in Deutschland – durchdrang. Wenn heute in Großbritannien oder Frankreich vom „Großen Krieg" die Rede ist, dann meint man dort den Ersten Weltkrieg. In Deutschland ist dieser Erste Weltkrieg von der NS-Diktatur und dem mit ihr unlösbar verknüpften Zweiten Weltkrieg in den Hintergrund gedrängt worden.

Gleichwohl ist der Erste Weltkrieg die „Urkatastrophe" des 20. Jahrhunderts, wie es ein amerikanischer Historiker formuliert hat. Dieser Erste Weltkrieg leitete eine neue Epoche der Weltgeschichte ein. Der Erste Weltkrieg brachte einen zuvor unvorstellbaren Ausbruch kriegerisch-destruktiver Gewalt mit sich. Zwischen 1914 und 1918 wurden die Weichen gestellt für sämtliche (Fehl-)entwicklungen des 20. Jahrhunderts. Das kommunistische Russland erlebte seine Geburtsstunde 1917. Und auch der Aufstieg Hitlers und seiner Bewegung war auf vielfältige Weise mit dem Ersten Weltkrieg verkettet. Manche Historiker sehen heute im Zweiten Weltkrieg eine Art Fortsetzung des Ersten Weltkrieges – lediglich unterbrochen durch einen Waffenstillstand (auch Zwischenkriegszeit genannt).

Wie einschneidend der Erste Weltkrieg historisch gewirkt hat, lässt sich auch daraus ermessen, dass vier Monarchien zerbrachen (Russland, Österreich-Ungarn, Deutschland und das Osmanische Reich). Diese und andere dramatische Änderungen lassen es angezeigt sein, im Ersten Weltkrieg die entscheidende Zäsur des 20. Jahrhunderts zu sehen.

Die neuere Geschichtsschreibung ist deshalb dazu übergangen, vom „langen 19. Jahrhundert" und vom „kurzen 20. Jahrhundert" zu sprechen. Gemeint ist damit ein 19. Jahrhundert, das mit der Französischen Revolution (1789) begann und 1914/18 endete, und ein 20. Jahrhundert, das mit dem Ersten Weltkrieg einsetzte und das durch die mittelosteuropäischen Revolutionen (1989/90) beziehungsweise durch das Ende der Sowjetunion (1991) zum Abschluss gekommen ist.

8.1 Vorgeschichte: Europäische Politik zwischen 1871 und 1914

Bismarcks Außenpolitik

Nach der Reichsgründung galten Bismarcks außenpolitische Bestrebungen der Wahrung des deutschen Besitzstandes. Aufgrund der deutsch-französischen „Erbfeindschaft“, die eine Folge des Krieges von 1870/71 war, fürchtete Bismarck mächtige, gegen Deutschland gerichtete Koalitionen. Als überragender Staatsmann auf der diplomatischen Bühne Europas war Bismarck bemüht, Frankreich zu isolieren – isoliert konnte Frankreich für Deutschland keine Gefahr darstellen. Zu diesem Zweck errichtete Bismarck ein kompliziertes Bündnissystem. Die Grundlage seiner Außenpolitik bildete das enge Bündnis zwischen Deutschland und Österreich-Ungarn. Bismarck gelang es mithilfe einer geschickten Diplomatie, eine Annäherung zwischen Frankreich und Russland zu verhindern. Dazu diente auch der geheime Rückversicherungsvertrag, der 1887 zwischen dem Deutschen Reich und Russland abgeschlossen wurde. Der Vertrag verpflichtete Russland zur Neutralität, falls Frankreich das Deutsche Reich unprovoziert angreifen sollte.

Die außenpolitische Konzeption Bismarcks ruhte also auf folgenden Pfeilern:

- Besitzstandswahrung: Bismarck ließ wiederholt verlauten, das Reich sei „saturiert“ (gesättigt). Es sollten keine weiteren Eroberungen gemacht werden.
- Isolierung Frankreichs: Frankreich allein sollte nicht stark genug sein, um das Deutsche Reich zu gefährden.
- Verhinderung eines Zweifrontenkrieges: Durch eine freundliche Haltung gegenüber Russland sollte eine Annäherung zwischen Frankreich und Russland vermieden werden.
- Festes Bündnis zwischen Deutschland und Österreich-Ungarn: So glaubte Bismarck die Nachteile der geostrategischen Mittellage tendenziell ausgleichen zu können, zumal die fünfte Großmacht – Großbritannien – nur begrenzte kontinentale Interessen besaß.

Bismarcks Nachfolger waren nach dessen Ablösung als Reichskanzler (1890) nicht mehr so erfolgreich. Schon zwei Jahre nach Bismarck kam es zu einer französisch-russischen Militärkonvention. Das Jahr 1890 bedeutet also auf den ersten Blick einen fundamentalen Einschnitt in der europäischen Politik. Den Politikern unter Wilhelm II. wird der Vorwurf gemacht, dass sie sich von den bewährten Grundlagen Bismarck'scher Politik entfernt hätten. Allerdings waren die Keime für eine deutsch-russische Entzweiung bereits in der Bismarck-Zeit vorhanden. Sie datieren zurück auf den Berliner Kongress (1878). In seiner Rolle als „ehrlicher Makler“ hatte Bismarck damals die führenden Staatsmänner Europas nach Berlin geladen, um die verwickelten Probleme auf dem Balkan diplomatisch zu lösen. Die Ergebnisse des Berliner Kongresses gingen zu Lasten Russlands, dessen Expansionsstreben, insbesondere zum Bosporus, eingedämmt wurde. Obgleich Russland der militärische Sieger in einem Krieg mit der Türkei gewesen war, schied es von dieser diplomatischen Bühne als Verlierer. Hingegen konnte Österreich-Ungarn seine Macht auf dem Balkan erweitern (Besetzung Bosniens und Herzegowinas). In Russland machte man letztendlich Bismarck beziehungsweise Deutschland für diese diplomatische Niederlage verantwortlich. Als parallel dazu die deutsche Reichsregierung den Import des billigeren russischen Getreides durch Einfuhrzölle erschwerte, entwickelte sich bei führenden russischen Politikern eine Deutschfeindlichkeit. Die Beziehungen verschlechterten sich abermals, als 1887 das Deutsche Reich ein so genanntes Lombardverbot für russische Wertpapiere verhängte. Das bedeutete, dass russische Staatspapiere nicht mehr als Sicherheit für Kredite akzeptiert wurden. Um aber das Kapital für die ehrgeizigen Industrialisierungsanstrengungen zu beschaffen, wandte sich Russland nun verstärkt dem französischen Kapitalmarkt zu.

Zunehmende Spannungen

Als der 1887 geschlossene deutsch-russische Rückversicherungsvertrag 1890 von Bismarcks Nachfolger Leo von Caprivi nicht verlängert wurde, resultierte daraus eine umfassende französisch-russische Verständigung (1892/94).

Die Zeit nach 1890 wurde gekennzeichnet durch eine verstärkte Bedrohung jenes europäischen Gleichgewichts, das Bismarck aufrecht zu erhalten suchte. Die sich bereits abzeichnende Entfremdung zwischen Deutschland und Russland schlug sich nieder im Bündnis zwischen Russland und Frankreich. Damit hatte Frankreich seine Isolierung durchbrochen.

Im Westen blieb der deutsch-französische Gegensatz eine Konstante im europäischen Konfliktfeld. Er erhielt sogar neue Nahrung, als imperiale Interessen Deutschlands und Frankreichs in Marokko aufeinander stießen (1905/11).

M 1 **„Der kochende Kessel“**, englische „Punch“-Karikatur aus dem Jahre 1908 zur Balkankrise

Die Lage auf dem Balkan wurde gleichfalls immer brisanter. Dauerhafte Konfliktregelungen waren misslungen. Das russische Expansionsstreben war nach wie vor auf den Zugang zum Mittelmeer gerichtet (Meerengenfrage). Die nationale Unabhängigkeitsbewegung der Balkanvölker regte sich, bedrohte den „kranken Mann am Bosporus“, das Osmanische Reich. Aber auch der österreichisch-ungarische Vielvölkerstaat musste um seinen inneren Zusammenhalt fürchten. Während Russland sich die panslawistische Bewegung zunutze machte, war die österreichische Balkanpolitik abhängig vom deutschen Schutz.

In den unversöhnlichen Interessengegensatz zwischen Österreich-Ungarn und Russland war folglich auch Deutschland verstrickt. Die Spannungen zwischen Deutschland und Russland nahmen zu, als Deutschland zum einen die österreichische Annexion Bosniens und Herzegowinas deckte (1908) und zum anderen immer mehr zur Schutzmacht des von Russland bedrängten Osmanischen Reiches wurde. Deutschland stärkte die türkische Armee und Flotte und engagierte sich bei der wirtschaftlichen Durchdringung des Osmanischen Reiches, zum Beispiel mit dem Bau der Bagdad-Bahn.

Wettrüsten

Damit bahnte sich eine Entwicklung an, die jene Mächtekonstellation herbeiführte, wie sie zu Beginn des Ersten Weltkrieges existierte. Nachdem eine Allianz zwischen Deutschland und England aufgrund des Flottenbaus und der imperialistischen Konkurrenz gescheitert war, kristallisierten sich zwei Machtblöcke heraus: die so genannte Entente (Frankreich, Russland und England) und die Mittelmächte (Deutschland, Österreich-Ungarn). Seit 1905 war in Europa die Kriegsgefahr ständig gestiegen. In allen großen Ländern

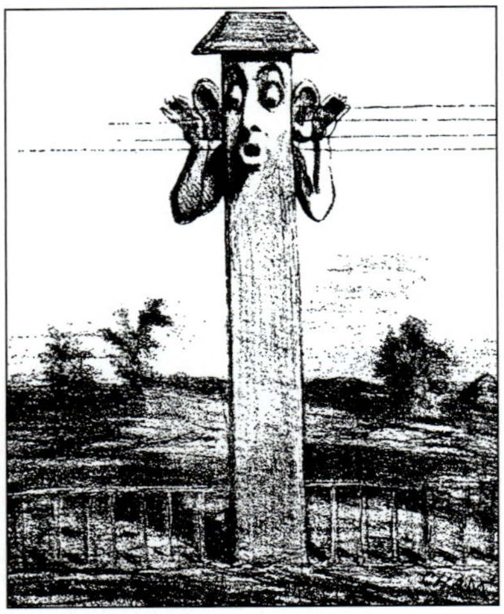

M 2 **Der Telegraf: hellhörig**
Der Telegraf: Krieg ... Krieg ... nichts als Krieg ... , französische Karikatur von Cham aus der französischen Zeitschrift „Charivari"

gab es so genannte Kriegsparteien, das heißt politische Gruppen, die zum Krieg drängten. In Deutschland propagierten Alldeutscher Verband und Wehrverein (gegründet 1912) nachdrücklich jede Aufrüstung. Während sich Massenhysterien breitmachten (in Deutschland beispielsweise die Russenangst), fehlte ein erfolgreiches diplomatisches Krisenmanagement. Jede neue Krise schürte Ängste und stärkte Bedrohungsvorstellungen. Das Sicherheitsbedürfnis artikulierte sich in der Forderung nach vermehrter Rüstung: Es begann ein Rüstungswettlauf.

In Deutschland stieg die Furcht vor einer Einkreisung, zu der man selbst nicht unerheblich beigetragen hatte. Die Kriegsplanung wurde vorangetrieben, und eine nicht zuletzt auch technisch bedingte Präventivkriegsbereitschaft (Schlieffenplan) gewann innerhalb der deutschen Reichsführung an Boden.

Alle Versuche, den Mechanismus steigender Kriegsbereitschaft zu durchbrechen, misslangen.

Es gab vor 1914 neben der militaristischen Grundströmung aber auch eine pazifistische Bewegung, die sowohl aus dem Bürgertum als auch von der Arbeiterschaft unterstützt wurde. Für die Pazifisten standen die entschiedene Ablehnung von Gewaltanwendung und die Bewahrung des Friedens an oberster Stelle. Die bedeutendste deutsche Persönlichkeit des Vorkriegspazifismus war Bertha von Suttner (1843–1914), die den Antikriegsroman „Die Waffen nieder!" verfasste. Sie wurde 1905 mit dem Friedensnobelpreis ausgezeichnet. Der internationale Pazifismus vermochte sich zwar Gehör zu verschaffen, konnte sich politisch aber nicht durchsetzen. Durchweg übertönte der aggressive Nationalismus die antimilitaristischen Appelle und Demonstrationen, zum Beispiel der europäischen Arbeiterbewegung.

M 3 **„Europäischer Dreschplatz"**
Postkarte von 1914 zur Mobilisierung der Soldaten

1873 Dreikaiser-Abkommen (Deutsches Reich, Österreich-Ungarn, Russland): Bund der drei konservativen Monarchien; Bismarcks Strategie der Isolierung Frankreichs funktionierte, allerdings beeinträchtigte die russisch-österreichische Rivalität auf dem Balkan den Wert des Übereinkommens.

1878 Berliner Kongress: Bismarcks Versuch, die Balkankrisen zu lösen; diplomatische Niederlage Russlands; russischer Zugang zum Bosporus wurde verhindert; Besetzung Bosniens und Herzegowinas durch Österreich-Ungarn.

1879 Zweibund zwischen Deutschland und Österreich-Ungarn; 1882 mit Italien zum Dreibund erweitert; der Bund wird belastet durch italienisch-österreichische Gebietskonflikte (Trentino, Triest).

1887 Dreikaiser-Bündnis wird nicht verlängert. Geheimer Rückversichungsvertrag zwischen Russland und Deutschland; Russland verhält sich neutral bei französischem Angriff auf Deutschland; Deutschland ist seinerseits neutral bei österreichischem Angriff auf Russland, ein Zusatzprotokoll sieht wohlwollende deutsche Neutralität vor in Bezug auf den russischen Anspruch auf den Bosporus (Widerspruch zum Zweibund).

1888 Wilhelm II. wird Kaiser.

1890 Entlassung Bismarcks; Rückversicherungsvertrag wird nicht erneuert.

1892 Russisch-französische Militärkonvention: Verpflichtung zum gegenseitigen militärischen Beistand im Falle eines Angriffs durch einen Dreibundstaat.

1904 Verständigung zwischen England und Frankreich (Entente Cordiale): Abgrenzung kolonialer Interessen; Verständigung, aber kein formelles Bündnis.

1905/06 1. Marokkokrise zwischen Deutschland und Frankreich: Die anschließende Konferenz von Algeciras (Spanien) führt zur diplomatischen Isolierung Deutschlands.

1907 Britisch-russisches Abkommen über die Abgrenzung der Einflusssphären in Mittelasien.

1908/09 Bosnische Annexionskrise: Gegen den Widerstand Serbiens und Russlands annektiert Österreich-Ungarn Bosnien und Herzegowina.

1911 2. Marokkokrise: Deutschland erhebt Einspruch gegen den französischen Anspruch auf Marokko. Das deutsche Kanonenboot „Panther“ wird nach Agadir (Südmarokko) entsendet. Zwar kommt es zu einem Ausgleich, aber als Folge davon rücken Frankreich und Großbritannien politisch enger zusammen.

1912 1. Balkankrieg: Balkanstaaten (Bulgarien, Serbien und Griechenland) besiegen mit russischer Unterstützung die Türkei; damit wird der europäische Teil der Türkei praktisch aufgelöst.

1912 Britisch-französische Verständigung: Zusage britischer Hilfe für Frankreich im Falle eines Krieges mit Deutschland.

1913 2. Balkankrieg: Krieg der Sieger untereinander; Serbien geht als Gewinner hervor.

M 4 Bismarck über die strategische Lage

In einer Rede vor dem Reichstag am 6. Februar 1888 beschrieb der Reichskanzler die schwierige sicherheitspolitische Lage, nachdem Gerüchte über ein Bündnis zwischen Russland und Frankreich nicht verstummen wollten:

Wir müssen in diesen Zeiten so stark sein, wie wir irgend können, und wir haben die Möglichkeit, stärker zu sein als irgendeine Nation von gleicher Kopfstärke in der Welt – ich komme darauf noch zurück –, es wäre ein Vergehen, wenn wir sie nicht benutzten. Sollten wir unsere Wehrkraft nicht brauchen, so brauchen wir sie ja nicht zu rufen.
Wenn ich sage, wir müssen dauernd bestrebt sein, allen Eventualitäten gewachsen zu sein, so erhebe ich damit den Anspruch, dass wir noch größere Anstrengungen machen müssen als andere Mächte zu gleichem Zwecke, wegen unserer geografischen Lage. Wir liegen mitten in Europa. Wir haben mindestens drei Angriffsfronten. Frankreich hat nur seine östliche Grenze, Russland nur seine westliche Grenze, auf der es angegriffen werden kann. Wir sind außerdem der Gefahr der Koalition nach der ganzen Entwicklung der Weltgeschichte, nach unserer geografischen Lage und nach dem vielleicht minderen Zusammenhang, den die deutsche Nation bisher in sich gehabt hat im Vergleiche mit anderen, mehr ausgesetzt als irgendein anderes Volk. Die Hechte im europäischen Karpfenteich hindern uns, Karpfen zu werden, indem sie uns ihre Stacheln in unsern beiden Flanken fühlen lassen. Gott hat uns in eine Situation gesetzt, in welcher wir durch unsere Nachbarn daran verhindert werden, irgendwie in Trägheit oder Versumpfung zu geraten. Er hat uns die kriegerischste und unruhigste Nation, die Franzosen, an die Seite gesetzt, und er hat in Russland kriegerische Neigungen groß werden lassen, die in früheren Jahrhunderten nicht in dem Maße vorhanden waren. So bekommen wir gewissermaßen von beiden Seiten die Sporen und werden zu einer Anstrengung gezwungen, die wir vielleicht sonst nicht machen würden.

Zit. nach: W. Wulf, Nationalismus und Demokratie im Werden 1850–1890 (Geschichtliche Quellenhefte 9), Frankfurt/M. 1971, S. 103.

M 6 Abkehr von Bismarck

Der Historiker und Publizist Sebastian Haffner setzt sich kritisch mit der Politik von Bismarcks Nachfolgern auseinander:

Auf dem Kontinent sollte Deutschland nicht mehr einer unter gleichen sein, sondern Führungs- und Ordnungsmacht. Auf den Weltmeeren aber und in der überseeischen Welt sollte England nicht mehr Hegemonialmacht sein, sondern nur noch einer unter gleichen. Das alte europäische Gleichgewichtssystem – so die Theorie, die von den besten akademischen und publizistischen Köpfen des damaligen Deutschland seit den späten neunziger Jahren in immer neuen Variationen bestechend vorgetragen wurde – musste jetzt, im Zeitalter des Imperialismus, zu einem Weltgleichgewichtssystem ausgeweitet werden, und dieses neue Weltgleich-

M 5

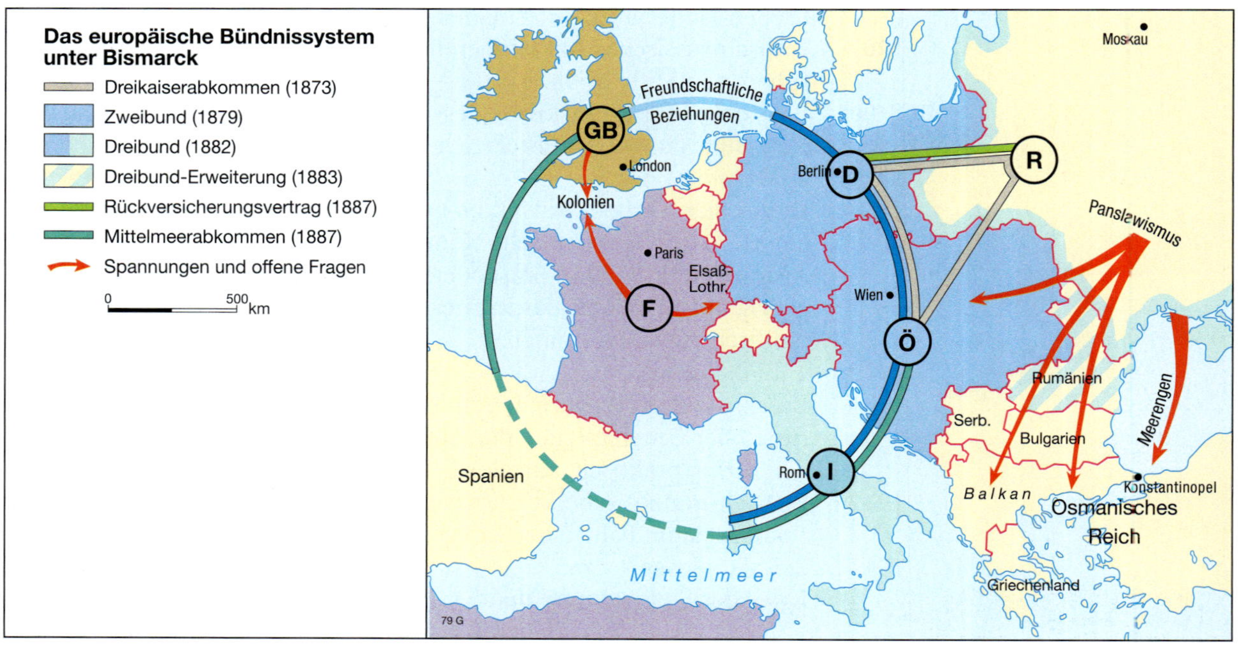

gewicht musste England abgerungen werden, so wie vor Jahrhunderten das europäische Gleichgewicht früheren kontinentalen Führungsmächten – Spanien, Frankreich – abgerungen worden war. „Wir wollen niemanden in den Schatten stellen, aber wir wollen auch einen Platz an der Sonne" – und zwar nicht nur, wie bisher, von Englands Gnaden. Daher die große Kriegsflotte, die Deutschland nun plötzlich nötig zu haben glaubte und zu bauen anfing. „Unsere Zukunft liegt auf dem Wasser". [...] Zwar war das französisch-russische Bündnis, das Bismarck zwölf Jahre lang zu verhindern gewusst hatte, bald nach seinem Abgang zu Stande gekommen. Aber zwischen Russland/Frankreich und Deutschland/Österreich herrschte Gleichgewicht; vielleicht sogar ein leichtes Übergewicht zu Gunsten Deutschlands, denn Deutschland wurde ganz von selbst immer noch stärker, Russland (allerdings auch Österreich) durch innere Krisen eher schwächer. Angriffslustig war der russisch-französische Zweierbund jedenfalls nicht.

Aber er konnte es natürlich werden, wenn Deutschland sich mit einem neuen Gegner, England, anlegte. Beides zusammen, ein Weltkonflikt mit England um den „Platz an der Sonne" und ein europäischer Konflikt mit Frankreich und Russland um die kontinentale Vorherrschaft, war zweifellos zuviel für Deutschland; auch für das ungeheuer starke Deutschland von 1900. [...]

Die Führungs- und Vorherrschaftsstellung auf dem Kontinent, die es [Deutschland] zum Weltkampf mit England brauchte, glaubte es schon halb und halb in der Tasche zu haben. Außerdem verließ es sich darauf, dass England mit Frankreich und nun gar mit Russland nie zusammenkommen könnte: Die Gegensätze schienen so groß. Die deutschen Staatslenker von 1900 saßen auf einem sehr hohen Ross. Und die deutsche öffentliche Meinung mit ihnen.

Das rächte sich. Die Opfer gegenüber Frankreich und Russland, die Deutschland nicht nötig zu haben glaubte, um aus Gegnern Bundesgenossen zu machen: England brachte sie. 1904 legte es, unter Opfern, seine Kolonialkonflikte mit Frankreich bei, 1907 mit Russland. Damit war Deutschland „eingekreist". Es ist nicht unfair zu sagen: Es hatte sich selbst eingekreist.

[...] Der entscheidende erste Fehler, den Deutschland – lange vor Kriegsausbruch – gemacht hat, war seine Abkehr von Bismarck. Bismarck sah mit der Reichsgründung Deutschlands Optimalposition erreicht. Er erklärte noch 1887: „Wir gehören zu den saturierten Staaten, wir haben keine Bedürfnisse, die wir durch das Schwert erkämpfen könnten." Und seine Politik seit 1871 beweist, dass er meinte, was er sagte.

Die allgemeine Stimmung der folgenden deutschen Generation drückte dagegen Max Weber aus, als er 1916 schrieb: „Wollten wir diesen Krieg nicht riskieren, dann hätten wir die Reichsgründung unterlassen können." Für diese Generation – die Bismarck als „Eisernen Kanzler" heroisierte, aber zugleich als veraltet abtat – war die Reichsgründung nicht Endziel und Abschluss, sondern

M 7

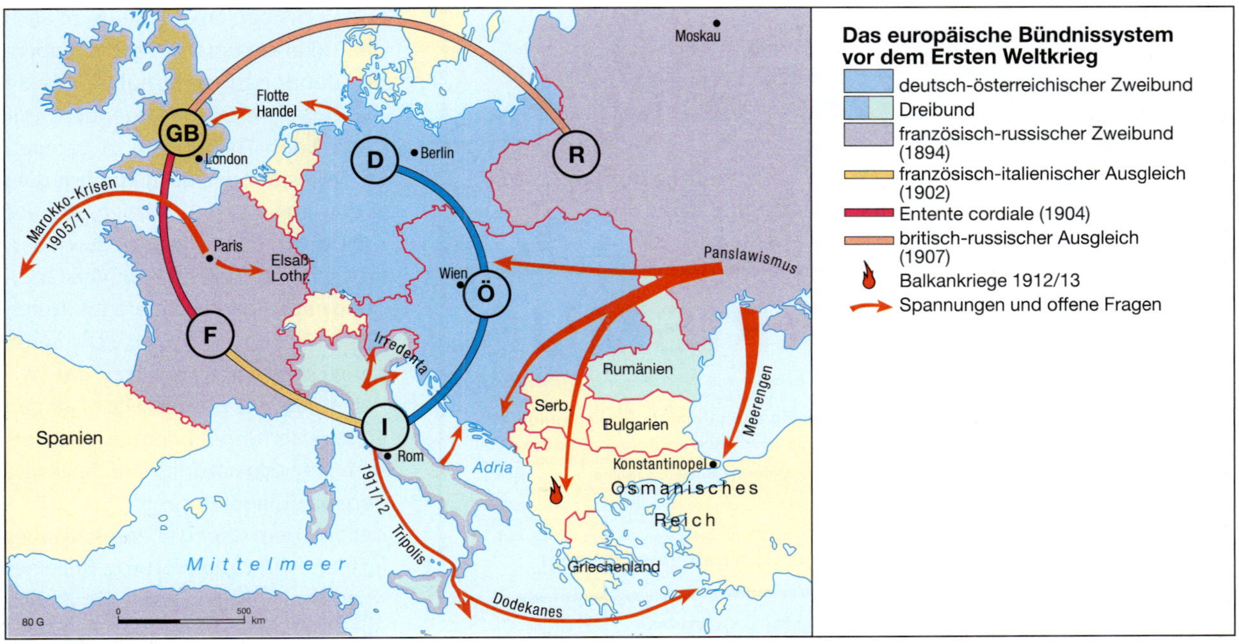

Aufmarsch zum Durchbruch. Sie wollte heraus aus der mitteleuropäischen Enge, sie wollte Weltmacht und europäische Vormacht werden, und sie wollte beides zugleich: die Nachfolge des Napoleonischen Frankreich in Europa und die Nachfolge Englands in der Welt. Sie sah „herrlichen Zeiten entgegen": Das 20. Jahrhundert sollte das deutsche Jahrhundert werden, so wie das 19. das englische und das 18. das französische gewesen war. Sie berauschte sich an ihren großen Zielen, ihren großen Visionen, am eigenen Wesen und an der eigenen Kraft.

S. Haffner, Die sieben Todsünden des Deutschen Reiches, Hamburg 1965, S. 14 ff.

M 8 **Sozialdemokratisches Wahlflugblatt von 1912**

M 9 Präventivkriegserwägungen

Besprechung der Spitzen von Armee und Marine[1] bei Kaiser Wilhelm II. (8.12.1912):

8. Dezember. – 11 Uhr zum Kaiser ins Schloss befohlen, mit Tirpitz[2] und den Chefs des Generalstabes und Admiralstabes zusammen. Der Kaiser erzählt aus einem telegrafischen Bericht des neuen Botschafters in London, Fürsten Lichnowsky, über die politische Lage. Haldane[3] habe als Sprachrohr Greys[4] dem Fürsten erklärt, dass England, wenn wir Frankreich angriffen, unbedingt Frankreich beispringen würde, denn England könne nicht dulden, dass die balance of power in Europa gestört würde. Se. Majestät begrüsste diese Mitteilung als erwünschte Klärung der Lage denjenigen gegenüber, die sich durch englische Pressefreundlichkeiten der letzten Zeit Englands sicher glaubten. Se. Majestät habe sich folgendes Bild gemacht:

Österreich müsse den auswärtigen Slawen (Serben) gegenüber kraftvoll auftreten, sonst verliere es die Macht über die Serben der österreichisch-ungarischen Monarchie. Wenn Russland die Serben stütze (Sassonoffs[5] Erklärung, Russland würde sofort in Galizien einrücken, wenn Österreich in Serbien einrücke), wäre der Krieg für uns unvermeidlich. Wir könnten aber hoffen, Bulgarien und Rumänien, auch Albanien und vielleicht auch die Türkei auf unserer Seite zu haben. Ein Bündnisangebot Bulgariens an die Türkei sei schon ergangen. Wir hätten den Türken sehr zugeredet. Se. Majestät habe auch kürzlich dem Kronprinzen von Rumänien, der auf der Durchreise von Brüssel durch Berlin gekommen sei, sehr zur Verständigung mit Bulgarien zugeredet. Treten diese Mächte auf Österreichs Seite, dann seien wir soweit frei, dass wir den Krieg mit ganzer Macht gegen Frankreich führen könnten. Die Flotte müsste sich natürlich auf den Krieg gegen England einrichten.

Der von dem Chef des Admiralstabes im letzten Vortrag erörterte Fall eines Krieges mit Russland allein werde nach der Haldaneschen Erklärung außer

Betracht bleiben. Also gleich Unterseebootskrieg gegen englische Truppentransporte etc. nach Dünkirchen, Minenkrieg an der Themse. An Tirpitz gerichtet: Schleunige Mehrbauten von U-Booten usw. – Empfehlung einer Konferenz aller Marinestellen. General v. Moltke[6]: „Ich halte einen Krieg für unvermeidlich und: je eher, desto besser." Wir sollten aber durch die Presse die Volkstümlichkeit eines Krieges gegen Russland im Sinne der Kaiserlichen Ausführungen besser vorbereiten. Seine Majestät bestätigt dies und fordert Staatssekretär von Tirpitz auf, auch mit seinen Pressemitteln nach dieser Richtung zu wirken.

Tirpitz macht darauf aufmerksam, dass die Marine gern das Hinausschieben des großen Kampfes um 1 ½ Jahre sehen würde.[7] Moltke erwiderte: Die Marine würde auch dann nicht fertig sein, und die Armee käme in immer ungünstigere Lage, denn die Gegner rüsten stärker als wir, die wir mit dem Gelde sehr gebunden seien.

1 Es wirft ein bezeichnendes Licht auf die Machtverteilung im Deutschen Reich, dass die politische Führung nicht geladen war. Reichskanzler Bethmann Hollweg blieb vom militärischen Entscheidungsprozess ausgeschlossen, ist aber über den Inhalt der Konferenz informiert worden.

2 Staatssekretär des Reichsmarineamtes

3 englischer Kriegsminister

4 englischer Außenminister

5 russischer Außenminister

6 Chef des Generalstabes

7 Im Juli 1914 sollten die Erweitungsarbeiten am Nord-Ostsee-Kanal beendet sein.

Der Kaiser ..., Aufzeichnungen des Chefs des Marinekabinetts Admiral Georg Alexander v. Müller, hrsg. von W. Görlitz, Göttingen 1965, S. 124 f.

M 10

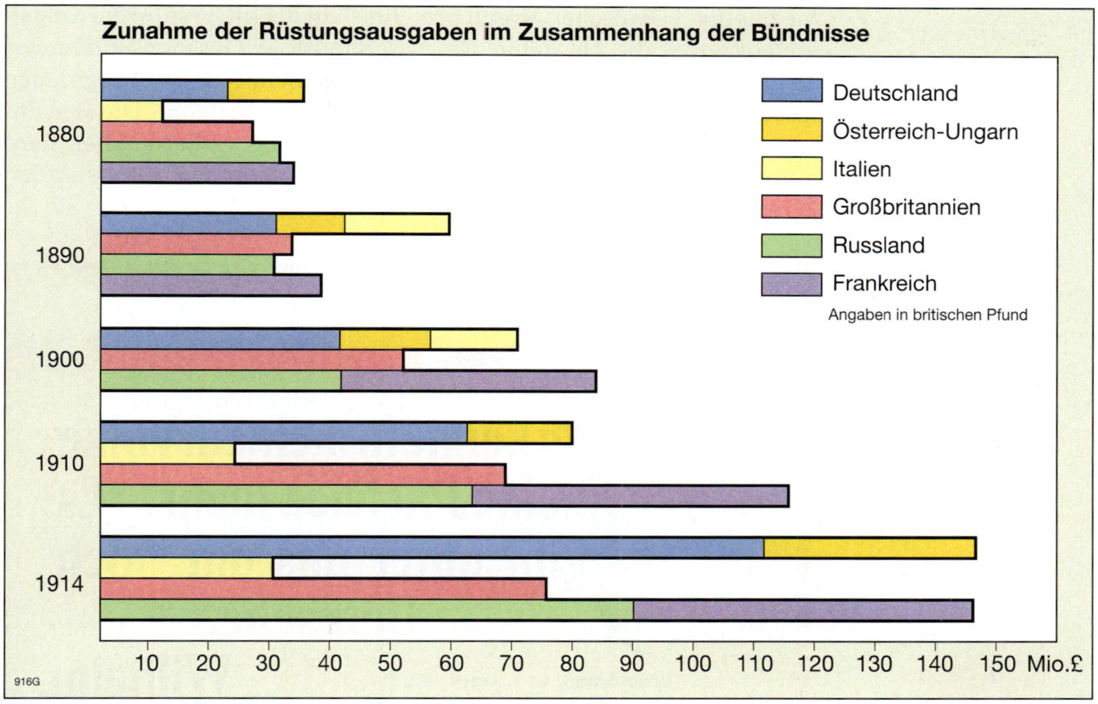

Aufgaben

1. Stellen Sie Bismarcks außenpolitische Konzeption dar.
   → Text, M4, M5, M7
2. Erläutern Sie den Prozess der „Selbsteinkreisung" Deutschlands.
   → Text, M5, M6, M7
3. Listen Sie diejenigen Faktoren auf, die den 1. Weltkrieg ermöglichten bzw. zu ihm hinführten.
   → Text, M1–M7, M9, M10
4. Analysieren Sie jene Erwägungen und Planungen, die in Deutschland die Bereitschaft zu einem Präventivkrieg erhöhten.
   → M9
5. Diskutieren Sie, warum sich die Sozialdemokratie mit ihrer Friedenspolitik nicht durchsetzen konnte.
   → Text, M8

8.2 Ausbruch und Verlauf des Krieges

Kriegsbereitschaft

Es hat in den Tagen vor dem Ersten Weltkrieg auch Friedens- beziehungsweise Antikriegsdemonstrationen gegeben – zumeist organisiert von der europäischen Arbeiterbewegung. Der Hauptstrom der Ereignisse spiegelte aber Enthusiasmus, Aufbruchsstimmung und eine Bereitschaft zum Krieg wider. Ein erheblicher Teil – nicht nur der deutschen Bevölkerung – empfand den Krieg offenkundig als notwendige Selbstverteidigung und Akt der Befreiung.

Nicht nur in Berlin, sondern auch in Paris, London und St. Petersburg kam es zum Schulterschluss der Regierungen mit den nationalistisch aufgewühlten Massen. Innenpolitische Konflikte wurden von einer Woge des Patriotismus überdeckt, die auch diejenigen erfasste, die bislang dem Staat distanziert gegenübergestanden hatten. Die Worte Kaiser Wilhelms II.: „Ich kenne keine Parteien mehr, ich kenne nur noch Deutsche", waren berechnet auf die Integration der Sozialdemokraten, die bis dahin als „vaterlandslose Gesellen" diffamiert worden waren. In Deutschland wurde der innenpolitische Burgfrieden geschlossen, in Frankreich auch „union sacrée" genannt. Die Bewilligung von Kriegkrediten und die Mobilmachung verlief in allen Ländern reibungslos. Auch die SPD-Opposition stimmte im Reichstag den Kriegskrediten zu.

M 1

Vom kommenden Krieg hatten wahrscheinlich nur die wenigsten ein realistisches Bild. Weit verbreitet war die Vorstellung eines kurzen Waffenganges. Man hoffte, spätestens bis Weihnachten zurück zu sein. Die einrückenden Soldaten des August 1914 dachten kaum an Tanks, Gas, Maschinengewehre und die Entbehrungen eines jahrelangen Stellungskrieges.

Einige Politiker hatten eine Ahnung davon, dass nach diesem Krieg die Welt nicht mehr die gleiche sein würde. So ist zum Beispiel vom britischen Außenminister Edward Grey das geflügelte Wort überliefert: „In diesem Augenblick gehen in ganz Europa die Lichter aus …"

Kriegsursachen

Im Hinblick auf die Kriegsursachen lassen sich langfristige und kurzfristige Wirkungsmechanismen unterscheiden. Zu den langfristigen Ursachen zählen die folgenden Aspekte, die damit gleichsam die Rahmenbedingungen für das Handeln der Politiker im Sommer 1914 bildeten:

- die Bündnissituation im europäischen Staatensystem,
- das europäische Wettrüsten,
- die imperialistische Konkurrenz der Großmächte,
- der Versuch des Deutschen Reiches, Weltpolitik zu betreiben (auch mit dem Bau einer Schlachtflotte),
- der Nationalismus als vorherrschende Ideologie,
- die sozialen Spannungen im Innern der europäischen Gesellschaften (Transformation von der Agrar- zur Industriegesellschaft).

Und dennoch erklären diese Faktoren keineswegs, warum das Attentat auf den österreichischen Thronfolger, verübt von serbischen Nationalisten, zum sprichwörtlichen Funken werden konnte, der das europäische Pulverfass zur Detonation brachte. An diplomatischen Bemühungen, den Konflikt auf dem Balkan einzudämmen, hat es nicht gefehlt. So bleibt die Frage: Warum konnte sich ein Regionalkonflikt (zwischen Wien und Belgrad) zum großen europäischen Krieg ausweiten? Oder anders formuliert: Wie konnte es passieren, dass ein Attentat im bosnischen Sarajewo letztlich dazu führte, dass ein paar Wochen später deutsche Soldaten in das neutrale Belgien einmarschierten?

Juli-Krise 1914

Österreich-Ungarn beabsichtigte in der Folge des Mordes am Thronfolger Franz Ferdinand und seiner Frau eine Strafaktion gegen Serbien. Dazu bedurfte er aber der Rückendeckung durch Deutschland, denn Serbien wurde seinerseits durch Russland geschützt. Das Deutsche Reich gab eine Unterstützungsgarantie in Form des so genannten Blankoschecks, und führende politische und militärische Kreise in Berlin (einschließlich Kaiser Wilhelms) drängten auf eine gewaltsame Lösung des Konflikts.

Österreich-Ungarn stellte am 23. Juli 1914 ein Ultimatum an Serbien, das absichtlich unannehmbar formuliert und auf 48 Stunden befristet worden war. Es enthielt – demütigend in Form und Ton – den nicht unberechtigten Vorwurf an die serbische Regierung, den Terrorismus geduldet zu haben. Durch verschiedene Forderungen wurde die Souveränität des serbischen Staates infrage gestellt. Nachdem die österreichisch-ungarische Regierung eine Fristverlängerung abgelehnt hatte, begann Serbien am 25. Juli 1914 mit der Mobilmachung. Damit begann jene Kette von Kriegsvorbereitungen, die letztlich in der deutschen Kriegserklärung an Frankreich (3. August 1914) mündete.

Auch wenn man am Ende in Berlin zurückschreckte, so war die deutsche Politik risikoreich und auf Krieg angelegt. Denn der europäische Bündnismechanismus musste zu einer Kettenreaktion führen. Hinter Serbien stand Russland, das seinerseits mit Frankreich militärisch verbündet war. Frankreich wiederum besaß eine britische Zusage, die einem militärischen Bündnis nahe kam.

Die Reichsleitung mit Reichskanzler Bethmann Hollweg an der Spitze hatte einen Ostkrieg gegen den Zarismus im Auge und erhoffte sich dabei auch die Unterstützung durch die deutsche Sozialdemokratie. Ihr Kalkül: Deutschland verhält sich gegenüber Frankreich defensiv, sodass Großbritannien in einer neutralen Haltung verbleiben würde.

Schlieffenplan

Die Kriegsplanung des Generalstabes sah hingegen völlig anders aus. Es gab keine separaten Ostaufmarschpläne, die mit den Absichten der politischen Führung im Einklang standen. Es gab nur den so genannten Schlieffenplan, der auf den Zweifronten-Krieg zugeschnitten war und den Durchmarsch der deutschen Hauptstreitmacht durch das neutrale Belgien vorsah. Dieser Schlieffenplan versuchte der geostrategischen Mittellage Deutschlands gerecht zu werden, aber die Verletzung der belgischen Neutralität musste zwangsläufig ein noch zögerndes Großbritannien an die Seite Frankreichs ziehen. Aus einem Balkankonflikt wurde so ein Krieg im Westen.

Präventivkriegsbereitschaft

Gefördert wurde diese verantwortungslose Risikopolitik des Deutschen Reiches durch eine fatalistische Haltung, die in Bethmann Hollwegs Worten: „Der Krieg kommt sowieso." zum Ausdruck kommt. In der Reichsführung bestand die nicht unbegründete Furcht vor einer zunehmenden Überlegenheit der kontinentalen Rivalen. Es existierte eine Einkreisungsfurcht, auf die man mit einer Präventivkriegsbereitschaft reagierte. Nicht nur in Militärkreisen war man von der Unausweichlichkeit eines Krieges überzeugt. Im Endeffekt trat auch die politische Führung die „Flucht nach vorn" an und proklamierte vor der Öffentlichkeit den nationalen Verteidigungskrieg.

Kriegsverlauf

Die deutschen Hoffnungen auf einen „Blitzkrieg" beziehungsweise einen schnellen Sieg über Frankreich zerschlugen sich schon nach vier Wochen durch die Schlacht an der Marne (5.–12. September 1914). Militärisch gesehen war der Krieg danach kaum noch zu gewinnen, zumal die Front auf der ganzen Linie erstarrte und der Krieg im Westen zum Stellungskrieg wurde. Durchbruchversuche, die das militärische Patt sprengen sollten, scheiterten unter riesigen Verlusten (zum Beispiel in Verdun 1916). Zur See errichtete die überlegene britische Flotte einen Blockadering um die Mittelmächte, sodass diese von jeglichem überseeischen Nachschub abgeschnitten wurden.

Im Osten agierten die deutschen Armeen trotz zahlenmäßiger Unterlegenheit erfolgreicher. Oberbefehlshaber Paul von Hindenburg und sein Generalstabschef Erich Ludendorff begründeten hier ihren militärischen Ruhm, der sie an die Spitze der Obersten Heeresleitung (OHL) brachte (1916).

M 2 Besprechung der Kriegslage im Großen Hauptquartier
Kaiser Wilhelm II. (Mitte), Generalfeldmarschall von Hindenburg (links) und der 1. Generalquartiermeister, General der Infanterie Ludendorff

Das Eingreifen der USA auf Seiten der Entente (1917) erfolgte aus verschiedenen politischen, diplomatischen und ökonomischen Gründen. Der unbeschränkte U-Boot-Krieg, mit dem Deutschland die britische Güterversorgung unterbinden wollte, spielte dabei auch eine wesentliche Rolle. Mit der Kriegserklärung der USA war der Erste Weltkrieg militärisch entschieden, weil dieses Land nunmehr sein riesiges wirtschaftliches und militärisches Potenzial auf Seiten der Westmächte einbringen konnte. Daran änderte auch die Oktoberrevolution (1917) nichts. Die Machtergreifung Lenins, der mithilfe der OHL aus seinem Schweizer Exil zurückgekehrt war, ermöglichte den Frieden von Brest-Litowsk (3. März 1918). Aber die amerikanischen Truppen, die fortan Woche für Woche den Atlantik überquerten, verschoben das Kräfteverhältnis an der Westfront kontinuierlich zugunsten der Entente.

Chronologie

1914	**28. Juni**	Ermordung des österreichischen Thronfolgers durch serbische Nationalisten
	5. Juli	deutsche Unterstützung für österreichisch-ungarisches Vorgehen gegen Serbien (Blankovollmacht)
	23. Juli	praktisch unannehmbares österreichisch-ungarisches Ultimatum an Serbien (befristet auf 48 Stunden)
	25. Juli	Serbien akzeptiert das Ultimatum weitgehend. Russland erklärt seine Unterstützung für Serbien.
	28. Juli	Kriegserklärung Österreich-Ungarns an Serbien; Teilmobilmachung Russlands; große Friedensdemonstration der Sozialdemokratie in Berlin
	30. Juli	allgemeine russische Mobilmachung
	31. Juli	allgemeine österreichisch-ungarische Mobilmachung; deutsche Ultimaten an Russland (Einstellung der Mobilisierung) und Frankreich (Neutralität, Herausgabe von Festungen)
	1. Aug.	Verkündung der deutschen und französischen Mobilmachung; deutsche Kriegserklärung an Russland
	3. Aug.	deutsche Kriegserklärung an Frankreich; Einmarsch deutscher Truppen in das neutrale Belgien
	4. Aug.	Nach Bruch der belgischen Neutralität folgt die englische Kriegserklärung an Deutschland.
	12. Sept.	Die deutsche Offensive im Westen scheitert. Die Fronten erstarren zum Stellungskrieg.
1915	**23. Mai**	Kriegseintritt Italiens auf Seiten der Alliierten
1916	**Feb.–Sept.**	Schlacht von Verdun
	29. Aug.	neue Oberste Heeresleitung (OHL), gebildet durch Hindenburg und Ludendorff
1917	**ab 1. Feb.**	unbeschränkter U-Boot-Krieg
	15. März	Nach der Februar-Revolution in Russland folgt die Abdankung des Zaren.
	6. April	Kriegserklärung der USA an Deutschland
	6. Nov.	Bolschewistische Machtergreifung in Russland (Oktoberrevolution)
	5. Dez.	deutsch-russischer Waffenstillstand
1918	**3. März**	Friede von Brest-Litowsk
	ab Juli	Offensive der Alliierten im Westen
	28. Sept.	Waffenstillstandsgesuch durch Ludendorff
	11. Nov.	Waffenstillstand von Compiègne

M 3 **Auf dem Weg zur Westfront 1914:**
„Auf in den Kampf - mir juckt die Säbelspitze."

M 4 **Rücktransport der Toten bei Vimy-Arras 1917**

M 5 Juli-Krise 1914

Der Historiker Wolfgang J. Mommsen untersucht die Präventivkriegsbereitschaft der deutschen Führung:

[...] Bereits am 3. Juli kommentierte Wilhelm II. einen Bericht Tschirschkys[1] in höchst impulsiver Weise: „Jetzt oder nie [...]. Mit den Serben muss aufgeräumt werden, und zwar bald." In der Tat war man in Berlin inzwischen zu der Ansicht gekommen, dass man sich einer österreichisch-ungarischen militärischen Aktion gegen Serbien nicht in den Weg stellen solle, auch auf die Gefahr hin, dass dies zu einer allgemeinen europäischen Konflagration [Brand] führe. Nicht „Nibelungentreue" und noch weniger dynastische Solidarität waren die entscheidenden Motive für diese folgenschwere Entscheidung, sondern höchst komplizierte Erwägungen hinsichtlich der allgemeinen politischen und militärischen Situation der Mittelmächte. Bethmann Hollweg[2] hielt diese für äußerst kritisch; die eigene Bündnisgruppe werde immer schwächer, jene der Gegner immer stärker. Eine ausschlaggebende Rolle spielte dabei die Furcht vor dem erstarkenden Russland. Zwar teilten Bethmann Hollweg und seine Berater nicht die Ansicht der Militärs, dass für 1916 oder 1917 mit einem russischen Angriffskrieg gerechnet werden müsse, doch auch sie waren beunruhigt über die wachsende Macht Russlands, wie eine – freilich erst Ende Juli 1914 gefallene Äußerung des Kanzlers zeigt, welche Riezler[3] seinem Tagebuch anvertraute: „Russlands gewaltige Ansprüche und gewaltige Sprengkraft. In wenigen Jahren nicht mehr abzuwehren, zumal wenn die jetzige europäische Konstellation bleibt." Die Militärs hingegen waren noch zusätzlich besorgt darüber, dass mit dem Fortschreiten der russischen Rüstungen und des Ausbaues der russischen Westbahnen die Voraussetzungen des Schlieffenplans mehr und mehr untergraben würden. Ihr Argument, dass man den Krieg gegen Russland und Frankreich, wenn überhaupt, dann möglichst bald führen müsse, gewann in einem Augenblick, in dem man überall in Europa das Herannahen eines großen europäischen Krieges zu spüren vermeinte, vermehrtes Gewicht. Bethmann Hollwegs Hoffnung, dem gesteigerten Druck Russlands und Frankreichs auf die Mittelmächte durch eine Politik der Annäherung an England entgegenzuwirken, aber hatte gerade eben einen schweren Stoß erhalten. Wie die englisch-russischen Flottenverhandlungen zeigten, war England im Begriff, definitiv ins Lager der gegnerischen Gruppe überzuwechseln.

Unter diesen Umständen mehrten sich in Berlin die Argumente zu Gunsten eines Präventivkrieges, zumal der Generalstab zuversichtlich erklärte, zum gegebenen Zeitpunkt einen großen europäischen Krieg noch siegreich bestehen zu können. Bethmann Hollweg war ein entschiedener Gegner des Präventivkrieges; er wollte einen großen Krieg nicht ohne äußerste Not führen. Aber er konnte in der gegebenen Situation nicht mehr wagen, gerade das Gegenteil zu tun und Österreich-Ungarn,

koste es was es wolle, von seinem gefährlichen serbischen Abenteuer zurückzuhalten. [...]
In diesem Sinne gab Wilhelm II. am 5. Juli 1914 der österreichisch-ungarischen Regierung die Zusicherung deutscher Unterstützung auch für den Fall, dass sich aus einem österreichisch-serbischen Krieg weitere Verwicklungen ergäben. Der Donaumonarchie wollte man die Entscheidung hinsichtlich der serbischen Aktion selbst überlassen; doch sollte sie, wenn überhaupt, dann möglichst bald zuschlagen, um die durch das Attentat von Sarajewo geschaffene günstige psychologische Situation auszunutzen. Sollte Russland die österreichische „Strafexpedition" gegen Serbien zum Anlass nehmen, einen großen europäischen Krieg auszulösen, so wollte man in Berlin den Dingen ihren Lauf lassen, im Bewusstsein, einen solchen Krieg jetzt noch gewinnen zu können. Freilich nahm man in der deutschen Hauptstadt ziemlich zuversichtlich an, dass Russland ebenso wie 1908 schließlich doch zurückweichen werden, zumal seine Rüstungen noch nicht abgeschlossen waren, sofern sich Deutschland nur rücksichtslos hinter Österreich-Ungarn stellte. Bestand Russland gleichwohl auf einer militärischen Intervention zu Gunsten seines Schützlings Serbien, so war zu erwarten, dass sowohl Frankreich wie England, die beide an den Balkanfragen nur ein untergeordnetes Interesse hatten, sich diesem Vorgehen nicht anschließen würden.

1 deutscher Botschafter in Wien

2 deutscher Reichskanzler (1909–1917)

3 enger Vertrauter und Berater des Reichskanzlers Bethmann Hollweg

W. J. Mommsen, Das Zeitalter des Imperialismus, Frankfurt 1969, S. 276 f.

M 6 Kriegsgedicht

Der bekannte Lyriker Richard Dehmel schrieb 1914 sein „Lied an alle":

Sei gesegnet, ernste Stunde,
die uns endlich stählern eint;
Frieden war in aller Munde,
Argwohn lähmte Freund und Feind –
Jetzt kommt der Krieg,
der ehrliche Krieg!

Dumpfe Gier mit stumpfer Kralle
feilschte um Genuss und Pracht;
jetzt auf einmal ahnen alle,
was uns einzig selig macht –
Jetzt kommt die Not,
die heilige Not!

Feurig wird nun Klarheit schweben
über Staub und Pulverdampf;
nicht ums Leben, nicht ums Leben
führt der Mensch den Lebenskampf –
Stets kommt der Tod,
der göttliche Tod!

Gläubig greifen wir zur Wehre,
für den Geist in unserm Blut;
Volk, tritt ein für deine Ehre,
Mensch, dein Glück heißt Opfermut –
Dann kommt der Sieg,
der herrliche Sieg!

Erstdruck in der „Frankfurter Zeitung" vom 4. August 1914, zit. nach: Chr. Graf von Krockow, Von deutschen Mythen, Stuttgart 1995, S. 16 f. (Insgesamt sollen 1,5 Mio. Kriegsgedichte im 1. Weltkrieg verfasst worden sein).

M 7 Nationale Erhebung

Der Historiker Friedrich Meinecke erinnert sich an den August 1914:

Noch einmal schien ein guter Geist das deutsche Volk auf seine Wege zurückführen zu können, als der Erste Weltkrieg ausbrach. Die Erhebung der Augusttage 1914 gehört für alle, die sie miterlebt haben, zu den unverlierbaren Erinnerungswerten höchster Art, – trotz ihres ephemeren [vergänglichen] Charakters. Alle Risse, die im deutschen Menschentum sowohl innerhalb des Bürgertums wie zwischen Bürgertum und Arbeiterschaft bisher bestanden hatten, überwölbten sich plötzlich durch die gemeinsame Gefahr, die über uns gekommen war und uns aus der bisher genossenen Sekurität materiellen Gedeihens herausriss. Und mehr als das, man spürte dabei wohl in allen Lagern, dass es mit der bloßen Einigkeit eines Zweckverbandes nicht getan sei, dass eine innerliche Erneuerung für das Ganze von Staat und Kultur Not tue. Man glaubte sogar vielfach, dass sie jetzt schon begonnen habe und weitergehen werde in dem gemeinsamen Erlebnis des Krieges, den man als einen Abwehr- und Veteidigungskrieg empfand

F. Meinecke, Die deutsche Katastrophe, Wiesbaden 1946, S. 43.

M 8 An das deutsche Volk

Aufruf Kaiser Willhelms II. am 6. August 1914:

An das deutsche Volk!
Seit der Reichsgründung ist es durch 43 Jahre Mein und Meiner Vorfahren heißes Bemühen gewesen, der Welt den Frieden zu erhalten und in Frieden unsere kraftvolle Entwicklung zu fördern. Aber die Gegner neiden uns den Erfolg unserer Arbeit. Eine

offenkundige und heimliche Feindschaft von Ost und West, von jenseits der See haben wir zu ertragen im Bewusstsein unserer Verantwortung und Kraft. Nun aber will man uns demütigen. Man verlangt, dass wir mit verschränkten Armen zusehen, wie unsere Feinde sich zu tückischem Überfall rüsten. Man will nicht dulden, dass wir in entschlossener Treue zu unserem Bundesgenossen stehen, der um sein Ansehen als Großmacht kämpft und mit dessen Erniedrigung auch unsere Macht und Ehre verloren ist. So muss denn das Schwert entscheiden. Mitten im Frieden überfällt uns der Feind. Darum auf zu den Waffen! Jedes Schwanken, jedes Zögern wäre Verrat am Vaterlande. Um Sein oder Nichtsein unseres Reiches handelt es sich, das unsere Väter sich neu gründeten. Um Sein oder Nichtsein deutscher Macht und deutschen Wesens. Wir werden uns wehren bis zum letzten Hauch von Mann und Ross, und wir werden diesen Kampf bestehen auch gegen eine Welt von Feinden. Noch nie ward Deutschland überwunden, wenn es einig war. Vorwärts mit Gott, der mit uns sein wird, wie er mit den Vätern war.

Zit. nach: E. Johann, (Hg.), Reden des Kaisers, Frankfurt/M. 1966.

M 9 Erklärung der Sozialdemokratischen Reichstagsfraktion

Rede des SPD-Vorsitzenden Hugo Haase am 4. August 1914:

Meine Herren, im Auftrage meiner Fraktion habe ich folgende Erklärung abzugeben.

Wir stehen vor einer Schicksalsstunde. Die Folgen der imperialistischen Politik, durch die eine Ära des Wettrüstens herbeigeführt wurde und die Gegensätze unter den Völkern sich verschärften, sind wie eine Sturmflut über Europa hereingebrochen. Die Verantwortung hierfür fällt den Trägern dieser Politik zu; wir lehnen sie ab.

Die Sozialdemokratie hat diese verhängnisvolle Entwicklung mit allen Kräften bekämpft, und noch bis in die letzten Stunden hinein hat sie durch machtvolle Kundgebungen in allen Ländern, namentlich in innigem Einvernehmen mit den französischen Brüdern, für die Aufrechterhaltung des Friedens gewirkt. Ihre Anstrengungen sind vergeblich gewesen.

Jetzt stehen wir vor der ehernen Tatsache des Krieges. Uns drohen die Schrecknisse feindlicher Invasionen. […] Für unser Volk und seine freiheitliche Zukunft steht bei einem Sieg des russischen Despotismus, der sich mit dem Blut der Besten des eigenen Volkes befleckt hat, viel, wenn nicht alles, auf dem Spiel. Es gilt, diese Gefahr abzuwehren, die Kultur und Unabhängigkeit unseres eigenen Landes sicherzustellen. Da machen wir wahr, was wir immer betont haben: Wir lassen in der Stunde der Gefahr das eigene Vaterland nicht im Stich. Wir fühlen uns dabei im Einklang mit der Internationale, die das Recht jedes Volkes auf nationale Selbstständigkeit und Selbstverteidigung jederzeit anerkannt hat, wie wir in Übereinstimmung mit ihr jeden Eroberungskrieg verurteilen.

Wir fordern, dass dem Kriege, sobald das Ziel der Sicherung erreicht ist und die Gegner zum Frieden geneigt sind, ein Ende gemacht wird durch einen Frieden, der die Freundschaft mit den Nachbarvölkern ermöglicht. Wir fordern dies nicht nur im Interesse der von uns stets verfochtenen internationalen Solidarität, sondern auch im Interesse des deutschen Volkes. Wir hoffen, dass die grausame Schule der Kriegsleiden in neuen Millionen den Abscheu vor dem Krieg wecken und sie für das Ideal des Sozialismus und des Völkerfriedens gewinnen wird.

Von diesen Grundsätzen geleitet, bewilligen wir die geforderten Kredite.

Zit. nach: H. Potthoff, Die Sozialdemokratie von den Anfängen bis 1945, Bonn 1978, S. 189 f.

M 10 Erklärung der Hochschullehrer des Deutschen Reiches

Dieses Dokument vom 16. Oktober 1914 trug die Unterschriften von 3016 Hochschullehrern:

Wir Lehrer an Deutschlands Universitäten und Hochschulen dienen der Wissenschaft und treiben ein Werk des Friedens. Aber es erfüllt uns mit Entrüstung, dass die Feinde Deutschlands, England an der Spitze, angeblich zu unsern Gunsten einen Gegensatz machen wollen zwischen dem Geiste der deutschen Wissenschaft und dem, was sie den preußischen Militarismus nennen. In dem deutschen Heere ist kein anderer Geist als in dem deutschen Volke, denn beide sind eins, und wir gehören auch dazu. Unser Heer pflegt auch die Wissenschaft und dankt ihr nicht zum wenigsten seine Leistungen. Der Dienst im Heere macht unsere Jugend tüchtig auch für alle Werte des Friedens, auch für die Wissenschaft. Denn er erzieht sie zu selbstentsagender Pflichttreue und verleiht ihr das Selbstbewusstsein und das Ehrgefühl des wahrhaft freien Mannes, der sich willig dem Ganzen unterordnet. Dieser Geist lebt nicht nur in Preußen, sondern ist derselbe in allen Landen des Deutschen

Reiches. Er ist der gleiche in Krieg und Frieden. Jetzt steht unser Heer im Kampfe für Deutschlands Freiheit und damit für alle Güter des Friedens und der Gesittung nicht nur in Deutschland. Unser Glaube ist, dass für die ganze Kultur Europas das Heil an dem Siege hängt, den der Deutsche „Militarismus" erkämpfen wird. Die Manneszucht, die Treue, der Opfermut des einträchtigen freien deutschen Volkes.

Zit. nach: G. Richter u. a. (Redaktion), Unser Jahrhundert im Bild, Gütersloh 1964, S. 193.

M 11 Schlieffenplan

Darstellung und Problematisierung der Denkschrift von Alfred Graf von Schlieffen (1833–1913):

1914 lag dem deutschen Aufmarsch und den strategischen Absichten der so genannte Schlieffenplan zugrunde. Graf Schlieffen, der Vorgänger des seit 1906 amtierenden deutschen Generalstabchefs Graf Moltke, hatte ihn 1905 in einer weltpolitischen Situation konzipiert, die einer Ausnahmesituation gleichkam: Russland war damals durch die äußere Niederlage gegen Japan und die folgende Revolution militärisch so gründlich geschwächt, dass es auf Jahre hinaus als Großmacht faktisch ausschied. Daher sollten nach Schlieffens Plan zunächst sieben deutsche Armeen mit voller Wucht im Westen vorgehen, während im Osten nur eine Armee, zusammen mit dem Feldheer des verbündeten Österreich-Ungarn, hinhaltenden Widerstand leisten sollte. Für die Westoffensive war vorgesehen, die starke französische Festungslinie in Lothringen nördlich zu umgehen, womit immerhin die Verletzung der Neutralität von drei Staaten – davon zwei mit international garantierter Neutralität – von vornherein „eingeplant" wurde: von Luxemburg, Belgien und den Niederlanden. Innerhalb von sechs Wochen sollte alsdann der Sieg über Frankreich errungen werden, anschließend, nach Überführung der deutschen Armeen an die Ostfront, der Sieg über Russland in der gleichen Zeit. Ganz abgesehen von moralisch-völkerrechtlichen Bedenken, die in den eingeweihten militärischen und politischen Führungskreisen offenbar nie aufkamen, beruhte das angeblich unfehlbare Siegesrezept Schlieffens auf einer Reihe von politischen und militärischen Fehlkalkulationen:

1. Die Verletzung der belgischen, gar noch der niederländischen Neutralität musste unfehlbar England in den Krieg gegen Deutschland bringen.
2. Russland würde sich von seinem Tiefpunkt 1905 früher oder später wieder erholen, sodass die Strategie einer deutschen „Dampfwalze" erst im Westen, anschließend im Osten einem doppelten Vabanque-Spiel gleichkam, denn Russland war 1914 viel stärker als unmittelbar nach 1905, und die deutsche Westoffensive konnte stecken bleiben, was ja tatsächlich auch an der Marne geschah.
3. Um die politischen Konsequenzen des vorgesehenen Neutralitätsbruchs ein wenig zu verringern, beschloss Schlieffens Nachfolger, zumindest die Niederlande aus dem deutschen Offensivbereich herauszunehmen. Dadurch musste sich nun der rechte Schwenkungsflügel im südlichen Belgien durch unübersichtliche Natur- und Industrielandschaften hindurchquälen.
4. Weder 1905 noch 1914 verfügte die deutsche Armee über die für den Schlieffenplan erforderliche numerische Stärke. Der Plan war also auf einem ureigensten Gebiet – militärischer und strategischer Planung – hoffnungslos unrealistisch.

I. Geiss, Das Deutsche Reich und der Erste Weltkrieg, München 1978, S. 47 f.

M 12 Industrieller/technologischer Vergleich der Bündnisse

	Deutschl./ Österr.-Ungarn	Frankr./Russl.	+	Großbr.	=	Summe	ab 1917 GB/USA/F
Prozent der Welt-Industrieproduktion (1913)	19,2 %	14,3%	+	13,6%	=	27,9%	51,7 %
Energieverbrauch (1913) Mio. Tonnen Kohleäquivalent	236,4	116,8	+	195,0	=	311,8	798,8
Stahlproduktion (1913) in Mio. Tonnen	20,2	9,4	+	7,7	=	17,1	44,1
Gesamtes Industriepotenzial (GB im Jahr 1900 = 100)	178,4	133,9	+	127,2	=	261,1	472,6

Aus: P. Kennedy, Aufstieg und Fall der großen Mächte, Frankfurt/M. 1989, S 392 u. 411.

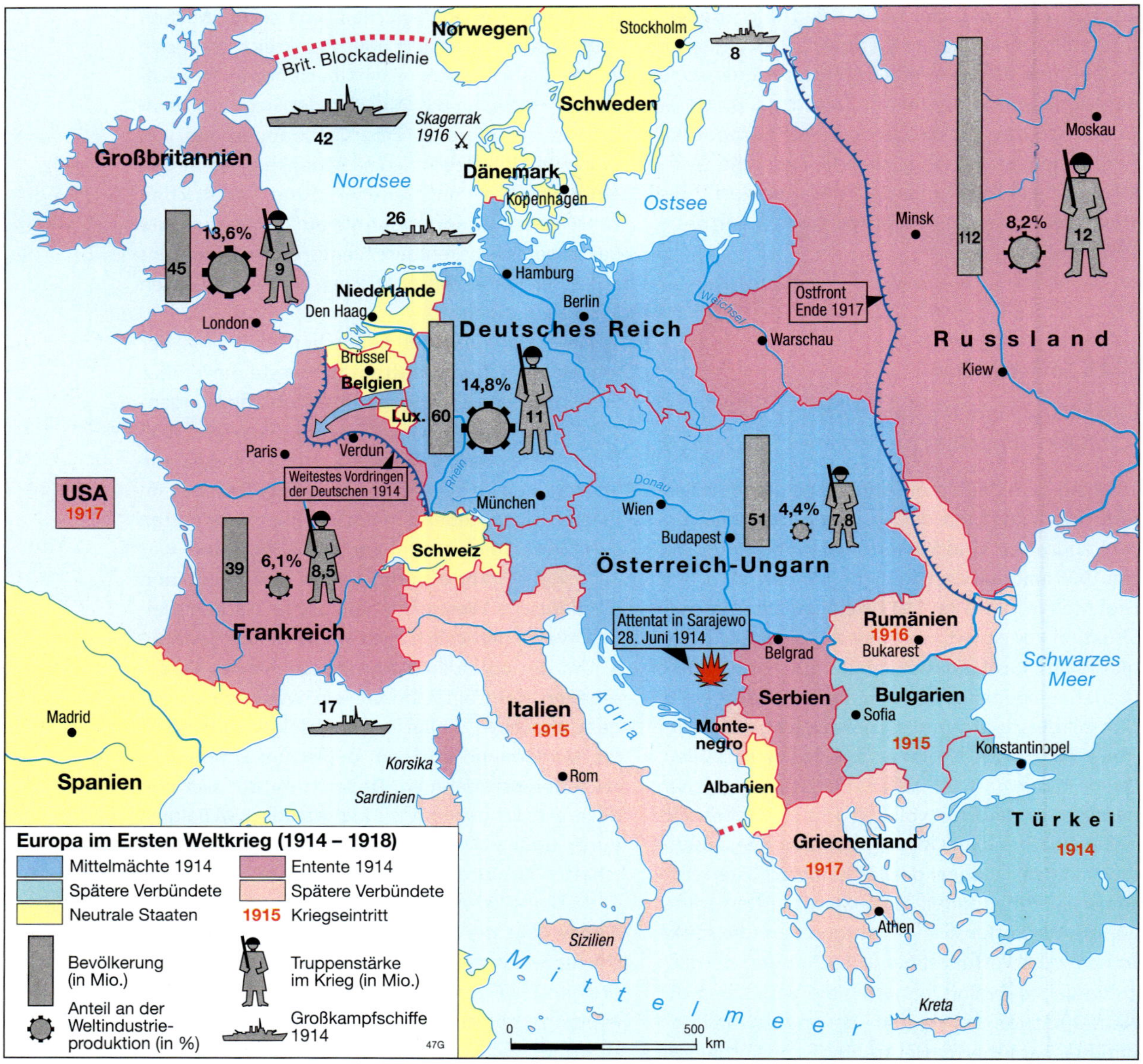

M 13

Aufgaben

1. Erläutern Sie den Vorgang, wie aus einem Konflikt zwischen Österreich-Ungarn und Serbien der deutsche Einmarsch in das neutrale Belgien resultierte.
   → Text, M5, M11
2. Inwiefern war der Rückgriff auf den Schlieffenplan verhängnisvoll? Welche Mächtekonstellation ergab sich nicht zuletzt aus dieser militärischen Aktion?
   → Text, M11
3. In der Juli-Krise von 1914 ist der Anlass, nicht aber die Ursache des Krieges zu sehen. Erläutern Sie diese Aussage.
   → Text
4. Beschreiben Sie die Reaktion in Deutschland auf die Kriegserklärungen.
   → Text, M1, M3, M6–M10
5. Versuchen Sie die weit verbreitete Kriegsbereitschaft zu erklären.
   → Text, M3, M7, M10
6. Rekapitulieren Sie den Verlauf des 1. Weltkriegs.
   → Text
7. Erklären Sie, worin die politisch-historische Bedeutung des Jahres 1917 liegt.
   → Text
8. Vergleichen Sie das Industriepotenzial der feindlichen Kriegskoalitionen.
   → M12, M13

8.3 Kriegsziele und Kriegsschuldfrage

Keiner der Krieg führenden Staaten ging mit klaren Zielvorstellungen in den Krieg, sieht man von begrenzten Zielen ab, wie zum Beispiel die Rückeroberung Elsass-Lothringens durch Frankreich. Die eigentliche Kriegszieldiskussion fing erst nach Kriegsbeginn an und entwickelte sich im Laufe des Waffenganges.

Nach Kriegsbeginn meldeten sich verschiedene gesellschaftliche Gruppen und Institutionen zu Wort, um ihre Kriegsziel-Forderungen zu verkünden. Das Septemberprogramm der Reichsregierung (1914), der Kriegszielkatalog des Alldeutschen Verbandes (1914), die Denkschrift der Wirtschaftsverbände (1915), das Kreuznacher Kriegszielprogramm der Obersten Heeresleitung (1917) sowie andere Eingaben dokumentieren die Freisetzung hegemonialer Energien auf das Nachdrücklichste. Die Befürworter ehrgeiziger Kriegsziele lassen sich – vereinfacht – unterteilen in Annexionisten (zumeist Militärs) und die Anhänger der Mitteleuropa-Idee (zumeist Wirtschaftskreise), denen mehr eine indirekte Beherrschung des Kontinents durch Zollunion, Wirtschaftsverflechtung und finanzielle Abhängigkeit vorschwebte.

Insgesamt fällt auf, dass auf deutscher Seite die Kriegs-Zielsetzungen immer fantastischere Ausmaße annahmen, je unwahrscheinlicher ihre Realisierung wurden. Die maßlosen Kriegsziele stellten zwangsläufig ein Hindernis bei allen Friedensbemühungen dar.

Erst 1917 verfasste eine Reichstagsmehrheit – getragen von Sozialdemokraten, Liberalen und Zentrums-Abgeordneten – eine Friedensresolution, die einen Frieden „ohne Annexionen und Kontributionen" (Entschädigungen) forderte. Allerdings erwies sich dieser Vorstoß in Richtung eines Verständigungsfriedens als folgenlos, weil der Reichstag weder die Außenpolitik noch die militärischen Entscheidungen direkt beeinflussen konnte. In der exekutiven Gewalt hatten nach wie vor die Anhänger eines so genannten Siegfriedens das Sagen.

Auf alliierter Seite war man mit der Formulierung von Kriegszielen insgesamt zurückhaltender. In den verschiedenen Dokumenten werden unter anderem notiert: politisch-wirtschaftliche Schwächung Deutschlands sowohl auf dem Kontinent als auch als Konkurrent Englands auf dem Weltmarkt; Rückgliederung Elsass-Lothringens an Frankreich; Wiederherstellung der belgischen Souveränität; der Rhein als mögliche französische Ostgrenze; Zurückdrängung der türkischen Herrschaft auf den türkischen Kernraum.

Die Dauer und die Härte des Krieges trieben die Erwartungen auf die „Kriegsbeute" in die Höhe. Die Maßlosigkeit zeigte sich zum Beispiel in den harten Bestimmungen, die Russland im Friedensvertrag von Brest-Litowsk (1918) von deutscher Seite auferlegt worden waren.

Auch der Versailler Vertrag von 1919 wird das Deutsche Reich nach seiner Niederlage mit extremen Kompensationsforderungen konfrontieren, die das riesige Ausmaß des Sterbens, der Verwüstungen der Länder und der Zerrüttung des Wirtschaftslebens reflektieren.

Die „14 Punkte" des amerikanischen Präsidenten Woodrow Wilson stellten den Versuch dar, gemeinsame Prinzipien für die Errichtung einer Nachkriegsordnung zu etablieren. Wilson verstand sich als

M 1

Der Friede von Brest-Litowsk
- Grenze Russlands 1914
- Mittelmächte und Verbündete
- Frontverlauf 1918
- Russische Verluste im Frieden von Brest-Litowsk (3.3.1918)
- 3.11.1918 Unabhängigkeitserklärungen
- Russische Sozialistische Föderative Sowjetrepublik (seit 1917)

Gegenspieler zu Lenin, dem Kopf der russischen Kommunisten. Zum Zeitpunkt des Kriegsendes hatte die Partei Lenins ihre Herrschaft in Zentralrussland mit Zwangsgewalt gefestigt. Ursprünglich war Lenin davon ausgegangen, dass es gelingen würde, den Krieg der Völker in einen Krieg der Klassen („Klassenkampf") zu verwandeln.

Die Politik des US-Präsidenten Wilson war strategisch darauf angelegt, eine Sowjetisierung der Welt zu verhindern. Sein Programm wurde von der Vorstellung einer demokratischen Weltrevolution inspiriert. Unter dem Motto „The world must be made safe for democracy." beabsichtigte er die Neugestaltung Europas auf der Grundlage des Selbstbestimmungsrechts der Völker, der Wahrung der Menschenrechte sowie einer kollektiven Friedensordnung. Der Erste Weltkrieg sollte zum Ausgangspunkt für eine neue globale Rechtsordnung werden. Auf Wilsons Initiative ging die Errichtung des Völkerbundes – des Vorläufers der heutigen Vereinten Nationen (UNO) – zurück.

Kriegsschuld-Kontroverse

Nach dem Weltkrieg musste Deutschland in Art. 231 des Versailler Friedensvertrages anerkennen, dass es allein (mit seinen Verbündeten) für den Krieg verantwortlich sei. Daraus hat sich eine heftige Kriegsschuld-Kontroverse ergeben, die bis in die Gegenwart reicht und die keineswegs auf die Geschichtswissenschaft beschränkt blieb. Zwei Positionen bildeten in diesem Streit die Eckpfeiler: zum einen die These des englischen Premierministers Lloyd George: „Wir sind alle hineingeschlittert."; und zum anderen die These von der deutschen Alleinschuld. Viele Wissenschaftler kamen bei ihren Untersuchungen auch zu Ergebnissen, die zwischen diesen beiden Positionen anzusiedeln sind.

Die deutsch-französischen Schulbuchempfehlungen kamen zu folgendem Schluss: „Die Dokumente erlauben es nicht, im Jahre 1914 irgendeiner Regierung oder einem Volk den bewussten Willen zu einem europäischen Krieg zuzuschreiben." Allerdings sind seitdem neue Dokumente gefunden worden, die diese These als fragwürdig erscheinen lassen. Vor allem bei der militärischen Führung des Deutschen Reiches lässt sich eine Präventivkriegsbereitschaft erkennen, die dann in der Juli-Krise 1914 konkret wurde.

Während die Alleinschuldthese des Versailler Vertrags in erster Linie eine politisch-juristische Bedeutung hatte, denn nur sie konnte die harten Friedensbedingungen legitimieren, fand eine seriöse wissenschaftliche Diskussion zur Schuldfrage erst in den sechziger Jahren statt. Ausgelöst wurde sie durch den Hamburger Historiker Fritz Fischer und dessen Buch „Griff nach der Weltmacht" (1961).

Er vertrat darin die These, dass auch schon der Erste Weltkrieg (und nicht nur der Zweite) als Eroberungskrieg anzusehen sei, und er akzentuierte die aggressiven Seiten der deutschen „Weltpolitik". Diese Thesen sprengten schnell den Rahmen der historischen Seminare und wurden von der Publizistik aufgegriffen. Über 300 Rezensionen und Aufsätze zeugen von der Intensität dieser Debatte.

Aufgrund der höchst komplexen Zusammenhänge, die sich 1914 beim Ausbruch des Ersten Weltkriegs „verknoteten", fällt es auch heute noch schwer, ein eindeutiges Urteil zur Schuldfrage zu sprechen. Wer der deutschen Regierung den überwiegenden Anteil an der historischen Schuld beziehungsweise Verantwortung gibt, der kann dafür gute Argumente ins Feld führen. Der Erste Weltkrieg ist noch schwerer zu verstehen als andere Kriege.

M 2 Folgen der Kriegsziel-Bewegung

Der deutsch-amerikanische Historiker Fritz Stern erörtert die Kriegsziele unter gesamteuropäischen und innenpolitischen Gesichtspunkten:

Die Festlegung von Kriegszielen erwies sich als Anlass zu Zwistigkeiten unter den und innerhalb der Nationen. Die französischen Forderungen täuschten Vernunft vor: Sie forderten die Rückgliederung von Elsass-Lothringen – was nur ein geschlagenes Deutschland hergeben würde; die Briten suchten den preußischen Militarismus zu zerstören und der deutschen Bedrohung des europäischen Gleichgewichts ein Ende zu setzen. Ganz nebenbei würde es Gewinne in den Kolonien geben. Deutschland hegte die ehrgeizigsten Kriegsziele. Dadurch hätte es sich tatsächlich als Vormacht in Europa und folglich als Weltmacht anstelle Englands durchgesetzt. Der Kern der deutschen Programme – bei den verschiedenen Gruppen bestanden natürlich auch verschiedene Spielarten der Habgier – war die Errichtung eines mitteleuropäischen Bundes unter der Vorherrschaft des siegreichen Reiches. Viele Deutsche glaubten, durch diese neue Ordnung im zwanzigsten Jahrhundert als Ersatz für die alte Pax [Friede] Britannica eine Pax Germanica durchzusetzen. Ob von übersteigerter Leidenschaft oder von scheinbarer Vernunft getragen, die Kriegsziele der Krieg führenden Staaten schlossen einen Kompromissfrieden aus, wie ihn der Papst oder Präsident Wilson zu vermitteln hofften. Der Appetit wuchs beim Essen – oder, in diesem Fall, mit der Zahl der Gefallenen.

Die Eskalation der Kriegsziele hatte politische Ursprünge und Folgen. Im Großen und Ganzen verfolgte die traditionelle Rechte in Europa harte Kriegsziele, in der Hoffnung, dass sichtbare, nationale Gewinne der Oberschicht zum Vorteil gereichen, ihr Ansehen mehren würden. Deutsche Industrielle waren besonders vehemente Exemplare dieser Vermengung von Habgier und Furcht. Die europäische Linke war in Kriegszielfragen weitaus zurückhaltender, und eine ständig wachsende Minderheit aktiver Sozialisten forderte einen Frieden ohne Annexionen und Entschädigungen, um diesen „imperialistischen Krieg" zu beenden. Der Verdacht, dass der Krieg nur aus Klasseninteresse fortgesetzt werde, verbreitete sich unter Radikalen und Gruppen der Arbeiterklasse, besonders in Russland und Deutschland – gerade in jenen Ländern, in denen die Unterschicht die Hauptlast der steigenden Nöte zu tragen hatte, wie etwa die Inflation bei Löhnen, die weit hinter dem Preisanstieg zurückblieben, die Unterernährung und die schlimmste Form des Krieges zwischen den Klassen: der Kampf

M 3 Hinter der Front
1915 erschien das Buch „Das Volk steht auf … Deutsche Verse mit Bildern für deutsche Kinder" und mit Zeichnungen von Paul Simmel, der nach 1918 seine berühmten Karikaturen in der „Berliner Illustrierten" veröffentliche. Es ist nur eines von zahllosen Beispielen der damals üblichen Hetzpropaganda.

um Brot. Dieser Verdacht und die täglich erfahrene Ungleichheit brachten einen neuen sozialistischen Kampfgeist hervor, der in Deutschland zum Beispiel zur Spaltung der sozialistischen Bewegung und zur Gründung der Unabhängigen Sozialisten führte, einer radikalen Antikriegs-Partei. Auf internationaler Ebene, in der neutralen Schweiz, gelobten im Exil lebende Russen unter der Führung Lenins sowie radikale Sozialisten anderer Länder, den imperialistischen Krieg in einen revolutionären Kampf umzuwandeln, den Krieg zu beenden, indem zunächst der kapitalistischen Unterdrückung ein Ende gesetzt werde, wie sie es ausdrückten. Sozialisten mit anderer Ansicht, sei es aus Patriotismus oder aus einem Gefühl für Pragmatismus [hier: praktische Erfordernisse] wurden schnell als „Sozialchauvinisten" verleumdet. Die Leidenschaft für nationale Einigkeit, die 1914 ganz Europa überschwemmte, war 1916 erschüttert; 1917 brach diese Einigkeit in einem Lande völlig zusammen und war in allen übrigen auf eine sehr harte Probe gestellt.

F. Stern, Das Scheitern illiberaler Politik, Berlin 1974, S. 156f.

M 4 Die „14 Punkte" des amerikanischen Präsidenten Woodrow Wilson

Der amerikanische Politiker (US-Präsident von 1913 bis 1921) veröffentlichte am 8. Januar 1918 seine Vorstellungen zur Neuordnung der Welt nach dem Krieg:

I. [...] Die Diplomatie [soll] stets offen gehandhabt werden und vor aller Öffentlichkeit sich abspielen.
II. Absolute Freiheit der Schifffahrt auf den Meeren [...].
III. Soweit als möglich die Aufhebung sämtlicher wirtschaftlicher Schranken und die Festsetzung gleichmäßiger Handelsbedingungen zwischen allen Nationen, die dem Frieden zustimmen und sich zu seiner Aufrechterhaltung vereinigen.
IV. Ausreichende Garantien, gegeben und genommen, dass die nationalen Rüstungen auf den niedrigsten Grad, der mit der inneren Sicherheit vereinbar ist, herabgesetzt werden.
V. Eine freie, aufgeschlossene und absolut unparteiische Neuordnung aller kolonialen Ansprüche, gegründet auf strenge Beachtung des Grundsatzes, dass bei Entscheidung aller derartigen Fragen der Souveränität die Interessen der betroffenen Bevölkerung das gleiche Gewicht haben müssen wie die berechtigten Ansprüche der Regierung, deren Rechtstitel festgestellt werden sollen.
VI. Die Räumung des gesamten russischen Gebietes. [...]
VII. Belgien [...] muss [...] geräumt und wiederhergestellt werden. [...]
VIII. Das gesamte französische Gebiet müsste befreit und die eroberten Teile zurückgegeben werden. Ebenso müsste das Frankreich durch Preußen 1871 hinsichtlich Elsass-Lothringens angetane Unrecht [...] wieder gut gemacht werden. [...]
IX. Eine Berichtigung der Grenzen Italiens sollte gemäß den klar erkennbaren Nationalitätenlinien bewirkt werden.
X. Den Völkern Österreich-Ungarns, deren Platz unter den Nationen wir gesichert und anerkannt zu sehen wünschen, sollte die freieste Möglichkeit autonomer Entwicklung gewährt werden.
XI. Rumänien, Serbien und Montenegro sollten geräumt werden, besetzte Gebiete wiederhergestellt, Serbien freier und gesicherter Zugang zum Meere gewährt und die Beziehungen der verschiedenen Balkanstaaten zueinander aufgrund freundschaftlicher Beratung gemäß den historisch begründeten Grundsätzen der Treuepflicht und der Nationalität festgelegt werden. Es sollten internationale Garantien für die politische und wirtschaftliche Unabhängigkeit und die territoriale Integrität der verschiedenen Balkanstaaten vereinbart werden.
XII. Den türkischen Teilen des gegenwärtigen ottomanischen Reiches sollte eine gesicherte Souveränität gewährleistet werden, aber den anderen Nationalitäten, die sich jetzt unter türkischer Herrschaft befinden, sollte eine unzweifelhafte Sicherheit des Lebens und eine absolut ungestörte Möglichkeit der autonomen Entwicklung verbürgt werden.
Die Dardanellen sollten dauernd als freier Durchgang für die Schiffe und den Handel aller Nationen unter internationalen Garantien geöffnet werden.
XIII. Ein unabhängiger polnischer Staat sollte errichtet werden. [...]
XIV. Ein allgemeiner Verband der Nationen muss aufgrund besonderer Verträge gebildet werden zum Zweck der Gewährung gegenseitiger Garantien für politische Unabhängigkeit und territoriale Integrität in gleicher Weise für die großen und kleinen Staaten. In Bezug auf diese Berichtigung von Unrecht und Sicherung des Rechts betrachten wir uns als intime Genossen sämtlicher Regierungen und Völker, die sich gegen die Imperialisten zusammengeschlossen haben.

Zit. nach: W. J. Mommsen, Imperialismus, Seine geistigen, politischen und wirtschaftlichen Grundlagen, Hamburg 1977, S. 262 ff.

M 5 **Das „Septemberprogramm" von Reichskanzler Bethmann Hollweg**

Diese Denkschrift stammte von Reichskanzler Bethmann Hollweg (1909–1917) und seinem Mitarbeiter Kurt Riezler. Sie fasste die Ideen der Wirtschaft, des Militärs und der Politik zusammen. Später hat sich Bethmann Hollweg von einer extremen Politik der Annexion distanziert (1914):

Sicherung des Reiches nach West und Ost auf erdenkliche Zeit. Zu diesem Zweck muss Frankreich so geschwächt werden, dass es als Großmacht nicht neu erstehen kann, Russland von der deutschen Grenze nach Möglichkeit abgedrängt und seine Herrschaft über die nichtrussischen Vasallenvölker gebrochen werden. [...]

1. Frankreich: Von den militärischen Stellen zu beurteilen, ob die Abtretung von Belfort, des Westabhangs der Vogesen, die Schleifung der Festungen und die Abtretung des Küstenstrichs von Dünkirchen bis Boulogne zu fordern ist.

In jedem Falle abzutreten, weil für die Erzgewinnung unserer Industrie nötig, das Erzbecken von Briey [Lothringen].

Ferner eine in Raten zahlbare Kriegsentschädigung; sie muss so hoch sein, dass Frankreich nicht imstande ist, in den nächsten achtzehn bis zwanzig Jahren erhebliche Mittel für Rüstung aufzuwenden. Des Weiteren: ein Handelsvertrag, der Frankreich in wirtschaftliche Abhängigkeit von Deutschland bringt, es zu unserem Exportland macht und es ermöglicht, den englischen Handel in Frankreich auszuschalten. Dieser Handelsvertrag muss uns finanzielle und industrielle Bewegungsfreiheit in Frankreich schaffen – so, dass deutsche Unternehmungen nicht mehr anders als französische behandelt werden können.

2. Belgien: Angliederung von Lüttich und Verviers an Preußen, eines Grenzstriches der Provinz Luxemburg an Luxemburg.

Zweifelhaft bleibt, ob Antwerpen mit einer Verbindung nach Lüttich gleichenfalls zu annektieren ist. Gleichviel, jedenfalls muss Belgien, wenn es auch als Staat äußerlich bestehen bleibt, zu einem Vasallenstaat herabsinken, in etwa militärisch wichtigen Hafenplätzen ein Besatzungsrecht zugestehen, seine Küste militärisch zur Verfügung stellen, wirtschaftlich zu einer deutschen Provinz werden.

3. Luxemburg: Wird deutscher Bundesstaat und erhält einen Streifen aus der jetzt belgischen Provinz Luxemburg und eventuell die Ecke von Longwy.

4. Es ist zu erreichen die Gründung eines mitteleuropäischen Wirtschaftsverbandes durch gemeinsame Zollabmachungen, unter Einschluss von Frankreich, Belgien, Holland, Dänemark, Österreich-Ungarn, Polen und eventuell Italien, Schweden und Norwegen. Dieser Verband, wohl ohne gemeinsame konstitutionelle Spitze, unter äußerlicher Gleichberechtigung seiner Mitglieder, aber tatsächlich unter deutscher Führung, muss die wirtschaftliche Vorherrschaft Deutschlands über Mitteleuropa stabilisieren.

5. Die Frage der kolonialen Erwerbungen, unter denen in erster Linie die Schaffung eines zusammenhängenden mittelafrikanischen Kolonialreichs anzustreben ist, desgleichen die Russland gegenüber zu erreichenden Ziele werden später geprüft. [...]

6. Holland: Dies engere Verhältnis müsste [...] Holland also äußerlich unabhängig belassen, innerlich aber in Abhängigkeit von uns bringen. Vielleicht ein die Kolonien einschließendes Schutz- und Trutzbündnis, jedenfalls enger Zollanschluss [...] wäre zu erwägen.

Zit. nach: F. Fischer, Griff nach der Weltmacht, Düsseldorf 1967, S. 93 f.

M 6 **Niemand hat den Frieden ernsthaft gewollt**

Der Kieler Historiker Karl Dietrich Erdmann betont eine Mitschuld der anderen europäischen Mächte am Ersten Weltkrieg:

Das Problem [der Kriegsschuld] gewinnt eine andere Dimension, wenn man – angenommen, keine der Regierungen habe es auf einen allgemeinen Krieg angelegt – die Frage umgekehrt stellt, ob sie denn den Frieden gewollt haben. Auch auf diese Frage muss die Antwort für alle Beteiligten Nein lauten. Denn wie deutlich auch bei einigen Staaten der Wunsch und die Bereitschaft sichtbar wurden, den Frieden zu vermitteln, keiner hat es zuwege gebracht, das Entscheidende zu tun, nämlich sich aus den bestehenden Bündnissen und Verpflichtungen herauszureißen und auf die Verfolgung bestimmter politischer Ziele zu verzichten. Diese Ziele waren keine willkürlichen Setzungen, sondern tief in der Geschichte und der besonderen politischen Lage der Staaten begründet. In dem österreichisch-serbischen Konflikt prallten die übervölkische und die nationale Staatsidee gegeneinander. Ebensowenig wie sich Serbien selbst preisgab, konnte Österreich darauf verzichten, den serbischen Nationalismus auszuschalten. Deutschland war auf seinen letzten Bundesgenossen angewiesen. Es unterstützte Österreich, in der ersten Phase der

M 7 **Kaiser Wilhelm II.**
Wilhelm II. war als Konfliktmanager absolut ungeeignet. Zunächst heizte er die Stimmung durch forsche Parolen an („Jetzt oder nie!"); später mäßigte er seine Reden, aber da war es zu spät, Postkarte von 1914.

Krise und gab sich der Hoffnung hin, dass durch schnelles und energisches Handeln die notwendige Aktion auf Serbien lokalisiert werden könne. Und in der zweiten Phase der Krise, als ein europäischer Krieg sich aus dem österreichisch-serbischen Konflikt zu entwickeln drohte, konnte Deutschland zwar versuchen, Österreich zurückzuhalten, aber es konnte nicht das unzweideutige Mittel anwenden, den Bündnisfall als nicht gegeben zu erklären, wenn es nicht in einem auf die Dauer für unvermeidlich gehaltenen Zweifrontenkrieg allein stehen wollte. Die russische Regierung war aus äußeren wie inneren Gründen an den Erfolg ihrer Balkanpolitik gebunden. Sie war in ihrer Entscheidungsfreiheit gelähmt durch die Furcht vor der Alternative Krieg oder Revolution. Frankreich war auf das Bündnis mit Russland angewiesen wie Deutschland auf das Bündnis mit Österreich. Dem Bündnis mit Russland verdankte es seine nach zwei Jahrzehnten politischer Isolierung allmählich zurückgewonnene europäische Machtstellung. Deshalb unterstützte es die russische Politik durch die Zusage seiner Bündnistreue. England besaß die relativ größte Freiheit des Handelns in der Krise. Aber für den Fall eines Krieges war seine Stellung durch die Flottenrivalität mit Deutschland, der potenziellen europäischen Hegemonialmacht, festgelegt.

Von diesen sehr verständlichen, nicht zufälligen Interessen waren also die verantwortlichen Staatsmänner der europäischen Mächte in der Krise geleitet. Keiner von ihnen wollte eigentlich den Weltkrieg. Alle sahen im Verlauf der Krise früher oder später das Risiko eines allgemeinen Krieges. Einige unternahmen Schritte, die einen mehr oder weniger starken Wunsch nach Vermeidung eines allgemeinen Krieges erkennen lassen: so Wilhelms II. und Bethmanns Versuche, Österreich zurückzuhalten, Greys[1] Vermittlungen, Poincarés[2] Warnung an Russland, Deutschland nicht zu provozieren. Aber niemand wollte den Preis für den Frieden bezahlen. Wenn man den Frieden auch wünschte, so hat ihn doch niemand ernsthaft gewollt.

1 britischer Außenminister von 1905–1916

2 franz. Politiker, u. a. von 1913–1920 Staatspräsident

K. D. Erdmann, Der Erste Weltkrieg; Gebhardt, Handbuch der deutschen Geschichte, Bd. 18. München 1980, S. 92 f.

M 8 **Deutschlands Schuld am Ausbruch des Ersten Weltkrieges**

Der Historiker Fritz Fischer sieht im Ersten Weltkrieg den deutschen „Griff nach der Weltmacht":

Diese Behauptung Erdmanns ist die wissenschaftliche Variation der These Lloyd Georges, dass alle Mächte in den Krieg hineingeschlittert seien. Sie hält der Konfrontation mit den Dokumenten nicht stand. Nicht jede der europäischen Mächte konnte den Krieg verhindern, verhindern konnte den Krieg nur die Macht, die ihn wollte – sie hätte auf den Krieg verzichten müssen.

Ich selbst habe noch auf dem Historikertag in Berlin im Oktober 1964 die Ansicht vertreten, Deutschland habe im Juli 1914 bewusst das Risiko eines großen europäischen Krieges auf sich genommen, weil ihm die Situation so günstig wie nie zuvor erschien. In Verschärfung meiner damaligen Ausführungen stelle ich heute fest, gestützt auf allgemein zugängliches wie auch auf unveröffentlichtlichtes Material: Deutschland hat im Juli 1914 nicht nur das Risiko eines eventuell über den österreichisch-serbischen Krieg ausbrechenden großen Krieges bejaht, sondern die deutsche Reichsleitung hat diesen großen Krieg gewollt, dementsprechend vorbereitet und herbeigeführt.

Die sich zunehmend verschärfende ungünstige außenpolitische Lage Deutschlands, die immer deutlicher werdende Unfähigkeit Deutschlands, seine expansiven wirtschaftlichen, politischen und militärischen Ziele durch eine bloße Kriegsdrohung durchzusetzen, die von verschiedenen Direktoren der deutschen Großbanken in übereinstimmenden Gutachten vom Frühjahr 1914 konstatierte handelspolitische und konjunkturelle Krise, die von den herrschenden Kräften als immer bedrohlicher empfundene innenpolitische Situation und schließlich die als entscheidende Bedrohung des deutschen Weltmachtstrebens angesehene Möglichkeit, dass Österreich-Ungarn sich dem härter werdenden Zugriff des „Bundesgenossen" entziehen könnte – all diese Faktoren bestimmten die deutsche Reichsleitung, den „Durchbruch nach vorn" zu wagen

und durch einen Hegemonialkrieg Deutschlands Weltmachtstellung nach außen zu begründen, nach innen das konservative antiparlamentarische und antidemokratische System zu konservieren. [...] Der Mord an dem österreichisch-ungarischen Thronfolger, Erzherzog Franz Ferdinand, aber bot den idealen Anlass zur Herbeiführung des Krieges. Denn Österreich, dessen militärischer Macht Deutschland so dringend für den geplanten Krieg bedurfte, musste mitgehen, und die deutsche Reichsleitung konnte vor der Welt und der eigenen Nation eine Bedrohung Österreichs durch das von Russland protegierte Serbien behaupten. Damit wurde der durch den Fürstenmord aufs Äußerste erbitterte deutsche Kaiser auf einen harten Kurs festgelegt und die Sozialdemokratie für den Kampf gegen die russische Tyrannei gewonnen. [...]
Das österreichische Ultimatum an Serbien, dessen Hauptinhalt in Berlin lange vor Überreichung bekannt war, hatte im deutschen Kalkül nur eine Funktion: Es sollte eine den Krieg herbeiführende Provokation gegen Russland sein. Nur insofern zeigte die deutsche Reichsleitung Interesse am Inhalt des Ultimatums, nur in diese Richtung liefen die ständigen Anfragen und das deutsche Drängen in Wien. [...]
Nach der Anbahnung der direkten österreichisch-russischen Gespräche verbürgte selbst die inzwischen beschlossene, am 31. Juli bekannt gegebene russische Gesamtmobilmachung nicht mehr den Krieg. Deshalb beschloss die deutsche Reichsleitung, an Frankreich wie an Russland Ultimaten zu schicken, in denen von Russland nicht nur die Einstellung aller Mobilmachungsmaßnahmen gegen Deutschland, sondern auch gegen das selbstmobilisierte Österreich-Ungarn und von Frankreich als Pfand für sein Wohlverhalten im Falle eines isolierten russisch-deutschen Krieges die Herausgabe der Festungen Toul und Verdun verlangt wurden.
Die russische Antwort vom 1. August auf das auf 12 Stunden befristete Ultimatum war – wie von der Reichsleitung erwartet – ablehnend; aber Sazonov[1] betonte ausdrücklich, dass Russland sich, solange die Gespräche fortdauerten, aller kriegerischen Maßnahmen enthalten werde. Pourtalès, der deutsche Botschafter in Petersburg, überreicht dem russischen Außenminister daraufhin die deutsche Kriegserklärung.
Auch Frankreich antwortet auf das auf 18 Stunden befristete Ultimatum – wie erhofft – ablehnend, ließ sich indes auch nach der deutschen Kriegserklärung an Russland nicht zu kriegerischen Maßnahmen gegen Deutschland verleiten. Daher behauptete die deutsche Reichsleitung Grenzverletzungen und Bombenabwürfe von französischer Seite und nahm diese Propagandalügen zum Anlass für die Kriegserklärung.
Am 4. August, nach einer deutschen Kriegserklärung an Russland, einer deutschen Kriegserklärung an Frankreich, einem deutschen Durchmarsch durch das neutrale Belgien, konnte Grey[2] das gespaltete und zögernde England einigen – zu einem sofortigen Kriegseintritt gegen Deutschland, gegen die Macht, die das europäische Gleichgewicht zerstört hatte.
Es gibt nicht ein einziges Dokument in der Welt, das die zentrale Wahrheit entkräften könnte, dass im Juli 1914 ein Kriegswille einzig und allein auf deutscher Seite bestand und dass alle Verabredungen auf Seiten der Entente nur der defensiven Sicherung ihrer Allianz dienten.

1 russischer Außenminister
2 britischer Außenminister

F. Fischer, Vom Zaun gebrochen – nicht hineingeschlittert; Deutschlands Schuld am Ausbruch des 1. Weltkriegs, aus: Die Zeit, 3. Sept. 1965.

Aufgaben

1. Nennen Sie die Komponenten, aus denen sich das deutsche Kriegszielprogramm zusammensetzte.
   → Text, M1, M2, M5
2. Welche innen- und außenpolitischen Auswirkungen hatte die Proklamierung von übersteigerten Kriegszielen?
   → Text, M2
3. Der amerikanische Präsident W. Wilson versuchte die Grundlage für eine neue und dauerhafte Friedensordnung zu schaffen. Analysieren Sie die Prinzipien, auf denen sie beruhen sollte.
   → M4
4. Stellen Sie die Argumente für und wider eine deutsche Kriegsschuld zusammen.
   → Text, M4–M8
5. Erörtern Sie die These von der deutschen Alleinschuld.
   → Text, M6–M8

8.4 Ergebnisse und Folgen des Ersten Weltkrieges

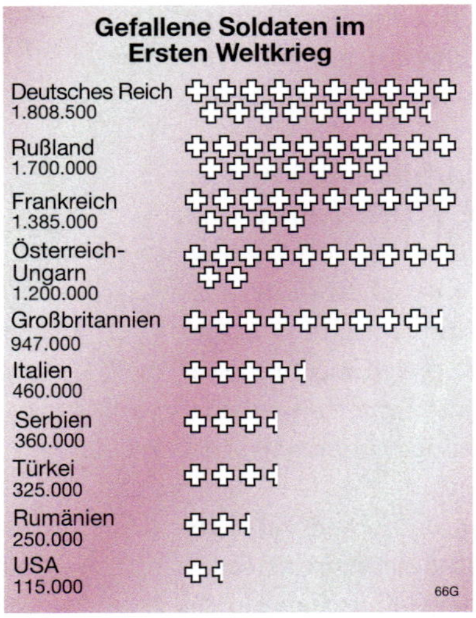

M 1

Der Erste Weltkrieg kann als der erste totale Krieg der Weltgeschichte bezeichnet werden. Er hatte nicht nur nachhaltige Rückwirkungen auf die Zivilbevölkerung, sondern er veränderte die gesamte Gesellschaft. Blockaden schnürten das Land ab, beeinträchtigten die Versorgung, die Wirtschaft wurde nach den Anforderungen des Krieges umstrukturiert und einer Militarisierung unterworfen. Die Macht verlagerte sich von den traditionellen Institutionen (Kaiser, Regierung, Parlament) auf die Oberste Heeresleitung (OHL). Deutschland erhielt zusehends den Charakter einer Militärdiktatur. Das galt insbesondere ab 1916, nachdem die damaligen Volkshelden Hindenburg und Ludendorff die OHL übernommen hatten. Mit zunehmender Kriegsdauer schwand die anfängliche Kriegsbegeisterung, und der allgemeine Burgfriede, der ab August 1914 zwischen den politischen Kräften im Reich herrschte, wurde brüchig. Die Spannungen führten zu einer politischen Polarisierung. Auf der einen Seite sammelten sich jene Kräfte, die einen Verständigungsfrieden anstrebten beziehungsweise einen Frieden ohne Annexionen und Kontributionen (Entschädigungen). Diese politischen Kräfte (Sozialdemokratie, Fortschrittsliberale und Zentrum) strebten zugleich die Abschaffung des Dreiklassen-Wahlrechts in Preußen und die Parlamentarisierung des politischen Systems an.

M 2

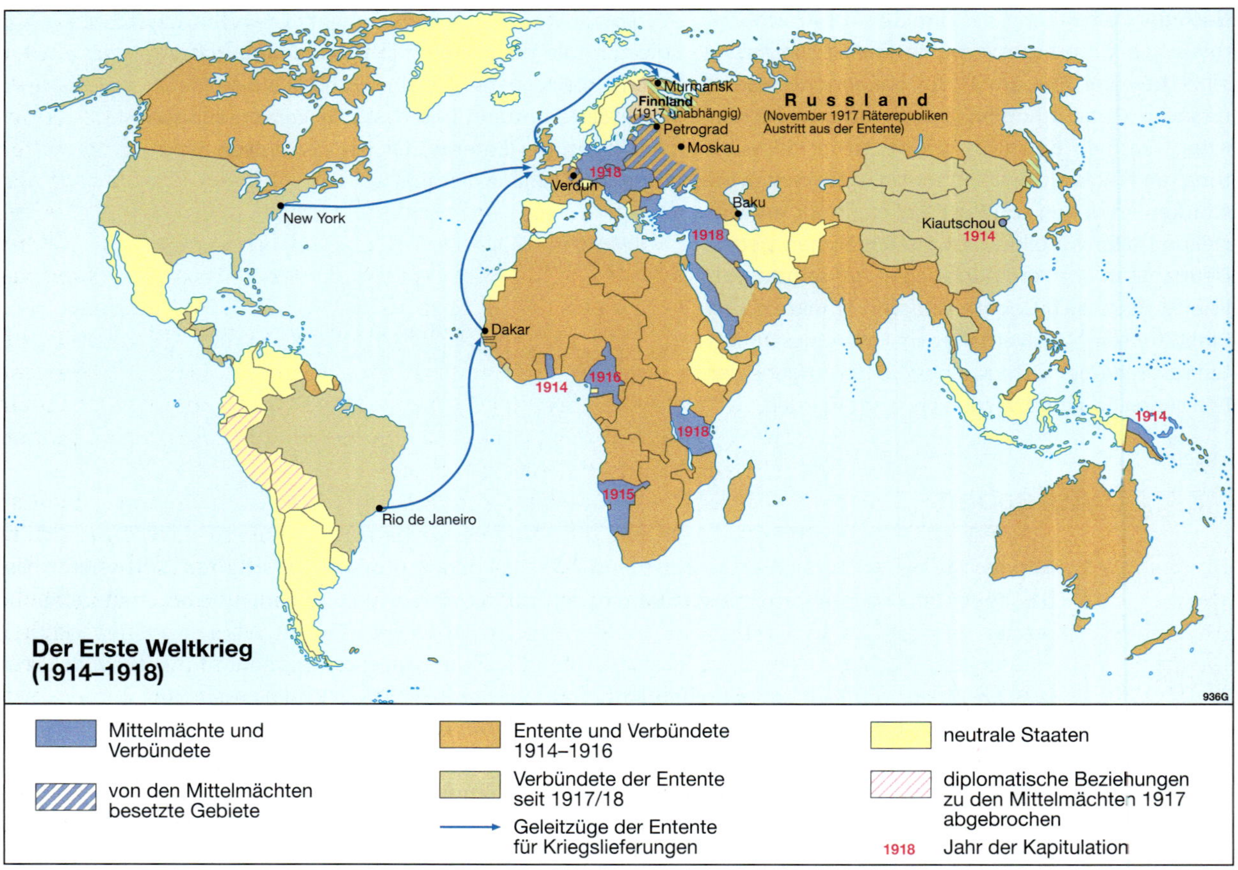

Auf Seiten der Konservativen propagierte man die entschlossene Fortführung des Krieges bis zum Sieg (Siegfrieden). In der Gründung der Deutschen Vaterlandspartei zeigte sich der Versuch der herrschenden Gesellschaftsschichten, die eigenen Machtpositionen kompromisslos zu verteidigen und sich dem verstärkten inneren Reformdruck entgegenzustellen. Man klammerte sich auch darum verzweifelt an den „Siegfrieden“, weil man die soziale Revolution als Folge der militärischen Niederlage befürchtete.

Parlamentarisierung

Die sich im Herbst 1918 deutlich abzeichnende Niederlage veranlasste die OHL (Ludendorff/Hindenburg), die politische Verantwortung in die Hände von Zivilisten zu legen. Die Regierung wurde überdies von der OHL ersucht, ein sofortiges Waffenstillstandsangebot zu machen. Es wurden daraufhin auch Vertreter der Mehrheitsparteien in die Regierung berufen. Unter anderen traten Gustav Bauer und Philipp Scheidemann von der SPD und Matthias Erzberger von der Zentrumspartei in das Kabinett des Reichskanzlers Max von Baden ein. Das Ergebnis war die Parlamentarisierung im Oktober 1918. Dadurch wurde Deutschland verfassungsmäßig zu einer parlamentarischen Monarchie. Diese Verfassungsänderung entzog dem Kaiser die politische Macht. Nunmehr benötigte der Reichskanzler für die Amtsführung das Vertrauen des Reichstags. Auch der Vorrang des Kaisers hinsichtlich der Armee entfiel. Diese Demokratisierung der politischen Ordnung konnte angesichts des Zusammenbruchs und der Novemberrevolution keine Wirksamkeit mehr entfalten. Sie kam zu spät.

Auswirkungen

Der Erste Weltkrieg kann in seiner historisch-politischen Bedeutung kaum überschätzt werden. Allein auf den Schlachtfeldern wurden zehn Millionen Menschen getötet. Die politische Ordnung Europas wurde aufs Schwerste erschüttert. Mit dem Sieg des Bolschewismus in Russland, dem Zusammenbruch der österreichisch-ungarischen Doppelmonarchie, dem Sieg des Faschismus in Italien und der Novemberrevolution in Deutschland veränderte sich das Machtgefüge in Europa. Vor dem Hintergrund massiver materieller und psychischer Verelendung sind die Krisen zu sehen, die den Aufstieg des Nationalsozialismus begünstigten beziehungsweise ermöglichten. Die Geschichte Europas im 20. Jahrhundert kann in ihrer Kontinuität nur verstanden werden, wenn der Erste Weltkrieg in die historische Betrachtung einbezogen wird. Es gibt sogar Historiker, die von einem Dreißigjährigen Krieg (1914–1945) sprechen, um den inneren Zusammenhang beider Weltkriege zu betonen.

Der Erste Weltkrieg hinterließ eine Generation von jungen Leuten, die durch militärische Kameradschaft, Fronterlebnisse und die Erfahrung des Todes geprägt worden war. Entfremdet vom Zivilleben misslang vielen von ihnen nach 1918 die Integration in eine bürgerliche Erwerbswelt. Angetrieben durch die Erbitterung über einen angeblichen Verrat an der kämpfenden Truppe (Dolchstoßlegende), sannen diese jungen Männer auf Revanche. Im Frieden sahen sie nur einen einstweiligen Waffenstillstand. Einer dieser jungen Männer, die von der Kriegserfahrung nachdrücklich beeinflusst worden waren, hieß Adolf Hitler.

In der Folge des Ersten Weltkrieges zerbrachen vier große Monarchien (Deutschland, Russland, Österreich-Ungarn und das Osmanische Reich). Insbesondere durch die Auflösung der österreichisch-ungari-

M 3

Staatsvölker und nationale Minderheiten in Europa 1918 - 1939

(Anteil des Staatsvolkes an der Gesamtbevölkerung eines Landes in Prozent)

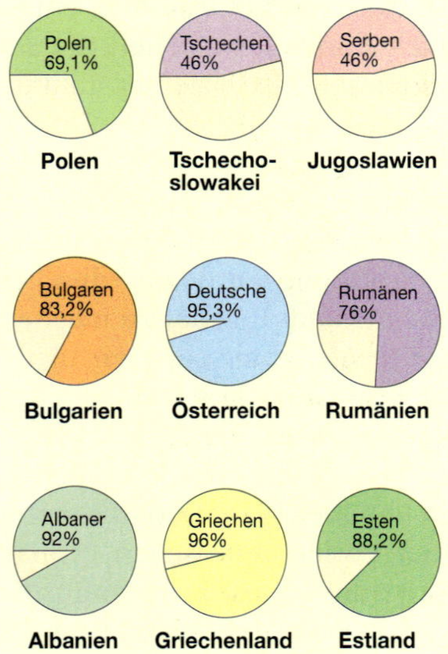

M 4

schen Doppelmonarchie entstanden in Osteuropa – gemäß dem Prinzip der nationalen Selbstbestimmung – neue Staaten, die aber selbst wieder nationale Minderheiten beherbergten. Die neuen territorialen Regelungen, die durch US-Präsident Wilson inspiriert worden waren, bargen ein enormes Konfliktpotenzial in sich. Die Instabilität der ost- beziehungsweise südosteuropäischen Staaten sollte sich im Laufe des 20. Jahrhunderts noch mehrfach erweisen.

Darüber hinaus stellte der Erste Weltkrieg die „historischen Weichen" für folgende weitere Entwicklungen:

- Die Vorrangstellung Europas war verloren gegangen.
- Die USA stiegen zur Weltmacht auf.
- Die anti-kolonialistischen Befreiungsbewegungen wurden gestärkt. Der Höhepunkt des Kolonialismus war überschritten.
- Die Sozialstrukturen, wie sie sich im Laufe des 19. Jahrhunderts entwickelt hatten, wurden erschüttert.
- Die Russische Revolution bildete die Grundlage für die Entwicklung der Sowjetunion. Sie stellte eine Herausforderung für die westlichen Staaten dar.
- In den bürgerlichen Demokratien erweiterte sich das politische Spektrum durch kommunistische und prä-faschistische Parteien.
- Die Novemberrevolution sowie die Gründung der Weimarer Republik in Deutschland resultierten aus der militärischen Niederlage.

Chronologie

11. April 1917	Gründung der Unabhängigen Sozialdemokratischen Partei (USPD); die SPD hatte sich gespalten aufgrund der Bewilligung der Kriegskredite.
14. Juli 1917	Nach dem Sturz Bethmann Hollwegs durch die OHL wird Georg Michaelis neuer Reichskanzler.
19. Juli 1917	Friedensresolution des Reichstags: Der Reichstag erstrebt einen Frieden der Verständigung und der dauernden Versöhnung der Völker.
2. Sept. 1917	Gründung der Deutschen Vaterlandspartei durch Alfred v. Tirpitz und Wolfgang Kapp; das Programm ist antidemokratisch, hegemonial, monarchistisch und antisemitisch.
1. Nov. 1917	Graf Hertling wird neuer Reichskanzler.
Januar 1918	Streikbewegung in vielen deutschen Städten (insgesamt etwa eine Million Streikende): Vor dem Hintergrund der Kriegsmüdigkeit und allgemeiner Unzufriedenheit fordert die Streikleitung einen Frieden ohne Annexionen und Reparationen sowie die Demokratisierung der innenpolitischen Verhältnisse.
29. Sept. 1918	Die OHL fordert die Regierung auf, ein Waffenstillstandsangebot zu machen.
3. Okt. 1918	Max v. Baden wird Reichskanzler an der Spitze einer Regierung, die von Zentrum, SPD und Fortschrittlicher Volkspartei gebildet wird.
28. Okt. 1918	„Parlamentarisierung": Verabschiedung verfassungsändernder Gesetze, mit denen im Deutschen Reich das parlamentarische Regierungssystem eingeführt wird.
28. Okt. 1918	Beginn der Meuterei der deutschen Hochseeflotte in Kiel; Bildung von Arbeiter- und Soldatenräten.
9. Nov. 1918	Reichskanzler Max v. Baden verkündet die Abdankung des Kaisers. Philipp Scheidemann (SPD) ruft die Republik aus.

M 5 **Europa nach dem Ersten Weltkrieg**

Der Politikwissenschaftler und Historiker Karl Dietrich Bracher verweist auf drei weltgeschichtlich bedeutende Ideologien als Antworten auf den Ersten Weltkrieg:

Die meisten Antworten auf den Ersten Weltkrieg, um welche sich die europäische Politik in der Folge bemüht hat, führten zu einer Unterminierung [Untergrabung] und Infragestellung dessen, was das Zeitalter Europas emporgebracht hatte. Ihre Wurzeln sind in der geistigen und materiellen Welt des 19. Jahrhunderts verankert, obgleich die politische Umsetzung dann als eine unmittelbare Folge des Weltkrieges erscheint. Es sind vorrangig drei welthistorische Antworten zu nennen: Marxismus – Kommunismus; liberale Demokratie; Faschismus – Nationalsozialismus. Sie verkörpern das Neue und doch längst Angebahnte, sie sind die Antworten auf die Herausforderung nicht nur des Krieges, sondern auch auf industrielle Revolution, Modernisierung, Nationalismus und Imperialismus – jene Kräfte also, die sich im Krieg entluden. In diesen Antworten liegen Kriterien für die Deutung des Zeitalters, die dem Verfasser angemessener erscheinen als die gängige Vorstellung einer globalen Konfrontation von Revolution und Konterrevolution, wie sie damals und heute insbesondere die linke Polemik beherrscht. In allen drei Fällen bewirkte der Krieg ganz unmittelbar die Transformation von Ideen des 19. Jahrhunderts in politische Herrschaftsformen der Nachkriegszeit. Erstens: Der Marxismus wurde zur Staatsdoktrin in der Revolution Lenins, die eher Staatsstreich zu nennen ist – jedenfalls eine direkte Frucht der militärischen Niederlage des alten Regimes sowie der Unfähigkeit der demokratischen Revolution in Russland, den Krieg zu beenden und eine parlamentarische Republik zu organisieren. Zweitens: Die parlamentarische Demokratie galt als der eigentliche Sieger des Krieges. Ihre Ausbreitung in die alten und neuen Staaten Europas erscheint nicht zuletzt als Verwirklichung der Ideen Wilsons, mithin der entscheidenden Interventionsmacht der USA. Drittens: Faschismus und Nationalsozialismus waren das Ergebnis einer nationalen und autoritären Welle, die sich in den vom Krieg frustrierten Ländern, zumal in Italien und Deutschland, gegen jene scheinbar siegreiche Demokratie wandten. Für sie ging der Kampf weiter: Ihre Allianz im Zeichen des Revisionismus [Rückgängigmachung] und schließlich der Expansion sollte die Friedensordnung zu Fall bringen.

Diese drei Antworten auf den Ersten Weltkrieg zogen jede auf ihre Art ein Fazit der wesentlichen Strömungen, die der Krieg emporgetragen hatte: Sozialismus, Demokratie und Nationalismus. Aber sie repräsentierten auch die drei Missverständnisse des Krieges, wenn sie diesen einer einseitigen oder einlinigen Interpretation unterwarfen. Das kollektivistische Missverständnis erblickte im Krieg den unwiderstehlichen Schrittmacher eines künftigen Weltsozialismus; das autonomistische den endgültigen Sieg der Selbstbestimmungs- und Menschenrechte; das nationalistische den Wiederaufstieg oder die Vollendung des autarken [wirtschaftlich unabhängigen] integralen Machtstaates. Den Missverständnissen folgten die Enttäuschungen und die Fehlreaktionen: für die Sozialisten die Enttäuschung, dass die internationale Revolution ausblieb oder von der Bevölkerung nicht akzeptiert wurde, für die Demokraten, dass die nationalstaatliche Selbstbestimmung nicht funktionierte, vielmehr neue Probleme schuf, sofern sie alte löste; für die Nationalisten die grandiose Fehlrechnung, mit einem zweiten Akt des Weltkrieges doch die ausgebliebenen Machtgewinne zu erreichen.

K. D. Bracher, Die Krise Europas 1917–1975, Frankfurt/M. 1982, S. 20 f.

Aufgaben

1. Stellen Sie die Auswirkungen dar, die der Erste Weltkrieg auf die innere Situation in Deutschland hatte.
   → Text, M1, M2, M5
2. In welcher Weise veränderte der Erste Weltkrieg auch die gesamte internationale Ordnung?
   → Text, M2–M5
3. Der Erste Weltkrieg muss im Rückblick als ein Schlüsselereignis des 20. Jahrhunderts angesehen werden. Nennen und erläutern Sie die politischen Strömungen, die durch ihn emporgetragen wurden.
   → Text, M5
4. Analysieren Sie die Gründe für das Scheitern einer stabilen Friedensordnung nach 1918.
   → M4, M5

Fragen an die Geschichte

Warum sind Menschen immer wieder bereit, in den Krieg zu ziehen?

M 1 **Kriegsausbruch 1914**
„In fröhlichen Märschen Flandern entgegen"

Es ist viel darüber gerätselt worden, was Menschen – nicht nur in Deutschland – 1914 dazu gebracht haben könnte, mit Begeisterung in den Krieg zu ziehen. Dabei muss davon ausgegangen werden, dass die Bilder vom August 1914 weder gestellt noch anders manipuliert worden sind, so wie das in modernen Diktaturen oftmals Praxis war und ist. Einfache Antworten gibt es nicht. Vom Lust am Krieg ist die Rede, von Abenteuerlust, von aufgestauten Aggressionen, von Verteidigungsbereitschaft oder vom Ausbruch aus einer gesättigten Lebenswelt. Fest steht, dass trotz der Friedensdemonstrationen in Berlin und Paris, die es angesichts der Spannungen auch gegeben hat, eine große Bereitschaft vorhanden gewesen war, „zu den Fahnen zu eilen" – wie es damals hieß. Freiwilligkeit war an der Tagesordnung. Oberschüler hielten es vielfach hinter ihren Pulten nicht mehr aus und wollten „mitmachen". Und dieses Gefühl war in ganz Europa grenzüberschreitend vorhanden. Zumindest zu Kriegsbeginn im Sommer 1914 dominierte die patriotische Begeisterung, es kam Jubel auf – wie nach einem Befreiungsschlag. Zweifellos ahnten die Wenigsten, was auf sie zukommen würde.

Die meisten Deutschen, die im August 1914 die Eisenbahnwaggons Richtung Westen bestiegen, hatten die schnelle Kriegsentscheidung von 1870 im Sinn. Der Krieg schien „machbar", und man war sich des

M 2 **Otto Dix, Der Krieg (1929–1932)**

Gewöhnlich richtet sich die Aufmerksamkeit jedoch vor allem auf die furchtbaren Geschehnisse der Materialschlachten seit 1916, vor allem auf Verdun, die Somme und die Ypernschlachten. Einen Kontrast zum Geschehen des Stellungskrieges an anderen Frontabschnitten bilden sie letztlich vor allem durch die immens höhere Intensität des Feuers. Darüber hinaus sind diese Schlachten zum Symbol für die Sinnlosigkeit eines massenhaften Tötens ohne konkreten militärischen Nutzeffekt geworden. Sie zeugen damit von der dem industriellen Krieg immanenten grausamen Irrationalität.

R. v. Dülmen (Hg.), Erfindung des Menschen, Wien 1998, S, 413.

Ruhmes gewiss. Die Orientierung an der Vergangenheit erwies sich als Fehler, denn der Erste Weltkrieg sollte nicht nur viel länger dauern als der relativ kurze Waffengang vom Herbst 1870, sondern er sollte auch mit neuen Waffen (darunter Tanks, Flugzeuge, Maschinengewehre, Flammenwerfer und Giftgas) durchgeführt werden. Der Erste Weltkrieg war der historisch neuartige Krieg von entwickelten Industriegesellschaften mit ihrem extrem gesteigerten Zerstörungspotenzial. Den Massenheeren des 20. Jahrhunderts entsprachen am Ende die massenhaften Opfer: als Tote, Verwundete, Verstümmelte und psychisch Erkrankte. Unabhängig davon, dass es auch legitime Gründe für einen Krieg geben kann, zum Beispiel zur Verteidigung oder aus humanitären Gründen zur Verhinderung von Völkermord, kann Kriegsbereitschaft auch systematisch produziert werden. Insbesondere undemokratische beziehungsweise unkontrollierte Regierungen und Autoritäten können ihren Einfluss gezielt einsetzen, um in Menschen (Bürgern, Untertanen) eine Bereitschaft zum Kriege zu fördern. In diesem Zusammenhang spielen die Erziehungseinrichtungen und Massenmedien eine kaum zu überschätzende Rolle:

- Nationalistische Gefühle können im Volk geweckt werden, die oft eine aggressive Grundierung erhalten.
- Die Außenwelt wird als feindlich dargestellt, sodass Ängste, Überlebensinstinkte und Defensiv-Aggressionen geweckt werden. (1914 hieß es zum Beispiel: „Deutschland ist von Feinden umgeben.“)
- Feindbilder werden verfestigt. Das kann der „welsche (französische) Barbar“, das „perfide (hinterhältige) Albion“ (Britannien) oder auch der „Klassenfeind“ sein.
- Eine militaristische Erziehung setzt oft schon im Kindergarten ein und findet in der Schule ihre Fortsetzung (in der ehemaligen DDR hieß das „sozialistische Wehrerziehung“).
- Appelle an die nationale Ehre, an das Pflichtgefühl des Einzelnen oder an dessen Opfermut erweisen sich in bestimmten Situationen als wirkungsvoll.
- Der politisch-religiöse Fundamentalismus legitimiert das Töten als „gottgewollten und heiligen Krieg“ gegen die „Ungläubigen“.
- Der Krieg kann systematisch verharmlost werden („Ausflug nach Paris“).

Erziehung und Propaganda vermögen manches zu erklären. Auch die Humanbiologie, die Ethologie (Verhaltenslehre) und Anthropologie (Lehre vom Menschen) können Wesentliches zur Beantwortung der Frage nach der Bereitschaft zum Krieg beitragen. Aber selbst dann bleibt ein unaufklärbarer Rest.

M 3 **Verherrlichung des Opfers**
Gedenkblatt, 1914

M 4 **Sozialistische Wehrerziehung in der DDR (1982)**
Kinder im Minipanzer bei einer Feldparade in Dresden nach einem Pioniermanöver

Aufgaben

1. Beschreiben und interpretieren Sie das Bild von Otto Dix. Welche psychologischen Auswirkungen hatte der Krieg auf die Kriegsteilnehmer?
2. Kriegsbereitschaft kann von Seiten der jeweils Herrschenden produziert werden. Welche psychologischen Aspekte fördern die Kriegsbereitschaft? Diskutieren Sie, wie man ihr entgegenwirken kann.

Wer hat im Weltkrieg dem deutschen Heere den Dolchstoß versetzt? Wer ist schuld daran, daß unser Volk und Vaterland so tief ins Unglück sinken mußte? Der Parteisekretär der Sozialdemokraten Vater sagt es nach der Revolution 1918 in Magdeburg:
„Wir haben unsere Leute, die an die Front gingen, zur Fahnenflucht veranlaßt. Die Fahnenflüchtigen haben wir organisiert, mit falschen Papieren ausgestattet, mit Geld und unterschriftslosen Flugblättern versehen. Wir haben diese Leute nach allen Himmelsrichtungen, hauptsächlich wieder an die Front geschickt, damit sie die Frontsoldaten bearbeiten und die Front zermürben sollten. Diese haben die Soldaten bestimmt, überzulaufen, und so hat sich der Verfall allmählich, aber sicher vollzogen."
Wer hat die Sozialdemokratie hierbei unterstützt? Die Demokraten und die Leute um Erzberger. Jetzt, am 7. Dezember, soll das Deutsche Volk den
zweiten Dolchstoß
erhalten. Sozialdemokraten in Gemeinschaft mit den Demokraten wollen uns
zu Sklaven der Entente machen,
wollen uns für immer zugrunde richten.
Wollt ihr das nicht,
dann
Wählt deutschnational!

9. Die Weimarer Republik

Das Plakat der Deutschnationalen Volkspartei (DNVP) stammt aus dem Jahr 1924. Es illustriert auf sinnfällige Weise eine Vorstellung, die aus dem ideologischen Arsenal rechtskonservativer, antidemokratischer Kreise stammte und als Dolchstoßlegende in die Geschichte eingegangen ist. Sie besagt, dass die Niederlage im Weltkrieg auf das Wirken der demokratischen Politiker zurückzuführen sei, die dem kämpfenden und unbesiegten Feldheer in den Rücken gefallen seien. Im Kern war die Dolchstoßlegende gegen die Existenz der Weimarer Republik gerichtet. Sie diente dazu, die Republik ideologisch auszuhebeln und sie ihrer Legitimität zu berauben.

Nicht genug damit, dass in den Augen vieler Zeitgenossen die Weimarer Republik mit dem Makel der Niederlage behaftet war, nun wurde durch die propagandistische Verbreitung solcher Plakate der Eindruck erweckt, als hätte die Niederlage Ende 1918 vermieden werden können, wenn nicht Verrat im Spiele gewesen wäre. Und anknüpfend an diese emotionale Einstimmung suggeriert das Plakat von 1924 nun noch einen zweiten Dolchstoß durch diejenigen, die bereit waren, mit den Siegermächten zu kooperieren. Für sie wurde der diffamierende Ausdruck „Erfüllungspolitiker" in Umlauf gebracht.

Den Humus, auf dem die Dolchstoßlegende gedeihen konnte, bildete eine desorientierte Bevölkerung, die von der Plötzlichkeit des Zusammenbruchs im Herbst 1918 zutiefst überrascht wurde. Deutsche Soldaten standen zu diesem Zeitpunkt im Osten und im Westen außerhalb der deutschen Grenzen. Manipuliert durch eine zensierte Presse, war die Öffentlichkeit auf eine Niederlage mental nicht vorbereitet. Nur so konnte der Verdacht auf Verrat und Verschwörung aufkeimen.

Die historischen Ursprünge der Dolchstoßlegende liegen bei Ludendorff und Hindenburg. Zusammen bildeten sie seit 1916 die Oberste Heeresleitung (OHL) und somit das eigentliche Machtzentrum des Deutschen Reiches im Krieg. Ludendorff gelang es – taktisch geschickt – angesichts des drohenden Endes die Vertreter eines Verständigungsfriedens in die Regierung berufen zu lassen. Damit entzog sich die OHL ihrer eigenen Verantwortung.

Faktisch war bereits Mitte 1918 der Krieg verloren. Die strategische Situation des Deutschen Reiches verschlechterte sich fortlaufend aufgrund des massiven Auftretens der USA auf dem Kriegsschauplatz in Frankreich. Die USA veränderten mithilfe frischer Truppen (1,2 Millionen Soldaten) das relative Gleichgewicht an der Westfront, sodass es nur eine Frage der Zeit war, bis den Westalliierten ein Durchbruch im großen Stil gelingen würde. Rohstoff- und Versorgungsmängel, Demoralisierung und Kriegsmüdigkeit taten ein Übriges dafür, die Kampfbereitschaft der deutschen Soldaten zu mindern. Der Krieg war faktisch verloren.

Die Dolchstoßlegende trug mit dazu bei, dass die Weimarer Republik letzten Endes nicht die Zustimmung ihrer Bürger erhielt – eine „belagerte Republik" wurde.

9.1 Die Novemberrevolution

Politische, soziale und militärische Voraussetzungen

Der Beginn des Ersten Weltkrieges im August 1914 war von weiten Teilen der deutschen Bevölkerung begeistert begrüßt worden, da allgemein die Vorstellung eines kurzen Waffenganges verbreitet gewesen war. Als diese Hoffnung sich nicht erfüllte und der deutsche Vorstoß nach Westen zu einem Stellungskrieg erstarrte, veränderten sich unter dem Einfluss des Krieges die deutsche Gesellschaft und die politischen Verhältnisse. Mit der Fortdauer des Krieges sowie der Unterordnung der gesamten Gesellschaft unter militärische Erfordernisse verlagerte sich die politische Macht zusehends an die militärische Spitze der Obersten Heeresleitung (OHL). Diese lag ab 1916 in den Händen von Hindenburg und Ludendorff, die in die Rolle von heimlichen Militärdiktatoren hineinwuchsen.

1914 waren die wesentlichen politischen Kräfte bereit gewesen, ihre Interessen zurückzustellen, um so die innenpolitischen Voraussetzungen für einen deutschen Sieg zu schaffen. Diese Politik des Burgfriedens zerbrach, und der politische Konsens wich einer zunehmenden Polarisierung. Auf der einen Seite standen die Mehrheitsparteien im Reichstag (SPD, Fortschrittspartei, Zentrum). Sie drängten auf einen Kompromissfrieden ohne Annexionen, Abschaffung des preußischen Dreiklassenwahlrechts sowie Demokratisierung der autoritär-obrigkeitsstaatlichen Gesellschaft. Ihnen gegenüber standen die konservativen Anhänger eines Siegfriedens, die ab 1917 in der Vaterlandspartei organisiert waren.

M 1 **„November 1918"**
Titelblatt des Simplicissimus vom 3. Dezember 1918

Als im Herbst des Jahres 1918 die militärische Niederlage zur Gewissheit wurde, drängte die OHL auf eine Parlamentarisierung. Diese wurde vollzogen und brachte unter anderem die parlamentarische Verantwortlichkeit des Reichskanzlers sowie eine allgemeine politische Aufwertung des Reichstags. Durch diese Reform – bisweilen auch als „Revolution von oben" bezeichnet – war fast unter Ausschluss der Öffentlichkeit aus dem monarchistischen Obrigkeitsstaat eine parlamentarisch-demokratische Monarchie geworden.

Das deutsche Volk hatte unter dem Krieg außerordentlich zu leiden. Hunger und Entbehrungen waren ab 1917 weit verbreitet. Die Blockade der Alliierten verschlechterte die Versorgung mit lebensnotwendigen Gütern. Kriegsmüdigkeit und Friedenssehnsucht wuchsen ständig, als der wiederholt angekündigte Sieg ausblieb. Die ungleiche Verteilung der Kriegslasten („Kriegsgewinnler") stärkte die Protestbereitschaft.

Das Eingeständnis der militärischen Niederlage musste wie ein Schock wirken, da eine systematische Zensur den Einblick der Öffentlichkeit in die tatsächliche Lage bis dahin verhindert hatte. Überspannte Hoffnungen auf den großen Sieg brachen unversehens zusammen.

Meuterei der Matrosen

In dieser Situation beschloss die deutsche Seekriegsleitung die Ausfahrt der Hochseeflotte in Richtung England. Diese Flotte, die bei Kriegsbeginn 1914 eine wesentliche Ursache für die deutsch-britische Feindschaft gewesen war, hatte aufgrund der britischen Überlegenheit die vergangenen Kriegsjahre fast ausschließlich in den schützenden Heimathäfen verbringen müssen.

Die große Mehrheit der Matrosen teilte nicht die bei hohen Marineoffizieren verbreitete Idee eines ruhmvollen Untergangs. Im Gegenteil: Die Matrosen empfanden dieses Vorhaben als einen sinnlosen Opfergang. Ihre Weigerung mündete in einer spontanen und unorganisierten Bewegung, die kaum auf Widerstand stieß. Die Stützen der alten Ordnung schienen erstarrt zu sein. In dieses Machtvakuum hinein bildeten sich erst Soldatenräte, dann Arbeiter- und Soldatenräte, und übernahmen – vorwiegend in den Städten – die Macht.

Die Bildung der Provisorischen Regierung

Friedrich Ebert (1871–1925)
Parteivorsitzender der SPD, erster Präsident der Weimarer Republik von 1919 bis 1925, war kein Revolutionär. Er strebte eine Demokratie nach westlichem Vorbild an. Am Ende seiner Amtszeit wurde er das Opfer einer maßlosen politischen Hetze der politischen Rechten.

Im Unterschied zur Oktoberrevolution 1917 in Russland war die Novemberrevolution in Deutschland nicht das Ergebnis des ziel- und machtbewussten Vorgehens einer revolutionären Partei wie die der Bolschewiki in Russland. Der mit ihnen sympathisierende Spartakusbund spielte zu diesem Zeitpunkt noch eine politisch untergeordnete Rolle. Der Umsturz im November 1918 geschah spontan in der Atmosphäre eines politischen Machtvakuums. Angesichts der militärischen Niederlage blieben die „kaiserlichen Gewalten“ wie gelähmt und wichen handlungsunfähig zurück. Die eigentliche Politisierung beziehungsweise Radikalisierung der linken und rechten Strömungen vollzog sich erst zu einem späteren Zeitpunkt: während des Bürgerkrieges 1919.

„Wir können nicht sagen, wir haben die Revolution ‚gemacht‘, aber wir sind nicht ihre Gegner gewesen.“ Dieser Ausspruch des SPD-Politikers Wels zeigt das zwiespältige Verhältnis der SPD zu der neuen politischen Massenbewegung. Die SPD machte sich viele Forderungen erst nachträglich zu eigen, nicht zuletzt um die spontane Bewegung unter Kontrolle zu bringen. Das galt auch in Bezug auf die Kaiserfrage. Ihre Forderung nach Absetzung des Monarchen und Umwandlung Deutschlands in eine Republik spiegelte die allgemeine Radikalisierung wider.

Als der amtierende Reichskanzler Max von Baden erkannte, dass der Kaiser aus außenpolitischen (Druck von Seiten der USA) und innenpolitischen Gründen nicht zu halten war, veröffentliche er ein nicht-autorisiertes Abdankungstelegramm Wilhelms II. Daraufhin übergab er eigenmächtig die Regierungsgeschäfte dem SPD-Vorsitzenden Friedrich Ebert (9. November 1918).

Am gleichen Tag noch rief der SPD-Politiker Philipp Scheidemann vom Balkon des Reichstages die demokratische Republik aus, während (sein Gegenspieler) Karl Liebknecht vom Spartakusbund fast zeit-

M 2

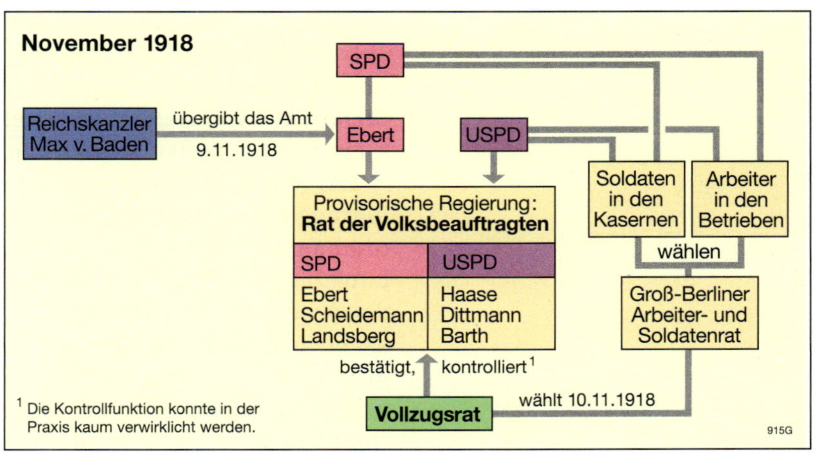

gleich die sozialistische Republik proklamierte. Die SPD sowie die linkssozialistische Unabhängige Sozialdemokratische Partei (USPD) einigten sich auf eine neue provisorische Regierung und bildeten den „Rat der Volksbeauftragten". Ebert versicherte sich der militärischen Unterstützung. Er und General Groener von der OHL vereinbarten eine künftige Zusammenarbeit.

Durch die halblegale Machtübertragung aus den Händen seines Vorgängers verkörperte Ebert als Reichskanzler die Kontinuität des Amtes. Gleichzeitig besaß er als Vorsitzender im Rat der Volksbeauftragten eine revolutionäre Legitimität.

Rätesystem oder parlamentarische Demokratie?

Parallel zum Rat der Volksbeauftragten bildete sich in Berlin der Groß-Berliner Arbeiter- und Soldatenrat, der sich als revolutionäres Organ verstand und daher Kontrollbefugnisse über die provisorische Regierung beanspruchte. Es entstand ein Konkurrenzverhältnis zwischen der Regierung und den Räten. In diesem Konflikt konnte sich die Regierung sowohl auf das Militär als auch auf die traditionelle Verwaltung stützen.

Die Räte verstanden sich als Organe, deren Aufgabe es war, die Revolution gegen die „alten Mächte" – Militär, Industrie, Bürokratie – zu sichern. Spartakisten und Teile der USPD befürworteten eine radikale Form der Revolution. Auf der Basis einer sozialisierten Industrie strebten sie die politische Ordnung eines Rätesystems an und orientierten sich dabei weitgehend am Vorbild des bolschewistischen Russland.

Die Hauptströmung der gesellschaftlichen Erneuerung Ende 1918 repräsentierte die Mehrheitssozialdemokratie im Bündnis mit den Liberalen und der katholischen Zentrumspartei. Sie strebte eine parlamentarische Demokratie nach westeuropäischem Muster an. Dazu gehörte die Abschaffung des preußischen Dreiklassen-Wahlrechts, die Einführung des allgemeinen Wahlrechts auch für Frauen und die Einrichtung einer parlamentarisch-verantwortlichen Regierung, das bedeutete in diesem Zusammenhang die Abhängigkeit der Regierungsausübung von einer Mehrheit im Reichstag.

Die Wahlen zum Reichsrätekongress offenbarten das Kräfteverhältnis innerhalb der Arbeiterbewegung. Die Räte waren in ihrer erdrückenden Mehrheit keineswegs kommunistisch oder bolschewistisch orientiert. Von den etwa 500 Delegierten vertraten etwa 300 die SPD und knapp 100 die USPD; nur 10 Delegierte gehörten dem Spartakusbund an. Der Rest war parteilos oder bürgerlich-demokratisch eingestellt. Einer der Konflikte, die den Kongress im Dezember 1918 spalteten, entzündete sich an der Frage, ob Wahlen zu einer Nationalversammlung abgehalten werden sollten. Der Rätekongress beschloss mit großer Mehrheit diese Wahlen und stellte damit die Weichen für die Einführung eines parlamentarischen Systems.

Der Reichsrätekongress zeigte, dass die Voraussetzungen für die Einführung eines revolutionären Rätesystems fehlten. Eine solche Neuordnung wurde selbstverständlich nicht nur von den (abwartenden) bürgerlich-konservativen Kräften abgelehnt, sondern selbst innerhalb der Arbeiterbewegung war dieser Weg nicht mehrheitsfähig. Die tonangebende sozialdemokratische Führung unter Ebert und Scheidemann war antirevolutionär eingestellt und sah in der Räteherrschaft eine Form der Diktatur, die es auch mit Blick auf das bolschewistische Russland zu verhindern galt.

Sitzverteilung in der Nationalversammlung am 19.1.1919

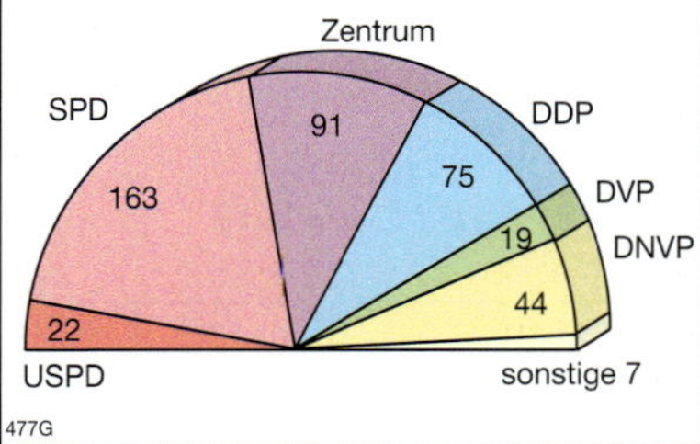

Die Wahl zur Nationalversammlung am 19. Januar 1919 fand nach einem neuen Verfahren statt, das durch die Begriffe Verhältniswahl, Frauenwahlrecht und Senkung des Wahlalters auf 20 Jahre gekennzeichnet war. Ihr Ergebnis verhieß eine solide Basis für die neue republikanische Ordnung. Zwar erfüllten sich nicht die Erwartungen der SPD auf eine absolute Mehrheit, aber die „Weimarer Koalition", bestehend aus SPD, Zentrum und DDP (Deutsche Demokratische Partei), errang einen überwältigenden Wahlsieg.

Diese parlamentarische Mehrheit bildete das Fundament für die Verabschiedung der Weimarer Reichsverfassung, die im Wesentlichen vom liberalen Staatsrechtler Hugo Preuß entworfen wurde. Sie trat am 11. August 1919 in Kraft.

Die Novemberrevolution 1918/19 – Versuch einer Einordnung

Die Novemberrevolution hat bis heute in der historischen Forschung keine einhellige Beurteilung gefunden.

Einigkeit herrscht unter den Historikern in Bezug darauf, dass die Novemberrevolution das Produkt der militärischen Niederlage Deutschlands im Ersten Weltkrieg gewesen sei. Aber bereits bei der Frage, wie groß die Handlungsspielräume der damaligen Politiker für einen radikalen Neubeginn gewesen seien, scheiden sich die Geister.

Politisch war eine einschneidende Änderung durch die Parlamentarisierung vom 28. Oktober 1918 bereits erreicht worden. Die Parlamentarisierung hatte dem Kaiser die Macht entzogen und die politische Rechte des Reichstages gestärkt. Die Reichsregierung bedurfte nunmehr des Vertrauens der Volksvertretung. Dieser Verfassungsänderung, die formal eine parlamentarische Monarchie begründete, folgte wenig später der Sturz der Monarchen und Fürsten in Deutschland. Diese politische Revolution, aus der die Republik hervorging, wurde aber nicht von wirtschaftlichen und personellen Umschichtungen flankiert. Die Umwälzung von 1918 bedeutete keine soziale Revolution. Wichtige politische Kräfte in Verwaltung, Armee, Justiz und Wirtschaft vermochten ihre Machtpositionen vom Kaiserreich in die Republik hinüberzuretten.

Chronologie

29. Sept. 1918	Die OHL fordert die Reichsregierung auf, ein Waffenstillstandsangebot an die Westmächte herauszugeben sowie die Regierung umzubilden.
4. Okt. 1918	Waffenstillstandsersuchen an den amerikanischen Präsidenten Wilson
24. Okt. 1918	Abschaffung des preußischen Dreiklassenwahlrechts
28. Okt. 1918	Beginn der Meuterei von Teilen der Hochseeflotte
28. Okt. 1918	Änderung der Verfassung (Parlamentarisierung)
4. Nov. 1918	Bildung des Kieler Arbeiter- und Soldatenrats
8. Nov. 1918	Kurt Eisner (USPD) ruft die bayerische Räterepublik aus, die sich unabhängig von der Kieler Matrosenbewegung gebildet hat.
9. Nov. 1918	Ausrufung der Republik: Philipp Scheidemann (SPD) und Karl Liebknecht (Spartakus)
10. Nov. 1918	Bildung des Rats der Volksbeauftragten
11. Nov. 1918	Unterzeichnung des Waffenstillstands
16. Dez. 1918	Beginn des Reichskongresses der Arbeiter- und Soldatenräte in Berlin
19. Jan. 1919	Wahlen zur Nationalversammlung

M 3 Deutsches Reich: Kriegsrationen und Friedensverbrauch

Während des Krieges waren die Lebensmittel rationiert. Die folgende Statistik spiegelt die relative Lebensmittelversorgung wider:

(Friedensverbrauch = 100)	Juli 1916 bis Juni 1917	Juli 1917 bis Juni 1918	Juli 1918 bis Dez. 1918
Fleisch	31	20	12
Fisch	51	–	5
Eier	18	13	13
Schmalz	14	11	7
Butter	22	21	28
Käse	3	4	15
Reis	4	–	–
Hülsenfrüchte	14	1	7
Zucker	49	56–67	80
Pflanzliche Fette	39	41	17
Kartoffeln	71	94	94
Mehl	53	47	48

Zit. nach: G. Hardach, Der Erste Weltkrieg, München 1973, S. 130.

M 4 Anzahl der Streiks (1914–1918)

	Jan.–Aug. 1914	Aug. 1914	Sept. bis Dez 1914	1915	1916	1917	1918
Streiks	1199	0	24	141	240	562	773
Streikende	94014	0	1126	12866	124188	651461	1304248

Zit. nach: J. Berlin (Hg.), Die deutsche Revolution 1918/19, Quellen und Dokumente, Köln 1979, S. 39.

M 5 Eingeständnis der militärischen Niederlage

General Ludendorff (1865–1937) hatte zusammen mit Hindenburg die militärische Gesamtleitung im Krieg inne. Ende September 1918 sagte er vor Vertrauten:

Er [Ludendorff] sagte ungefähr Folgendes: Er sei verpflichtet, uns zu sagen, dass unsere militärische Lage furchtbar ernst sei. Täglich könne unsere Westfront durchbrochen werden. Er habe darüber in den letzten Tagen Sr. M. [Seiner Majestät] zu berichten gehabt. Zum 1. Mal sei der O.H.L. von Sr. M. bzw. vom Reichskanzler die Frage vorgelegt worden, was sie und das Heer noch zu leisten imstande seien. Er habe im Einvernehmen mit dem Generalfeldmarschall geantwortet: „Die O.H.L. und das deutsche Heer seien am Ende; der Krieg sei nicht nur nicht mehr zu gewinnen, vielmehr stehe die endgültige Niederlage wohl unvermeidlich bevor. Bulgarien sei abgefallen. Österreich und die Türkei am Ende ihrer Kräfte würden wohl bald folgen. Unsere eigene Armee sei leider schon schwer verseucht durch das Gift spartakistisch-sozialistischer Ideen. Auf die Truppen sei kein Verlass mehr. Seit dem 8.8. sei es rapide abwärts gegangen. Fortgesetzt erwiesen Truppenteile sich so unzuverlässig, dass sie beschleunigt aus der Front gezogen werden müssten. Würden sie von noch kampfwilligen Truppen abgelöst, so würden diese mit dem Rufe „Streikbrecher" empfangen und aufgefordert, nicht mehr zu kämpfen. Er könne nicht mit Divisionen operieren, auf die kein Verlass mehr sei. So sei vorauszusehen, dass dem Feinde schon in nächster Zeit mithilfe der kampffreudigen Amerikaner ein großer Sieg, ein Durchbruch in ganz großem Stile gelingen werde, dann werde dieses Westheer den letzten Halt verlieren und in voller Auflösung zurückfluten über den Rhein und werde die Revolution nach Deutschland tragen.

Diese Katastrophe müsse unbedingt vermieden werden. Aus den angeführten Gründen dürfe man sich nun nicht mehr schlagen lassen. Deshalb habe die O.H.L. von Sr. M. und dem Kanzler gefordert, dass ohne jeden Verzug der Antrag auf Herbeiführung eines Waffenstillstandes gestellt würde bei dem Präsidenten Wilson von Amerika zwecks Herbeiführung eines Friedens auf der Grundlage seiner 14 Punkte.

Aus den Tagebuchblättern des Obersten von Thaer vom 1. Oktober 1918, zit. nach: G. A. Ritter, S. Miller, Die deutsche Revolution 1918–1919, Frankfurt 1968, S 23.

M 6 Forderungen der Kieler Matrosen

Nach dem erfolgreichen Matrosenaufstand formulierte der Soldatenrat die folgenden Forderungen (4. November 1918):

1. Freilassung sämtlicher Inhaftierten und politischen Gefangenen.
2. Vollständige Rede- und Pressefreiheit.
3. Aufhebung der Briefzensur.
4. Sachgemäße Behandlung der Mannschaften durch Vorgesetzte.
5. Straffreie Rückkehr sämtlicher Kameraden an Bord und in die Kasernen.
6. Die Ausfahrt der Flotte hat unter allen Umständen zu unterbleiben.
7. Jegliche Schutzmaßnahmen mit Blutvergießen haben zu unterbleiben.
8. Zurückziehung sämtlicher nicht zur Garnison gehöriger Truppen.
9. Alle Maßnahmen zum Schutze des Privateigentums werden sofort vom Soldatenrat festgesetzt.
10. Es gibt außer Dienst keine Vorgesetzte mehr.
11. Unbeschränkte persönliche Freiheit jedes Mannes von Beendigung des Dienstes bis zum Beginn des nächsten Dienstes.
12. Offiziere, die sich mit den Maßnahmen des jetzt bestehenden Soldatenrates einverstanden erklären, begrüßen wir in unserer Mitte. Alles Übrige hat ohne Anspruch auf Versorgung den Dienst zu quittieren.
13. Jeder Angehörige des Soldatenrates ist von jeglichem Dienste zu befreien.
14. Sämtliche in Zukunft zu treffenden Maßnahmen sind nur mit Zustimmung des Soldatenrates zu treffen.

Diese Forderungen sind für jede Militärperson Befehle des Soldatenrates.

Der Soldatenrat.

Zit. nach: G. A. Ritter, S. Miller, a. a. O., S. 44.

M 8

M 7 „Matrosen, Soldaten und Arbeiter verbrüdern sich“

Zeitungsbericht vom 7.11.1918 über die revolutionären Ereignisse am 6. November 1918 in Hamburg:

Das gellende Signal von Kiel hat auch die Hamburger Arbeiter und die Matrosen und Soldaten aufgerufen. Am Mittwoch morgen wurde auf den Werften und sehr vielen anderen Betrieben die Arbeit niedergelegt. Auf den im Hafen liegenden Kriegsfahrzeugen wurde die rote Flagge gehisst als Zeichen, dass auch hier die Matrosen dem Beispiel ihrer Kieler Kameraden gefolgt sind.

Die Straßen zeigen ein verändertes Bild. Überall sah man bewaffnete Gruppen mit roten Schleifen geschmückter Matrosen und Soldaten. Jeder Offizier wurde verhaftet und nach Abnahme seiner Waffen einige Stunden im Gewerkschaftshaus festgehalten.

Gegen 12 Uhr hatten sich in langen Zügen die Proletarier Hamburgs, durchsetzt mit großen Massen bewaffneter Matrosen und Soldaten, auf dem Heiliggeistfeld eingefunden – insgesamt zirka 40 000 Mann. […] Das Generalkommando hatte uns zum Heiligengeistfelde einen Hauptmann gesandt, der uns mitteilte, dass [General] v. Falk bereit sei, eine Abordnung zu empfangen.

[…] Genosse Wolffheim bedeutete dem Offizier, dass wir jetzt Wichtigeres zu tun hätten, als mit von Falk zu verhandeln, dass er es aber schon bemerken würde, wenn die Demonstranten dort wären. Inzwischen war uns gemeldet, dass das Generalkommando sehr stark mit Maschinengewehren und Truppen besetzt sei. Um unnötiges Blutvergießen zu vermeiden, begaben sich die Genossen Düwell und Wolffheim 20 Minuten vor dem Eintreffen des Zuges in das Gebäude, um den General zu fragen, wie er sich gegenüber den Demonstranten zu verhalten gedenke. Zu unserer maßlosen

M 9 **Übergabe der Garde-Ulanen-Kaserne in Berlin** an die Mitglieder des Arbeiter- und Soldatenrates, November 1918

Überraschung war der Falke ausgeflogen und niemand wusste, wohin er seinen – gar nicht stolzen – Flug genommen hatte! Nur ein Registrator befand sich noch im Gebäude, die Maschinengewehre und Truppen waren entfernt worden. Von Falk […] hatte sich feige zurückgezogen. […]

Dies war uns der Beweis, dass wir die Stadt in den Händen hatten. Was jetzt noch zu geschehen hatte, vollzog sich mit relativer Leichtigkeit. Die Bahnhöfe wurden besetzt, die Kasernen übernommen. Die Bezirkskommandos aufgehoben. Der gesamte Verkehr ging in die Hände des Soldatenrates über, der im Gewerkschaftshause seine Bureaus etabliert hatte und mit bewunderungswürdiger Zielsicherheit und Entschlossenheit seine Weisungen erteilte, die von den freien Proletariern im Waffenrock mit peinlichster Sorgfalt durchgeführt wurden. […]

Eine Vertretung des Arbeiter- und Soldatenrats begab sich am Mittwoch, abends 6 1/2 Uhr, ins Rathaus, um mit dem Senat über die folgenden Forderungen zu verhandeln:

Abberufung des Generals Falk.

Anerkennung des Soldatenrats durch das Generalkommando.

Festsetzung der Zeit einer Verhandlung zwischen Generalkommando und Soldatenrat.

Übergabe des öffentlichen Verkehrs an den Soldatenrat.

Unterstellung der Lebensmittelversorgung unter die Kontrolle des Arbeiterrats.

Sicherung der Papierversorgung für die Zwecke der Bekanntmachungen des Arbeiter- und Soldatenrats. […]

Der Soldatenrat übernahm die Verpflichtung, für Aufrechterhalt der öffentlichen Ruhe und Sicherheit zu sorgen.

Die Arbeiter und Soldaten haben die politische Macht in die Hand genommen, sie werden zeigen, dass sie reif sind, von dieser Macht den richtigen Gebrauch zu machen. Gegen den Mob und sonstige unlautere Elemente wird rücksichtslos eingeschritten werden.

Zit. nach: G. A. Ritter, S. Miller, a. a. O., S. 52 ff.

M 10 Der Rat der Volksbeauftragten: Aufruf vom 12. November 1918

Die neue Regierung, die sich „Rat der Volksbeauftragten" nannte, betonte ihren revolutionären Ursprung. Sie verkündete:

An das deutsche Volk!

Die aus der Revolution hervorgegangene Regierung, deren politische Leitung rein sozialistisch ist, setzt sich die Aufgabe, das sozialistische Programm zu verwirklichen. Sie verkündet schon jetzt mit Gesetzeskraft Folgendes:

1. Der Belagerungszustand wird aufgehoben.
2. Das Vereins- und Versammlungsrecht unterliegt keiner Beschränkung, auch nicht für Beamte und Staatsarbeiter.
3. Eine Zensur findet nicht statt.
4. Meinungsäußerung in Wort und Schrift ist frei.
5. Die Freiheit der Religionsausübung wird gewährleistet. Niemand darf zu einer religiösen Handlung gezwungen werden.
6. Für alle politischen Straftaten wird Amnestie gewährt. Die wegen solcher Straftaten anhängigen Verfahren werden niedergeschlagen.
7. Das Gesetz über den vaterländischen Hilfsdienst wird aufgehoben, mit Ausnahme der sich auf die Schlichtung von Streitigkeiten beziehenden Bestimmungen.
8. Die Gesindeordnungen werden außer Kraft gesetzt; ebenso die Ausnahmegesetze gegen die Landarbeiter.
9. Die bei Beginn des Krieges aufgehobenen Arbeiterschutzbestimmungen werden hiermit wieder in Kraft gesetzt.

Weitere sozialpolitische Verordnungen werden binnen kurzem veröffentlicht werden, spätestens am 1. Januar 1919 wird der achtstündige Maximalarbeitstag in Kraft treten. […] Die Regierung wird die geordnete Produktion aufrecht erhalten, das

Eigentum gegen Eingriffe Privater sowie die Freiheit und Sicherheit der Person schützen.

Alle Wahlen zu öffentlichen Körperschaften sind fortan nach dem gleichen, geheimen, direkten, allgemeinen Wahlrecht auf Grund des proporzionellen Wahlsystems für alle mindestens 20 Jahre alten männlichen und weiblichen Personen zu vollziehen. Auch für die konstituierende Versammlung, über die nähere Bestimmung noch erfolgen wird, gilt dieses Wahlrecht.

Berlin, den 12. November 1918.

Ebert, Haase, Scheidemann, Landsberg, Dittmann, Barth

Zit. nach: E. Forsthoff, Deutsche Geschichte seit 1918 in Dokumenten, Stuttgart 1938, S. 10.

M 11 Rätekongress in Berlin (16.–20. Dezember 1918)

a) Rede des Vollzugsratsmitglieds Max Cohen-Reuss (SPD) am 19.12.1918:

Wie man auch über die Arbeiter- und Soldatenräte denken mag – ich denke ziemlich günstig über sie und werde darauf noch zurückkommen –, in jedem Falle drücken die Arbeiter- und Soldatenräte nur einen Teilwillen, niemals aber den Willen des ganzen deutschen Volkes aus. Diesen festzustellen, darauf kommt es an.

[...] Um nun auf das zu kommen, was mich und meine Freunde von den Genossen der U.S.P. und wahrscheinlich auch von dem Koreferenten, dem Genossen Däumig, trennt, möchte ich Folgendes hervorheben. Die Genossen sagen: Wenn eine baldige Nationalversammlung zusammentritt, bekommen wir keine sozialistische Mehrheit, wir müssen deshalb die Sozialisierung vorher so schnell wie möglich beschließen. Parteigenossen, ich bin direkt der gegenteiligen Auffassung. (Sehr richtig!) Wenn wir eine sozialistische Mehrheit bekommen wollen, müssen wir die Nationalversammlung so schnell wie möglich einberufen. [...] Wenn die Genossen der U.S.P., die an eine solche Mehrheit nicht glauben, sich mit der alten Partei [der SPD] für die Wahlen zusammentun, was mein sehnlichster Wunsch wäre, dann wird hier eine feste Reihe entstehen, die alle bürgerlichen Parteien schlagen wird und schlagen muss. (Beifall bei der Mehrheit.)

[...] Wenn es aber innerhalb der Arbeiterschaft eine Gruppe geben sollte – und leider ist das die Spartakusgruppe, die dieses gemeinsame Vorgehen nicht will, dann mag sie sich zur Wahl stellen, dann wollen wir sehen, wer hinter ihr steht. Parteigenossen! Lassen Sie mich bei dieser Gelegenheit noch eines sagen! Es ist selbstverständlich, dass wir alle so viel Sozialismus wollen, wie durchführbar ist. Aber persönlich habe ich die Überzeugung, es wird nicht mehr Sozialismus durchführbar sein, als die Mehrheit des Volkes will. Denn ein Sozialismus, der vorher durchgeführt wäre, hätte sehr geringen Bestand, wenn die Mehrheit des Volkes anderer Meinung wäre.

[...] Parteigenossen, schätzen Sie wirklich bei ganz ruhiger, nüchterner Überlegung den Widerstand der bürgerlichen Kreise und der Intelligenz so gering ein, das wir, wenn wir sie politisch entrechten, gegen ihren Willen die Wirtschaft führen können? [...]

Nun noch ein paar Worte über die Arbeiter- und Soldatenräte [...]. Man wird zu der Erkenntnis kommen, dass ohne die Arbeiter- und Soldatenräte in den ersten Tagen wahrscheinlich schon die Katastrophe hereingebrochen wäre. (Sehr richtig!) Nur die Arbeiter- und Soldatenräte sind es gewesen, die die Ordnung aufrecht erhalten konnten und die soviel Autorität besaßen, dass nicht alles drunter und drüber ging; und ebenso, wie man zugeben muss, dass sie manche Geldmittel verschwendet haben – aber wie wäre das in so ungeordneten Zuständen auch anders möglich! –, so haben die Arbeiter- und Soldatenräte auch Milliarden von deutschem Volksvermögen gerettet. (Sehr richtig!) Ich meine also, die Arbeiter- und Soldatenräte hatten ihre Berechtigung und werden ihre Berechti-

M 12 Demonstration für das Rätesystem in Berlin im Dezember 1918

gung auch weiter haben. Nur, glaube ich, müssen sie an der Zentralstelle, die die Verfassung des Deutschen Reiches schaffen wird, der Nationalversammlung Platz machen.

Zit. nach: G. A. Ritter, S. Miller, a. a. O., S. 300 ff.

b) Rede des Vollzugsratmitglieds Ernst Däumig (USPD) am 19.12.1918:

Wenn die Geschichte dieser Revolutionswochen in Deutschland geschrieben wird, dann wird man sich lächelnd fragen: Waren denn die Leute so blind, dass sie nicht sahen, dass sie sich selbst den Strick um den Hals legten? Denn das muss doch jedem klar Denkenden einleuchten, dass die jubelnde Zustimmung zur Nationalversammlung gleichbedeutend ist mit einem Todesurteil für das System, dem Sie jetzt angehören, für das Rätesystem. (Sehr richtig – Unruhe.) Und wenn Sie die Leidenschaft haben, einen politischen Selbstmörderklub darzustellen, ich lasse ihnen das Vergnügen, ich für meinen Teil danke dafür. (Lebhafter Beifall, Zurufe!) [...]
Was soll denn dieses Rätesystem neben einem sich so breitspurig einnistenden parlamentarisch-demokratisch-bürgerlichen System, wie es die Nationalversammlung einmal im Gefolge hat! Eine leere Staffage, eine Marionette! Im Wirtschaftsleben werden mithilfe der Nationalversammlung und des Bürgertums die Gewerkschaften alten Stils natürlich die Arbeiterräte aus den Betrieben ganz schnell herausgedrängt haben. (Zuruf.) – Das machen sie heute schon und haben es schon gemacht.
[...] Lassen Sie sich nicht durch die Missgriffe und Fehler der ersten Wochen irremachen. Überall sind die Arbeiterräte impulsiv auf einmal aus der Erde geschossen ohne gegenseitige Verständigung, so dass manche Reibungen und Missverständnisse und auch manche Missgriffe haben vorkommen müssen. Aber das sind Kinderkrankheiten, die überwunden werden können und müssen. Das ist aber nur möglich, wenn wir dieses System anerkennen. Dann werden viele Klagen, die im Laufe der ersten Zeit laut geworden sind, verstummen. Denn was jetzt ist, ist doch nur ein Kompromiss zwischen Revolution und altem System, (Sehr wahr!) aus dem natürlich nichts Gutes herauskommen konnte. Die alte Staatsmaschine mit all den Leuten, die bisher an ihren verschiedenen Stellen gearbeitet haben, ist ja noch beibehalten, und der Vollzugsrat, der hier in Berlin gewirkt hat, hatte ebenso wie die Arbeiter- und Soldatenräte in der Provinz nur ein Kontrollrecht.

Zit. nach: G. A. Ritter, S. Miller, a. a. O., S. 306 ff.

M 13 Kennzeichnung von Räten

Räte (russisch Sowjets) bildeten sich zum ersten Mal in der Russischen Revolution von 1905. Der Politikwissenschaftler Peter von Oertzen erläutert den Rätebegriff:

Alle „Räte" richten sich gegen etwas, gegen eine bestimmte politische oder wirtschaftliche Ordnung, gegen eine bestimmte gesellschaftliche Ordnung, gegen eine bestimmte gesellschaftliche Machtverteilung. Der Grundzug der Räte kommt zum Ausdruck: 1. in den sozialen Schichten, die sie – in der Regel – vertreten, 2. in der Form ihres Wirkens, 3. in der Art ihrer Entstehung.
Zu 1: Gemeine Soldaten, Bauern und Kleinbürger, Arbeiter, Angestellte oder unterdrückte Volksmassen schlechthin waren in verschiedenen geschichtlichen Situationen und mit verschiedenem Gewicht die Träger von Rätebewegungen. Allen diesen Klassen bzw. Schichten ist gemeinsam, dass sie – sozial, wirtschaftlich, politisch – unterdrückt oder entrechtet oder zumindest abhängig sind, d. h., sich gegenüber bestimmten herrschenden Schichten in einer gesellschaftlich unterprivilegierten Position befinden. Sie sind – sei es durch die politische Verfassung (z. B. durch Wahlrechtsbeschränkung), sei es durch die Eigentumsordnung (z. B. als Lohnarbeiter) – von den entscheidenden gesellschaftlichen Machtstellungen: Offizierkorps, hohe Bürokratie, Parlament, Wirtschaftsleitung, weitgehend ausgeschlossen und haben auf deren Ausnutzung nur einen geringen oder gar keinen Einfluss.
Zu 2: Gegen die politischen, sozialen und rechtlichen Organisationsformen oder Institutionen, in deren Rahmen und mit deren Hilfe die herrschenden Schichten ihre Macht ausüben, richtet sich die politische Form der Rätebewegung: eine radikale direkte Demokratie. Durch sie wollen die bislang unterprivilegierten Schichten unmittelbar einen maßgebenden, wenn nicht überwiegenden Einfluss auf die Besetzung und Tätigkeit der leitenden Positionen in der Gesellschaft ausüben. [...]
Zu 3: Entsprechend der gegen die jeweils bestehende gesellschaftliche Ordnung gerichteten, der „revolutionären" Tendenz der Räte entstehen sie in der Regel aus revolutionären Situationen, und das spontane Handeln von Massen prägt ihre Entwicklung. Infolgedessen haftet den Räten weitgehend, wenn auch nicht durchweg, der Charakter von Revolutionsorganen an.

P. v. Oertzen, Betriebsräte in der Novemberrevolution, Berlin, Bonn-Bad Godesberg 1976, S. 9 f.

M 14 **Vergleich von Grundprinzipien der parlamentarischen Demokratie mit dem Rätemodell**

Merkmale	Parlamentarische Demokratie	Rätemodell
Wählerschaft und Willensbildung	Gesellschaftsmitglieder in der Rolle des *einzelnen „Staatsbürgers"*; individuelle Meinungsbildung; oft durch Parteien unterstützt; Wahl der „freien" Repräsentanten	Basiseinheiten (Arbeiter eines Betriebes, Wohneinheiten; aber auch „Senioren") in allen gesellschaftlichen Bereichen. Permanente öffentliche Diskussion (herrschaftsfreier Dialog); dabei einheitliche Willensbildung des *Kollektivs*
Repräsentation	*Abgeordnete* auf mehreren Ebenen von Parteien nominiert, unter Einfluss von (organisierten) Interessen; von Wahlberechtigten für bestimmte Perioden gewählt	*Räte* als System von Delegationskörperschaften („Pyramide") gewählt von den jeweils nachgeordneten Ebenen; keine Parteien, keine Verbände; alle öffentlichen Ämter durch Wahl besetzt
Mandat	*freies Mandat* (nur Gewissen unterworfen), mit faktischen Einengungen (Fraktions- und Parteidisziplin)	*imperatives Mandat;* jeder kann jederzeit abberufen werden (recall); Beschlüsse der entsendenden Einheiten sind zu vertreten (Rückkoppelung); Ämterrotation
Gewaltenteilung	*zentrales Prinzip,* insbesondere Regierung/Opposition (mit Minderheitenschutz); unabhängige Gerichte	*unnötig* (nach Aufhebung der Klassenherrschaft); Räte übernehmen exekutive, legislative und judikative Funktionen gleichzeitig.
Menschenbild	Mensch mit begrenzten Fähigkeiten und Möglichkeiten: jeder kann nicht alles machen. Persönliches Machtstreben begrenzen. Geringes Maß an sozialer Gleichartigkeit; Vielfalt der Interessen und Ideen	„Neuer Mensch" mit umfassenden analytischen, theoretischen und praktischen Fähigkeiten; kann verschiedenste Funktionen wahrnehmen; kein persönliches Machtstreben; hohes Maß an sozialer Gleichartigkeit

C. Böhret u. a., Innenpolitik und politische Theorie, Opladen 1979, S. 431.

M 15 **Die Novemberrevolution im Urteil der Historiker**

a) Zusammenbruch oder Revolution? Der Historiker Golo Mann bezeichnet die Novemberrevolution als „unecht":

Echte Revolutionen, sagten wir, sind nichts Gutes. [...] Macht man dagegen eine unechte Revolution, das ist eine solche, welche nur die politische Struktur umwirft, die gesellschaftliche aber unangetastet lässt, so wird das neue Gebäude auf unsicherem Boden stehen; es wäre dann besser gewesen, das alte bestehen zu lassen und nur, vorsichtig, ein wenig anders einzurichten, so wie Max von Baden es im Oktober 1918 versucht hatte. Mit den Sozialdemokraten versucht hatte. Das war es ja eben, die Ereignisse des Novembers waren nicht gemacht worden, am wenigsten von jenen, die sich dann wohl oder übel an die Spitze stellten und sie übernahmen. Sie waren ein Zusammenbruch, unvorhergesehen und unerwünscht, keine gemachte, schöpferisch geleitete Revolution. Folglich blieb der ganze Herrschafts- und Geistesapparat des Kaiserreichs erhalten: Verwaltung, Justiz, Universität, Kirchen, Wirtschaft, Generalität. Folglich war die politische Macht schwach; sie arbeitete mit Bürokraten, Richtern, Lehrern, die wohl oder übel ihren Beruf weiter ausübten, ohne an die Republik zu glauben.

G. Mann, Deutsche Geschichte des 19. und 20. Jahrhunderts, Frankfurt 1958, S. 689 f.

b) Warum scheitert die proletarische Revolution? Der Historiker Imanuel Geiss betont die Unterschiede zwischen Deutschland und Russland:

Im Gegensatz zu Russland war Deutschland bereits ein hochindustrielles Land. […]

1. Nur ein Teil der Arbeiterschaft identifizierte sich mit der proletarischen Revolution, weil der übrige Teil, vermutlich die Mehrheit, sich bereits so weit in die Gesellschaft integriert fühlte, dass er – politisch bei den Konservativen, dem Zentrum, der MSPD (MSPD = Mehrheitssozialdemokratische Partei Deutschlands = SPD) gebunden – eine proletarische Revolution ablehnte.

2. Das Bürgertum war quantitativ sehr viel stärker als in Russland und verfügte, wie schon erwähnt, bereits über so viele Machtpositionen, dass es sich 1918/19 nicht einfach beiseite schieben ließ. Teile des Bürgertums, vor allem des Kleinbürgertums und der Angestellten, lieferten daher auch eine städtische Massenbasis für konservative, ja reaktionäre Politik.

3. Die Bauern waren, nachdem 1848 die letzten feudalen Lasten im Wesentlichen gefallen waren, 1918 insgesamt überwiegend konservativ eingestellt, auf keinen Fall revolutionär, und gaben im Allgemeinen die ländliche Massenbasis für konservative bis reaktionäre Politik ab.

4. Ein proletarisch revolutioniertes Deutschland wäre dem militärischen Eingriff der bürgerlichen, gerade eben siegreichen Großmächte des Westens so gut wie schutzlos ausgeliefert gewesen. Aus geografischen wie strukturellen Gründen hätte sich eine proletarische Revolution in Deutschland 1918/19 gegenüber einer militärischen Intervention, wie sie im weiter abgelegenen Russland ja auch versucht wurde, kaum halten können. Schon die stärkere Verletzbarkeit der höher entwickelten, damit aber auch anfälligeren Wirtschaftsstrukturen mit einer einen höheren Lebensstandard gewöhnten Bevölkerung durch einen Bürgerkriegs-Kommunismus hätte eine siegreiche proletarische Revolution in Deutschland nicht verkraften können. Hinzu kam die Abhängigkeit von außen für Lebensmittel und Rohstoffe, dramatisch unterstrichen und verstärkt durch die alliierte Seeblockade.

I. Geiss, Bürgerliche und proletarische Revolution, in: Aus Politik und Zeitgeschichte, Nr. 42/1975, S. 40 f.

Aufgaben

1. Die Dolchstoßlegende war das Instrument der politischen Rechten und hatte die Funktion einer Schuldzuweisung. Konfrontieren Sie die Legende mit den historischen Fakten.
   → Text, M5
2. Erläutern Sie die Auswirkungen des Krieges auf die sozialen Verhältnisse in Deutschland.
   → Text, M3, M4
3. Erklären Sie, aus welchem Kalkül heraus die OHL (Ludendorff) auf ein Waffenstillstandsgesuch drängte.
   → Text, M5
4. Überprüfen Sie, ob den 14 Punkten der Kieler Matrosen ein politisches Programm für die Neuordnung Deutschlands zugrunde lag.
   → M6
5. Wie erfolgte die Machtübernahme durch die Arbeiter- und Soldatenräte? Warum konnte sich die Matrosenbewegung so schnell ausbreiten?
   → Text, M7–M9
6. Stellen Sie die Argumente der beiden Redner für beziehungsweise gegen eine Nationalversammlung gegenüber.
   → Text, M11
7. Erläutern Sie, wie die politische Ordnung nach dem Sturz des Kaisers aussehen sollte.
   → Text, M10
8. Rekapitulieren Sie die Merkmale der Räteherrschaft und erörtern Sie, ob ein solches politisches System auch realisierbar ist.
   → M11, M13, M14
9. In welchen Situationen entstehen Räte und welche Aufgaben nehmen sie wahr?
   → Text, M13
10. Diskutieren Sie, ob Räte eine Alternative zum Parlamentarismus darstellen können.
    → M14
11. Inwiefern haftete der Revolution von 1918/19 eine Kompromissstruktur an?
    → Text, M15
12. Vergleichen Sie die revolutionären Ausgangsbedingungen in Russland (1917) und Deutschland (1918).
    → Text, M15

9.2 Politische Parteien und die Weimarer Verfassung

Die Wahlen zur Nationalversammlung am 19. Januar 1919 erbrachten eine überwältigende Mehrheit für die staatstragenden demokratischen Parteien. Die Aufgabe der Nationalversammlung bestand in erster Linie darin, eine neue Verfassung auszuarbeiten. Zu diesem Zweck trat sie in Weimar zusammen, weil Anfang 1919 in Berlin heftige Kämpfe tobten, die als „Spartakusaufstand" in die Geschichte eingegangen sind. Das mit der deutschen Klassik unauflösbar verbundene Weimar gab der neuen Republik ihren Namen. Die Konstituante verabschiedete eine Verfassung, die – beruhend auf Entwürfen des liberalen Staatsrechtlers Hugo Preuß – geprägt wurde durch die Furcht vor einer zu großen Parlamentsmacht. Vor diesem Hintergrund ist die verfassungsmäßig starke Position des Reichspräsidenten zu sehen, den man als eine Art „Ersatzkaiser" ansehen konnte. Er war Oberbefehlshaber der Streitkräfte; er ernannte und entließ die Regierung; er konnte das Parlament auflösen (Art. 25 WRV); und mit dem Artikel 48 stand ihm das Recht zu, Notverordnungen zu erlassen.

Die Weimarer Reichsverfassung integrierte mehrere Strukturmerkmale der europäischen Verfassungstradition:

- das Präsidialprinzip in der Institution des Reichspräsidenten,
- das Prinzip der repräsentativen Demokratie in der Institution des Reichstags,
- das Prinzip der plebiszitären Demokratie in der Einrichtung des Volksentscheids.

Die Weimarer Verfassung war auf dreifache Weise an den Grundsatz der Volkssouveränität gebunden:

- durch die Direktwahl des Reichspräsidenten,
- durch die Reichstagswahlen und
- durch unmittelbare Volksabstimmungen.

M 1

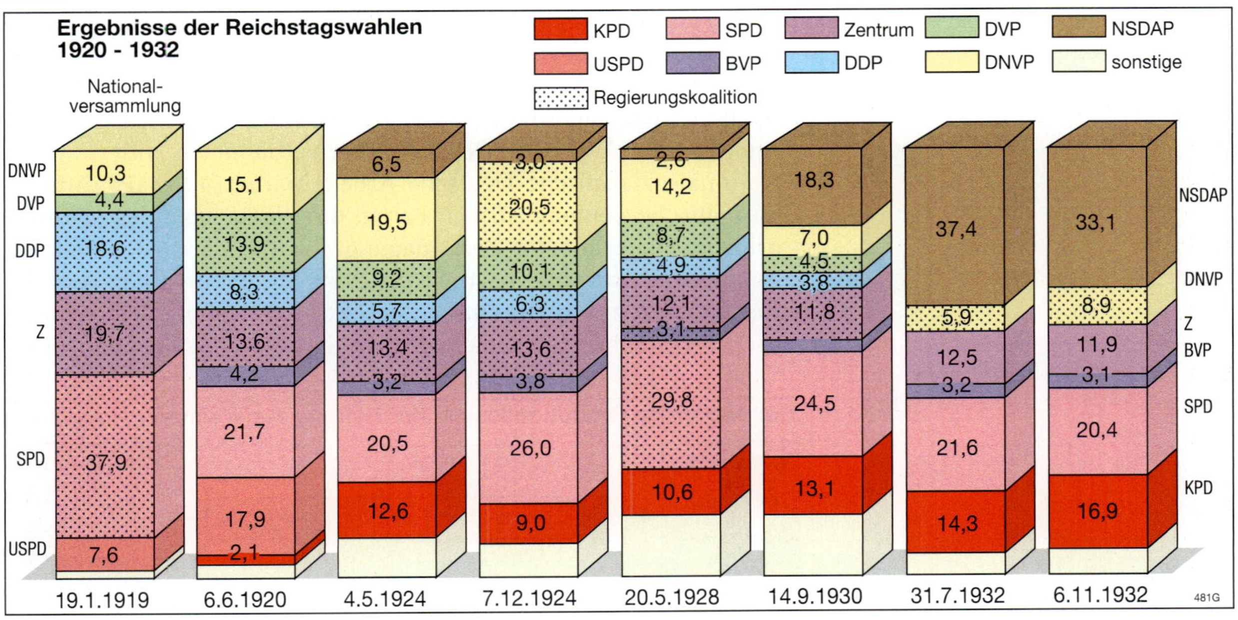

Im Unterschied zur Reichsverfassung von 1871 enthielt die Weimarer Verfassung einen Grundrechtskatalog, in dem die herkömmlichen Freiheits- und Gleichheitsrechte fixiert wurden: zum Beispiel Meinungs- und Versammlungsfreiheit, Vereinsfreiheit, Freiheit der Person, Unverletzlichkeit der Wohnung, Postgeheimnis, Recht auf Eigentum.

Wahlberechtigt waren Männer und Frauen ab 20 Jahren. Die Weimarer Verfassung schrieb zudem das reine Verhältniswahlrecht fest und kannte mithin keine 5-Prozent-Klausel wie das Wahlgesetz der Bundesrepublik. Dies hatte eine gewisse Zersplitterung der politisch-parlamentarischen Kräfte zur Folge.

Charakterisierung der wichtigsten Parteien der Weimarer Republik

- Kommunistische Partei Deutschlands (KPD): Revolutionäre Arbeiterpartei, die aus dem Spartakusbund hervorgegangen war; bekämpfte die Weimarer Republik und geriet im Laufe der zwanziger Jahre immer stärker in die Abhängigkeit von der Sowjetunion.
- Unabhängige Sozialdemokratische Partei Deutschlands (USPD): Abspaltung des linken beziehungsweise pazifistischen Flügels der SPD; konnte sich nicht auf Dauer etablieren und existierte als bedeutsame politische Kraft nur von 1917 bis 1922; ein Großteil ihrer Mitglieder ging zur KPD.
- Sozialdemokratische Partei Deutschlands (SPD): Gemäßigt-sozialistische (Arbeiter-)partei; trotz mancher revolutionärer Rhetorik in der Praxis für Reformen; strebte eine Zusammenarbeit mit den bürgerlichen Parteien an.
- Zentrum (Z): Bürgerlich-katholische Volkspartei; eine Stütze der Weimarer Republik; war bis 1932 an allen Regierungen beteiligt.
- Bayerische Volkspartei (BVP): Konservative Schwesterpartei des Zentrums.
- Deutsche Demokratische Partei (DDP): Linksliberale Partei insbesondere des städtischen Bürgertums; forderte eine Privatwirtschaft mit sozialer Bindung; bildete zusammen mit der SPD und dem Zentrum die Weimarer Koalition; ab 1930 Deutsche Staatspartei.
- Deutsche Volkspartei (DVP): Rechtsliberale bürgerliche Partei; vertrat die Interessen der Wirtschaft, vor allem der Großindustrie; hatte zur Weimarer Republik ein zwiespältiges Verhältnis.
- Deutschnationale Volkspartei (DNVP): Konservativ-monarchistische Partei, die ihre Anhänger in der alten Elite des Kaiserreichs besaß; vertrat auch die Interessen der Großagrarier; wurde in der Endphase der Weimarer Republik zum Verbündeten Hitlers.
- Nationalsozialistische Deutsche Arbeiterpartei (NSDAP): Antidemokratische, nationalistische Partei, aufgebaut nach dem Führerprinzip; zielte auf die Zerschlagung der Weimarer Republik im Sinne einer Revolution von rechts; bis 1923 nur als bayerische Regionalpartei von Bedeutung; erwirkte ihren landesweiten politischen Durchbruch erst nach dem Beginn der Weltwirtschaftskrise.

M 2

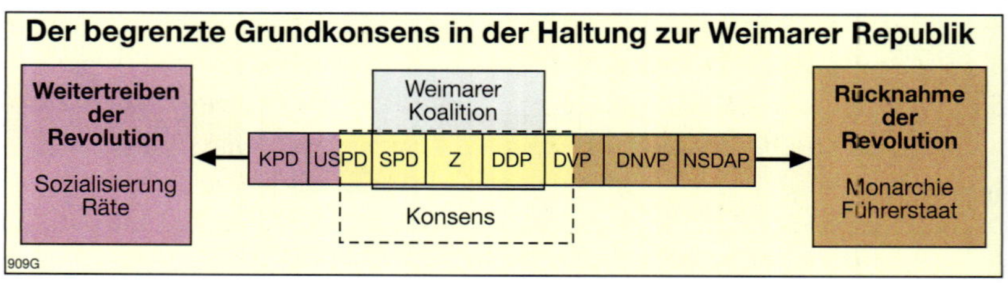

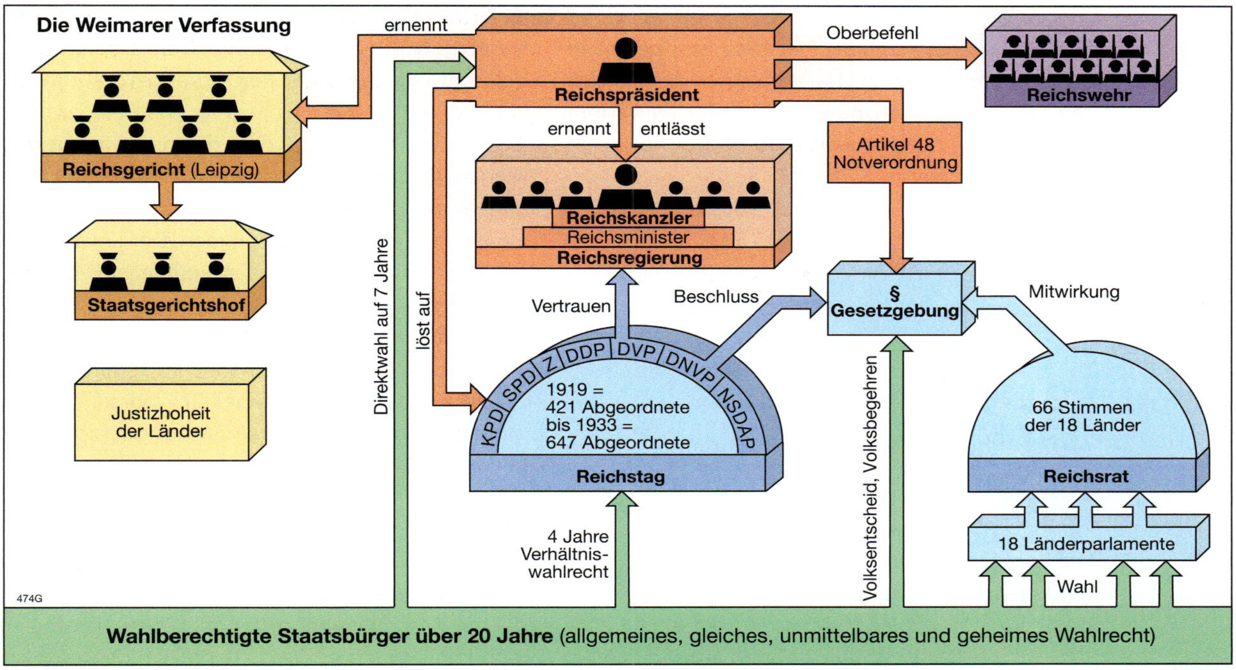

M 3

M 4 **Auszug aus der Weimarer Verfassung**

Artikel 25.

(1) Der Reichspräsident kann den Reichstag auflösen, jedoch nur einmal aus dem gleichen Anlass.

(2) Die Neuwahl findet spätestens am sechzigsten Tage nach der Auflösung statt.

Artikel 43.

(1) Das Amt des Reichspräsidenten dauert sieben Jahre. Wiederwahl ist zulässig.

Artikel 44.

Der Reichspräsident kann nicht zugleich Mitglied des Reichstags sein.

Artikel 45.

(1) Der Reichspräsident vertritt das Reich völkerrechtlich. Er schließt im Namen des Reichs Bündnisse und andere Verträge mit auswärtigen Mächten. Er beglaubigt und empfängt die Gesandten.

(2) Kriegserklärung und Friedensschluss erfolgen durch Reichsgesetz.

(3) Bündnisse und Verträge mit fremden Staaten, die sich auf Gegenstände der Reichsgesetzgebung beziehen, bedürfen der Zustimmung des Reichstags.

Artikel 46.

Der Reichspräsident ernennt und entlässt die Reichsbeamten und die Offiziere, soweit nicht durch Gesetz etwas anderes bestimmt ist. Er kann das Ernennungs- und Entlassungsrecht durch andere Behörden ausüben lassen.

Artikel 47.

Der Reichspräsident hat den Oberbefehl über die gesamte Wehrmacht des Reichs.

Artikel 48.

(1) Wenn ein Land die ihm nach der Reichsverfassung oder den Reichsgesetzen obliegenden Pflichten nicht erfüllt, kann der Reichspräsident es dazu mithilfe der bewaffneten Macht anhalten.

(2) Der Reichspräsident kann, wenn im Deutschen Reiche die öffentliche Sicherheit und Ordnung erheblich gestört oder gefährdet wird, die zur Wiederherstellung der öffentlichen Sicherheit und Ordnung nötigen Maßnahmen treffen, erforderlichenfalls mithilfe der bewaffneten Macht einschreiten. Zu diesem Zwecke darf er vorübergehend die in den Artikeln 114, 115, 117, 118, 123, 124 und 153 festgesetzten Grundrechte ganz oder zum Teil außer Kraft setzen.[1]

(3) Von allen gemäß Abs. 1 oder Abs. 2 dieses Artikels getroffenen Maßnahmen hat der Reichspräsident unverzüglich dem Reichstag Kenntnis zu geben. Die Maßnahmen sind auf Verlangen des Reichstags außer Kraft zu setzen.

Artikel 50.

Alle Anordnungen und Verfügungen des Reichspräsidenten, auch solche auf dem Gebiete der Wehrmacht, bedürfen zu ihrer Gültigkeit der Gegenzeichnung durch den Reichskanzler oder den zuständigen Reichsminister. Durch die Gegenzeichnung wird die Verantwortung übernommen.

Artikel 53.

Der Reichskanzler und auf seinen Vorschlag die Reichsminister werden vom Reichspräsidenten ernannt und entlassen.

Artikel 54.
Der Reichskanzler und die Reichsminister bedürfen zu ihrer Amtsführung des Vertrauens des Reichstags. Jeder von ihnen muss zurücktreten, wenn ihm der Reichstag durch ausdrücklichen Beschluss sein Vertrauen entzieht.

1 Diese Artikel beziehen sich auf die klassischen Grundrechte: Freiheit der Person, Unverletzlichkeit der Wohnung; Postgeheimnis, Meinungsfreiheit, Versammlungsfreiheit, Vereinigungsfreiheit und Eigentumsfreiheit.

Zit. nach: H.-J. Winkler, Die Weimarer Demokratie, Berlin 1963, S. 67, 70 f.

M 5 Regierung, Volk und Präsident

Im folgenden Text wird eine verfassungsrechtliche Analyse der wichtigen Artikel 48, 53 und 54 vorgenommen:

Die Reichsregierung war wie eine „Brücke" auf die beiden unmittelbar gewählten Organe aufgelagert. Die Stützpfeiler bildeten auf der einen Seite der Art. 53 „Der Reichskanzler und auf seinen Vorschlag die Reichsminister werden vom Reichspräsidenten ernannt und entlassen." und auf der anderen Seite der Art. 54 „Der Reichskanzler und die Reichsminister bedürfen zu ihrer Amtsführung des Vertrauens des Reichstages. Jeder von ihnen muss zurücktreten, wenn ihm der Reichstag durch ausdrücklichen Beschluss sein Vertrauen entzieht."
Aber diese Konstruktion war insofern asymmetrisch, als der Pfeiler Reichstag sich der Last der Stützung entledigen konnte, ohne dass die Brücke sofort zusammenbrach. Der Reichstag war nicht gezwungen, von sich aus zu regierungsfähigen Mehrheiten zu kommen. Er konnte sich dieser Verantwortung entziehen. Bei der Gesetzgebung traten als Konkurrenten (neben der Rolle, die der Reichsrat spielte) gleich zwei außerordentliche Gesetzgeber auf: Die Wählerschaft durch den Volksentscheid und der Reichspräsident aufgrund von Art. 48.
Dem Volksentscheid, zu dem die Initiative aus der Wählerschaft kam, musste ein Volksbegehren vorangehen. […] Nur zweimal ist es also wirklich zu einem Volksentscheid gekommen. Der jeweils vorgelegte Gesetzentwurf ist in keinem der beiden Fälle angenommen worden. Es war vor allem die Agitation der Rechtsparteien und der wirtschaftlichen und militärischen Verbände im Verein mit der NSDAP vor dem Volksentscheid im Jahre 1929, die das Referendum bei vielen in Verruf gebracht hat.
In der politischen Praxis wurde der Art. 48 das bei weitem wichtigere Instrument der beiden Möglichkeiten. In den dreizehn Jahren der Weimarer Republik ist insgesamt 250 Mal von ihm Gebrauch gemacht worden. Sein entscheidender Absatz in diesem Zusammenhang lautet: „Der Reichspräsident kann, wenn im Deutschen Reich die öffentliche Sicherheit und Ordnung erheblich gestört oder gefährdet wird, die zur Wiederherstellung der öffentlichen Sicherung und Ordnung nötigen Maßnahmen treffen, erforderlichenfalls mithilfe der bewaffneten Macht einschreiten. Zu diesem Zweck darf er vorübergehend […] Grundrechte ganz oder zum Teil außer Kraft setzen."
Der Reichspräsident musste dem Reichstag von allen Maßnahmen unverzüglich Kenntnis geben und sie auf dessen Verlangen außer Kraft setzen.
Der Artikel 48 gewann aber seine volle Bedeutung für die Überlegenheit des Reichspräsidenten erst zusammen mit seinen Befugnissen, die Reichsregierung zu ernennen und den Reichstag aufzulösen.

Aus: Informationen zur politischen Bildung, Nr. 133, S. 14 f.

Aufgaben

1. Inwiefern war die Macht des Parlaments in der Weimarer Republik verfassungsmäßig durchbrochen?
   → Text, M3–M5
2. Welche Unterschiede zwischen dem Grundgesetz der Bundesrepublik Deutschland und der Weimarer Verfassung fallen Ihnen auf?
   → Text, M3–M5
3. Linke Kritiker der Verfassung befürchteten eine monarchische Restauration bzw. eine präsidiale Diktatur. Worauf stützte sich diese Ansicht?
   → Text, M3–M5
4. Rekapitulieren Sie das Parteienspektrum der Weimarer Republik. Welche grundlegende Problematik in Bezug auf die politische Orientierung können Sie erkennen?
   → Text, M2
5. Inwiefern hat sich das Kräfteverhältnis der Parteien zwischen 1919 und 1933 geändert?
   → M1
6. Vergleichen Sie das Parteienspektrum der Bundesrepublik Deutschland mit der Parteienentwicklung vor 1933.
   → Text

9.3 Zwischen Konsolidierung und Gefährdung (1919–1923)

Bürgerkrieg 1919

Während der Herbst 1918 mehr durch einen Zusammenbruch der kaiserstaatlichen Autoritäten geprägt war, radikalisierte sich die Arbeiterbewegung unter der politischen Führung der KPD und des linken Flügels der USPD. Sie rief offen zum Sturz der Regierung auf und forderte die Machtübernahme durch die Arbeiter- und Soldatenräte. Mit Blick auf die Oktoberrevolution in Russland 1917 verlangten die Revolutionäre die Bewaffnung der Arbeiterschaft, die Diktatur des Proletariats, die Sozialisierung der Industrie und die Enteignung größerer landwirtschaftlicher Betriebe. Wie die Wahlen zur Nationalversammlung zeigten, besaß diese politische Strömung allerdings keine Mehrheit in der Gesamtbevölkerung.

Im Januar 1919 mündeten Massendemonstrationen gegen die Entlassung des Berliner Polizeipräsidenten Eichhorn (USPD) in einem gewaltsamen Umsturzversuch durch den Spartakusbund. Der SPD-Volksbeauftragte Noske ließ diesen Aufstand mithilfe von Freikorpstruppen unter der Führung von General v. Lüttwitz niederschlagen. Dabei handelte es sich um militärische Verbände, die noch nicht demobilisiert waren und in denen eine nationalistische, antidemokratische Einstellung vorherrschte. Die Spartakus-Führer Rosa Luxemburg und Karl Liebknecht wurden von den Regierungstruppen ermordet (15. Januar 1919). Die Brutalität, mit der die Truppen vorgingen, bewirkte eine Verbitterung bei der politischen Linken, die die Arbeiterbewegung gänzlich entzweite.

In den Wochen nach dem Januar-Aufstand wurden die Räterepubliken in Bayern, Bremen und Braunschweig militärisch besetzt, ebenso wie das Ruhrgebiet und das sächsische Industriegebiet. Arbeiterräte wurden von den Freikorpstruppen aufgelöst oder entmachtet.

M 1 **Plakat der Antibolschewistischen Liga**
In Bremen war am 9. Januar 1919 eine Räterepublik ausgerufen worden, Bremen 1918/19.

Versailler Vertrag

Die Weimarer Republik und die sie tragenden politischen Parteien mussten nach der Niederlage 1918 ungewollt die Rolle eines Konkursverwalters des alten Regimes übernehmen. Der Krieg hinterließ eine enorme Reichsschuld, die zum Ausgangspunkt einer Inflation wurde. Hinzu kamen die Versailler Friedensbedingungen, die von allen Deutschen als außerordentlich hart empfunden wurden. Ihre Annahme, die durch ein Ultimatum der Sieger erwirkt wurde, spaltete die deutschen Parteien. Obgleich von der Opposition (DDP, DVP, DNVP) die „vaterländische Gesinnung" der Mehrheit in der Nationalversammlung ausdrücklich bestätigt wurde, begann kurz nach der Unterzeichnung am 28. Juni 1919 eine Hetze von rechts gegen so genannte Erfüllungspolitiker. Die Republik erschien mit dem Makel der Niederlage behaftet. Im Zuge der sich steigernden Radikalisierung fand der politische Mord seine Fortsetzung.

Eine weitere Belastung ergab sich aus den Friedensbedingungen des Versailler Vertrages. Der Artikel 231 sprach dem Deutschen Reich die Alleinschuld am Ersten Weltkrieg zu, was eine juristische Voraussetzung für die umfangreichen Reparationsbestimmungen war. Der Versailler Vertrag wurde von den meisten Deutschen als Diktat angesehen. Tatsächlich hat es praktisch keine Verhandlungen gegeben. Und eine

M 2 **„ Rachsucht des Weibes!"**
Am 10. Januar 1920 war der Versailler Vertrag in Kraft getreten, Karikatur aus dem Berliner Wochenblatt „Kladderadatsch" vom 22. Februar 1920 zum deutsch-französischen Verhältnis.

Verweigerung der Unterzeichnung scheiterte am Fehlen einer politischen Alternative. Eine Wiederaufnahme des Krieges war aussichtslos.

Die wichtigsten Bestimmungen des Versailler Vertrages waren:

- Weitgehende militärische Entwaffnung: Begrenzung des Heeres auf 100 000 Mann und der Marine auf 15 000,
- Verbot schwerer Waffen (Panzer, Kampfflugzeuge, U-Boote, Großkampfschiffe),
- Besetzung des linken Rheinufers durch Truppen der Entente,
- Entmilitarisierte Zone 50 km rechts des Rheins,
- Gebietsabtretungen (unter anderem Elsass-Lothringen, Westpreußen, Posen, Teile Oberschlesiens, Nordschleswig),
- das Saarland wurde für 15 Jahre – mit französischer Verwaltung – dem Völkerbund unterstellt. Anschließend sollte eine Volksabstimmung über die weitere Zugehörigkeit des Landes entscheiden,
- Verlust aller Kolonien,
- Vereinigungsverbot des Deutschen Reiches mit Deutsch-Österreich,
- Reparationsleistungen in noch unbestimmter Höhe (Enteignung des deutschen Auslandsbesitzes, Abgabe von Schiffen, Eisenbahnmaterial, Lieferung von Kohle, Barzahlungen).

Der Versailler Vertrag einte und spaltete die deutsche Gesellschaft zugleich. Einig war man sich über alle Parteigrenzen hinweg in den Gefühlen der Demütigung und Empörung. Die innenpolitische Explosivkraft entzündete sich an der Frage, wie die deutsche Politik zu reagieren habe: Fortsetzung des Krieges, Verweigerung oder Kooperation mit dem Ziel einer Lastenminderung?

Kapp-Lüttwitz-Putsch

Die Schwächung der Republik durch Streiks, Aufruhr, politische Attentate und wirtschaftliche Not ließ bei der politischen Rechten den Ruf nach einer Diktatur immer lauter werden. Wie zerbrechlich die neue demokratische Ordnung war, zeigte sich bereits 1920 im Zuge des Kapp-Lüttwitz-Putsches.

Am 13. März 1920 rückte die Freikorpsbrigade Ehrhardt ins Berliner Regierungsviertel ein, um die Regierung zu stürzen. Nachdem die sozialdemokratisch geführte Regierung sich vergeblich um den Schutz durch die Reichswehr bemüht hatte, floh sie nach Stuttgart, nicht ohne vorher zum Generalstreik aufgerufen zu haben. Sowohl der einhellig befolgte Generalstreik als auch die Widerstände in Teilen der Ministerialbürokratie ließen den Putsch nach vier Tagen zusammenbrechen. In der Nachfolge des Generalstreiks gewannen linke revolutionäre Bestrebungen einen erneuten Aufschwung. Im Ruhrgebiet formierte sich eine Arbeiterarmee, die in den folgenden Wochen zum Teil von den gleichen Truppen besiegt wurde, die am Kapp-Lüttwitz-Putsch beteiligt gewesen waren. Der Putschgeneral v. Lüttwitz wurde mit Pensionsberechtigung aus der Armee verabschiedet.

Der Kapp-Lüttwitz-Putsch machte auf eindringliche Weise deutlich, dass die Weimarer Republik in ihrer Existenz gefährdet war. Die Putschisten repräsentierten jene Teile der Gesellschaft, die nicht bereit waren, sich mit der demokratischen Republik anzufreunden. Die Demokratie war für die gesamte politische Rechte mit dem Makel der Niederlage von 1918 und dem außenpolitischen Machtverlust verbunden. Jetzt rächte es sich, dass die demokratischen Parteien – allen voran die Sozialdemokraten – es versäumt hatten, die Reichswehr auf die Ideale der Demokratie zu verpflichten.

Stattdessen hatte man das in der Kaiserzeit geprägte Offizierskorps übernommen. Dies war eine Voraussetzung dafür, dass die zwar kleine, aber innenpolitisch entscheidende Reichswehr die unglückselige Rolle eines „Staates im Staate“ spielen konnte.

Ähnliche Vorbehalte wie die Offiziere hatten auch die Richter gegen die Weimarer Republik. Geprägt durch den kaiserlichen Obrigkeitsstaat vor 1919, standen sie in ihrer Mehrheit rechts. Viele von ihnen sympathisierten mit den Putschisten, was sich auch in der politischen Rechtsprechung ausdrückte.

Die Tendenz zur politischen Polarisierung spiegelte sich auch in den Reichstagswahlen von 1920 wider: Wahlsieger waren die USPD und die DNVP. Damit zeichnete sich bereits die Auszehrung der politischen Mitte ab.

Insgesamt 300 politische Morde wurden in der Anfangsphase der Weimarer Republik registriert. Die prominentesten Opfer waren der USPD-Führer und bayerische Ministerpräsident Kurt Eisner (21. Feb. 1919), der USPD-Vorsitzende Hugo Haase (7. Nov. 1919), der Zentrum-Politiker, Reichsfinanzminister und Mitunterzeichner des Waffenstillstands Matthias Erzberger (26. Aug. 1921) und der DDP-Politiker und Reichsaußenminister Walther Rathenau (24. Juni 1922).

M 3

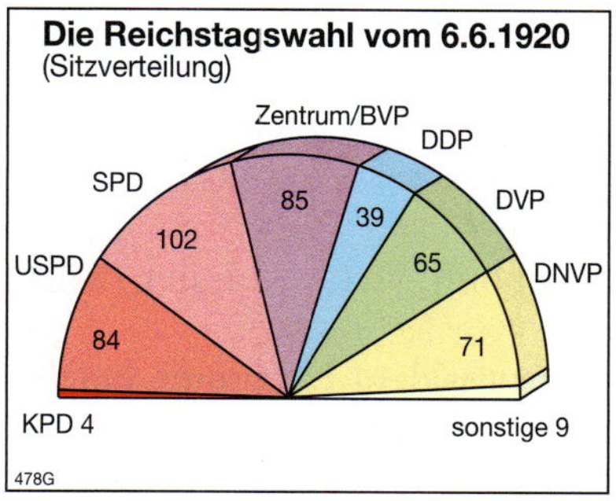

Inflation

Die destabilisierenden Ereignisse fanden ihren vorläufigen Höhepunkt im Krisenjahr 1923. In diesem Jahr war die Existenz der Weimarer Republik aufs Äußerste bedroht.

Der Weimarer Staat war hoch verschuldet. Die Kriegskosten – Kredite, mit denen der Krieg überwiegend finanziert worden war – belasteten die Staatsfinanzen. Weitere Kriegsfolgelasten ergaben sich aus den Reparationsleistungen, der Kriegsopferversorgung und der Integration von Flüchtlingen. Der Währungsverfall spitzte sich 1923 zu, als französische und belgische Truppen das Ruhrgebiet besetzten, um die pünktliche Ablieferung von Reparationen (Kohle) zu erzwingen. Die Finanzierung des Widerstands verschlang zusätzliche Finanzmittel, über die das Reich nicht verfügte. Die Notenpresse wurde in Bewegung gesetzt. Ab Mitte 1923 verwandelte sich die galoppierende Inflation in einen Geldwertverfall astronomischen Ausmaßes. Die psychologischen und materiellen Auswirkungen dieser Inflation sind nicht zu überschätzen. Sie beraubte den deutschen Mittelstand seiner Erspar-

M 4 „Notgeld“
Da die staatlichen Druckereien dem Bedarf an Bargeld nicht mehr nachkommen konnten, gaben Gemeinden, die Deutsche Reichsbahn und selbst Betriebe „Notgeld“ aus.

nisse und hat wesentlich dazu beigetragen, dass diese Schichten der Republik entfremdet wurden. Die Inflation konnte erst im November 1923 durch die Ausgabe der so genannten Rentenmark (eine Rentenmark entsprach einer Billion Papiermark) unter Kontrolle gebracht werden.

Das Krisenjahr 1923

1923 häuften sich die Krisenerscheinungen in der noch jungen Weimarer Republik. Die Bedrohung des Staates äußerte sich durch folgende politische Vorkommnisse:

- Ein kommunistischer Aufstand in Hamburg wurde von der Polizei niedergeschlagen.
- Auf Druck der Reichswehr ließ Reichspräsident Ebert eine Reichsexekution gegen die von linken Sozialdemokraten und Kommunisten regierten Länder Sachsen und Thüringen durchführen und die Regierungen absetzen.
- In Bayern planten völkisch-nationalistische Kreise offen die Errichtung einer Diktatur. Analog zum faschistischen Vorbild in Italien (Mussolinis Marsch auf Rom 1922) sollte ein Marsch auf Berlin die demokratisch gewählte Regierung beseitigen.
- Die bayerische Reichswehrführung (General v. Lossow) verweigerte der Heeresleitung in Berlin den Gehorsam und unterstellte sich der bayerischen Regierung. Dieser Akt der Meuterei und des Hochverrats blieb ungeahndet. Der Chef der Heeresleitung (v. Seeckt) spielte selbst mehrfach mit dem Gedanken an eine Diktatur.
- Ein Putschversuch Hitlers in München scheiterte, obgleich sich Hitler zunächst im Einklang mit den bayerischen Rechtskreisen befand (9. Nov. 1923).

Das Jahr 1923 setzte den Schlusspunkt unter jene erste Phase der Weimarer Republik. Die Jahre zwischen 1919 und 1923 waren durch zwei Tendenzen geprägt gewesen: zum einen durch den Versuch, die Republik in die Richtung einer sozialistischen Entwicklung weiterzutreiben; zum anderen durch die Bestrebungen, die demokratisch-republikanischen Grundlagen zugunsten einer nationalen Diktatur zu verlassen. Beide politischen Bewegungen scheiterten vorerst.

Ab 1924 trat die Weimarer Republik in ihre zweite Phase ein. Dieser Abschnitt, der bis zum Einbruch der Weltwirtschaftskrise (1929) andauerte, war durch eine relative Stabilität der Republik charakterisiert. Man sprach schon bald von den „Goldenen Zwanzigerjahren".

Chronologie

29. Dez. 1918	Austritt der USPD-Mitglieder aus dem Rat der Volksbeauftragten u. a. wegen der Zusammenarbeit der SPD mit der militärischen Führung
31. Dez. 1918	Gründung der Kommunistischen Partei Deutschlands (KPD), aus dem Spartakusbund hervorgehend
5. Jan. 1919	Beginn des Spartakusaufstandes
15. Jan. 1919	Ermordung von Rosa Luxemburg und Karl Liebknecht in Berlin
31. April 1919	Beseitigung der bayerischen Räterepublik
13. März 1920	Kapp-Lüttwitz-Putsch
9. Nov. 1923	Putsch Hitlers und Ludendorffs in München
Ende Nov. 1923	Höhepunkt der Inflation

M 5 **Strategie der Obersten Heeresleitung**

General Groener über sein Bündnis mit Ebert vom 10. November 1918:

Das Offizierskorps konnte aber nur mit einer Regierung zusammengehen, die den Kampf gegen den Radikalismus und Bolschewismus aufnahm. Dazu war Ebert bereit, aber er hielt sich nur mühsam am Steuer und war nahe daran, von den Unabhängigen und der Liebknechtgruppe über den Haufen gerannt zu werden. Was war demnach näher liegend, als Ebert, den ich als anständigen, zuverlässigen Charakter und unter der Schar seiner Parteigenossen als den staatspolitisch weitsichtigsten Kopf kennen gelernt hatte, die Unterstützung des Heeres und des Offizierskorps anzubieten?

[...] Am Abend [des 10. November] rief ich die Reichskanzlei an und teilte Ebert mit, dass das Heer sich seiner Regierung zur Verfügung stelle, dass dafür der Feldmarschall und das Offizierskorps von der Regierung Unterstützung erwarteten bei der Aufrechterhaltung der Ordnung und Disziplin im Heer. Das Offizierkorps verlange von der Regierung die Bekämpfung des Bolschewismus und sei dafür zum Einsatz bereit. Ebert ging auf meinen Bündnisvorschlag ein. Von da ab besprachen wir uns täglich abends auf einer geheimen Leitung zwischen der Reichskanzlei und der Heeresleitung über die notwendigen Maßnahmen. Das Bündnis hat sich bewährt. [...] Wir [die Offiziere der OHL] hofften, durch unsere Tätigkeit einen Teil der Macht im neuen Staat an Heer und Offizierskorps zu bringen, gelang das, so war der Revolution zum Trotz das beste und stärkste Element des alten Preußentums in das neue Deutschland hinübergerettet.

Zunächst galt es freilich Zugeständnisse zu machen, denn die Entwicklung im Heer und in der Heimat war solche Wege gegangen, dass es sich vorerst nicht um rücksichtsloses Befehlen von Seiten der OHL handeln konnte, sondern um Auffangen und Unschädlichmachen der revolutionären Strömungen.

Zit. nach: G. A. Ritter, S. Miller, a. a. O., S. 91 f.

M 6 **Spartakus-Aufstand**

Der marxistische Historiker Arthur Rosenberg (1889–1943) hat die Januar-Ereignisse von 1919 kritisch untersucht:

Die Besetzung der Zeitungen am 5. Januar war ein durchaus sinnloses Unternehmen. Entweder die Revolutionäre hatten die Macht in Berlin, oder sie hatten sie nicht. Wenn man die Macht hatte, dann musste man vor allem die Regierungsgebäude in der Wilhelmstraße besetzen, und dann konnte man die unbequemen Zeitungen mit einer einzigen Verordnung unterdrücken. Beherrschte man aber Berlin nicht, dann nützte auch die Besetzung des Vorwärtshauses [„Vorwärts": Parteizeitung der SPD] nichts. Aber, wie schon oben betont wurde, das Vorwärtsgebäude hatte für die utopisch-radikalen Arbeiter den Wert eines politischen Symbols. [...] So führte der utopische Fanatismus der Spartakusbesatzungen dazu, dass der Kampf bis aufs Äußerste weiter ging.

Die Regierung der Volksbeauftragten, die am 5. Januar in Berlin so gut wie wehrlos gewesen war, entschloss sich jetzt, eine schlagkräftige Truppe in aller Eile zu bilden. Der Volksbeauftragte Noske erhielt den Oberbefehl über die neu zu bildenden Regierungstruppen, die den Berliner Aufstand niederwerfen sollten. Als Noske den Auftrag erhielt, sagte er, einer müsse der Bluthund sein, und er wolle die Verantwortung übernehmen. Man konnte von der Regierung nicht verlangen, dass sie, ausgestattet mit dem Vertrauen der großen Volksmehrheit, vor ein paar tausend Bewaffneten kapitulierte. [...] Das Verhängnis für die deutsche Republik kam nicht dadurch, dass Noske Gewalt anwandte, sondern mit welchen Truppen er Gewalt anwandte. Aber Noske legte das Hauptgewicht [...] auf [...] Truppenteile, die in der Nähe von Berlin von Offizieren der alten Armee gebildet wurden. Die Oberste Heeresleitung und die Generäle hatten von Anfang an die Situation herbeigesehnt, in der sie im Auftrage von Ebert die radikale Arbeiterschaft niederschlagen konnten. [...] Ausgestattet mit den Mitteln und der Autorität der republikanischen Regierung, begann eine Reihe von Offizieren der alten Armee mit der Werbung von Freiwilligen. Sie stellten Freikorps auf, die ihren Führern unbedingt gehorchen sollten und deren Geist die Offiziere bestimmten. Die Freiwilligen setzten sich aus Arbeitslosen zusammen oder überhaupt aus kampf- und abenteuerlustigen jungen Leuten. Sie fühlten sich als die Erben der alten, vorrevolutionären Armee und entwickelten bald einen starken Korpsgeist. Die Offiziere der Freikorps waren von einem leidenschaftlichen Hass gegen die Revolution erfüllt, die das alte Heer und das alte Kaiserreich zerschlagen hatte. Wenn sie vorläufig noch den Mehrheitssozialisten dienen mussten, so rechneten sie um so lieber mit dem Spartakismus ab. Darunter verstand man die Summe aller radikalen und aufrührerischen Erscheinungen.

A. Rosenberg, Geschichte der Weimarer Republik, Frankfurt 1961, S. 58 ff.

M 7 Plakat der Bayerischen Volkspartei zur Landtagswahl am 12.1.1919

Der Bolschewik richtet – von Berlin aus – seine Brandfackel auf München. In Wirklichkeit war die Räterepublik vom April 1919 eine bayerische Sonderentwicklung.

M 8 Kriegsfolgen und Versailler Vertrag

Der Wirtschaftshistoriker Gerd Hardach bilanziert die wirtschaftlichen und finanziellen Belastungen der Weimarer Republik:

Trotz der fieberhaften Aktivität in einigen rüstungswirtschaftlichen Bereichen betrug die Industrieproduktion insgesamt 1918 nur noch etwa 57 Prozent des Niveaus von 1913. Die Landwirtschaft konnte sich trotz der Verluste an Arbeitskräften und des Rückgangs der Futtermittel- und Düngereinfuhr anscheinend etwas besser halten, man schätzt, dass bis 1918 die Produktion an Getreide und Hackfrüchten um 30 Prozent und die Viehproduktion um 25 Prozent zurückging. Die Millionen von Kriegstoten und Kriegsverletzten bedeuteten nicht nur menschliches Leid, sondern auch eine Einschränkung des wirtschaftlichen Entwicklungspotenzials. Die Konzentration der industriellen Kapazität auf die Rüstungsindustrie bedeutete, dass die normale Akkumulation von industriellem und landwirtschaftlichem Produktionskapital für einige Jahre ausgesetzt war. Der drastische Rückgang des Lebensstandards und die Zerrüttung der Staatsfinanzen als Folge der […] Kriegsfinanzpolitik waren weithin sichtbare Zeichen des wirtschaftlichen Niedergangs.

Der Friedensvertrag brachte zusätzliche Belastungen. Die Gebietsabtretungen einschließlich des Saargebietes reduzierten vor allem die Produktionskapazität der Landwirtschaft, des Steinkohle-, Eisenerz- und Kalibergbaus, der Eisen- und Stahlindustrie und der Textilindustrie. Das Reich verlor alle Kolonien, das im Ausland investierte Kapital, den größten Teil der Handelsflotte und wurde auf Jahre hinaus mit beträchtlichen Reparationen belastet. […] In den abgetretenen Gebieten waren nach dem Vorkriegsstand 10 Prozent der Reichsbevölkerung, 15 Prozent der landwirtschaftlichen Nutzfläche, und, um nur einige wichtige Rohstoffe zu nennen, 80 Prozent der Eisenerzförderung, 60 Prozent der Zinkerzförderung, 26 Prozent der Steinkohleförderung. Man kann also sagen, dass die eigene Lebensmittel- und Rohstoffbasis der deutschen Bevölkerung und Industrie durch die Gebietsveränderungen relativ kleiner wurde. Man kann aber nicht sagen, dass die Leistungsfähigkeit der Wirtschaft darunter litt. […]

Im Versailler Vertrag wurde die deutsche Kriegsschuld festgehalten und daraus eine Entschädigungspflicht in zunächst unbestimmter Höhe abgeleitet. Nach langen Beratungen setzten die Alliierten die Reparationsschuld auf 132 Mrd. Goldmark fest und zwangen die deutsche Regierung mit dem Londoner Ultimatum vom Mai 1921, diese Schuldsumme anzuerkennen. 1924 wurde im Dawes-Plan ein Zahlungsplan festgelegt, der bis auf Weiteres eine Höchstbelastung von 2,5 Mrd. Goldmark [pro Jahr] vorsah. Der Dawes-Plan sagte nichts über die Gesamtverpflichtung und die Zahlungsdauer; formal blieben die 132 Mrd. Goldmark von 1921 bestehen, faktisch waren die Reparationen erheblich reduziert. […]

Der Young-Plan von 1929 sah 59 Jahreszahlungen mit einer durchschnittlichen Höhe von 2 Mrd. RM vor, die einen Barwert von 37 Mrd. RM repräsentierten (eine Reichsmark entsprach der früheren Verrechnungseinheit Goldmark). Mit dem Hoover-Moratorium von 1931 wurden die Reparationen, zunächst für ein Jahr, ausgesetzt. Auf der Konferenz von Lausanne von 1932 wurden die Reparationen […] gegen eine einmalige Abfindung von 3 Mrd. RM eingestellt; diese Abfindung wurde nicht mehr bezahlt.

G. Hardach, Zur politischen Ökonomie der Weimarer Republik, in: R. Kühnl (Hg.), Die Zerstörung der Weimarer Republik, Köln 1977, S. 15 ff.

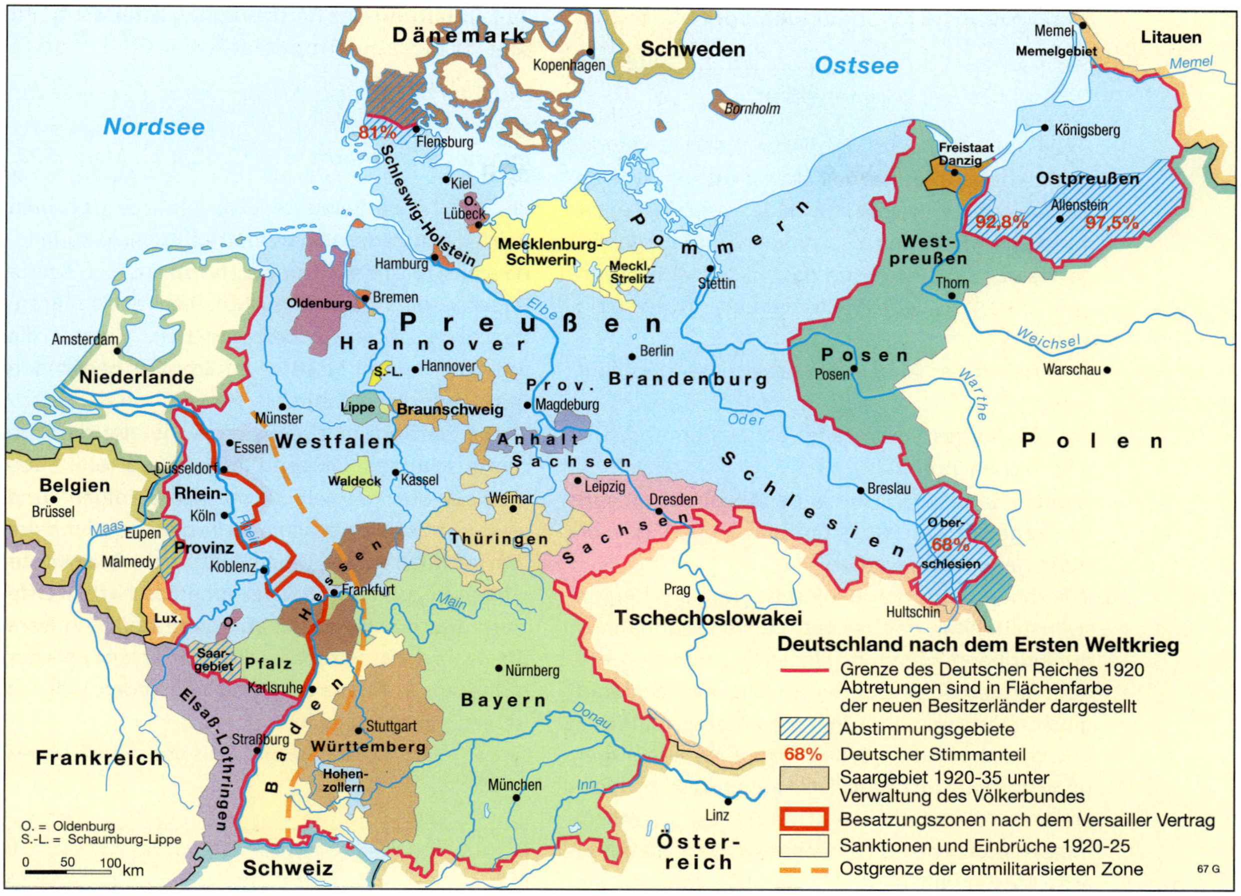

M 9

M 10 **„Marsch auf Berlin" (1920)**

Über die Hintergründe des Kapp-Lüttwitz-Putsches berichtet der Historiker Walter Tormin:

Die Spannungen innerhalb der Reichswehr [...] wurden dadurch verschärft, dass die Alliierten auf eine Verminderung des Heeresstärke gemäß den Versailler Bestimmungen [auf 100000 Mann] drängten. Mehrere hunderttausend Soldaten, über 20000 aktive Offiziere mussten entlassen werden. Dabei waren soziale Härten unvermeidlich. Aus wirtschaftlichen, aber auch aus politischen Gründen wehrten sich die Freikorps gegen ihre Auflösung. Dabei fanden sie Unterstützung durch Politiker, besonders der Deutschnationalen Partei. [...] Schließlich bildete sich eine Verschwörung unter der politischen Leitung des Generallandschaftsdirektors (höherer Beamter in der Provinzialverwaltung von Ostpreußen) Kapp und der militärischen des Generals von Lüttwitz. Am 10. März erschien Lüttwitz beim Reichspräsidenten [Friedrich Ebert] – auch Noske [sozialdemokratischer Reichswehrminister] war anwesend – und forderte: Auflösung der Nationalversammlung und Neuwahl des Reichstages, Wahl des Reichspräsidenten durch das Volk, Ablösung der Politiker in der Regierung durch Fachminister, Ablösung des Generals Reinhardt [republiktreuer Chef der Heeresleitung, 1920 zurückgetreten], keine weitere Truppenverminderung, insbesondere keine Auflösung der Marinebrigade Ehrhardt, deren Mitglieder zum größten Teil im Baltikum gekämpft hatten und die jetzt in Döberitz bei Berlin lag. Ebert antwortete, dass die politischen Forderungen bereits von den Deutschnationalen in der Nationalversammlung gestellt und von dieser abgelehnt seien. Noske wies den General scharf zurecht: Er habe überhaupt keine Forderungen zu stellen, sondern Befehle zu befolgen. Am nächsten Tag verfügte Noske die Entlassung des Generals von Lüttwitz und ersuchte die Polizei um Verhaftung der übrigen Verschwörer. Die Polizei versagte. Die Verschwörer waren gewarnt und entschlossen sich, zuzuschlagen.

In der Nacht vom 12. zum 13. März erhielt Noske die Meldung, dass die Marinebrigade auf Berlin marschiere.

G. Prüfer, W. Tormin, Die Entstehung und Entwicklung der Weimarer Republik bis zu Eberts Tod, in: W. Tormin (Hg.), Die Weimarer Republik, Hannover 1962, S. 105.

M 11 **Politische Vorstellungen der Putschisten**

General von Lüttwitz schrieb am 1. September 1919 an den Reichswehrminister:

Zwei Dinge tun uns not: Arbeit und Ordnung! Beide können wir haben, aber nicht mit Worten. Die Versuche, das Volk mit Milde und Zureden zur Annahme von Arbeit zu bewegen, sind vergeblich gewesen. Nur Zwang wird das Volk zur Arbeit bringen. Daraus ergeben sich folgende Notwendigkeiten:

1. Vernünftiger Abbau der Arbeitslosenunterstützung […].
2. Unbedingtes Verbot aller politischen und wirtschaftlichen Streiks.

Hand in Hand mit vorstehenden Maßnahmen muss die Frage der Arbeitsbeschaffung großzügig in die Hand genommen werden.

Wie aber wird die Regierung mit solchen im wahrsten Sinne des Wortes sozialen Maßnahmen durchdringen, wenn ihr Elemente ungestraft entgegentreten dürfen, deren einziges Streben darauf gerichtet ist, auf den Trümmern unserer staatlichen und wirtschaftlichen Ordnung ihre nur aus Ehrgeiz und Egoismus, im besten Falle aus utopischen Ideen erstrebte Herrschaft zu errichten? Diese Schädlinge müssen rücksichtslos vernichtet werden. Kampf bis aufs Messer gilt es diesen staatsfeindlichen Elementen gegenüber. Rigorose Unterdrückung ihrer Presse und ihrer führenden Persönlichkeiten ist das einzig wirksame Mittel.

Auch heute ist die Armee Fundament der Staatsgewalt.

Zit. nach: G. Prüfer, W. Tormin, in. W. Tormin (Hg.), a. a. O., S. 103 f.

M 12 **Haltung der Reichswehr: „Truppe schießt nicht auf Truppe …"**

Der Chef der Obersten Heeresleitung General von Seeckt in der Lagebesprechung beim Reichswehrminister in der Nacht vom 12. zum 13. März 1920:

„Es kann doch keine Rede davon sein, dass man Reichswehr gegen Reichswehr kämpfen lässt, Truppe schießt nicht auf Truppe. Haben Sie, Herr Minister, etwa die Absicht, eine Schlacht vor dem Brandenburger Tor zu dulden zwischen Truppen, die vor 1 1/2 Jahren Schulter an Schulter gegen den Feind gefochten haben?"

Noske warf erregt ein, Seeckt wolle also die Aufrührer schützen, worauf dieser antwortete: „Keineswegs, aber ich weiß die tragischen Folgen – und vielleicht weiß ich es allein –, die der Kampf mit der Waffe haben würde. Wenn Reichswehr Reichswehr niederschlägt, dann ist alle Kameradschaft im Offizierskorps hin. Wenn das aber einträte, dann wäre die wahre Katastrophe, die mit so unendlicher Mühe am 9. November 1918 vermieden worden ist, erst richtig da […]."

Zit. nach: R. Wohlfeil, H. Dollinger, Die deutsche Reichswehr, Wiesbaden 1977, S. 193.

M 13

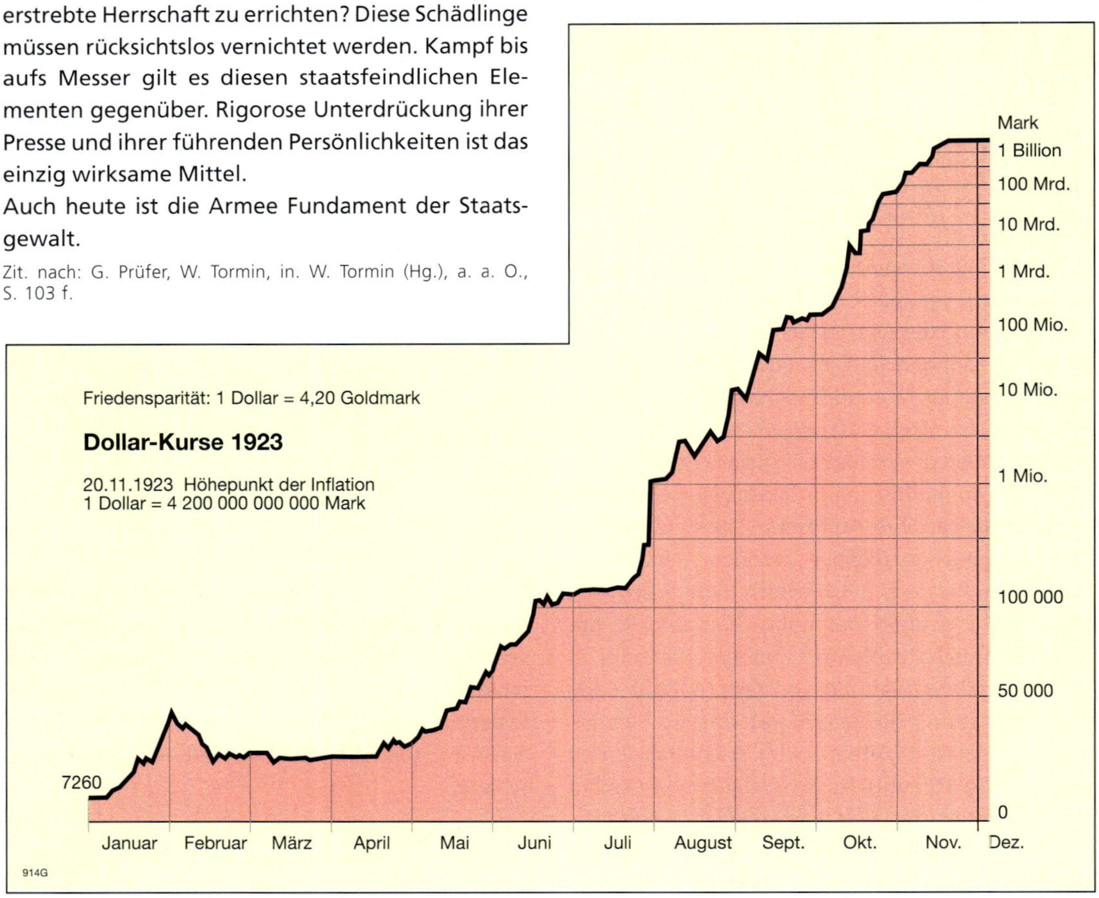

M 14 Politische Justiz der Republik (1918–1922)

Emil Julius Gumbel (1891–1966), Pazifist jüdischer Abstammung, 1933 von den Nationalsozialisten ausgebürgert, analysierte die Haltung der Justiz zu politischen Morden:

	Politische Morde begangen		
	von Linksstehenden	von Rechtsstehenden	Gesamtzahl
Gesamtzahl der Morde	22	354	376
davon ungesühnt	4	326	330
teilweise gesühnt	1	27	28
gesühnt	17	1	18
Zahl der Verurteilungen	38	24	
Geständige Täter freigesprochen	–	23	
Geständige Täter befördert	–	3	
Dauer der Einsperrung je Mord	15 Jahre	4 Monate	
Zahl der Hinrichtungen	10	–	
Geldstrafe je Mord	–	2 Papiermark	

Zusammenstellung von J. Gumbel, zit. nach: H. Pross, Die Zerstörung der deutschen Politik, Frankfurt/M. 1959, S. 139.

1914:
„Meine Herren, das ganze Volk steht hinter uns! Wir haben die Macht! Wir sind das Vaterland! Darum: Se. Majestät, hurra, hurra, hurra!"

1920:
„Die anderen haben die Macht, was geht uns das Vaterland der anderen an? Sollen sie den Karren nur selber aus dem Dreck ziehen. Pröstchen!"

M 15 „Deutschland, Deutschland über alles!"

Karl Arnold (1883–1953), einer der prägenden Köpfe der satirischen Zeitschrift „Simplicissimus", karikierte den Zustand der Weimarer Republik.

Aufgaben

1. Halten Sie die Bestimmungen des Versailler Vertrages fest. Wie reagierte die deutsche Öffentlichkeit?
   → Text, M2, M8, M9
2. Aus welchen Überlegungen heraus stellte sich die OHL der Regierung Ebert zur Verfügung?
   → M5
3. Stellen Sie die politischen Ergebnisse dar, die der Bürgerkrieg 1919 brachte.
   → Text, M6
4. Fassen Sie die Kritik an der Militärpolitik der Sozialdemokratie zusammen.
   → M6
5. Untersuchen Sie die wirtschaftlichen, politischen und ideologischen Hypotheken, die die Weimarer Republik belasteten.
   → Text, M1–M4, M8, M9, M13
6. In Militärkreisen überwog gegenüber den Putschisten die Haltung einer wohlwollenden Neutralität. Zeigen Sie die darin enthaltene Problematik für den Bestand der Weimarer Demokratie auf.
   → Text, M10–M12
7. Messen Sie die politischen Vorstellungen der Putschisten, die der DNVP nahestanden, an den Maßstäben demokratischer Gesinnung.
   → M11
8. Analysieren Sie die Urteilsfindungen der Weimarer Justiz. Welche Rückschlüsse lassen sie zu?
   → M14
9. „Die deutsche Republik, insofern sie eine sozialdemokratische sein sollte, war schon 1920 am Ende (Golo Mann)." Interpretieren Sie die Karikatur.
   → M3, M15

9.4 Die Außenpolitik

Die Außenpolitik der Weimarer Republik, so wie sie von allen Regierungen betrieben wurde, war von dem Bestreben geprägt, den Versailler Vertrag zu revidieren. Dieser Vertrag wurde von allen politischen Kräften der Republik als unerträglich empfunden. Die Revisionspolitik hatte das Ziel, die Vormundschaft der Siegermächte abzustreifen, die internationale Isolierung zu durchbrechen und wieder in eine europäische Großmachtposition aufzusteigen. Allerdings gab es innerhalb des politischen Spektrums der Weimarer Republik keinen Konsens darüber, mit welchen Methoden diese Ziele zu erreichen seien.

Zunächst dominierte die Ostorientierung, die im Vertrag von Rapallo mit der Sowjetunion ihren Ausdruck fand (1922). Der Vertrag führte jene zwei Staaten zusammen, die aus unterschiedlichen Gründen im Nachkriegseuropa politisch isoliert waren. Für die Weimarer Republik bedeutete die Ostorientierung eine Erweiterung ihres diplomatischen Spielraumes. Der Vertrag beinhaltete die Aufnahme von diplomatischen Beziehungen sowie den Verzicht auf Ersatz von Kriegskosten. Neben wirtschaftlichen Vorteilen (Rohstoffversorgung) eröffnete der Vertrag eine heimliche militärische Kooperation. Das betraf unter anderem den Aufbau einer Luftwaffe, die dem Versailler Vertrag zufolge dem Deutschen Reich verboten war.

Die Ostpolitik wurde fortgesetzt im Berliner Vertrag von 1926 zwischen dem Deutschen Reich und der Sowjetunion, der die gegenseitige Neutralität im Falle eines Krieges zusicherte.

Reparationen

In Bezug auf den Westen stand zunächst die Minderung der Reparationslasten im Vordergrund. Erschwert wurde die Aufbringung der Reparationsmilliarden dadurch, dass aufgrund der Importsperren der Ententemächte keine nennenswerten Ausfuhrüberschüsse (Devisen)

M 1

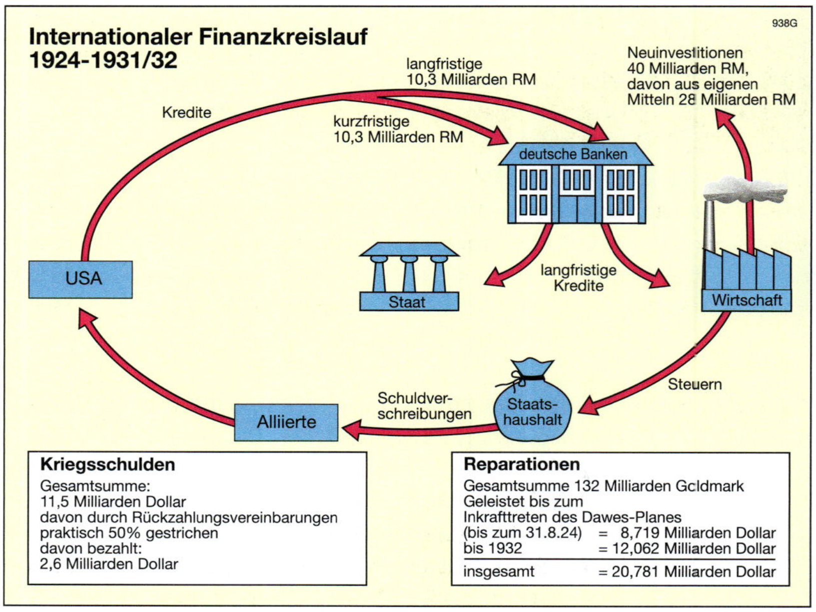

erwirtschaftet werden konnten. Die Reparationszahlungen mussten daher durch Anleihen (Kredite) gewährleistet werden, was eine Abhängigkeit von den (amerikanischen) Gläubigern mit sich brachte. Dieses System funktionierte bis zum Beginn der Weltwirtschaftskrise, als amerikanische Banken ihre Gelder aus Deutschland abzogen.

Für die Weimarer Republik waren die Jahre 1924 bis 1928 mit einer Konsolidierung verbunden, in der die pünktliche Zahlung der Reparationen mit außenpolitischen Erfolgen einhergingen. Der Dawes-Plan (1924) und der Young-Plan (1929) – so benannt nach ihren amerikanischen Vorsitzenden – orientierten sich bei der Festschreibung der Reparationen an der Leistungsfähigkeit Deutschlands. Sie bedeuteten jeweils eine finanzielle Entlastung im Vergleich zu den vorherigen Forderungen. Der ökonomische Zusammenbruch hat dann 1931 zur Zahlungseinstellung geführt.

Locarnopakt

Die deutsche Außenpolitik der zwanziger Jahre ist unauflöslich mit dem Namen Gustav Stresemann (Außenminister von 1923 bis 1929) verknüpft. Stresemann – Vernunftrepublikaner und Realist – sah, dass eine gewaltsame Revision nicht möglich war. Sein Konzept, Deutschland wieder in den Kreis der europäischen Großmächte zu integrieren, lautete: Vertrauen schaffen, um das französische Sicherheitsbedürfnis zu befriedigen. Stresemanns Westpolitik mündete im Locarnopakt (1925), der ein europäisches Sicherheitssystem schuf und die Unverletzlichkeit der Westgrenzen festschrieb. Das hieß unter anderem, Elsass-Lothringen blieb französisch und Eupen-Malmedy belgisch. Damit war Deutschland zum ersten Mal nach dem Ersten Weltkrieg wieder Partner im europäischen Mächtekonzert. Es folgte die Aufnahme in den Völkerbund (1926). Der Völkerbund war 1919 auf Anregung des US-Präsidenten Woodrow Wilson gegründet worden. Zweck dieser Organisation mit Sitz in Genf war es, das friedliche Zusammenleben der Völker zu sichern.

Bei seiner Aussöhnungspolitik mit Frankreich fand Stresemann einen Partner in seinem französischen Amtskollegen Aristide Briand (Außenminister von 1925 bis 1932). Gemeinsam erhielten sie 1926 den Friedensnobelpreis. Ihre Politik mussten sie gegen den erbitterten Widerstand nationalistischer Kreise in beiden Ländern durchsetzen.

Die Bemühungen um den Abbau von Spannungen fanden ihre Fortsetzung im Kellogg-Pakt, der den Verzicht auf Krieg als Mittel der Politik beinhaltete (1928).

Dem Tod Stresemanns am 3. Oktober 1929 kommt im Rückblick eine geradezu symbolische Bedeutung zu. Mit Stresemann verlor die Republik eine ihrer stärksten Stützen. Fast zeitgleich mit dem Einsetzen der Weltwirtschaftskrise ging damit die stabile Phase der Weimarer Republik zu Ende.

M 2 **Die Außenminister (v. l.) Aristide Briand (Frankreich) und Gustav Stresemann (Deutschland)** nach Unterzeichnung der Verträge von Locarno 1925

Chronologie

16. April 1922	Vertrag von Rapallo
16. Aug. 1924	Dawes-Plan
16. Okt. 1925	Locarno-Pakt
10. Sept. 1926	Aufnahme Deutschlands in den Völkerbund
7. Juni 1929	Young-Plan

M 3 Außenpolitische Konzeption der Reichswehr

Der Chef der Heeresleitung, General von Seeckt, äußerte sich 1922:

Mit Polen kommen wir nun zum Kern des Ostproblems. Polens Existenz ist unerträglich, unvereinbar mit den Lebensbedingungen Deutschlands. Es muss verschwinden und wird verschwinden durch eigene, innere Schwäche und durch Russland – mit unserer Hilfe. Polen ist für Russland noch unerträglicher als für uns; kein Russland findet sich mit Polen ab. Mit Polen fällt eine der stärksten Säulen des Versailler Friedens, die Vormachtstellung des Versailler Friedens, die Vormachtstellung Frankreichs. Dieses Ziel zu erreichen, muss einer der festesten Richtungspunkte der deutschen Politik sein, weil er ein erreichbarer ist. Erreichbar nur durch Russland oder mit seiner Hilfe.
Polen kann niemals Deutschland irgendwelchen Vorteil bieten, nicht wirtschaftlich, denn es ist entwicklungsunfähig, nicht politisch, denn es ist Vasall Frankreichs. Die Wiederherstellung der Grenze zwischen Russland und Deutschland ist die Voraussetzung beiderseitiger Erstarkung. Russland und Deutschland in den Grenzen von 1914 sollte die Grundlage einer Verständigung zwischen beiden sein. [...]
Wir wollen zweierlei: erstens eine Stärkung Russlands auf wirtschaftlichem und auf politischem, also militärischem Gebiet und damit indirekt die eigene Stärkung, indem wir einen zukünftigen möglichen Bundesgenossen stärken; wir wollen ferner, zunächst vorsichtig und versuchend, die unmittelbar eigene Stärkung, indem wir eine uns im Bedarfsfall dienstbare Rüstungsindustrie in Russland heranbilden helfen. [...]
Das deutsche Volk soll in seiner sozialistischen Mehrheit einer aktiven Politik, die mit Kriegsmöglichkeiten rechnen muss, abgeneigt sein. Es ist zuzugeben, dass der Geist, der über der Versailler Friedensdelegation schwebte, noch nicht verschwunden ist und dass der törichte Ruf: „Nie wieder Krieg!" verbreiteten Nachhall findet. Er findet ihn auch in manchen pazifistisch-bürgerlichen Kreisen, aber es gibt auch unter den Arbeiterkreisen, auch in der offiziellen Sozialdemokratischen Partei viele, die nicht gewillt sind, dem Franzosen und Polen aus der Hand zu fressen. Gewiss besteht im deutschen Volk weitgehendes und erklärliches Friedensbedüfnis. Am klarsten wird das Für und Wider des Krieges in militärischen Köpfen abgewogen werden, aber Politik treiben, heißt führen. Dem Führer wird trotz allem das deutsche Volk in dem Kampf um seine Existenz folgen. Diesen Kampf vorzubereiten, ist die Aufgabe; denn erspart wird er uns nicht.

Zit. nach: W. Michalka und G. Niedhart (Hg.), Die ungeliebte Republik, München 1980, S. 144 f.

M 4 Ziele deutscher Außenpolitik

In einem Brief an Kronprinz Wilhelm schrieb Außenminister Stresemann (7.9.1925):

[...] In der Frage des Eintritts in den Völkerbund möchte ich Folgendes bemerken:
Die deutsche Außenpolitik hat nach meiner Auffassung für die nächste absehbare Zeit drei große Aufgaben: Einmal die Lösung der Reparationsfrage in einem für Deutschland erträglichen Sinne und die Sicherung des Friedens, die die Voraussetzung für eine Wiedererstarkung Deutschlands ist.
Zweitens rechne ich dazu den Schutz der Auslandsdeutschen, jener 10–12 Millionen Stammesgenossen, die jetzt unter fremdem Joch in fremden Ländern leben.
Die dritte große Aufgabe ist die Korrektur der Ostgrenzen: die Wiedergewinnung von Danzig, vom polnischen Korridor und eine Korrektur der Grenze in Oberschlesien. [...]
Die Frage des Optierens [Wählens] zwischen Osten und Westen erfolgt durch unseren Eintritt in den Völkerbund nicht. Optieren kann man ja übrigens nur, wenn man eine militärische Macht hinter sich hat. Das fehlt uns leider. Wir können weder zum Kontinentaldegen für England werden, wie einige glauben, noch können wir uns auf ein deutsch-russisches Bündnis einlassen. Ich warne vor einer Utopie, mit dem Bolschewismus zu kokettieren. Wenn die Russen in Berlin sind, weht zunächst die rote Fahne vom Schloss, und man wird in Russland, wo man die Weltrevolution wünscht, sehr zufrieden sein, Europa bis zur Elbe bolschewisiert zu haben, und wird das übrige Deutschland den Franzosen zum Fraß geben.

Zit. nach: W. Michalka und G. Niedhart (Hg.), a. a. O., S. 162 ff.

M 5 Die Bedeutung des Locarno-Vertrages

Außenminister Stresemann in einer Rede am 14. Dezember 1925:

Wenn ein Außenminister seine Aufgabe nicht dahin auffasst, die täglichen Eingänge zu erledigen, sondern sich fragt, ob es Ausblicke für eine andere Stellung seines Landes in der Welt gibt, dann muss er sich zunächst die Frage vorlegen, welche Mittel ihm zur Verfügung stehen, um seinem

Lande wieder Geltung zu verschaffen. Das Hauptmittel ist die materielle Macht, Armee und Flotte. Dass wir sie nicht besitzen, ist Ihnen bekannt. […] Eine dritte Frage für die deutsche Außenpolitik ist die, ob Deutschland noch irgendwo eine Großmacht wäre und als Großmacht sich wieder in das Konzert der Mächte einschalten könnte, und diese einzige große Waffe unserer Außenpolitik sehe ich in unserer wirtschaftlichen Stellung, und zwar in unserer wirtschaftlichen Stellung als Konsumentenland, in unserer Stellung als großes Schuldnerland gegenüber anderen Nationen. […] Ich glaube, man wird am weitesten kommen, wenn man irgendein Verhältnis zu anderen Nationen auf gleich laufenden Interessen aufbaut. An unserer Produktion haben die andern kein Interesse; aber sie haben ein Interesse daran, dass die aus den Fugen geratene Weltwirtschaft, die sich in einer Zerstörung der Währungen mit Ausnahme von zwei großen Ländern ausgesprochen hat, wieder in Ordnung kommt; und sie glauben nicht daran, dass sie wieder in Ordnung kommt, wenn Deutschland in den Abgrund hineingezogen wird. […]

Nun lassen Sie mich von den drei Fragenkomplexen sprechen, die Locarno im Speziellen betreffen. Der erste ist die Frage: Elsass-Lothringen und Eupen-Malmedy. In dem Artikel 1 und dem Artikel 2 des Vertrages ist gesagt worden, worauf die Mächte verzichten. Sie verzichten auf Krieg, Gewalt oder Einbruch […]. [Daraus ergibt sich], dass es sich um einen moralischen Verzicht nie handeln konnte, sondern um das, was mir jeder Verständige zugeben wird, dass es Wahnwitz wäre, heute mit der Idee eines Krieges gegen Frankreich zu spielen […].

Der andere Komplex der Fragen war der der Ostgrenzen. […] [Die Regierungen Polens und der Tschechoslowakei wollten] einen Pakt, bei dem wir uns verpflichten, von jedem Angriff abzusehen. Diese Verpflichtung sind wir im Westen eingegangen, wir haben sie für den Osten abgelehnt. Auch der Eintritt in den Völkerbund schließt den Krieg nicht aus. […]

Zit. nach: W. Michalka und G. Niedhart (Hg.), a. a. O., S. 173 ff.

M 6 Plakat der DNVP zu den Reichstagswahlen am 20. Mai 1928

Innenpolitisch blieb Locarno umstritten. Nach deutschnationaler Auffassung bedeutete der endgültige Verzicht auf Elsass-Lothringen die dauernde Überlegenheit Frankreichs am Rhein. Stresemanns Außenpolitik stützte sich daher innenpolitisch auf die sozialdemokratische Opposition.

Aufgaben

1. In welcher Weise versuchte die deutsche Politik mit der Reparationsfrage umzugehen?
   → Text, M1
2. Aus welchen Überlegungen heraus vertritt v. Seeckt die Politik einer Annährung an die Sowjetunion? Erläutern Sie die innenpolitischen Aspekte, die sich dabei abzeichneten.
   → Text, M3
3. Vergleichen Sie die außenpolitische Position von Stresemann mit der von v. Seeckt im Hinblick auf Unterschiede und Gemeinsamkeiten.
   → M3–M5
4. Analysieren Sie die politische Konzeption, die sich mit der Westorientierung und dem Locarnopakt verbindet.
   → Text, M2, M4–M6

Die deutsch-französische Erbfeindschaft: Wirklichkeit oder Legende?

Die älteren Wurzeln im deutsch-französischen Spannungsverhältnis liegen vermutlich im 17. Jahrhundert, als die ausgreifende Politik Ludwigs XIV. mit der Annexion des Elsass und der Zerstörung der Pfalz (1689/92) anti-französische Gefühle keimen ließ. Aber es gab noch keinen deutschen Staat und kein deutsches Nationalbewusstsein. Das Leben spielte sich noch im Rahmen von Dynastien, Ständen, Religionen und Regionen ab.

Die anti-napoleonischen Befreiungskämpfe (1813) trugen zwar bereits einen deutlichen antifranzösischen Akzent, aber doch nur bei einer relativ kleinen Schicht von Intellektuellen und Militärs.

Wenn es überhaupt so etwas gibt wie eine Geburtsstunde der „deutsch-französischen Erbfeindschaft", dann 1866, als Preußen in der Schlacht von Königgrätz Österreich besiegte und zur (nord-)deutschen Hegemonialmacht aufstieg. Das Frankreich Napoleons III. war zutiefst erschüttert und fürchtete, die politische Führung in Europa einzubüßen. Die sich abzeichnende Überwindung der deutschen Zersplitterung unter preußischem Vorzeichen bedeutete eine Herausforderung der politischen Vormachtstellung Frankreichs. Erst im 19. Jahrhundert – im Zeichen einer „Nationalisierung der Massen" – wurde die Identitätsbildung unter nationalen Vorzeichen zu einem offensichtlich weit verbreiteten Bedürfnis. Die Abgrenzung vom Nachbarn erleichterte die politische Selbstfindung. Erst jetzt konnte die Polarisierung zwischen „germanisch" und „welsch", zwischen „deutscher Kultur" und „französischer Zivilisation", zwischen den Ideen der Französischen Revolution" und den „Ideen von 1914" von den Massen Besitz ergreifen.

M 1 **Frankreich denkt an Revanche** aus der Sicht der französischen Zeitschrift „Charivari" (31.3.1871). Im Vordergrund der französische Kaiser Napoleon III. Untertitel:
– „Adieu!"
– „Nein, auf Wiedersehen. Besuche pflegt man zu erwidern."

Ein knappes Jahrhundert später, in der zweiten Hälfte des 20. Jahrhunderts, hat sich aufgrund schmerzhafter Erfahrungen für beide Völker die Erkenntnis durchgesetzt, dass der Frieden auf dem Kontinent vom deutsch-französischen Verhältnis abhängt. Konrad Adenauer, der erste deutsche Bundeskanzler, suchte bewusst den Ausgleich mit dem westlichen Nachbarn und fand im französischen Präsidenten Charles de Gaulle einen geistesverwandten Partner.

Freundschaftliche persönliche Beziehungen zwischen den Staatsmännern eröffneten den Weg für eine deutsch-französische Aussöhnung (in Klammern die Daten der gemeinsamen politischen Verantwortung):

Gustav Stresemann – Aristide Briand (1925–1929)
Konrad Adenauer – Charles de Gaulle (1958–1963)
Helmut Schmidt – Valery Giscard d'Estaing (1974–1981)
Helmut Kohl – François Mitterrand (1982–1995)
Gerhard Schröder – Jacques Chirac (1998–2005)

Aufgaben

1. Diskutieren Sie, welche Lehren für die Gestaltung der europäischen Zukunft aus den deutsch-französischen Beziehungen zu ziehen sind.

Deutsch-französischer Krieg 1870/71

Reichsgründung durch Ausrufung des preußischen Königs Wilhelm I. zum Deutschen Kaiser im Spiegelsaal des Schlosses von Versailles (18. Januar 1871)

Annexion Elsass-Lothringens

1. Weltkrieg 1914-1918

Waffenstillstand unterzeichnet in einem Eisenbahnwagen im Wald von Compiègne (11. November 1918)

Unterzeichnung des Friedensvertrags im Spiegelsaal von Versailles (28. Juni 1919)

2. Weltkrieg 1939-1945

Unterzeichnung des Waffenstillstands im historischen Eisenbahnwagen im Wald von Compiègne (21. Juni 1940)

Hitler und seine Generäle vor dem historischen Eisenbahnwagen von Compiègne.

Unterzeichnung der Kapitulation in Reims (7. Mai 1945)

Französische Besatzung (1945 - 1949)

Unterzeichnung des Vertrages über die deutsch-französische Zusammenarbeit in Paris am 22. Januar 1963.
Von links: Bundeskanzler Konrad Adenauer, Staatspräsident Charles de Gaulle und Premierminister Georges Pompidou.

Elysée-Vertrag (22. Januar 1963)

Vertrag zwischen der Bundesrepublik Deutschland und der Französischen Republik über die deutsch-französische Zusammenarbeit

958G

9.5 Wirtschaft und Technik

Die zweite Industrialisierungsphase

Während noch Mitte des 19. Jahrhunderts der Bergbau, die Eisen- und Stahlindustrie sowie Maschinenbau und Textilindustrie als Leitsektoren den Industrialisierungsvorgang prägten, traten gegen Ende des Jahrhunderts weitere Sektoren hinzu: die chemische und die elektronische Industrie sowie der Automobilbau.

Insbesondere die technische Nutzung der Elektrizität veränderte das gesamte Leben und führte zu einem sichtbaren Modernisierungsschub in Form von elektrischer Beleuchtung, Kühlanlagen, elektrischen Straßen- und Eisenbahnen.

Die modernen Kommunikationsmedien wie Telefon und drahtlose Nachrichtenübermittlung traten ihren Siegeszug an. In den Zwanzigerjahren des 20. Jahrhunderts begann in Deutschland der Rundfunksendebetrieb; ein Jahrzehnt später befand sich auch das Medium Fernsehen bereits in einer Experimentierphase.

M 1 **„Elektrisches Licht"**
Werbeplakat, um 1900

Fortlaufende Innovationen führten zu einer nicht enden wollenden Dynamisierung des Wandels. Nach der Entwicklung des Verbrennungsmotors setzte bereits Ende des 19. Jahrhunderts die industrielle Fertigung des Automobils ein. Wenngleich die Massenproduktion zunächst noch auf die USA beschränkt blieb, so trat doch auch in Deutschland nach dem Ersten Weltkrieg der Automobilbau in eine neue Phase. Der PKW-Bestand wuchs in Deutschland zwischen 1913 und 1929 um das Fünffache. Die massenhafte Herstellung neuer Produkte machte eine entsprechende Organisation der Produktionsabläufe erforderlich. Das Ziel bestand darin, große Stückzahlen beschleunigt und damit kostengünstig herzustellen.

Die Antwort auf diese technische Herausforderung lag in der so genannten Taylorisierung der Arbeit. Der amerikanische Arbeitswissenschaftler Frederick Winslow Taylor (1856–1915), der seine Erfahrungen in der Stahlindustrie gesammelt hatte, publizierte 1911 die Schrift: „Grundsätze wissenschaftlicher Betriebsführung". In ihr stellte er dar, wie der Arbeitsprozess zu optimieren sei. Er sezierte die einzelnen Arbeitsabläufe und zerteilte sie in kleinste Abschnitte. Dabei wurden Zeit und Bewegung genau gemessen. Im Ergebnis bewirkten diese Maßnahmen eine neue Form der Produktion: die Fließbandarbeit. Gleichförmige Handgriffe der Beschäftigten reduzierten die Fehler, beschleunigten die Abläufe, führten aber auch zu einer sehr einseitigen körperlichen und geistigen Belastung. Das Ergebnis der gesteigerten Produktivität wurde durch die monotone Unterordnung des Menschen unter die Zweckmäßigkeit des Verfahrens erreicht.

M 2 **Automontage bei Ford**
Detroit, 1923

Die Rationalisierung der Arbeit im Verbund mit der zunehmenden maschinellen Ausstattung des einzelnen Arbeitsplatzes sorgte dafür, dass mit immer weniger Personal immer mehr produziert werden konnte. Ihr vorläufiges Ende fand diese zweite Phase der Industrialisierung mit der zunehmenden Automatisierung des Produktionsprozesses.

Die Weimarer Republik

Die Zwanzigerjahre der Weimarer Republik waren durch technische und wirtschaftliche Fortschritte geprägt, die selten in gleichem Maße wahrgenommen werden wie die politischen Turbulenzen. Die Modernisierung der Wirtschaft vollzog sich nach amerikanischem Muster und führte zur Bildung von großen Unternehmen. Die Konzentrationsprozesse nahmen auch die Form von Kartellen mit Preisabsprachen an. Im Handel stellten die großen Warenhausketten, wie z.B. Tietz, Wertheim und Kartstadt, eine Herausforderung des mittelständischen Einzelhandels dar. Die Vereinigten Stahlwerke kontrollierten 40% der deutschen Stahlproduktion (1926). Große Firmen, wie z.B. AEG, Siemens & Halske oder Bosch, besaßen im Bereich der Elektrotechnik eine Marktführerschaft. 1925 wurde mit der I.G. Farben der größte europäische Konzern geschmiedet, der 90% der deutschen chemischen Industrie umfasste.

Stabilisierungsphase

Der allgemeine Aufschwung in der Stabilisierungsphase der Weimarer Republik (1924–1929) äußerte sich nicht nur im Wachstum der Industrieproduktionen um 45%, sondern auch in einer Vielzahl von technischen Innovationen. Die Leistungsfähigkeit zeigte sich auf ganz unterschiedlichen Gebieten: 1929 errang der Schnelldampfer „Bremen“ das begehrte Blaue Band für die schnellste Nordatlantiküberquerung. Das Flugboot DO-X (von Dornier) war das größte seiner Zeit und für Langstreckenverkehr geeignet. Das Luftschiff Zeppelin galt, wenn auch letztlich eine technologische Sackgasse, als spektakuläres Fortbewegungsmittel. Der so genannte Schienenzeppelin, von Franz Kruckenberg entwickelt, erreichte 1931 auf der Strecke zwischen Berlin und Hamburg eine Geschwindigkeit von 200 Stundenkilometern. 1924 begann bei Opel die Serienproduktion im deutschen Automobilbau. Noch zu Weimarer Zeit wurde zwischen Köln und Bonn die erste Autobahn in Europa eröffnet. In der Chemieindustrie war die Herstellung von Kunstdünger und synthetischem Kautschuk (Gummi) gelungen. Auch die bahnbrechende Ölproduktion durch Kohleverflüssigung stellte einen großen technologischen Fortschritt dar.

Erblasten des Weltkrieges

Wirtschaft und Gesellschaft der Weimarer Republik hatten zu jedem Zeitpunkt die Erblast des Ersten Weltkriegs zu tragen. Diese reichte von der Versorgung der Millionen Kriegsopfer über die angehäuften Staatsschulden bis zur Zahlung der Reparationen, zu der die Republik als Folge des Versailler Vertrags verpflichtet war.

Die Kriegshinterlassenschaft bestand auch in Millionen von Soldaten, die wieder in den Arbeitsmarkt integriert werden mussten. Aber auch in den wirtschaftlichen Blütejahren konnte Vollbeschäftigung nur kurzzeitig erreicht werden. Arbeitslosigkeit blieb während fast der gesamten Weimarer Zeit ein Massenphänomen. Die exportorientierte deutsche Wirtschaft litt auch darunter, dass 1914 das Netz der internationalen Handelsbeziehungen gerissen war. Aufgrund des weitverbreiteten Protektionismus gelang es in der Zwischenkriegsphase nicht, den zwischenstaatlichen Handel wieder auf das Vorkriegsniveau zu heben.

Inflation 1923

Die ökonomische Erklärung für das Scheitern der Weimarer Republik begann – trotz der vorübergehenden Stabilisierung – mit der verheerenden Inflation von 1923. Die Entwertung des Geldes wurde vonseiten der politischen Führung bewusst eingesetzt, um die Staatsschulden (aus dem Ersten Weltkrieg) zu tilgen. Davon waren die an sich staatstragenden Mittelschichten in besonderer Weise betroffen, da sie um ihre Ersparnisse gebracht wurden. Als Folge davon blieb ein Ansehensverlust des neuen Staates in bürgerlichen Milieus.

Agrarkrise

Ab 1926 setzte zudem eine Agrarkrise ein. Ausgelöst durch sinkende Preise, vor allem bei Getreide, gerieten immer mehr landwirtschaftliche Betriebe in Zahlungsschwierigkeiten. Insbesondere die Großagrarier im Osten Deutschlands waren von der Verschuldung überdurchschnittlich betroffen. Die so genannte Osthilfe subventionierte eine nicht mehr rentable Landwirtschaft durch Zins-, Steuer- und Transportvergünstigungen. Das gelang, weil die ungefähr 13 000 – oft adligen – Großgrundbesitzer eine mächtige Lobby im Reichstag besaßen. Auch der Reichspräsident Hindenburg fühlte sich dieser sozialen Gruppe zutiefst verbunden. Als die Regierung Brüning in Zeiten größter Finanznot die Zwangsversteigerung überschuldeter Güter erwog, stieß sie auf den Widerstand konservativer Kreise. Diese spielten auch eine wichtige Rolle bei der Entlassung des Reichskanzlers durch Hindenburg am 30. Mai 1932.

Weltwirtschaftskrise

Der Kurssturz an der New Yorker Börse am 25. Oktober 1929 besaß unmittelbare Auswirkungen auf Deutschland. Die ständige Finanznot der Weimarer Republik hatte zur Abhängigkeit von ausländischem Kapital geführt. In der nunmehr einsetzenden Krise wurden Auslandskredite gekündigt. Die Finanzkrise griff auf den Produktionsbereich über, was zu einer dramatischen Zunahme von Insolvenzen und Arbeitslosigkeit führte.

M 3 **„Ich suche Arbeit jeder Art!"**
Arbeitsloser, 1930

Die Regierung unter Reichskanzler Brüning (1930–1932) bekämpfte die Krise mittels einer so genannten deflationistischen Politik. Eine Notverordnung vom 8. Dezember 1931 kürzte die öffentlichen Ausgaben, um diese den sinkenden Einnahmen anzupassen. Niedrigere Sozialleistungen und reduzierte Löhne führten ihrerseits zu einem Kaufkraftrückgang, was konjunkturell eine Spiralbewegung „nach unten" bewirkte. Der Lebensstandard vieler Menschen sank in den Bereich des absoluten Existenzminimums. Die Sparpolitik der Regierung Brüning stand zum einen unter der Voraussetzung der Inflationsvermeidung, zum anderen spielten aber auch politische Erwägungen eine Rolle. Die Regierung wollte die Wirtschaftskrise offenkundig nutzen, um den Siegermächten die Unerfüllbarkeit der Reparationszahlungen zu dokumentieren. Nach heutiger Erkenntnis verschärfte die Sparpolitik der Regierung die Krise und beschleunigte den wirtschaftlichen Zusammenbruch.

Das Gegenmodell zu dieser Politik hatte in den Zwanzigerjahren der britische Wirtschaftstheoretiker John Maynard Keynes entworfen. Er vertraute nicht den Selbstheilungskräften der liberalen Wirtschaft, sondern plädierte für die Ankurbelung der Nachfrage durch öffentliche Ausgaben. Man spricht in diesem Zusammenhang von einem antizyklischen Gegensteuern.

Ohne sich auf Keynes zu beziehen, übernahm der Nationalsozialismus nach 1933 dieses Konzept. Die aktive Beschäftigungspolitik des Staates, zwar durch Schulden finanziert, führte innerhalb weniger Jahre zur Vollbeschäftigung. Allerdings ist die Beseitigung der Arbeitslosigkeit im Dritten Reich nicht von der Kriegsvorbereitung zu trennen.

M 4 **Massenarbeitslosigkeit**

Der Bankier Gerhard Ziemer bilanziert die volkswirtschaftlichen Folgen der hohen Arbeitslosigkeit (1971):

Die Massenarbeitslosigkeit, das sichtbarste Zeichen der großen Krise, war ein finanzielles und ein menschlich-politisches Problem.
Das finanzielle Problem hatte eine volkswirtschaftliche und eine haushaltsmäßige Seite. Brüning beschäftigte sich hauptsächlich mit der letzten, das heißt mit den Ausgaben der öffentlichen Hand für die Arbeitslosenunterstützung. Er stellte fest, dass die Ausgaben für einen Arbeitslosen geringer seien als für die staatliche Beschaffung eines Arbeitsplatzes für einen Arbeitslosen. Der Aufwand für die Arbeitslosen (Reichsanstalt für Arbeitslosenversicherung und Reichshaushalt) betrug 1932 rund 2,8 Milliarden Reichsmark. Er belastete den Reichshaushalt schwer, dessen Gesamtausgaben – ohne die Überweisungen an Länder und Gemeinden – in der Krise von 8,4 Milliarden (1928/29) auf 5,7 Milliarden (1932/33) infolge der geringeren Steuereinnahmen abgesunken waren. Die Ausgaben des Reichshaushalts und der Reichsanstalt für die Arbeitslosen übertrafen die Entlastung des Haushalts, die durch die Stundung der Young-Plan-Raten aufgrund des Hoover-Moratoriums[1] eingetreten war, um 1 Milliarde. Die durchschnittliche Unterstützung für die Arbeitslosen, die 1930 als Arbeitslosengeld noch rund 40 Prozent ihres Arbeitseinkommens erhielten, war im Jahre 1931 auf 35 Prozent und im Jahre 1932 auf 30 Prozent ihres Arbeitseinkommens herabgesetzt worden. Hierbei bestanden Gruppenunterschiede. Es gab die eigentliche Arbeitslosenunterstützung, die nach einem halben Jahr auslief, dann die Krisenunterstützung, die ebenfalls befristet war (32 bis 58 Wochen), und auch die niedrige so genannte Berufslosenunterstützung für Gruppen, die immer wieder arbeitslos wurden. Das Ende der Leistungen war die Aussteuerung, das heißt das Absinken des Arbeitslosen in die Sozialfürsorge. Für das Jahr 1932 kann man bei den Handarbeitern bei einem Wocheneinkommen von etwa 36 Mark eine Arbeitslosenunterstützung von wöchentlich 12 Reichsmark ansetzen, monatlich etwa 55 Reichsmark. Das war, auch wenn man die gesunkenen Lebenshaltungskosten berücksichtigt, hart am Ende des Auskömmlichen, bei den geringeren Fürsorgesätzen war die rein körperliche Existenz des Arbeitslosen und seiner Familie schon gefährdet. Hunderttausende von arbeitslos gewordenen Familien gaben damals ihre Wohnungen auf und zogen mit Eltern und Geschwistern zusammen. Der Kranz der Schrebergärten und Laubenkolonien um Berlin verwandelten sich in eine riesenhafte Suburb von proletarisierten Massen, die aus ihren zu teuren Wohnungen gezogen waren, mit allen moralischen und politischen Erscheinungen eines Kommunardenlebens.
Der volkswirtschaftliche Schaden der Arbeitslosigkeit, der von Brüning als Belastung nirgendwo genannt ist und vielleicht in seinem wirklichen Ausmaß von ihm auch gar nicht gesehen wurde, war ein Vielfaches der haushaltsmäßigen Belastung. Er drückte sich in dem Rückgang des Bruttosozialproduktes aus, der das Steigen der Arbeitslosenzahl begleitete. Das deutsche Bruttosozialprodukt hatte 1928 und 1929 noch rund 88 Milliarden Reichsmark betragen, im Jahr 1932 betrug es in den jeweiligen Preisen nur noch 56,7 Milliarden. Auf den einzelnen Arbeitslosen umgerechnet konnte man damals einen jährlichen Ausfall am Bruttosozialprodukt von etwa 4500 bis 5000 Reichsmark ansetzen. Dieser Ausfall von jährlich über 25 Milliarden Reichsmark bei der schließlich erreichten Arbeitslosenzahl von 6 Millionen war die wahre Kostenrechnung der Krise. Die jährlichen 25 Milliarden Reichsmark fehlten effektiv, denn sie waren auf der Güterseite nicht erarbeitet worden. Sie waren durch keine Sparsamkeit in den Etats auszugleichen. Sie fehlten in der Lebensführung des deutschen Volkes für den Konsum der Bevölkerung, für die Investitionen und Verbesserungen der Wirtschaft, für die öffentlichen Haushalte, für Schulen, Universitäten und Krankenhäuser usw. Um diese gewaltigen Jahresbeiträge verarmte damals aufs Ganze gesehen das von der Krise erfasste deutsche Volk.

1 Hoover-Moratorium: Zahlungsaufschub, veranlasst durch US-Präsident Herbert Hoover 1931.

G. Ziemer, Inflation und Deflation zerstören die Demokratie, Stuttgart 1971, S. 167f.

Aufgaben

1. Analysieren Sie die Unterschiede zwischen der ersten und der zweiten Industrialisierungsphase. → Text
2. Analysieren Sie die Auswirkungen der Weltwirtschaftskrise und die Reaktionen der deutschen Regierung. → Text, M4

9.6 Die Auflösung der Republik

Weltwirtschaftskrise und der Übergang zu den Präsidialkabinetten

M 1 Plakat der NSDAP zu den Reichstagswahlen am 25. Mai 1928

Am 25. Oktober 1929 stürzten die Aktienkurse an der New Yorker Börse. Dieser Tag, der als „Schwarzer Freitag" in die Geschichte eingegangen ist, markierte den Beginn einer weltweiten Wirtschaftkrise, die insbesondere in den USA und in Deutschland verheerende Ausmaße annahm. Die deutsche Wirtschaft, die aufgrund der Reparationslasten in beträchtlichem Umfang mit amerikanischem Kapital arbeitete, wurde durch den plötzlichen Abzug von Kapital schwer getroffen. Der Zusammenbruch von Banken, Produktionsrückgang und Arbeitslosigkeit stellten die unmittelbaren und mittelbaren Folgen dieses Ereignisses da. Die Arbeitslosigkeit stieg bis 1932 auf über sechs Millionen offiziell registrierte Menschen an. Von ihr waren die Industriearbeiter am schwersten betroffen. 1933 waren 40 Prozent aller männlichen Industriearbeiter arbeitslos, aber beispielsweise nur 13 Prozent der Angestellten.

Mit der Weltwirtschaftskrise begann auch der endgültige politische Niedergang der Weimarer Republik. Die von Hermann Müller (SPD) geführte Große Koalition (SPD, Zentrum, BVP, DDP, DVP) zerbrach im Frühjahr 1930, weil es zwischen der industrienahen DVP und der SPD zu keiner Einigung über die Beitragshöhe der Arbeitslosenversicherung kam. Angesichts der Arbeitslosigkeit stemmte sich die SPD gegen den Abbau der Sozialleistungen, der vom Reichsverband der deutschen Industrie wiederholt gefordert worden war.

Die Auflösung der Großen Koalition hatte eine parlamentarische Situation zur Folge, die eine mehrheitsgestützte Regierung nicht mehr zuließ. Denn der wirtschaftliche Verfall ging einher mit einer politischen Radikalisierung, die in letzter Konsequenz politisch handlungsfähige Mehrheiten im Reichstag unmöglich machte. Dieses Machtvakuum war die Ausgangslage für die Umformung der parlamentarischen Demokratie in ein Präsidialsystem auf der Grundlage des Notverordnungsrechts. Da die Parteien des Reichstages von sich aus nicht mehr in der Lage waren, regierungsfähige Koalitionen zu bilden, hatten sie indirekt die Macht dem Reichspräsidenten und dessen Vertrauensleuten überlassen.

Dieser „selbstmörderische Entschluss der demokratischen Parteien" (Bracher) leitete eine Entmachtung des Reichstages zugunsten des Reichspräsidenten und seiner Berater ein. Verordnungen nach Art. 48 WRV traten an die Stelle von im Reichstag verabschiedeten Gesetzen.

Die Konzeption der präsidialen Kabinette, die unabhängig von der parlamentarischen Mehrheit regierten, war gezielt von Teilen der Großindustrie und national-konservativen Großagrariern sowie von der Reichswehr angestrebt worden.

Mit der Berufung des Zentrumpolitikers Heinrich Brüning zum Reichskanzler durch Hindenburg, der seit 1925 das Amt des Reichspräsidenten innehatte, begann die stufenweise Durchbrechung des Weimarer Verfassungssystems.

Opposition gegen die Republik

Der Volksentscheid über den Young-Plan (1929) wurde zum Kristallisationskern eines Bündnisses konservativ-nationalistischer Kräfte. Zwar scheiterte der Volksentscheid, aber die im Kampf gegen die Republik zusammengehaltene „Nationale Opposition" formierte sich im Oktober 1931 zur „Harzburger Front". Sie umfasste alle Gegner der Weimarer Republik mit Ausnahme der Kommunisten. Ihr Programm lautete auf eine Formel gebracht: „Ordnung und Diktatur statt Novemberverbrecher!" Man forderte den Rücktritt der Regierung Brüning sowie der Regierung Braun (SPD) in Preußen. Neben der NSDAP nahm die von Hugenberg geführte DNVP an dem Treffen in Harzburg teil. Hugenberg, der gleichzeitig Beherrscher eines großen Pressekonzerns war, benutzte diesen zur gezielten Verbreitung antidemokratischer Ideologien. In der Nachfolge des Treffens nahm die finanzielle Unterstützung der NSDAP durch Kreise der Wirtschaft beträchtlich zu.

Zu den beiden Parteien stieß der „Stahlhelm", der Bund der Frontsoldaten. Er hatte eine offen republikfeindliche Haltung, die durch einen militanten Nationalismus geprägt wurde.

Neben die außenparlamentarische Opposition des „Stahlhelm" trat die SA (Sturmabteilung) der NSDAP, die offen die Gewalt als ein Mittel zur Durchsetzung politischer Ziele propagierte und anwendete.

Die Ablehnung der Republik durch die politische Rechte wurde ergänzt durch die Ablehnung von Seiten der KPD. Aber obwohl den Kommunisten in der durch Radikalisierung geprägten Weimarer Endphase Stimmengewinne zuwuchsen, waren sie im Unterschied zu den Rechtsparteien politisch isoliert und ohne Einfluss auf die Machtsäulen des Staates: Regierung, Bürokratie, Polizei und Reichswehr.

Die Endphase der Weimarer Republik (1932/33)

Reichspräsidentenwahl

Hindenburg war ein monarchisch gesinnter Generalfeldmarschall und im Ersten Weltkrieg „Sieger von Tannenberg" in Ostpreußen, wo 1914 mit unterlegenen Kräften der Vormarsch der russischen Armeen abgewehrt worden war. Er wurde 1932 erneut zum Reichspräsidenten gewählt. Um eine Präsidentschaft Hitlers zu verhindern, hatten ihn diesmal die demokratischen Parteien unterstützt.

Altersschwach wie er war (86 Jahre alt), geriet er nunmehr noch stärker als zuvor unter den Einfluss seiner engsten Umgebung. Sein Sohn Oskar, von dem es hieß, er sei in der Verfassung nicht vorgesehen, Hindenburgs Staatssekretär Meißner und von Schleicher (General und Chef des Ministeramts im Reichswehrministerium) wurden seine entscheidenden Ratgeber und Drahtzieher. Die Politik hatte sich aus der Öffentlichkeit des Parlaments hinter die Kulissen des Reichspräsidentenpalais verlagert. Da jede Regierung abhängig war vom Vertrauen, das Hindenburg ihr schenkte, wurde er zur Anlaufstelle der Intriganten.

Die Endphase der Weimarer Republik begann im Mai 1932 mit der Ablösung Brünings als Reichskanzler. Ein Bündnis aus Nationalsozialisten, Deutschnationalen und Generälen brachte ihn zu Fall. Hindenburg entzog ihm sein Vertrauen, wobei die Arbeitslosigkeit und das Verbot der SA eine Rolle gespielt hatten. An die Stelle Brünings trat der konservative, aus dem Zentrum ausgeschlossene Politiker Franz von Papen.

M 2 **Reichspräsidentenwahlen**

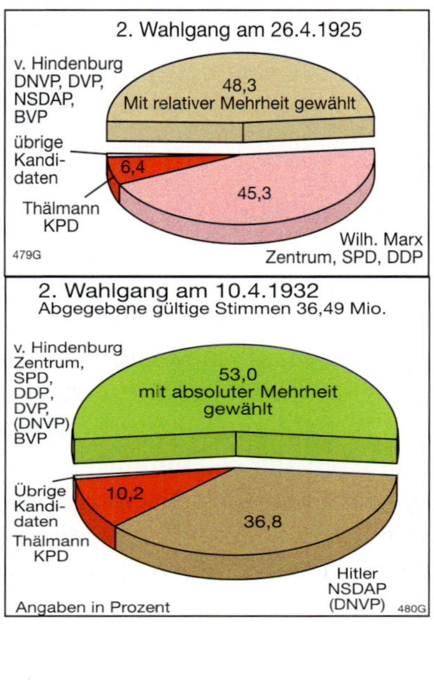

M 3 Plakat der NSDAP zu den Reichstagswahlen 1932

Der Weimarer Staat wurde in immer größerer Intensität durch die Existenz von „Privatarmeen" herausgefordert. Die Sturmabteilung (SA) als Parteimiliz der NSDAP, der Stahlhelm (DNVP-nahestehend), der Rotfrontkämpferbund (RFB) als militärischer Arm der KPD und das Reichsbanner Schwarz-Rot-Gold (Kampfverband von Sozialdemokraten und Gewerkschaftern) lieferten sich blutige Straßenschlachten. Der Staat vermochte sein Gewaltmonopol nicht erfolgreich zu verteidigen. Der Verfall der Autorität war offenkundig.

Das neue Kabinett des betont antiparlamentarischen von Papen („Kabinett der Barone") hob das SA-Verbot auf, was eine gewaltige Zunahme des politischen Terrors zur Folge hatte. Innerhalb von nur zwei Monaten forderten die Straßenkämpfe zwischen den rivalisierenden Privatarmeen 300 Tote und 1200 Verletzte. Durch einen Staatsstreich gegen Preußen am 20. Juli 1932 („Preußenschlag") wurde die Sozialdemokratie in ihrer letzten Bastion in Deutschland entmachtet. Renten, Arbeitslosen- und Wohlfahrtsunterstützungen wurden gekürzt. Die Regierung Papen blieb politisch isoliert. Im Dezember 1932 wurde von Schleicher, Hindenburgs Ratgeber, selbst neuer Reichskanzler. Der „soziale General" bemühte sich um eine neue Basis aus Gewerkschaften und dem linken Flügel der NSDAP, verlor aber dabei sehr schnell das Vertrauen Hindenburgs. Unter dem Einfluss von Papens und seines Sohnes Oskar gab Hindenburg seine Widerstände gegen Hitler auf, den er nicht zuletzt wegen seines niedrigen Dienstgrades (Gefreiter) abgelehnt hatte.

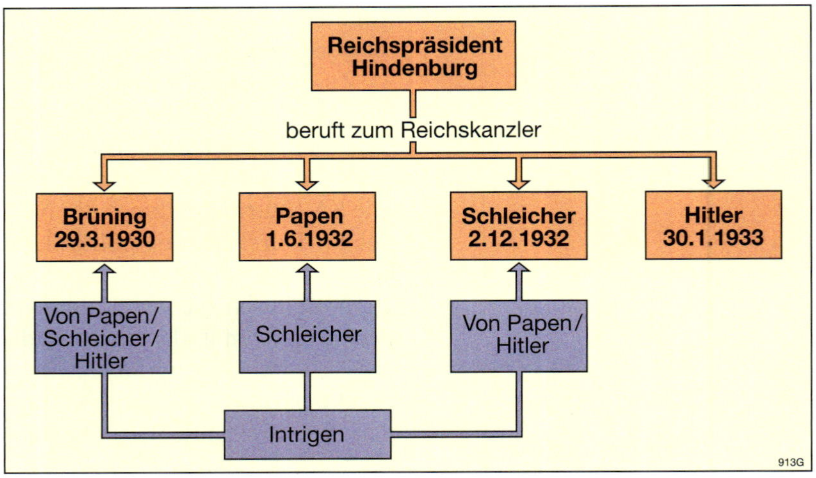

M 4

Am 30. Januar 1933 wurde Hitler zum Reichskanzler eines Kabinetts ernannt, das aus drei Nationalsozialisten und acht Konservativen bestand. Hitlers Ernennung zum Reichskanzler, die aufgrund der Beeinflussung Hindenburgs zustande kam, wäre nicht möglich gewesen ohne den Rückhalt durch eine politische Massenbewegung.

Begünstigt wurde die „Machtergreifung" Hitlers durch die Spaltung der Arbeiterschaft in Kommunisten und Sozialdemokraten. Die KPD diffamierte – entsprechend den Beschlüssen der Kommunistischen Internationale (Komintern) – die SPD als „sozialfaschistisch" und als Hauptstütze des Klassenfeindes. Die SPD ihrerseits hatte als demokratische Partei keinerlei Sympathien für das bolschewistische Herrschaftssystem der Sowjetunion.

M 5 Plakat der SPD zu den Reichstagswahlen 1930

Den Nationalsozialisten gelang es, soziale und nationale Regungen gleichermaßen zu mobilisieren. Die Gefühle des existenziellen Bedrohtseins richteten sich auf Hitler als „Retter in der Not". Die historische Wahlforschung hat gezeigt, dass der Aufstieg der NSDAP auf zwei Faktoren zurückgeführt werden kann:

- die Radikalisierung von Mittelschichtwählern, insbesondere beim „alten" Mittelstand (Geschäftsleute, Handwerker, Bauern),
- die Mobilisierung von Erst(Jung-)wählern und Nichtwählern.

Im protestantischen Milieu war die Partei erfolgreicher als im katholischen. Auch wenn Arbeiter sich als nicht so anfällig für die NS-Ideologie erwiesen, so kann man doch die NSDAP als „Volkspartei des Protestes" (J. W. Falter) bezeichnen.

M 6

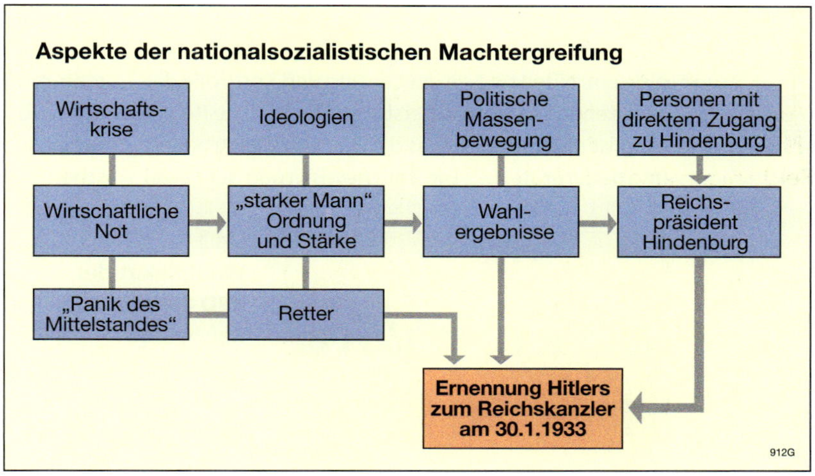

Chronologie

25. Okt. 1929	Börsenkrach in New York
22. Dez. 1929	Volksentscheid gegen den Young-Plan scheitert.
27. März 1930	Rücktritt der Regierung Müller (SPD) und damit Ende der Großen Koalition
29. März 1930	Ernennung Heinrich Brünings zum Reichskanzler
14. Sept. 1930	Wahlen zum Reichstag bringen hohe Gewinne für die NSDAP.
11. Okt. 1931	Formierung der „Harzburger Front"
10. April 1932	Wiederwahl Hindenburgs zum Reichspräsidenten
13. April 1932	SA-Verbot
30. Mai 1932	Entlassung Brünings durch Hindenburg
1. Juni 1932	Franz von Papen wird neuer Reichskanzler.
14. Juni 1932	Aufhebung des SA-Verbots
20. Juli 1932	Staatsstreich gegen die sozialdemokratisch geführte Regierung in Preußen
31. Juli 1932	Aus den Reichstagswahlen geht die NSDAP als stärkste Partei hervor.
6. Nov. 1932	Die Reichstagswahl bringt der NSDAP Stimmenverluste.
2. Dez. 1932	Nach dem Rücktritt der Regierung Papen wird General von Schleicher zum neuen Reichskanzler ernannt.
28. Jan. 1933	Rücktritt Schleichers
30. Jan. 1933	Hindenburg beruft Hitler zum Reichskanzler.

M 7 Aktionsprogramm der KPD

Der Zentralausschuss der KPD beschloss ein Aktionsprogramm, das eine Diktatur nach sowjetischem Muster vorsah (11. Januar 1925):

Eine solche Regierung kann sich [...] nicht auf das bürgerliche Parlament, nicht auf den korrupten, reaktionären Verwaltungsapparat stützen, sondern sie muss sich stützen auf proletarische Massenorgane, die den bürgerlichen Staatsapparat zerschlagen, die illegale und die legale Reichswehr entwaffnen und das Proletariat so organisieren, dass es die Regierungsbeschlüsse selbst durchführen oder ihre Durchführung kontrollieren kann. Nur eine solche Regierung kann die Produktion den Händen der Bourgeoisie entreißen und sie der Leitung und Kontrolle der arbeitenden Massen unterstellen. Eine solche Regierung ist nichts anderes als die Diktatur der Arbeiter- und Bauernräte. [...] Die Bolschewisierung der Partei ist die notwendige Voraussetzung für die Durchführung aller dieser Aufgaben. Nur bei der größten Klarheit und Festigkeit in den Reihen der Partei, bei der schärfsten politischen Abgrenzung gegen alle Schattierungen des Menschewismus [russische Sozialdemokratie] kann die Partei auch in den schwierigsten Situationen die enge Verbindung mit den Massen behalten, ohne sich den reformistischen Illusionen anzupassen und dadurch zum Anhängsel der Bourgeoisie zu werden. Engste Verbindung mit den Massen in den Betrieben und in den Gewerkschaften, aber nicht als Anhängsel dieser Massen, ihren wechselnden Stimmungen nachgebend, sondern als die klare, feste, unerschütterliche Führerin der ganzen Masse der Ausgebeuteten und Unterdrückten – das ist der Sinn der Bolschewisierung der Partei.

Zit. nach: J. Flemming u. a. (Hg.). Die Republik von Weimar, Bd. 1, Königstein/Ts. 1979, S. 146 f.

M 9 Zielprojektionen aus dem rechten Flügel der DNVP

Hans Schlange-Schöningen, Rittergutsbesitzer und Mitglied des Reichstages schrieb 1924:

Eines Tages wird diese Macht in Deutschland imstande sein, alles durchzusetzen, querweg über das Geschrei aller Parlamente. Die Diktatur, von der man möglichst nur wenig sprechen soll, die man aber wollen muss, kann und muss nach Lage der Dinge in Deutschland nur kommen vom Preußischen Ministerium des Inneren in Verbindung mit der Reichswehr. Die Reichswehr wird nach allen Erfahrungen nie von sich allein aus wollen, sondern erst dann, wenn der rücksichtslose Wille dazu in der anderen Machtstelle in Deutschland besteht, nämlich im Preußischen Ministerium des Inneren: Diese Machtstellung mit einem Mann unserer Richtung zu besetzen, muss daher meiner Meinung nach das Ziel unserer politischen Richtung sein, zu erstreben mit allen uns zur Verfügung stehenden Mitteln! Und dann? Wenn die Diktatur da ist? Ich halte nicht viel von langfristigen Programmen, da die Bilder in unserer schnelllebigen Zeit zu oft wechseln. Aber

M 8 **Wahlplakat der KPD zu den Reichstagswahlen 1924**

M 10 **Plakat der DNVP 1932**

ein Leitsatz lässt sich wohl aufstellen: Schaffung einer außenpolitischen Ruhezeit, um den inneren Aufbau der Staatsmacht und der Wehrhaftigkeit zu ermöglichen. Ich sehe die Möglichkeit der äußeren Ruhe nur darin, dass wir kaltherzig den Franzosen Rhein und Ruhr zeitweise opfern, um Deutschland aufzubauen und die verlorenen Gebiete eines Tages wieder zu erobern.

Zit. nach: J. Flemming u. a. (Hg.), Die Republik von Weimar, Bd. 1. Königstein/Ts. 1979, S. 135 f.

M 11 Aus einem Aufruf des „Stahlhelm"

Der Stahlhelm, Bund der Frontsoldaten, neigte den Rechtsparteien zu. Aus einem Aufruf des Landesverbandes Brandenburg (1928):

Wir hassen mit ganzer Seele den augenblicklichen Staatsaufbau, seine Form und seinen Inhalt, sein Werden und sein Wesen [...], weil er uns die Aussicht versperrt, unser geknechtetes Vaterland zu befreien und das deutsche Volk von der verlogenen Kriegsschuld zu reinigen, den notwendigen Lebensraum im Osten zu gewinnen, das deutsche Volk wieder wehrhaft zu machen.

Zit. nach: W. Michalka, G. Niedhart (Hg.), a. a. O., S. 251 f.

M 12 Arbeitslosigkeit

Der Historiker Heinrich Potthoff beschreibt die sozialen Verhältnisse in der Wirtschaftskrise:

Nach stundenlangem Schlangestehen erhielten die unverschuldet in Not geratenen Menschen schließlich gegen einen Stempel auf dem Arbeitslosenausweis ihre Unterstützung ausgezahlt. Bis Juni 1932 war sie noch so bemessen, dass sie halbwegs für das Existenzminimum ausreichte. Dann aber kürzte das Kabinett des Barons von Papen [...] die Summe auf einen Satz, der zum Leben nicht mehr ausreichte. So erhielt beispielsweise eine Familie mit zwei Erwachsenen und einem Kind monatlich 51 RM Unterstützung, von denen allein 32,50 RM für Miete, Heizung und Beleuchtung ausgegeben werden mussten. Für Nahrungsmittel blieben ganze 18,50 RM. Das heißt bei den damaligen Preisen eine Ration pro Kopf der Familie von einem halben Brot, einem Pfund Kartoffeln, 100 g Kohl und 50 g Margarine. Dreimal im Monat konnte man sich noch einen billigen Hering kaufen und für das Kind sogar einen Extra-Hering sowie täglich einen halben Liter Milch.
Vergleichsweise ging es dieser Familie noch besser als vielen anderen; denn die Arbeitslosenunterstützung [...] wurde längstens bis zu einem Jahr gewährt. Im Februar 1932 erhielten 12,6 Prozent der Erwerbslosen überhaupt keine Unterstützung. 29,9 Prozent = 1,833 Millionen, denen kein Arbeitslosengeld mehr gezahlt oder die wie viele Arme und Alte, Jugendliche und ehemalige Freiberufliche nie Mitglied der Sozialversicherung geworden waren, blieben auf die örtliche Wohlfahrtsunterstützung angewiesen. Sie reichte an vielen Orten nicht einmal dazu aus, um sich etwas zum Essen zu kaufen, geschweige denn eine Wohnung zu bezahlen. Im Freien, in Wartesälen und Obdachlosenasylen vegetierten die Menschen dahin [...].

H. Potthoff, Die Sozialdemokratie von den Anfängen bis 1945, Bonn 1974, S. 111.

M 13

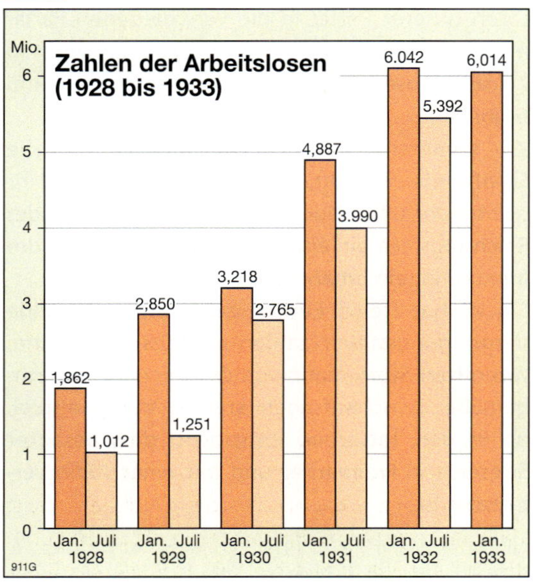

M 14

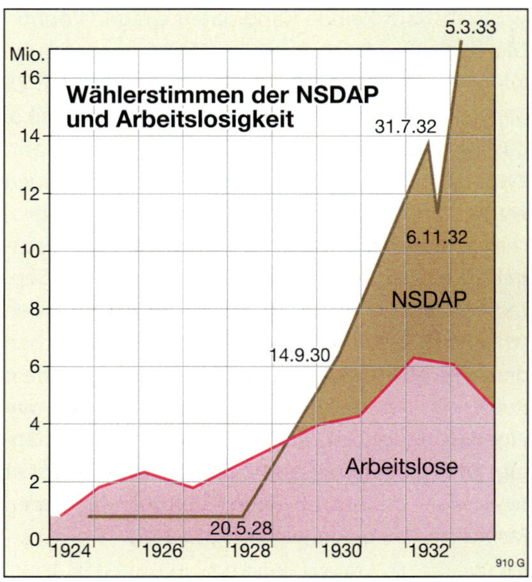

M 15

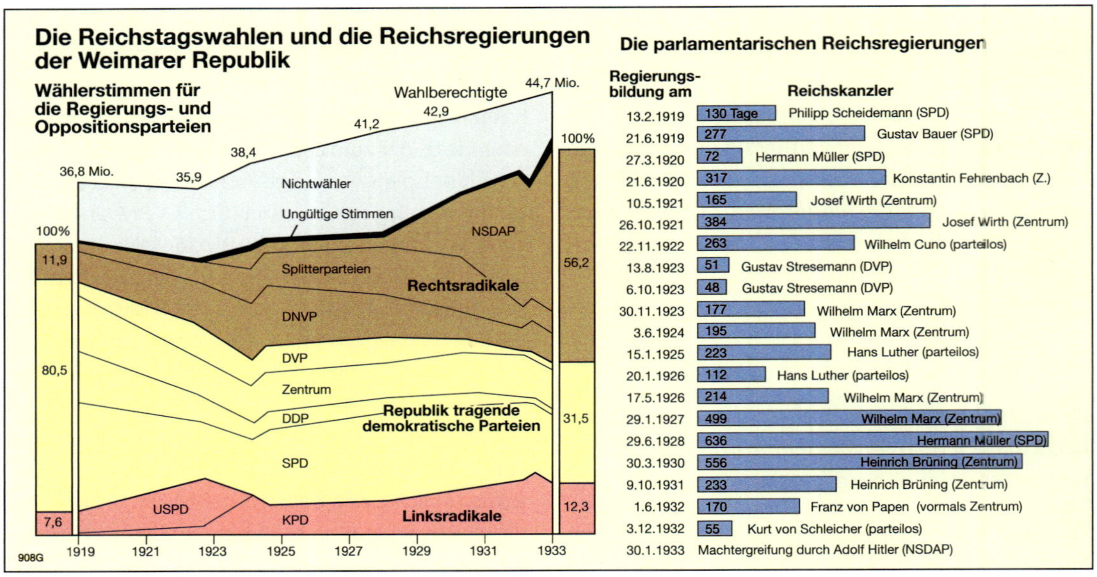

M 16 Präsidialkabinette

Der Politikwissenschaftler Hans-Joachim Winkler analysiert die Schwäche des Parlaments und zeigt auf, wie das parlamentarische Regierungssystem immer mehr unter den Einfluss des Reichspräsidenten geriet:

[...] Mit zunehmender Schwäche und Zersplitterung des Parlaments durch den Radikalismus wuchs die Macht des Präsidenten, bis schließlich am 30. März 1930 mit der Ernennung Brünings ohne Bindung an eine Reichstagskoalition die Ära der Präsidialkabinette ohne Rückhalt bei der Reichstagsmehrheit begann, die mit Hitler endete. Die Reichstagsmehrheit musste die vom Präsidenten vorgeschlagenen Kandidaten tolerieren, weil sie sich selbst auf keinen Kandidaten einigen konnte. Die Waffe des Reichstages, das Misstrauensvotum, war stumpf, weil der Reichspräsident nach Art. 25 den Reichstag daraufhin auflösen konnte, ein Risiko, das kein Parlament freiwillig einzugehen liebt. Zweimal hat die Reichstagsmehrheit ihr Misstrauen wegen unsozialer Notverordnungen ausgesprochen. Beide Male wurde der Reichstag sofort aufgelöst, am 16. Juli 1930 von Brüning, am 12. September 1932 von Papen. Nachdem die Regierungen schon vorher in einer Zwangslage standen zwischen dem Reichspräsidenten, der sie berief, und dem Reichstag, der sie stürzen konnte, waren sie nun eigentlich nur noch vom Reichspräsidenten abhängig. Die Führung lag also beim Reichspräsidenten bzw. den unkontrollierten, unkontrollierbaren Rechtskreisen, die hinter ihm standen.

H.-J. Winkler, Die Weimarer Demokratie, Berlin 1963, S. 47.

M 17 Goebbels' Vorstellung von „Legalität"

Die Ausnutzung der Demokratie schildert der NS-Gauleiter von Berlin und spätere Propagandaminister Joseph Goebbels 1928:

Wir gehen in den Reichstag hinein, um uns im Waffenarsenal der Demokratie mit deren eigenen Waffen zu versorgen. Wir werden Reichstagsabgeordnete, um die Weimarer Gesinnung mit ihrer eigenen Unterstützung lahm zu legen. Wenn die Demokratie so dumm ist, uns für diesen Bärendienst Freifahrkarten und Diäten zu geben, so ist das ihre eigene Sache. [...]
Uns ist jedes gesetzliche Mittel recht, den Zustand von heute zu revolutionieren. Wenn es uns gelingt, bei diesen Wahlen [1928] sechzig bis siebzig Agitatoren unserer Partei in die verschiedenen Parlamente hineinzustecken, so wird der Staat selbst in Zukunft unseren Kampfapparat ausstatten und besolden. [...]
Wir kommen als Feinde! Wie der Wolf in die Schafherde einbricht, so kommen wir. Jetzt seid ihr nicht mehr unter euch! Ich bin kein Mitglied des Reichstags. Ich bin ein IdI. Ein IdF. Ein Inhaber der Immunität, ein Inhaber der Freifahrkarte. [...]
Ein IdI hat freien Eintritt zum Reichstag, ohne Vergnügungssteuer zahlen zu müssen. Er kann, wenn Herr Stresemann von Genf erzählt, unsachgemäße Zwischenfragen stellen, zum Beispiel, ob es den Tatsachen entspricht, dass besagter Stresemann Freimaurer und mit einer Jüdin verheiratet ist.

Aus: „Der Angriff" (30.4.1928), zit. nach: W. Michalka, G. Niedhardt (Hg.), a.a.O., München 1980, S. 251.

M 18
„Notverordnung" aus der Sicht des Karikaturisten Erich Schilling (1931). Der Untertitel lautet: „Nach den Erfahrungen der letzten Wochen ist verfügt worden, dass jeder Demonstrationszug seinen eigenen Leichenwagen mitzuführen hat."

M 19 **Sozialstruktur der NSDAP (1930)**

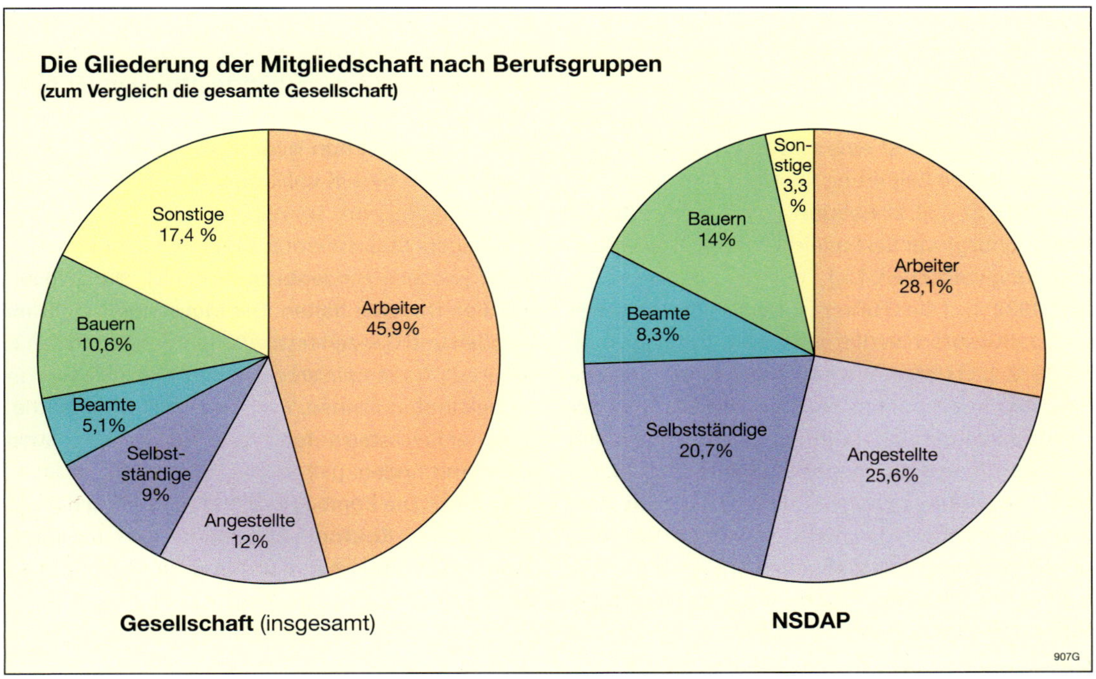

M 20 Der Sturz der Regierung Brüning

Die Tagebücher von Joseph Goebbels (NSDAP) geben Aufschluss darüber, wie hinter den Kulissen intrigiert und die politische Krise verschärft wurde:

14.4.1932: [...] Nachmittags um 5 Uhr kommt das SA-Verbot. Es wird für das ganze Reich erlassen. Das ist Groeners Geschoss. Vielleicht aber wird er darüber zu Fall gebracht. Uns wird mitgeteilt, dass Schleicher seinen Kurs nicht billigt.[...]

16.4.1932: [...] Der Reichspräsident schreibt einen Brief an Groener [Reichswehrminister, gewährleistet das SA-Verbot], in dem er sich über Material gegen das Reichsbanner [politischer Kampfverband, der die Weimarer Republik verteidigte] beschwert und fordert, dass dem hoch- und landesverräterischen Treiben dieser Organisation ein wachsames Augenmerk seitens der Regierung zuteil werde. Das ist eine schwere moralische Niederlage für die Regierung. [...]

26.4.1932: [...] Graf Helldorf [SA-Führer in Berlin-Brandenburg] war bei Schleicher. Der will eine Kursänderung vollziehen. [...]

28.4.1932: [...] Der Führer ist bei Schleicher gewesen. Das Gespräch verlief gut.

3.5.1932: [...] Unterwegs kaufen wir Zeitungen. Die Berliner Juden schimpfen über die Intrigen der „Offizierskamarilla" [einflussreiche Günstlinge] gegen Brüning und Groener. Es fängt also schon an. Man hat so seine richtige Freude daran. Nun muss in der Partei eisern geschwiegen werden. Wir müssen die Desinteressierten spielen. [...]

4.5.1932: [...] Von Berlin kommt die Meldung, dass Hitlers Minen zu springen beginnen. [...] Als erster muss Groener und nach ihm Brüning fallen. [...]

6.5.1932: [...] Die Bombe ist geplatzt. Der Reichswirtschaftsminister [Warmbold] hat seinen Rücktritt erbeten. Groener und Brüning wackeln. [...]

8.5.1932: [...] Der Führer hat eine entscheidende Unterredung mit General Schleicher; einige Herren aus der nächsten Umgebung des Reichspräsidenten sind dabei. Alles geht gut. Der Führer hat überzeugend zu ihnen geredet. Brüning soll in den nächsten Tagen schon fallen. Der Reichspräsident wird ihm sein Vertrauen entziehen. Der Plan geht dahin, ein Präsidialkabinett zu installieren; der Reichstag wird aufgelöst, alle Zwangsgesetze sollen fallen, wir bekommen Agitationsfreiheit und liefern dann ein Meisterstück an Propaganda. [...] Beglückend das Gefühl, dass noch kein Mensch etwas ahnt, am wenigsten Brüning selbst. [...]

11.5.1932: Der Reichstag plätschert weiter. Groeners Stellung ist erschüttert, die Armee will ihn nicht mehr. Selbst seine eigene Umgebung drängt auf seinen Sturz. So muss es anfangen; wenn einer erst fällt, dann kommt das ganze Kabinett und mit ihm das System ins Purzeln. Brüning sucht zu retten, was zu retten ist. Er redet im Reichstag und zieht sich klugerweise auf die Außenpolitik zurück. Dort wird er sehr aggressiv. Er wähnt sich 100 Meter vor dem Ziel. Von Groener sagt er kein Wort. Er gibt ihn also auf. [...]

12.5.1932: [...] Abends kommt die längst erwartete Meldung: Groener ist als Wehrminister zurückgetreten. [...]

13.5.1932: Wir bekommen Nachricht von General Schleicher: Die Krise geht programmgemäß weiter. [...]

18.5.1932: [...] Brüning wird von unserer Presse und Propaganda auf das Schärfste attackiert. Er muss fallen, koste es, was es wolle.

Die geheime Aktion gegen ihn geht unentwegt weiter. Er ist bereits vollkommen isoliert. [...]

24.5.1932: [...] Am Sonnabend schon soll Brüning auffliegen. Staatssekretär Meißner reist nach Neudeck [wo sich Hindenburg aufhielt]. Nun wollen wir den Daumen halten. Die Ministerliste steht im Großen und Ganzen fest: v. Papen, Reichskanzler, v. Neurath, Außenminister, dazu noch eine Reihe von unbekannten Namen. Für uns ist die Hauptsache, dass der Reichstag aufgelöst wird. Das Weitere wird sich dann finden. [...]

30.5.1932: Die Bombe ist geplatzt. Brüning hat um 12 Uhr dem Reichspräsidenten die Gesamtdemission [Rücktritt] des Kabinetts überreicht. Das System befindet sich im Fall. [...]

Zit. nach: W. Michalka und G. Niedhart (Hg.), a. a. O., S. 326.

M 21 „Zum 30. August 1932"
Fotomontage des Antifaschisten und KPD-Mitglieds John Heartfield (1891–1968), erschienen in: „Arbeiter-Illustrierte-Zeitung" Nr. 36, 1932

M 22 Hitler wird Reichskanzler (30. Januar 1933)

Der Historiker Andreas Hillgruber beschreibt, wie konservative Kräfte versuchten, Hitler „einzurahmen":

Das Kabinett der „Einrahmung", das noch am 29. Januar abends zusammengestellt wurde, sah oberflächlich nach einem Duumvirat [Herrschaft von zwei Männern] Hitler–Papen aus. Letzterer war nicht nur als Vizekanzler mit dem Recht, bei jedem Vortrag Hitlers beim Reichspräsidenten anwesend zu sein, sondern auch als Reichskommissar für Preußen vorgesehen. Überhaupt standen den drei Nationalsozialisten im Kabinett, Hitler als Reichskanzler, Frick als Reichsinnenminister und Göring als Reichsminister ohne Geschäftsbereich, acht konservative Minister gegenüber, von denen der DNVP-Vorsitzende Hugenberg als „Wirtschaftsdiktator" eine Schlüsselposition einzunehmen schien. Demgegenüber verfügte nun allerdings Göring, weniger als Minister ohne Geschäftsbereich, aber als stellvertretender Reichskommissar für Preußen und preußischer Innenminister, ebenso wie Frick als Reichsinnenminister, über ein Machtzentrum, das für eine volle „Machtübernahme" im nationalsozialistischen Sinne die geeignete Ausgangsstellung bot. Allen kritischen Warnern gegenüber behauptete hingegen Papen: Sie irren, wir haben ihn [Hitler] uns engagiert. [...] Was wollen Sie denn. Ich habe das Vertrauen Hindenburgs. In zwei Monaten haben wir Hitler in die Ecke gedrückt, dass er quietscht.

A. Hillgruber, in: W. Tormin (Hg.), a. a. O., S. 247.

M 23 „Das Verhängnis"
Zeichnung von A. Paul Weber, 1932

Aufgaben

1. Analysieren Sie, mit welchen Zielvorstellungen KPD, DNVP und der Stahlhelm ihre Opposition gegen die Republik betrieben.
   → M7–M11
2. Welche Rolle spielte der Reichspräsident bei der Auflösung der Weimarer Republik?
   → Text, M4, M10, M16, M20
3. In den Wahlergebnissen dokumentieren sich die Verschiebungen der politischen Gewichte. Bestimmen und erläutern Sie anhand dieser Wahlergebnisse die Phasen der Weimarer Republik. Berücksichtigen Sie auch die Reichspräsidentenwahlen von 1925 und 1932.
   → Text, M2, M15
4. Inwiefern leitete die Wahl von 1930 eine gewaltige Veränderung der parlamentarischen Machtverhältnisse ein?
   → M2, M15
5. Erläutern Sie die Funktionsweise der präsidialen Kabinette unter Berücksichtigung der Art. 48, 25 und 53 der Weimarer Verfassung.
   → Text, M16, M20, M21
6. Im Ulmer Reichswehrprozess (1930) erklärte Hitler, auf legalem Wege an die Macht gelangen zu wollen. Stellen Sie eine Beziehung zur Aussage von Goebbels her.
   → M17
7. Vergleichen Sie die Konzeption der „Einrahmung Hitlers" mit dem tatsächlichen Verlauf der Geschichte.
   → Text, M22
8. Welche sozialen Schichten waren in der NSDAP überrepräsentiert?
   → M19
9. Fassen Sie zusammen: Welche Faktoren spielten bei der Machtergreifung Hitlers eine Rolle?
   → Text, M1, M3, M6, M12–M15, M20, M22

10. Der Nationalsozialismus

Ein bekannter Historiker hat sein Werk über das Dritte Reich mit dem Untertitel „Verführung und Gewalt" versehen. In der Tat führten die nationalsozialistischen Machthaber auf meisterhafte Weise Regie, wenn es um Selbstdarstellung und Propaganda ging.

Das Bild von der Totenehrung auf dem Nürnberger Reichsparteitag (1934) vermittelt einen anschaulichen Eindruck von der Inszenierung der Macht: Menschenmassen, zu monolithischen Blöcken gegossen, geometrisch angeordnet, bilden ein Spalier für den Führer. Das Volk erscheint als – im doppelten Wortsinn – uniformiert. Im Abschreiten der überdimensionierten Fronten fand der Führerstaat seinen sinnfälligen Ausdruck: Hitler vorneweg, in gebührendem Abstand hinter ihm Himmler (Reichsführer SS) und Lutze (Stabschef der SA). Die pseudoreligiöse Prozession endete vor einer Art Altar mit stillem Gedenken. Kultische Handlungen stellten ein wesentliches Element in der Selbstdarstellung des Dritten Reiches dar. So gehörten Totenfeiern, wie zum Beispiel das Gedenken an die „Gefallenen der Bewegung" (9. November) und die „Fahnenweihe", zu den jährlich wiederholten Ritualen. Dabei wurden neue Parteifahnen von Hitler selbst mit der so genannten Blutfahne (vom missglückten Putsch am 9. November 1923) in Berührung gebracht.

„Hitler – ein deutsches Verhängnis"
Ernst Niekisch (1889–1967), Vertreter einer national-bolschewistischen Tendenz, 1939 wegen „literarischen Hochverrats" verurteilt, nach dem Krieg Mitglied der KPD und SED, verließ die DDR nach dem 17. Juni 1953.

Die Demonstrationen von Macht und Geschlossenheit, die das NS-Regime inszenierte, stachen augenfällig ab von der Un-Ordnung des Jahres 1932, als Deutschland im Bürgerkrieg zu versinken drohte. Die Zeitgenossen hatten noch das Chaos aus den letzten Monaten der Weimarer Republik im Kopf. Auch darum blieben sehr viele Menschen nicht unbeeindruckt vom Bild dieser kraftvollen, aber gebändigten Menschenmassen. Und viele wurden verführt mitzumachen.

Hinter der Bühne, auf der sich das Regime darstellte, setzte unmittelbar nach der Machtergreifung eine ungehemmte Gewalttätigkeit ein. Diese begann mit der von staatlicher Seite weitgehend unkontrollierten Jagd der SA auf den politischen Gegner und setzte sich fort in der planmäßigen Errichtung von Konzentrationslagern.

10.1 Begriff und Bewegung

M 1 Faschistische Embleme
Obere Reihe: Joch und Pfeile der spanischen Falange; Donnerkeil der British Union of Fascists; Liktorenbündel der italienischen Faschisten. Unten: Keltenkreuz der „Jeune Nation" in Frankreich; Pfeilkreuz der ungarischen Faschisten. In der Mitte das Hakenkreuz der Nationalsozialisten.

M 2 Der italienische Faschismus
Benito Mussolini mit den alten römischen Staatssymbolen

Der Begriff „Faschismus" leitet sich von lateinisch „fasces" ab. Dabei handelt es sich um ein Rutenbündel mit Beil, in der römischen Antike als Liktorenbündel bekannt, einem Symbol der politischen Exekutivgewalt. Sprachlich verwandt ist damit die Bezeichnung „fascio di combattimento" – im Sinne von Kampfbund.

Die faschistische Bewegung ging aus einem Bündnis von ehemaligen Kriegsteilnehmern hervor und wurde 1919 von Benito Mussolini gegründet. Nach nur drei Jahren des rücksichtslosen Terrors gegen die politische und gewerkschaftliche Linke gelang es ihm, an die Regierungsmacht zu kommen. Vorausgegangen war jener legendäre Marsch auf Rom (1922), ein Putschversuch, der letztlich nur wegen der Schwäche des italienischen Staats erfolgreich endete. Mussolini erhielt den Regierungsauftrag aus der Hand von König Vittorio Emanuele III.

Für Hitler war Mussolinis Wirken in Italien so vorbildhaft, dass er nur ein Jahr später (am 9. November 1923) gleichfalls versuchte, mit einem Putsch in München und einem anschließend geplanten Marsch auf Berlin an die Macht zu gelangen.

Historiker und Politikwissenschaftler sind sich bei der Anwendung des Faschismusbegriffs und bei dessen Abgrenzung vom Nationalsozialismus nicht durchweg einig. Einerseits kann der Faschismus allgemein als Oberbegriff für einen bestimmten Herrschaftstypus gelten. Demzufolge wird der Nationalsozialismus als die deutsche Variante des Faschismus verstanden. Denn beide Bewegungen – der italienische Faschismus sowie der deutsche Nationalsozialismus – entstanden als Folge einer tief greifenden gesellschaftlichen Krise, die beide Länder nach dem Ersten Weltkrieg erfasst hatte. Als Zielsetzung faschistischer Bewegungen, die es auch in anderen europäischen Ländern gab, galt die Beseitigung der parlamentarischen Demokratie. In Italien und Deutschland strebte man zudem danach, die gesamte europäische Friedensordnung, so wie sie 1919 in Versailles festgeschrieben worden war, zu Fall zu bringen. Dieser Ansatz unterstreicht die strukturelle Ähnlichkeit, die sich zum Beispiel in Nationalismus und Imperialismus, in Kriegsverherrlichung und Führerkult zeigt. Wenn hingegen die zweifellos vorhandenen Unterschiede betont werden sollen, dann wird man Faschismus und Nationalsozialismus stärker voneinander abgrenzen. So kannte der italienische Faschismus weder Rassismus noch eine originäre Judenfeindschaft. Insgesamt war seine Verfolgungs- und Vernichtungstendenz wesentlich geringer ausgeprägt als diejenige des Dritten Reiches. Die Zwischenkriegszeit hatte eine Vielzahl von faschistischen Bewegungen in Europa hervorgebracht, zum Beispiel die Ustascha-Bewegung (Kroatien), die Pfeilkreuzler (Ungarn), die Heimwehren (Österreich), die Action Française (Frankreich).

In Polen, Litauen, Jugoslawien und Griechenland etablierten sich Diktaturen. Auch Spanien (unter General Franco) und Portugal (unter Salazar) wurden mit autoritär–faschistischen Methoden regiert. Trotz ideologischer, historischer und auch regionaler Unterschiede berühren sich alle faschistischen Bewegungen in der unversöhnlichen Feindschaft gegenüber der parlamentarischen Demokratie.

M 4 Wurzeln des Faschismus

Ein Politikwissenschaftler schrieb zum Verhältnis von Faschismus und Nationalsozialismus:

Auch beim Aufstieg des Nationalsozialismus in Deutschland sind die Elemente die gleichen wie in Italien: eine durch Kriegsverlust und Revolution desorientierte Gesellschaft; deklassierte Oberschichten, die der vergangenen Größe des Kaiserreiches nachträumen; eine nationalistischen Parolen aufgeschlossene breite Arbeiter- und Kleinbürgerschicht; endlich der „Führer", der, aus der anonymen Masse aufgestiegen, dem Hass, der Verzweiflung, den Zukunftserwartungen dieser Gesellschaft zu Sprache und politischem Ausdruck verhilft. Mussolinis Kunstgriff, die Verbindung der sozialistischen und der nationalen Traditionen, kommt bei der nationalsozialistischen Bewegung schon im Namen zum Ausdruck, obwohl das Wort bereits im neunzehnten Jahrhundert auftaucht; und die Funktion der gesellschaftlichen Desperados [Verzweifelten] in der Entfaltung der Bewegung ist, genau wie in Italien, mit Händen zu greifen, ob es sich nun um abgesunkene Intellektuelle wie Dietrich Eckart[1], Rosenberg[2], Goebbels[3] handelt, um „Lumpenproletarier" wie Streicher[4] oder um soldatische Landsknechtsnaturen wie Göring[5] und Röhm[6], die nach den Aufschwüngen und Verzauberungen des Krieges nicht ins bürgerliche Dasein zurückgefunden hatten. Aber ebenso deutlich sind auch die Unterschiede zum Faschismus. Charakteristisch ist, dass Hitlers Putschversuch in München, ein Jahr nach Mussolinis Marsch auf Rom, an der Gegenwehr des noch intakten Staates scheitert: erst als scheinlegaler Führer einer parlamentarischen Partei gewinnt Hitler, zehn Jahre später, die Macht. Wenn der italienische Faschismus auf einer Woge von Brutalität und Terror zur Herrschaft kommt, dann aber die Konsequenzen totaler Macht nur zögernd und stückhaft zieht, so ist es bei seinem deutschen Gegenstück gerade umgekehrt: Der Nationalsozialismus gibt sich in den Jahren 1929–1933 zusehends den Anschein einer konservativen, staatsbewahrenden Bewegung – daher das viele verführende Bündnis mit konservativen Parteien –, errichtet aber nach der Machtergreifung ein System totaler Herrschaft, das an Gewaltsamkeit und brutalem Vernichtungswillen alles übertrifft, was faschistische Bewegungen vorher realisiert hatten. Die nationalsozialistischen Führer haben nie einen Hehl

M 3

Europa zwischen Demokratie und Diktatur (1918-1938)

Faschistische Diktatur
Autoritäres Regime, Militärdiktatur
Kommunistische Diktatur
Demokratie
1936 Jahr der Errichtung einer Diktatur oder eines autoritären Regimes

daraus gemacht, dass sie den italienischen Faschismus eher für einen unvollkommenen Nationalsozialismus hielten als für den Prototyp ihrer eigenen Bewegung. So hat Goebbels wiederholt betont, dass der Faschismus an der Oberfläche hängen bleibe und dass Mussolini kein Revolutionär wie Hitler oder Stalin sei; und bei Hitler finden sich viele Zeugnisse der Bewunderung für Stalin und den Bolschewismus neben kritischen und verächtlichen Äußerungen über den Faschismus, die nur die Persönlichkeit Mussolinis ausnehmen.

1 D. Eckart (1868–1923), früher Förderer Hitlers

2 A. Rosenberg (1893–1946), u. a. zuständig für die weltanschauliche Schulung der NSDAP; Autor von „Der Mythus des 20. Jahrhunderts"; 1946 in Nürnberg hingerichtet

3 J. Goebbels (1897–1945), Gauleiter von Berlin, Reichsminister für Volksaufklärung und Propaganda; Selbstmord

4 J. Streicher (1885–1946), Herausgeber des antisemitischen Hetzblattes „Der Stürmer"; 1946 in Nürnberg hingerichtet

5 H. Göring (1893–1946), u. a. Feldmarschall und designierter Nachfolger Hitlers, Selbstmord in Nürnberg

6 E. Röhm (1887–1934), Stabschef der SA; Ermordung im Zusammenhang mit dem so genannten Röhmputsch 1934

H. Maier, Faschismus, in: H. J. Schultz (Hg.), Politik für Nichtpolitiker, Bd. 1, München 1972, S. 164 f.

M 5 Grundgedanken des Faschismus

Aus einer Schrift Mussolinis[1]:

Der Liberalismus negiert den Staat im Interesse des einzelnen Individuums; der Faschismus bejaht den Staat als die einzig wahre Realität des Individuums; und wenn Freiheit ein Recht des realen Menschen sein soll und nicht jenes abstrakten Gebildes, an das der individualistische Liberalismus dachte, so ist der Faschismus für die Freiheit. Er ist für die einzige Freiheit, die ernst genommen werden kann, nämlich für die Freiheit des Staates und des Individuums im Staate. Denn es liegt für den Faschismus alles im Staate beschlossen. Nichts Menschliches oder Geistiges besteht an sich, noch weniger besitzt dieses irgendeinen Wert außerhalb des Staates. In diesem Sinne ist der Faschismus totalitär, und der faschistische Staat als Zusammenfassung und Vereinheitlichung aller Werte gibt dem Leben des ganzen Volkes seine Deutung, bringt es zur Entfaltung und kräftigt es. [...] Außerhalb des Staates darf es keine Individuen, noch Gruppen (Parteien, Vereine und Klassen) geben. Die Individuen werden gemäß der Art ihrer Sonderinteressen eingegliedert. [...] Dieser [Staat] ist keine bloße Zahl, als Summe der Einzelwesen, welche die Mehrheit des Volkes ausmachen. Der Faschismus wendet sich daher gegen die Demokratie, die das Volk mit Mehrheit gleichsetzt, und es auf den Stand der Masse herabdrückt. [...] Das Volk ist [...] eine Vielheit, die geeint wird durch eine Idee [...].
Vor allem betrachtet der Faschismus die Zukunft und die Entwicklung der Menschheit im Allgemeinen nur vom Standpunkt der politischen Realität aus und glaubt weder an die Möglichkeit noch an die Nützlichkeit des ewigen Friedens. Er lehnt daher den Pazifismus ab, der einen Verzicht auf den Kampf und eine Feigheit gegenüber dem Opfer in sich birgt. Der Krieg allein bringt alle menschlichen Energien zur höchsten Anspannung und verleiht den Völkern die Würde des Adels, die den Mut und die virtù [Tugend] haben, dem Kampfe die Stirn zu bieten. Alle anderen Erprobungen sind Ersatz, weil sie den auf sich selbst gestellten Mann nicht vor die Alternative von Leben oder Tod stellen. [...]
Der Faschismus [...] behauptet die unabänderliche, fruchtbare und heilsame Ungleichheit der Menschen, die nicht auf dem mechanischen und äußerlichen Wege wie bei dem allgemeinen Stimmrecht auf das gleiche Niveau gebracht werden können. [...]
Der faschistische Staat ist Wille zur Macht und Herrschaft. Die römische Überlieferung ist ihm eine Idee des Antriebes.

1 Benito Mussolini (1883–1945), Führer und Machthaber in Italien zwischen 1922 und 1943; 1945 von Partisanen erschossen

Zit. nach: W. Lautemann, M. Schlenke, Geschichte in Quellen, Bd. V, München 1961, S. 151 f.

Aufgaben

1. Definieren Sie den Begriff „Faschismus". In welchem Verhältnis steht er zum Nationalsozialismus?
   → Text, M4, M5
2. Erläutern Sie die Bedingungen, die den Aufstieg des Faschismus beziehungsweise des Nationalsozialismus begünstigten.
   → Text, M4
3. Charakterisieren Sie die Form, in der sich der Faschismus inszenierte.
   → Text, M1, M2

10.2 Der Prozess der „Machtergreifung"

„Machtergreifung" ist ein nationalsozialistischer Propagandabegriff, der von Joseph Goebbels unermüdlich verbreitet wurde. Staatsrechtlich betrachtet handelte es sich bei den Ereignissen vom 30. Januar 1933 um eine Machtübertragung. Nach seiner Ernennung zum Reichskanzler stand Hitler einem so genannten Kabinett der nationalen Erhebung vor, in dem zunächst nur drei Nationalsozialisten gegen neun andere (konservative) Minister standen. Der Nationalsozialist Frick hatte das Innenministerium inne, Göring war Minister ohne Geschäftsbereich und zugleich kommissarischer preußischer Innenminister.

Aus dieser Position heraus begann die im Laufe von nur wenigen Monaten herbeigeführte Umwandlung der Weimarer Republik zum Einparteien- und Führerstaat.

Der Reichstagsbrand (27. Februar 1933) wurde von der neuen Regierung zum Anlass genommen, mithilfe einer Verordnung des Reichspräsidenten Hindenburg die Grundrechte außer Kraft zu setzen. Mit der Ausrufung eines angeblichen Staatsnotstandes begann die Verfolgung politischer Gegner, insbesondere von Kommunisten. Die SA wurde dabei als Hilfspolizei eingesetzt.

Das verfassungsändernde Ermächtigungsgesetz (23. März 1933) fand nur bei Kommunisten und Sozialdemokraten entschiedenen Widerstand. Die anderen im Reichstag vertretenen Parteien stimmten ihm teils freiwillig, teils unter Druck zu. Die erforderliche Zweidrittel-Mehrheit kam so zustande. Die kommunistischen Reichstagsabgeordneten befanden sich zum Zeitpunkt der Reichstagssitzung entweder auf der Flucht oder bereits im Konzentrationslager (KZ). In der Folgezeit wurde die Politik der Gleichschaltung systematisch weitergetrieben. Parteien und Verbände lösten sich selbst auf, oder sie wurden gewaltsam zerschlagen. Die Menschen organisierte man in teils neuen, teils bereits vorhandenen NS-Organisationen.

Die Auflösung der Länder zentralisierte die Macht in Berlin. Damit war jede Form der Gewaltenteilung aufgehoben.

M 1 Postkarte aus dem Jahr 1933

M 2 Häftlinge beim Zählappell im Konzentrationslager Sachsenhausen

Die Zahl der politischen Gefangenen war nach der Machtergreifung Hitlers im Januar 1933 weit höher, als der arrangierte Jubel auf den Straßen und Plätzen erkennen ließ. Man weiß von 26000 „Polizeigefangenen" bis Mitte Oktober. Weitaus mehr Fälle aber gab es, wo die Inhaftierten ohne Verfahren in eines der rasch entstehenden, metastasenhaft sich über das ganze Land ausbreitenden Konzentrationslager eingeliefert wurden. Ein regelrechtes Verfahren bekamen, wie die Statistik besagt, in den ersten sechs Jahren der nationalsozialistischen Herrschaft 225000 Personen.

Text aus: J. Fest, Staatsstreich, Der lange Weg zum 20. Juli, Berlin 1994, S. 27.

Die neuen Machthaber „säuberten" den Staatsapparat von – im Sinne der Nationalsozialisten – politisch unzuverlässigen sowie jüdischen Mitarbeitern.

Das Ende der freien Gewerkschaften

Nicht untypisch für die Gleichschaltungspolitik der Nationalsozialisten war die Vorgehensweise bei der Zerschlagung der Gewerkschaften. Nachdem Hitler den 1. Mai 1933 zum „Tag der nationalen Arbeit" erklärt und damit einer alten Forderung der Arbeiterbewegung entsprochen hatte, schöpften viele Gewerkschaftsfunktionäre Hoffnung und glaubten, sich vielleicht doch mit den neuen Machthabern arrangieren zu können. Der Irrtum wurde schon am nächsten Tag offenkundig, als im ganzen Reich die Gewerkschaftsbüros von SA- und SS-Leuten besetzt wurden. Viele Gewerkschaftsfunktionäre wurden misshandelt, verhaftet und in Lager verschleppt. Der widerstandslosen Auflösung der als so mächtig angesehenen Gewerkschaften folgte die Überführung der Arbeitnehmer in die nationalsozialistische Deutsche Arbeitsfront (DAF).

Der Vorgang der gewaltsamen Gleichschaltung darf aber nicht darüber hinwegtäuschen, dass teilweise ein bruchloser Übergang von der Weimarer Republik zum Dritten Reich stattfand. So wurde beispielsweise der gesamte Polizei- und Justizapparat übernommen, in dem bereits eine konservative und zum Teil republikfeindliche Gesinnung vorherrschend gewesen war. Von den 122 Reichsrichtern wurde nur einer – ein Sozialdemokrat – entlassen!

Oberbefehl über die Reichswehr

Im Rückblick muss es nachgerade verwundern, mit welcher Geschwindigkeit die Gleichschaltung von Staat und Gesellschaft vollzogen wurde. Die Rechnung konservativer Politiker, Hitler als „Trommler" zu instrumentalisieren, war nicht aufgegangen.

Schon wenige Wochen nach dem unheilvollen 30. Januar 1933 schien Hitlers Machtposition ungefährdet. Nur noch zwei Institutionen standen seinem absoluten Herrschaftswillen im Weg, der Reichspräsident und die Reichswehr. Hindenburg – der einst so mächtige Reichspräsident der Weimarer Republik – zog sich schon bald aufs Altenteil zurück und spielte keine politische Rolle mehr. Er verstarb am 2. August 1934. Hitler nutzte die Gunst des Augenblicks, um sich die Funktion des Reichspräsidenten anzueignen und damit den Oberbefehl über die Reichswehr. Kurz darauf ließ Hitler die Reichswehr nicht auf eine Verfassung, sondern auf sich persönlich vereidigen.

Der sogenannte Röhmputsch (30. Juni 1934)

Nach der Ausschaltung der innenpolitischen Gegner des Nationalsozialismus zeichneten sich im Laufe des Jahres 1934 drei Konflikte ab: Erstens konkurrierten Hitler und der SA-Führer Ernst Röhm um die Führung der bewaffneten SA; zweitens ging es um die Frage, ob die Reichswehr der „alleinige Waffenträger der Nation" sein sollte; und drittens versuchte die Schutzstaffel (SS) sich von der SA zu lösen und eine unabhängige Organisation zu werden.

In dieser Situation sicherte Hitler die Herrschaft auf seine Weise. Er ließ mithilfe der SS und mit Duldung der Reichswehr die SA-Führung ermorden. In dieser „Nacht der langen Messer" rechnete die SS auch gleichzeitig mit anderen Gegnern ab. Man schätzt die Zahl der Toten auf 150 bis 200. Der Staatsrechtler Carl Schmitt rechtfertigte dieses Vorgehen mit dem Satz: „Der Führer schützt das Recht".

Der sogenannte Röhmputsch bildete zusammen mit der nach Hindenburgs Tod erfolgten Vereidigung der Reichswehr auf Hitler den Abschluss der Gleichschaltung. Mitte 1934 war Hitlers Macht unzweifelhaft gefestigt. Es gab nun keinen innenpolitischen Gegner mehr, der ihm hätte gefährlich werden können. Die vom linken Flügel der NSDAP und der SA geforderte Fortsetzung der „nationalen Revolution" in eine sozialistische Richtung war endgültig unterbunden.

Der Begriff „Röhmputsch" als solcher ist irreführend und spiegelt die Sprache des politischen Siegers wider. Der Begriff suggeriert, dass Hitler in Staatsnotwehr gehandelt habe. Mit dieser Formulierung sollten die Morde gerechtfertigt werden. Nach der Erlangung des Oberbefehls über die Reichswehr und nach der Liquidierung der innerparteilichen Widersacher hielt der Diktator ab Mitte 1934 die uneingeschränkte Macht in seinen Händen. In nur 18 Monaten war es Hitler gelungen, die Institutionen der Weimarer Republik gänzlich aufzulösen. An die Stelle der pluralistischen Demokratie war der gleichgeschaltete Führerstaat getreten.

Chronologie

30. Januar 1933	Hindenburg beruft Hitler zum Reichskanzler eines konservativen Kabinetts, in dem die Nationalsozialisten noch in der Minderheit sind.
28. Februar 1933	Verordnung zum Schutz von Volk und Staat
5. März 1933	Letzte, nur noch bedingt freie Reichstagswahl; Stimmenanteil der NSDAP: 44 %
23. März 1933	Ermächtigungsgesetz
2. Mai 1933	Zerschlagung der Freien Gewerkschaften
22. Juni 1933	Verbot der SPD
30. Juni 1934	Hitler lässt die SA-Führung ermorden (sogenannter Röhmputsch).
2. August 1934	Nach Hindenburgs Tod lässt Hitler die Reichswehr auf sich persönlich vereidigen.

M 3 Verfolgung und KZ im Spiegel der gleichgeschalteten Presse
Die Bildfolge stammt aus dem satirischen Blatt „Kladderadatsch“ und wurde unter der Überschrift „Der Edelkommunist im Konzentrationslager“ 1933 publiziert.

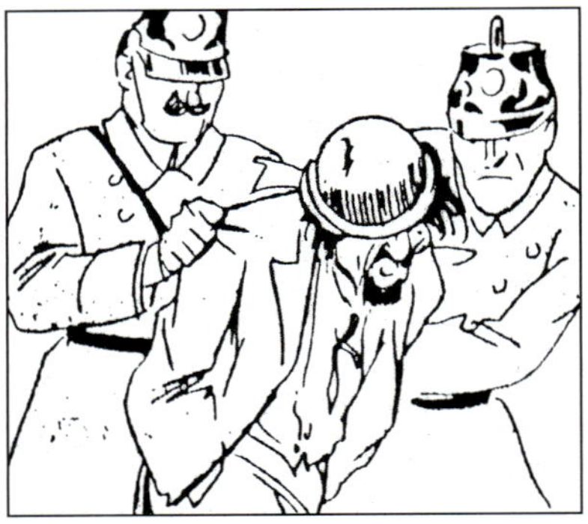
Verhaftung

Reinigung

Beschneidung (Haare und Bart)

Auslüftung

Als nach 6 Wochen seine Fotografie im Café Größenwahn[1] eintrifft: „Entsetzlich! Was muss der Ärmste durchgemacht haben!“

1 bekannter Treffpunkt von Schriftstellern und Intellektuellen in Berlin

Fotografie

Romanisches Café[1]

M 4 Verordnung des Reichspräsidenten zum Schutz von Volk und Staat vom 28. Februar 1933
Aufgrund des Artikels 48 Absatz 2 der Reichsverfassung wird zur Abwehr kommunistischer staatsgefährdender Gewaltakte folgendes verordnet:
§ 1 Die Artikel 114, 115, 117, 118, 123, 124 und 153 der Verfassung des Deutschen Reiches werden bis auf Weiteres außer Kraft gesetzt. Es sind daher Beschränkungen der persönlichen Freiheit, des Rechtes der freien Meinungsäußerung, einschließlich der Pressefreiheit, des Vereins- und Versammlungsrechts, Eingriffe in das Brief-, Post-, Telegrafen- und Fernsprechgeheimnis, Anordnungen von Haussuchungen und von Beschlagnahme sowie Beschränkungen des Eigentums auch außerhalb der sonst hierfür bestimmten Grenzen zulässig.

Zit. nach: W. Conze, Der Nationalsozialismus, Teil I, Stuttgart 1972, S. 62 f.

M 5 Gesetz zur Behebung der Not von Volk und Reich (Ermächtigungsgesetz) vom 23. März 1933
[…] Artikel 1. Reichsgesetze können außer in dem in der Reichsverfassung vorgesehenen Verfahren auch durch die Reichsregierung beschlossen werden. […]
Artikel 2. Die von der Reichsregierung beschlossenen Reichsgesetze können von der Reichsverfas-

sung abweichen, soweit sie nicht die Einrichtung des Reichstags und des Reichsrats als solche zum Gegenstand haben. Die Rechte des Reichspräsidenten bleiben unberührt.

Zit. nach: W. Conze, a.a.O., S. 65 f.

M 6 Verabschiedung des Ermächtigungsgesetzes

Der SPD-Abgeordnete Wilhelm Hoegner[1] erinnert sich an die Umstände der Reichtstagssitzung vom 23. März 1933:

Als wir uns daraufhin in kleinen Gruppen zur Krolloper[2] begaben, fanden wir den weiten Platz davor, die Moltkestraße und Zeltenallee mit schwarzen Menschenhaufen bedeckt. Wilde Sprechchöre empfingen und begleiteten uns: „Wir wollen das Ermächtigungsgesetz, sonst gibt es Feuer!"
Junge Burschen, Hakenkreuzabzeichen an der Brust, musterten uns frech, versperrten uns schier den Weg und riefen uns Schimpfworte wie „Zentrumsschwein!"oder „Marxistensau!" zu. Es war ein richtiges Spießrutenlaufen. [...]
In der Krolloper wimmelte es von SA und SS. Wir erfuhren in der Garderobe, dass Severing[3] beim Eintritt in das Gebäude verhaftet worden war. Im Laufe der Sitzung wurde er dann allerdings wieder freigelassen. Der Sitzungssaal war mit riesigen Hakenkreuzfahnen und ähnlichem Zierat ausgeschmückt. Diplomatenlogen und Zuhörerränge waren überfüllt. Unsere Plätze befanden sich, da kommunistische Abgeordnete nicht anwesend waren, auf der äußersten Linken. Als wir sie eingenommen hatten, stellten sich SA- und SS-Leute an den Eingängen und Wänden hinter uns im Halbkreis auf. Ihre Mienen ließen nichts Gutes erwarten.

1 1887–1980; Reichstagsabgeordneter der SPD von 1930 bis 1933; nach dem Krieg Ministerpräsident in Bayern

2 Tagungsort des Reichstags nach dem Reichstagsbrand

3 1875–1952; Reichstagsabgeordneter der SPD; Innenminister in Preußen von 1920–1932 (mit Unterbrechungen)

W. Hoegner, Flucht vor Hitler, Frankfurt 1979, S. 98.

M 7 Aus der Anordnung von Innenminister Frick über das Verbot der SPD vom 22. Juni 1933

Die Sozialdemokratische Partei Deutschlands ist namentlich nach ihrer Betätigung in den letzten Tagen und Wochen als staats- und volksfeindliche Organisation anzusehen. Ich ordne daher Folgendes an:
Sämtliche Mitglieder der Sozialdemokratischen Partei Deutschlands, die heute noch den Volksvertretungen und Gemeindevertretungen angehören, sind sofort von der weiteren Ausübung ihrer Mandate auszuschließen, weil ihre Weiterbetätigung eine Gefährdung der öffentlichen Sicherheit darstellt.

Zit. nach: H. Brüdigam, Das Jahr 1933, Der Terrorismus an der Macht, Frankfurt 1978, S. 104.

M 8 Gesetz gegen die Neubildung von Parteien vom 14. Juli 1933

Die Reichsregierung hat das folgende Gesetz beschlossen, das hiermit verkündet wird:
§ 1 In Deutschland besteht als einzige Partei die Nationalsozialistische Deutsche Arbeiterpartei.
§ 2 Wer es unternimmt, den organisatorischen Zusammenhalt einer anderen politischen Partei aufrechtzuerhalten oder eine neue politische Partei zu bilden, wird, sofern nicht die Tat nach anderen Vorschriften mit einer höheren Strafe bedroht ist, mit Zuchthaus bis zu drei Jahren oder mit Gefängnis von sechs Monaten bis zu drei Jahren bestraft.
Berlin, den 14. Juli 1933
Der Reichskanzler: Adolf Hitler
Der Reichsminister des Innern: Frick
Der Reichsminister der Justiz: Dr. Gürtner

Zit. nach: W. Hofer, Der Nationalsozialismus, Dokumente 1933–1945, Frankfurt/M. 1957, S. 61.

M 9 Zerschlagung der Gewerkschaften

Die sorgfältige Planung des Unternehmens geht aus einer Tagebuchnotiz von J. Goebbels[1] vom 17. April 1933 hervor:

Hier oben habe ich mit dem Führer die schwebenden Fragen eingehend durchgesprochen. Den 1. Mai werden wir zu einer grandiosen Demonstration deutschen Volkswillens gestalten. Am 2. Mai werden dann die Gewerkschaftshäuser besetzt. Gleichschaltung auch auf diesem Gebiet. Es wird vielleicht ein paar Tage Krach geben, aber dann gehören sie uns. Man darf hier keine Rücksicht mehr kennen. Wir tun dem Arbeiter nur einen Dienst, wenn wir ihn von der parasitären Führung befreien, die ihm bisher nur das Leben sauer gemacht hat.
Sind die Gewerkschaften in unserer Hand, dann werden sich auch die anderen Parteien und Organisationen nicht mehr lange halten können. Jedenfalls ist der Entschluss gestern auf dem Obersalzberg [Hitlers Wohnsitz] gefasst worden. Ein Zurück gibt es nicht mehr. Man muss den Dingen nur ihren Lauf lassen. In einem Jahr wird ganz Deutschland in unserer Hand sein.

1 Reichsminister für Volksaufklärung und Propaganda

Zit. nach: W. Conze, a.a.O., S. 67.

M 10 **„Gesetz zur Wiederherstellung des Berufsbeamtentums“ (7. April 1933)**

§ 2 (1) Beamte, die seit dem 9. November 1918 in das Beamtenverhältnis eingetreten sind, ohne die für ihre Laufbahn vorgeschriebene oder übliche Vorbildung oder sonstige Eignung zu besitzen, sind aus dem Dienste zu entlassen. [...]

§ 3 (1) Beamte, die nicht-arischer Abstammung sind, sind in den Ruhestand zu versetzen. Soweit es sich um Ehrenbeamte handelt, sind sie aus dem Amtsverhältnis zu entlassen. [...]

§ 4 Beamte, die nach ihrer bisherigen politischen Betätigung nicht die Gewähr dafür bieten, dass sie jederzeit rückhaltlos für den nationalen Staat eintreten, können aus dem Dienst entlassen werden. [...]

Zit. nach: W. Lautemann, M. Schlenke (Hg.), Geschichte in Quellen, Bd. 5, München 1961, S. 299.

M 11 **Bücherverbrennung in Berlin am 10. Mai 1933**
Heinrich Heine: „Wo man Bücher verbrennt, dort verbrennt man am Ende auch Menschen“.

M 12 **Scheiterhaufen**[1]

Anlässlich der Bücherverbrennung am 10. Mai 1933 auf dem Opernplatz in Berlin riefen Studenten in braunen Uniformen:

1. Rufer: „Gegen Klassenkampf und Materialismus, für Volksgemeinschaft und idealistische Lebenshaltung! Ich übergebe dem Feuer die Schriften von Marx und Kautsky.“

2. Rufer: „Gegen Dekadenz und moralischen Verfall! Für Zucht und Sitte in Familie und Staat! Ich übergebe dem Feuer die Schriften von Heinrich Mann, Ernst Glaeser und Erich Kästner.“

3. Rufer: „Gegen Gesinnungslumperei und politischen Verrat, für Hingabe an Volk und Staat! Ich übergebe dem Feuer die Schriften von Friedrich Wilhelm Foerster.“

4. Rufer: „Gegen seelenzerfasernde Überschätzung des Trieblebens, für den Adel der menschlichen Seele! Ich übergebe dem Feuer die Schriften des Sigmund Freud.“

5. Rufer: „Gegen Verfälschung unserer Geschichte und Herabwürdigung ihrer großen Gestalten, für Ehrfurcht vor unserer Vergangenheit! Ich übergebe dem Feuer die Schriften von Emil Ludwig und Werner Hegemann.“

6. Rufer: „Gegen volksfremden Journalismus demokratisch-jüdischer Prägung, für verantwortungsvolle Mitarbeit am Werk des nationalen Aufbaus! Ich übergebe dem Feuer die Schriften von Theodor Wolff und Georg Bernhard.“

7. Rufer: „Gegen literarischen Verrat am Soldaten des Weltkrieges, für Erziehung des Volkes im Geist der Wehrhaftigkeit! Ich übergebe dem Feuer die Schriften von Erich Maria Remarque.“

8. Rufer: „Gegen dünkelhafte Verhunzung der deutschen Sprache, für Pflege des kostbarsten Gutes unseres Volkes! Ich übergebe dem Feuer die Schriften von Alfred Kerr.“

9. Rufer: „Gegen Frechheit und Anmaßung, für Achtung und Ehrfurcht vor dem unsterblichen

deutschen Volksgeist! Verschlinge, Flamme, auch die Schriften der Tucholsky und Ossietzky!"

1 Die Bücherverbrennungen waren Teil einer Kampagne „wider den undeutschen Geist", die von der Nationalsozialistischen Deutschen Studentenschaft mit Unterstützung durch Goebbels organisiert wurde. Bücherverbrennungen fanden in ca. 30 Universitätsstädten statt.

Zit. nach: Chr. Graf von Krockow, Scheiterhaufen, Größe und Elend des deutschen Geistes, Berlin 1983, S. 11 f.

M 13 Machtkämpfe

Der Zeithistoriker Klaus Hildebrand beleuchtet die Hintergründe des so genannten Röhmputsches:

Nachdem Hitler und Frick[1] bei verschiedenen Gelegenheiten vom Juli 1933 an die Revolution für beendet erklärt hatten, musste der „Führer" endlich noch mit einem ihn herausfordernden Machtfaktor im Lager seiner eigenen „Bewegung" fertig werden. Es stellte sich nämlich immer drängender die Frage, was mit jener „Sturmabteilung" (SA) werden sollte, die als eine ihrem „Führer" ergebene Bürgerkriegstruppe erheblich dabei mitgeholfen hatte, die Weimarer Republik zu zerstören, politische Gegner auf den Straßen zu bekämpfen und die „Machtergreifung" zu ermöglichen. Jetzt verlangte sie ihren Tribut, und dumpf drang aus den Reihen der SA-Männer der Ruf nach einer zweiten, einer sozialen Revolution, der, so unartikuliert er sich auch ausnahm, insgesamt doch an die Tradition jener 1930 aus der NSDAP ausgetretenen bzw. aus ihr entfernten „linken" Nationalsozialisten erinnerte. Die Führer der SA, vor allem ihr Stabschef Ernst Röhm, forderten den Oberbefehl über eine aus revolutionärer SA und konservativem Heer zu bildenden Volksmiliz. Dabei sollte der „graue Fels" der Reichswehr in der „braunen Flut" der Parteitruppe untergehen. Diesem Verlangen stand das Offizierskorps unter von Blomberg selbstverständlich misstrauisch und ablehnend gegenüber. Im Hinblick auf die angestrebte möglichst frühzeitige Kriegsbereitschaft des Deutschen Reiches entschied sich Hitler für die Zusammenarbeit mit den konservativen Offizieren und gegen die sozialromantischen Ideen der SA. Angebliche Putschpläne Röhms wurden zum Vorwand genommen, um die Führung der SA unter Mithilfe und Begünstigung durch die Reichswehr zu beseitigen, Hitlers Macht zu festigen, der konservativen Forderung vom Ende der Revolution nachzukommen, dem Militär die Sorge vor einem lästigen Konkurrenten zu nehmen und den Aufstieg der „Schutzstaffel" (SS) einzuleiten. Sie wurde nicht nur Hitlers Prätorianergarde[2], sondern mehr und mehr auch ideologische Vorhut und weltanschaulicher Orden für die nationalsozialistische Rassenpolitik.

1 W. Frick (1877–1946), Nationalsozialist, u. a. Reichsinnenminister von 1933–1943, 1946 in Nürnberg zum Tod verurteilt und hingerichtet.

2 Leibgarde

K. Hildebrand, Das Dritte Reich, München, Wien 1979, S. 14.

Aufgaben

1. Analysieren Sie den Zweck, den die neuen Machthaber mit der Postkarte 1933 verfolgten.
   → M1
2. Formell wurde die Weimarer Verfassung nie außer Kraft gesetzt. Die Nationalsozialisten legalisierten ihre politischen Maßnahmen unter Bezug auf die Verordnung vom 28. Februar 1933 beziehungsweise auf das Ermächtigungsgesetz. Inwiefern wurde damit die Grundlage für die Diktatur geschaffen?
   → Text, M4, M5
3. Erläutern Sie, was Gleichschaltung in der politischen Praxis bedeutete. Welche Methoden wurden im Einzelnen angewandt, um die Gleichschaltung durchzusetzen?
   → Text, M3–M13
4. Erklären Sie, warum die NS-Diktatur keine freien Gewerkschaften dulden konnte.
   → Text, M9
5. Welche Absichten wurden mit einer Darstellung wie derjenigen im „Kladderadatsch" verfolgt?
   → M3
6. Analysieren Sie die Sprache im Zusammenhang mit der kulturellen Gleichschaltung. Wer waren die „verbrannten" Schriftsteller?
   → M12
7. Untersuchen Sie die Gründe für die Entmachtung der SA durch Hitler.
   → Text, M13
8. Fassen Sie das politische Ergebnis des so genannten Röhmputsches zusammen.
   → Text, M13

10.3 Nationalsozialistische Ideologie

Ideologie ist ein mehrdeutiger Begriff. Er bezeichnet unter anderem Ideen und Wertvorstellungen, die als Richtschnur für das Handeln politischer Gruppen dienen (können) beziehungsweise einen Herrschaftsanspruch rechtfertigen. In einer Ideologie können Interessen zum Ausdruck gebracht oder auch verschleiert werden. Oftmals erhält sie einen wissenschaftlichen Anstrich, der sie unangreifbar machen soll.

Ideen werden zur politischen Macht, wenn sie sich in den Köpfen der Menschen festsetzen und damit zur „materiellen Gewalt“ werden. Auch wenn es dem Nationalsozialismus in freien Wahlen nicht gelungen war, eine Mehrheit der Wähler für sich zu gewinnen, so ist doch unstrittig, dass er am Ende der Weimarer Republik die stärkste politische Kraft darstellte. Dieser relative Erfolg ist darauf zurückzuführen, dass die „Hitler-Bewegung“ offenkundig verschiedene Sehnsüchte der Bevölkerung zu befriedigen vermochte. In pseudoreligiöser Weise wurde einem Volk, das durch Kriegsniederlage, Inflation und Wirtschaftszusammenbruch in eine schwere Orientierungskrise geraten war, Mut und Zuversicht vermittelt. Dies unterschied sich in elementarer Weise vom sachlich-kühlen Politikstil der Weimarer Republik.

Mit der geschickten Propagierung eines dritten Weges zwischen Kapitalismus und Kommunismus verknüpfte man das Leitbild von der Volksgemeinschaft, die dem kommunistischen Ideal der klassenlosen Gesellschaft entgegengesetzt wurde. Die nationalsozialistische Propaganda antwortete auf die Niedergeschlagenheit breiter Bevölkerungskreise mit dem unbedingten Willen zum nationalen Wiederaufstieg. „Befreiung von den Fesseln von Versailles“ – so lautete eine der Parolen, was für manchen gedemütigten Deutschen eine Stärkung seines Selbstwertgefühls bedeuten mochte.

Führerkult

Ein weiteres zentrales Element der NS-Ideologie war der Führerkult. Führer sind ein durchaus gängiges Erscheinungsbild der politischen Geschichte. Ihre Macht beruht darauf, dass sie bestimmten weit verbreiteten Idealen entsprechen und ein Identifikationsangebot für die Massen darstellen. Hitler repräsentierte im Zusammenhang der NS-Ideologie den Erlöser, der von der „Vorsehung“ berufen sei, die zu Unrecht mit dem Makel der Kriegsniederlage belastete Nation zu befreien. Versehen mit einer quasi religiösen Ausstrahlung versprach er, Nation und Rasse zu vereinigen, was auf die demoralisierten Massen als ein Angebot zur Überwindung der Krise wirkte. Führer legitimieren sich in

M 1

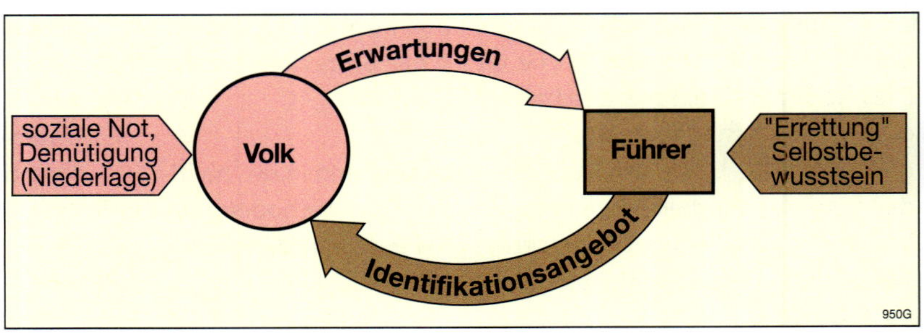

der Regel nicht durch freie und demokratische Wahlen, sondern durch ihr Charisma, das heißt ihre Ausstrahlung. Sie berufen sich auf eine höhere Instanz („Vorsehung“) beziehungsweise ihre eigene Auserwähltheit. Mit dem modernen Führerkult des 20. Jahrhunderts verbindet sich zumeist auch eine hierarchisierte und militarisierte Gesellschaft.

Sozialdarwinismus

Die NS-Ideologie wurde am populärsten von Hitler in „Mein Kampf“ (1925) formuliert. Er machte sich eine Denkrichtung zu eigen, die sich auf den englischen Naturforscher Charles Darwin (1809–1882) bezieht. Darwin hatte eine Theorie zur Ausbildung der Lebewesen formuliert, derzufolge Entwicklung als „natürliche Auslese“ verstanden wird. Dasjenige Lebewesen, das der Umwelt besser angepasst beziehungsweise lebenstüchtiger ist, setze sich durch. Die Sozialdarwinisten übertrugen diese Theorie auf den Menschen und verstanden die Gesellschaft als biologischen Organismus. Ergänzt wurde diese kriegerische Weltsicht durch einen Dualismus, der die Menschheit in Gut und Böse aufspaltete. Aus rassischer Perspektive richtete sich die Hasspropaganda gegen die Juden als der Verkörperung des Bösen – schuld am Unglück der Deutschen („jüdisch-bolschewistische Weltverschwörung“). Auf politischer Ebene wurde die Negativrolle in erster Linie dem internationalen Kommunismus zugewiesen.

Antisemitismus

Nach der Volkszählung von 1933 gab es im Deutschen Reich nur 499 000 Juden, das waren 0,8 Prozent der Gesamtbevölkerung. Dennoch hatte die nationalsozialistische Propagandamaschinerie erfolgreich versucht, die Weimarer Republik als „Judenrepublik“ zu verleumden. Obgleich diese Einschätzung einer sachlichen Prüfung nicht standhält (so waren zum Beispiel von 250 Ministern der Weimarer Republik nur sechs Juden gewesen), wurde sie doch in breiten Bevölkerungskreisen für bare Münze genommen. Dies kann man durch die Existenz von antisemitischen Vorurteilen erklären, die – nicht nur in Deutschland – eine lange Tradition haben. Der Antisemitismus lässt sich bis ins Mittelalter zurückverfolgen, wobei es zurzeit des ersten Kreuzzuges (um 1100), aber auch im Zusammenhang mit dem Auftreten der Pest (um 1350) zu blutigen Pogromen (Verfolgungen) gekommen war. Die Juden wurden damals als „Christus-Mörder“ und „Brunnenvergifter“ gebrandmarkt. Als wehrlose Minderheit mussten sie immer wieder die Rolle von gesellschaftlichen Sündenböcken spielen. Ihre wirtschaftliche Bedeutung als Händler und Bankiers begünstigte zusätzlich das Entstehen von Gefühlen der Abneigung.

Das 19. Jahrhundert markiert dann das Entstehen eines Antisemitismus auf rassischer Grundlage. Wegbereiter dieser Entwicklung waren unter anderen Joseph Arthur Graf von Gobineau (1816–1882) und Houston Stewart Chamberlain (1855–1927). Der Antisemitismus war also keineswegs eine Erfindung Hitlers, vielmehr konnte dieser an eine lange – zeitweilig schlummernde, zeitweilig offene – Tradition anknüpfen. Antisemitismus ist kein speziell deutsches Phänomen. Pogrome gegen Juden haben insbesondere in Osteuropa eine lange Vorgeschichte. Die Besonderheit des nationalsozialistischen Antisemitismus liegt in seiner biologistischen Ausprägung. Juden wurden von den NS-Rassefanatikern mit Krankheitskeimen gleichgesetzt („Rassentuberkulose“), wodurch die Vernichtungskonsequenz auch sprachlich zum Ausdruck kam.

M 2 **Aus einem Kinderbuch**
Die Bildüberschrift lautet: Dies ist der Jud, das sieht man gleich, der gößte Schuft im ganzen Reich! Er meint, dass er der schönste sei, und ist so hässlich doch dabei! Aus dem Kinderbuch „Der Giftpilz“, erschienen 1938 im Verlag „Der Stürmer“.

M 3 Sozialdarwinismus und Krieg

Hitler sprach vor Offizieren der Wehrmacht (22. Juni 1944):

Die Natur lehrt uns bei jedem Blick in ihr Walten, dass [...] das Prinzip der Auslese sie beherrscht, dass der Stärkere Sieger bleibt und der Schwächere unterliegt. Sie lehrt uns, dass das, was dem Menschen dabei oft als Grausamkeit erscheint, weil er selbst betroffen ist oder weil er durch seine Erziehung sich von den Gesetzen der Natur abgewandt hat, im Grunde doch notwendig ist, um eine Höherentwicklung der Lebewesen herbeizuführen. [...]
[Die Natur] kennt vor allem nicht den Begriff der Humanität, der besagt, dass der Schwächere unter allen Umständen zu fördern und zu erhalten sei, selbst auf Kosten der Existenz des Stärkeren. [...]
Die Natur kennt in der Schwäche keinen Milderungsgrund, [...] im Gegenteil, die Schwäche ist der Grund zur Verurteilung. [...]
Der Krieg ist also das unabänderliche Gesetz des ganzen Lebens, die Voraussetzung für die natürliche Auslese des Stärkeren und zugleich der Vorgang der Beseitigung des Schwächeren. Das, was dem Menschen dabei als grausam erscheint, ist vom Standpunkt der Natur aus selbstverständlich weise. Ein Volk, das sich nicht zu behaupten vermag, muss gehen und ein anderes an seine Stelle treten. Ein Wesen auf dieser Erde wie der Mensch kann sich nicht dem Gesetz entziehen, das für alle anderen Wesen auch gültig ist. [...] Seit es Wesen auf dieser Erde gibt, ist der Kampf das Unvermeidliche.

Zit. nach: H. Krausnick, Judenverfolgung, in: Broszat u. a., Anatomie des SS-Staates Bd. 2, München 1967, S. 246.

M 4 Außenpolitische Zielsetzung

Hitler schrieb in „Mein Kampf":

Demgegenüber müssen wir Nationalsozialisten unverrückbar an unserem außenpolitischen Ziele festhalten, nämlich dem deutschen Volk den ihm gebührenden Grund und Boden auf dieser Erde zu sichern. [...] Der Grund und Boden, auf dem dereinst deutsche Bauerngeschlechter kraftvolle Söhne zeugen können, wird die Billigung des Einsatzes der Söhne von heute zulassen, die verantwortlichen Staatsmänner aber, wenn auch von der Gegenwart verfolgt, dereinst freisprechen von Blutschuld und Volksopferung. [...]
Staatsgrenzen werden durch Menschen geschaffen und durch Menschen geändert. [...]
Deutschland wird entweder Weltmacht oder überhaupt nicht sein. [...]

A. Hitler, Mein Kampf, München 1942, S. 739 ff.

M 5 Wiederaufstieg

Hitler schrieb 1927 in einer geheimen Broschüre für Industrielle:

Die neue Bewegung lehnt kategorisch jede Standes- und Klassenteilung ab und proklamiert an deren Stelle eine zusammenfassende deutsche Einstellung. [...]
Die nationalsozialistische Bewegung erkennt weiter als wesentlichste Voraussetzung zur Lösung dieser Aufgabe und für die Bildung eines einheitlichen Nationalkörpers die restlose Eingliederung des so genannten vierten Standes in die Volksgemeinschaft. Sie sieht darin nicht ein theoretisches Problem, sondern die Lebensvoraussetzung für unser Volk. Sie wünscht, dass diese Millionenmasse unseres Volksgutes aus den Händen ihrer derzeitigen internationalen, meist undeutschen Verführer und Leiter genommen wird und ihre volle Eingliederung in den Rahmen der Nation und des Staates findet.

Zit. nach: R. Kühnl, Der deutsche Faschismus in Quellen und Dokumenten, Köln 1975, S. 118 f.

M 6 Der Aufbau der NS-Organisation

Hitler beschrieb in seinem Buch „Mein Kampf" den Aufbau seiner Bewegung:

Die Bewegung vertritt im Kleinsten wie im Größten den Grundsatz der unbedingten Führerautorität, gepaart mit höchster Verantwortung.
Die praktischen Folgen dieses Grundsatzes in der Bewegung sind nachstehende: Der erste Vorsitzende einer Ortsgruppe wird durch den nächsthöheren Führer eingesetzt. [...] Sämtliche Ausschüsse unterstehen ihm und nicht er umgekehrt einem Ausschuss. [...] Der gleiche Grundsatz gilt für die nächsthöhere Organisation, den Bezirk, den Kreis oder den Gau. Immer wird der Führer von oben eingesetzt und gleichzeitig mit unbeschränkter Vollmacht und Autorität bekleidet. [...]
Der Fortschritt und die Kultur der Menschheit sind nicht ein Produkt der Majorität, sondern beruhen ausschließlich auf der Genialität und der Tatkraft der Persönlichkeit. [...]
Damit ist die Bewegung aber antiparlamentarisch, und selbst ihre Beteiligung an einer parlamentarischen Institution kann nur den Sinn einer Tätigkeit zu deren Zertrümmerung besitzen, zur Beseitigung einer Einrichtung, in der wir eine der schwersten Verfallserscheinungen der Menschheit zu erblicken haben.

A. Hitler, Mein Kampf, a. a. O., S. 378 f.

M 7 **Erziehung des Volkes**

Hitler sprach am 15. März 1933 vor dem Generalrat der Wirtschaft:

Man muss ein Volk dazu erziehen, dass es durch dick und dünn mit seiner Regierung marschiert und dass es sich mit seiner Regierung absolut verbunden fühlt, ein Volk, in das man die ganzen Momente psychologischer Art sofort hineingeben kann, das man aufputschen kann, das man begeistern kann und das man mitreißen kann. Wenn das nicht möglich ist, sind alle Maßnahmen vergeblich, muss man kapitulieren.

Zit. nach: T. W. Mason, Sozialpolitik im Dritten Reich, Opladen 1977, S. 208.

M 8 **Hitler als Vaterfigur**
Aus einem Malbuch für Kinder

M 9 **Glaube und Politik**

Aus einem „Schulungsbrief" der NSDAP, IV. Jahrgang, 4. Folge 1937:

Adolf Hitler!
Dir sind wir allein verbunden! Wir wollen in dieser Stunde das Gelöbnis erneuern:
Wir glauben auf dieser Erde allein an Adolf Hitler.
Wir glauben, dass der Nationalsozialismus der allein seligmachende Glaube für unser Volk ist.
Wir glauben, dass es einen Herrgott im Himmel gibt, der uns geschaffen hat, der uns führt, der uns lenkt und der uns sichtbarlich segnet.
Und wir glauben, dass dieser Herrgott uns Adolf Hitler gesandt hat, damit Deutschland für alle Ewigkeit ein Fundament werde.
Reichsleiter Dr. Robert Ley am 10. Februar 1937[1]

1 R. Ley (1890–1945), u. a. Leiter der Deutschen Arbeitsfront (DAF); Selbstmord in Nürnberg

Zit. nach: Neue Gesellschaft für Bildende Kunst und Kunstamt Kreuzberg (Hg.), Faschismus, Berlin 1976, S. 85.

M 10 **Antisemitische Propaganda**

Schreiben der Firma W.G. in Kehl an die Stadtverwaltung Kornwestheim vom 30. Oktober 1936:

Im Kampf gegen das Judentum, die treibende Kraft des Weltfeindes 1, den Bolschewismus, habe ich mit Genehmigung des Zentralverlages der NSDAP, Franz Eher Nachfolger GmbH München, für das Deutsche Reichsgebiet den Alleinvertrieb antisemitischer Spruchtafeln, Zitate aus Adolf Hitlers „Mein Kampf", übernommen. Es handelt sich hier um eine antisemitische Propaganda, die sehr wohl geeignet erscheint, zur weltanschaulichen Schulung unseres Volkes wesentlich beizutragen. Ferner stellen diese Spruchtafeln noch eine vorbildliche und würdige Ausschmückung von Dienst- und Verkehrsräumen von Partei und Staat dar. Namentlich empfiehlt sich der Aushang dieser Spruchtafeln in Räumen, wo ein reger Publikumsverkehr herrscht […].
Die Spruchtafeln […] werden zu einem Preise von RM 2,60 pro Stück an Behörden und Verwaltungsdienststellen abgegeben. […]
Heil Hitler! W. G.
Der Jude ist und bleibt der typische Parasit, ein Schmarotzer, der wie ein schädlicher Bazillus sich immer mehr ausbreitet, sowie nur ein günstiger Nährboden dazu einlädt.
Hitler „Mein Kampf", Seite 334
Nr. 51 – Adolf Hitler
Der Jude, nur scheinbar darauf ausgehend, die Lage des Arbeiters zu verbessern, in Wahrheit aber die Versklavung und damit die Vernichtung aller nichtjüdischer Völker beabsichtigend.
Hitler „Mein Kampf" Seite 351
Nr. 52 – Adolf Hitler
Der Jude lauert stundenlang, satanische Freude in seinem Gesicht, auf das ahnungslose Mädchen, das er mit seinem Blute schändet und damit seinem, des Mädchens, Volke raubt.
Hitler „Mein Kampf", Seite 357
Nr. 59 – Adolf Hitler

Zit. nach: Dokumente über die Verfolgung der jüdischen Bürger in Baden-Württemberg durch das Nationalsozialistische Regime 1933–1945, Bd. 1, hrsg. von der Archivdirektion Stuttgart, bearbeitet von P. Sauer, Stuttgart 1966, S. 86 f.

Der Vampyr

Vom Teufel in die Welt gesetzt er stets die Völker quält und hetzt

Schlangenbrut

Der Jud führt nicht umsonst den Wurm als Zeichen
Was er erreichen will, das sucht er zu erschleichen

M 11 **Antisemitische Propaganda**

Die Abbildungen stammen aus dem antisemitischen Wochenblatt „Der Stürmer" (1934)

M 12 **NS-Rassenprogramm**

Der Zeithistoriker Wolfgang Scheffler fasst das NS-Rassenprogramm zusammen:

Unter Missachtung und Missdeutung aller wissenschaftlichen Ergebnisse wurden aus verschiedenen Bereichen der Wissenschaft jene Bausteine zusammengetragen, die zusammengesetzt das Wunschbild einer angeblich reinen Rasse ergeben sollten. Dieser reinen Rasse schrieb man dank der „Tatsache", dass sich bei ihr nur die guten Eigenschaften vererbten, alle Kulturschöpfungen der Geschichte zu. Alle anderen, angeblich mehr oder minder untereinander vermischten Rassen wurden als minderwertig betrachtet. Die „Artreinheit" ist eine der Grundlagen für den Anspruch des Nationalsozialismus auf die Gewinnung von „Lebensraum" im Osten, mit dessen Hilfe die „arische Herrenrasse" Europa beherrschen sollte. Der Gegenpol des Herrenmenschen ist nach der nationalsozialistischen Ideologie der Jude, der den Herrschaftsanspruch des „arischen" Menschen bedroht und den es zu bekämpfen gilt. Die angeblich minderwertigen Mischrassen, wie z. B. die slawischen Völker, die als willige Hilfsorgane der „jüdischen Weltmacht" angesehen wurden, sollten als zukünftige Sklaven im Großgermanischen Reich Verwendung finden, und ihrer biologischen Fortpflanzung wollte man Beschränkung auferlegen.

W. Scheffler, Judenverfolgung im Dritten Reich, Berlin 1964, S. 13.

M 13 **Rasse und Gesäß**

Abbildung aus einem „Ostara"-Heft – eine Schriftenreihe, die auch von Hitler gelesen wurde.

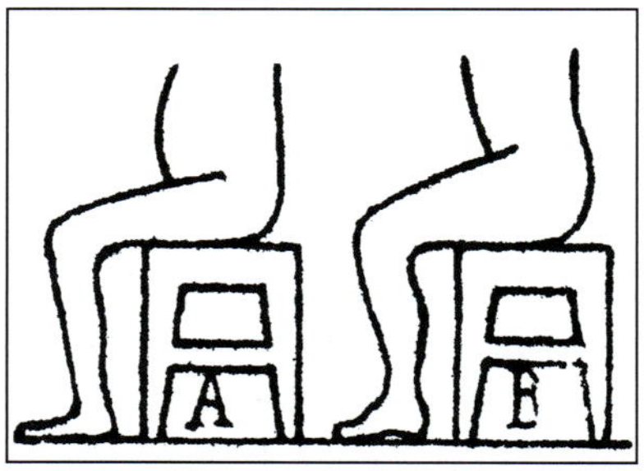

Gesäßformen: **A** der niederen, **B** der höheren Rasse

M 14 **Judenfeindschaft**

Der Psychoanalytiker Rudolph M. Loewenstein untersucht, wie Feindbild und Aggressionslenkung zusammenhängen:

Die wahnähnlichen Überzeugungen der Antisemiten reflektierten die Furcht und die deutlichen Hassregungen gegenüber den Juden. „Der Jude" gilt im Mittelalter als Hexer, Zauberer, Mörder, Kannibale und Feind der Menschheit. Er wird schließlich nicht mehr als menschliches Wesen angesehen. […] Jetzt klagt man sie an, sie nähmen den armen „Ariern" die Substanz, zerre sie in Kriege hinein, die vorher von Juden vom Zaun gebrochen worden seien, und sie seien die Anstifter teuflischer Verschwörungen zur Zerstörung und Versklavung der „arischen" Welt. […]

Aggressionskräfte einer Gruppe wachsen bekanntlich in Zeiten von Not, Unheil, von Zwietracht und Gefahr. Die Juden sind aus vielen Anlässen oft Zielscheiben und Opfer dieser Aggressionen geworden, die sich dann in einem systematischen und allgemeinen Antisemitismus organisiert haben. […]

Der Antisemitismus verdankt seine besondere Stoßkraft der Verschiebung der Aggressionskräfte, die bei den Massen durch reale soziale Probleme freigesetzt werden. […]
Nun boten sich die Juden, eine schwache Minderheit, der man eine „finstere und furchtbare Macht" zuschrieb, den Naziführern als der gesuchte Prügelknabe an. Auf sie lenkten sie nun die im Herzen der Nation freigesetzten Aggressionskräfte und besänftigten dadurch die gewaltigen Konflikte, die das deutsche Volk zerspalteten. Das Manöver war simpel und hatte doppelten Effekt: Die Juden wurden für die Niederlage verantwortlich. Die Naziführer schrieben ihnen die Nöte der Nachkriegszeit zu und übertrugen auf sie die den Deutschen eigenen Schwächen. Der Deutsche war niemals im Unrecht, dem jüdischen Einfluss war alles zu verdanken. Hervor trat das deutsche Volk, der Schande, der Verantwortungen und der Gewissensbisse ledig.

R. M. Loewenstein, Psychoanalyse des Antisemitismus, Frankfurt/M. 1967, S. 39, 45 f., 50 f.

M 15 Vertreibung der Juden
Aus dem Kinderbuch von E. Bauer, „Trau Keinem Fuchs auf grüner Heid und Keinem Jud bei seinem Eid" von 1936. Die Bildinschrift lautet: Einbahnstraße; tempo, tempo; Die Juden sind unser Unglück!

Aufgaben

1. Fassen Sie zusammen, wie Hitler seine Sichtweise der Gesellschaft begründete.
   → Text, M3
2. Analysieren Sie die außenpolitischen Konsequenzen dieser Ideologie.
   → M3, M4
3. Kann man im Hinblick auf Hitlers Programm von einer „natürlichen Auslese" (Darwin) sprechen?
   → Text, M3, M4
4. Inwiefern stellen Sozialdarwinismus und Volksgemeinschaftsideologie – trotz scheinbarer Gegensätzlichkeit – zwei Seiten der gleichen Medaille dar?
   → M5
5. Geben Sie die Begründung Hitlers für das Führerprinzip wieder. Wie sah er das Volk?
   → Text, M6
6. Beschreiben und erläutern Sie die Formen der Unterwerfung, wie sie in M8 und M9 zum Ausdruck kommen.
   → Text, M8, M9
7. Welche Verführung ging für viele Menschen der Weimarer Republik von einem Führer aus bzw. welchen Bedürfnissen entsprach er?
   → Text, M1, M7–M9
8. Untersuchen Sie die Rolle, die die Juden im nationalsozialistischen Weltbild einnahmen.
   → Text, M2, M10–M13, M15
9. Inwiefern kann der Antisemitismus als eine Herrschaftstechnik bezeichnet werden? Erklären Sie den Mechanismus der Aggressionsverschiebung.
   → M14

10.4 Gleichschaltung von Staat und Gesellschaft

Die Nationalsozialisten waren wegen ihrer antidemokratischen Einstellung zu keinem Zeitpunkt bereit, sich durch freie Wahlen wieder von der Machtausübung abberufen zu lassen. Sie arbeiteten folglich nach der Machtübernahme planmäßig darauf hin, ihre Herrschaft lückenlos zu festigen. Die zu diesem Zweck ergriffenen Maßnahmen bezeichnet man als Herrschaftstechnik.

Die gesamte literarische Produktion wurde überwacht. Schwarze Listen dienten der „Säuberung" von Bibliotheken. Die Aufgabe der Reichsschrifttumskammer bestand darin, das – wie es hieß – „deutsche Kulturleben von allem schädlichen und unerwünschten Schrifttum rein zu halten." Diese Politik mündete augenfällig in den Bücherverbrennungen vom 10. Mai 1933. Die kulturelle Gleichschaltung verursachte die Emigration der führenden deutschen Schriftsteller. Ungefähr ein Drittel aller Hochschullehrer wurde aus dem Dienst entlassen oder ging ins Ausland. Das deutsche Geistesleben im Allgemeinen und die deutsche Wissenschaft im Besonderen haben einen Aderlass ohnegleichen erfahren.

M 1

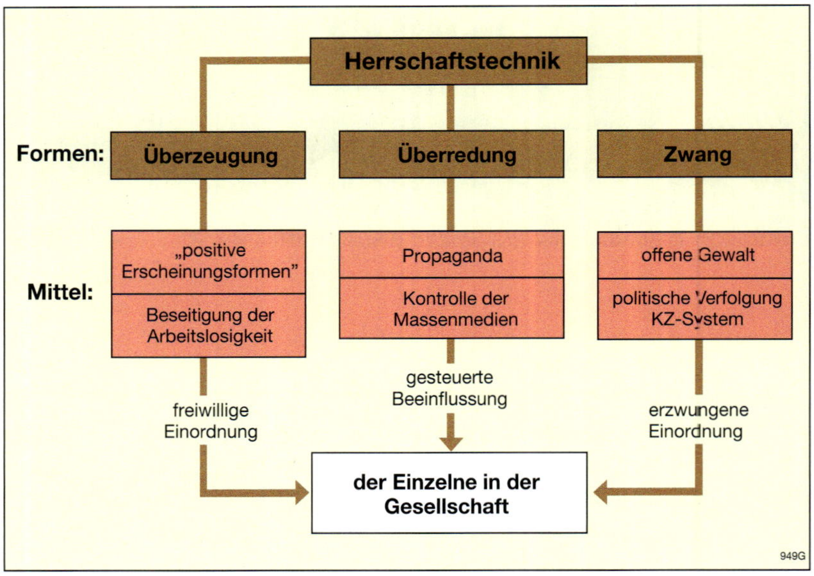

Propaganda

„In Deutschland gibt es keine Privatsache mehr." Diese Worte des Leiters der Deutschen Arbeitsfront Robert Ley machen den Anspruch auf totale Durchdringung von Staat, Gesellschaft und Individuum deutlich. Bei der Lenkung jedes Einzelnen kam den Massenmedien eine zentrale Aufgabe zu. Joseph Goebbels als Reichsminister für Volksaufklärung und Propaganda sorgte dafür, dass die von den Nationalsozialisten abweichenden Stimmen schnell verstummten. Reichskulturkammer (22. Sept. 1933) und Schriftleitergesetz (4. Okt. 1933) legalisierten eine massive Personalpolitik. Rundfunk („Volksempfänger"), Presse, Film und Literatur wurden einer strengen Zensur unterworfen und zügig zu Instrumenten nationalsozialistischer Indoktrination umfunktioniert.

Jugend und Schule

M 2 **Der „Bund deutscher Mädel"** (BdM) organisierte die weibliche Jugend zwischen 14 und 18 Jahren, Plakat aus dem Jahre 1936.

Die nationalsozialistische Führung war sich der Tatsache bewusst, dass die Jugend der Schlüssel für die Zukunft ist. Folglich setzte die totalitäre Vereinnahmung des Einzelnen durch den Staat bereits beim Kind an. Ab 1939 war die Mitgliederschaft in der Hitlerjugend (HJ) Pflicht. Die verschiedenen Organisationen waren entsprechend der NS-Ideologie hierarchisch nach dem Führerprinzip aufgebaut. Auch die Schule blieb von Eingriffen nicht verschont. Diese dokumentierten sich zum Beispiel durch:

- Entlassung, Umerziehung und Kontrolle von Lehrern,
- Zusammenfassung der Lehrer im Nationalsozialistischen Lehrerbund (NSLB),
- neue Lehrpläne und Lehrbücher,
- Beseitigung von pädagogischen Freiräumen.

Parallel zu den staatlichen Schulen entstanden neue Schultypen: zum einen die „Nationalpolitischen Erziehungsanstalten" (NAPOLA) und zum anderen die „Adolf-Hitler-Schulen". Es handelte sich dabei um Internatsschulen, in denen rassische, ideologische und vormilitärische Gesichtspunkte eine Rolle spielten. Die „Adolf-Hitler-Schulen" unterstanden nicht dem an sich zuständigen Schulministerium, sondern dem Reichsjugendführer Baldur von Schirach. Sie dienten der Heranbildung des Führernachwuchses für die Partei.

Frauen

„Der Mann als Kämpfer, die Frau als Mutter… Der Mann, der in der Öffentlichkeit wirkt oder an der Front, und die Frau als Hüterin von Haus und Familie…" In dieses schematische Denken passt es, dass im (entmachteten) Reichstag auch keine Frau mehr vertreten war. Frauen sollten eben nur als Mütter öffentlich Anerkennung genießen. Dieses Bild von den unterschiedlichen Aufgaben der Geschlechter blieb erstaunlich lange unverrückbar. Selbst als während des Krieges der Arbeitskräftemangel offenkundig wurde, weigerte sich Hitler, im großen Stil die Zwangsverpflichtung von deutschen Frauen für die Rüstungswirtschaft anzuordnen. Dies war auch ein Grund dafür, dass ab 1942 in großem Umfang Arbeitskräfte aus den besetzten Ländern zur Zwangsarbeit nach Deutschland geholt wurden.

M 3 **Der Weg des „gleichgeschalteten" Staatsbürgers**
„Und sie werden nicht mehr frei, ihr ganzes Leben." (Hitler)

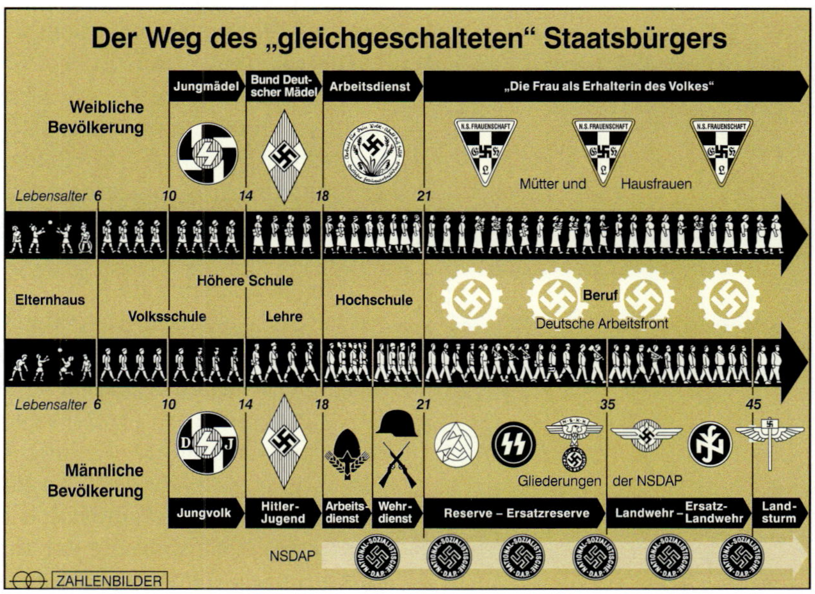

Justiz

Ein typisches Merkmal einer jeden Diktatur ist die Abschaffung der gewaltenteiligen Ordnung. Mit dem Führer als dem alleinigen Träger der Staatsgewalt ging die Abschaffung der unabhängigen Dritten Gewalt einher. Der unabhängige Richter, der einen Grundpfeiler des liberalen Rechtsstaates darstellt, wurde in seiner Amtsführung immer weiter eingeengt.

Sondergerichte, zum Beispiel der Volksgerichtshof für Hoch- und Landesverrat, machten die Politisierung der Justiz augenfällig. Zudem waren die Partei (NSDAP) sowie SA und SS der ordentlichen Gerichtsbarkeit entzogen. Das galt natürlich in besonderem Maße für den Führer selbst.

Wirtschaft

Der Nationalsozialismus kam nicht zuletzt wegen der hohen Arbeitslosigkeit und des damit verbundenen Elends an die Macht. Seine Popularität gewann er zwar auch aufgrund der außenpolitischen Erfolge, aber für weite Teile der Öffentlichkeit war der Rückgang der Arbeitslosigkeit von entscheidender Bedeutung. Allerdings wurde die Überwindung der Massenarbeitslosigkeit mit zweifelhaften Methoden erreicht:

- Die Ankurbelung der Rüstungsproduktion diente der Kriegsvorbereitung.
- Auch der Autobahnbau, der schon während der Weimarer Republik begonnen hatte, wurde unter strategischen Gesichtspunkten vorangetrieben.
- Bedingt durch das Finanzierungssystem musste der sichtbare Aufschwung mit einer rasanten Inflation beziehungsweise im Bankrott oder im Krieg enden.
- Mithilfe von Lohnstopps wurde das Konsumniveau breiter Bevölkerungsschichten niedrig gehalten.
- Die Arbeitslosenstatistiken wurden durch Einschränkung der Frauenarbeit, Einberufung zum Reichsarbeitsdienst (RAD) sowie durch die Einführung der allgemeinen Wehrpflicht (1935) geschönt.

Die Wirtschaftspolitik des Dritten Reiches entsprach in vielerlei Hinsicht dem Modell der so genannten Zentralverwaltungswirtschaft. Der Staat plante, machte Vorgaben, kontrollierte – vor allem im Hinblick auf die kriegsbedingte Bewirtschaftung, ohne jedoch grundsätzlich die private Verfügungsgewalt über das Eigentum abzuschaffen.

Die nationalsozialistische Führung erklärte die gesellschaftlichen Klassen für aufgehoben. An deren Stelle setzte sie die angeblich konfliktlose Volksgemeinschaft. Die Gewerkschaften wurden durch die Deutsche Arbeitsfront (DAF) ersetzt, die schon bald die Mehrheit der Arbeitnehmer organisierte – oft in Form einer Zwangsmitgliedschaft. Populärste Gliederung der DAF war die NS-Gemeinschaft „Kraft durch Freude“ (KdF), die unter anderem Freizeit- und Urlaubsveranstaltungen ausrichtete.

Der Umbau der Zivil- in eine Kriegswirtschaft wurde von der nationalsozialistischen Führung zunächst nur zögerlich in Angriff genommen. Die strategischen Reserven waren mithin nur so gering, dass wirtschaftlich gesehen nur Blitzkriege erfolgreich geführt werden konnten. Erst ab 1942 unter der Leitung des neu ernannten Rüstungsministers Albert Speer erfolgte der Übergang zur totalen Kriegswirtschaft. Zentralisierung und Reorganisation im europäischen Maßstab führten zu einer massiven Erhöhung der Rüstungsproduktion, die trotz der alliierten Bombardements 1944 ihren Höhepunkt erreichte.

M 4

Arbeitskräfte in der deutschen Kriegswirtschaft

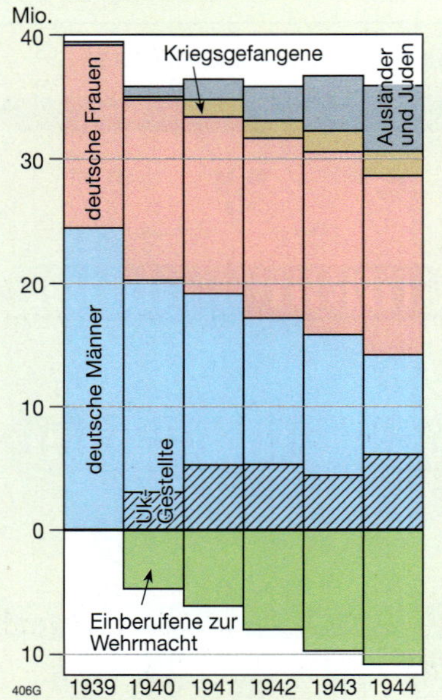

Zwangsarbeit

Das hohe Produktionsniveau der deutschen Wirtschaft konnte nur aufgrund von Zwangsarbeit erreicht werden. Da Millionen von wehrfähigen deutschen Männern als Arbeitskräfte nicht zur Verfügung standen und da die industrielle Tätigkeit mit dem Frauenbild des Nationalsozialismus nicht im Einklang stand, mussten die Lücken anders geschlossen werden. Die nationalsozialistische Führung griff im Laufe des Krieges immer mehr auf Zwangsarbeiter zurück. Zu diesem Zweck wurden Menschen willkürlich aus den besetzten Ländern deportiert. Diese Arbeitskräfte waren zwar offiziell keine Gefangenen, aber ihre Behandlung war oft demütigend und ihre Versorgung blieb unzureichend. Außerdem nutzte der Staat in großem Umfang die Arbeitskraft von Kriegsgefangenen und KZ-Häftlingen. Man geht heute davon aus, dass im Jahre 1944 etwa 7,5 Millionen Zwangsarbeiter im Deutschen Reich tätig gewesen waren.

M 5 **KZ-Zwangsarbeiter** des Lagers Mittelbau-Dora bei der V2-Raketenproduktion 1944

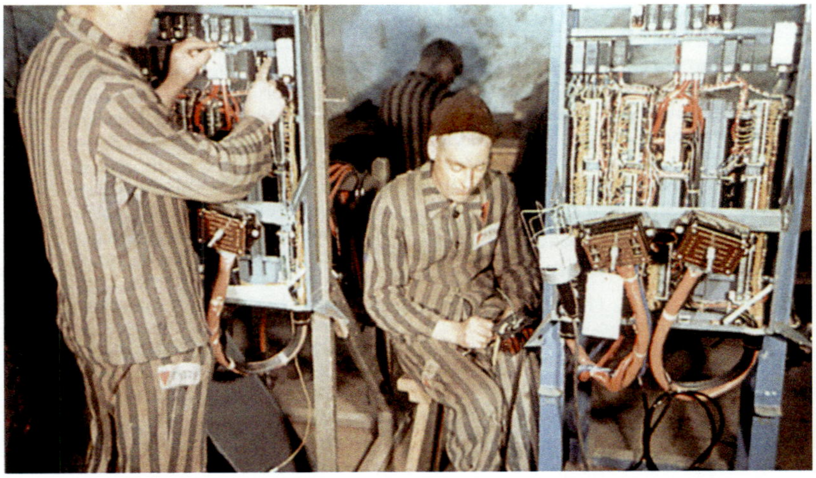

Chronologie

1. Mai 1933	1. Mai als Feiertag
2. Mai	Zerschlagung der Gewerkschaften; Aufhebung der Tarifautonomie
10. Mai	Gründung der Deutschen Arbeitsfront (DAF)
19. Mai	„Treuhänder der Arbeit" werden eingesetzt, um Löhne und Arbeitsbedingungen festzulegen.
20. Januar 1934	„Gesetz zur Ordnung der nationalen Arbeit"
15. Mai	„Gesetz zur Regelung des Arbeitseinsatzes" soll vor allem Landarbeiter zwingen, die Arbeit auf den Bauernhöfen beizubehalten.
4. Dezember	Kapitalgesellschaften werden gesetzlich gezwungen, den Reingewinn eines Jahres an das Reich abzutreten.
26. Februar 1935	Einführung eines Arbeitsbuches
26. Juni	Einführung der Arbeitsdienstpflicht für alle jungen Deutschen
9. September 1936	Ankündigung des Vierjahresplanes für die deutsche Wirtschaft (Autarkie)
22. Juli 1938	Einführung der Arbeitsverpflichtung
27. Januar 1943	Verordnung des „Generalbevollmächtigten für den Arbeitseinsatz" (Sauckel) zur Führung des totalen Krieges; Männer zwischen 16 und 65 sowie Frauen zwischen 17 und 45 Jahren müssen sich zum Arbeitseinsatz zur Verfügung stellen.

M 6 Massenpsychologie

Hitler notierte in „Mein Kampf" dazu (1925):

Die Psyche der breiten Masse ist nicht empfänglich für das Halbe und Schwache. Gleich dem Weibe, dessen seelisches Empfinden weniger durch Gründe abstrakter Vernunft bestimmt wird, als durch solche einer undefinierbaren, gefühlsmäßigen Kraft, und das sich deshalb lieber dem Starken beugt, als den Schwächling beherrscht, liebt auch die Masse den Herrscher mehr als den Bittenden, und fühlt sich im Innern mehr befriedigt durch eine Lehre, die keine andere neben sich duldet, als durch die Genehmigung liberaler Freiheit; sie weiß mit ihr auch meist nur wenig anzufangen und fühlt sich sogar leicht verlassen. Die Unverschämtheit ihrer geistigen Terrorisierung kommt ihr ebensowenig zum Bewusstsein wie die empörende Misshandlung ihrer menschlichen Freiheit, ahnt sie doch den inneren Irrsinn in keiner Weise. So sieht sie nur die rücksichtslose Kraft und Brutalität ihrer zielbewussten Äußerungen, der sie sich endlich immer beugt.

A. Hitler, Mein Kampf, München 1936, S. 44.

M 7 Überredungsstrategie

Hitler sprach am 10. November 1938 vor Vertretern der deutschen Presse. Er offenbarte dabei die Planmäßigkeit seiner Vorgehensweise:

Der Zwang war die Ursache, warum ich jahrelang nur vom Frieden redete. Es war nunmehr notwendig, das deutsche Volk psychologisch allmählich umzustellen und ihm langsam klar zu machen, dass es Dinge gibt, die, wenn sie nicht mit friedlichen Mitteln durchgesetzt werden können, mit Mitteln der Gewalt durchgesetzt werden müssen. Dazu war es aber notwendig, nicht etwa nun die Gewalt als solche zu propagieren, sondern es war notwendig, dem deutschen Volk bestimmte außenpolitische Vorgänge so zu beleuchten, dass die innere Stimme des Volkes selbst langsam nach der Gewalt zu schreien begann. Das heißt also, bestimmte Vorgänge so zu beleuchten, dass im Gehirn der breiten Masse ganz automatisch allmählich die Überzeugung ausgelöst wurde: Wenn man das eben nicht im Guten abstellen kann, dann muss man es mit Gewalt abstellen; so kann es aber auf keinen Fall weitergehen. Diese Arbeit hat Monate erfordert, sie wurde planmäßig begonnen, planmäßig fortgeführt, verstärkt. Viele haben sie nicht begriffen, meine Herren; viele waren der Meinung, das sei doch alles etwas übertrieben. Das sind jene überzüchteten Intellektuellen, die keine Ahnung haben, wie man ein Volk letzten Endes zu der Bereitschaft bringt, gerade zu stehen, auch wenn es zu blitzen und zu donnern beginnt. [...]

Zit. nach: H. A. Jacobsen,: 1939–1945, Der Zweite Weltkrieg in Bildern und Dokumenten, Darmstadt 1959, S. 91 f.

M 8 Sprachregelung

Auf diesen Konferenzen gab Goebbels seine Anweisungen an die Verantwortlichen der Massenmedien:

4. Januar 1943:
Es sei notwendig, einige feststehende Grundsätze laufend und unaufhörlich bei jeder Gelegenheit herauszustellen und sie in das Gewissen des Volkes einzuhämmern. Als solche führte er u. a. an:
1. Der Krieg ist dem deutschen Volke aufgezwungen worden;
2. Es gehe in diesem Kriege um Leben oder Sterben;
3. Es gehe um die totale Kriegführung.

12. Februar 1943:
Von nun an müsse jeder Rundfunkvortrag, jede Meldung, jede Rede und jede Wochenparole mit der stereotypen Wendung schließen, dass der Kampf gegen den Bolschewismus unsere große Aufgabe sei.

W. A. Boelcke, Wollt ihr den totalen Krieg? Die geheimen Goebbels-Konferenzen 1939–1943, München 1969, S. 415 und 440.

M 9 Gesetz über die Hitlerjugend (1. Dezember 1936)

Von der Jugend hängt die Zukunft des deutschen Volkes ab. Die gesamte deutsche Jugend muss deshalb auf ihre künftigen Pflichten vorbereitet werden. Die Reichsregierung hat daher das folgende Gesetz beschlossen, das hiermit verkündet wird:

§ 1 Die gesamte deutsche Jugend innerhalb des Reichsgebietes ist in der Hitlerjugend zusammengefasst.

§ 2 Die gesamte deutsche Jugend ist außer in Elternhaus und Schule in der Hitlerjugend körperlich, geistig und sittlich im Geiste des Nationalsozialismus zum Dienst am Volk und zur Volksgemeinschaft zu erziehen.

Nach: W. Conze, Der Nationalsozialismus, Stuttgart 1972,S. 21.

M 10 Hitler über die Jugend

Hitler hielt diese Rede am 2. Dezember 1938. Der Text war im „Völkischen Beobachter" vom 4. Dezember 1938 nachzulesen:

Diese Jugend, die lernt ja nichts anderes als deutsch denken, deutsch handeln. Und wenn nun dieser Knabe und dieses Mädchen mit ihren zehn Jahren

M 11 Kinder unter dem Nationalsozialismus

Links: Kind in SA-Uniform, gestellte Aufnahme vom Reichsjugendtag 1934

Rechts: Kind bei einer von den Nazis durchgeführten Razzia in Warschau 1943

in unsere Organisationen hineinkommen und dort nun so oft zum ersten Mal überhaupt eine frische Luft bekommen und fühlen, dann kommen sie vier Jahre später vom Jungvolk in die Hitlerjugend, und dort behalten wir sie wieder vier Jahre, und dann geben wir sie erst recht nicht zurück in die Hände unserer alten Klassen- und Standeserzeuger, sondern dann nehmen wir sie sofort in die Partei oder in die Arbeitsfront, in die SA oder in die SS, in das NSKK [NS-Kraftfahrerkorps] und so weiter. Und wenn sie dort zwei Jahre oder anderthalb Jahre sind und noch nicht ganze Nationalsozialisten geworden sein sollten, dann kommen sie in den Arbeitsdienst und werden dort wieder sechs und sieben Monate geschliffen, alle mit einem Symbol, dem deutschen Spaten. Und was dann nach sechs oder sieben Monaten noch an Klassenbewusstsein oder Standesdünkel da oder da noch vorhanden sein sollte, das übernimmt dann die Wehrmacht zur weiteren Behandlung auf zwei Jahre. Und wenn sie dann nach zwei oder drei oder vier Jahren zurückkehren, dann nehmen wir sie, damit sie auf keinen Fall rückfällig werden, sofort wieder in SA, SS und so weiter. Und sie werden nicht mehr frei, ihr ganzes Leben.

Zit. nach: K.-J. Flessau, Schule der Diktatur, München 1977, S. 26.

M 13 Der NS-Lehrerbund

Aus einem Organisationshandbuch der NSDAP:

Das Hauptamt für Erzieher betreut den Nationalsozialistischen Lehrerbund e.V. Der NS-Lehrerbund ist ein der NSDAP angeschlossener Verband. [...]
Für amtliche Zwecke, wie Anstellung, Ernennungen und Beförderungen hat es [das Hauptamt] die politisch-weltanschauliche Beurteilung der Erzieher und Erzieherinnen aller Schulgattungen vorzunehmen. Die Beurteilungen werden im engsten Einvernehmen mit den zuständigen Kreisleitungen der NSDAP erstellt und in Form von Gutachten den zuständigen Regierungsstellen zugeleitet.

M 12 Uniformierte Hitlerjugend

Gleichzeitig wahrt das Amt für Erzieher in Zusammenarbeit mit den staatlichen Anstellungsbehörden die Belange der NSDAP bei Schulstellenbesetzungen, insbesondere bei der Besetzung leitender Stellen (Schulleiter, Amtsleiter, Schulratsstellen usw.) [...]
Der NS-Lehrerbund ist für die Durchführung der politisch-weltanschaulichen Ausrichtung aller Lehrer im Sinne des Nationalsozialismus verantwortlich.
[Ergebnisse einer Erhebung aus dem Jahre 1936: Mitglieder des NSLB: 97 Prozent der gesamten Erzieherschaft, davon 32 Prozent Parteigenossen.]

Zit. nach: H. Focke, U. Reimer, Alltag unterm Hakenkreuz, Reinbek 1979, S. 80 f.

M 14 Die Aufgabe des Lehrers

Aus dem Buch „Feierstunden der deutschen Schule" (1941):

Die Deutsche Schule ist keine Anstalt zur einseitigen Wissensvermittlung, sie ist nicht tote Organisationsform, sie ist Lebensform. Der Lehrer ist nicht nur Wissensvermittler, Unterrichter. Er ist mehr. Auch er ist Soldat in der kulturpolitischen Front des Nationalsozialismus. Wohl ist der Kampf an dieser Front anders als sonst, wohl wird er mit anderen Waffen geführt, aber er ist nicht minder hart und nicht minder wichtig, denn der Kampf geht um die Seele des Volkes. Es hätte wahrlich keinen Sinn, den politischen Kampf zu gewinnen und den kulturpolitischen zu verlieren.

H. Klaus, zit. nach: G. L. Mosse, Der nationalsozialistische Alltag, Königstein/Ts. 1978, S. 159.

M 16 Schulbuchaufgabe

Aus einem Rechenbuch für Mittelschulen (1936):

Der jährliche Aufwand des Staates für einen Geisteskranken beträgt im Durchschnitt 766 RM; ein Tauber oder Blinder kostet 615 RM, ein Krüppel 600 RM. In geschlossenen Anstalten werden auf Staatskosten versorgt: 167 000 Geisteskranke, 8 300 Taube und Blinde, 20 600 Krüppel. Wie viel Mill. RM kosten diese Gebrechlichen jährlich? Wie viel erbgesunde Familien könnten bei 60 RM durchschnittlicher Monatsmiete für diese Summe untergebracht werden [...]?

Zit. nach: K.-J. Flessau, a. a. O., S. 147.

M 17 Frau und Politik

Aus einem Buch mit dem Titel „Das ist Nationalsozialismus" (1933):

Für die politische Frau ist in der Ideenwelt des Nationalsozialismus kein Platz. [...]
Die geistige Einstellung der Bewegung zu diesem Thema geht gegen die politische Frau. Sie weist die Frau in ihren naturgegebenen Kreis der Familie und in ihre Aufgaben als Gattin und Mutter zurück. Die politisierende Frau, diese Nachkriegserscheinung, die in parlamentarischen Wortgefechten nur selten „gute Figur" machte, bedeutet eine Entwürdigung der Frau.
Die deutsche Erhebung ist ein männliches Erzeugnis.

Zit. nach: G. L. Mosse, a. a. O., S. 71.

	Montag	Dienstag	Mittwoch	Donnerstag	Freitag	Sonnabend
8-9	Geschichte	——	Religion	Geschichte	——	Erdkunde
9-10	Deutsch	Musik	Deutsch	Deutsch	Geschichte	Deutsch
10-11	Rechnen	Deutsch	Rechnen	Rechnen	Rechnen	Religion
11-12	Erdkunde	Deutsch	Turnen	Flugphysik	Naturkunde	Zeichnen
12-13	Naturkunde	Flugmodellbau	Turnen	Turnen	Musik	Turnen
13-14	Turnen	Flugmodellbau				

M 15 Stundenplan einer achten Klasse aus dem Jahr 1940
Drei Stunden in der Woche gab es „Flugmodellbau" und „Flugphysik" – die Deutschen sollten ein Volk der Flieger werden.

M 18 Die Vogelfrau

Der spätere Propagandaministers J. Goebbels in seinem Roman „Michael" (1929):

Die Frau hat die Aufgabe, schön zu sein und Kinder zur Welt zu bringen. Das ist gar nicht so roh und unmodern, wie sich das anhört. Die Vogelfrau putzt sich für den Mann und brütet für ihn die Eier aus. Dafür sorgt der Mann für die Nahrung. Sonst steht er auf der Wacht und wehrt den Feind ab.

Zit. nach: G. L. Mosse, a. a. O., S. 66.

M 19 **Die NSDAP belohnte den Kinderreichtum mit Mutterkreuzen und Ehrenkarten.**

M 20 Der Richter im nationalsozialistischen Staat

Leitsätze des Reichsministers Hans Frank[1] (1936):

1. Der Richter ist nicht als Hoheitsträger des Staates über den Staatsbürger gesetzt, sondern er steht als Glied in der lebendigen Gemeinschaft des deutschen Volkes. Es ist nicht seine Aufgabe, einer über der Volksgemeinschaft stehenden Rechtsordnung zur Anwendung zu verhelfen oder allgemeine Wertvorstellungen durchzusetzen, vielmehr hat er die konkrete völkische Gemeinschaftsordnung zu wahren, Schädlinge auszumerzen, gemeinschaftswidriges Verhalten zu ahnden und Streit unter Gemeinschaftsgliedern zu schlichten.
2. Grundlage der Auslegung aller Rechtsquellen ist die nationalsozialistische Weltanschauung, wie sie insbesondere in dem Parteiprogramm und den Äußerungen unseres Führers ihren Ausdruck findet.
3. Gegenüber Führerentscheidungen, die in die Form eines Gesetzes oder einer Verordnung gekleidet sind, steht dem Richter kein Prüfungsrecht zu. Auch an sonstige Entscheidungen des Führers ist der Richter gebunden, sofern in ihnen der Wille, Recht zu setzen, unzweideutig zum Ausdruck kommt.

1 Hans Frank (1900–1946), Jurist ab 1939 Generalgouverneur im besetzten Polen, 1946 im Nürnberger Prozess verurteilt und anschließend hingerichtet.

Zit. nach: W. Hofer, Der Nationalsozialismus. Dokumente 1933–1945, Frankfurt 1957, S. 101 f.

M 21 a) Ein Gerichtsurteil: „Im Namen des Deutschen Volkes"

In der Strafsache gegen den Landwirt Ignatz Kaczmarek aus Halemba II, Halembaerstraße 15, geboren am 31. Juli 1881 zu Hindenburg, verheiratet, Angehöriger der Abteilung 4 der Deutschen Volksliste, polizeilich festgenommen am 19. April 1943, z.Zt. in der Haftanstalt in Beuthen O. S. [Oberschlesien], wegen Vorbereitung zum Hochverrat, Rundfunkverbrechen und Wehrkraftzersetzung hat der 1. Strafsenat des Oberlandesgerichts Kattowitz in Beuthen O. S. in der Sitzung vom 27. Juni 1944 [...] für Recht erkannt:
Der Angeklagte wird wegen wehrkraftzersetzender Äußerungen zum Tode verurteilt.
Die Ehrenrechte werden ihm auf Lebenszeit aberkannt.
Die Kosten des Verfahrens werden dem Angeklagten auferlegt.
Begründung:
Über die Kriegsursachen hat er sich dahin ausgelassen, dass niemand den Krieg gewünscht, Deutschland ihn aber angefangen und Russland überfallen habe. [...]
Weiter hat der Angeklagte erklärt, Adolf Hitler sei nur dadurch an die Macht gelangt, dass er viele deutsche Persönlichkeiten habe erschießen lassen, jetzt habe das Volk kein Vertrauen mehr zu ihm, er müsse sich auf die 10-jährigen Hitlerjungen stützen; wie schlimm es stehe, ersehe man daraus, dass die Frauen und Mädchen zur Arbeit herangezogen würden. Der Führer möchte jetzt zwar gern Frieden schließen, er müsse aber weiter kämpfen und werde den Krieg doch verlieren. [...]
Erläuterung der Rechtslage:
Die Verhängung der Todesstrafe erfolgte wegen Wehrkraftzersetzung, und zwar gem. § 5 der Kriegssonderstrafrechtsverordnung vom 17. August 1938 (RGBl. I, S. 1455). Dort heißt es:

„Wegen Zersetzung der Wehrkraft wird mit dem Tode bestraft:
Ziff. 1 Wer öffentlich dazu auffordert oder anreizt, die Erfüllung der Dienstpflicht in der deutschen oder einer verbündeten Wehrmacht zu verweigern, oder sonst öffentlich den Willen des deutschen oder verbündeten Volkes zur wehrhaften Selbstbehauptung zu lähmen oder zu zersetzen sucht." [...]
Das Gericht nimmt ein öffentliches Handeln an, obgleich der Angeklagte die beanstandeten Äußerungen nur gegenüber einer einzigen Person getan hat. Zudem wird die Todesstrafe verhängt, obgleich die Kriegssonderstrafrechtsverordnung die Todesstrafe nicht zwingend vorsah [...].

Zit. nach: I. Staff (Hg.), Justiz im Dritten Reich. Eine Dokumentation, Frankfurt/M. 1978, S. 170, 172, 174 f.

M 21 b) Reichsanwaltschaft beim Volksgerichtshof

Geschäftsnummer 4J777/44 (Staatsanwaltschaft)
Kostenrechnung
in der Strafsache gegen Erich Knauf
Gebühr gem. §§ 49, 52 SGKG für
Todesstrafe 300,00
Postgebühren gem. § 72, 1 SGKG 1,84
Gebühr gem. § 72,6 für den als
Pflichtverteidiger bestellt
gewesenen Rechtsanwalt [...]
Berlin-Lichterfelde-Ost,
Gärtnerstraße 10a 81,60
für die Strafhaft vom 6.4.44 bis 2.5.44 44,00
Kosten für Strafvollstreckung:
Vollstreckung des Urteils 158,18
hinzu Porto für Übersendung
der Kostenrechnung 0,12
zusammen: 585,74
Zahlungspflichtig: Die Erben des Erich Knauf, z. Hd. von Frau Erna Knauf, Berlin-Tempelhof, Manfred-von-Richthofen-Str. 13, bei Fa. Gilbert, Mach.

Zit. nach: I. Bayer, Ehe alles Legende wird, Baden-Baden 1979, S. 95.

M 22 Autarkie

Der Sozialhistoriker Helmut Böhme stellt den Zusammenhang von Wirtschaftspolitik und Kriegsvorbereitung her:

Nun, Landwirtschaft und Industrie taten alles, um diesen Beweis zu erbringen; die landwirtschaftliche Produktion stieg an; bis zu 80 Prozent konnte sich Deutschland selbst versorgen. Die deutsche industrielle Rüstungsproduktion erarbeitete Rekorde; Menge und Qualität der Ersatzstoffe konnten – trotz beträchtlicher Gestehungskosten – erheblich gesteigert werden. Unter dem Druck der diktierten Selbstversorgung errang Deutschlands Industrie eine Führung in technischen Forschungsleistungen; Kunstseide, Azetat, künstliches Gummi und Treibstoff ersetzten die natürlichen, wohl viel billigeren, aber eben vom Ausland bezogenen Rohstoffe und erlaubten, die Aufrüstung trotz den Engpässen und Einschränkungen, die die fortschreitende wirtschaftliche Isolierung mit sich brachte, fortzuführen.
Eine Autarkie indes war nicht zu erreichen – Deutschland blieb in seinem Fett- und Fleischbedarf vom Ausland abhängig, ebenso in seinem Bedarf an Eisenerz, Kupfer, Zink, Mangan, Chrom, Wolfram, Nickel, Textilrohstoffen, Häuten, Benzin und Mineralölen. Statt zur Wirtschaftsautarkie kam es zur Verarmung: denn die unproduktive Rüstungswirtschaft garantierte zwar Vollbeschäftigung, aber sie zehrte auch am Wohlstand. Hinter dem Schein „eines ständig steigenden Volkseinkommens" verbarg „sich faktisch eine fortschreitende Verarmung" (F. Lütge).
So fing 1939, nachdem die zur Einlösung anstehenden Mefo-Wechsel[1] auf Reichsschuldverschreibungen „verwiesen" wurden – was nach den Worten H. Schachts[2] „etwas Ungeheuerliches" war –, die Notenpresse wieder an, zu rotieren. Der Zeitpunkt der Einlösung der nationalsozialistischen Versprechungen war gekommen. Das „Raumproblem" als Problem der „Industrie- und Lebensversorgung" glaubte die Führung nur auf dem Weg eines Krieges, eines neuerlichen Griffes nach der Weltmacht, lösen zu können.

1 Mefo-Wechsel (von Metall-Forschungs-GmbH): Finanzierungsinstrument; Schuldpapiere, die durch eine Einlösungsverpflichtung durch die Reichsbank gesichert schienen.

2 Hjalmar Schacht (1877–1970), u. a. Reichsbankpräsident von 1933–39

H. Böhme, Prolegomena zu einer Sozial- und Wirtschaftsgeschichte. Deutschland im 19. und 20. Jahrhundert, Frankfurt/M. 1968, S. 128 f.

M 23 Aus dem „Gesetz zur Ordnung der nationalen Arbeit" (1934)

Führer des Betriebes und Vertrauensrat
§ 1 Im Betriebe arbeiten der Unternehmer als Führer des Betriebes, die Angestellten und Arbeiter als Gefolgschaft gemeinsam zur Förderung der Betriebszwecke und zum gemeinsamen Nutzen von Volk und Staat.
§ 2 (1) Der Führer des Betriebes entscheidet der Gefolgschaft gegenüber in allen betrieblichen Angelegenheiten, soweit sie durch dieses Gesetz geregelt werden. [...]

Zit. nach: W. Conze, a.a.O., Teil I, Stuttgart 1972, S. 75.

M 24 **Selbstversorgung**

Aus einer Denkschrift Hitlers (1936):

Kurz zusammengefasst: Ich halte es für notwendig, dass nunmehr mit eiserner Entschlossenheit auf all den Gebieten eine 100%ige Selbstversorgung eintritt, auf denen diese möglich ist, und dass dadurch nicht nur die nationale Versorgung mit diesen wichtigsten Rohstoffen vom Ausland unabhängig wird, sondern dadurch auch jene Devisen eingespart werden, die wir im Frieden für die Einfuhr unserer Nahrungsmittel benötigen. [...]

Zit. nach: W. Conze, a,a,O.,, Teil II, Stuttgart 1972, S. 32.

M 25 **Fassade und Wirklichkeit**
Dieses Bild durfte in Deutschland nicht gezeigt werden, Fotomontage von John Heartfield (19. Dezember 1935).

M 26

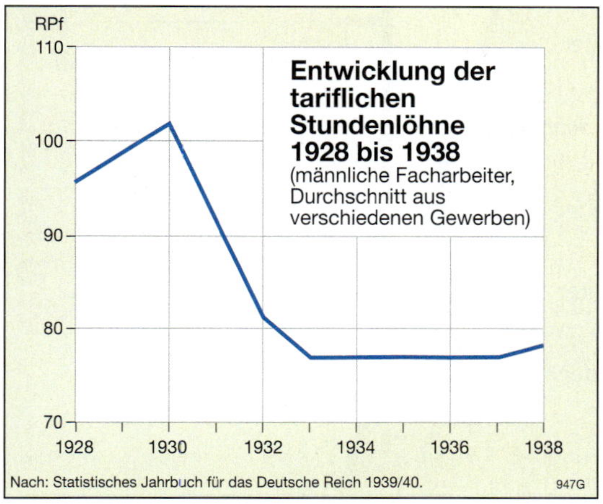

Nach: Statistisches Jahrbuch für das Deutsche Reich 1939/40.

M 27

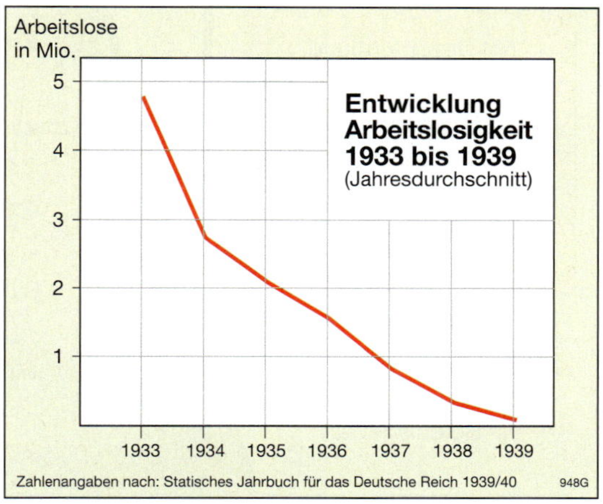

Zahlenangaben nach: Statisches Jahrbuch für das Deutsche Reich 1939/40

M 28

Rüstungsausgaben des Deutschen Reiches
(1928-1943)

Zeit	Rüstung (Wehrmacht) [in Mio. RM]	Anteil der Rüstung am Volkseinkommen in v. H.[1]
1928	827	1,1
1932	620	1,4
1933	720	1,6
1934	3300	6,3
1935	5150	8,7
1936	9000	13,7
1937	10850	14,7
1938	15500	18,9
1939	32300	23
1940	58100	40
1941	75600	52
1942	96900	64
1943	117900	70

1 ab 1939 Bruttosozialprodukt

D. Petzina u. a., Sozialgeschichtliches Arbeitsbuch III, Materialien zur Statistik des Deutschen Reiches 1914 bis 1945, München 1978, S. 149

M 29

Index der Industriellen Produktion

(1938 = 100)

Jahr	Industrie insgesamt	Verbrauchsgüter	Rüstung
1938	100	100	100
1939	106	100	125
1940	102	95	220
1941	105	96	220
1942	106	87	320
1943	119	91	500
1944	117	87	425

G. Stolper u. a., Deutsche Wirtschaft seit 1870, Tübingen 1964, S. 187.

M 30

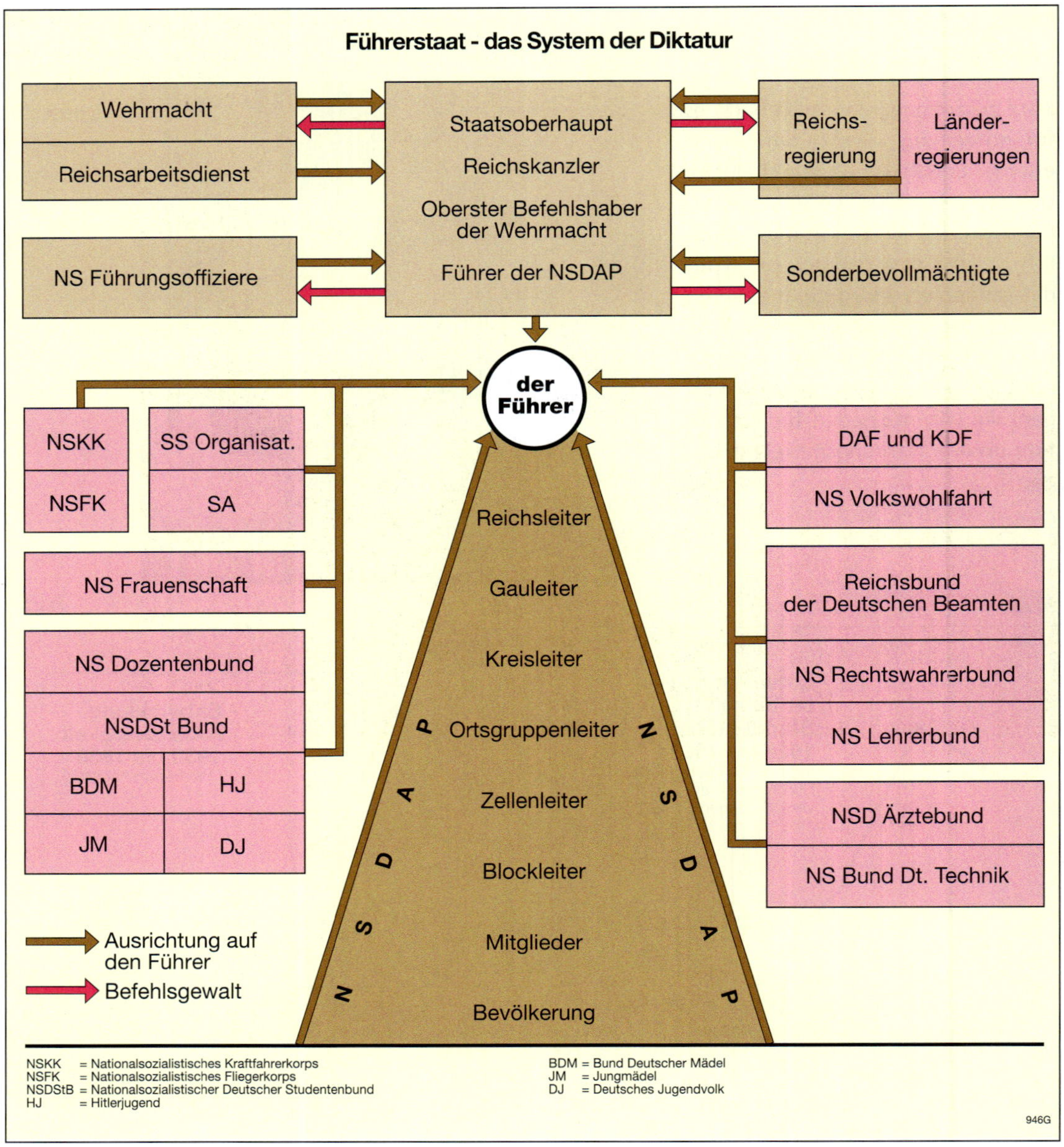

M 31 Führerdiktatur

Beschluss des Großdeutschen Reichstags (1942):

„Es kann keinem Zweifel unterliegen, dass der Führer in der gegenwärtigen Zeit des Krieges, in der das deutsche Volk in einem Kampf um Sein oder Nichtsein steht, das von ihm in Anspruch genommene Recht besitzen muss, alles zu tun, was zur Erringung des Sieges dient oder dazu beiträgt. Der Führer muss daher – ohne an bestehende Rechtsvorschriften gebunden zu sein – in seiner Eigenschaft als Führer der Nation, als Oberster Befehlshaber der Wehrmacht, als Regierungschef und oberster Inhaber der vollziehenden Gewalt, als oberster Gerichtsherr und als Führer der Partei jederzeit in der Lage sein, nötigenfalls jeden Deutschen – sei er einfacher Soldat oder Offizier, niedriger oder hoher Beamter oder Richter, leitender oder dienender Funktionär der Partei, Arbeiter oder Angestellter – mit allen ihm geeignet erscheinenden Mitteln zur Erfüllung seiner Pflichten anzuhalten und bei Verletzung dieser Pflichten nach gewissenhafter Prüfung ohne Rücksicht auf so genannte wohl erworbene Rechte mit der ihm gebührenden Sühne zu belegen, ihn im Besonderen ohne Einleitung vorgeschriebener Verfahren aus seinem Amte, aus seinem Rang und seiner Stellung zu entfernen."
Im Auftrage des Führers wird dieser Beschluss hiermit verkündet.

Zit. nach: K. Kroeschell, Deutsche Rechtsgeschichte, Bd. 3, Opladen 1989, S. 277 f.

M 32 **Hitler vor dem Reichstag 1939** anlässlich des deutschen Angriffs auf Polen

Aufgaben

1. Erklären Sie den Begriff „Herrschaftstechnik".
   → Text, M1
2. Charakterisieren Sie das Menschenbild, das der NS-Propaganda zu Grunde lag.
   → M6
3. Beschreiben Sie die Methoden, derer sich die Propagandamaschinerie bediente.
   → Text, M7, M8
4. Vergleichen Sie die Funktion der Massenmedien in einer Demokratie und in einer Diktatur.
5. Mit welcher Zielsetzung wurde die Jugend im Nationalsozialismus organisiert?
   → Text, M2, M3, M9, M10–M12
6. Kennzeichnen Sie das Frauenbild des Nationalsozialismus.
   → Text, M17–M19
7. Beurteilen Sie die Rollenverteilung zwischen Männern und Frauen.
8. Welcher Methoden bedienten sich die Nationalsozialisten bei der Durchdringung des Schulwesens? Vergleichen Sie die Aufgaben und Ziele der Schule im Dritten Reich mit den Wertvorstellungen einer demokratischen Erziehung.
   → Text, M13–M16
9. Zählen Sie die Kernelemente der NS-Rechtsauffassung auf.
   → Text, M20, M21
10. Vergleichen Sie dieses Rechtsverständnis mit dem eines demokratischen Rechtsstaates.
11. Erläutern Sie die Zielsetzung der NS-Wirtschaftspolitik.
    → Text, M22–M24
12. Analysieren Sie die Entwicklung der deutschen Wirtschaft nach 1933.
    → M25–M29
13. Arbeiten Sie die Auswirkungen der NS-Wirtschaftspolitik auf die Arbeitnehmer heraus.
    → M23, M25–M27
14. „Wo immer der Faschismus gesiegt hat, hat er die Freien Gewerkschaften zertrümmert." (Otto Bauer, 1882–1938, österreichischer Sozialdemokrat) – Erklären Sie die Gründe für eine solche Politik.
15. Wie beurteilen Sie die Rolle Hitlers im Rahmen des Führerstaates?
    → M30–M32

10.5 Kriegspolitik

„Hitler bedeutet Krieg." – So war es von den politischen Gegnern des Nationalsozialismus bereits zu Zeiten der Weimarer Republik lautstark zu vernehmen. Sie hatten offenkundig Hitlers Buch „Mein Kampf" aufmerksam gelesen.

Die gesamte Außenpolitik der Nationalsozialisten stand unter dem Imperativ der Kriegsvorbereitung und der Kriegsführung. Krieg war Hitlers ureigenstes Ziel, und er zögerte nicht, ihn zum nächstmöglichen Zeitpunkt zu beginnen. Im Unterschied zu den komplexen Ursachen des Ersten Weltkrieges, bei dem man zumeist vom „Kriegsausbruch" (1914) spricht, bietet sich für den Zweiten Weltkrieg (1939) der Ausdruck „Entfesselung" als angemessen an. Es gibt keine Kriegsschuldfrage. In der Anfangsphase der NS-Herrschaft erweckte Hitler absichtlich den Eindruck, dass er mit seiner Außenpolitik friedliche Absichten verfolge – im Sinne einer ausschließlichen Revision des Versailler Vertrags.

Appeasementpolitik

Es schien, als wolle er lediglich eine für Deutschland angemessene internationale Geltung wiedererlangen. Großbritannien unterstützte dies zuerst mittels seiner Appeasement(=Beschwichtigungs)politik. So wurde unter anderem die Einführung der allgemeinen Wehrpflicht (1935) als auch die Besetzung des entmilitarisierten Rheinlands toleriert.

Die deutschen Zeitgenossen billigten in ihrer überwältigenden Mehrheit die nationalsozialistische Außenpolitik. Obgleich in Hitlers „Mein Kampf" deutlichst entworfen, nahmen sie zumeist nicht wahr, dass die außenpolitische Strategie auf Eroberung von „Lebensraum im Osten" ausgerichtet war. Dabei wurde seitens der nationalsozialistischen Führung der Krieg als Mittel der Politik angesehen.

In dem Maße, wie die Aufrüstung Fortschritte machte, wurden die Ansprüche immer aggressiver. Das Jahr 1938 stellte dabei den Übergang von einer nicht-militärischen Revision des Versailler Vertrags zur gewaltsamen Machtausdehnung dar. In diesem Jahr erfolgte die Besetzung und Eingliederung Österreichs. Auf der Münchener Konferenz (29. Sept. 1938), an der Chamberlain (Großbritannien), Daladier (Frankreich), Mussolini (Italien) und Hitler teilnahmen, wurde ein Abkommen geschlossen, das die Abtrennung des Sudetenlandes von der Tschechoslowakei vorsah. Als dann im März 1939 deutsche Truppen in die Rest-Tschechoslowakei einmarschierten, war für jedermann erkennbar, dass der NS-Staat seine Herrschaft auch über nichtdeutsche Siedlungsgebiete ausdehnte. Der imperialistische Charakter des NS-Staates war fortan nicht mehr zu übersehen. Die Appeasementpolitik zur Friedenserhaltung war durch diese Aktion endgültig gescheitert. England und Frankreich sahen sich nunmehr genötigt, sich auf einen europäischen Krieg vorzubereiten. Das vom nationalsozialistischen Deutschland bedrohte Polen erhielt eine Schutzgarantie.

Hitler-Stalin-Abkommen

Kurz vor dem Angriff auf Polen am 1. September 1939 gelang der deutschen Diplomatie – mittels des so genannten Hitler-Stalin-Abkommens – ein taktischer Schachzug, mit dem Hitler einen Zweifrontenkrieg vermeiden konnte. Diese von den Zeitgenossen als sensationell

M 1

empfundene Übereinkunft sah in einem geheimen Zusatzprotokoll die Teilung Polens sowie die Abgrenzung der Interessensphären in Osteuropa vor. Dieses Abkommen stieß die gesamte kommunistische Bewegung außerhalb der Sowjetunion in eine tiefe Glaubenskrise, denn von einem Tag zum anderen war aus dem nationalsozialistischen Erzfeind eine befreundete Nation geworden.

Eine Woche später marschierten deutsche Truppen – vorbereitet durch ein propagandistisches Trommelfeuer und einen von der SS vorgetäuschten polnischen Angriff auf den Rundfunksender Gleiwitz – in Polen ein. Damit hatte der Zweite Weltkrieg begonnen. England und Frankreich bestätigten ihre für Polen eingegangenen Verpflichtungen und erklärten Deutschland den Krieg. Der nach der Niederwerfung Polens gegen England und Frankreich geführte Krieg hatte Hitlers eigentliche Perspektive nicht verändert. Letztlich ging es ihm um die Erringung von so genanntem Lebensraum im Osten. Einen entsprechenden Befehl zur Vorbereitung erhielt die Reichswehr bereits Mitte 1940. Der Überfall auf die Sowjetunion begann dann am 22. Juni 1941.

Der auch nach Osten hin geplante schnelle Feldzug („Blitzkrieg") scheiterte im Winter 1941/42 vor den Toren Moskaus. Die Niederlage in der Schlacht von Stalingrad ein Jahr später wird in der Retrospektive als Wendepunkt des Zweiten Weltkrieges angesehen. Trotz der enormen Steigerungen der Rüstungsproduktion ab 1942 war der Krieg des nationalsozialistischen Deutschlands verloren. Denn mit dem Kriegseintritt der USA trat eine Macht auf den Plan, die innerhalb kürzester Zeit ein militärisches Potenzial entfalten konnte, das ausreichte, um auf zwei weit auseinander liegenden Schauplätzen – in Europa und in Asien – siegreich präsent zu sein.

Das nationalsozialistische Deutschland hatte seine Kräfte überspannt. Es folgten „Frontbegradigungen", opferreiche Rückzüge, verheerende Bombardierungen deutscher Städte und schließlich die Mobilisierung des „Volkssturms“ – das letzte Aufgebot der Jugendlichen und Alten.

Der Krieg endete mit der bedingungslosen Kapitulation („unconditional surrender“) am 8. Mai 1945. Drei Monate später setzten die amerikanischen Atombomben auf Hiroshima und Nagasaki den Schlusspunkt auch auf dem asiatischen Kriegsschauplatz.

M 2

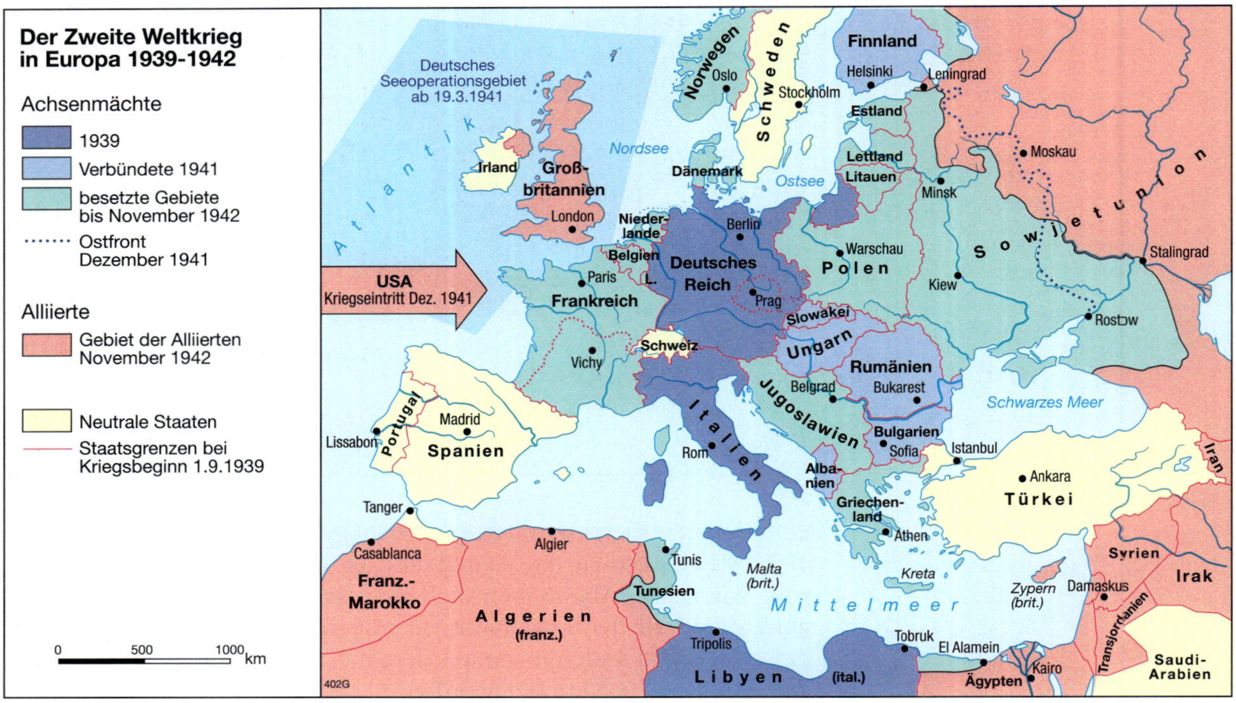

M 3

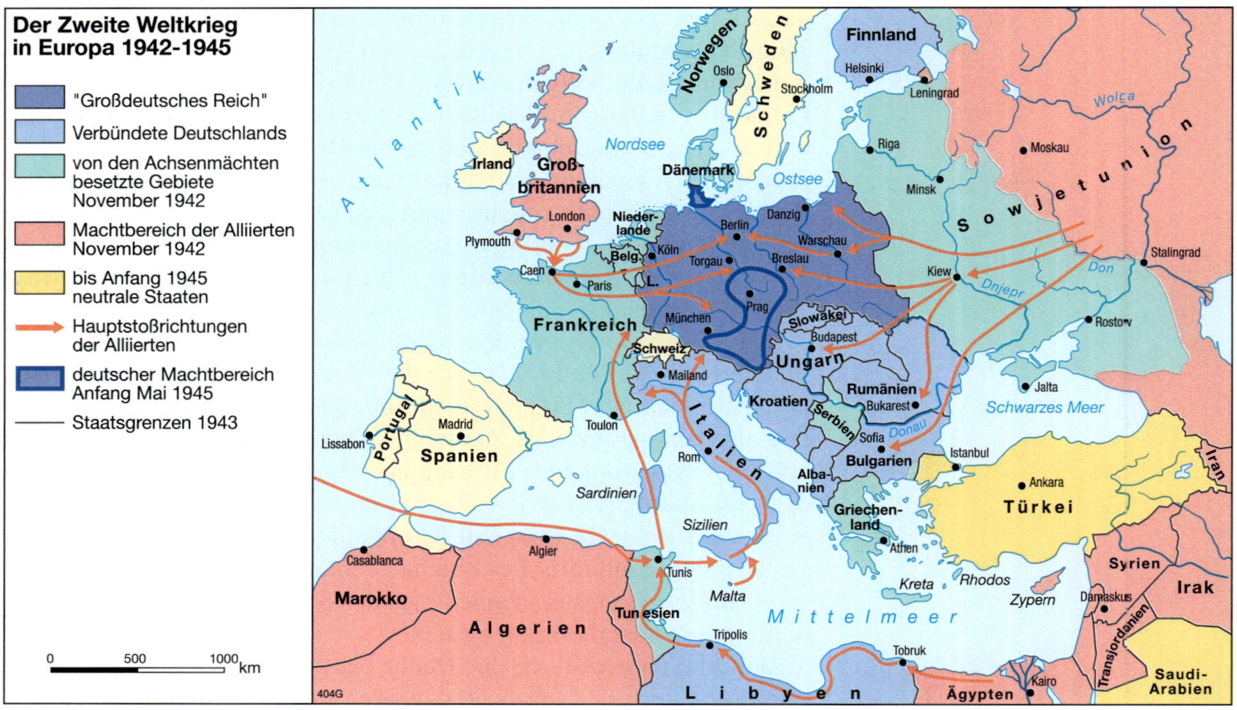

Chronologie: Der Zweite Weltkrieg

1939	
1. September bis 1. Oktober	4.45 Uhr: Beginn des deutschen Angriffs auf Polen. Auf deutscher Seite kämpfen 53 Divisionen, 2 Luftflotten und Seestreitkräfte. Ende des Polenfeldzuges nach der Kapitulation von Warschau und der Übergabe von Modlin.
1940	
9. April bis 30. April	Besetzung Dänemarks und Norwegens durch deutsche Truppen
10. Mai bis 22. Juni	Unter Verletzung der Neutralität der Niederlande, Belgiens und Luxemburgs Einmarsch deutscher Truppen in Frankreich. 14. Juni Besetzung von Paris. 22. Juni Kapitulation Frankreichs und Waffenstillstandsabkommen im Wald von Compiègne.
1941	
12. Februar bis 13. Mai 1943	Eine deutsche Division wird unter Führung von Generalleutnant Rommel zum Angriff gegen britische Stellungen nach Libyen entsandt. Vorstoß bis zur libysch-ägyptischen Grenze. Der Feldzug endet am 13. Mai 1943 nach einer britischen Großoffensive unter Leitung des Generals Montgomery durch Kapitulation der Reste der Heeresgruppe Afrika.
6. April bis 1. Juni	Feldzug gegen Jugoslawien und Griechenland
22. Juni	Deutscher Angriff auf die UdSSR in breiter Front zwischen Ostsee und Karpaten mit insgesamt 3 050 000 Soldaten (= 75 Prozent des Feldheeres). In den folgenden anderthalb Jahren deutscher Vormarsch bis zur Linie Leningrad – Moskau – Stalingrad – Kaukasus. Nach Stalingrad: Kriegswende. Danach werden sowjetische Truppen im Gegenangriff unter immer größeren deutschen Verlusten bis in die Mitte Deutschlands vordringen.
22. November	Sowjetische Truppen schließen die deutsche 6. Armee mit ca. 250 000 Soldaten im Raum zwischen Don und Wolga bei Stalingrad ein. Hitler verweigert den Ausbruch aus dem Kessel. Ende Januar 1942 Kapitulation; 91 000 deutsche Soldaten gehen in Kriegsgefangenschaft.
7. Dezember	Japanischer Überfall auf Pearl Harbor: Die Japaner vernichten fast die gesamte amerikanische Pazifikflotte. Vier Tage später erklären auch Deutschland und Italien den USA den Krieg.
1942–1945	Luftkrieg: Ständig zunehmende Bombardierung deutscher Städte
1943	
10. Juli bis 13. Oktober	22. Juli Eroberung von Palermo durch die 7. US-Armee. Luftangriffe auf Rom. Mussolini wird zum Rücktritt gezwungen und verhaftet, aber durch deutsche Fallschirmjäger wieder befreit. Italien unterzeichnet am 3. September 1943 einen Waffenstillstand und erklärt Deutschland den Krieg.
1944	
6. Juni	Alliierte Landung in der Normandie
1945	
4. bis 12. Februar	Konferenz von Jalta: Stalin, Roosevelt und Churchill verhandeln über die Koordinierung der militärischen Operationen in der Schlussphase des Krieges und über die Teilung Deutschlands nach Kriegsende.
30. April	Selbstmord Hitlers in Berlin
8. Mai	Ende des Zweiten Weltkrieges in Deutschland; Gesamtkapitulation der Deutschen Wehrmacht im Hauptquartier General Eisenhowers in Reims und im sowjetischen Hauptquartier in Berlin (Karlshorst), 9. Mai.
6. August	Abwurf der ersten Atombombe auf Hiroshima. Vier Wochen später: Unterzeichnung der bedingungslosen Kapitulation Japans.

M 4 Außenpolitische Zielsetzung

Hitler schrieb in „Mein Kampf" (1925):

Demgegenüber müssen wir Nationalsozialisten unverrückbar an unserem außenpolitischen Ziele festhalten, nämlich dem deutschen Volk den ihm gebührenden Grund und Boden auf dieser Erde zu sichern. Und diese Aktion ist die einzige, die vor Gott und unserer deutschen Nachwelt einen Bluteinsatz gerechtfertigt erscheinen lässt. [...] Deutschland wird entweder Weltmacht oder überhaupt nicht sein. [...] Damit ziehen wir Nationalsozialisten bewusst einen Strich unter die außenpolitische Richtung unserer Vorkriegszeit. Wir setzen dort an, wo man vor sechs Jahrhunderten endete. Wir stoppen den ewigen Germanenzug nach dem Süden und Westen Europas und weisen den Blick nach dem Land im Osten. Wir schließen endlich ab die Kolonial- und Handelspolitik der Vorkriegszeit und gehen über zur Bodenpolitik der Zukunft. Wenn wir aber heute in Europa von neuem Grund und Boden reden, können wir in erster Linie nur an Russland und die ihm untertanen Randstaaten denken.

A. Hitler, Mein Kampf, a. a. O., S. 739, 742.

M 5 Gebrauch der politischen Macht

Unmittelbar nach seinem Regierungsantritt skizzierte Hitler vor Befehlshabern des Heeres und der Marine seine außenpolitischen Absichten (3. Februar 1933):

Wie soll politische Macht, wenn sie gewonnen ist, gebraucht werden? Jetzt noch nicht zu sagen. Vielleicht Erkämpfung neuer Export-Möglichkeiten, vielleicht – und wohl besser – Eroberung neuen Lebensraums im Osten und dessen rücksichtslose Germanisierung. Sicher, dass erst mit politischer Macht und Kampf jetzige wirtschaftliche Zustände geändert werden können. Alles, was jetzt geschehen kann – Siedlung – Aushilfsmittel. Wehrmacht, wichtigste und sozialistischste Einrichtung des Staates. Sie soll unpolitisch und überparteilich bleiben. Der Kampf im Innern nicht ihre Sache, sondern der Nazi-Organisationen. Anders wie in Italien keine Verquickung von Heer und SA beabsichtigt. – Gefährlichste Zeit ist die des Aufbaus der Wehrmacht. Da wird sich zeigen, ob Fr[ankreich] Staatsmänner hat; wenn ja, wird es uns Zeit nicht lassen, sondern über uns herfallen (vermutl. mit Ost-Trabanten).

Aufzeichnung des Generalleutnants Liebmann, zit. nach: R. Kühnl, Der deutsche Faschismus in Quellen und Dokumenten, Köln 1975, S. 208.

M 6 Hitler: öffentlich und intern

a) Rede Hitlers vor dem Reichstag am 7. März 1936 (am Tag der Besetzung des entmilitarisierten Rheinlands durch deutsche Truppen):

Nach drei Jahren glaube ich so mit dem heutigen Tage den Kampf um die deutsche Gleichberechtigung als abgeschlossen ansehen zu können. [...] Wir haben in Europa keine territorialen Forderungen zu stellen.

Zit. nach: W. Conze (Teil 2), a. a. O., S. 39.

b) Denkschrift Hitlers zum Vierjahresplan vom August 1936:

Die endgültige Lösung liegt in einer Erweiterung des Lebensraumes bzw. der Rohstoff- und Ernährungsbasis unseres Volkes. Es ist die Aufgabe der politischen Führung, diese Frage dereinst zu lösen. [...] Ich stelle damit folgende Aufgabe:
1. Die deutsche Armee muss in 4 Jahren einsatzfähig sein.
2. Die deutsche Wirtschaft muss in 4 Jahren kriegsfähig sein.

Zit. nach: R. Kühnl. Der deutsche Faschismus in Quellen und Dokumenten, a. a. O., S. 287 f.

M 7 Strategie der NS-Außenpolitik am Beispiel des Angriffs auf die Tschechoslowakei

a) Militärische Weisung „Fall Grün":

Angriff auf die Tschechoslowakei (22.4.1938) – Zusammenfassung der Besprechung Führer/General Keitel [seit 1938 Chef des Oberkommandos der Wehrmacht OKW] am 21.4.1938
a. Politisch:
1. Strategischer Überfall aus heiterem Himmel ohne jeden Anlass oder Rechtfertigungsmöglichkeit wird abgelehnt. Da Folge: feindliche Weltmeinung, die zu bedenklicher Lage führen kann.
2. Handeln nach einer Zeit diplomatischer Auseinandersetzungen, die sich allmählich zuspitzen und zum Kriege führen.
3. Blitzartiges Handeln aufgrund eines Zwischenfalls (z. B. Ermordung des deutschen Gesandten im Anschluss an eine deutschfeindliche Demonstration.)

Zit. nach: W. Hofer, Der Nationalsozialismus, Dokumente 1933–1945, Frankfurt 1957, S. 202.

b) Geheime Kommandosache: Hitlers Weisung vom 30. Mai 1938:

Es ist mein unabänderlicher Entschluss, die Tschechoslowakei in absehbarer Zeit durch eine militärische Aktion zu zerschlagen. Den politisch und militärisch geeigneten Zeitpunkt abzuwarten oder herbeizuführen ist Sache der politischen Führung. Eine unabwendbare Entwicklung der Zustände innerhalb der Tschechoslowakei oder sonstige politische Ereignisse in Europa, die eine überraschend günstige, vielleicht nie wiederkehrende Gelegenheit schaffen, können mich zu frühzeitigem Handeln veranlassen. Die richtige Wahl und entschlossene Ausnützung eines günstigen Augenblicks ist die sicherste Gewähr für den Erfolg. Dementsprechend sind die Vorbereitungen unverzüglich zu treffen. [...]

Zit. nach: W. Conze, a.a.O., Teil II, S. 51 f.

c) Aus Hitlers Sportpalastrede vom 26. Sept. 1938[1]

Ich habe ihm [Herrn Chamberlain – britischer Premierminister von 1937–1940] weiter versichert und wiederhole es hier, dass es – wenn dieses Problem gelöst ist – für Deutschland in Europa kein territoriales Problem mehr gibt! Und ich habe ihm weiter versichert, dass in dem Augenblick, in dem die Tschechen mit ihren anderen Minderheiten sich auseinandergesetzt haben, und zwar friedlich und nicht durch Unterdrückung, dass ich dann am tschechischen Staat nicht mehr interessiert bin. Und das wird ihm garantiert! Wir wollen gar keine Tschechen!

1 Die Münchner Konferenz (Teilnehmerstaaten: Deutschland, Großbritannien, Frankreich und Italien) beschloss am 30. Sept. 1938 die Abtretung des sudetendeutschen Gebietes an Deutschland.

Zit. nach: W. Hofer, a. a. O., S. 207.

d) Hitlers Geheimbefehl vom 21. Oktober 1938:

Die künftigen Aufgaben der Wehrmacht und die sich daraus ergebenden Vorbereitungen für die Kriegsführung werde ich später in einer Weisung niederlegen. Bis zum In-Kraft-Treten dieser Weisung muss die Wehrmacht jederzeit auf folgende Fälle vorbereitet sein:

1. Sicherung der Grenzen des Deutschen Reiches und Schutz gegen überraschende Luftangriffe.
2. Erledigung der Rest-Tschechei
3. Inbesitznahme des Memellandes [...]

Zit. nach: W. Hofer, a. a. O., S. 219.

M 8 Nationalsozialistische Aggressionspolitik

Der Historiker Hans-Adolf Jacobsen fasst die Schritte zur Expansion zusammen:

Seit dem Kriegsausbruch (1. September 1939) zeichneten sich indessen die nationalsozialistischen Ziele Schritt für Schritt deutlicher ab: Nach dem Aufbau „Großdeutschlands" ging es zunächst um die Liquidierung Polens, begleitet von den ersten völkischen Ausrottungsmaßnahmen; sodann setzte der Kampf um die Vormachtstellung des Reiches in Mitteleuropa ein, der mit den militärischen Erfolgen von April bis Juni 1940 (Norwegen- und Westfeldzug) siegreich beendet zu sein schien. Aber als Hitler sich außer Stande sah, England zur Anerkennung seiner politischen und militärischen Eroberungen zu zwingen und eine Kontinentalkoalition gegen Großbritannien im Sinne seiner Zielsetzung aufzubauen, fasste er den Entschluss, die „Konsolidierung" Europas, das heißt die von ihm und seinen engsten politischen Mitarbeitern geplante Neuordnung des Kontinents im Geiste der nationalsozialistischen Ideologie mittels Gewalt zu „vollenden". [...] Nach allen bis heute vorliegenden Zeugnissen ist aber festzuhalten: Der seit Juli 1940 geplante und im Juni 1941 ausgelöste deutsche Angriff gegen die Sowjetunion war kein Präventivkrieg; Hitlers Entschluss zur Offensive entsprang nicht der tiefen Sorge vor einem drohenden, bevorstehenden sowjetischen Angriff, sondern war letzten Endes Ausdruck seiner Aggressionspolitik, wie sie seit 1938 immer deutlicher zum Ausdruck gekommen war.

H.-A. Jacobsen, Kommissarbefehl ..., in: M. Broszat u. a., Anatomie des SS-Staates, Bd. 2 München 1967, S. 138

Aufgaben

1. Fassen Sie zusammen, wie Hitler seine imperialistischen Vorstellungen rechtfertigte. Welche grundsätzliche Stoßrichtung hatten diese?
   → M4, M5
2. Stellen Sie die Strategie dar, nach der Hitler auf außenpolitischem Gebiet operierte.
   → M6–M8
3. Rekonstruieren Sie die Stationen der NS-Außenbzw. Kriegspolitik.
   → Text, M1–M3, M8
4. Diskutieren Sie, warum es nach dem Zweiten Weltkrieg keine ernsthafte Kriegsschuld-Diskussion in Deutschland geben konnte.
   → Text, M1–M8

10.6 Verfolgung und Vernichtung der Juden

Judenverfolgung

1933 lebten in Deutschland eine halbe Million Juden (0,8 Prozent der Bevölkerung), die überwiegend der Mittelschicht angehörten und in die deutsche Gesellschaft weitgehend integriert waren. Die meisten von ihnen ahnten zu diesem Zeitpunkt keineswegs, welche brutalen und tödlichen Konsequenzen die nationalsozialistische Machtübernahme haben würde.

Die neuen Machthaber begannen unverzüglich mit der Ergreifung von judenfeindlichen Maßnahmen. Zwischen 1933 und 1939 schränkten etwa 250 Gesetze und Verordnungen die Existenz der Juden ein. Diese wurden aus allen öffentlichen Ämtern entfernt und schrittweise aus vielen Berufen herausgedrängt (Juristen, Ärzte, Schriftleiter, Apotheker). Ein Gesetz beschränkte den Zugang jüdischer Schüler zur Universität (1933). Ab 1936 wurde die Rassentrennung an den Schulen eingeführt. Die „Nürnberger Gesetze“ (1935) grenzten die Juden aus dem Verband der deutschen Reichsbürger aus. Die Absonderung und Entrechtung der Juden wurde auch in den nächsten Jahren systematisch weiterbetrieben. Pässe von Juden verloren ihre Gültigkeit (1938). Den Juden wurde (ab 1939) die Pflicht auferlegt, jüdische Vornamen anzunehmen: Israel für männliche und Sara für weibliche Juden. Ab 1941 mussten die Juden in der Öffentlichkeit einen Stern tragen. Die Verordnung zur Ausschaltung der Juden aus dem deutschen Wirtschaftsleben (1938) machte einen Zusammenhang augenfällig, der von Anfang an integraler Bestandteil der anti-jüdischen Politik gewesen war. Mit der Entrechtung ging der Vermögensentzug einher. Die „Arisierung der Wirtschaft“ lief praktisch auf eine Zwangsenteignung hinaus.

M 1 **Schild in Braunschweig** von 1935. Solche Schilder gab es überall in Deutschland. Während der Olympischen Spiele 1936 wurden sie vorübergehend entfernt.

„Reichspogromnacht“

Vorläufiger Höhepunkt der nationalsozialistischen Judenpolitik war die so genannte Reichskristallnacht am 9. November 1938, als Synagogen abgebrannt, jüdische Geschäfte zerstört und Zehntausende von Juden verhaftet wurden. Die „Reichskristallnacht“ stellte eine neue Stufe der Verfolgung und Entrechtung der Juden in Deutschland dar. Das Attentat eines Juden auf einen Diplomaten der deutschen Botschaft in Paris (vom Rath) war für die NS-Führung der willkommene Anlass zu diesem Pogrom. Motiv für den jüdischen Attentäter Grynszpan war der Protest gegen kurz zuvor durchgeführte Abschiebungen von Juden nach Polen.

Ein großer Teil der deutschen Öffentlichkeit schien das Vorgehen der Nationalsozialisten am 9. November 1938 zu missbilligen. Gleichwohl kam es zu keinen größeren Protesten. Obgleich die NS-Propaganda nichts unversucht ließ, diese Aktionen als Ausdruck eines „gerechten Volkszorns“ zu deklarieren, handelte es sich um ein zentral gesteuertes Unternehmen – organisiert von Goebbels als der treibenden Kraft und ausgeführt von SA-Kommandos. Im Zusammenhang mit der „Reichskristallnacht“ wurden mindestens 267 Synagogen und 7500 Geschäfte zerstört. Ungefähr 20000 jüdische Deutsche wurden (vorübergehend) verhaftet und in Konzentrationslagern festgesetzt.

Der Volksmund sprach wegen der vielen Scheiben, die zu Bruch gegangen waren, etwas unbekümmert von der „Reichskristallnacht“.

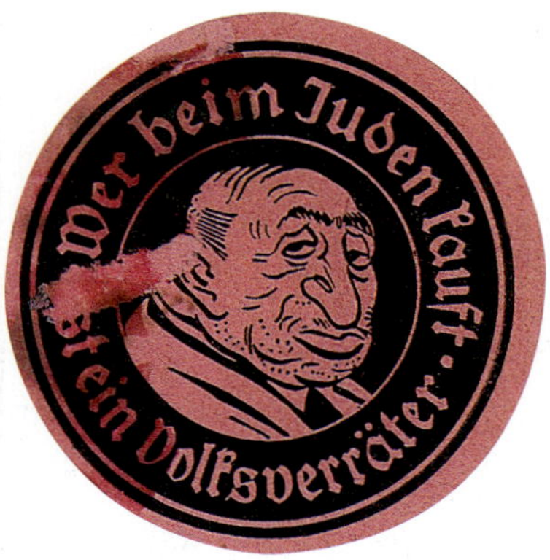

M 2 **Von der NS-Propaganda im November 1934 verbreiteter Aufkleber**

Aufgrund der in diesem Ausdruck enthaltenen Verharmlosung wird gegenwärtig bei offiziellen Anlässen von der „Reichspogromnacht“ gesprochen.

Trotz der Schikanen und der sich fortsetzenden Diskriminierungen hatte bis 1938 nur etwa ein Drittel der jüdischen Deutschen ihre Heimat verlassen. Die Emigration war durch die Erhebung einer so genannten Reichsfluchtsteuer mit weitgehendem Vermögensverlust verbunden (bis 90 Prozent). Mit Kriegsbeginn schränkten die Behörden die Auswanderungsmöglichkeiten weiter ein. Ab 1941 wurden die jüdischen Deutschen – unter Entzug der deutschen Staatsangehörigkeit und ihrer Vermögen – nach Osten deportiert.

Menschenvernichtung

Die ideologische Grundlage für die Menschenvernichtung im Dritten Reich ist in der Rassenlehre und in der Eugenik (Erbgesundheitslehre) zu sehen. Unter dem Vorzeichen eines irreführenden Biologismus und versehen mit dem Etikett scheinbarer naturwissenschaftlicher Korrektheit entwickelten die neuen Machthaber ein Programm der „Rassenhygiene“. Die Fortpflanzung von biologisch Minderwertigen sollte verhindert werden. Die Rassenhygieniker – darunter viele Mediziner – glaubten, dass auch soziales Fehlverhalten, wie zum Beispiel Verwahrlosung, Alkoholismus und Kriminalität, genetisch bedingt seien. Die Zwangssterilisierung und Tötung von Asozialen, Behinderten und Erbkranken lagen in der Konsequenz dieser ideologischen Prämissen.

Lange bevor die Entscheidung zur systematischen Vernichtung von Juden getroffen worden war, hatte Hitler den Befehl für das T4-Programm gegeben (1938). Hinter dem Kürzel T4 verbarg sich eine Dienststelle (Tiergartenstr. Nr. 4 in Berlin), die dem Reichsinnenministerium unterstand. Von hier aus wurde die Tötung von Behinderten und Geisteskranken geleitet. Das geschah in Gaswagen mit Kohlenmonoxyd. Nicht zuletzt aufgrund der Proteste von katholischen Geistlichen wurden diese Aktionen 1941 zunächst gestoppt, aber später heimlich weitergeführt. Die Gesamtzahl der Opfer des T4-Befehls belief sich bis Mitte 1941 auf etwa 70 000. Insgesamt fielen etwa 120 000 Menschen diesem Tötungsprogramm zum Opfer, das die NS-Ideologen zynisch als Euthanasie (wörtlich: schöner Tod) bezeichneten.

M 3 **Vorbereitung der Euthanasie**
Aus der Dia-Serie „Blut und Boden“, die für Schulungszwecke eingesetzt wurde

Die so genannte Endlösung

Ein schriftlicher Befehl Hitlers („Führerbefehl") in Bezug auf die systematische Vernichtung der Juden und Roma und Sinti liegt nicht vor. Jedoch ist es aufgrund der Machtstrukturen des Dritten Reiches undenkbar, dass eine so weitreichende Entscheidung ohne Hitlers Einverständnis zustande kam. Sie wurde innerhalb der NS-Führung in der zweiten Hälfte des Jahres 1941 getroffen, wahrscheinlich nach Beginn des Feldzuges gegen die Sowjetunion und nach der zwischenzeitlichen Eroberung großer Gebiete in Osteuropa. An der Wannsee-Konferenz (20. Januar 1942) – benannt nach dem Tagungsort, einer Villa „Am Großen Wannsee" (heute eine Gedenkstätte), – nahmen die Staatssekretäre aus verschiedenen Ministerien sowie Vertreter der Partei, SS, Reichskanzlei usw. teil. Sie waren einer Einladung von Reinhard Heydrich (Chef der Sicherheitspolizei und des Sicherheitsdienstes) gefolgt, der sich auf der Konferenz als „Beauftragter für die Endlösung der europäischen Judenfrage" zu erkennen gab. Diese Konferenz fasste keinen Beschluss über die so genannte Endlösung, denn zu diesem Zeitpunkt war die Judenvernichtung bereits im Gange.

Die „Endlösung der Judenfrage" wurde unter dem Siegel einer „Geheimen Reichssache" von der SS exekutiert. Ihr fielen zwischen fünf und sechs Millionen Juden zum Opfer. Obgleich die Judenvernichtung die verbrecherische Konsequenz des kompromisslosen Antisemitismus war, versuchte die NS-Führung dennoch, dieses Geschehen vor der deutschen Öffentlichkeit geheim zu halten. Begriffe wie „Evakuierung", „Sonderbehandlung" und „Arbeitseinsatz im Osten" dienten dazu, das grausige Geschehen zu tarnen.

Ob dem Massenmord schon frühzeitig ein Generalplan zugrunde lag, ist unter den Historikern umstritten. Es überwiegt die Ansicht einer schrittweisen Radikalisierung. Das NS-System beraubte die Juden durch rechtliche, wirtschaftliche und politische Maßnahmen ihrer Lebensmöglichkeiten, erlaubte und förderte bis 1939 aber die Auswanderung. Der Massenvernichtung fehlte am Anfang die Systematik. Sie erfolgte durch Massenerschießungen, die in erster Linie von SS-Einsatzgruppen und teilweise auch von Wehrmachtseinheiten hinter den Fronten vorgenommen wurden. Insbesondere die Beseitigung von Ernährungs- und Versorgungsengpässen während des Krieges könnte

M 4

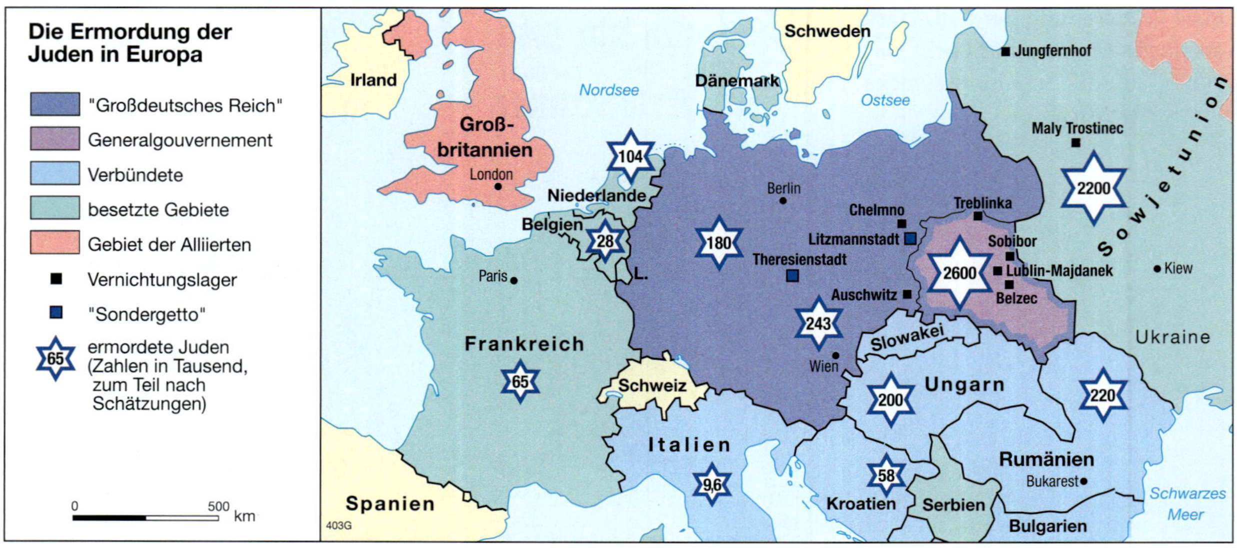

dem industriell durchgeführten Genozid (Völkermord) Vorschub geleistet haben. Für den Massenmord – insbesondere an den Juden – hat sich gegenwärtig auch als Folge eines amerikanischen Films mit gleichem Titel der Ausdruck „Holocaust“ eingebürgert. Dieses Wort ist insofern unpassend, weil mit ihm ursprünglich ein religiöses Brandopfer gemeint war. Die Juden benutzen daher „Schoah“, das hebräische Wort für „Vernichtung“.

Das Schicksal der jüdischen Deutschen

Von der halben Million jüdischer Deutscher des Jahres 1933 wanderten etwa 280 000 aus. Von ihnen wurden ungefähr 30 000 nach Einmarsch der deutschen Truppen in die verschiedenen europäischen Länder festgenommen und deportiert. 72 000 Juden starben eines natürlichen Todes. Etwa 134 000 Juden, die im Reich verblieben waren, wurden nach Osten deportiert. Von ihnen überlebten etwa 5 000. Im Reich selbst vermochten etwa 20 000 Juden ihr Leben zu retten: 15 000, weil sie einen arischen Ehepartner hatten, zwischen 5 000 und 15 000 überlebten – zumeist auf abenteuerliche Weise – verborgen in der Illegalität. Nach den Forschungsergebnissen der Geschichtswissenschaft ist davon auszugehen, dass die Gesamtzahl der von den Nationalsozialisten in Europa getöteten Juden annähernd sechs Millionen beträgt.

Widerstand

Einen organisierten Widerstand der jüdischen Deutschen im Reich selbst hat es nicht gegeben – konnte es auch nach Lage der Dinge nicht geben. Auch in den besetzten Gebieten Osteuropas war aufgrund der Überlegenheit der SS und ihrer Helfer Widerstand fast aussichtslos. Die meisten Juden verfolgten eine Strategie der Anpassung, verbunden mit der vagen Hoffnung, so die Verfolgungen zu überstehen und dem Tod zu entgehen. Um so größer ist die historische Bedeutung des Warschauer Gettoaufstands von 1943. Im Warschauer Getto hatten die nationalsozialistischen Besatzer annähernd eine halbe Million Juden auf engstem Raum zusammen gepresst und von der Außenwelt abgeschottet. 1942 erfolgten von dort die Deportationen ins Vernichtungslager Treblinka. Dagegen bildete sich ein bewaffneter Widerstand, der im Frühjahr 1943 in einem Aufstand mündete. Mit minimalen militärischen Mitteln verteidigten etwa 750 Mann das Getto in einem wochenlangen Kampf gegen die Übermacht der SS-Truppen. Dieser Kampf endete mit der – wie es in einem SS-Bericht hieß – „Liquidierung des jüdischen Wohnbezirks“.

Chronologie

1. April 1933	Boykott jüdischer Geschäfte
15. September 1935	„Nürnberger Gesetze“
9. November 1938	„Reichskristallnacht“
ab Juni 1941	Massenerschießungen von Juden durch Einsatzgruppen der SS (Baltikum, Weißruthenien, Ukraine, Krim)
1. September 1941	Juden müssen einen gelben Stern tragen.
ab Dezember 1941	Beginn der Massentötungen von Juden durch den Einsatz von Gaswagen in Chelmo
20. Januar 1942	Wannsee-Konferenz
ab Juni 1942	Beginn der Massenvergasungen in Auschwitz
19. April 1943	Aufstand im Warschauer Getto (bis zum 16. Mai niedergeworfen)
27. Januar 1945	Befreiung von Auschwitz durch die sowjetische Armee

M 5 Boykott jüdischer Geschäfte (1. April 1933)

Der Boykott war als prograndistische Aktion gedacht. Der englische Text auf dem Schaufenster verweist darauf, dass die Urheber offenkundig auch Ausländer beeinflussen wollten.

M 6 „Rassenschande“

Wegen „Rassenschande“ am Pranger. Am 15. September 1935 erließ Hitler das „Gesetz zum Schutz des deutschen Blutes und der deutschen Ehre“. Den Juden wurde die Ehe und der außereheliche Geschlechtsverkehr mit „Ariern“ verboten, Aufnahme aus Hamburg, 1935.

M 7 „Nürnberger Gesetze“ (15.9.1935)

1. „Gesetz zum Schutze des deutschen Blutes und der deutsche Ehre“

Durchdrungen von der Erkenntnis, dass die Reinheit des deutschen Blutes die Voraussetzung für den Fortbestand des deutschen Volkes ist, und beseelt von dem unbeugsamen Willen, die deutsche Nation für alle Zukunft zu sichern, hat der Reichstag einstimmig das folgende Gesetz beschlossen, das hiermit verkündet wird.

§1

1. Eheschließungen zwischen Juden und Staatsangehörigen deutschen und artverwandten Blutes sind verboten. Trotzdem geschlossene Ehen sind nichtig, auch wenn sie zur Umgehung dieses Gesetzes im Auslande geschlossen sind.

2. Die Nichtigkeitsklage kann nur der Staatsanwalt erheben.

§2

Außerehelicher Verkehr zwischen Juden und Staatsangehörigen deutschen oder artverwandten Blutes ist verboten.

§3

Juden dürfen weibliche Staatsangehörige deutschen oder artverwandten Blutes unter 45 Jahren nicht in ihrem Haushalt beschäftigen.

§4

1. Juden ist das Hissen der Reichs- und Nationalflagge und das Zeigen der Reichsfarben verboten.

[...]

2. „Reichsbürgergesetz“ [...]

§2

1. Reichsbürger ist nur der Staatsangehörige deutschen oder artverwandten Blutes, der durch sein Verhalten beweist, dass er gewillt und geeignet ist, in Treue dem deutschen Volk und Reich zu dienen.

[...]

Zit. nach: I. v. Münch, Gesetze des NS-Staates, Paderborn 1982, S. 122 ff.

M 8 Der befohlene Pogrom

Aus dem Urteil des Obersten Parteigerichts vom 20. Januar 1939:

Der Befehl des Gruppenführers, der dem Stabsführer der Gruppe, Oberführer Römpagel in der Nacht vom 9. zum 10. November 1938 telefonisch übermittelt wurde, ist von diesem wie folgt schriftlich zusammengefasst worden:

„Sämtliche jüdischen Geschäfte sind sofort von SA-Männern in Uniform zu zerstören. Nach der Zerstörung hat eine SA-Wache aufzuziehen, die dafür zu sorgen hat, dass keinerlei Wertgegenstände ent-

wendet werden können. Die Verwaltungsführer der SA stellen sämtliche Wertgegenstände einschließlich Geld sicher.
Die Presse ist heranzuziehen.
Jüdische Synagogen sind sofort in Brand zu stecken, jüdische Symbole sind sicherzustellen. Die Feuerwehr darf nicht eingreifen. Es sind nur Wohnhäuser arischer Deutscher zu schützen von der Feuerwehr. Jüdische anliegende Wohnhäuser sind auch von der Feuerwehr zu schützen, allerdings müssen die Juden raus, da Arier in den nächsten Tagen dort einziehen werden.
Die Polizei darf nicht eingreifen. Der Führer wünscht, dass die Polizei nicht eingreift.
Die Feststellung der jüdischen Geschäfte, Läger und Lagerhäuser hat im Einvernehmen mit den zuständigen Oberbürgermeistern und Bürgermeistern zu erfolgen, gleichfalls das ambulante Gewerbe.
Sämtliche Juden sind zu entwaffnen. Bei Widerstand sofort über den Haufen schießen. An den zerstörten jüdischen Geschäften, Synagogen usw. sind Schilder anzubringen mit etwa folgendem Text:
Rache für Mord an vom Rath.
Tod dem internationalen Judentum.
Keine Verständigung mit den Völkern, die judenhörig sind.
Dies kann auch erweitert werden auf die Freimaurerei."

Zit. nach: W. Scheffler, Judenverfolgung im Dritten Reich, Berlin 1964, S. 73.

M 9 „Da muss der Jude den Schaden bezahlen"

Die NS-Führung beschließt antijüdische „Sühnemaßnahmen". Aus dem Protokoll der Sitzung im Reichsluftfahrtministerium vom 12. November 1938:

Göring[1]: Wie viele Synagogen sind tatsächlich niedergebrannt?
Heydrich[2]: Es sind im ganzen 101 Synagogen durch Brand zerstört, 76 Synagogen demoliert, 7 500 zerstörte Geschäfte im Reich. […]
Goebbels: Da muss der Jude den Schaden bezahlen […].
Heydrich: Sachschaden, Inventar- und Warenschäden schätzen wir auf mehrere hundert Millionen […].
Göring: Mir wäre lieber gewesen, ihr hättet 200 Juden erschlagen und nicht solche Werte vernichtet.
Heydrich: 35 Tote sind es.
Göring: Ich werde den Wortlaut wählen, dass die deutschen Juden in ihrer Gesamtheit als Strafe für die ruchlosen Verbrechen usw. usw. eine Kontribution [Zwangsabgabe] von einer Milliarde auferlegt bekommen. Das wird hinhauen.

1 Herman Göring, Reichsmarschall, 1939 zum Nachfolger Hitlers bestimmt

2 Reinhard Heydrich, sehr hoher SS-Führer, u. a. Chef des Reichssicherheitshauptamtes (RSHA), war maßgeblich beteiligt an der Vernichtung der europäischen Juden.

Zit. nach: Das Parlament, Nr. 44/1978.

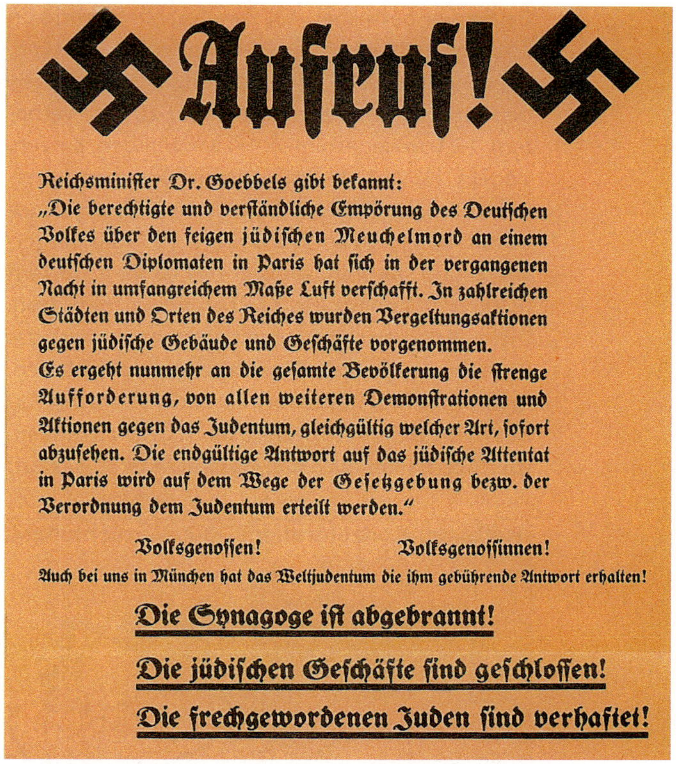

M 10 Aufruf vom 10. November 1938 aus München

M 11 Zunehmende Entrechtung der Juden

Aus dem Tagebuch von Victor Klemperer[1] (Eintrag vom 2. Juni 1942):

Neue Verordnungen in judaeos [gegen die Juden]. Der Würger wird immer enger angezogen, die Zermürbung mit immer neuen Schikanen betrieben. Was ist in diesen letzten Jahren alles an Großem und Kleinem zusammengekommen! Und der kleine Nadelstich ist manchmal quälender als der Keulenschlag. Ich stelle einmal die Verordnungen zusammen: 1) Nach acht oder neun Uhr abends zu Hause sein. Kontrolle! 2) Aus dem eigenen Haus vertrieben. 3) Radioverbot, Telefonverbot. 4) Theater-, Kino-, Konzert-, Museumsverbot. 5) Verbot, Zeitschriften zu abonnieren oder zu kaufen. 6) Verbot zu fahren; (dreiphasig: a) Autobusse verboten, nur Vorderperron der Tram erlaubt, b) alles Fahren verboten, außer zu Arbeit, c) auch zur Arbeit zu

Fuß, sofern man nicht 7 km entfernt wohnt oder krank ist (aber um ein Krankheitsattest wird schwer gekämpft.) Natürlich auch Verbot der Autodroschke.) 7) Verbot, ‚Mangelware' zu kaufen. 8) Verbot, Zigarren zu kaufen oder irgendwelche Rauchstoffe, 9) Verbot, Blumen zu kaufen. 10) Entziehung der Milchkarte. 11) Verbot, zum Barbier zu gehen. 12) Jede Art Handwerker nur nach Antrag bei der Gemeinde bestellbar. 13) Zwangsablieferung von Schreibmaschinen, 14) von Pelzen und Wolldecken, 15) von Fahrrädern – zur Arbeit darf geradelt werden (Sonntagsausflug und Besuch zu Rad verboten), 16) von Liegestühlen, 17) von Hunden, Katzen, Vögeln. 18) Verbot, die Bannmeile Dresdens zu verlassen, 19) den Bahnhof zu betreten, 20) das Ministeriumsufer, die Parks zu betreten, 21) die Bürgerwiese und die Randstraßen des Großen Gartens (Park- und Lennéstraße, Karcherallee) zu benutzen. Diese letzte Verschärfung seit gestern erst. Auch das Betreten der Markthallen seit vorgestern verboten. 22) Seit dem 19. September der Judenstern. 23) Verbot, Vorräte an Esswaren im Hause zu haben. (Gestapo nimmt auch mit, was auf Marken gekauft ist.) 24) Verbot der Leihbibliotheken. 25) Durch den Stern sind uns alle Restaurants verschlossen. Und in den Restaurants bekommt man immer noch etwas zu essen, irgendeinen ‚Stamm', wenn man zu Haus gar nichts mehr hat. Eva sagt, die Restaurants seien übervoll. 26) Keine Kleiderkarte. 27) Keine Fischkarte. 28) Keine Sonderzuteilung wie Kaffee, Schokolade, Obst, Kondensmilch. 29) Die Sondersteuern. 30) Die ständig verengte Freigrenze. Meine zuerst 600, dann 320, jetzt 185 Mark. 31) Einkaufsbeschränkung auf eine Stunde (drei bis vier. Sonnabend zwölf bis eins). Ich glaube, diese 31 Punkte sind alles. Sie sind aber alle zusammen gar nichts gegen die ständige Gefahr der Haussuchung, der Misshandlung, des Gefängnisses, Konzentrationslagers und gewaltsamen Todes.

1 Victor Klemperer, Romanistikprofessor in Dresden, Jude, überlebte das 3. Reich, weil er mit einer so genannten Arierin verheiratet war. Man nannte das damals eine „privilegierte Mischehe". Von Victor Klemperer stammt auch eine wichtige Analyse der Sprache des Dritten Reiches.

V. Klemperer, Ich will Zeugnis ablegen bis zum letzten. Tagebücher 1933–1945, Tagebücher 1942, hrsg. von W. Nowojski, Berlin 1999, S. 107 f.

M 12

Karte der Konzentrations- und Vernichtungslager

M 13 **Beschluss der Wannsee-Konferenz**[1]

Heydrich hatte für den 20. Januar 1942 Vertreter der Partei und verschiedener Ministerien in eine Villa am Wannsee geladen:

An Stelle der Auswanderung ist nunmehr als weitere Lösungsmöglichkeit nach entsprechender vorheriger Genehmigung durch den Führer die Evakuierung [wörtlich Aussiedlung] der Juden nach dem Osten getreten. Diese Aktionen sind jedoch lediglich als Ausweichmöglichkeiten anzusprechen, doch werden hier bereits jene praktischen Erfahrungen gesammelt, die im Hinblick auf die kommende Endlösung der Judenfrage von wichtiger Bedeutung sind. [...]
Unter entsprechender Leitung sollen im Zuge der Endlösung die Juden in geeigneter Weise im Osten zum Arbeitseinsatz kommen. In großen Arbeitskolonnen, unter Trennung der Geschlechter, werden die arbeitsfähigen Juden, Straßen bauend in diese Gebiete geführt, wobei zweifellos ein Großteil durch natürliche Verminderung ausfallen wird. Der allfällig endlich verbleibende Restbestand wird, da es sich bei diesen zweifellos um den widerstandsfähigsten Teil handelt, entsprechend behandelt werden müssen, da dieser, eine natürliche Auslese darstellend, bei Freilassung als Keimzelle eines neuen jüdischen Aufbaus anzusprechen ist. (Siehe die Erfahrung der Geschichte.)

1 Einberufen von R. Heydrich, anwesend waren Vertreter der Partei sowie der verschiedenen Ministerien („Staatssekretärs-Konferenz")

Zit. nach: G. Schoenberner, Der gelbe Stern, München 1978, S. 103.

M 14 **Im Vernichtungslager**

Bericht des SS-Offiziers Kurt Gerstein[1]*, der 1942 das Lager Belzec besucht hatte:*

Belzec. [...] Tatsächlich kam nach einigen Minuten der erste Zug von Lemberg aus an. 45 Waggons mit 6700 Menschen, von denen 1450 schon tot waren bei ihrer Ankunft. Hinter den vergitterten Luken schauten, entsetzlich bleich und ängstlich, Kinder durch, die Augen voller Todesangst, ferner Männer und Frauen. Der Zug fährt ein: 200 Ukrainer reißen die Türen auf und peitschen die Leute mit ihren Lederpeitschen aus den Waggons heraus. Ein großer Lautsprecher gibt die weiteren Anweisungen: Sich ganz ausziehen, auch Prothesen, Brillen usw. Die Wertsachen am Schalter abgeben, ohne Bons oder Quittung. Die Schuhe sorgfältig zusammenbinden (wegen der Spinnstoffsammlung), denn in dem Haufen von reichlich 25 Meter Höhe hätte sonst niemand die zugehörigen Schuhe wieder zusammenfinden können. Dann die Frauen und Mädchen zum Friseur, der mit zwei, drei Scherenschlägen die Haare abschneidet und sie in Kartoffelsäcken verschwinden lässt. „Das ist für irgendwelche Spezialzwecke für die U-Boote bestimmt, für Dichtungen oder dergleichen!" sagt mir der SS-Unterscharführer, der dort Dienst tut. –
Dann setzt sich der Zug in Bewegung. Voran ein bildhübschen junges Mädchen, so gehen sie die Allee entlang, alle nackt, Männer, Frauen, Kinder. [...] Ich selbst stehe mit dem Hauptmann Wirth oben auf der Rampe zwischen den Kammern. Mütter mit ihren Säuglingen an der Brust, sie kommen heraus, zögern, treten ein in die Todenskammern! – An der Ecke steht ein starker SS-Mann, der mit pastoraler Stimme zu den Armen sagt: „Es passiert euch nicht das Geringste! Ihr müsst nur in den Kammern tief Luft holen, das weitet die Lungen, diese Inhalation ist notwendig wegen der Krankheiten und Seuchen." Auf die Frage, was mit ihnen geschehen würde, antwortete er: „Ja, natürlich, die Männer müssen arbeiten, Häuser und Chausseen bauen, aber die Frauen brauchen nicht zu arbeiten. Nur wenn sie wollen, können sie im Haushalt oder in der Küche mithelfen." – Für einige von diesen Armen ein kleiner Hoffnungsschimmer, der ausreicht, dass sie ohne Widerstand die paar Schritte zu den Kammern gehen – die Mehrzahl weiß Bescheid, der Geruch kündet ihnen ihr Los! – So steigen sie die kleine Treppe hinauf, und dann sehen sie alles. Mütter mit Kindern an der Brust, kleine nackte Kinder, Erwachsene, Männer, Frauen, alle nackt – sie zögern, aber sie treten in die Todeskammern, von den anderen hinter ihnen vorgetrieben oder von den Lederpeitschen der SS getrieben. Die Mehrzahl, ohne ein Wort zu sagen. Eine Jüdin von etwa 40 Jahren mit flammenden Augen ruft das Blut, das hier vergossen wird, über die Mörder. Sie erhält fünf oder sechs Schläge mit der Reitpeitsche ins Gesicht, von Hauptmann Wirth persönlich, dann verschwindet auch sie in der Kammer. – Viele Menschen beten. Ich bete mit ihnen, ich drücke mich in eine Ecke und schreie laut zu meinem und ihrem Gott. Wie gern wäre ich mit ihnen in die Kammern gegangen, wie gern wäre ich ihren Tod mitgestorben. Sie hätten dann einen uniformierten SS-Offizier in ihren Kammern gefunden – die Sache wäre als Unglücksfall aufgefasst und behandelt worden und sang- und klanglos verschollen. Noch also darf ich nicht, ich muss noch zuvor künden, was ich hier erlebe! – Die Kammern füllen sich. Gut vollpacken – so hat es der Haupt-

mann Wirth befohlen. Die Menschen stehen einander auf den Füßen [...]. Die SS zwängt sie physisch zusammen, soweit es überhaupt geht. – Die Türen schließen sich [...]. Die Menschen warten in ihren Gaskammern. [...] Sie weinen, schluchzen. [...] Nach 28 Minuten leben nur noch wenige. Endlich, nach 32 Minuten, ist alles tot!

Von der anderen Seite öffnen Männer vom Arbeitskommando die Holztüren. Man hat ihnen – selbst Juden – die Freiheit versprochen [...] für ihren schrecklichen Dienst. Wie Basaltsäulen stehen die Toten aufrecht aneinandergepresst in den Kammern. Es wäre auch kein Platz, hinzufallen oder auch nur sich vornüberzuneigen. Selbst im Tod kennt man die Familien. Sie drücken sich, im Tode verkrampft, noch die Hände, sodass man Mühe hat, sie auseinanderzureißen, um die Kammern für die nächste Charge freizumachen. Man wirft die Leichen [...] hinaus. Kinderleichen fliegen durch die Luft. Man hat keine Zeit, die Reitpeitschen der Ukrainer sausen auf die Arbeitskommandos. Zwei Dutzend Arbeiter öffnen mit Haken den Mund und sehen nach Gold. Gold links, ohne Gold rechts. Andere brechen mit Zangen und Hämmern die Goldzähne und Kronen aus den Kiefern.

Die nackten Leichen wurden auf Holztragen nur wenige Meter weit in Gruben von 100 x 20 x 12 m geschleppt. Nach einigen Tagen gärten dann die Leichen hoch und fielen alsdann kurze Zeit später stark zusammen, sodass man eine neue Schicht auf dieselben draufwerfen konnte. Dann wurde zehn Zentimeter Sand darübergestreut, sodass nur noch vereinzelte Köpfe und Arme herausragten [...].

1 Gerstein wandte sich anschließend u. a. an den päpstlichen Nuntius in Berlin, um das Ausland auf diese Verbrechen aufmerksam zu machen.

Zit. nach: Schriftenreihe der Bundeszentrale für Heimatdienst, Dokumentation zur Massenvergasung, Bonn 1962, S. 7 ff.

M 15 Selektion

Das ist die berüchtigte Rampe von Auschwitz, dem größten Vernichtungslager der Nationalsozialisten. Hier fand die Auswahl statt: 25 % eines jeden Zugtransports durfte – zeitweilig – überleben und wurde zum Arbeitseinsatz abkommandiert. Die restlichen 75 % wurden sofort in die Gaskammern geschickt.

M 16 Auschwitz

Auschwitz, Oswiecim, 60 Kilometer westlich von Krakau wurde 1939 mit Ostoberschlesien in das Deutsche Reich eingegliedert. Im April 1940 befahl Heinrich Himmler, ein Konzentrationslager für 10 000 Häftlinge einzurichten (Stammlager Auschwitz I); später wurde es auf 30 000 ausgelegt. Anfang 1941 begann die IG Farben ein Werk zur Erzeugung von synthetischem Treibstoff und Gummi zu bauen, für das Ende Mai 1942 ein Arbeitslager für 10 000 Häftlinge in Monowitz (Auschwitz III) entstand. Seit Ende November 1941 existierte bereits in der Nähe des Dorfes Brzezinka (Birken-Au) ein Lager für 100 000 Gefangene (Auschwitz II), seit Januar 1942 Vernichtungslager. Seit Frühjahr 1942 rollten die Transportzüge. An der Rampe von Birkenau wurden die Neuankömmlinge durch SS-Ärzte selektiert. Mindestens 900 000 Juden, 70 000 Polen, 21 000 Zigeuner und 13 000 sowjetische Gefangene, so können Historiker inzwischen belegen, wurden in Auschwitz ermordet. Es war das größte Vernichtungslager im Holocaust.

Aus: Die Zeit, Nr. 5/1995.

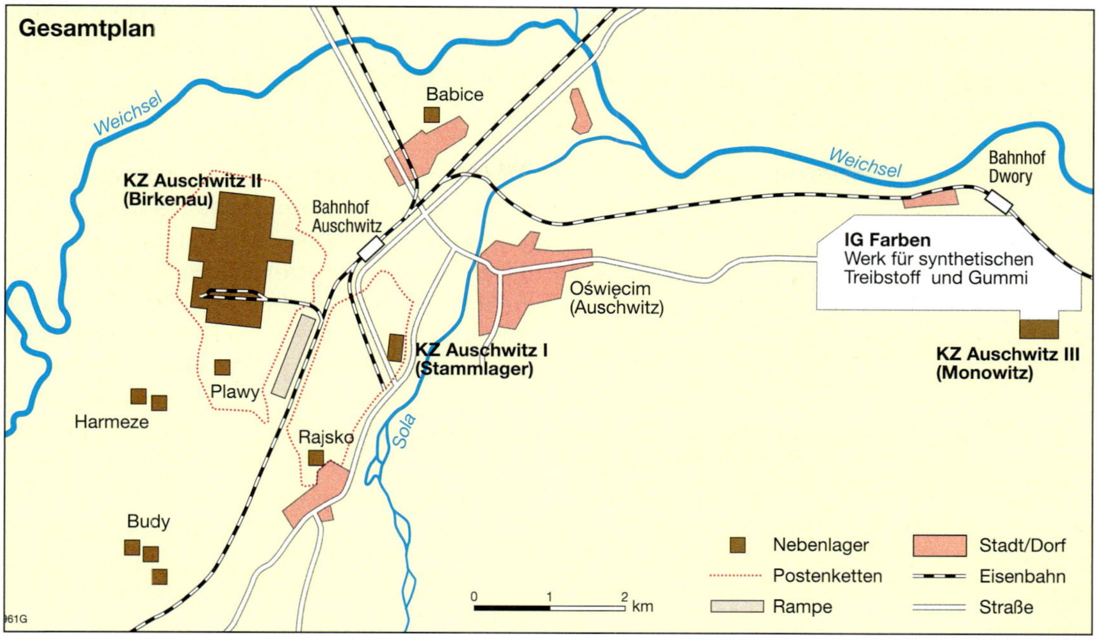

M 17

M 18

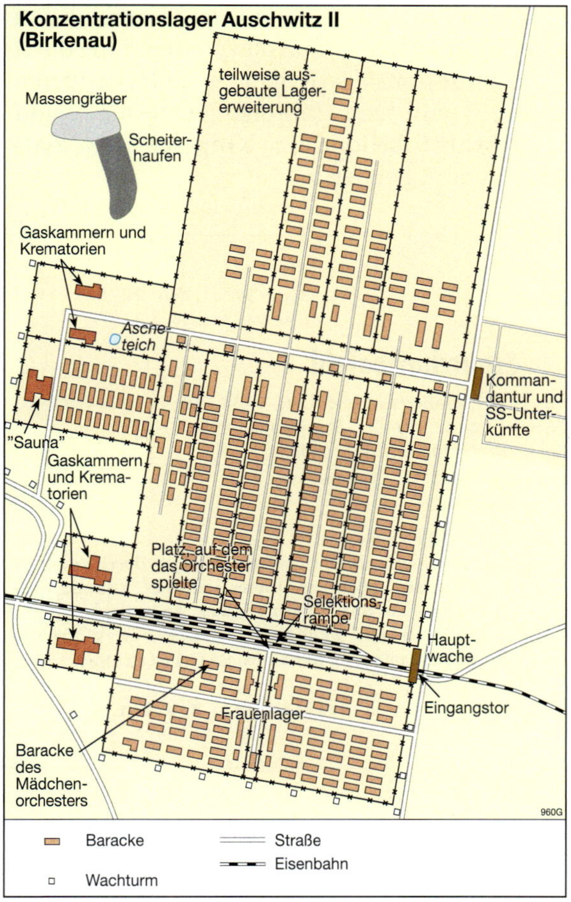

Aufgaben

1. Rekapitulieren Sie die einzelnen Schritte, die zur Entrechtung der Juden führten. Welcher Systematik bedienten sich die Nationalsozialisten bei ihrem Vorgehen?
   → Text, M1, M2, M5–M12
2. Veranschaulichen Sie sich die Maßnahmen, die die Lebensentfaltung der Juden immer weiter einschränkten.
   → M11
3. Halten Sie die Bestimmungen der „Nürnberger Gesetze" fest. Inwiefern spiegeln sie die NS-Ideologie wider?
   → M7
4. Der Pogrom vom 9. November 1938 wurde in den Massenmedien so dargestellt, als handele es sich um den Ausbruch der berechtigten Volkswut. Woran ist zu erkennen, dass diese Darstellung falsch ist? Welche Motive für das Handeln der NS-Führung werden sichtbar?
   → Text, M8, M9
5. Stellen Sie einen Zusammenhang her zwischen dem Programm der „Rassenhygiene" und dem Massenmord.
   → Text, M3
6. Informieren Sie sich über Zeitpunkt, Umfang und Methoden der so genannten Endlösung der Judenfrage.
   → Text, M4, M11–M18

10.7 Polizei, KZ-System und Besatzungsregime

Zum Zwecke der politischen Überwachung und Verfolgung Oppositioneller hatte der NS-Staat einen riesigen Apparat aufgebaut, in den die SS und der SD integriert wurden. Bei der Schutzstaffel (SS) handelte es sich zunächst um eine reine Parteiformation. Sie war 1925 gegründet worden und diente dem persönlichen Schutz Hitlers. Der Sicherheitsdienst (SD) der NSDAP besaß die Aufgabe, gegnerische Parteien zu überwachen, er richtete sich aber auch gegen die innerparteiliche Opposition.

Nach der Machtergreifung zielten die Bestrebungen des „Reichsführers SS“ – Heinrich Himmler – darauf ab, diese Parteiorganisationen mit der regulären staatlichen Polizei zu verschmelzen. Dies gelang ihm 1936. Damit existierte ein einheitlicher Machtapparat des Staates und der Partei, an dessen Spitze nunmehr der „Reichsführer SS und Chef der Deutschen Polizei“ stand. Beim Reichssicherheitshauptamt der SS (RSHA) liefen alle Fäden zur innenpolitischen Machterhaltung zusammen. Die Unterdrückungsmaschinerie – allein die Gestapo zählte ab 1943 etwa 45 000 Menschen – durchdrang die gesamte Gesellschaft und erstickte jede Opposition zumeist schon im Keim. Mitte 1944 waren über eine halbe Million KZ-Häftlinge registriert, im Januar 1945 sogar über 700 000. Nicht nur Juden wurden Opfer des NS-Terrors. Jede politisch abweichende Aktivität wurde kriminalisiert. So genannte Gemeinschaftsfremde führte man der „Vernichtung durch Arbeit“ zu. In den Konzentrationslagern gab es unter anderem folgende Häftlingskategorien: politische Häftlinge (zumeist Kommunisten und Sozialdemokraten), Bibelforscher, Kriminelle, Asoziale, Homosexuelle, Emigranten und Zigeuner.

M 1 **Die vorsorgliche Inhaftierung** hatte schon die Schutzhaftpraxis der Anfangsjahre geprägt. Während des Krieges wurde von ihr immer freizügiger Gebrauch gemacht, wenn auch nur die Möglichkeit zukünftiger Unzuverlässigkeit vorlag.

Geheime Staatspolizei
Geheimes Staatspolizeiamt
-IV C2- H.-Nr. Sch.9788-

Berlin SW 11, den 22.Mai 1941
Prinz-Albrecht-Straße 8

Schutzhaftbefehl

Vor- und Zuname: Hans Schiftan Geburtstag und -Ort: 8.12.99 Schöneberg
Beruf: Angestellter Familienstand: verh. Staatsangehörigkeit: DR
Religion: glaubenslos Rasse (bei Nichtariern anzugeben): -.-
Wohnort und Wohnung: Berlin-Neukölln, Zietenstr.27
wird in Schutzhaft genommen.

Gründe:

Er gefährdet nach dem Ergebnis der staatspolizeilichen Feststellungen durch sein Verhalten den Bestand und die Sicherheit des Volkes und Staates, indem er auf Grund seines politischen Vorlebens zu der Befürchtung Anlaß gibt, er werde sich nach Verbüßung einer Zuchthausstrafe von 2 Jahren wegen Vorbereitung zum Hochverrat erneut im marxistischen Sinne betätigen.

gez. Heydrich. Beglaubigt: Rottan

Die SS – Akteure des Verbrechens

Die SS wuchs in wenigen Jahren von einer kleinen Unterorganisation der SA zur Führungsschicht des NS-Staates heran. Sie unterhielt zum Beispiel eigene Schulen und besaß auch Industrieunternehmen, die auf der Grund-

M 2 Eingang zum KZ Auschwitz

lage der Zwangsarbeit von KZ-Häftlingen betrieben wurden. In den Händen der SS lag nicht nur die Verwaltung der Konzentrations- und Vernichtungslager, sondern auch die Versklavung der Völker im Osten sowie die Vernichtung der polnischen und sowjetischen Intelligenz.

Bei den brutalen Verbrechen, die im deutschen Namen verübt wurden, kam der SS eine zentrale Bedeutung zu. Wenn es auch in der historischen Forschung umstritten ist, inwieweit die Gliederungen der Waffen-SS sich schuldig gemacht haben, so gilt dennoch: Der SS unterstand unter anderem die Leitung der Konzentrationslager; sie organisierte den Völkermord. Die SS verstand sich als „Orden des guten Blutes“ und als nationalsozialistische Elite, die unter dem Motto „Meine Ehre heißt Treue“ angetreten war. Der SS-Angehörige schwor den Eid, Hitler bis in den Tod gehorsam zu sein.

Angesichts der Geschehnisse stellt sich die Frage, welcher Menschentyp zu solchen Verbrechen fähig war. Forschungen, die in der Nachkriegszeit in dieser Richtung angestellt worden waren, kamen zu dem Ergebnis, dass nicht der wütende Sadist der repräsentative Tätertyp gewesen war. Hannah Arendt gab ihrem Buch über den SS-Angehörigen Adolf Eichmann, der maßgeblich an der Judenvernichtung beteiligt gewesen war, den Untertitel: „Ein Bericht von der Banalität des Bösen.“

Besatzungspolitik

Die Besatzungspolitik der Nationalsozialisten besaß eine spezifische Ausprägung nach rassischen Kriterien. Das Besatzungsregime wurde in Osteuropa deutlich brutaler ausgeübt als im Westen, weil – entsprechend der NS-Ideologie – die slawische Bevölkerung als minderwertige Rasse eingestuft wurde. Zwar ist überliefert, dass deutsche Soldaten zu Kriegsbeginn besonders in der Ukraine als Befreier (vom stalinistischen Terror) begrüßt worden waren, doch änderte sich diese Haltung sehr schnell angesichts der hemmungslosen Repression. Vertreibung, Ausplünderung und Verschleppung als Zwangsarbeiter waren an der Tagesordnung. Im Herbst 1944 befanden sich 7,6 Millionen ausländische Arbeitskräfte im Reich: 5,7 Millionen Zivilarbeiter und knapp zwei Millionen Kriegsgefangene.

M 3 **Ausschaltung der Justiz**

Über den von Himmler (Reichsführer der SS und Chef der deutschen Polizei) herausgegebenen Erlass zur „vorbeugenden Verbrechensbekämpfung durch die Polizei" (12. Dez. 1937) schreibt der Historiker Wolfgang Wippermann:

„Rechtens" war nun, dass folgende Personenkreise ohne Gerichtsverfahren in Konzentrationslager eingeliefert werden konnten:

1. „Personen, die durch geringfügige, aber sich immer wiederholende Gesetzesübertretungen sich der in einem nationalsozialistischen Staat selbstverständlichen Ordnung nicht fügen wollen (z. B. Bettler, Landstreicher (Zigeuner)), Dirnen, Trunksüchtige, mit ansteckenden Krankheiten, insbesondere Geschlechtskrankheiten, behaftete Personen, die sich den Maßnahmen der Gesundheitsbehörden entziehen."
2. „Personen, ohne Rücksicht auf etwaige Vorstrafen, die sich der Pflicht zur Arbeit entziehen und die Sorge für ihren Unterhalt der Allgemeinheit überlassen (z. B. Arbeitsscheue, Arbeitsverweigerer, Trunksüchtige)."
3. „Arbeitsscheue [...], die nachweislich in zwei Fällen die ihnen angebotenen Arbeitsplätze ohne berechtigten Grund abgelehnt oder die Arbeit zwar aufgenommen, aber nach kurzer Zeit ohne stichhaltigen Grund wieder aufgegeben haben."
4. Alle Personen, die „durch gemeinschaftswidriges, wenn auch nicht verbrecherisches Verhalten" zeigten, dass sie sich „nicht in die Gemeinschaft" einfügen wollten.

Aufgrund dieser weit gefassten Kriterien wurden im Mai 1938 in der „Aktion Arbeitsscheu Reich" 11 000 Personen in „polizeiliche Vorbeugungshaft" genommen und in Konzentrationslager verschleppt. Darunter befanden sich, wie schon erwähnt, neben Sinti und Roma auch Juden, die, und sei es wegen eines Bagatelldelikts, vorbestraft waren. [...]

Zit. nach: W. Wippermann, Der konsequente Wahn, Ideologie und Politik Adolf Hitlers, Gütersloh 1989, S. 165 f.

M 4 **Innere Staatssicherung**

Erlass des Chefs der Sicherheitspolizei an die Leiter aller Staatspolizei(leit)stellen (3. September 1939):

Geheim!
Betr.: Grundsätze der inneren Staatssicherung während des Krieges.

Um den für die Verwirklichung der Ziele des Führers notwendigen einheitlichen Einsatz aller Kräfte des Volkes gegen jede Störung und Zersetzung zu sichern, werden für den Vollzug der Aufgabe der inneren Staatssicherung die folgenden Grundsätze aufgestellt, nach denen die Tätigkeit der Sicherheitsorgane des Reiches sich zu richten hat.

1. Jeder Versuch, die Geschlossenheit und den Kampfwillen des deutschen Volkes zu zersetzen, ist rücksichtslos zu unterdrücken. Insbesondere ist gegen jede Person sofort durch Festnahme einzuschreiten, die in ihren Äußerungen am Sieg des deutschen Volkes zweifelt oder das Recht des Krieges in Frage stellt.
2. Dagegen sind mit psychologischem Verständnis und mit erzieherisch bestärkendem Bemühen diejenigen Volksgenossen zu behandeln, die aus äußerer oder innerer Not oder in Augenblicken der Schwäche sich Entgleisungen irgendwelcher Art zuschulden kommen lassen.
3. Besonderes Augenmerk ist auf alle Versuche zu richten, in der Öffentlichkeit – Gastwirtschaften, öffentlichen Verkehrsmitteln usw. – andere Personen in volks- und reichsfeindlichem Sinne zu beeinflussen. Ebenso ist gegen jeden Versuch der Bildung von Zusammenschlüssen und Kreisen zur Verbreitung derartiger Auffassungen und Nachrichten in der schärfsten Weise einzuschreiten. Wenn die Voraussetzungen der Öffentlichkeit oder der Zirkelbildung vorliegen, sind die verdächtigen Personen in jedem Falle festzunehmen.
4. Nach der Festnahme einer verdächtigen Person sind unverzüglich alle zur möglichst vollständigen Klärung des Falles erforderlichen Ermittlungen durchzuführen. [...] Alsdann ist unverzüglich dem Chef der Sicherheitspolizei Bericht zu erstatten und um Entscheidung über die weitere Behandlung der festgenommenen Personen zu bitten, da gegebenenfalls auf höhere Weisung brutale Liquidierung solcher Elemente erfolgen wird. [...]

gez. Heydrich

Zit. nach: T. W. Mason, Arbeiterklasse und Volksgemeinschaft, Dokumente und Materialien zur deutschen Arbeiterpolitik 1936–1939, Opladen 1975, S. 1061 f.

M 5 **Häftlingsarbeit**

Aussage von Rudolf Höß[1], dem ersten Kommandanten des KZ Auschwitz, in einem der Nürnberger Prozesse (1946):

[...] Nach meiner Kenntnis begann die massenhafte Verwendung von KZ-Häftlingen in der deutschen Privatindustrie im Jahre 1940/1941. Diese Verwendung steigerte sich fortlaufend bis zum Ende des Krieges. Gegen Ende 1944 waren ungefähr 400 000 Konzentrationslagerhäftlinge in der privaten Rüstungsindustrie und rüstungswichtigen

Betrieben beschäftigt. Wie viele Häftlinge schon vorher und nachher eingesetzt waren, kann ich nicht sagen. Nach meiner Schätzung sind in den Betrieben mit besonders schweren Arbeitsbedingungen, z. B. Bergwerken, jeden Monat ein Fünftel gestorben oder wurden wegen Arbeitsunfähigkeit zur Vernichtung von den Betrieben an die Lager zurückgeschickt.

1 Höß selbst wurde 1947 nach einem Prozess in Warschau auf dem Gelände des ehemaligen KZ Auschwitz hingerichtet.

Zit. nach: R. Kühnl, Der deutsche Faschismus in Quellen und Dokumenten, Köln 1975, S. 377.

M 6 Menschenverwertung

Das folgende Dokument gibt einen Einblick in die Verwertung von Menschen durch das Wirtschafts-Verwaltungs-Hauptamt der SS:

Täglicher Verleihlohn: zwischen RM 6,00 und RM 8,00, durchschnittlich RM 6,00
abzüglich
a) Ernährung RM 0,60–0,70
b) Bekleidungsamortisation RM 0,10–RM 0,70
Demnach bei durchschnittlich dreivierteljähriger Lebensdauer mal 270 = RM 1431,00 Dieser Gewinn erhöhte sich durch rationelle Verwertung der Häftlingsleiche nach 9 Monaten um den Erlös aus
a) dem Zahngold,
b) den Privatkleidern,
die teils der Häftlingsbekleidung in anderen Lagern zugeführt wurden, wodurch sich Neuanschaffungskosten erübrigten, teils der Spinnstoffverwertung für SS-Uniformen,
c) den hinterlassenen Wertsachen,
d) dem hinterlassenen Geld.
Wertsachen und Geld wurden bis in die ersten Kriegsjahre hinein nur noch bei der reichsdeutschen Minderheit der Häftlinge den Angehörigen zurückgeschickt.

Diese Beträge verringerten sich je Leiche um die Verbrennungskosten von durchschnittlich RM 2,00 sodass sich ein unmittelbarer und mittelbarer Nettogewinn je Leiche von mindestens RM 200,00 ergab, der aber in vielen Fällen in die Tausende von Reichsmark ging. Der Gesamtgewinn des Häftlingsumsatzes betrug daher in durchschnittlich 9 Monaten je Kopf wenigstens RM 1 630,00
Durch Knochen- und Aschenverwertung hat sich das eine oder andere KZ noch Sondereinnahmen verschafft.

Zit. nach: E. Kogon, Der SS-Staat, Das System der deutschen Konzentrationslager, München 1974, S. 357.

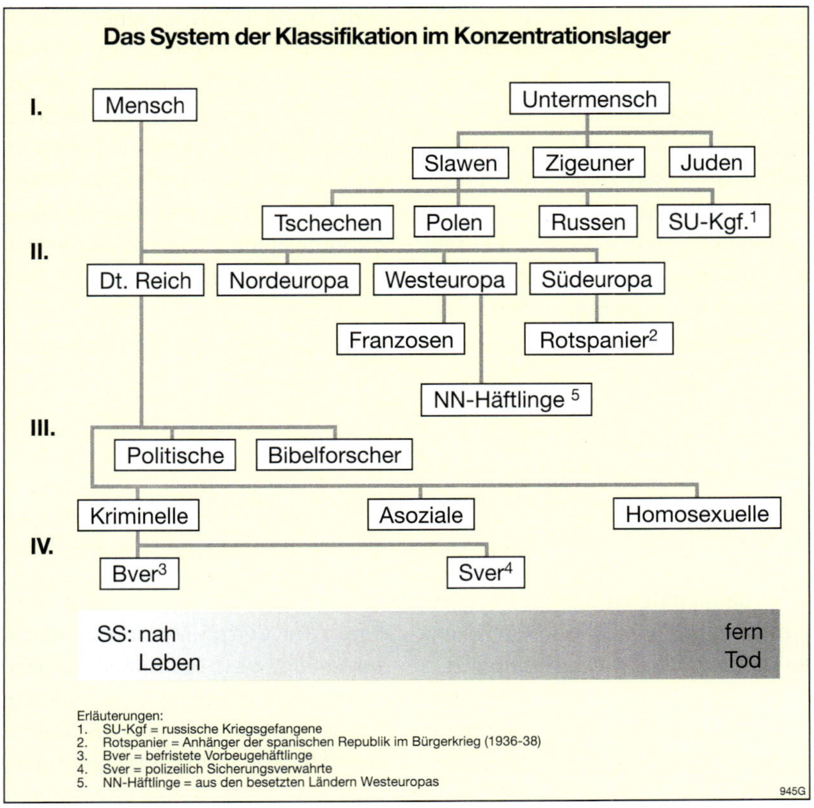

M 7 Das System der Klassifikation im KZ

Die Lagerwelt bildete eine eigene Gesellschaft mit krassen Unterschieden und extremer Ungleichheit zwischen den Häftlingen. Die Chancen des (befristeten) Überlebens waren höchst ungleich verteilt. Der Soziologe Wolfgang Sofsky hat diese „Ordnung des Terrors" klassifiziert.

M 8 Innerhalb des von elektrisch geladenen Zäunen umspannten Lagers wurde dem Häftling die Persönlichkeit genommen. Der Tod wurde alltäglich. Einige Häftlinge unternahmen Fluchtversuche. Sie fanden den Tod im Elektrozaun oder wurden von SS-Wächtern erschossen.

M 9 Grundsätze für die Besatzungspolitik in Polen

Aus dem Diensttagebuch des Generalgouverneurs in Polen, Hans Frank[1] (31. Oktober 1939 und 19. Januar 1940):

[31. Oktober 1939]
Ganz klar müsse der Unterschied zwischen dem deutschen Herrenvolk und den Polen herausgestellt werden. […]
Den Polen dürfen nur solche Bildungsmöglichkeiten zur Verfügung gestellt werden, die ihnen die Aussichtslosigkeit ihres völkischen Schicksals zeigten. Es könnten daher höchstens schlechte Filme oder solche, die die Größe und Stärke des Deutschen Reiches vor Augen führen, in Frage kommen. Es werde notwendig sein, dass große Lautsprecheranlagen einen gewissen Nachrichtendienst für die Polen vermitteln.
Reichsminister Dr. Goebbels führt aus, dass das gesamte Nachrichtenvermittlungswesen der Polen zerschlagen werden müsse. Die Polen dürften keine Rundfunkapparate und nur reine Nachrichtenzeitungen, keinesfalls eine Meinungspresse behalten. Grundsätzlich dürfen sie auch keine Theater, Kinos und Kabaretts bekommen, damit ihnen nicht immer wieder vor Augen geführt werden würde, was ihnen verloren gegangen sei. […]
[19. Januar 1940]
Am 15. September 1939 erhielt ich den Antrag, die Verwaltung der eroberten Ostgebiete aufzunehmen, mit dem Sonderbefehl, diesen Bereich als Kriegsgebiet und Beuteland rücksichtslos auszupowern, es in seiner wirtschaftlichen, sozialen, kulturellen, politischen Struktur sozusagen zu einem Trümmerhaufen zu machen.
[…] Entscheidend wichtig ist nunmehr auch der Neuaufbau der Produktion im Generalgouvernement. […] Den Polen, die in die Betriebe eingestellt werden, muss Hören und Sehen vergehen, sodass sie vor lauter Arbeit – disziplinierter Arbeit! – zu Sabotageakten gar nicht mehr kommen. […] Mein Verhältnis zu den Polen ist dabei das Verhältnis zwischen Ameise und Blattlaus. Wenn ich den Polen förderlich behandele, ihn sozusagen freundlich kitzele, so tue ich das in der Erwartung, dass mir seine Arbeitsleistung zugute kommt. Hier handelt es sich nicht um ein politisches, sondern um ein rein taktisch-technisches Problem.

1 Hans Frank wurde im Nürnberger Prozess zum Tode verurteilt und anschließend hingerichtet.

Zit. nach: I. Geiss, Die deutsche Politik im Generalgouvernement Polen 1939–1945, in: Aus Politik und Zeitgeschichte, Nr. 34/1978, S. 16 ff.

M 10 Grundsätze für den SS-Mann

Heinrich Himmler, Reichsführer der SS, in einer Ansprache vor höheren SS-Führern (4. Oktober 1943):

Ein Grundsatz muss für den SS-Mann absolut da sein: Ehrlich, anständig, treu, kameradschaftlich haben wir zu unserem eigenen Blut zu sein. Zu sonst niemand anderem. Wie es dem Russen geht, wie es dem Tschechen geht, ist mir total gleichgültig. Das, was in den Völkern an gutem Blut unserer

Art da ist, das werden wir uns holen, indem wir denen, wenn notwendig, die Kinder rauben, bei uns großziehen. Ob die anderen Völker in Wohlfahrt leben, ob sie verrecken vor Hunger, das interessiert mich nur soweit, als wir sie als Sklaven für unsere Kultur brauchen. Anders interessiert es mich nicht. Ob bei dem Bau eines Panzergrabens 10 000 russische Weiber an Entkräftung umfallen oder nicht, interessiert mich nur soweit, als der Panzergraben für Deutschland fertig wird. Wir werden niemals roh sein und herzlos, wo es nicht sein muss. Das ist klar.

Ich will auch ein ganz schweres Kapitel – will ich hier vor Ihnen in aller Offenheit nennen. Es soll zwischen uns ausgesprochen sein, und trotzdem werden wir nicht – in der Öffentlichkeit nie darüber reden. Ich meine die Juden-Evakuierung, die Ausrottung des jüdischen Volkes. Es gehört zu den Dingen, die man leicht ausspricht: „Das jüdische Volk wird ausgerottet!" – Das sagt Ihnen jeder Parteigenosse! Ganz klar! Steht in unserem Programm drin! Ausschaltung der Juden! Ausrottung! Machen wir! – Hah! – Kleinigkeit! Von Euch werden die meisten wissen, was es heißt, wenn 100 Leichen beisammen liegen, wenn 500 daliegen oder wenn 1 000 daliegen. Und stets durchgehalten zu haben und dabei – abgesehen von menschlichen Ausnahmeschwächen – anständig geblieben zu sein, hat uns hart gemacht und ist ein niemals genanntes und niemals zu nennendes Ruhmesblatt.

Zit. nach: L. Poliakov, J. Wulf (Hg.), Das Dritte Reich und die Juden, Dokumente u. Aufsätze, Berlin 1955, S. 213, 215.

M 11 „Führer befiehl, wir folgen"

Autobiografische Aufzeichnungen des Rudolf Höß – Kommandant in Auschwitz (1946):

Nach dem Willen des RFSS [Reichsführer der SS] wurde Auschwitz die größte Menschen-Vernichtungs-Anlage aller Zeiten. Als er mir im Sommer 1941 persönlich den Befehl erteilte, in Auschwitz einen Platz zur Massenvernichtung vorzubereiten und diese Vernichtung durchzuführen, konnte ich mir nicht die geringsten Vorstellungen über die Ausmaße und die Auswirkungen machen. Wohl war dieser Befehl etwas Ungewöhnliches, etwas Ungeheuerliches. Doch die Begründung ließ mich [mir!] diesen Vernichtungsvorgang richtig erscheinen. Ich stellte damals keine Überlegungen an – ich hatte den Befehl bekommen – und hatte ihn durchzuführen. Ob diese Massenvernichtung der Juden notwendig war oder nicht, darüber konnte ich mir kein Urteil erlauben, soweit konnte ich nicht sehen. Wenn der Führer selbst die „Endlösung der Judenfrage" befohlen hatte, gab es für einen alten Nationalsozialisten keine Überlegungen, noch weniger für einen SS-Führer. „Führer befiehl, wir folgen" – war keinesfalls eine Phrase, kein Schlagwort für uns. Es war bitter ernst gemeint.

Es wurde mir seit meiner Verhaftung wiederholt gesagt, dass ich ja diesen Befehl hätte ablehnen können […].

So etwas war einfach ganz unmöglich.

Zit. nach: M. Broszat (Hg.), Kommandant in Auschwitz, Autobiographische Aufzeichnungen des Rudolf Höß, München 1963, S. 124 f.

Aufgaben

1. Erläutern Sie den totalitär-gewalttätigen Charakter des NS-Regimes.
   → Text, M1, M3, M4
2. Stellen Sie die Lebens- und Sterbensbedingungen in den Konzentrationslagern dar.
   → M2, M5–M8
3. Über dem Eingang des Konzentrationslagers Auschwitz stand: „Arbeit macht frei". Vergleichen Sie den Ausspruch mit der Praxis des Lagerlebens.
   → Text, M2, M5–M8
4. Die Nationalsozialisten sahen in den besetzten Gebieten ein Objekt der Erniedrigung und Ausbeutung. An welchen Maßnahmen ist dies erkennbar?
   → M9
5. Charakterisieren Sie die „Moralvorstellungen", die Himmler in seiner Rede vor SS-Führern entwickelte. Überlegen Sie, welche Funktion diese Rede hatte.
   → M10
6. Von den meisten hohen SS-Führern (z. B. Himmler, Eichmann, Höß) ist bekannt, dass sie keinen Juden eigenhändig umgebracht haben. Charakterisieren Sie am Beispiel von Höß, dem Lagerkommandanten von Auschwitz, die autoritätsfixierte Persönlichkeit.
   → M11
7. Finden Sie mögliche Gründe für die Entstehung einer solchen autoritätsfixierten Persönlichkeit.
   → M11

10.8 Widerstand

Claus Schenk Graf von Stauffenberg (1907–1944) (ganz links) in Hitlers Hauptquartier „Wolfschanze" in Ostpreußen

Jede Form des Widerstands gegen die nationalsozialistischen Machthaber war mit einem sehr großen Risiko für Leib und Leben verbunden. Das allein vermag schon zu erklären, warum es eine wirklich breite Widerstandsbewegung zu keinem Zeitpunkt gegeben hat. Der Widerstand hatte keine Massenbasis in der deutschen Bevölkerung. Der Widerstand, der jahrelang durch die zuerst diplomatischen, dann militärischen Erfolge Hitlers behindert wurde, erhielt erst ab 1943 durch die sich abzeichnende Niederlage einen gewissen Auftrieb . Im Großen und Ganzen ist es aber erstaunlich, wie lange die Popularität Hitlers bei der Bevölkerungsmehrheit anhielt. Charakteristisch für den Widerstand gegen das Dritte Reich war seine extreme Zersplitterung. Widerstand zeigte sich durchweg in Aktionen einzelner oder kleinerer Gruppen, die aus militärischen (zum Beispiel um General Ludwig Beck), kirchlichen (zum Beispiel Dietrich Bonhoeffer), studentischen (zum Beispiel um die Geschwister Scholl) und kommunistischen (zum Beispiel Harro Schulze-Boysen und die „Rote Kapelle") Kreisen heraus ausgeführt wurden. Den Höhepunkt des deutschen Widerstandes gegen Hitler stellte ohne Zweifel das Attentat des Claus Graf Schenk von Stauffenberg und der damit verknüpfte Putschversuch dar (20. Juli 1944). Dieser bedeutsamste Versuch, ein als verbrecherisch erkanntes Regime zu beseitigen, scheiterte letztlich daran, dass Hitler den Anschlag überlebte. Die Rache des Regimes war grausam; etwa 5000 Menschen wurden als Folge des 20. Juli 1944 hingerichtet.

Bei diesem Putschversuch kam dem Kreisauer Kreis eine hervorragende Bedeutung zu. In ihm wirkten sowohl Bürgerlich-Konservative als auch Sozialdemokraten mit, um Pläne für die Neuordnung Deutschlands nach der NS-Herrschaft auszuarbeiten. Neben vielen anderen nahmen teil: Helmuth James Graf von Moltke, Yorck von Wartenburg und die Sozialdemokraten Adolf Reichwein, Julius Leber, Carlo Mierendorff.

Ein weiterer Widerstandskreis bildete sich um den nationalkonservativen Carl Friedrich Goerdeler, den ehemaligen Oberbürgermeister von Leipzig.

Carl Goerdeler (1884–1945) vor dem Volksgerichtshof

Schon vor 1944 waren andere mutige Männer zu dem Ergebnis gekommen, dass der Tyrannenmord den einzigen Ausweg aus der bedrückenden Situation biete (so z. B. Fabian von Schlabrendorff, Friedrich Olbricht, Henning von Tresckow, Axel von dem Bussche). Bereits am 8. November 1939 hatte Georg Elser, ein Einzelgänger, versucht, Hitler durch eine Zeitbombe während einer Ansprache im Bürgerbräukeller in München zu töten. Hitler entging diesem Attentat wie so vielen anderen auch. Insgesamt sind über 40 Attentatsversuche bekannt. Aber Zufälle, wie zum Beispiel nicht funktionierende Zeitzünder oder kurzfristige Terminänderungen, hatten jedes Mal den Erfolg der Attentate verhindert.

So gewiss wie der antifaschistische Widerstand nie eine Massenbewegung war, so gewiss ist auch, dass der Widerstand einen Umfang und eine Qualität hatte, die es verbieten, ihn dem Vergessen preiszugeben.

Was als Widerstand zu gelten habe, ist nicht unumstritten. Gewissermaßen hat der NS-Staat selbst bestimmt – und zwar durch die Praxis der Strafverfolgung –, was dazu zu zählen habe. Wie eng der Spielraum für den Einzelnen war, zeigte das strikte Verbot, einen ausländischen Rundfunksender zu hören („Rundfunkverbrechen"). Die totalitäre Erfassung des so genannten Volksgenossen durch die Partei und den Staat lässt es angebracht erscheinen, Widerstand in verschiedenen Formen zu erkennen.

Hans und Sophie Scholl
Fotografie vom 22.7.1942

Widerstand kann ganz unterschiedliche Reichweiten besitzen. Er reicht von privater Verweigerung, wie zum Beispiel dem Erzählen eines politischen Witzes, bis zu einem politisch-konzeptionellen Widerstand, der staatspolitisch ausgerichtet ist. In jedem Fall waren die Risiken beträchtlich. Als das Hitler-Regime sich dem Ende zuneigte, verfolgte es selbst geringfügige Anzeichen der Missbilligung mit drakonischen Strafen. Eine Verordnung vom 24. Oktober 1941 bestrafte öffentliche Sympathiebezeugungen für Juden mit drei Monaten KZ. Und die Beteiligten vom 20. Juli planten ihr Vorgehen in dem Bewusstsein ihres wahrscheinlichen Scheiterns, was diesem „Aufstand des Gewissens" etwas Heroisches verleiht.

Neben den spektakulären Attentaten müssen auch die folgenden anderen Aktivitäten zum Widerstand gerechnet werden: Emigration (allein 1933 etwa 53 000 Menschen), propagandistische Aktivitäten (zum Beispiel Flugblätter herstellen und verteilen), Streiks, Protestpredigten evangelischer Pastoren der Bekennenden Kirche und katholischer Geistlicher, Befehlsverweigerung (zum Beispiel des Kommissarbefehls, der die kriegsrechtswidrige Ermordung gefangener sowjetischer Parteifunktionäre vorsah), Eides- und Kriegsdienstverweigerung (zum Beispiel der Zeugen Jehovas) sowie die verschiedenen Hilfeleistungen für die Verfolgten. Ungefähr 5000 Juden überlebten in Deutschland in der Illegalität, zum Beispiel auf Dachböden, in Kellern oder Gartenlauben. Das war ohne Hilfe von anderen Menschen nicht möglich, denn die Versteckten bedurften der Versorgung mit Nahrungsmitteln.

Die Historiker haben etwa 10 000 Hinrichtungen aufgrund ziviler Strafgerichtsurteile wegen politischer Delikte festgestellt. Außerdem wurde an 15 000 Soldaten (von 22 000) das Todesurteil wegen Fahnenflucht vollstreckt. Die meisten Anklagen wegen Kriegsdienstverweigerung endeten gleichfalls mit der Todesstrafe (10 500 Fälle).

Chronologie

5. März 1933	Synode der Bekennenden Kirche beschließt eine Kanzelverkündigung gegen die NS-Ideologie; 700 Pfarrer werden daraufhin verhaftet.
8. Nov. 1939	Georg Elsers Attentat auf Hitler im Münchner Bürgerbräukeller
26. Mai 1942	Attentat auf Reinhard Heydrich (stellv. Reichsprotektor von Böhmen und Mähren) in Prag
22. Februar 1943	Hinrichtung der Geschwister Scholl in München
19. April 1943	Beginn des jüdischen Aufstandes im Warschauer Getto
9. August 1943	„Kreisauer Kreis" von überwiegend christlich-sozialen Nazi-Gegnern entwirft ein Programm zur Neuordnung Deutschlands.
Juni 1944	Massenverhaftungen durch die Gestapo, u. a. werden die Sozialdemokraten Julius Leber und Adolf Reichwein verhaftet.
20. Juli 1944	Attentat des Obersten v. Stauffenberg auf Hitler; der Versuch eines Staatsstreichs scheitert.

M 1

50 095

M 2 **Protest**

Martin Niemöller[1] in einem kritischen Rückblick:

Als die Nazis die Kommunisten holten,
habe ich geschwiegen;
ich war ja kein Kommunist.
Als sie die Sozialdemokraten einsperrten,
habe ich geschwiegen;
ich war ja kein Sozialdemokrat.
Als sie die Gewerkschaften verboten,
habe ich nicht protestiert;
ich war ja kein Gewerkschaftler.
Als sie mich holten, gab es keinen mehr,
der protestieren konnte.

1 Vertreter der oppositionellen Bekennenden Kirche, ehem. Kirchenpräsident von Hessen und Nassau, 1938–1945 in KZ-Haft

Zit. nach: Neue Gesellschaft für Bildende Kunst (Hg.) a. a. O., S. 87.

M 3 **Scheitern der Widerstandsbewegung**

Der Erzähler Günther Weisenborn schrieb eines der ersten Bücher über den Widerstand (1953):

Die Widerstandsbewegung wollte der Welt den Frieden retten. Sie hat dieses Ziel aus drei Gründen nicht erreicht:

1. Ihr Gegner war der gewaltigste und beste Polizeiapparat der Welt.

2. Der Krieg kam, weil so viele Deutsche der Widerstandsbewegung fernblieben.

3. Die Widerstandsbewegung war zersplittert. Ihren Aktionen fehlte die Einheitlichkeit.

Aber wenn die Widerstandsbewegung trotzdem ein so großes Ausmaß gewonnen hat, so ist das eine Ehrenrettung des viel geschmähten deutschen Volkes.

G. Weisenborn, Der lautlose Aufstand, Bericht über die Widerstandsbewegung des deutschen Volkes 1933–1945, Reinbek 1962, S. 228.

M 4 **Widerstand gegen die so genannte Euthanasie**

Der Bischof von Münster, Graf von Galen, erstattete Anzeige wegen Mordes (3. August 1941):

Als ich von dem Vorhaben erfuhr, Kranke aus Mariental abzutransportieren, um sie zu töten, habe ich am 28. Juli bei der Staatsanwaltschaft, beim Landgericht in Münster […] Anzeige erstattet durch eingeschriebenen Brief mit folgendem Wortlaut: „Nach mir zugegangenen Nachrichten soll im Laufe dieser Woche (man spricht vom 31. Juli) eine große Anzahl Pfleglinge der Provinzialheilanstalt bei Mariental in Münster als so genannte ‚unproduktive Volksgenossen' nach der Heilanstalt Eichberg überführt werden, um dann alsbald, wie es nach solchen Transporten aus anderen Heilanstalten nach allgemeiner Überzeugung geschehen ist, vorsätzlich getötet zu werden."

Zit. nach: W. Hofer, Der Nationalsozialismus, Dokumente 1933–1945, Frankfurt 1957, S. 164.

I. Der Standort der Sozialdemokratie.

1. Die revolutionäre Aufgabe.

Die Sozialdemokratische Partei ist von ihrem nationalsozialistischen Gegner am 22. Juni verboten worden. Damit sind alle Diskussionen über Gleichschaltung, Tolerierung oder Mitarbeit erledigt. Das System des totalen, faschistischen Staates kennt keine Faktoren des Staatswillens außerhalb der herrschenden Partei.

Eine Partei mit den Aufgaben und Zielen der Sozialdemokratie hat deshalb nur noch Existenzberechtigung als revolutionäre Partei. Sie kann den Staatswillen nur beeinflussen, indem sie den Willen der regierenden Partei bricht. Gegen die Despotie gibt es keine parlamentarische oder verfassungsmäßige Opposition, sondern nur noch das Mittel der Revolution! Die NSDAP., die bei der Machteroberung feierlich verkündet hat, daß sie niemals mehr die Macht aus der Hand geben wolle, kann nur noch entmachtet werden durch die Brechung ihres Willens, sie muß vernichtet werden.

Die Sozialdemokratische Partei hat bisher ihre historisch gewordene Macht in der Form der legalen, die Grundgesetze der Verfassung achtenden parlamentarischen Partei angewandt, sei es als Regierungspartei, sei es als parlamentarische Opposition; bald mit dem Ziel, zur Regierung zu gelangen, bald mit der Verpflichtung, die Regierung abzugeben, wenn es der auf demokratisch-verfassungsmäßigem Wege ausgesprochene Volkswille erfordern sollte. Mit dem Sturz der Demokratie und der demokratischen Verfassung ist diese Form der Machtäußerung und der politischen Aktivität unmöglich geworden. Jeder Versuch, diese rein parlamentarische Form aus dem demokratischen System in das faschistische System zu übertragen, würde eine Anerkennung des faschistischen Systems bedeuten. Dem Regime ohne wirkliches Parlament und ohne Anerkennung von Staatsbürgerrechten gegenüber sich auf parlamentarische Opposition beschränken zu wollen, würde den Uebergang zu einer Systempartei bedeuten.

Die neue Form der Machtäußerung der Sozialdemokratischen Partei und des sie tragenden Willens weiter Arbeiterschichten zu Freiheit und Sozialismus muß deshalb revolutionär sein. Nationalsozialismus und Sozialismus sind feindliche Prinzipien, die sich unversöhnlich gegenüberstehen, es gibt zwischen ihnen keinerlei Gemeinschaft, sondern nur Kampf auf Tod und Leben. Der Nationalsozialismus ist Gegenrevolution mit scheinrevolutionären Mitteln. Er war bis vor kurzem noch Gegenrevolution im alten deutlich erkennbaren Gewande — er hat jetzt die Maske einer Revolution von unten vorgenommen. Ihm die Maske vom Gesicht zu reißen, der Todfeindschaft zwischen Sozialismus und Nationalsozialismus äußeren Ausdruck zu verleihen, die geeignete Form des Machtkampfes gegen die nationalsozialistische Despotie in unversöhnlicher Haltung zu finden und anzuwenden, das ist die Aufgabe der Sozialdemokratie.

2. Die Garantien der Zukunft.

Die Sozialdemokratische Partei ist der Ausdruck einer historisch gewordenen Macht, die in den Köpfen und dem Willen von Menschen fest verankert ist. Der Wille zu Freiheit, Gerechtigkeit und Sozialismus, die untrennbar miteinander verbunden sind, wächst immer aufs neue hervor aus dem Elend unvollkommener Organisation menschlicher Gesell-

M 5 Tarnschrift „Die Kunst des Selbstrasierens"
Sie enthielt das Prager Manifest der SPD: „Kampf und Ziel des revolutionären Sozialismus" (1934)

M 6 Ein Attentat auf Hitler (1939)

Der Publizist Jörg von Uthmann erzählt die Geschichte von Georg Elser, einem Attentäter mit gutem Gewissen. Das Attentat schlug nur deshalb fehl, weil Hitler die Veranstaltung im Bürgerbräukeller früher als geplant verlassen hatte:

Die Deutschen sind vermutlich das einzige Volk, das Jahr für Jahr einen misslungenen Anschlag auf das Leben seines Staatsoberhauptes feiert – wobei es nicht das Misslingen des Anschlags ist, das gefeiert wird, sondern der Mut derer, die ihn unternahmen. Nicht allen freilich ist bei diesen Feiern wohl. Hitlers Rundfunkansprache, in der er die Attentäter des 20. Juli 1944 „eine ganz kleine Clique ehrgeiziger, gewissenloser und zugleich verbrecherischer, dummer Offiziere" nannte, wirkt bis heute nach. Sogar den Kriegsgegnern fiel es schwer, die Gründe ernst zu nehmen, aus denen pflichttreue deutsche Beamte Hoch- und Landesverräter wurden. [...]
Vor allem trifft es nicht zu, dass sich der Widerstand erst geregt habe, als der Krieg offenkundig verloren war. Das Attentat vom 20. Juli ist kein Einzelfall, sondern der Kulminationspunkt eines Dramas, dessen Hauptdarsteller schon seit Jahren auf der Bühne standen. Addiert man alle Versuche und Vorbereitungshandlungen, deren Ziel die Beseitigung Hitlers war, dann kommt man auf eine Zahl zwischen 40 und 50. Was ihn immer wieder rettete, war gewiss auch Stümperei und mangelnde Entschlossenheit, häufiger aber noch die von ihm so gern beschworene „Vorsehung", die ihm durch eine Reihe schier unglaublicher Zufälle zu Hilfe kam.
Ein klassisches Beispiel ist der Anschlag des Möbeltischlers Johann Georg Elser im Münchner „Bürgerbräukeller". Die Bierwirtschaft war eine der heiligen Stationen des nationalsozialistischen Leidensweges. Am 8. November 1923 war hier der Marsch zur Feldherrnhalle beschlossen worden, bei dem sechzehn Parteigenossen ihr Leben ließen. Seit 1933 spielte sich jedes Jahr das gleiche Ritual ab: Am Abend des 8. November hielt Hitler im „Bürgerbräukeller" eine anderthalbstündige Rede, bevor am nächsten Tag, dem Karfreitag der Bewegung, die „Alten Kämpfer" vor dem Haus zum Erinnerungsmarsch antraten.
Elser, ein verschlossener Einzelgänger und begabter Tüftler, hatte eine Zeitlang dem „Roten Frontkämpferbund" angehört, war aber auch hier isoliert geblieben. Im Herbst 1938, zurzeit des Münchner Abkommens, reifte in ihm der Entschluss, Hitler umzubringen. Aus seinem Heimatdorf Königsbronn

M 7 Der zerstörte Bürgerbräukeller in München
nach dem Attentat vom 8. November 1939

(bei Heidenheim) fuhr er in die bayerische Hauptstadt, um sich nach einem geeigneten Ort umzusehen. Seine Wahl fiel auf den „Bürgerbräukeller“. In seine Heimat zurückgekehrt, verdingte er sich zum allgemeinen Erstaunen als Hilfsarbeiter in einem Steinbruch. Den übrigen Arbeitern fiel nicht auf, dass ihr schweigsamer Kollege systematisch Sprengstoff entwendete. Nach einigen Monaten hatte Elser die zehn Kilo „Donarit“ zusammen, die er nach seinen Berechnungen benötigte. Zu Ostern war er ein zweites Mal in München gewesen und hatte die Räumlichkeiten fotografiert. Dabei war ihm aufgefallen, dass neben der Rednertribüne ein holzgetäfelter Stützpfeiler stand. Hier, entschied er, werde er seine Höllenmaschine installieren. Im August 1939 verkaufte Elser seine bescheidene Habe und siedelte nach München um. Sein Vermieter, ein Tapezierer in der Türkenstraße, wunderte sich, dass sein Gast tagsüber schlief und nachts so gut wie niemals zu Hause war. Er arbeite an einer Erfindung, antwortete Elser geheimnisvoll, als ihn der Tapezierer befragte. In Wahrheit verbrachte er seine Nächte am Tatort. Nachdem er gegessen und gezahlt hatte, versteckte er sich in einer Rumpelkammer, wo er die Schließung des Lokals abwartete. Danach machte er sich an die Arbeit. 30 bis 35 Nächte, schätzte er später, habe es ihn gekostet, um den Sprengsatz und den Zündmechanismus in die Säule einzubauen. […] Danach bestieg er den Zug nach Konstanz, um von dort aus die sichere Schweiz zu gewinnen. […]
Elser wurde gefasst, als er versuchte, über den Grenzzaun zu klettern. Zum Verhängnis wurde ihm, dass er eine Ansichtskarte des „Bürgerbräukellers“ bei sich trug. Kellnerinnen identifizierten den schwäbelnden Stammgast. Dass er allein gehandelt habe, wollte Hitler freilich nicht glauben. Er war überzeugt davon, dass die Engländer hinter dem Anschlag standen.
Unter Himmlers persönlicher Aufsicht wurde Elser gefoltert. Später versuchte es die Gestapo mit Pervitin-Spritzen und einem Hypnotiseur, um ihn zum Sprechen zu bringen. Aber es half nichts: Hitler musste auf den geplanten Schauprozess verzichten. Elser kam in das KZ Sachsenhausen, später nach Dachau, wo er wenige Tage vor der Befreiung des Lagers erschossen wurde.

J. v. Uthmann, Attentat, Mord mit gutem Gewissen, Berlin 1996, S. 133 ff.

Georg Elser (1903–1945)
Schreiner aus Hermaringen (Württemberg), verübte am 8. November 1939 ein Bombenattentat auf Hitler im Bürgerbräukeller in München. Georg Elser starb 1945 im Konzentrationslager Dachau.

M 8 Widerstand gegen die Judenverfolgung in Dänemark

Die Rettung fast aller Juden in Dänemark (1943) war das Ergebnis des Zusammenwirkens von deutschen, dänischen und schwedischen Widerstandskämpfern:

Als Datum für die Festnahme und den sofortigen Abtransport wurde die Nacht des 1. Oktober festgesetzt – im Hafen lagen Schiffe bereit –, und da man sich für die notwendige Unterstützung weder auf die Dänen noch auf die Juden, noch auf die in Dänemark stationierten deutschen Truppen verlassen konnte, trafen Polizeieinheiten aus Deutschland ein, um die Stadt von Haus zu Haus nach Juden zu durchsuchen. Ihnen sagte Best [Reichsbevollmächtigerer für Dänemark] im letzten Augenblick, mit Gewalt in Wohnungen einzudringen sei verboten, da sich sonst womöglich die dänische Polizei einmischen könnte, und mit den Dänen dürfe es nicht zu Handgreiflichkeiten kommen. Infolgedessen konnten sie nur Juden, die ihre Tür freiwillig öffneten, verhaften. Von insgesamt mehr als 7800 Juden fanden sie genau 477, die zu Hause waren und sie einließen. Einige Tage vor dem verhängnisvollen Datum hatte der deutsche Speditionskaufmann Georg F. Duckwitz – vermutlich von Best selbst mit dem Tipp versehen – dänischen Regierungsbeamten den ganzen Plan eröffnet, die ihrerseits schleunigst die Leiter der jüdischen Gemeinde informierten. Und diese gaben dann, in auffallendem Gegensatz zu jüdischen Funktionären in anderen Ländern, die Nachricht öffentlich bekannt – beim Neujahrsgottesdienst in den Synagogen. Den Juden blieb gerade genügend Zeit, ihre Wohnungen zu verlassen und sich zu verstecken, was in Dänemark sehr einfach war, denn „alle Kreise des dänischen Volkes, vom König bis zum einfachen Bürger", standen, wie es im Urteil heißt, bereit, sie aufzunehmen.
Sie hätten bis zum Ende des Krieges „untergrund" bleiben müssen, hätten sie nicht zum Glück Schweden als Nachbarn gehabt. Die Juden nach Schweden zu bringen, schien das Vernünftigste zu sein, und mithilfe der dänischen Fischereiflotte ist das auch gelungen. Die Überfahrt der mittellosen Juden – der Preis betrug ca. 100 Dollar pro Person – wurde weitgehend von wohlhabenden dänischen Bürgern bezahlt [...]

Zit. nach: H. Arendt, Eichmann in Jerusalem, Reinbek 1964, S. 214.

M 9 „Weiße Rose"

Flugblatt einer Widerstandsgruppe von Münchener Studenten um die Geschwister Hans und Sophie Scholl (1942):

Nichts ist eines Kulturvolkes unwürdiger, als sich ohne Widerstand von einer verantwortungslosen und dunklen Trieben ergebenen Herrscherclique regieren zu lassen [...]. Wenn jeder wartet, bis der andere anfängt, werden die Boten der rächenden Nemesis[1] unaufhaltsam näher und näher rücken, dann wird auch das letzte Opfer sinnlos in den Rachen des unersättlichen Dämons geworfen sein. Daher muss jeder Einzelne seiner Verantwortung als Mitglied der christlichen und abendländischen Kultur bewusst in dieser letzten Stunde sich wehren, so viel er kann, arbeiten wider die Geißel der Menschheit, wider den Faschismus und jedes ihm ähnliche System des absoluten Staates. Leistet passiven Widerstand – Widerstand –, wo immer ihr auch seid, verhindert das Weiterlaufen dieser atheistischen Kriegsmaschine, ehe es zu spät ist, ehe die letzten Städte ein Trümmerhaufen sind, gleich Köln, und ehe die letzte Jugend des Volkes irgendwo für die Hybris[2] eines Untermenschen [gemeint ist Hitler] verblutet ist. Vergesst nicht, dass ein jedes Volk diejenige Regierung verdient, die es erträgt.

1 Nemesis: griechische Göttin der strafenden Gerechtigkeit

2 Hybris: verbrecherische Überheblichkeit

Zit. nach: G. Weisenborn, a.a.O., S. 82.

Aufgaben

1. In welcher Form konnte sich Widerstand im Dritten Reich bemerkbar machen?
   → Text, M4–M9
2. Erläutern Sie, welche gesellschaftlichen und politischen Bedingungen Widerstand gegen den NS-Staat so außerordentlich erschwerten.
   → Text, M3
3. Benennen Sie die unterschiedlichen Akteure des Widerstandes und erläutern Sie deren Motive.
   → Text, M1, M2, M4–M9
4. Beurteilen Sie das Handeln von Georg Elser.
   → M6, M7
5. Erklären Sie, wie die überwiegende Mehrheit der dänischen Juden vor der Vernichtung gerettet werden konnte.
   → M8

10.9 Deutschland am Ende des Zweiten Weltkrieges

Schon während des Krieges hatten die Alliierten Listen von festzunehmenden Personen aufgestellt. Die Strafverfolgung von NS-Verbrechen setzte unmittelbar nach dem Kriegsende ein. Vor allem auf Betreiben der USA wurde in Nürnberg ein Internationaler Militärgerichtshof eingerichtet, dem die Aufgabe der Aburteilung von Hauptschuldigen zukam. Die Anklage lautete auf Verbrechen gegen den Frieden, Kriegsverbrechen und Verbrechen gegen die Menschlichkeit.

Im Zuge der Entnazifizierung beziehungsweise der juristischen Aufarbeitung der NS-Verbrechen wurden etwa 50 000 deutsche Täter verurteilt, die meisten von ihnen von Gerichten der UdSSR. In den Westzonen kam es zu 5 000 Verurteilungen unter alliierter Zuständigkeit, davon 650 zum Tode. Nach der Wiederherstellung der westdeutschen Rechtshoheit (1949/50) folgten weitere 4 000 Verurteilungen von NS-Straftätern durch deutsche Gerichte.

Die verheerenden Konsequenzen, die das Dritte Reich hatte, beziehen sich nicht nur auf Menschenleben, Gebietsverluste und zerstörte Städte, sondern auch auf das geistige Leben einer Kulturnation. Die Bücherverbrennungen vom 10. Mai 1933 waren nur der symbolische Ausdruck für die Vernichtung eines Teils der deutschen Kultur und Wissenschaft. Das bezieht sich zum einen auf die jüdischen Deutschen, die bis 1933 elf der 40 deutschen Nobelpreisträger stellten. Der Verlust von Deutschlands Weltgeltung im Hinblick auf die Wissenschaften hat auch mit der Vertreibung nach 1933 zu tun. Außer 280 000 Juden waren etwa 40 000 politische Gegner des NS-Regimes emigriert. Die Machtergreifung durch Hitler war mit einem Aderlass an den Universitäten verbunden. 40 Prozent aller Universitätslehrer (3000) verließen das Land. Auch die Mehrzahl der bekannten Schriftsteller emigrierte, unter ihnen Thomas und Heinrich Mann, Bertolt Brecht, Anna Seghers, Alfred Döblin, Lion Feuchtwanger.

Bedeutende Emigranten waren während der zwölf Jahre der NS-Diktatur in Vergessenheit geraten. Manche Namen, wie zum Beispiel Thomas Mann, durften aufgrund einer Anweisung von Goebbels in den Medien nicht mehr erwähnt werden. Nach 1945 mussten die Traditionsfäden der deutschen Kultur, die von den Nationalsozialisten so sorgfältig zerschnitten worden waren, erst wieder neu geknüpft werden. Hitler, der sich – wie andere NS-Politiker auch – das Leben genommen hatte (30. April 1945), hinterließ ein Land in Ruinen. Das galt in sichtbarer Weise beim Anblick deutscher Städte, aber auch hinsichtlich der sozialpsychologischen Verfassung eines ganzen Volkes. Hin- und hergerissen zwischen Verdrängung des Geschehens und dessen Aufarbeitung, zwischen den Gefühlen der Niederlage und Befreiung, suchten die Deutschen eine neue Orientierung. Mit wachsendem Abstand wurde Hitler immer klarer als unheilsvolle Führerfigur erkannt. Etwas zögerlich kam ein Dialog in Gang: über die Notwendigkeit und Unfähigkeit zu trauern, über Kollektiv- und Einzelschuld, über Schuld und Verantwortung – eine gesellschaftliche Diskussion, die bis in die Gegenwart reicht. In der deutschen Geschichte wird es immer ein Vorher und ein Nachher geben.

M 1 **Niederlage**
Hannover nach Kriegsende 1945. Etwa 3,5 Millionen Häuser wurden im Bombenkrieg zerstört.

M 2 **Befreiung**
Die Häftlinge des KZ Dachau begrüßen ihre amerikanischen Befreier am 30. April 1945.

M 3 Die geistige Emigration

Gemälde von Arthur Kaufmann, entstanden zwischen 1938 und 1965. 1. Viertel, Berthold (Schriftsteller u. Regisseur) 2. Lang, Fritz (Regisseur) 3. Anders, Günther (Schriftsteller) 4. Toch, Ernst (Philosoph) 5. Bloch, Ernst (Philosoph) 6. Kaufmann, Arthur (Maler) 7. Musset-Kaufmann, Elisabeth (Psychologin) 8. Wertheimer, Max (Psychologe) 9. Feuermann, Emanuel (Cellist) 10. Schönberg, Arnold (Komponist) 11. Grosz, George (Maler) 12. Floch, Joseph (Maler) 13. Mann, Heinrich (Schriftsteller) 14. Zucker, Paul (Architekt u. Kunsthistoriker) 15. Rainer, Luise (Schauspielerin) 16. Friedemann, Ulrich (Arzt, Bakteriologe) 17. Klemperer, Otto (Dirigent) 18. Tillich, Paul (Theologe) 9. Zweig, Arnold (Schriftsteller) 20. Stern, William (Psychologe) 21. Bruckner, Ferdinand (Schriftsteller) 22. Einstein, Albert (Physiker) 23. Mann, Klaus (Schriftsteller) 24. Mann, Thomas (Schriftsteller) 25. Mann, Erika (Schriftstellerin) 26. Renn, Ludwig (Schriftsteller) 27. Valentin, Curt (Kunsthändler) 28. Jelinek, Hans (Grafiker) 29. Frank, Bruno (Schriftsteller) 30. Piscator, Erwin (Regisseur) 31. Goslar, Lotte (Tänzerin) 32. Graf, Oskar Maria (Schriftsteller) 33. Dolbin, Benedikt Fred (Zeichner) 34. Goldstein, Kurt (Arzt, Neurologe) 35. Weill, Kurt (Komponist) 36. Reinhardt, Max (Regisseur) 37. Thimig, Helene (Schauspielerin) 38. Toller, Ernst (Schriftsteller)

M 4 Hitlers Nero-Befehl

Im Gespräch mit Speer[1] äußerte sich Hitler folgendermaßen (März 1945):

Wenn der Krieg verlorengeht, wird auch das Volk verloren sein. Es ist nicht notwendig, auf die Grundlagen, die das deutsche Volk zu seinem primitivsten Weiterleben braucht, Rücksicht zu nehmen. Im Gegenteil ist es besser, selbst diese Dinge zu zerstören. Denn das Volk hat sich als das schwächere erwiesen, und dem stärkeren Ostvolk gehört ausschließlich die Zukunft. Was nach diesem Kampf übrigbleibt, sind ohnehin nur die Minderwertigen, denn die Guten sind gefallen!

1 Albert Speer (1905–1981), zunächst als Architekt ein Vertrauter Hitlers, später (ab 1942) Reichsminister für Bewaffnung und Munition; im Nürnberger Prozess zu 20 Jahren Haft verurteilt.

A. Speer, Erinnerungen, Frankfurt/M. 1969, S. 446.

M 5 Nach dem Ende des Kriegs

Der Historiker Christian Graf von Krockow schildert die Nachkriegshaltung der Deutschen:

Die Nachkriegshaltung ist später analysiert und auf den Begriff gebracht worden als die Unfähigkeit zu trauern. Aber um wen wohl hätten die Deutschen weinen sollen, etwa um den „Führer", der ihnen so plötzlich abhanden gekommen war? Hitler hatte versprochen – und dies tatsächlich gehalten –, dass sich ein „November 1918" nicht wiederholen werde; alle, wirklich alle, hatten jetzt miterlebt, was das bedeutete. Die Endphase des Krieges, etwa vom 20. Juli 1944 an gerechnet, forderte mehr Opfer als die Jahre zuvor, um von Hab und Gut, von den brennenden Dörfern und Städten, von Würzburg und Dresden, von Flucht und Vertreibung, von Ostpreußen, Pommern und Schlesien nicht erst zu reden. Das Regime hatte sich widerlegt, wie nur es selbst sich widerlegen konnte: Überall war man Zeuge gewesen, wie die Parteifunktionäre Durchhalteparolen ausgaben, wie sie mit Greisen und Halbwüchsigen eine absurde Verteidigung organisierten, den Treckbefehl verzögerten, bis es zu spät war – um dann zu verschwinden, als hätte es sie nie gegeben. Sie waren, wie der „Führer" selbst, ihrer Verantwortung schmählich entlaufen.
Diese Verantwortung fiel nun auf die Hinterbliebenen zurück; sie wurde den Besiegten von den Siegern als Schuld zugerechnet, als Rechenschaft abgefordert. Genau damit aber fühlten die Deutschen sich von den Machthabern des als „tausendjährig" angekündigten Dritten Reiches um ihre Leistungsbereitschaft, ihre Treue im Dienst geprellt, um die Begeisterung, die Hingabe betrogen. [...]
So löste sich der Bann des Dritten Reiches fast über Nacht. Kein Widerstand gegen die Besatzung, kein Partisanenkampf, keine „Werwölfe" weit und breit. Über den „Verrat" der Deutschen klagte bereits der Propagandaminister Dr. Goebbels in seiner letzten Ansprache vor Mitarbeitern am 21. April 1945: „Was fange ich mit dem Volk an, dessen Männer nicht einmal mehr kämpfen, wenn ihre Frauen vergewaltigt werden!? [...] Im Osten läuft es davon, im Westen hindert es die Soldaten am Kampf und empfängt den Feind mit weißen Fahnen."
Nur wenig später, im August, schrieb der neue Landrat des fränkischen Gunzenhausens, einer alten Hochburg der NSDAP, in seinem Lagebericht: „Obwohl der Krieg erst seit einigen Monaten beendet ist, wird vom Nationalsozialismus fast nicht mehr, und wenn, dann im nachteiligen Sinne gesprochen. Bei Leuten, die in ihren Heimen Zeichen des nationalsozialistischen Staates in jeglicher Form zeigten, ist keine Spur davon zu sehen." Der Hohn, dass außer Hitler offenbar niemand Nationalsozialist war, verfehlte indessen sein Ziel – oder traf es auf vertrackte Weise: Einzig dem Führer hatte man „unbedingten Gehorsam" geschworen und nur ihm wirklich vertraut.

Chr. Graf von Krockow, Die Deutschen in ihrem Jahrhundert 1890–1990, Reinbek 1990, S. 268 f.

Aufgaben

1. Ziehen Sie eine Bilanz für Deutschland im Jahre 1945. Berücksichtigen Sie die materiellen und menschlichen Aspekte.
   → Text, M1–M3
2. Die Emigration erfolgte aus vielfältigen Gründen. Informieren Sie sich über einige Emigranten auf dem Gemälde.
   → M3
3. Charakterisieren Sie die Haltung Hitlers angesichts der Niederlage.
   → M4
4. Erläutern Sie, was viele Deutsche nach dem Ende des Krieges 1945 empfanden.
   → Text, M5

Gibt es eine Kollektivschuld der Deutschen?

Wahrscheinlich ist kein Abschnitt der Weltgeschichte so gründlich erforscht worden wie jene zwölf Jahre zwischen 1933 und 1945, die man mit dem Dritten Reich verbindet. Es liegen zehntausende von wissenschaftlichen Publikationen vor, und dennoch gibt es viele Fragen, auf die bis in die Gegenwart keine abschließende Antwort gefunden wurde und die vermutlich auch niemals beantwortet werden können:

- Was konnte oder wollte der Einzelne vom Holocaust in Erfahrung bringen?
- War die deutsche Geschichte tatsächlich auf einen „eliminatorischen" (löschenden) Antisemitismus angelegt?
- Wie viele Menschen waren am Holocaust unmittelbar beteiligt?
- Was bedeutet es für die Nachgeborenen, wenn Eltern und Großeltern historische Schuld auf sich geladen haben?

Unmittelbar nach dem Zweiten Weltkrieg gingen die Westalliierten davon aus, dass das gesamte Volk einem Wahn verfallen sei, psychisch deformiert durch eine schwere „geistige Krankheit". Die Vorstellung war weit verbreitet, dass ein spezifisch ausgeprägter Nationalcharakter die Deutschen zu solch schrecklichen Verbrechen geführt beziehungsweise verführt habe.

Schuld und Gewissen

Schuld ist ein moralischer und rechtlicher Begriff, der sich gemäß dem abendländischen Menschenbild nur auf natürliche Personen beziehen kann. Schuld beinhaltet die Urheberschaft einer verwerflichen Handlung. Sie setzt die freie Entscheidung, das heißt Handlungsalternativen, voraus. Schuld korreliert mit Gewissen als jener psychomoralischen Instanz, die auch das Schuldbewusstsein repräsentiert. Die naturrechtlich geprägte Denktradition ordnet Schuld und Gewissen dem Einzelnen zu. Die Übertragung auf ein ganzes Volk ist sozialpsychologisch plausibel, jedoch so gesehen nicht statthaft. Auch die rechtsstaatlich geführten NS-Prozesse nach 1945 gingen davon aus, dass juristische Schuld individuell bewiesen werden muss.

Wer waren die Täter?

Der amerikanische Politikwissenschaftler Daniel Goldhagen erregte großes Aufsehen mit seiner These, der Antisemitismus sei „ein nationales Projekt der Deutschen" gewesen. In seinem Buch „Hitlers willige Vollstrecker" (1996) vertrat er die Ansicht, dass die Deutschen einem „eliminatorischen Antisemitismus" anhingen, der geradezu zwangsläufig zum Holocaust geführt habe. Der Mord an den Juden erschien in dieser Perspektive als Teil des deutschen Nationalcharakters. Goldhagens These wurde als Bekräftigung der Kollektivschuldthese verstanden, zumal sich der Blick des Autors auf jene „ganz gewöhnlichen Deutschen" richtete, ohne die der Holocaust nicht durchzuführen gewesen wäre. Goldhagens Ausführungen haben in der deutschen Öffentlichkeit viel Beifall erhalten, aber auch deutliche wissenschaftliche Kritik erfahren.

Wer hat den Holocaust vollstreckt?

Mit der Durchführung des Genozids war die SS beauftragt, insbesondere das Reichssicherheitshauptamt (RSHA), dazu kamen Teile der Sicherheitspolizei (Sipo), des Sicherheitsdienstes (SD) und der Geheimen Staatspolizei (Gestapo). Im KZ und Vernichtungslager Auschwitz zum Beispiel taten ungefähr 7 000 SS-Leute Dienst. Die Einsatzgruppen mit ihren Erschießungskommandos umfassten 3 000 Männer, in den Polizeibataillonen wirkten noch einmal 16 000 Deutsche mit.

Der komplexe Prozess der Massenvernichtung war ohne die Beihilfe von verschiedenen Stellen und Ämtern nicht durchführbar: Partei- und Regierungsangehörige, Polizisten, Eisenbahner, Wehrmachtsangehörige. Die Zahl der direkten Tatbeteiligten am Holocaust (Täter und Helfer) lässt sich objektiv nicht ermitteln. Die Schätzungen der Fachleute bewegen sich im Bereich zwischen 100 000 und 500 000. Das Handeln „ganz normaler Männer“ gibt auch heute noch Rätsel auf. Um die Gehorsamsbereitschaft zu verstehen, muss man wahrscheinlich die Wirkung des Krieges und der jahrelangen Propaganda genauso berücksichtigen wie die systematische Enthumanisierung der Opfer. Außerdem spielte der Gruppendruck innerhalb der SS- und Polizeieinheiten eine nicht zu unterschätzende Rolle.

Was konnte die Bevölkerung wissen?

Die Psychoanalytikerin Margarete Mitscherlich schrieb 1979: „Ohne diese Teilnahme und Übereinstimmung der Bevölkerung [...] wäre der schließlich erfolgte Massenmord nicht möglich gewesen.“ Andererseits zeigen verschiedene Äußerungen von Hitler und Himmler, dass man in der NS-Führung mit dem Antisemitismus des Volkes nicht zufrieden war. Sympathiebezeugungen zu Gunsten von Juden wurden ab 1941 unter Strafe gestellt. Die Gestapo-Berichte anlässlich der „Reichskristallnacht“ belegen, dass diese Aktionen alles andere als populär waren. Wie ausgeprägt war also der Antisemitismus der Deutschen? Die Antworten reichen von einem paradoxen „gering“ bis zu der These von Goldhagen.

Gesichert ist, dass sich die Entrechtung und Deportation der Juden im öffentlichen Raum abspielten und tendenziell jedem Deutschen bewusst sein mussten. Aber Deportation, die Propaganda sprach von Umsiedlung, und Vernichtung sind nicht das Gleiche. Fraglich ist, ob es für einen Durchschnittsdeutschen vorstellbar war, dass es im Osten Todesfabriken gab. Die Vernichtung war Geheime Reichssache; sie wurde abgeschirmt von der Öffentlichkeit vollzogen. Gerüchteweise wird hier und da das eine oder andere bekannt geworden sein, eventuell zugetragen von Soldaten, die auf Heimaturlaub von der Ostfront gekommen waren. Aber was sollte (wollte) man glauben? Zwar kannte man die antisemitische Propaganda, aber wer konnte sich vorstellen, dass die NS-Führung es so blutig ernst meinte? Die Skepsis wird verständlich, wenn man bedenkt, dass auch die Regierungen in Washington und London die ersten Berichte über Auschwitz – von polnischen Widerstandskämpfern aus dem Lager herausgeschmuggelt – als Übertreibungen und Propaganda abtaten.

M 1 Karikatur von Walter Hanel, 1995

Aufgabe

1. Diskutieren Sie, wie die nachgeborenen Generationen mit der geschichtlichen Erblast umgehen sollten.

10.10 Faschismustheorien

Die wissenschaftliche Beurteilung des Faschismus ist umstritten und nicht zuletzt auch abhängig vom politischen Standort des Wissenschaftlers. Die kontroverse Diskussion findet in einer Vielzahl von wissenschaftlichen Richtungen und Theorien ihren Niederschlag, die im Folgenden nicht alle berücksichtigt werden können.

Umstritten war unter anderem der wissenschaftliche Ansatz, der Hitler als zentrale Figur im Mittelpunkt einer jeden Faschismus-Interpretation sehen möchte. Dieser Orientierung an der Persönlichkeit steht eine andere Interpretationsrichtung gegenüber, die die wirtschaftlichen und sozialen Strukturmerkmale als bestimmend ansieht, wobei die Frage „Wem nutzte der Faschismus?“ berücksichtigt wird.

Die Ergebnisse der neueren Forschungen verweisen insgesamt darauf, dass Hitler eine einzigartige Machtstellung zukam. Die Diktatur des Dritten Reiches ist vom Diktator Hitler nicht zu trennen. Die gesamte politische Willensbildung war auf den „Führer“ ausgerichtet. Hitler stand gleichsam über den gesellschaftlichen Institutionen. Alle wesentlichen politischen und militärischen Entscheidungen wurden von ihm getroffen. Der „Führerwille“ war praktisch Gesetz. Insofern erweist sich jede Analyse des nationalsozialistischen Herrschaftsapparates ohne Berücksichtigung der Persönlichkeit Hitlers als unzureichend.

Auf Hitler konzentrierten sich die Hoffnungen großer Teile des deutschen Volkes. Außerordentlich weit verbreitet war der quasi religiöse Glaube an sein Genie. Hitlers Macht beruhte unter anderem auf der Projektion derjenigen Menschen, die in ihm die Verkörperung des „Erlösers“ sahen.

Hitler ist zum Inbegriff der Gewaltherrschaft geworden. Diese war aber auf die Mitwirkung zahlloser Deutscher angewiesen. Die Führerdiktatur wäre nicht möglich gewesen ohne die vielen Helfer (Beamte, Polizisten, Soldaten, Parteimitglieder), die dem Führer zugearbeitet haben.

Wie unterschiedlich die Forschungsschwerpunkte gesetzt wurden, wird auch an Hand der DDR-Geschichtsschreibung deutlich. Hier spielte das politische Interesse der Staatsmacht eine entscheidende Rolle. Als Hauptschuldiger am „Hitlerfaschismus“ wurde monokausal das Bündnis von Finanzkapital (Banken) und Schwerindustrie ausgemacht. Der Nationalsozialismus ließ sich als „Herrschaftsform des Monopolkapitalismus in seiner Niedergangsperiode“ interpretieren – so lautetet die offizielle Sprachregelung. Auf dieser ideologischen Grundlage konnte die DDR ihre eigene Diktatur als „antifaschistisch“ deklarieren.

Die Totalitarismustheorie definiert den Faschismus mit einem Begriff („total“), der von den Nationalsozialisten selbst als typisches Merkmal ihrer Gesellschaftsvorstellung herausgestellt worden ist. Die totale Erfassung des Einzelnen widersprach aufs Tiefste dem Grundrechtsverständnis des Liberalismus. Die Totalitarismustheorie stammte aus den Vierzigerjahren, der Zeit des so genannten Kalten Krieges. Die Vertreter dieser Theorie betonten die Gemeinsamkeit zwischen dem faschistischen und dem sowjetkommunistischen Herrschaftstyp, um diese vom demokratischen Rechtsstaat abzugrenzen.

M 1 Hitler und die Deutschen

Interview mit dem britischen Historiker und Hitler-Experten Jan Kershaw:

Spiegel: Was war Hitler – ein zynischer Machtmensch, ein fanatischer Weltverbesserer, ein verblendeter Ideologe?
Kershaw: Unter den Historikern würde heute niemand mehr Hitler nur auf die Figur eines zynischen Machtpolitikers reduzieren. Natürlich war er das auch, aber seine Antriebskraft war eine politische Vision: Deutschland zu neuer Größe zu führen, am Ende sollte die Weltherrschaft stehen. Die Vernichtung Andersdenkender und der Genozid an den Juden gehörten dazu, waren aber nicht Selbstzweck.
Spiegel: War Hitlers letzte Antriebskraft Mordlust, wie [der Historiker] Sebastian Haffner meint?
Kershaw: Nein, Hitlers entscheidender Beweggrund war der Wunsch, Deutschland zur beherrschenden Weltmacht zu erheben. Das bedeutete nicht nur, die Gegner im Krieg zu besiegen, sondern sie buchstäblich zu vernichten. Zu Feinden zählten für Hitler hauptsächlich natürlich die Juden, die für ihn zugleich Weltkapitalismus und Weltkommunismus verkörperten. [...]
Hitler war kein schwacher Diktator, auch wenn sich einige Beispiele für Entscheidungsschwäche finden lassen. Dass er den inkompetenten und morphiumsüchtigen Luftwaffenchef Hermann Göring nicht abgesetzt hat, ist sicherlich kein Beweis für Stärke. Ins Gewicht fällt aber vor allem, dass Hitler alle herausragenden Entscheidungen wie die über Außenpolitik oder Krieg selbst traf. Er strebte den Krieg mit Frankreich 1940 und mit der Sowjetunion 1941 an, er wollte die Juden – deutsche, ost- und westeuropäische – vernichten lassen, er stand unter keinerlei Druck von irgendjemandem.
Spiegel: Aber wie lässt sich das Zusammenspiel zwischen Hitler und der NSDAP, der Verwaltung oder der Wehrmacht erklären?
Kershaw: Den Schlüssel fand ich in einer Rede, die Werner Willikens, ein Staatssekretär im preußischen Landwirtschaftsministerium, 1934 vor NS-Funktionären hielt. Er sagte, es gelte, „dem Führer entgegen zu arbeiten". Dieser Satz war mein Aha-Erlebnis. Hitler hatte eine unveränderte Vision, doch kein konkretes Programm etwa für die Ermordung der Juden oder für den Kampf um Lebensraum in Osteuropa. Da jedoch bekannt war, dass Hitler immer die radikalste Lösung wählte, wussten seine Mitarbeiter, aber auch die Verwaltungs- und Mordexperten in den besetzten Gebieten, dass sie selbst für radikalste Vorschläge Zustimmung aus Berlin erhielten, es sei denn, taktische Gründe sprachen zu diesem Zeitpunkt aus Hitlers Sicht dagegen.

Aus: Der Spiegel, Nr. 34/2000.

M 2 Faschismus als Produkt des Führers

Der deutsche Faschismus war ganz und gar auf Hitler selbst ausgerichtet:

Auch die in Massenauflagen verbreitete, mit gewaltigen Reklamemitteln zum „Weltbestseller" hochgetriebene und 1977 verfilmte Hitler-Biografie von Joachim C. Fest ist ganz auf diese personalistische Interpretation abgestellt. Über Hitler heißt es: „Tatsächlich war er in einem wohl beispiellosen Grade alles aus sich und alles in einem: Lehrer seiner selbst, Organisator einer Partei und Schöpfer ihrer Ideologie, Taktiker und demagogische Heilsgestalt, Führer, Staatsmann und während eines Jahrzehnts Bewegungszentrum der Welt." Die faschistische Diktatur war demnach ein System, „das nur von einem einzigen Punkt her Sinn und Konsequenz erhielt: dem monströsen [ungeheuerlichen] Macht- und Einsatzwillen Hitlers". „In seiner Person hat ein Einzelner noch einmal seine stupende [erstaunliche] Gewalt über den Geschichtsprozess demonstriert."

R. Kühnl, Faschismustheorien, Reinbek 1979, S. 48 f.

M 3 Faschismus contra Arbeiterklasse

Die Sichtweise des österreichischen Politikers Otto Bauer, Sozialdemokrat und Haupttheoretiker des so genannten Austromarxismus (1936):

Der Faschismus ist das Resultat dreier eng miteinander verschlungener sozialer Prozesse. Erstens hat der Krieg Massen von Kriegsteilnehmern aus dem bürgerlichen Leben hinausgeschleudert und deklassiert [herabgesetzt]. [...]
Zweitens haben die Wirtschaftskrisen der Nachkriegszeit breite Massen von Kleinbürgern und Bauern verelendet. Diese Massen, pauperisiert [verarmt] und erbittert, fielen von den bürgerlich-demokratischen Massenparteien, denen sie bisher Gefolgschaft geleistet hatten, ab, sie wandten sich enttäuscht und hasserfüllt gegen die Demokratie [...] und scharten sich um die militaristisch-nationalistischen „Milizen" und „Wehrverbände".
Drittens haben die Wirtschaftskrisen der Nachkriegszeit die Profite der Kapitalistenklasse gesenkt. Die Kapitalistenklasse, an ihren Profiten bedroht, will ihre Profite durch Steigerung des Grades der Ausbeutung wiederherstellen. Sie will den Wider-

stand, den die Arbeiterklasse dem entgegensetzt, brechen. Sie verzweifelt daran, dies unter demokratischer Herrschaft zu können. Sie bedient sich der um die faschistischen und völkischen Milizen gescharten rebellischen Massenbewegung der Kleinbürger und Bauern zuerst, um die Arbeiterklasse einzuschüchtern und in die Defensive zu drängen, später um die Demokratie zu zerschlagen.

O. Bauer, Der Faschismus, in: dgl. u. a., Faschismus und Kapitalismus, Frankfurt 1967, S. 143 f.

M 4 Faschismus als „Extremismus der Mitte"

Der amerikanische Soziologe Seymour Lipset vertritt folgende These (1962):

Zusammenfassend interpretiert Lipset den „Extremismus der Mitte" wie folgt: Kennzeichnend sei, dass sich die faschistischen Bewegungen – „genau wie andere Bewegungen, die an die selbstständigen städtischen und ländlichen Mittelschichten appellieren – auf die ungelösten Frustrationen von Menschen zurückführen lassen, die sich von den Haupttrends der modernen westlichen Gesellschaft abgeschnitten fühlen. Diese Bewegungen wurde ja nicht nur in überproportionaler Weise von den kleinen Selbstständigen unterstützt, sondern sie erhielten auch überall einen starken Zulauf von Personen, die auf dem Lande oder in Provinzstädten wohnten. Dies sind die im Niedergang begriffenen ‚liberalen' Schichten, die in Notstandsgebieten leben. Das Kleinbürgertum solcher Gegenden leidet nicht nur deshalb unter Entbehrungen, weil es als Klasse im Vergleich zu anderen im Abstieg ist, sondern auch, weil es in Gemeinden wohnt, deren Status und Einfluss innerhalb der Gesamtgesellschaft rasch abnehmen."

R. Kühnl, a. a. O., S. 94.

M 5 Agententheorie

Die quasioffizielle sowjetkommunistische Definition, die für alle Kommunisten verbindlich war (1933):

[...] Statt dessen sah man im Faschismus nur den Agenten der Bourgeoisie. Die endgültige Formulierung dieser „Agententheorie" wurde 1933 auf dem XIII. Plenum des EKKI [Exekutivkomitee der Kommunistischen Internationale] gefunden: „Der Faschismus ist die offene terroristische Diktatur der am meisten reaktionären, chauvinistischen [übersteigert nationalistisch] und imperialistischen Elemente des Finanzkapitals."

W. Wippermann, Faschismustheorien, Darmstadt 1972, S. 16.

M 6 Totalitarismustheorie

Die moderne Totalitarismustheorie stellt den Versuch dar, einen klassifizierenden Vergleich von Sowjetkommunismus und Faschismus herzustellen, beispielhaft ausformuliert im Buch des deutschen Emigranten C. J. Friedrich: Totalitäre Diktatur (1956):

Totalitär sollen Regime nur dann genannt werden, wenn folgende typologischen Merkmale erfüllt seien:
(1) eine Ideologie, die alle Bereiche des menschlichen Lebens umfasst, einen Endzustand der Menschheit proklamiert, die bestehende Gesellschaft dagegen radikal verwirft,
(2) eine hierarisch und oligarchisch aufgebaute Massenpartei, die in der Regel von einem Mann geleitet wird und nur ca. 10 % der Gesamtbevölkerung umfasst und der Bürokratie übergeordnet oder mit ihr verflochten ist,
(3) ein Terrorsystem, das sich auch gegen potenzielle, willkürlich ausgewählte Feinde richtet (z. B. Juden und „Klassenfeinde"),
(4) ein technologisch bedingtes nahezu vollständiges Nachrichtenmonopol,
(5) ein Waffenmonopol
sowie
(6) eine Wirtschaft, die einer zentralen Kontrolle unterworfen ist und auch als „Befehlswirtschaft" bezeichnet werden kann.

W. Wippermann, a. a. O., S. 70 f.

M 7 Totalitarismustheorie und Antikommunismus

Wegen der Einbeziehung des kommunistischen Herrschaftssystems ist die Totalitarismustherorie oft scharf angegriffen worden:

Nicht nur die Beurteilung des Rechtsextremismus, sondern auch die politische Bewertung des Linksextremismus wird durch die Erfahrung mit dem Nationalsozialismus bestimmt. Die Gleichung „rot gleich braun" wurde begünstigt durch eine Theorie, die selber eine Folge des Nationalsozialismus ist: die Totalitarismustheorie.
Diese Lehre, von deutschen Emigranten in Amerika entwickelt, behauptet, Kommunismus und Faschismus seien wesensverwandt. Für den Beweis prinzipieller Gleichheit hebt sie auf ähnliche Erscheinungsformen und Methoden einer Politik ab, die eine Staatsgesellschaft in den Gleichschritt uniformierter Kolonnen zwingt.
Niemand kann leugnen, dass es einem von Rechtsunsicherheit, Verfolgung und Mord Bedrohten einer-

lei ist, ob die Schergen, die ihn in früher Morgenstunde abholen, auf ihren Uniformen Hakenkreuze oder Sowjetsterne tragen. Dennoch gibt es Unterschiede, die nicht nur von theoretischem Interesse sind, etwa den zwischen der NS-Rassenideologie und der marxistischen Klassentheorie. Der Glaube an die Überlegenheit einer Rasse ist biologische Ideologie. Der marxistische Klassenbegriff ist dagegen ein soziologischer Begriff von erheblicher Erkenntniskraft. Ziel der marxistischen Theorie ist die klassenlose Gesellschaft. Ziel des Nationalsozialismus war die Herrschaft einer Rasse über „Untermenschen", die es entweder auszutilgen oder für alle Zeit als Sklaven zu unterwerfen galt. Solche Unterschiede wurden schon in den fünfziger Jahren an deutschen Schulen nicht mehr gelehrt. Später besiegelte ein Beschluss der Ständigen Konferenz der Kultusminister die inzwischen fest eingeschliffene Gleichsetzung von Kommunismus und Nationalsozialismus. In diesem Beschluss heißt es: „Die Auseinandersetzung mit dem Totalitarismus gehört zu den wesentlichen Aufgaben der politischen Bildung unserere Jugend. Die Lehrer aller Schularten sind daher verpflichtet, die Schüler mit den Merkmalen des Totalitarismus und den Hauptzügen des Bolschewismus und des Nationalsozialismus als den wichtigsten totalitären Systemen des 20. Jahrhunderts vertraut zu machen."
Die Totalitarismustheorie wurde besonders von unbelehrbaren Nationalsozialisten geschätzt. Sie gab ihnen die Möglichkeit, im Kommunismus einen Feind zu bekämpfen, den Hitler schon als Weltfeind Nr. 1 bezeichnet hatte. Die Totalitarismustheorie erwies sich damit als die wirksamste politische Entlastung. Den auf die eigene Verantwortung zielenden Pfeil lenkte sie in die Front gegen den gefährlicheren, weil noch unbesiegten Vertreter des Totalitarismus ab. Auf diese Weise entstand ein Bollwerk, dessen demokratische Qualität zumindest fragwürdig war: Alte Nationalsozialisten kämpften zusammen mit neuen Demokraten gegen den Kommunismus.

M. und S. Greiffenhagen, Ein schwieriges Vaterland, Zur politischen Kultur Deutschlands, München 1979, S. 51 f.

M 8 „Zeitzeichen. Rad der Geschichte"
Karikatur von Georg Rauch, veröffentlicht in: „Die Zeit", Nr. 12/1985

Aufgaben

1. Analysieren Sie die Unterschiede zwischen den Faschismustheorien.
   → M2, M3–M5
2. Begründen Sie, warum die „Agententheorie" zu kurz greift.
   → M5
3. Erklären Sie, welche Bedingungen im Sinne der Totalitarismustheorie erfüllt sein müssen, damit man eine Gesellschaft als „totalitär" bezeichnen kann. Überprüfen Sie, inwiefern diese Bedingungen im Nationalsozialismus erfüllt waren.
   → M6
4. Erläutern Sie, welche Einwände gegen die Totalitarismustheorie erhoben werden könnten.
   → M7
5. Interpretieren Sie die Zeichnung „Rad der Geschichte".
   → M8

Arbeitstechniken und Methoden

Quellen

Weil es keinen unmittelbaren Zugang zum Vergangenen gibt, stellt sich bei jedem geschichtlichen Rückblick die Frage: Woher weiß man das eigentlich?

Die Geschichte vergegenwärtigt sich in Form von Quellen. Diese ermöglichen erst den Zugang zu ihr. Quellen stellen sozusagen den „Rohstoff" für den Historiker dar. Als Quelle kann prinzipiell alles dienen, was das zeitlich Zurückliegende zu erhellen vermag.

Quellen lassen sich dahingehend unterscheiden, ob sie absichtlich (intentional) oder unabsichtlich der Nachwelt überliefert wurden. Ferner lassen sich Primärquellen von historischen Darstellungen unterscheiden. Letztere bezeichnet man oft auch als Sekundärquellen. Eine Differenzierung der Quellen lässt sich auch auf der Basis des Informationsträgers (Tontafel, Buch, Computer, Diskette) vornehmen:

- Schriftliche Quellen: zum Beispiel Besitzurkunden, Testamente, Parlamentsprotokolle, Tagebücher, diplomatische Korrespondenzen, Gerichtsakten, Zeitungen,
- Bildquellen: zum Beispiel Gemälde, Zeichnungen, Karikaturen, Plakate, Filme, Wochenschauen,
- Tonquellen: zum Beispiel Radioübertragungen, Interviews, Hörspiele,
- Sachquellen (Realien): zum Beispiel Gebäude, Denkmäler, Arbeitsgeräte, Waffen, Schmuck, Münzen, Kleidung.

Werkzeuge des Historikers

Zur Erforschung und Bearbeitung des Materials greift der Historiker auf die Ergebnisse der so genannten historischen Hilfswissenschaften zurück. Dazu zählen:

- Archäologie,
- Schriftkunde (Paläografie),
- Urkundenlehre (Diplomatik),
- Archivkunde,
- Wappenkunde (Heraldik) und Siegelkunde (Sphragistik),
- Sprachwissenschaft (Philologie)
- Zeitrechnungslehre (Chronologie),
- Münzkunde (Numismatik),
- Maß- und Gewichtskunde (Metrologie),
- Personen- und Geschlechterkunde (Genealogie),
- Bevölkerungskunde (Demografie),
- Historische Bildkunde (Ikonografie),
- Historische Kartenkunde (Geografie).

Quellenerschließung

Unter Quellenerschließung versteht man eine methodische Untersuchung, durch die eine Quelle in einen Sinnzusammenhang gestellt wird. Die Erschließung von historischen Quellen wird in je unterschiedlicher Gewichtung beschreibende, erklärende und interpretierende Elemente umfassen.

Beschreibung

Bei der Beschreibung handelt es sich um eine erste – provisorische – Erfassung der Quelle. Diese wird in Augenschein genommen. Das Sichtbare, zum Beispiel in einem Bild, wird festgehalten, ein Text wird gegliedert, inhaltlich rekapituliert. Formale Auffälligkeiten (Vermerke, Stempel) werden registriert.

Erklärung

Daran anschließend sollten Begriffe geklärt und die erwähnten Personen politisch-biografisch eingeordnet werden. Der nächste Schritt besteht darin, die Quelle in einen inhaltlichen Zusammenhang von Ursache und Wirkung zu stellen. In diesem Zusammenhang sind die Fragen nach dem Autor, dem Adressaten, den Interessen und Auswirkungen zu beantworten.

Interpretation

Die abschließende Interpretation baut auf den ersten beiden Schritten auf und zielt auf ein tiefer gehendes Verständnis. Die Quelle wird in einen größeren Zusammenhang gerückt. Ihr Sinn erschließt sich meist erst dadurch, dass eine Beziehung zu anderen Quellen (beziehungsweise Ereignissen) hergestellt wird.

Diese drei Schritte weisen vielfältige Berührungspunkte auf, sodass in der Praxis die Übergänge fließend sind. Der Begriff der Interpretation bezieht sich im umfassenderen Sinne auf den gesamten Vorgang der Quellenerschließung.

Schriftliche Quellen

Unter den historischen Quellen kommt der schriftlichen Überlieferung eine überragende Bedeutung zu. Mit der Entwicklung der Schrift in den frühen Hochkulturen (ab ca. 3000 v. Chr.) hat der Grad der Schriftlichkeit – mit Unterbrechungen zum Beispiel im frühen Mittelalter – ständig zugenommen. Für das gesamte öffentliche Leben (Gesetzgebung, Verwaltung, Außenpolitik) sind schriftliche Quellen maßgebend.

M 1 **Die Neolithische Revolution** bezeichnet jenen epochalen Einschnitt, als die Menschheit vom Jagen und Sammeln zur Produktion von Nahrung überging. Die „Erfindung der Landwirtschaft" erhöhte die Produktivität und bildete die Grundlage für die Entstehung von Hochkulturen. Erst im Rahmen dieser neuen Zivilisationsstufe wurden die ältesten Schriftformen entwickelt.

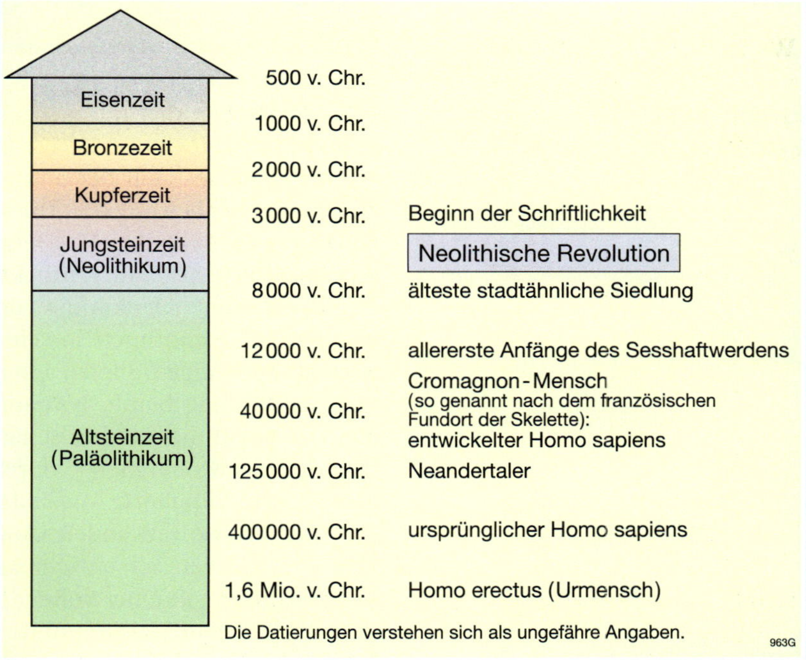

Leitfragen zu Textquellen

- Wer ist der Verfasser?
- Welchen Inhalt hat der Text?
- Aus welchem Anlass wurde der Text verfasst?
- Lässt sich die Quelle datieren?
- Gibt es einen feststellbaren Adressaten?
- Erfüllt der Text eine erkennbare Absicht?
- Welche (Aus-)wirkung hat der Text gehabt?

M 2

2. Extraausgabe Sonnabend, den 9. November 1918.

Vorwärts

Berliner Volksblatt.

Zentralorgan der sozialdemokratischen Partei Deutschlands.

Der Kaiser hat abgedankt!

Der Reichskanzler hat folgenden Erlaß herausgegeben:

Seine Majestät der Kaiser und König haben sich entschlossen, dem Throne zu entsagen.

Der Reichskanzler bleibt noch so lange im Amte, bis die mit der Abdankung Seiner Majestät, dem Thronverzichte Seiner Kaiserlichen und Königlichen Hoheit des Kronprinzen des Deutschen Reichs und von Preußen und der Einsetzung der Regentschaft verbundenen Fragen geregelt sind. Er beabsichtigt, dem Regenten die Ernennung des Abgeordneten Ebert zum Reichskanzler und die Vorlage eines Gesetzentwurfs wegen der Ausschreibung allgemeiner Wahlen für eine verfassungsgebende deutsche Nationalversammlung vorzuschlagen, der es obliegen würde, die künftige Staatsform des deutschen Volk, einschließlich der Volksteile, die ihren Eintritt in die Reichsgrenzen wünschen sollten, endgültig festzustellen.

Berlin, den 9. November 1918. Der Reichskanzler.
Prinz Max von Baden.

Erschließung der Extra-Ausgabe des „Vorwärts“

Die Quelle zeigt die Extraausgabe des „Vorwärts“ (Zentralorgan der SPD) vom 9. November 1918. Der Inhalt besteht aus der Wiedergabe eines Erlasses, den der amtierende Reichskanzler Prinz Max von Baden am gleichen Tag der Presse zugeleitet hatte. In ihm kommt der Thronverzicht Wilhelms II. (Deutscher Kaiser und König von Preußen) zum Ausdruck. Die fett gedruckte Überschrift („Der Kaiser hat abgedankt!“) stammt offenkundig von den Redakteuren der Zeitung. Der Reichskanzler informiert in seinem Erlass unter anderem über seine Absicht, den Abgeordneten Ebert als Reichskanzler und Wahlen für eine verfassunggebende Nationalversammlung vorzuschlagen. Dies soll von einem nicht näher genannten „Regenten“ – also einem Stellvertreter des Monarchen – durchgeführt werden. Zunächst fällt auf, dass Kaiser Wilhelm II. – seit 1888 Staatsoberhaupt – seine Abdankung nicht selbst verkündete. Außerdem fällt die Formulierung „Seine Majestät … haben sich entschlossen …“ auf. Ein Entschluss ist keineswegs identisch mit einer vollendeten Tat. Handelt es sich nur um eine sprachliche Ungenauigkeit ohne Bedeutung?

Im Laufe des 9. November 1918 hatte sich die Situation in Berlin zugespitzt. Geboren aus der Niederlage an der Westfront, der Kriegsmüdigkeit der Soldaten und der Meuterei der Kieler Matrosen war eine revolutionäre politische Bewegung entstanden. Die alten Machthaber des Kaiserreichs hatten ihre Autorität weitgehend eingebüßt. An ihre Stelle waren teilweise Arbeiter- und Soldatenräte getreten. Reichskanzler Max von Baden sah die Gefahren einer weiteren Radikalisierung und eines verstärkten Zulaufs für den linkssozialistischen Spartakusbund. Außerdem gab es den diplomatischen Druck seitens des amerikanischen

Präsidenten Wilson, Kaiser Wilhelm aus seinem Amt zu entfernen. In dieser unübersichtlichen Situation entschloss sich der gemäßigt konservative Reichskanzler zu eigenmächtigem Handeln. Er schickte den unautorisierten Text von der Abdankung des Kaisers an das Wolff'sche Telegrafenbüro – vergleichbar einer heutigen Presseagentur. Max von Baden stellte damit den Kaiser gleichsam vor vollendete Tatsachen. Wilhelm II. konnte sich dem nicht widersetzen und flüchtete anschließend in die Niederlande. Noch am gleichen Tag vollzog Max von Baden selbst die – nicht verfassungskonforme – Amtsübergabe an Friedrich Ebert, dem Parteivorsitzenden der SPD, die die stärkste Fraktion im Reichstag bildete. Seine Absicht war es dabei, die revolutionäre Situation zu entschärfen. Max von Badens Erlass stellte also eine Art „Flucht in die Öffentlichkeit" dar, wobei der Text selbst es noch offen lässt, ob die Monarchie als solche noch zu retten sei. Am darauffolgenden Tag bildete Ebert eine Provisorische Regierung („Rat der Volksbeauftragten"), die ihre Legitimität sowohl durch die Amts-übergabe als auch durch den revolutionären Berliner Soldatenrat erhielt. Die Frage einer so genannten Regentschaft hat sich nicht mehr gestellt. Der 9. November 1918 kennzeichnet die Novemberrevolution und das Ende der Monarchie in Deutschland. Die Weimarer Republik nahm von diesem Datum ihren Ausgang. Nach den Wahlen zur Nationalversammlung wurde Friedrich Ebert ihr erster Reichspräsident.

Bildquellen

„Wir glauben, was wir sehen." In diesem Spruch drückt sich die Macht der Bilder aus. Von ihnen geht erfahrungsgemäß eine größere Suggestivkraft aus als von Texten. Die Nachhaltigkeit des Bilderlebens führt dazu, dass Bilder länger im Gedächtnis bleiben als Texte. Es kann daher nicht verwundern, dass die politischen Mächte sich seit Jahrtausenden der Bilder bedienten, zum Beispiel in Form von Herrscherporträts auf Münzen und Siegeln.

Seit dem 19. Jahrhundert haben vor allem Fotos als Massenprodukt eine neue Bildwirklichkeit hervorgebracht. Dem Foto haftet eine (scheinbare) Objektivität an, die das künstliche Bild nie erreichen konnte.

Im 20. Jahrhundert wurde das Bild zu einem zentralen Aspekt politischer Herrschaft. Totalitäre Regime haben systematisch Bildfälschungen betrieben, um zum Beispiel „in Ungnade gefallene Personen" aus dem kollektiven Gedächtnis zu entfernen.

Im Zeitalter der Digitalisierung wird es objektiv immer schwieriger, Bildfälschungen („Bilder, die lügen") zu erkennen. Aufgrund moderner Technik entfällt die konventionelle Bearbeitung des Bildmaterials (Montage, Retusche), sodass die Spuren einer Manipulation nicht mehr sichtbar sind.

Leitfragen zur Erschließung von Bildquellen

- Wie wird die Person beziehungsweise der Gegenstand dargestellt (Größe, Ausschnitt, Perspektive, Lichtquelle, Farben, Bildaufbau)?
- Was lässt sich über die Bildentstehung in Erfahrung bringen (Auftraggeber, Fotograf)?
- Gibt es Gegenstände, Darstellungen, Personen oder Symbole, deren Bedeutung durch zusätzliche Informationen zu klären ist?
- Welchem Zweck dient das Bild (zum Beispiel Selbstdarstellung, Propaganda)?
- Gibt es eine erkennbare Inszenierung?

M 3 **Napoleon als Imperator im Krönungsornat,** Gemälde von François Gérard, 1810

Erschließung der Bildquelle M3

Das Bild aus der Zeit zwischen 1805 und 1810 zeigt Napoleon im kaiserlichen Krönungsornat mit den Insignien kaiserlicher Herrschaft. Dazu gehören der purpurne Mantel mit Hermelinbesatz, das Adlerzepter in der Rechten, das Schwert, der Lorbeerkranz auf dem Haupt. Separat auf einem Kissen liegen der Reichsapfel mit Kreuz sowie die so genannte Hand der Gerechtigkeit.

Die bildliche Darstellung knüpft mit ihrer Symbolik an antike Vorbilder an. Der goldene Lorbeerkranz verweist auf das römische Kaisertum. Der Reichsapfel stellt einen Bezug zu Karl den Großen her. Die aufgestickten goldenen Bienen auf dem Krönungsmantel deuten auf die Dynastie der Merowinger, die als Ursprung der französischen Monarchie angesehen wurde. Zusammen mit dem in die Weite gerichteten Blick versieht diese Inszenierung den Kaiser der Franzosen (1804–1814/15) mit einer Aura des Sakralen.

Alleinherrschaft pflegte sich oft so zu präsentieren, um beim Betrachter den Eindruck von Größe und Unantastbarkeit hervorzurufen. Die Darstellung steht erkennbar in der ikonografischen Tradition absolutistischer Herrschaftsbilder und ist der Form verpflichtet, in der Hyacinthe Rigaud um 1700 den König Ludwig XIV. porträtiert hat (Siehe Seite 6).

Physisch gesehen war Napoleon ein kleiner Mann, der aber entschlossen war, als „großer Mann“ in die Geschichte einzugehen.

Bildnisse wie das vorliegende von François-Pascal Gérard gehören in die Kategorie der so genannten Staatsporträts. Diese wurden in großer Zahl in Werkstätten – quasi in Fließbandarbeit – hergestellt. Allein von diesem Bild gibt es über zwanzig Kopien. Diese Gemälde dienten zur Aufstellung zum Beispiel in Rathäusern, Präfekturen, Gerichten und anderen Behörden. Mit ihnen sollte der Eindruck der Allgegenwart der Majestät bewirkt werden.

Erschließung des Plakats M4

Die massige Figur, die schemenhaft fast die gesamte Breite des Bildes einnimmt, steht hinter den Fahnen der Sowjetunion (rechts), der USA und Großbritanniens (links). Die Nationalfahnen sind wie Vorhänge gezeichnet und geben den Blick auf einen Mann frei, der mit englischem Herrenhut, Weste und Übermantel bekleidet ist. In Bauchhöhe hängt eine Kette mit einem sechseckigen Stern.

Das Gesicht des Mannes wird durch eine breite Nase, wulstige Lippen und kräftige Augenbrauen charakterisiert. Nur ein Auge ist zu sehen, das unter dem Lid schräg nach oben schaut.

M 4

Der Text auf dem Plakat lautet: „Hinter den Feindmächten: der Jude“ – wobei „der Jude“ mit Pinselstrichen ansteigend und unterstrichen optisch hervorgehoben wird.

Hammer und Sichel (UdSSR), „Stars und stripes“ (USA) sowie der Union Jack (GB) ermöglichen die Identifizierung der wichtigsten Kriegsgegner des nationalsozialistischen Deutschlands. Die dargestellte Person wird nicht nur im Text ausdrücklich benannt, sondern sie ist auch am Davidstern erkennbar. Die ungenaue Datierung des Plakats (um 1941) lässt es offen, ob das Bild im Kontext der intensivierten Propaganda nach dem Kriegseintritt der USA (Dezember 1941) zu sehen ist. Die Kleidung enthält Anspielungen auf einen bürgerlichen Geschäftsmann oder Bankier. „Der Jude“ wird als verschlagene und geheimnisvolle Macht dargestellt, die hinter allen – so unterschiedlichen – Feindmächten stehe. Der Krieg gegen die kommunistische Sowjetunion sowie gegen die liberal-kapitalistischen Staaten des Westens wird paradoxerweise auf einen Nenner gebracht. Antikommunismus und Antikapitalismus werden auf „den Juden“ projiziert.

Das Plakat ist die ikonografische Umsetzung der NS-Ideologie von der „jüdischen Weltverschwörung“. Es dient der Produktion beziehungsweise Vertiefung des Feindbildes. Diese Figur soll Angst erwecken und die Bereitschaft zur Fortsetzung des Krieges erhöhen. Indem das Plakat „den Juden“ als Verkörperung des Bösen darstellt, werden Tötungshemmungen abgebaut. Es erschließt sich somit als Teil der psychologischen Kriegsführung.

Karikaturen

Die Karikatur ist ein Bildmedium, das bis in die Gegenwart nichts von seinem Reiz eingebüßt hat. Karikaturen gewannen seit der Reformation im 16. Jahrhundert große Bedeutung, weil neue Drucktechniken ihre massenhafte Reproduzierbarkeit ermöglichten.

Die Karikatur stellt eine bildliche Satire dar, bei der sich der Zeichner der Mittel der Verzerrung, der Zuspitzung und des Bild-Witzes bedient. Ihre Absicht besteht zumeist in der Bloßstellung beziehungsweise Verspottung einer Person oder eines Vorkommnisses. Die Karikatur ist eine politische Waffe, die letztlich nach dem volkstümlichen Motto „Lächerlichkeit tötet." funktioniert.

Karikaturen stellen einen komplexen Kommentar dar. Meistens sind zusätzliche Kenntnisse des Kontextes vonnöten, um eine Karikatur angemessen zu entschlüsseln.

Leitfragen zu Karikaturen

- Wozu stellt die Karikatur einen bildlichen Kommentar dar?
- In welchem Kontext steht sie?
- Welcher Bildelemente bedient sich der Karikaturist?
- In welcher Beziehung steht ein beigefügter Text zum Bild?
- Welche Absicht verfolgt der Zeichner?
- Handelt es sich um eine wohlwollende, verletzende oder aggressive Karikatur?
- Welche emotionale beziehungsweise rationale Wirkung geht von der Karikatur aus?

Erschließung der Karikatur M5 Simson Germanicus

Das von Werner Hahmann gezeichnete Bild erschien am 25. Januar 1920 in der satirischen Zeitschrift „Kladderadatsch". Im Mittelpunkt steht ein altägyptisch nachempfundener Tempel mit steinernen Säulen. Unterhalb des Gesims steht das Wort „Schmachfrieden". Auf dem Dach wird offenkundig eine Orgie gefeiert. An den Hüten der Männer sind andeutungsweise Amerikaner, Briten und Franzosen erkennbar. Unten auf den Stufen vor den Säulen liegt eine nackte männliche Gestalt: sich mühsam mit den Armen stützend, mit kahl geschorenem Schädel, am linken Fuß – wie ein Sträfling – an eine Eisenkugel gekettet.

Der Zeichner selbst liefert die Deutung der Karikatur mit der Überschrift „Simson Germanicus" als auch durch den Untertitel „Einst wird kommen der Tag, an dem Simson die Locken wieder wachsen". Beides verweist auf die alttestamentarische Figur des Simson. Dessen übermenschlichen Kräfte entsprangen seinem Haupthaar. Seine Feinde ließen ihm die Haare abschneiden, aber im Gefängnis wuchsen sie ihm nach, und mit ihnen kehrte seine Kraft zurück.

Das Wort „Schmachfrieden" bezieht sich auf den Versailler Vertrag von 1919, der den offiziellen Schlusspunkt unter den Ersten Weltkrieg setzte. Dieser Vertrag war kurz vor der Publizierung des Bildes am 10. Januar 1920 in Kraft getreten.

Diese Karikatur suggeriert eine Analogie zwischen dem gefangenen Simson und dem gedemütigten deutschen Volk. Das Bild spiegelt zum einen die Gefühle vieler Deutscher wider, die den Versailler Vertrag für ungerecht hielten, zum anderen machte es Hoffnung auf eine langfristige Änderung. Die Karikatur trug zur Verfestigung des Feindbildes in Bezug auf die – angeblich unmoralischen – Westmächte bei.

Der Kampf gegen den Versailler Vertrag einte einen erheblichen Teil der deutschen Gesellschaft in der Zeit der Weimarer Republik. Das Bild bediente vor allem die politischen Kräfte, die eine Revanchepolitik betrieben. Es verweist somit mittelbar auf den Aufstieg des Nationalsozialismus und das unglückselige Ende der Weimarer Republik.

Der „Kladderadatsch" existierte von 1848 bis 1944. Gegründet als Oppositionsblatt vertrat er anlässlich der Revolution von 1848 noch bürgerlich-liberale Positionen. Seine weitere Entwicklung war durch eine Anpassung an die Staatsmacht und durch eine zunehmend nationalistische Ausrichtung geprägt.

M 5 **Simson Germanicus**

Einst wird kommen der Tag, da auch diesem Simson die Locken wieder wachsen

Statistiken

Bei der Statistik handelt es sich um die zahlenmäßige Erfassung bestimmter Sachverhalte. Dies kann entweder grafisch oder tabellarisch geschehen. Aus den beigefügten Angaben sollte klar hervorgehen, was genau gemessen worden ist. Statistiken stellen eine äußerst komprimierte Information dar und ermöglichen einen relativ schnellen Überblick zum Beispiel über eine historische Entwicklung.

Ob eine Statistik stimmt, ist für Nichtfachleute in der Regel nicht erkennbar. Den berühmten – dem britischen Staatsmann Winston Churchill zugeschriebenen – Ausspruch, er glaube keiner Statistik, die er nicht selbst gefälscht habe, hat dieser zwar nicht gemacht. Aber die zum Ausdruck kommende Skepsis gegenüber Zahlen ist mitunter wohlbegründet.

Statistiken können einem legitimatorischen beziehungsweise propagandistischen Zweck dienen. So ist zum-Beispiel bekannt, dass die Statistiken der ehemaligen DDR durchgängig ein falsches Bild von der Wirklichkeit widerspiegelten. Die offiziellen Daten, zum-Beispiel zum Wohnungsbau, zur Produktion oder zur Finanzkraft, blieben bis zum Ende geschönt. Das hatte zur Folge, dass die wirtschaftliche Situation der DDR selbst von vielen westdeutschen Spezialisten über-bewertet wurde.

Leitfragen zu Statistiken

- Welche Quellen werden für die Daten angegeben?
- Gibt es zusätzliche Informationen seitens des Autors?
- Handelt es sich um absolute oder relative Zahlen?
- Wie wird die Vergleichbarkeit der Daten hergestellt?
- Bewegen sich die angegebenen Größenordnungen (Mrd./Mio.; t./kg.) auf realistischem Niveau?
- Gibt es wesentliche Abweichungen in vergleichbarem Datenmaterial?
- Wer ist der Autor der Statistik beziehungsweise ihr Herausgeber?
- Wie steht es um die Objektivität der Publikation?

Erschließung der Statistik M6

Diese Statistik stammt im Original von P. Bairoch, einem angesehenen britischen Wirtschaftshistoriker, und wurde in der Fachzeitschrift „Journal of European Economic History“ 1982 publiziert.

M 6 **Gesamtes Industriepotenzial der Mächte im Vergleich 1880-1938**
(Großbritannien: 1900 = 100)

	1880	1900	1913	1928	1938
Großbritannien	73,3	[100]	127,2	135	181
Vereinigte Staaten	46,9	127,8	298,1	533	528
Deutschland	27,4	71,2	137,7	158	214
Frankreich	25,1	36,8	57,3	82	74
Russland	24,5	47,5	76,6	72	152
Österreich-Ungarn	14	25,6	40,7	–	–
Italien	8,1	13,6	22,5	37	46
Japan	7,6	13	25,1	45	88

Aus: P. Kennedy, Aufstieg und Fall der großen Mächte, Frankfurt/M. 1989, S. 311.

Es handelt sich um eine Index-Statistik, das heißt sie gibt keinen Aufschluss über absolute Zahlen, sondern nur über Relationen. Als Bezugsgröße wurde Großbritannien im Jahre 1900 gewählt: Indexziffer 100 in eckiger Klammer.

Wie das Industriepotenzial im Einzelnen gemessen wurde, das geht aus der Statistik selbst nicht hervor. Der Begriff „Industriepotenzial“ verweist auf die Wirtschaftskraft und indirekt auch auf die Finanzkraft, die militärische Stärke sowie die Position des Landes in der globalen Konkurrenz der Mächte. Die Ziffern besitzen keine Aussagekraft in Bezug auf den Lebensstandard oder den Industrialisierungsgrad pro Kopf der Bevölkerung. Die synchrone (zeitliche) Analyse bezieht sich im vorliegenden Beispiel auf die senkrechte Datenreihe. Die Frage dazu kann zum Beispiel lauten: Wie stellte sich 1938 die industrielle Größenordnung der Mächte im Vergleich dar? Die diachrone (historische) Analyse bezieht sich hingegen auf die waagerechte Anordnung der Ziffern. Die Frage dazu kann zum Beispiel lauten: Wie entwickelt sich die Industrie in Deutschland zwischen 1880 und 1938?

Bei der Auswertung der 38 Ziffern lassen sich unterschiedliche Schwerpunkte legen.

1. Die Daten ermöglichen einen Einblick in die industrielle Wachstumsdynamik der einzelnen Länder zwischen 1880 und 1938. Großbritannien wächst nur um den Faktor 2,5, währen die Zahlen für Deutschland (Faktor 8), für die USA (Faktor 11,5) oder Japan (Faktor 11) deutlich stärker ansteigen. Der relative industrielle Abstieg Großbritanniens – des historisch ersten Industrielandes – wird somit erkennbar. Gleichzeitig dokumentieren die Zahlen den rasanten

Aufstieg Japans, das aber zu den großen Mächten noch nicht aufzuschließen vermag. Das japanische Industriepotenzial erreicht weniger als die Hälfte des deutschen oder britischen.

2. Bereits gegen Ende des 19. Jahrhunderts rücken die USA zur stärksten Weltwirtschaftsmacht auf. Wachstumsdynamik kombiniert mit der Größe des Landes schlagen sich in einem Industriepotenzial nieder, das bereits 1913 größer ist als dasjenige von Großbritannien und Deutschland zusammengenommen.
3. Diese Statistik lässt sich auch im Hinblick auf die zwei Weltkriege auswerten. Da die moderne Kriegsführung des 20. Jahrhunderts auf der industriellen Basis eines Landes beruhte, musste das Industriepotenzial mittelfristig den Ausschlag über den Kriegsverlauf geben. Das Jahr 1913 – Ausgangspunkt für den Ersten Weltkrieg – verdeutlicht, dass nach dem Kriegseintritt der USA (1917) der Krieg für die Mittelmächte (Deutschland und Österreich-Ungarn) nicht mehr zu gewinnen war. Eine ähnliche Erkenntnis gilt auch für den Zweiten Weltkrieg. Allein das Industriepotenzial der USA überstieg bereits 1938 dasjenige der Achsenmächte (Deutschland, Italien und Japan) zusammengenommen bei weitem.
4. Das vorliegende Zahlenmaterial dokumentiert den allgemeinen industriellen Wachstumstrend. Aber es gibt statistische Auffälligkeiten. So machte sich zum Beispiel in den USA nach 1928 die Weltwirtschaftskrise stark bemerkbar. Das erklärt die leicht rückläufigen Ziffern zwischen 1928 und 1938.
   Auch Deutschland erlebte im Zuge der Weltwirtschaftskrise einen wirtschaftlichen Einbruch, der sich aber in der Statistik nicht widerspiegelt. Die kreditfinanzierte Aufrüstung unter nationalsozialistischen Vorzeichen führte nach 1933 zu einer industriellen Rekonstruktion. Außerdem kam 1938 das Industriepotenzial Österreichs zum Reich. Darum weist die entsprechende Ziffer für 1938 einen Anstieg auf. Russland erlitt in den zwanziger Jahren als Folge von Revolution, Bürgerkrieg und sozialem Chaos eine Schrumpfung seines Industriepotenzials. Der Wachstumssprung nach 1928 spiegelt dann die Politik Stalins zur beschleunigten und gewaltsamen Industrialisierung des Landes wider.
   Österreich-Ungarn wurde als Folge des Ersten Weltkrieges aufgelöst. Daher werden für die Jahre 1928 und 1938 keine Angaben gemacht.

Karten

Seit ältesten Zeiten stellt die Karte ein praktisches Hilfsmittel bei der Erfassung des Raumes dar. Der Mensch bewegt sich konkret und im übertragenen Sinne in einem Raum. Diese Räumlichkeit begründete die historisch-politische Geografie, die die territorialen Veränderungen erfasst (zum Beispiel Wanderungsbewegungen, Siedlungsstrukturen, Gebietsänderungen als Folge von Kriegen).

Die Geschichte der Landkarten reicht bis in prähistorische Zeiten zurück. Aber erst höhere Zivilisationen produzierten Weltkarten, die fast zwangsläufig das jeweilige Bild von der Welt widerspiegeln. Die Wurzeln der europäischen Kartografie liegen in der griechisch-römischen Antike. Wie auch auf anderen Gebieten so verfiel allerdings die Kunst der Kartografie nach dem Zusammenbruch des Römischen Reiches. Erst Ende des 15. Jahrhunderts wurde die Weltkarte des Klaudios Ptolemaios aus dem 2. Jahrhundert wiederentdeckt. Ptolemaios gilt als Vater der modernen Geografie. Er hatte bereits die Welt in ihrer Kugelgestalt erfasst, wenn auch mit unrichtigen Angaben. So hatte er die Länge des Äquators mit 32-000 km berechnet. Gleichwohl wurde dieses Niveau der Kartografie erst in der Frühen Neuzeit im Kontext der Entdeckungen wieder erreicht. Von da an machte diese Wissenschaft mithilfe von exakteren mathematischen und astronomischen Berechnungen große Fortschritte. Die verbesserte Vermessungstechnik führte vor allem seit dem 17. Jahrhundert zu Maßstabsgerechtigkeit und zu einer realistischeren Projektion des gekrümmten Raumes. Damit erfüllten Karten die praktischen Bedürfnisse nach präzisen Informationen für die globale Erschließung.

Erschließung der Karte M7

Karten werden in ganz unterschiedlicher Form für unterschiedliche Zwecke angefertigt. Die vorliegenden Abbildungen können als Beispiel für eine funktionale Kartografie angesehen werden. Es handelt sich erkennbar nicht um historische Karten. Die perfekte Projektion der Kugelgestalt als auch die ungewöhnliche Sicht auf die Kontinente verweisen auf eine moderne Darstellung. Sie stammt aus dem Buch des französischen Sozialhistorikers Fernand Braudel: Aufbruch zur Weltwirtschaft, Sozialgeschichte des 15.–18. Jahrhunderts, München 1986, S. 26f.

Die Karten verzichten bewusst auf Farben und Reliefdarstellung. Dem Kartografen geht es allein um die Visualisierung einer bestimmten Aussage.Dazu ist Schmucklosigkeit angezeigt. Selbst auf die Bezeichnung von Städten und Ländern wird verzichtet. Durch den vergleichenden Blick auf die zwei Karten (1500 und 1775) kann schnell die Veränderung der europäischen Wirtschaft erschlossen werden. Diese Karten besitzen somit auch einen komprimierenden Charakter. Sie dienen zudem der Veranschaulichung von Daten und Erkenntnissen.

M 7

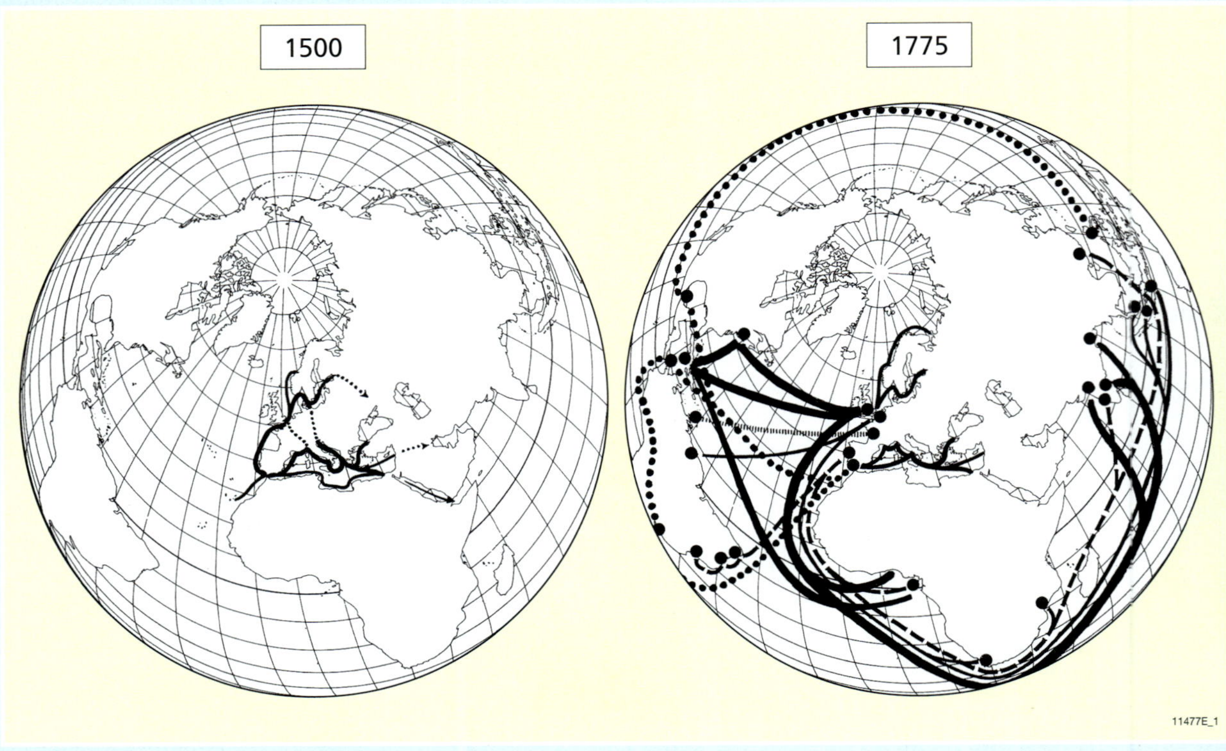

Die Expansion der europäischen Wirtschaft im Zuge der Entdeckungen wird augenfällig. Die räumliche Erweiterung, die wichtigsten Handelsrouten sowie der gewachsene Umfang des Handels werden sichtbar. Die europäischen Häfen London, Amsterdam, Lissabon und Sevilla sind 1775 Ausgangspunkte eines breit gespannten Handelsnetzes, in dem Mittelmeer und Ostsee nunmehr als randständig erscheinen. So gesehen vermitteln diese Karten eine Erkenntnis über den Prozess der Globalisierung, der im 16. Jahrhundert seinen Ursprung hat und im 21. Jahrhundert abgeschlossen sein wird.

Leitfragen zu Karten

- Wie lautet das Thema der Karte?
- Wie wurde das Problem der grafischen Anschaulichkeit gelöst?
- Ist die Legende (Zeichenerklärung) korrekt?
- Werden zusätzliche Erläuterungen gegeben?
- Welche Abweichungen beziehungsweise Veränderungen lassen sich bei Kartenvergleichen feststellen?
- Werden mit der Karte politische (territoriale) Ansprüche erhoben?

Historisch-politische Grundbegriffe

Absolutismus Abgeleitet von lat. absolutus: uneingeschränkt. Staatsform, in der ein Monarch alleiniger Inhaber der Staatsgewalt ist. Europäische Fürsten versuchten, sich von der Mitregierung durch die Stände zu befreien. Ihr Anspruch auf ungeteilte Souveränität gab einer Epoche ihren Namen (17./18. Jh.). Im aktuellen politischen Sprachgebrauch wird das Wort „absolutistisch" bisweilen im übertragenen Sinne gebraucht. Es bedeutet dann so viel wie „selbstherrlich" oder „losgelöst" von den Wählern.

Adel Bevorrechtigter Geburtsstand, dessen Macht auf der Verfügung über Grund und Boden beruhte. Als gesellschaftliche Machtelite hielt er seinen Führungsanspruch teilweise bis ins 20. Jh. aufrecht. Im 19. Jh. verband sich der europäische Adel vielfach mit neureichen bürgerlichen Familien. Der deutsche Adel spielt als politische Kraft seit 1945 keine Rolle mehr. Die Herrschaft des Adels nennt man Aristokratie.

Agrargesellschaft ist eine Gesellschaft, in der die Landwirtschaft der wichtigste Wirtschaftszweig ist. In der Evolution der Menschheit bildete die A. das Bindeglied zwischen den Jägern und Sammlern und der Industriegesellschaft. Erst die gesteigerte Produktivität des Agrarsektors bildete die Voraussetzung für die Freistellung von Beschäftigten für andere wirtschaftliche, administrative, wissenschaftliche oder kulturelle Tätigkeiten. In modernen Gesellschaften bietet der Agrarbereich nur noch zwei bis fünf Prozent der Beschäftigten Arbeit.

Anarchismus Zweideutiger Begriff, abgeleitet von Anarchie („Herrschaftslosigkeit"). Als politische Bewegung strebte der A. im 19. Jh. einen Gesellschaftszustand an, in dem die größte Freiheit und Selbstständigkeit der Individuen ermöglicht werden würde. Dem pazifistischen A. stand ein gewalttätiger gegenüber, der das heutige Verständnis von Anarchie prägt: als Zustand der Gesetz- und Führungslosigkeit sowie des Unfriedens.

Antisemitismus ist der Hass auf Juden, der sich bis in die römische Antike zurückverfolgen lässt. Er schöpfte seine aggressiven Energien zunächst aus christlich-religiösen Gefühlen (Juden als „Christusmörder"). Im 19. Jh. verbanden sich Rassismus und Judenhass zum modernen A. Dieser stellte den Wesenskern der nationalsozialistischen Ideologie dar und ebnete den Weg in den Holocaust.

Arbeiterklasse Soziologischer Begriff, der seine politische Bedeutung vor allem im Zusammenhang mit dem Marxismus erhielt. Diesem zufolge werde die A. geschichtsnotwendig zum revolutionären Subjekt, das den Kapitalismus beseitigt. Mit der A. verband die kommunistische Ideologie die Utopie einer total befreiten Gesellschaft.

Aristokratie Republikanische Staatsform, die auf ein antikes Ideal zurückgeht: „Herrschaft der Besten". Die A. grenzt sich von der Demokratie und der Monarchie ab. In der politischen Praxis bezieht sich A. auf die Herrschaft durch privilegierte Angehörige des Adels (vgl. Adel).

Autokratie In der wörtlichen Bedeutung von „Selbstherrschaft" deckt sich dieser Begriff weitgehend mit Absolutismus. A. wurde oft im Zusammenhang mit der russischen Zarenherrschaft gebraucht. Der Autokrat muss nicht notwendigerweise ein Despot sein.

Bolschewismus Bei den Bolschewiki (russ. Mehrheitler) handelte es sich in Wirklichkeit um eine Splittergruppe der russischen Sozialdemokratie, die von der Führungskraft und den Ideen Lenins geprägt wurde. Das Wesenselement des B. ist die Lehre von der revolutionären Machtergreifung durch eine kleine Partei von Berufsrevolutionären mit dem Ziel der Errichtung einer kommunistischen Gesellschaft (vgl. Leninismus).

Bürgertum Das Bürgertum befreite sich im Verlaufe des 18.und 19. Jh. aus der ständischen Ordnung und wurde zur tragenden Schicht der neuen Gesellschaft und zum Wegbereiter der bürgerlichen Demokratie. Der Aufstieg des Bürgertums war das Ergebnis von kapitalistischer Erwerbsgesinnung, privaten Unternehmertums und rationeller Arbeit. Der Wirtschaftsbürger (franz. bourgeois) fand seine Ergänzung im Staatsbürger (franz. citoyen).

Bundestag ist das gesamtstaatliche Parlament der Bundesrepublik Deutschland, in dem die Repräsentanten des Volkes versammelt sind. Der B. ist als Teil der gewaltenteiligen Ordnung formal der Gegenspieler der Regierung, zuständig u. a. für die Gesetzgebung. Er hat auch die Funktion eines Forums, wo die bewegenden Zeitfragen debattiert werden.

Charisma Der Begriff stammt ursprünglich aus dem Bereich der Religion und meint eine Gnadengabe. Übertragen auf die Politik bezieht sich C. auf spezielle Persönlichkeitsmerkmale, von denen eine besondere Ausstrahlung ausgeht. Die charismatische Autorität herrscht über Menschen z. B. kraft magischer Fähigkeiten, rhetorischen Vermögens, kriegerischer Erfolge oder geistiger Leistungen. Der Soziologe Max Weber entwickelte den Idealtyp der charismatischen Herrschaft, die insbesondere in Krisenzeiten zum Tragen kommen kann (Retterfunktion).

Chauvinismus Aus dem Französischen kommende Bezeichnung für einen extrem überzogenen bzw. fanatischen Nationalismus.
Im Zusammenhang mit der emanzipatorischen Frauenbewegung hat der Begriff eine zweite Bedeutung gewonnen. C. nennt man heute auch eine männliche Haltung, die das eigene Geschlecht verherrlicht und mit Arroganz dem anderen Geschlecht gegenübertritt.

Demagogie Der Begriff aus der griechischen Politik bezieht sich auf die Volks(ver)führung mittels rhetorischer Fähigkeiten. Im 19. Jh. verstand man unter dem „Demagogen" einen Politiker, der an die so genannten niederen Instinkte des Volkes appellierte. Die „Demagogen-Verfolgung" war aber eine obrigkeitliche Maßnahme, die sich gegen die liberale und nationale Bewegung richtete.

Demokratie Staatsform, in der die Staatsgewalt vom Volke ausgeht. Man unterscheidet allgemein die repräsentative und die plebiszitäre Form der D. Am Ende des 20. Jh. hat sich die D. als globales Legitimationsprinzip durchgesetzt. Auch Diktaturen verzichten nur selten auf eine demokratische Fassade. Kommunistische Parteidiktaturen nannten sich „volksdemokratisch".

Despotie/Despotismus Gewaltherrschaft, in der keine Gesetze und rechtsstaatliche Normen die Willkür der bzw. des Herrschenden bremsen. Der Begriff ist weitgehend identisch mit Tyrannei, nicht hingegen mit Absolutismus.

Diktatur Der Begriff entstammt dem römischen Staatsleben und bezeichnete dort die (zeitlich begrenzte) unbeschränkte Gewalt im Zeichen eines Staatsnotstands. Daraus wurde im Laufe der Geschichte eine Herrschaftsform, die in sehr unterschiedlichen Zusammenhängen stehen kann (z. B. faschistische D., nationalsozialistische D., kommunistische D., Militärdiktatur, D. des Proletariats).

Elite ist die politische, wirtschaftliche, militärische und kulturelle Führungsschicht in Staat und Gesellschaft. Die Rekrutierung von Eliten ist abhängig vom jeweiligen Gesellschaftsverständnis. Nach 1945 war die Betonung des Elitegedankens als undemokratisch in Verruf geraten, gegenwärtig aber wieder im Rahmen der Leistungsgesellschaft akzeptiert.

Emanzipation Der Begriff stammt aus dem römischen Recht und bezog sich auf die Freilassung von Sklaven aus der Gewalt des Herrn (wörtl. „aus der Hand geben"). E. steht begrifflich für die Befreiung von tatsächlich oder vermeintlich benachteiligten Gruppen aus ihrer Abhängigkeit. Im 19. Jh. spielte der Begriff „Judenemanzipation" eine bedeutende Rolle, womit die staatsbürgerliche Gleichstellung der Juden gemeint war. Heute ist E. ein emotionalisierter und diffuser Begriff, der in Deutschland vor allem durch die kulturrevolutionäre 68er-Bewegung popularisiert wurde.

Ethnie Abgeleitet von griech. ethnos: Volksstamm, stellt die E. eine Anzahl von Menschen dar, die aufgrund von Sprache, Religion, Kultur und Geschichte ein Zusammengehörigkeitsgefühl besitzen. Vor allem am Ende des 20. Jh. haben ethnische Konflikte erheblich zugenommen, z. B. weil Ethnien sich als Nation definieren und einen eigenen Staat anstreben.

Faschismus Historisch-politischer Oberbegriff für antidemokratische, rechtsgerichtete Bewegungen nach dem 1. Weltkrieg. Gemeinsame Merkmale: u. a. Verabsolutierung des Staates, Einparteisystem, Führerkult, tendenziell totale Erfassung des Einzelnen, Militarismus und Expansion. Die Rassenideologie und der Antisemitismus waren vor allem für den Nationalsozialismus grundlegend.
In der deutschen Nachkriegsgeschichte dienten die Adjektive „faschistisch“ und „antifaschistisch“ oft als politische Kampfbegriffe und wurden zur Diffamierung oder Rechtfertigung von Gewalt instrumentalisiert.

Feudalismus Abstrakter und mehrdeutiger historisch-politischer Begriff, der sich von lat. feudum: Lehen herleitet. Das Lehenswesen entstand im Rahmen der Agrargesellschaft des Mittelalters, letztlich weil Geld als gesellschaftliches Tauschmittel nicht in ausreichendem Maße zur Verfügung stand. Das Lehen (Leihgut) – meistens Grund und Boden – stellte ein Entgelt für (Kriegs-)Dienste und Treue dar. Das Lehenswesen, die Beziehung des Feudalherrn zu seinem Vasallen, wurde zum gesellschaftlichen Strukturprinzip des Mittelalters. Es entstand – theoretisch – ein pyramidenförmiger Staat mit dem König als oberstem Lebensherrn an der Spitze.
Im Laufe der Zeit vermischten sich die Begriffe Feudalismus und Grundherrschaft. Wenn in der Gegenwart von „Feudalherrn“ die Rede ist, dann sind damit i.d.R. Großgrundbesitzer gemeint.
Marxistische Historiker sehen im F. eine Wirtschafts- und Gesellschaftsform, die eine Mittelstellung zwischen antiker Sklavenhaltergesellschaft und dem bürgerlichen Kapitalismus einnimmt.

Föderalismus Abgeleitet von lat. foedus: Bund, Bündnis bedeutet F. eine bundesstaatliche Ordnung. Die Untergliederung des Gesamtstaates in Bundesländer spiegelt die historische Staatswerdung wider, wie z. B. in Deutschland und in den USA. In Deutschland wirken die Bundesländer über den Bundesrat an der Gesetzgebung des Bundes mit. Der F. stellt einen wesentlichen Aspekt der Gewaltenteilung dar. Die Gegenbegriffe zu F. lauten Einheits- bzw. Zentralstaat.

Frauenbewegung Die Wurzeln der F. reichen bis zur Französischen Revolution zurück. Die F. trat dafür ein, die Werte der bürgerlichen Revolutionsbewegung auch auf die Frauen zu übertragen. Der Kampf der politisch engagierten Frauen galt daher im Wesentlichen der rechtlichen Gleichstellung mit dem Mann. Politisch ging es um das Frauenwahlrecht, wirtschaftlich um gleichen Lohn und sozial um den ungehinderten Zugang zu den Bildungseinrichtungen.
In der Bundesrepublik Deutschland erhielt die F. besonders durch die studentische Bewegung von 1968 neuen Auftrieb. Im Grundgesetz ist die Gleichberechtigung von Frauen und Männern festgeschrieben. Der Staat „wirkt auf die Beseitigung bestehender Nachteile hin“ (Art. 3 GG).

Freiheitlich demokratische Grundordnung (FDGO) bildet das Herzstück im Verfassungsverständnis der Bundesrepublik Deutschland. Das Bundesverfassungsgericht hat die FDGO folgendermaßen definiert: Achtung der Menschenrechte, Volkssouveränität, Gewaltenteilung, Verantwortlichkeit der Regierung, Gesetzmäßigkeit der Verwaltung, Unabhängigkeit der Gerichte, Mehrparteienprinzip, Recht auf Opposition. Nur solche links- bzw. rechtsextremistische Parteien, die die FDGO ablehnen, können vom Bundesverfassungsgericht verboten werden.

Gesellschaft ist ein hochabstrakter Begriff, der alle Formen menschlichen Zusammenlebens umfasst. Soziologisch lassen sich sesshafte von nomadischen Gesellschaften abgrenzen. Darüber hinaus spricht man – abhängig vom wirtschaftlichen Entwicklungsstand – von Agrar-, Industrie- und Dienstleistungsgesellschaften. In der historisch-politischen Perspektive lassen sich Stände-, Klassen- und Schichtengesellschaften unterscheiden. In der pluralistischen G. haben sich frühere Gesellschaftsstrukturen zu Gunsten von Milieus weitgehend aufgelöst. G. und Staat stehen in einem wechselseitigen Einwirkungsverhältnis.

Genozid Relativ neuer Begriff, der sich für Völkermord durchgesetzt hat. Nach der Völkermord-Konvention der UNO (1948) umfasst der G. alle Handlungen, die begangen werden, um eine nationale, ethnische, rassische oder religiöse Gruppe ganz oder teilweise zu zerstören.

Gesetze sind Rechtsnormen des gesellschaftlichen Zusammenlebens, die im Unterschied zu anderen Regeln auf eine verfassungsmäßig vorgeschriebene Weise durch den Gesetzgeber zustande gekommen sind. Hinter den Gesetzen steht die Macht des Staates (Polizei, Justiz) als Erzwingungsinstanz. In einem Rechtsstaat müssen sich auch die Staatshandlungen selbst im Rahmen der G. bewegen.

Gewaltenteilung ist ein Grundsatz des modernen Parlamentarismus bzw. des Rechtsstaats, demzufolge der Machtmissbrauch verhindert und die bürgerliche Freiheit bewahrt werden soll. Die klassische Lehre der G. geht von der Unterscheidung zwischen Exekutive (Regierung), Legislative (gesetzgebende Gewalt) und Judikative (richterliche Gewalt) aus. In pluralistischen Gesellschaften hat sich die G. ausdifferenziert. Die G. ist ein substanzieller Bestandteil der freiheitlich demokratischen Grundordnung.

Globalisierung zu Beginn des 21. Jh. bezieht sich auf eine neue Qualität der weltweiten Vernetzung. Ursächlich dafür sind die neuen Informationstechnologien sowie die Transportrevolution. Die G. zeigt sich im sprunghaft gestiegenen Güter- und Kapitalverkehr, in der noch nie dagewesenen Mobilität von Menschen sowie in der grenzenlosen Verfügbarkeit von Informationen.

Grundherrschaft Herrschaftsform des Mittelalters und der Frühen Neuzeit, bei der die Herrschaft über das Land mit der Herrschaft über die auf ihm ansässigen Menschen verbunden war. Grundherrn konnten der König, der Adel oder die Kirche sein. Mit der G. verbindet sich i.d.R. die Gerichtsherrschaft. Der ganz überwiegende Teil der bäuerlichen Bevölkerung des Mittelalters besaß nur ein Nutzungsrecht für das Herreneigentum. In Form der Gutsherrschaft konnte sich eine modifizierte G. – vor allem östlich der Elbe – bis ins 19. Jh. halten.

Hegemonie Der Begriff entstammt der griechischen Geschichte und bedeutete das Streben eines Staates nach Vorherrschaft in einer Staatengemeinschaft. Heute oft verallgemeinert gebraucht im Sinne einer politischen, wirtschaftlichen und militärischen Überlegenheit eines Staates.

Herrschaft Im Unterschied zu privater Machtausübung handelt es sich in Bezug auf H. um eine institutionalisierte Form von Macht. Der Herrschaftsanspruch bedarf der Legitimation. Der Soziologe Max Weber unterschied idealtypisch drei Geltungsgründe für H.: traditionale H., die sich aus der je bestehenden Ordnung herleitet, charismatische H. und legale H.

Hierarchie Dieser Grundbegriff der Soziologie, abgeleitet von griech. Hierarch: oberster Priester, bezieht sich auf die vertikale Gliederung der Gesellschaft. Der abgestufte Aufbau formt klare Über- und Unterordnungsverhältnisse, die den Menschen einen bestimmten Rang zuordnen.
Während Diktaturen aus herrschaftstechnischen Gründen regelmäßig hierarchische Organisationsformen durchsetzen, wurde die H. in modernen Unternehmen zugunsten kooperativer Organisationsformen abgebaut.

Holocaust Angelsächsische Bezeichnung für den Genozid an den Juden (griech. „Ganzopfer“, „Brandopfer“). In Deutschland ist die Leugnung des H. eine Straftat.

Ideologien Darunter versteht man (geschlossene) Systeme von Wertvorstellungen und weltanschaulichen Einstellun-

gen. Die großen politischen Bewegungen des 20. Jh. standen in engem Zusammenhang mit ihren I.: Liberalismus, Kommunismus, Faschismus.
Besonders im Zeitalter der Massenmedien besitzen I. eine integrierende und propagandistische Funktion.
Der Vorwurf der „Ideologisierung" bezieht sich regelmäßig auf fehlende Sachlichkeit und Voreingenommenheit.

Imperialismus Abgeleitet von lat. imperium: Herrschaftsgewalt, bezeichnet I. seit dem Ende des 19. Jh. das allgemeine Streben nach Vorherrschaft bzw. Ausdehnung des Machtbereichs. I. kann in unterschiedlichen Formen in Erscheinung treten: direkt (in Form von Kolonien) oder indirekt. Es können politische, wirtschaftliche, militärische oder kulturelle Mechanismen eine Rolle spielen.
Im Kalten Krieg war der Begriff I. Teil der politischen Propagandasprache des kommunistischen Ostblocks. Der Westen wurde regelmäßig mit dem Adjektiv „imperialistisch" versehen bzw. als „imperialistisches Lager" etikettiert.

Industriegesellschaft Die I., deren Wurzeln bis ins 18. Jh. zurückreichen, hat die agrarisch bzw. handwerklich geprägte Gesellschaft abgelöst. Sie ist das Ergebnis der Industriellen Revolution, durch die die Fabrik mit ihren Maschinen ins Zentrum einer neuen Produktionsweise rückte. Dieser Prozess bewirkte einen vielschichtigen gesellschaftlichen Strukturwandel: soziale Auf- und Abstiegsbewegungen, Urbanisierung, Säkularisierung, Massenwohlstand, veränderte Qualifikationen und Leistungsanforderungen. Gegen Ende des 20. Jh. hat sich die moderne I. aufgrund der dynamischen Technikentwicklung zur Dienstleistungsgesellschaft weiterentwickelt.

Integration ist die soziologische Bezeichnung für die „Wiederherstellung des Ganzen", in der politischen Alltagssprache im Sinne von „Vereinigung" bzw. „Einbindung" gebraucht. Von I. spricht man z. B. in Bezug auf Ausländer, Strafenentlassene und Europa.

Kaiser Entstanden aus dem lat. caesar nennt man den Inhaber der höchsten Gewalt K. Das Kaisertum entwickelte sich aus dem antiken Römischen Reich und wurde auf das Mittelalter übertragen. Seit den Ottonen besaßen die deutschen Könige eine Anwartschaft auf den Titel. Der damit erhobene Anspruch auf eine abendländische Vormachtstellung konnte nie wirklich realisiert werden. Seit dem 19. Jh. verlor der Kaisertitel durch vielfachen Gebrauch seine Einzigartigkeit.

Kalter Krieg Bezeichnung für den weltpolitischen Zustand nach dem 2. Weltkrieg (1947-1989), als die tief greifenden politischen Gegensätze zwischen Ost- und Westmächten zwar zu ständigen Konflikten, nicht aber zum („heißen") Krieg führten.

Klasse ist ein Grundbegriff der Soziologie, der sich eng an marxistische Gesellschaftsvorstellungen anlehnt. Er bezeichnet in Abgrenzung zu Stand und Schicht die Position innerhalb der Industriegesellschaft. Die Klassenzugehörigkeit wird sozial definiert, und zwar im Rahmen der kommunistischen Ideologie durch den Besitz oder Nichtbesitz von Produktionsmitteln. Das Konzept der K. hat sich in Bezug auf moderne Gesellschaften als zu undifferenziert erwiesen.

Klerus bezeichnet in der mittelalterlichen Gesellschaft den geistlichen Stand, der sich durch den Gegensatz zu den Laien definierte. Er beanspruchte bestimmte Standesvorrechte. Der hierarchisch gegliederte K. war der einzige Stand, in den man nicht geboren wurde.

König Ursprünglich der Träger der höchsten staatlichen Gewalt in einer Monarchie. Das Königtum ist eine Institution, die in vorantike Zeiten zurückreicht. Seine Wurzeln liegen in der Vorstellung einer göttlichen Abstammung bzw. eines besonderen Königheils. Durch die Thronfolge eines Verwandten (i.d.R. des ältesten Sohnes) entstanden Dynastien. Die Könige bzw. Königinnen der parlamentarischen Monarchien besitzen heute nur noch die repräsentative Funktion eines Staatsoberhaupts.

Kommunismus Oberbegriff für eine Ideologie und für die auf ihr beruhenden Herrschaftssysteme; leitet sich von lat. communis: gemeinschaftlich ab. Die kommunistische Lehre ist der Entwurf einer utopischen Gesellschaftsordnung, in der die gleichen Lebensverhältnisse für alle herrschen. Der Marxismus sah in der Arbeiterklasse das Instrument zur Realisierung des K. In der politischen Praxis des 20. Jh. endeten alle kommunistischen Herrschaftssysteme in menschenverachtenden und opferreichen Diktaturen (vgl. Stalinismus und Maoismus).

Konflikt Grundbegriff der Politik und der Soziologie: „Zusammenstoß" bzw. Gegensatz von Meinungen, Interessen, Parteien, Organisationen usw. Konflikte stellen eine Konstante des menschlichen Zusammenlebens dar. Gesellschaften unterscheiden sich lediglich dadurch, wie tiefgreifend die Konflikte sind und wie mit ihnen umgegangen wird. Die pluralistische Demokratie lebt von der offenen Konfliktaustragung in den gesetzlichen Bahnen. Sie unterscheidet sich dadurch von Diktaturen aller Art.

Konservatismus/Konservativismus Politische Ideologie bzw. Grundhaltung, die den Schwerpunkt auf das Bewahren legt. Der K. betont mehr die Kontinuität als die Veränderung, lehnt daher revolutionäre Veränderungen ab und achtet auf die Aufrechterhaltung bewährter Institutionen. Der K. grenzt sich vom Liberalismus, Sozialismus, Kommunismus und Nationalsozialismus ab. Der Bedeutungsinhalt des konservativen Denkens ist abhängig vom historisch-politischen Zusammenhang, in dem es steht.

Legalität, abgeleitet von lat. lex: Gesetz, ist ein juristischer Begriff. Er bezieht sich auf die Gesetzmäßigkeit, z. B. einer Handlung. Er sagt nichts über deren Qualität aus.

Legitimation heißt „Berechtigung". In der Politik geht es um die Berechtigung von Herrschaft. L. kann durch Geburt erworben werden (z. B. in einer Erbmonarchie) oder auch durch das Charisma. Die L. in der Demokratie kommt durch die Einhaltung von bestimmten verfassungsmäßig festgelegten Regeln zustande. Die demokratische Regierung legitimiert sich letztlich durch die Zustimmung der Mehrheit in freier Wahl, in der die Souveränität des Volkes zum Ausdruck kommt.

Legitimität Der Begriff überschneidet sich mit dem der Legitimation. Während diese formaler Natur ist, verweist L. auf Rechtmäßigkeit in einem höheren Sinne. Die allgemeine Überzeugung von L. unterliegt einem historischen Wandel. Noch im 19. Jh. bezog sich L. auf den Monarchen „von Gottes Gnaden". In der Gegenwart hat sich das demokratische Prinzip als Grundlage der L. in weiten Teilen der Welt durchgesetzt.

Leibeigenschaft bezeichnet die grundherrschaftliche Abhängigkeit, auch Hörigkeit genannt, wobei der Grad der Abhängigkeit sehr unterschiedlich sein konnte. Im Unterschied zum Sklaven, der rechtlich einem materiellen Gut entsprach, besaß der Leibeigene des Mittelalters eine Rechtsqualität als Mensch. Seine Freiheit war allerdings eingeschränkt durch Arbeits- und Abgabezwang, Mobilitätsverbot und Heiratsbeschränkungen.

Leninismus Oberbegriff für politische und wirtschaftliche Ideen und Herrschaftspraktiken, die auf Lenin, den Begründer der Sowjetunion, zurückgehen. Im Unterschied zum Marxismus hielt Lenin die proletarische Revolution auch in einem wirtschaftlich rückständigen Land (wie Russland) für machbar. Diesem Zweck diente die leninistische Partei. Diese zahlenmäßig kleine Partei von Berufsrevolutionären sollte die Arbeiterklasse führen. Nach der Revolution erfolgte im Schutz der Diktatur des Proletariats der Aufbau des sozialistischen Staates.

Liberalismus Politische Grundströmung der modernen Welt, die den Schwerpunkt auf die freie Entfaltung des Individuums legt. Abgeleitet von lat. liber: frei, stellt die Ideologie des L. die Basis für die Demokratie des 20 Jh. dar. Das Eingreifen des Staates wird vom L. entweder ganz abgelehnt oder auf das als notwendig Erachtete begrenzt. Das gilt nicht nur politisch, sondern auch wirtschaftlich. Der L. ist die ideelle Grundlage für die freie Marktwirtschaft (Wirtschaftsliberalismus).

Links (Extremismus) ist ein Ausdruck der „politischen Geografie“, der nur eingeschränkt sachlich verwendbar ist und oft der politischen Meinungs- und Werbesprache zugerechnet werden muss. Ursprünglich eine Bezeichnung der parlamentarischen Sitzordnung umfasst „links“ allgemein alle politischen Strömungen mit sozialistischer Ausrichtung. Das linke politische Spektrum war und ist äußerst vielfältig und reicht vom revolutionären Leninismus bis zur modernen Sozialdemokratie. Als linksextremistisch bezeichnet man heute linke Gruppierungen, die die freiheitlich demokratische Grundordnung bekämpfen.

Machiavellismus Diese Bezeichnung geht auf den frühneuzeitlichen florentinischen Diplomaten Niccolò Machiavelli zurück. Dieser entwarf ein Bild von der Politik, demzufolge der Staat seine Macht ohne Rücksicht auf sittliche Gebote einsetzen dürfe. M. steht allgemein für politische Skrupellosigkeit.

Macht Grundsätzlich stellt sich M. immer in Form einer Beziehung dar. Nach einer Definition des Soziologen Max Weber bedeutet M. die Fähigkeit, den eigenen Willen auch gegen Widerstreben durchzusetzen.

Maoismus ist neben dem Leninismus eine weitere geschichtlich bedeutende Variante des Kommunismus. Der Begriff leitet sich vom chinesischen Revolutionär Mao Zedong ab, der im Unterschied zum Marxismus in den Bauern die Akteure der Revolution sah. Maos Vision von der revolutionären Umgestaltung der Gesellschaft kostete viele Millionen Menschen das Leben.

Marxismus stellt die wichtigste Ideologie im Rahmen des Sozialismus dar. Im Verlaufe des 19. und 20. Jh. hat sich eine Vielzahl von politischen Richtungen herausgebildet, die sich auf Marx beziehen.
M. ist also ein Sammelbegriff für gesellschaftspolitische Lehren, die entweder auf Marx und Engels selbst zurückgehen oder von ihren Interpreten stammen. Der M. bietet eine Kritik der kapitalistischen Gesellschaft und entwirft ein Szenario der proletarischen Revolution mit anschließender Errichtung der kommunistischen Gesellschaftsordnung.

Menschenrechte Die Idee der M. wurzelt in der Auffassung, dass das Individuum natürliche und unveräußerliche Rechte besitzt. Diese sog. Grundrechte werden nicht hoheitlich (z. B. vom Staat) verliehen, sondern sie sind jeder Person kraft ihrer Geburt eigen. Seit der amerikanischen und französischen Revolution im ausgehenden 18. Jahrhundert gehören das Bekenntnis zu den M. und Grundrechtskataloge zu den Verfassungen demokratischer Rechtsstaaten.

Migration bezeichnet Wanderungsbewegungen, wobei man zwischen Immigration und Emigration differenziert. Menschheitsgeschichtlich war M. vor der Sesshaftigkeit der Normalfall. Heute ist die Migrationspolitik in vielen Ländern Gegenstand politischer Kontroversen, die sich um Asyl, Arbeitsplätze, Überfremdung, kulturelle Identität und soziale Leistungen drehen.

Monarchie Staatsform, in der ein Fürst als Landesherr Träger der Souveränität ist. Man unterscheidet zum einen die absolute M. bzw. Autokratie, in der der Fürst die Gewalt uneingeschränkt inne hat, zum anderen die konstitutionelle M., in der die Fürstenherrschaft durch die Verfassung beschränkt ist. Der Monarch bleibt aber Träger der Staatsgewalt. Erst die parlamentarische M. siedelt die Staatsgewalt beim Volk an und überlässt dem Monarchen lediglich noch eine repräsentative Funktion.

Nation Ursprünglich bezog sich der Begriff auf die „in einem Land geborenen Menschen“. Abstammung, Geschichte, Sprache und Kultur bilden das Fundament für das Bewusstsein der Zusammengehörigkeit (Nationalbewusstsein). Das Werden einer N. bedeutet demzufolge immer auch die Abgrenzung nach außen. Der moderne Begriff der N. betont weniger die Kultur als den Willen, eine politische Einheit (Staat) zu formen.

Nationalismus Mächtige Ideologie bzw. politische Bewegung, die die Interessen der eigenen Nation in übersteigerter, oft militanter Weise vertritt. Der N. und mehr noch der Chauvinismus leugnen die Gleichwertigkeit von Nationen, verursachen Konflikte und sind Bestandteil von aggressiven Ideologien (z. B. Nationalsozialismus).

Nationalsozialismus Damit bezeichnet man gleichermaßen die Ideologie und das Herrschaftssystem des 3. Reiches. Der N. deckt sich bedeutungsmäßig wesentlich mit dem Faschismus und ist wie dieser eine totalitäre Diktatur mit einem Führer an der Spitze. Im Unterschied zu anderen faschistischen Staaten akzentuierte der N. den Rassismus und Antisemitismus. Der Genozid an den Juden war ein speziell nationalsozialistisches Programm.

Oligarchie, griech. „Herrschaft der Wenigen“, ist eine Form der Herrschaft, die auf Großorganisationen oder Staaten bezogen sein kann. Oligarchien können sich aus Offizieren, Wirtschaftsführern und Parteifunktionären zusammensetzen. In den meisten Ländern des ehemaligen Ostblocks bildete sich eine oligarchische Herrschaft durch die kommunistische Parteiführung.

Opposition Sehr weitläufiger Begriff für eine Gegnerschaft bzw. für den Widerstand gegen staatliche Maßnahmen. Eine politische Herrschaft kann danach beurteilt werden, wie sie mit der O. umgeht. Das Recht auf O. ist ein Teil der freiheitlich demokratischen Grundordnung.

Parlament Das moderne Parlament stellt das Kernstück des parlamentarischen Regierungssystems dar. Es setzt sich aus den Repräsentanten des Volkes zusammen. Im Rahmen der gewaltenteiligen Ordnung ist das P. für die Gesetzgebung (einschließlich Budget) und die Kontrolle der Regierung zuständig. Das deutsche Parlament heißt Bundestag. Außerdem gibt es die Parlamente der einzelnen Bundesländer.

Parteien Moderne Parteien sind politische Vereinigungen, die sich an den Wahlen zu den Parlamenten beteiligen. P. umfassen Menschen mit ähnlichen Interessen und Weltanschauungen. Die deutsche Verfassung (das Grundgesetz) erkennt die Mitwirkung der P. an der politischen Willensbildung ausdrücklich an. Die Vielfalt der P. stellt ein Grundelement des Pluralismus dar. P. sind trotz mancher Kritik als Säulen der parlamentarischen Demokratie unentbehrlich. Einparteistaaten erweisen sich regelmäßig als Diktaturen.

Partizipation nennt man in der Politik allgemein die Teilnahme bzw. Teilhabe an Entscheidungen. Der Begriff steht in enger Beziehung zur Demokratisierung von Staat und Gesellschaft.

Pauperismus Begriff aus dem 19. Jh., der sich auf die massenhafte Armut in der Frühphase der Industrialisierung bezog. Der P. steht im Zusammenhang mit der sozialistischen Ideologie, die in ihm das Ergebnis der kapitalistischen Ausbeutung sah. Tatsächlich war der P. Ausgangspunkt für verschiedene Wege zur Lösung der Sozialen Frage (Sozialstaat).

Pazifismus Abgeleitet von lat. pax: Friede ist der P. eine Weltanschauung, die den Krieg, die Rüstung und alles Soldatische ablehnt. Die historische Erfahrung lehrt, dass der P. kaum geeignet ist, skrupellosen Diktaturen wirkungsvoll entgegenzutreten. Insofern liegt dem P. ein utopisches Menschenbild zugrunde.

Plebiszit ist die Abstimmung und Entscheidung unmittelbar durch das Volk selbst, d. h. ohne die Zwischenschaltung von Parlamenten. Die plebiszitäre (direkte) Form der Demokratie besitzt ihr Gegenmodell in der repräsentativen Demokratie.

Pluralismus Darunter versteht man in der Politik die grundlegende Anerkennung der Tatsache, dass es in jeder Gesellschaft eine Vielzahl von Meinungen, Interessen und folglich auch Organisationen und Parteien gibt. P. stellt einen notwendigen Aspekt einer jeden Demokratie dar. Die pluralistisch verfasste Gesellschaft steht im Gegensatz zu allen politischen Ordnungen, die eine Gesellschaft vereinheitlichen wollen (Diktatur, Totalitarismus).

Pogrom Das Wort stammt aus dem Russischen und bedeutet „Verwüstung“. Es bezeichnet gewalttätige Ausschreitungen gegen Juden, deren Tötung und/oder Vertreibung. In jüngster Zeit wird bei offiziellen Anlässen für die so genannte Reichskristallnacht (9. Nov. 1938) der Begriff Reichspogromnacht verwendet.

Politik Der Ausdruck stammt aus dem Griechischen und leitet sich aus der Polis (griech. Stadt) ab. Im Stadtstaat der griechischen Antike wurde gewissermaßen die P. „erfunden" und später als „Staatskunst" verallgemeinert. Politische Fragen sind Machtfragen, wobei man zwischen einem engeren Politikbegriff (Staat) und einem weiteren Politikbegriff (Gesellschaft) unterscheiden kann. P. in einem weiteren Sinne beeinflusst heute tendenziell alle Lebensbereiche.

Prinzipat bezeichnet das ältere römische Kaisertum. Sprachlich leitet sich P. von lat. princeps ab: derjenige, der die erste Stelle einnimmt. In der ersten Epoche der römischen Kaiserzeit blieben republikanische Institutionen erhalten. Später erfolgte im Dominat (von lat. dominus: Alleinherrscher) die Transformation zur absolutistischen Monarchie.

Proletariat Der Begriff leitet sich von lat. proles: Nachkommenschaft ab. In der römischen Geschichte erwies sich die unterste, zur Zahlung von Steuern nicht fähige Schicht als besonders zeugungsfreudig. Mit dem Wort „Proletarier" bezeichnete man im 19. Jh. Leute, die zwar ihren Lebensunterhalt selbst verdienten, aber nur am Existenzminimum leben konnten. In der marxistischen Lehre wurde aus den armen und ausgebeuteten Lohnarbeitern (Arbeiterklasse) das Subjekt der sozialistischen Revolution.

Propaganda ist die Verbreitung von Meinungen, Ideologien und Glaubensinhalten. Sie dient als Herrschaftstechnik der Überredung bzw. Überzeugung von Menschen. Die technischen Instrumentarien des 20. Jh. haben die Möglichkeiten der P. erheblich erweitert. P. kann sowohl der Zerstörung bestehender Ordnungen als auch zu deren Stabilisierung dienen.

Putsch („Stoß", „Handstreich") Es handelt sich um ein illegales Unternehmen, das den Sturz der Regierung bezweckt. Meist ausgeführt durch eine kleine Gruppe (z. B. von Militärangehörigen) zielt der P. zunächst nicht auf eine tief greifende Umformung der Gesellschaft (vgl. Revolution), sondern auf den Austausch der politischen Führung (Elite).

Radikalismus Abgeleitet von lat. radix: Wurzel besitzt das Wort eine erhebliche Bedeutungsbreite. Positiv gewendet heißt „radikal" so viel wie gründlich, negativ aber kompromisslos, intolerant sowie extrem (vgl. Links- und Rechtsextremismus). R. ist Teil der politischen Meinungssprache und muss im jeweiligen Zusammenhang untersucht werden.

Rassismus ist eine biologistische Ideologie, die die Qualität eines Menschen nach seiner rassischen Zugehörigkeit bewertet. Der R. leugnet das Gleichheitspostulat und legitimiert Diskriminierung und aggressive Handlungen gegenüber fremden, andersartigen Menschen. Die Rassenideologie, auch in der Form des Antisemitismus, wurde im 3. Reich durch den Nationalsozialismus zum Rassenkampf gesteigert und zum Ausgangspunkt für den Völkermord.

Reaktion Im Unterschied zum naturwissenschaftlichen Sprachgebrauch wird der Begriff R. in der Politik manchmal nicht wertneutral gebraucht. Er drückt dann eine politische Meinung aus und bedeutet „Rückschritt", dessen Feststellung eine Sache des Standpunkts ist. Der abgeleitete Begriff „reaktionär" besitzt einen ausgeprägt abwertenden Sinn. Im 19. Jh. bezeichnete man auf diese Weise jene konservativen politischen Kräfte, die die Verbreitung des Liberalismus und Nationalismus verhindern wollten.

Recht ist ein hoch abstrakter Begriff, der bestimmte Normen zu dem Zweck umfasst, das Zusammenleben von Menschen zu regeln. Je nach Geltungsbereich kann man das R. einzelner Staaten unterscheiden. R. kann in geschriebener oder ungeschriebener Form existieren. Es ist aber in jedem Fall überindividuell. Die Rechtswissenschaft unterscheidet vier Funktionen des Rechts:
1. Ordnungsfunktion
2. Gerechtigkeitsfunktion
3. Herrschaftsfunktion
4. Herrschaftskontrollfunktion

In modernen Gesellschaften findet die Rechtsverbindlichkeit ihren Ausdruck im Gesetz. Aus der politischen Perspektive sind Rechtsfragen Machtfragen (vgl. Macht, Gesetz).

Rechts (Extremismus) Als Teile der „politischen Geografie" ergänzen sich „rechts" und „links" spiegelbildlich. Im allgemeinen politischen Sprachgebrauch ist „rechts" ein Sammelbegriff für rechtsliberale, konservative, autoritäre oder neonazistische politische Strömungen – in der meinungsbetonten Alltagssprache oft undifferenziert benutzt. Der Rechtsextremismus bekämpft die freiheitlich demokratische Grundordnung und stützt sich dabei im Wesentlichen auf den Nationalismus und den Rassismus.

Rechtsstaat Er entwickelte sich im Zusammenhang mit dem Kampf des Liberalismus gegen die absolutistische Monarchie. Historisch-politisch stellt der R. den Gegenbegriff zu Diktatur und Despotie dar.
Die Rechtsstaatlichkeit der Bundesrepublik Deutschland erweist sich in der Rechtssicherheit, der Freiheitsgarantie, der Gleichheit vor dem Gesetz und in der Gewaltenteilung.

Regierung ist allgemein die Leitung eines Staates. In der gewaltenteiligen Ordnung des demokratischen Verfassungsstaates stellt sie die Spitze der Exekutive dar. Dabei steht die R. unter der Kontrolle durch die Gesellschaft, insbesondere aber durch die parlamentarische Opposition.
Regierungen lassen sich dahingehend unterscheiden, wie sie in ihr Amt gekommen sind (Legalität, Legitimität).

Repräsentation bedeutet zunächst „Stellvertretung" und bildet einen Mechanismus, um die demokratischen Entscheidungen in einer größeren territorialen Einheit zu organisieren. Die von der Basis ausgewählten Repräsentanten kommen im Parlament an Stelle des gesamten Volkes zusammen. Deutschland besitzt heute die Form einer repräsentativen Demokratie. Die Abgeordneten besitzen ein freies Mandat, d. h. sie sind an Aufträge nicht gebunden (Gegensatz: imperatives Mandat).

Republik Von lat. res publica: öffentliche Angelegenheit abgeleitet, wurde R. früher oft mit „Volksherrschaft" gleichgesetzt. Im aktuellen Sprachgebrauch ist R. eine Staatsform ohne monarchische Spitze. Die Bezeichnung eines Staates als R. gibt keine Auskunft über die Art und Weise der Regierungsausübung.

Restauration („Wiederherstellung") wurde und wird in ganz verschiedenen Zusammenhängen benutzt. R. dient u. a. zur Bezeichnung einer Epoche in der ersten Hälfte des 19. Jh., als im Zeichen des Konservativismus jene politische Ordnung „restauriert" wurde, die durch die Französische Revolution destabilisiert worden war.

Revolution Im Gegensatz zu Evolution mit ihren Reformen bezeichnet R. eine tief greifende, meistens schnell (und oft gewaltsam) ablaufende Veränderung der Verhältnisse. Ursprünglich als Rückkehr (lat. revolutio) zum alten Recht verstanden, betont der moderne Revolutionsbegriff den sozialen Fortschritt und die politische Weiterentwicklung. Je nach dem gesellschaftlichen Träger der R. lassen sich z. B. bürgerliche, proletarische, bäuerliche, nationale und religiös-fundamentalistische Revolutionen unterscheiden.

Ritter In der römischen Republik Bezeichnung für den wohlhabenden Stand der Reiter. Im Mittelalter bildeten die R. den Geburtsstand des niederen Adels. Ihr Rang ergab sich aus dem Besitz und dem vollen Waffenrecht. Die politische Position der R. änderte sich in der Frühen Neuzeit, als die reichsunmittelbaren R. der fürstlichen Landeshoheit unterworfen wurden.

Schicht Grundbegriff der Soziologie, der zur Erfassung der vertikalen Gliederung der Gesellschaft dient. Im Unterschied zur Kaste, zum Stand und zur Klasse werden Schichten durch eine Vielzahl gemeinsamer Merkmale definiert: z. B. Einkommen, Besitz, Bildung, Beruf, Beziehungen. Die

Abgrenzungen zwischen den einzelnen Schichten sind nicht eindeutig vorzunehmen. Im Schichtenmodell der Gesellschaft wird die Durchlässigkeit bzw. die Mobilität der Gesellschaftsmitglieder hervorgehoben.

Souveränität Im alltäglichen Sprachgebrauch bedeutet S. den Besitz einer Überlegenheit. Seit dem 16. Jh. ist S. ein Begriff des Völker- und Staatsrechts. Die S. als höchste Herrschaftsgewalt eines Staates drückt sich nach außen durch die Unabhängigkeit (von anderen Staaten) aus, nach innen durch die oberste Gerichtskompetenz.
Seit dem Ende des 2. Weltkriegs wird die traditionelle S. der Staaten zusehends beeinträchtigt. Immer mehr staatliche Entscheidungen fallen im Rahmen von zwischenstaatlichen bzw. überstaatlichen Institutionen (EU, NATO, UNO usw.).

Sozialdarwinismus orientiert sich an der Abstammungslehre von Charles Darwin und dessen Selektionsideen („survial of the fittest"). Der S. übertrug das biologische Prinzip vom Tierreich auf die menschlichen Gesellschaften. Diese im 19. Jh. weit verbreitete Ideologie machte sich der Nationalsozialismus zu eigen, um seine Kriegspolitik zu legitimieren.

Sozialismus Abgeleitet von lat. socialis: gesellig dient S. als Oberbegriff für eine Vielzahl von z. T. sehr unterschiedlichen Theorien und Ideen, die alle im Zusammenhang mit der Revolutionierung oder reformerischen Umgestaltung der kapitalistischen Gesellschaftsordnung stehen. Die wichtigste Lehre im Zusammenhang mit dem S. stellt der Marxismus dar.
Als gesellschaftlicher Träger des S. gilt die Arbeiterklasse. Im 20. Jahrhundert hat sich die sozialistische Bewegung weit aufgefächert und reicht von der Sozialdemokratie bis zum Leninismus und Maoismus.

Sozialstaat Im Unterschied zum Staatsverständnis des klassischen Liberalismus des 19. Jh. („Nachtwächterstaat") verpflichtet das Grundgesetz den Staat zur aktiven Herstellung eines Mindestmaßes an sozialem Ausgleich. Die konkrete Ausgestaltung des Sozialstaats, das Ausmaß der Umverteilung unterliegt dem gesellschaftlichen Wandel und wird politisch kontrovers diskutiert.

Staat ist eine Institution der modernen Gesellschaft, die in sehr unterschiedlicher Form existieren kann (Monarchie, Republik). Der klassische S. definiert sich nach außen durch seine Souveränität und nach innen durch das Gewaltmonopol. Im freiheitlich-demokratischen S. ist die Staatsgewalt geteilt, um Machtmissbrauch zu verhindern. S. und Gesellschaft stehen sich dabei als zwar unterschiedliche, aber sich gegenseitig durchdringende Funktionsfelder gegenüber.

Ständestaat Der S. existierte in den meisten europäischen Ländern vom Mittelalter bis ins 18. Jh. Er beruhte auf der Gliederung der Gesellschaft in Stände. Die Stände (in der Regel Adel, Geistlichkeit und Städte, sehr selten auch Bauern) waren neben dem Monarchen an der Ausübung der Staatsgewalt beteiligt. Der Absolutismus versuchte den Einfluss der Stände zurückzudrängen.

Stalinismus umfasst sowohl die Ideologie als auch die Herrschaftspraktiken, die sich mit der Diktatur Stalins verbinden. Der S. stellt die blutigste, gewalttätigste Phase in der Geschichte der Sowjetunion dar (1928-1953). In dieser Zeit nahmen Staatswillkür, Terror, Deportationen und Personenkult extreme Formen an.

Stand Stände stellen sozial und rechtlich abgeschlossene Gruppen innerhalb einer hierarchischen Gesellschaftsordnung dar. Vormoderne Gesellschaften waren ständisch aufgebaut, wobei sich die Zugehörigkeit aus der Geburt oder dem Beruf ergab. Das klassische Ständemodell des Mittelalters unterschied zwischen Klerus, Adel und Bauern (bzw. Bürgern). Die neuzeitliche Wirtschaftsentwicklung hat die Stände zugunsten moderner Schichten aufgelöst.

Status In der Politik bedeutet S. allgemein einen Zustand. Der soziologische S. bezeichnet hingegen die soziale Lage eines Menschen im Rahmen der Schichtung. Der Rang bzw. die Position einer Person ergibt sich aus der Differenzierung bestimmter Merkmale: Beruf, Amt, Bildungsabschluss, Besitz, Einkommen, Konsum (Statussymbole). Die Statuszuweisung unterscheidet sich je nach Art der Gesellschaft.

Strukturwandel Moderner Begriff für die gesellschaftlichen, wirtschaftlichen und allgemein menschlichen Veränderungen als Folge von technischen Innovationen. In jüngster Zeit hat der S. durch die Einführung neuer Informationstechnologien eine zunehmende Beschleunigung erfahren. Die technische Revolution erweist sich als stärkster Motor für die Neustrukturierung der Arbeit, der Produktion, der Bildung, der Freizeitgestaltung und des Konsums.
Eine Begleiterscheinung des modernen Strukturwandels ist die Globalisierung.

Timokratie Bei der T. („Herrschaft der Vermögenden") handelt es sich um eine Herrschaftsform, bei der die politischen Rechte entsprechend dem Besitz oder der Steuerleistung abgestuft sind. Das Zensuswahlrecht, z. B. auch in der Form des preußischen Dreiklassenwahlrechts, entsprach dem timokratischen Herrschaftsverständnis. Bis zur Durchsetzung des gleichen Wahlrechts im 20 Jh. gab es durchweg Einschränkungen hinsichtlich der Wahlberechtigung.

Totalitarismus ist eine Form der Herrschaft, die die lückenlose Erfassung des Individuums anstrebt. Der Begriff selbst stammt aus den vierziger Jahren des 20. Jh. und diente der Politikwissenschaft zur Erfassung der Gemeinsamkeiten zwischen stalinistischen und faschistischen Diktaturen. Die totalitäre Diktatur macht systematischen Gebrauch von den technisch-operativen Herrschaftsinstrumenten des 20. Jh.

Tyrannei (Tyrannis) Herrschaftsform, die sich von griech. tyrannos: Herr, Alleinherrscher ableitet und heute die Bedeutung von Gewalt- oder Willkürherrschaft hat. In der griechischen Staatslehre galt die T. als Entartung der Monarchie. Der Tyrannenmord war in der Geschichte durchweg als legitime Form des Widerstandes anerkannt.

Utopie ist wörtlich der Ort, der nicht existiert. Der Begriff bezieht sich auf einen Roman des englischen Kanzlers Thomas Morus (16. Jh), in dem ein Staats- und Wirtschaftsideal dargestellt wird. Utopische Entwürfe enthalten neben ihrer weltverbesserischen Substanz eine Kritik an herrschenden Zuständen. Sie können auch warnende Komponenten enthalten.

Verbände organisieren wirtschaftliche, berufliche, kulturelle oder andere Interessen im Rahmen der pluralistischen Ordnung. V. nehmen im Unterschied zu modernen Volksparteien klar abgrenzbare Interessen ihrer Mitglieder wahr und vertreten diese nach außen: gegenüber der Regierung, den Parteien und den konkurrierenden Organisationen. Das Wirken der Verbände ist grundgesetzlich geschützt und stellt ein wesentliches Element der freiheitlichen Ordnung dar.

Verfassung In der V. wird die Grundordnung eines Staates fixiert. In ihr werden u. a. die Grundrechte der Bürger, die Staatsziele und die Formen und Grenzen staatlichen Handelns festgelegt. Verfassungen müssen notwendigerweise allgemein formuliert sein, sodass sich Spielräume eröffnen, die in der politischen Praxis geschlossen werden. Die Verfassungsgeschichte verlief weitgehend deckungsgleich mit der Herausbildung des bürgerlichen Rechtsstaates. Die V. der Bundesrepublik heißt Grundgesetz. Dessen Wesenskern ist als freiheitlich demokratische Grundordnung definiert.

Volkssouveränität In der Kombination von Souveränität und Volk ist dieser Begriff bedeutungsgleich mit Demokratie: Die Herrschaftsgewalt liegt letztlich beim Volk.

Widerstand Sehr allgemeiner Begriff für alle Maßnahmen und Handlungen, die gegen die Regierung oder die Staatsgewalt gerichtet sind. W. muss auf seine Legitimität hin im Einzelnen geprüft werden. Als Folge der nationalsozialistischen Diktatur sieht das Grundgesetz ein Widerstandsrecht für den Fall vor, dass die freiheitlich demokratische Grundordnung beseitigt werden soll.

Register

Register

Register

Bildnachweis

akg images, Berlin: Titel Mitte + unten, 12 M6, 14 (3), 15, 29 M3, 31 M5, 34 M1, 38, 41 M1, 43 M2, 47 M4 li., 47 M5, 51 M8, 52 M9, 67 M1, 69 M4, 84, 87 M3, 89 M5, 96 M3 + u., 97 u., 98 M5, 103 M10, 107 M1, 113 M2, 115, 118 M6, 122 M2, 127 M10, 134, 138 M3 + M4, 139 M7, 141 M1, 147 o., 158 o. + Mi., 159 o. + Mi. + u., 182, 192 M11, 193 M13, 194 M15, 198 M4, 232, 244 M2, 262 M2,264, 266 M1, 267 o., 283 M4, 286 M7, 295 li. u. + re. u., 300 M1, 302 M3 + M5, 304 M10, 309 M23, 312 M2, 316 M2, 329 M2, 333 M11 re., 337 M25, 351 M10, 354 M15, 362 o., 369 M1, 370 M2 o. + u., 382 M3, 383 M4
Anhaltische Gemäldegalerie - Graphische Sammlung, Dessau: 85 M1
Archiv der sozialen Demokratie der Friedrich-Ebert-Stiftung, Bonn: 196 M2

Beier, R., Berlin: 195 M17
Bibliothèque nationale de France, Paris: 48 M6, 50 M7, 55 M11 o., 57 M16, 58 M17, 65 M1
Bildarchiv Preußischer Kulturbesitz, Berlin: Titel oben, 60 M20, 68 M2, 71 M6, 73 li. + Mi., 73 re. (Freies Deutsches Hochstift), 76 M11, 79 M14, 97 M4, 102 M9, 109 M2, 110, 123, 124 M3, 126 M7, 131 M3, 153 M2, 165 M6 o., 166 M8, 196 M1, 202 M9, 210, 216 M7, 222 M3, 295 li.o., 298 M3, 347 M3, 357 M2 (Luczo), 366 M7 + u., 380 M2
Bismarck-Museum, Friedrichsruh/C. Carstensen, Hamburg: 50 M8, 295 re.o.
Bridgeman Art Library, London: 47 M4 re. (Giraudon),
Bundesarchiv, Koblenz: 320 M11, 333 M12, 350 M5

Creativ Team Friedel & Bertsch, Heilbronn: 94 M1

Deutsches Historisches Museum, Berlin: 63 M28, 132, 168, 200 M5, 281 M1, 311

Gäbler, G., Leipzig: 187 M2
Germanisches Nationalmuseum, Nürnberg: 82, 91 M9, 128 M12, 197 M3

Haitzinger, H., München: 230 M2
Hanel, W., Bergisch Gladbach: 159 u. re., 373 M1
Henkel AG, Düsseldorf: 296 M1
Henn, R., Hennweiler: 24 M7
Hessische Landesbibliothek, Darmstadt: 116 M4, 304 M8
Historisches Archiv Krupp, Essen: 174 M6
Historisches Museum, Frankfurt/M.: 181 M1

Interfoto, München: 224 M1 (Karker-Decker)

Keystone Pressedienst, Hamburg: 291 M2, 350 M6

Landesarchiv Berlin: 167 M10, 272 M9, 273 M12, 310, 333 M11 li.
Luckau, W., Wien: 242 M1

Mary Evans Picture Library, London: 256 M7
Musées de la Ville de Paris: 62
Museum für Hamburgische Geschichte: 185 M1

Niedersächsisches Hauptstaatsarchiv, Hannover: 346 M2

Österreichische Nationalbibliothek, Wien: 136 M1

Picture Alliance, Frankfurt/M.: 263 M4 (dpa)
Picture Press, Hamburg: 158 u. (Karsh of Ottawa/Camera Press)

Rauch, U., Worpswede: 377 M8

SLUB/Deutsche Fotothek, Dresden: 179 M2 (W. Bäßler)
SPIEGEL Verlag, Hamburg: 230 M1
Staatsarchiv Windhuk: 224 M2
Stadtmuseum München: 293 M6
Süddeutsche Zeitung Photo, München: 43 u. (S.M.), 315 M1 (S.M.), 339 M32 (Scherl), 363 (Geschwister-Scholl-Archiv), 369 M2

Transglobe Agency, Hamburg: 6

ullstein bild, Berlin: 13 M8 (Granger Collection), 37 M6 (Archiv Gerstenberg), 114 M3 (Archiv Gerstenberg), 129 M1 (Archiv Gerstenberg), 307 M18, 331 M5 (W. Frentz), 302 M15, 33 u.

Verkehrsmuseum, Nürnberg: 172 M3 © Verwertungsgesellschaft Bild-Kunst, Bonn 2009: 193 M13, 219 M3, 222 M8, 262 M2, 289 M15, 308 M21 + 337 M25 (The Heartfield Community of Heirs), 309 M23, 370 M3

Wehrgeschichtliches Museum, Rastatt: 263 M3
Westermann Archiv: 10 M3, 17 M17

ZAHLENBILDER © Erich Schmidt Verlag, Berlin: 329 M3 (nach Zahlenbilder 50090), 364

alle übrigen Schaubilder und Karten: Westermann Kartographie/Technisch Graphische Abteilung, Braunschweig